湖南科技学院国学丛刊

张京华 著

晚周诸子学研究

中国社会科学出版社

图书在版编目(CIP)数据

晚周诸子学研究／张京华著．—北京：中国社会科学出版社，
2017.3

ISBN 978-7-5161-9916-9

Ⅰ.①晚… Ⅱ.①张… Ⅲ.①先秦哲学—研究—中国—
周代 Ⅳ.①B220.5

中国版本图书馆 CIP 数据核字(2017)第 042052 号

出 版 人	赵剑英	
责任编辑	韩国茹	
责任校对	朱妍洁	
责任印制	张雪娇	

出 版	中国社会科学出版社	
社 址	北京鼓楼西大街甲 158 号	
邮 编	100720	
网 址	http://www.csspw.cn	
发 行 部	010 - 84083685	
门 市 部	010 - 84029450	
经 销	新华书店及其他书店	

印 装	北京君升印刷有限公司	
版 次	2017 年 3 月第 1 版	
印 次	2017 年 3 月第 1 次印刷	

开 本	710×1000 1/16	
印 张	31.5	
插 页	2	
字 数	512 千字	
定 价	138.00 元	

《国学丛刊》总序

　　近年喜读之文，有欧阳行周《讲礼记记》，谓："公就几，北坐南面，直讲抗牍，南坐北面。大司成端委居于东，少司成率属列于西。国子师长序公侯子孙自其馆，太学师长序卿大夫子孙自其馆，四门师长序八方俊造自其馆，广文师长序天下秀彦自其馆。其余法家、墨家、书家、算家，辍业以从，亦自其馆。没阶云来，即集鳞次，攒弁如星，连襟成帷。"以为学者讲学当如此也。

　　予 2003 年 8 月来校，2005 年 7 月建立濂溪研究所，2011 年 1 月傅宏星来校，10 月建立国学研究所，2015 年 12 月本校决定创办国学院，2016 年 5 月周建刚、彭敏陆续来校，9 月国学院进驻集贤楼，第一届国学精英班学生 13 人入学。

　　其时本校陈弘书记撰有《集贤楼记》，刻石楼头，指示："无文物，不大学。无人文，不大学。无特色，不大学。无大师，不大学。无精神，不大学。"予窃私缀一言曰：无著作，不大学。于是有编纂《国学丛刊》之议。

　　第一辑共得《晚周诸子学研究》《钱基博国学思想研究》《中国佛教史考论》《先秦诗文"舜帝意识"研究》《宋代湖湘诗人群体与地域文化形象研究》五种。

　　乃略记缘起，以为总序。

张京华

2017 年 1 月于湖南科技学院国学院

目　　录

第一编　晚周诸子总论

晚周诸子的学术阶梯

　　在晚周诸子百家学说中有一个学术阶梯。诸子百家有一个共同的原则，就是对政治实践的要求。但是在具体的政治目的和实践途径上，诸子百家又各有不同的侧重。这种共性和个性联系在一起，恰恰构成了一个学术阶梯，各个梯级之间呈均匀的递进关系。这一现象在晚周诸子百家中的几个主要流派道家、儒家、法家中，表现得尤为突出。

　　最早提出"学术阶梯"思想的是老子。《老子·德经·三十八章》："故失道而后德，失德而后仁，失仁而后义，失义而后礼。"这就列出了一个学术阶梯，这个阶梯自上而下依次是：道、德、仁、义、礼。其中道和德是相近的概念，是道家所主张的。仁和义是相近的概念，是儒家所主张的。礼就是礼的制度，礼制和法治在本质上是一致的，在儒家强调作礼，到了法家就强调为法。所以老子所提出的这个学术阶梯，又可以列作：道德——仁义——礼法，或列作：道家——儒家——法家。学术阶梯的思想还见于《文子》，文子是黄老道德一派中的人物，后人认为他是老子的弟子。《文子·下德》中说："仁义礼乐者，所以救败也，非通治之道也。"这就是认为，儒家的仁义礼乐是在道家的道德之下的一个阶梯上的。《文子·上义》篇又说："治之本仁义也，其末法度也。"这就是说，法家的法度又在儒家的仁义之下。

　　学术阶梯的第一个特点，是它表明了诸子学说中理想与现实的关系。在诸子百家的学说之中，既有理想的因素，又有实践的因素。诸子学说的产生过程，也就是人们对理想的修正和在社会政治实践中更趋近现实的过程。在晚周诸子的学术阶梯中，"道德"的理想性最强，"仁义"在其次。法家的实践性最强，儒家在其次。越是在阶梯的上层，理想性越强，而实践性越弱。说来很美妙的，却较少具有现实可行性；具有现实可行性的，听来却并不美妙。

对此，儒家的创始人孔子也有过明确的表述。在孔子学说的建立过程中，也存在着一个学术阶梯。据《礼记·礼运》记载，孔子曾经描述和对比过"大同之世"和"小康之世"。大同之世是天下为公，任性自然。小康之世是天下为家，是兴立人文，创设制度，谋用是作。从理想的角度上看，孔子认为大同之世比小康之世更好，但大同之世虽好，却离现实太遥远，所以不可取。据《论语》记载，孔子又曾盛赞过齐桓公和管仲君臣的功绩，说"微管仲，吾其被发左衽矣"。齐桓管仲是春秋五霸之首，是后来法家引为始祖的人物。对齐桓管仲的现实功绩，孔子是明白承认的，但他又没有像后来的法家那样去效法齐桓管仲，这是因为孔子认为齐桓管仲在理想方面又嫌不足。在孔子的学说探索中，也有一个学说阶梯，这就是：大同之世——小康之世——齐桓管仲。其中小康之世是讲仁义的，据道家庄子的解释，仁就是亲，就是私。小康之世的亲、私天下为家，是与大同之世的天下为公相对立的。大同和天下为公的情况，也就是道家所说的道德的情况。所以孔子所说的大同之世——小康之世——齐桓管仲的这个学术阶梯，也就是道家老子、文子所讲的道德——仁义——法度的学术阶梯。孔子之所以没有选择大同之世和齐桓管仲的争霸尚权，正是他中庸、过犹不及思想原则的体现。

学术阶梯的第二个特点，是它表明了晚周诸子不同的历史观。学术阶梯除了和理想与现实这一尺度有关外，还和道家、儒家、法家各自所持的历史观有关。这二者是相互联系着的，因为历史本来就是介于理想与现实之间的一个参照。在晚周诸子的学术阶梯中，道德的概念托始最早，仁义托始于夏商周三代，法度则托始于春秋五霸以后。历史观所寄托的年代越早，理想的因素就越大。其特点如同近现代史学家所说的托古和层累堆积。道、儒、法三家历史观所寄托的年代，也呈阶梯性递进。老子所称道的"小国寡民"，和庄子所说的古十二君容成氏、大庭氏、伯皇氏、中央氏、栗陆氏、骊畜氏、轩辕氏、赫胥氏、尊卢氏、祝融氏、伏牺氏、神农氏，都在韩非所说的"上古"限内（《韩非子·五蠹》）。孔子曾说过的大同之世，也是在上古的年代限内。由此以往，尧舜禹汤文武，韩非称之为"中古"，是儒家所寄托和效法的一个时期。儒家学者中孔子、孟子、荀子三位大师，孔子比较现实，所以主张效法夏商周三代，尤其主张效法西周，说西周是"郁郁乎文哉"。孟子讲义和性善，格调比较高，所以他主张法先王，效法尧舜。荀子兼王霸，开始由儒家向法家过渡，所以主张法后王，效法春秋五霸。孔孟荀三人依照其具体主张的不同，又各与一更为具体的历史时期相对应，但其总的阶梯依然处在唐虞夏商周的限内。

处在阶梯最后一个梯级上的是法家。法家主张刑赏，致力于耕战，因此其历史观寄托最晚，在春秋以后的近世。认为只应该效法春秋五霸，甚至提出效法今王，从而使历史观与现实政治目标重合为一。商鞅是法家的早期创始人物，提出："前世不同教，何古之法？"（《商君书·更法》）韩非是后期法家的代表，是荀子的学生，《韩非子·五蠹》中说"圣人不期修古，不法常可"，正是荀子"道过三代谓之荡，法二后王谓之不雅"（《荀子·儒效》）历史观的进一步发展。

韩非又说："上古竞于道德，中世逐于智谋，当今争于气力。"这是对道德——仁义——法度学术阶梯的又一表述。

学术阶梯的第三个特点，是它表明了晚周诸子不同的实践性与可行性。尽管道儒法三家从先秦时期起，就一直互绌互非，相互之间的指责批评十分激烈，但各家学说在本质上却是相同的，即同样表现为要求参与社会政治实践、与政治实践结合的政治性，同样要为各自认为最为合理的政治秩序提供理论和学术上的依据。正如《庄子·天下》和司马谈《论六家要指》中所说，诸子百家都是"务为治者也"，只是各自所选择的途径不同，"各有所长，时有所用"罢了。其中，道家道德的主张最适用于休养生息即战乱平定后新秩序正在恢复的建国初期，儒家仁义的主张最适用于守成即新秩序恢复之后的发展时期，法家法治的主张最适用于救败即社会矛盾激化的危急时期和改朝换代的统一战争时期，在和平时期则为变法，在战争时期则转化而成为兵家。

在现实中，道、儒、法三家最早得以与当时的政治实践相结合的是法家，在战国各国尤其是秦国中普遍获得了成功。其次是道家，用于汉初。最后是儒家，用于汉武帝时期。自此以后，道、儒、法三家往往因其各自的特点，大体上分别被应用于每一朝代的初期、中期和晚期，三个梯级逐一递进。汉初叔孙通说："汤武逆取而以顺守之"，"天下安，注意相，天下危，注意将"；韩信说："狡兔死，良狗烹；高鸟尽，良弓藏；敌国破，谋臣亡"；其后曹操说："治平尚德行，有事赏功能"；如此等等，都道出了儒家法家相互递进这一奥妙所在。

晚周诸子百家中的哪一家都不可以偏废，也不可以独尊。像春秋战国至汉初时期孟子、董仲舒的排斥杨、墨、纵横、法术，独尊儒家，都已成为历史上的教训。采用诸子百家政治主张的关键，是要适时地按照阶梯的顺序依次进行转换。逆取顺守，一开一阖，文武之道，一张一弛，理之自然。不怕会有曲学阿世的讥笑，也不怕会出现汤武受命问题的争辩。凡是不能依次进行转换，或掌握不好时机的，才正是不通时变，不知世务。在战乱之中就不能讲仁义。天下平定之后就不能仍由马上治天下。对于前者，春秋时期宋襄公不重伤、不杀二毛，孔子的弟子子路结缨而死，都是典型的教训。对于后者，中国历史上的两个短命王朝秦朝和隋朝，是最明显的史例。

道、儒、法三家学术阶梯简表

学术阶梯	第一级	第二级	第三级
学术流派	道家	儒家	法家
代表人物	老子 庄子	孔子 孟子 荀子	商鞅 韩非
政治主张	道德 自然 无为	仁政 王政 王霸	法治 刑赏 耕战
历史寄托	上古 古十二君	中古 唐虞夏商周	近世 春秋五霸
最初参与政治实践的时间	汉初文景时期	汉武帝时期	战国时期
政治实践一般状况	王朝初期	王朝中期	王朝晚期及改朝换代时期
主要作用	恢复秩序，休养生息	和平发展，文治守成	变法救败，统一战争

补　论

"阶梯"，古人语。

《朱子语类》载朱子云："《近思录》好看。《四子》，六经之阶梯；《近思录》，四子之阶梯。"又云："'山上有木，《渐》，君子以居贤德善俗。'有阶梯而进，不患不到。"又云："读书考义理，似是而非者难辨。且如精义中惟程先生说得确当，至其门人，非惟不尽得夫子之意，虽程子之意，亦多失之。今读《语》《孟》，不可便道精义都不是，都废了。须借它做阶梯去寻求，将来自见道理。知得它是非，方是自己所得处。"

王阳明《应天府重修儒学记》："圣贤之学，心学也。道德以为之地，忠信以为之基，仁以为宅，义以为路，礼以为门，廉耻以为垣墙，《六经》以为户牖，《四子》以为阶梯。"又《林汝桓以二诗寄次韵为别》："尧舜人人学可齐，昔贤斯语岂无稽？君今一日真千里，我亦当年苦旧迷。万理由来吾具足，《六经》原只是阶梯。山中仅有闲风月，何日扁舟更越溪？"

汪伟《经学理窟序》："横渠用功亲切，有可循守，百世而下，诵其言，若盲者忽睹日月之光，聋者忽聆雷霆之音，偷惰之夫咸有立志，其正蒙之阶梯与！"

《清史稿·循吏传·刘大绅传》："尝训诸生曰：'朱子《小学》，为作圣阶梯，入德涂轨。必读此书，身体力行，庶几明体达用，有益于天下国家之大。'于是士知实学，风气一变。"

日人遍照金刚《文镜秘府论·定位》："凡制于文，先布其位，犹夫行陈之有次，阶梯之有依也。"

古人论诸子，往往有"阶梯"之意。

《大戴礼记·盛德篇》云："德法者，御民之本也，古之御政以治天下者，冢宰之官以成道，司徒之官以成德，宗伯之官以成仁，司马之官以成圣，司寇之官以成义，司空之官以成礼。"邢昺《孝经正义》云："以之道则国治，以之德则国安，以之仁则国和，以之圣则国平，以之义则国成，以之礼则国定。"皆以道、德、仁、圣、义、礼为序。

《管子·四时》云："道生天地，德出贤人。道生德，德生正，正生事。"以道、德、事为序。

《庄子·知北游》云："道不可致，德不可至。仁可为也，义可亏也，礼相伪也。故曰：'失道而后德，失德而后仁，失仁而后义，失义而后礼。礼者，道之华而乱之首也。'"引据《老子》，以道、德、仁、义、礼为序。

《庄子·天道》云："是故古之明大道者，先明天而道德次之，道德已明而仁义次之，仁义已明而分守次之，分守已明而形名次之，形名已明而因任次之，因任已明而原省次之，原省已明而是非次之，是非已明而赏罚次之。"以天、道德、仁义、分守、形名、因任、原省、是非、赏罚为序。

刘昼《九流篇》云："道者玄化为本,儒者德教为宗,九流之中,二化为最。夫道以无为化世,儒以六艺济俗。无为以清虚为心,六艺以礼乐为训。若以教行于大同,则邪伪萌生;使无为化于成康,则氛乱竞起。何者?浇淳时异,则风化应殊;古今乖舛,则政教宜隔。"以玄化、德教为序。

《颜元年谱》载颜元曰："夏殷周之得天下也以仁,失以不仁;汉唐宋之得天下也以智,失以不智;金元之得天下也以勇,失以不勇。"以仁、智、勇为序。

又近人孙德谦《诸子通考》云："且道、德、仁、义、礼五者,有先后之分。老子曰:'失道而后德,失德而后仁,失仁而后义,失义而后礼',足见道德既衰,始重仁义;仁义不明,而礼学方兴。此其每下愈况,非如后之人混合言之,无所区别也。或曰:于经有证乎?曰:《论语》:子曰:'志于道,据于德,依于仁。'《礼记》曰:'道德仁义,非礼不成。'则仁义与礼,可知其降于道德矣。"又云:"夫无为以化三皇之时,法术以御七雄之世,德义以柔中国之心,政刑以威四夷之性。故《易》贵随时,礼尚从俗,适时而行。刘氏于《随时篇》尝明言之,最为通人之论。今复语此者,盖欲学者经权制宜,不可高谈儒术,有违时俗也。"以道、德、仁、义、礼为序,又以无为、法术、德义为序。所言"先后之分",亦即阶梯次第之意。

晚周诸子的三种逻辑思维

在晚周诸子特别是道、法二家学说中，体现着三种逻辑思维方式，或说三个逻辑思维层次。

晚周诸子中儒、墨、名、法等诸家，都各有辩资，但是在逻辑思维方面影响较大的仍是道、法二家。总括晚周诸子的逻辑思维方式，可以有三个不同的层次：第一是以法家韩非为代表的"矛盾不相容"的逻辑思维层次，第二是以道家老子为代表的"有无相生"的逻辑思维层次，第三是以老子和庄子为代表的"大象无形""大辩不言"的逻辑思维层次。三种逻辑思维层次由低到高，分别引申出了法家和道家不同的政治主张和社会观。以往由西方哲学出发，称老子的"有无相生"思想为"朴素辩证法"，称老子和庄子的"大象无形""大辩不言"思想为"相对主义"，似不切合晚周诸子学说的真意。

一 "矛盾不相容"的逻辑思维形式

"矛盾不相容"的逻辑思维形式以法家韩非为代表，中文"矛盾"一语即出于韩非。"矛盾不相容"的逻辑思维层次中最主要的一个特点就是"不相容之事不两立"，也就是形式逻辑所说的"矛盾律"。

法家又称形（刑）名家。《史记》说商鞅"少好刑名之学"，韩非"喜刑名法术之学"，又说申不害"主刑名"。刘向《新序》说："申子之书号曰《术》，商鞅所为书号曰《法》，皆曰《刑名》，故号曰《刑名法术之书》。"司马谈《论六家要指》说名家专决于名，"控名责实，参伍不失"，所说的名家指的就是形名家，不是倪说、惠施、公孙龙等的名家。形名思想在法家学说中具有举足轻重的地位，可以说是法家理论的核心。

韩非十分注重名实关系，有很多逻辑推理方面的论述，比较著名的如"自相矛盾""郑人买履""郢书燕说"等，今人往往当作寓言看待，实际上都是严格的逻辑推理，而且目的所指都是当时的最高统治者。司马迁所特别慨叹的《说难》篇，其核心实际上也是在名实关系一点上。《韩非子·难一》（又见《难势》）："楚人有鬻盾与矛者，誉之曰：'吾盾之坚物莫能陷也。'又誉其矛曰：'吾矛之利于物无不陷也。'或曰：'以子之矛，陷子之盾，何如？'其人弗能应也。夫不可陷之盾，与无不陷之矛，不可同世而立。"①

晚周诸子号称百家争鸣，其争鸣对立之处即在"矛盾不相容"上面。晏子之批评孔子，孟子之抵距杨墨，荀子之非难十二子，韩非之批驳儒墨五蠹，李斯之禁百家语，司马迁所说汉初之儒道互绌，实际上都不离"矛盾不相容"的逻辑思维层次。

二 "有无相生"的逻辑思维形式

"有无相生"的逻辑思维形式以老庄为代表，即认为矛盾对立的双方互为成立的条件，同为相对而存在，对此老庄二人都有论述。《老子·道经·二章》："天下皆知美之为美，斯恶已。皆知善之为善，斯不善已。故有无相生②，难易相成，长短相形，高下相倾，音声相和，前后相随。"《老子·德经·四十章》："反者道之动，弱者道之用。"

此处的有和无，是一般意义上的有和没有的意思。老子的原意是说，美与恶，善与不善，有与无，难与易，长与短，高与下，音与声，前与后，都是相互依存的相对的概念。对立的双方如果各自偏执于自己的一方，就会使双方都不能存在。强调了自己，否定了对方，对方失去了，自己的一方也不复存在。"反者道之动"的意思可以解释为：和自己对立的一方实际上是支持了自己。

春秋战国时期，百家竞作，"天下大乱，道德不一，多得一察焉以自

---

① 马叙伦《庄子义证佚文》辑佚《庄子》有"陷大矛"一语，并以楚人卖矛及盾者作注，事无旁证。庄子是否也讲过"矛盾"一事，尚不能肯定。

② 帛书《老子》作"有无相生也"，郭店竹简《老子》作"又亡之相生"，与传本基本无异。

好，譬如耳目鼻口，皆有所明，不能相通"（《庄子·天下》），"天下之治方术者多矣，皆以其有为不可加矣"（《庄子·天下》），"故有儒墨之是非，以是其所非而非其所是"（《庄子·齐物论》）。由于诸家各持一说，互相非难，于是就产生了诸如"毛嫱丽姬，人之所美也，鱼见之深入，鸟见之高飞，麋鹿见之决骤，四者孰知天下之正色哉"（《庄子·齐物论》）的问题。为此老庄提出了"有无相生"的逻辑思维形式，对"矛盾不相容"的逻辑思维形式进行批评，其中尤以庄子的批评最为激烈。

庄子认为，事物的个性和各自的原则，包括各家各派的是非之争，不能作为衡量事物存在的根据和进行价值判断的标准。这是因为：

第一，"彼亦一是非，此亦一是非，果且有彼是乎哉？果且无彼是乎哉？"究竟有没有是非的分别，彼此二者不能互证。

《庄子·齐物论》："既使我与若辩矣，若胜我，我不若胜，若果是也，我果非也邪？我胜若，若不吾胜，我果是也，而若果非也邪？其或是也，其或非也邪？其俱是也，其俱非也邪？我与若不能相知也，则人固受其黮暗。吾谁使正之？使同乎若者正之？既与若同矣，恶能正之？使同乎我者正之？既同乎我矣，恶能正之？使异乎我与若者正之？既异乎我与若矣，恶能正之？使同乎我与若者正之？既同乎我与若矣，恶能正之？然则我与若与人俱不能相知也。"

我和你争辩，你胜了我，我不胜你。你就确实对吗？我就确实错吗？

我胜了你，你不胜我。我就确实对吗？你就确实错吗？

是我们中间有一个对，有一个错吗？

是我们都对，或者都错吗？

我和你都不能判定，别人就更不清楚。我让谁来判定？

让和你一致的人来判定吗？

既然和你一致，又怎么能判定？

让和我一致的人来判定吗？

既然和我一致，又怎么能判定？

让与我与你不同的人来判定吗？

既然与我与你不同，又怎么能判定？

让与我与你一致的人来判定吗？

既然与我与你一致，又怎么能判定？

因此，我和你和别人不能互相判定。

第二，是非不是绝对的。"彼亦一是非，此亦一是非"，彼此所以是所以非，是由于彼此各有是非的原因。是非出于彼此各自自身，因此彼此同样都不具有普遍意义。

《庄子·寓言》："恶乎然？然于然。恶乎不然？不然于不然。恶乎可？可乎可。恶乎不可？不可于不可。物固有所然，物固有所可。无物不然，无物不可。"（《齐物论》略同）

《庄子·秋水》："因其所大而大之，则万物莫不大；因其所小而小之，则万物莫不小。因其所有而有之，则万物莫不有；因其所无而无之，则万物莫不无。因其所然而然之，则万物莫不然；因其所非而非之，则万物莫不非。"

怎样才对？自有其对的原因所以就对。

怎样才不对？自有其不对的原因所以就不对。

怎样才应该？有应该的原因所以应该。

怎样才不应该？有不应该的原因所以不应该。

存在的事物都有对的原因，现实的事物都有应该的原因。

没有什么事物不对，没有什么事物不应该。

从大的方面看，万物都大。

从小的方面看，万物都小。

从有的方面看，万物都有。

从无的方面看，万物都无。

从对的方面看，万物都对。

从非的方面看，万物都非。

第三，彼此虽然对立，却又互为存在的条件。

《庄子·齐物论》："彼出于是，是亦因彼，彼是方生之说也。方生方死，方死方生。方可方不可，方不可方可。"

《庄子·秋水》："东西之相反而不可以相无。"

彼存在是因为有此，此存在是因为有彼，彼此相伴而存在。

共生共死，共死共生。

同应该，同不应该。

同不应该，同应该。

东和西虽然相反，却不可以互相取消。

迄今为止，学术界一种有代表性的观点，是把老子的上述思想叫作"朴素辩证法"，或把老子和庄子的上述思想叫作"相对主义"。《中国大百科全书·哲学卷》"庄子"条目（冯契撰）认为：庄子在认识论方面是相对主义和不可知论的，"庄子以相对主义作为认识论基础"，"他看到一切都处在'无动而不变，无时而不移'中，却忽视了事物质的稳定性和差别性，认为'天下莫大于秋毫之末，而泰山为小；莫寿乎殇子，而彭祖为夭。'主张齐物我，齐是非，齐大小，齐生死，齐贵贱，幻想一种'天地与我并生，万物与我为一'的主观精神境界，安时处顺，逍遥自得，倒向了相对主义和宿命论"。又同书"相对主义"条目（林青山、李景源撰）解释相对主义为："割裂相对与绝对的辩证关系，否认事物本身及对事物认识的稳定性、客观性的一种形而上学观点和思维方法。""相对主义作为形而上学的一种表现，它是诡辩论、不可知论、唯心主义不可缺少的手段之一。""在中国，老子和庄子的辩证法思想中也包含了相对主义的因素。"

以上这二处对庄子"相对主义"的论述并不符合庄子哲学的本意，因而并不能反映庄子哲学的真实内容。因为第一，庄子相对主义的认识论在中国早期哲学思想中并不是消极的，而是有其独特的地位和独到的贡献。正如冯契自己所说："庄子的相对主义起着反对主观主义的作用，是哲学向辩证法发展过程中的一个必要环节。晚周诸家在认识论上都有独断论的倾向，而庄子则认为经验和理性都是相对的。从而否定了人们认识上的'独断的迷梦'。"[①] 台湾学者辅仁大学教授李震也说："笔者以为庄子泯是非之说，并不意谓庄子在知识方面的怀疑论，而在于肯定感性和理性

---

① 冯契：《对庄子的相对主义作一点分析》，《学术月刊》1980 年第 9 期。

认识之限度。庄子所追求的真知是绝对性的，亦即有关'道'的认识。'道'不是理智分析的对象，'道'超越了是非相对的层面。"① 第二，庄子哲学的核心是他的形而上学抽象思辨的本体论，也就是"道论"，而不是用来建立这"道论"的认识论、方法论。"荃者所以在鱼，得鱼而忘荃；蹄者所以在兔，得兔而忘蹄；言者所以在意，得意而忘言。吾安得夫忘言之人而与之言哉！"（《庄子·外物》）即使是专论庄子学说的认识论、方法论，庄子由以建立"道论"的方法论也不是"有无相生"的逻辑思维形式，而是"大象无形""大辩不言"的逻辑思维形式。第三，所谓"相对主义"的认识论，它的作用只是用来批驳儒墨，并与"儒墨之是非"一起被共同否定掉了。"大象无形""大辩不言"的逻辑思维形式才是正面的概念，而"相对主义"的方法论则是一个反面的概念，在整个庄子学说体系中的地位是较为次要的。

"有无相生"的逻辑思维形式具有更充分的思辨因素，从哲学的意义上看，较之"矛盾不相容"逻辑思维形式更高一层。但是，因为"有无相生"的双方既不能进行肯定判断，也不能进行否定判断，双方都是有条件的，所以只具有相对的意义。美与恶、善与不善、有与无、难与易，无论其美、善、有、易，或者恶、不善、无、难，都不具有绝对的性质，因此都没有意义。《老子·二十章》又说："唯之与阿，相去几何！善之与恶，相去何若！"唯与阿都是叹词，是答应的声音，唯是正常情况下的答应，阿有诡谀的意思。唯与阿，善与恶，同样是偏失，没有什么不一样的。《庄子·盗跖》："小人殉财，君子殉名。"君子与小人各失其性，同样没有意义。因此，在"有无相生"的逻辑论证中，就存在了一个内在矛盾。实际上，作为道家学者的庄子，其否定儒墨的过程，也是在"以其所是，非其所非"。所以从逻辑上说，庄子就该和儒墨一样，同样是没有道理和不能确定的。这就产生了庄子认识论中的自我矛盾。所以，这种"有无相生"的逻辑思维形式实际上最终为老庄所否定了。事实上，庄子在建立自己形而上学的道论的时候，是在否定"矛盾不相容"的形式逻辑的同时也否定了他的"有无相生"的逻辑思维形式。老庄"道论"的建立，是通过"大象无形""大辩不言"的逻辑思维形式而达到的。

---

① 李震：《中外形上学比较研究》上册，"中央文物供应社" 1982 年版，第 319 页。

三　"大象无形""大辩不言"的逻辑思维形式

"大象无形""大辩不言"的逻辑思维形式是论证绝对无条件性的逻辑思维形式，仍然以老庄为代表。

> 《老子·德经·四十一章》："大方无隅，大器晚成，大音希声，大象无形。"
> 《老子·道经·四十五章》："大成若缺，大盈若冲，大直若屈，大巧若拙，大辩若讷。"
> 《老子·德经·八十一章》："信言不美，美言不信，善者不辩，辩者不善，知者不博，博者不知。"
> 《庄子·齐物论》："夫大道不称，大辩不言，大仁不仁，大廉不嗛，大勇不忮。"

"大象无形"，"大"是至大，"无"是无对，也就是绝对。至大的象，涵括了所有的形，所有的象，无所不形，无所不象。因而有形同于无形，有象同于无象，至大而无对，孤立而自存，所以说"大象无形"。

大象无形中的"象"和"形"替换作"辩"和"言"，就成为"大辩不言"。替换作"有"和"无"，就成为"大有即无"。同理，大有者无所不有，无所不有则无所谓有，无所谓有则无有，故大有则无有，大有即大无。有即无，无即有，有无合在一起，就是"道"。

所以，在"大象无形""大辩不言"的逻辑思维层次上，就不再是有无相反相成，而是有无同一了。

《庄子·天下》述惠施"历物"学说，有"大同异""小同异"："大同而与小同异，此之谓小同异。万物毕同毕异，此之谓大同异。"所谓大同异、小同异，是在两个不同的思维层次上而言。在形而下的物的层次上，物与物有同有异，叫小同异。在形而上的道的层次上，万物一体，无同无异，叫大同异。《庄子·天下》称惠施对论辩有特别的兴趣，所以在他有了"大同异""小同异"的理论成就以后，就周游天下，与天下人论辩，以口谈自矜，以胜人为乐，一直到他死去。惠施的论辩，大概主要就是用他"大同异""小同异"的理论在形而上、形而下两个不同层次上偷换概念，因此得以应辩无穷，连环可解。同样，在老庄的著作中由于老庄二人既使用"有无相生"的逻辑思维形式，又使用"大象无形""大辩不言"的逻辑思维形式，以至也常常使得后人在这两种逻辑思维形式之间发生错解，致使老庄本义淹没不明。

以下仅略举《老子·道经》首二章及《庄子·胠箧》所说"有无相生"与"玄同"二义做一探讨。

> 《老子·道经·一章》："道可道，非常道。名可名，非常名。无名天地始，有名万物母。常无，欲观其妙。常有，欲观其徼。此两者同出而异名。同谓之玄。玄之又玄，众妙之门。"

紧接着在《老子·道经·二章》（见上引）中，又说到了"有""无"。而这两章中所说的"有无"，概念是完全不一样的，是分属于两个逻辑思维层次的。

就二章所说"有无相生"而言，此处的"相生"意为"有""无"相互关联而并存，而不是说"有生于无""无生于有"。此章中，难易相成的"成"，长短相形的"形"，高下相倾的"倾"，音声相和的"和"，前后相随的"随"，也都是并存的意思，而非互相派生。在"有""无"为一对相反相成的概念时，只能够说"有中有无""无中有有"，所谓互为消长，而绝不能有"有生无"或"无生有"出现。犹如"阴阳"这一对概念，只能说阴中有阳、阳中有阴，而不能说阴就是阳、阳就是阴一样。

就一章所说"有无同出而异名"而言，则可以说"有生无"或"无生有"（或"有生于无""无生于有"）了。但此处的"有生无"与"无生有"，并非认为"无"即是"无"，"有"即是"有"，并非认为"无"之"无"亦能生"有"，"有"之"有"亦能生"无"。而是认为"无"就是"有"，"有"就是"无"，在"无"就是"有"，"有"就是"无"的层次上，才有"有生无"与"无生有"。

《老子·道经·一章》寥寥数语，把道家哲学中最重要的四个概念"道""无""有""同"都提了出来。其中"玄同"一语，义极不显。学术界多将"同谓之玄，玄之又玄"的"同"解为副词，作"共同""都"的意思。如许抗生据此将《老子》原文译为："无名与有名两者同一出处，不同的名称而所称谓的对象则是一个，真是玄妙而又玄妙，是众多奥妙的门户。"[1] 后又修改为："无名与有名这两者，同一出处而有着不同的名号，都可说是深远的。深远啊又深远，是一切微妙变化的总根源。"[2] 照此，《老子》首章中"玄之又玄，众妙之门"两句，成了虚泛无实义的感叹语句。

其实，"同谓之玄"在句法上本十分简单。"同谓之玄"就是："同"叫作"玄"。"同"和"玄"都作名词。《老子·道经·一章》的正确解释应该是：有和无两者同出于道而名称各异；"同"就叫作"玄"；玄之又玄，也就是同之又同，是理解"道"的关键。

依照《老子》原文，"玄"字的意思就是"同"，"同"字的意思也就是"玄"，二者的字义本来是互释的关系，而"同"字的字义又很常见，因此"玄"字的字义也就很易于明白，本不需再求证于别处。"玄""同"二字可以连用，如《老子》第五十六章："塞其兑，闭其门，挫其锐，解其纷，和其光，同其尘，是谓玄同。"《庄子·胠箧》："攘弃仁义，而天下之德始玄同矣。""玄同"连用，作同义复合词，仍表示"同"的意思。"同"的意思为"会合"，《说文》："同，合会也。"古时亦称诸侯一齐朝见天子为"同"，《周礼·春官·大宗伯》："殷见曰同。"文字学解释为"会合"之义，实即同于哲学家所常说"合一"之义。

小柳司气太据吴澄《道德经注》和陈景元《道德真经纂微篇》，认为"同谓之玄"的"同"不是"谓"的副词，而是名词。[3] 牟宗三也说："道德经首章谓'此两者同出而异名。同，谓之玄，玄之又玄，众妙之门。'两者指道之双重性无与有。无与有同属一个根源，发出来以后才有

---

① 许抗生：《帛书老子注译与研究》，浙江人民出版社 1982 年版，第 66 页。

② 许抗生：《再解〈老子〉第一章》，载《道家文化研究》第 15 辑，三联书店 1999 年版，第 77 页。

③ ［日］小柳司气太：《老荘の思想と道教》，东京关书院 1935 年版，东京森北书店 1942 年版。

不同的名字，一个是无，一个是有。同出之同就是玄。"① 牟宗三不仅明确说"同出之同就是玄"，并且将"同谓之玄"一句在"同"字后面断开，使之不得再生歧义，是非常正确的。

道本无名，不得已而假托为名。所假托的名称很多，比如天地、阴阳等，其中一个名称就是"大"。《老子·二十五章》："吾不知其名，字之曰道，吾强为之名曰大。"关于"大"，《庄子·天地》篇解释说："夫道，覆载万物者也，洋洋乎大哉！不同同之之谓大。""不同同之"，亦即"玄之又玄"之同之又同，亦即《庄子·大宗师》之"其一也一，其不一也一"及《庄子·知北游》之"周遍咸三者，异名同实，其指一也"，亦犹惠施之"大同异"。由此，也可以佐证"同"与"道"的关系。

再以《老子·四十二章》"道生一，一生二，二生三，三生万物。万物负阴而抱阳，冲气以为和"而论：其中"一生二"的"二"是指阴和阳两个概念，自《淮南子》以下，各家都持这个解释。"道生一，一生二，二生三，三生万物"所阐述的就是物质起源与宇宙生成的过程，阴和阳就是阐述物质生成的两个概念。在这个物质生成的序列中，"二"或"阴阳"就不能取代为"有"和"无"。"道"本无名，无名而强名之，于是有"一"。"道生一"的意思，是"称为道，于是有了一"，不是"道"又生出了"一"，所以"一"就是"道"，"道"就是"一"。"一生二"是"道"分出阴阳。"二生三"是"道"与"阴阳"合而为三。在此之间，唯独没有"有""无"的出现，原因就是"道"就是"有"，也就是"无"。"道"与"有"与"无"本是"同之又同"，"道生一"也就是"有生一"，也就是"无生一"。"道"与"有"与"无"是同一的，所以"一生二"的"二"才只是"阴阳"，而不是"有无"。

由此可见，"玄同"之"同"，与"彼是方生之说"的"方"，"齐物论"的"齐"，以及"天地与我为一"与《庄子·天下》老聃"主之以太一"的"一"，本有相同的意义和内涵。玄之又玄，就是同之又同。损之又损，以至于无为；同之又同，以至于无异。其一也一，其不一也一。有不能以有为有，必出乎无有，而无有一无有。道既无所不在，又复归于

一。"同"就是逻辑上联结抽象绝对的道与具象无限的天地万物的中间环节。《老子》中所说"众妙之门",当即此意。

由于"有""无"这两个概念在"有无相生"和"大象无形"两种逻辑思维形式中的含义不同,所以在形而下的宇宙生成和形而上的抽象思辨中的含义也就不同。在宇宙生成过程中,说"道"之"无"生成了万物之"有",是合于老庄哲学的内在逻辑的。但在形而上学中,"有"与"无"其实已不再是"无"生"有"的派生关系,而是二者同一的关系了。

魏晋时裴頠提出"崇有",著《崇有论》说:"夫至无者无以能生,故始生者自生也。自生而必体有,则有遗而生亏矣。匠非器也,而制器必须于匠,然不可以制器以非器,谓匠非有也。"裴頠从物理学角度上,认为无不能生有,否定"有"和"无"的本体论概念。即便是尊崇庄子的郭象,也认为"若无能为有,何谓无乎?一无有则遂无矣"(《庄子·庚桑楚注》),"有之未生,又不能为生"(《庄子·齐物论注》)。仍然是用物理学上的"无"来否定形而上学本体论上的"无"。而否定了"无",也就继而否定了"有"。那么天地万物的根据是什么?郭象说:"谁得先物者乎哉?吾以阴阳为先物,而阴阳者即所谓物耳。谁又先阴阳者乎哉?吾以自然为先之,而自然即物之自尔耳。"(《庄子·知北游注》)又说:"生物者无物,而物自生耳。"(《庄子·在宥注》)"物之生也,莫不块然而自生。"(《庄子·齐物论注》)这就割裂了"有"和"无"的关系,取消了形而上与形而下两方面的联系。因为就老庄本意来说,"玄同"就是同,道论就是同论。无就是有,有就是无。从逻辑上说,有一个"有",有一个"无","无"是绝对的、纯粹的。但是从实质上和整体上看,"无"并不是片面的和孤立的。"无"不是对世界的物质本质的否定。正相反,"无"表示着世界万物之间的普遍联系,表示着世界万物的统一与和谐,而"有"所根据的"无",也就是"有"本身。无则无为,有则自存。道是"有"和"无"的统一,是形而上、形而下的统一,是物理的宇宙论和抽象的本体论概念的统一。

杨汝舟认为:"'无'是宇宙的本体,'有'是宇宙的生成发展。'道'之'无'如何成为万物之'有',这就是从'无'到'有'必须经过'道'之'变'的历程。从'无'到'有'的'变'化程序循环不已，从'无'到'有'又从'有'到'无'。故老子说'有无相生'。老子的宇宙哲学体系由此即告完整无缺了。"① 杨汝舟先在宇宙生成的概念上解释"无"生"有"，又在形而上学的概念上解释从"有"到"无"，然后用《老子·二章》的"有无相生"互证，对老庄"有无相生"与"大象无形"两种逻辑思维形式间的变换是含混不清的。

唐君毅将"同谓之玄"解释为："有无相生而同出，谓之玄。"② 李震也认为："《老子》一章告诉我们，道包括无与有，二者同实而异名，因此可见道之玄。"又说："《老子》以'有无相生'来说明二者之间的关系。"③ 则是"有无相生"和"玄"二义都没有解对。

---

① 杨汝舟：《道家思想与西方哲学》，"中央文物供应社"1983 年版，第 29 页。
② 唐君毅：《中国哲学原论·原道篇》卷一，台湾学生书局 1986 年版，第 321 页。
③ 李震：《中外形上学比较研究》上册，"中央文物供应社"1982 年版，第 86 页。

《汉志·诸子略》"考镜源流"义例申论

一　论学术之分类与部帙之分类

有学术之分类，有部帙之分类。① 班固《汉志》本刘歆《七略》。由六艺、诸子等"六略"言之，是部帙之"六分法"；由《辑略》言之，殆只是"二分法"。②

昔章实斋论刘氏父子，独称"辨章学术，考镜源流"（《校雠通义·叙》）。天下学术殆只有二类，一类是源，一类是流。③ 换言之，一类是经史王官之学，一类是诸子百家之学。中古以后，经、史、子、集统为四部，而四部各有等差，本不可同日而语。经、史同源，子、集则

---

① 蒋元卿《中国图书分类之沿革》以《庄子·天下篇》《荀子·非十二子》《淮南子·要略》、司马谈《论六家要指》为"学术分类之起源"，以《周礼》五史、太胥、司士、太师、太卜等及孔子之六艺为"图书分类之起源"。蒋元卿：《中国图书分类之沿革》，上海中华书局1937年版，第4—18页。姚名达《中国目录学史·分类篇》有"学术之分类与思想之分类"之目，上海商务印书馆1938年版，第65页。

② 张舜徽《汉书艺文志通释》曰："《七略》之为书，实分图书为六大类，而每大类中又分若干，自是我国图书分类目录之祖。"华中师范大学出版社2004年版，第175页。姚名达《目录学》曰："中国古昔的分类法，从刘歆《七略》以至孙星衍的《祠堂书目》，其类别只有四分法、五分法、七分法、九分法、十二分法五种，而归纳起来，考求的渊源，又仅止二种，即七分法与四分法是。"姚名达：《目录学》，上海商务印书馆1933年版，第65页。左玉河《从四部之学到七科之学——学术分科与近代中国知识系统之创建》曰："略即是类，辑略是全书之总要，因此《七略》分类实为六分法，即将典籍分为六大部类。"上海书店出版社2004年版，第46页。

③ 按：源流二分与胡适所倡"两头法"可谓异曲同工。胡氏阐说杜威之实验主义云："一头是他所以发生的原因，一头是他自己发生的效果；上头有他的祖父，下面有他的子孙。捉住了这两头，他再也逃不出去了。"胡适：《实验主义》，《新青年》第6卷第4号，1919年4月15日。

为后起之流裔。章实斋所谓"使人由委溯源，以想见于坟籍之初"（《校雠通义·叙》），又谓"著录部次，辨章流别，将以折中六艺，宣明大道，不徒为甲乙纪数之需"（《校雠通义·原道第一》），其义实在于此。

章氏之意已有孙德谦、张尔田诸贤发微，然自胡适"诸子不出于王官说"提出，影响将近百年，至今尤烈。文章故再加以申论，海内方家敬祈教正。

1917 年毛泽东在同学萧子升的读书札记上题记："吾国古学之弊，在于混杂而无章，分类则以经、史、子、集，政教合一，玄著不分，此所以累数千年而无进也。"又以西洋科学为对比说："若夫西洋则不然，其于一学，有所谓纯正者焉，有所谓应用者焉，又有所谓说明者焉，有所谓规范者焉，界万有之学而立为科。于一科之中，复剖分为界、为门、为纲、为属、为种，秩乎若瀑布之悬岩而振也。"[①] 此语虽出于青年学生之口，却代表了"新文化"时期学界新进的普遍观念。如顾颉刚曾说："中国的学问是向来只有一尊观念而没有分科观念的。"[②] 傅斯年曾说："中国学问向以造成人品为目的，不分科的。……学术既不专门，自不能发达。"[③] 但图书分类是一现实问题，虽然自 20 世纪初起，西洋图书（图书馆）分类法的进步性屡加宣传，[④] 并曾有"分类法运动""图书馆运动""目录学革命"之说。[⑤] 而迄今对于古代典籍，仍不方便打破四部系统。[⑥] 实际

---

① 毛泽东：《〈一切入一〉序》，载《毛泽东早期文稿》，湖南出版社 1990 年版，第 82—83 页。

② 顾颉刚：《古史辨》第一册《自序》，北平朴社 1926 年版，第 29 页。

③ 傅斯年：《改革高等教育中几个问题》，《独立评论》第 14 号，1932 年 8 月。顾颉刚、傅斯年均为胡适弟子，毛泽东亦曾认胡适为师，其与胡适的通信亦见《毛泽东早期文稿》。

④ 梁启超《汉书艺文志诸子略考释》曰："杜威之十进分类法，现代风靡于全世界之图书馆，绳以论理，掊之（指《汉志》）可以无完肤矣。"《饮冰室专集·中国古代学术流变研究十篇》，上海中华书局 1936 年版，第 3 页。此篇作于 1926 年。

⑤ 参见傅荣贤《〈汉书·艺文志〉研究源流考》，黄山书社 2007 年版，第 165 页。

⑥ 如李致忠曾说："当着中国大陆要编辑《中国古籍总目》，两岸五地要编制《中国古籍联合书目数据库》时，估计仍要使用四部分类法，这大概是不言而喻的事。"李致忠：《三目类序释评》，北京图书馆出版社 2002 年版，《四部分类法的应用及其类表的调整（代自序）》第 1 页。

上自 20 世纪初以来，各种西洋式分类法也多次变更，而 50 年代以来施行的"中图分类法"①，要想适应新兴门类的整齐插架，乃至建成一种"理想的分类法"，实非易事。② 随之而来的思考可能是，四部分类未见得就是缺乏方法，与西洋分类法相比，可能只是思维方式的不同而已。西洋分类法重在分析，故其分类层层叠叠，趋于细密；而四部分类重在归纳，所谓百川归海，万源汇一。二者只有文化模式的差异，并无高低标准的不同。换言之，四部分类或六略分类确实是一种分类方法，是以"不分"为法，以"归一"为法，而不是没有方法。

如姚名达所论："我国古代目录学之最大特色为重分类而轻编目，有解题而无引得"，"不校异同多寡，不辨真伪是非，删解题之叙录，而古录之优点尽矣"，"现代目录学粗视之若大反古代，细察之则古代之缺点未及尽祛，而其优点且已丧失矣"。③

亦如傅荣贤所论："以《七略》为代表的中国古代目录学和近现代西方目录学的差异，本质上正是源自各自哲学观的不同。""两者不是优劣之分，而是体制不同。"④

姚氏所论较同时学者稍为平正，傅氏则渐趋内在深入。但如仅就图书馆职业而有限认同四分法、六分法，似乎尚且未达一间。

二　论古人有指要之学及学术分类重于部帙分类之例

古人治图书，有指要之学。《淮南子》有《要略》，司马谈有《论六家要指》，王弼有《老子指略》，《抱朴子》有《明本》，而刘歆有《辑略》。颜师古曰："'辑'与'集'同，谓诸书之总要。"（《汉书·艺文

---

① 1964 年颁布草案，1975 年正式出版，1999 年出版第四版，前身为 1957 年颁布的《中小型图书馆分类表草案》。

② 姚名达论"西洋近代分类法之进步"首论"插架"。姚名达：《中国目录学史》，上海古籍出版社 2014 年版，第 124 页。又认为"理想的分类法"应当一方面"发扬固有的学术"，一方面"研究新兴的学术"；一方面"对于中国固有的科目""力求其精密"，一方面可以"包括全世界的知识在内"。姚名达：《目录学》，上海商务印书馆 1933 年版，第 148—149 页。

③ 姚名达：《中国目录学史》，上海古籍出版社 2014 年版，第 427—428 页。

④ 傅荣贤：《〈汉书·艺文志〉研究源流考》，黄山书社 2007 年版，第 449、453 页。

志》注）阮孝绪曰："（刘）歆探其指要，著为《七略》。其一篇即六篇之总最，故以《辑略》为名。"① 余嘉锡曰："所谓'总最'者，谓每略每类编次既竟，又最而序之，及奏上《七略》之时，因总诸类之序，集为一篇，故谓之《辑略》。"② 姚明辉曰："略，约要也。'辑'、'集'通。辑略谓诸书之总要。"③

章实斋谓《辑略》"总论群书大体"（《文史通义·和州志艺文书辑略》），"最为明道之要"（《校雠通义·原道第一》），又谓"古人著录，不徒为甲乙部次计"（《校雠通义·互著第三》）。其言曰："刘歆《七略》，班固删其《辑略》而存其六。"（《校雠通义·原道第一》）又曰："《七略》首有《辑略》，总论群书大旨，班固删之，非也。"（《文史通义·和州志艺文书辑略》）又曰："郑樵顾删去《崇文》叙录，乃使观者如阅甲乙簿注，而更不识其讨论流别之义。"（《校雠通义·宗刘第二》）由其非班非郑，可知其宗旨重在总要、叙录。

《隋书·经籍志》论郑默始制《中经》，荀勖更著《新簿》，亦称"分为四部，总括群书。……但录题，及言'盛以缥囊，书用缃素'。至于作者之意，无所论辩"。又称谢灵运造《四部目录》，王俭又造《目录》，又别撰《七志》，"然亦不述作者之意，但于书名之下每立一传"。余嘉锡曰："'但录题'者，盖谓但记书名。'盛以缥囊，书用缃素'，则惟侈陈装饰。"④

旧史称道刘向曰："自孔子后，缀文之士众矣，唯孟轲、孙况、董仲舒、司马迁、刘向、杨雄，此数公者，皆博物洽闻，通达古今。"（《汉书·刘向刘歆传》赞曰）称道郑玄曰："括囊大典，网罗众家，删裁繁诬，刊改漏失，自是学者略知所归。"（《后汉书·郑玄传》）自昔唯有深通之人，可以总揽群籍，作为指要，兼及目录部类。由此而言，以目录之学为古人学术之极致，亦不为过。

---

① 释道宣：《广弘明集》卷3阮孝绪《七录序》，上海商务印书馆《四部丛刊初编》影印本。

② 余嘉锡：《目录学发微·小序篇》，民国铅印本，无版权页，第49页。

③ 姚明辉：《汉书艺文志注解》，武昌高等师范学校1917年初版，吴兴读经会1924年第二版，第6页。

④ 余嘉锡：《目录学发微·源流篇中》，民国铅印本，无版权页，第79页。

张尔田曰:"目录之学,其重在周知一代之学术,及一家一书之宗趣,事乃与史相纬,而为此学者,亦非殚见洽闻、疏通知远之儒不为功。"①

孙德谦曰:"其题则必如《四库提要》,论群书之得失者也。"②

张、孙二人以能发挥实斋宗旨著称,号称"海内治会稽之学两雄",张尔田又自谓"生平为学从实斋出"③。实斋深叹"《七略》之势,不得不变而为四部",又责四部之学"承《七略》之敝,而不知存《七略》之遗法"。(《文史通义·和州志艺文书序例》)原实斋"宗刘"之意,非复七略之制,而复七略之旨,要之总以学术之分类重于部帙之分类。

三　论以部帙分出门类之例

学术有宗旨,学术之宗旨不可变,而图书之部帙则惟变之从。《七略》所论非七非六,惟二,一源一流而已。而诸子、诗赋、兵法、方技、术数各略,皆以繁简多寡为类。

图书自古有以部帙分类之一法,姚名达论四部分类法谓《隋志》"中间有疏略不完备处",至清《四库全书》"才臻完备的境界",至张之洞《书目答问》"又得了一步的改进"。④ 实则《隋志》在隋唐自完备,《四库》当乾隆时自完备,《书目答问》当光绪时自完备。必如以后人视古人,乃得谓之不完备。西洋分类法输入已百年⑤,自今视之,亦岂曾完备;自今而后,将恐愈无佳法(学科分类亦如是)。则知以部帙分类是一随时应变之事,不须视之过重,不必强为一定,亦不当求全于古人。

清乾嘉时,赵翼已称:"近代说部之书最多,或又当作经、史、子、

---

① 孙德谦:《刘向校雠学纂微·序》,四益宦 1923 年刊本。

② 孙德谦:《古书疑义举例》卷 4 "书用校读例" 条,上海商务印书馆 1936 年版,第 179 页。自序作于 1925 年。

③ 见 1996 年上海书店《民国丛书》第五编影印五屩守斋 1912 年版张采田《史微》扉页赠野侯先生题辞手稿自注。张尔田原名采田。

④ 姚名达:《目录学》,上海商务印书馆 1933 年版,第 80 页。

⑤ 蒋元卿认为,首先介绍杜威十进分类法于国内者为孙毓修的《图书馆》一文,1909 年发表在《东方杂志》上,一说发表在《教育杂志》上。蒋元卿:《中国图书分类之沿革》,上海中华书局 1937 年版,第 197 页。

集、说五部也。"①　光绪初，张之洞、缪荃孙著《书目答问》，其第五卷辟为"丛书目"，云："其中经、史、子、集皆有，势难隶于四部，故别为类。"方家颇称便利。虽然一则由于《四库全书》影响巨大，二则由于西洋分类法不久引入，"五分法"没有普及，但已略见四部分类未必一成不变。

《四库全书总目提要》于集部《楚辞》类小序有云："《隋志》以《楚辞》别为一门，历代因之。盖汉魏以下，赋体既变，无全集皆作此体者。他集不与《楚辞》类，《楚辞》亦不与他集类，体例既异，理不得不分著也。"此因其异而存之。《四库提要·史部总叙》又云："旧有谱谍一门，既不分颁于外，家乘亦不上于官，徒存虚目，故从删焉。"此因其简而删之。《史部总叙》又云："考私家记载，惟宋明二代为多，盖宋明人皆好议论……然则史部诸书，自鄙倍冗杂，灼然无可采录外，其有稗于正史者，固均宜择而存之矣。"《提要凡例》亦云："九流自《七略》以来，即已著录，然方技家递相增益，篇帙日繁，往往伪妄荒唐，不可究诘，抑或卑琐微末，不足编摩。"此因其过繁而剪裁之。

蒋元卿曰："典籍之分类，不外二种：一曰义，二曰体。辨义者以图书之内容为主，故可统学术之流别，存专门世守之业。崇体者以图书之体裁为重，虽能使界限归于整齐，但不免有牵凑笼统之弊。"②

余嘉锡曰："唐宋以后，著述日繁，核其体例，多非古之四部所能包。"又曰："自来言及书目，辄曰经史子集四部，实则自齐梁以后，已尝数变矣。"③

姚名达论《四库全书》分类法，有"分类以书籍的多寡而定"一条，云："如刘氏《七略》中之兵书、术数、方技三类，均因书少而合入诸子，而六艺则扩充为经、史二部等等，均因为书多而扩充。"④

上溯《隋书·经籍志》，其接续《六艺略》而为经部，延续《诗赋略》而为《集部》，合并《诸子略》与《兵书略》《数术略》《方伎略》而为子部，另由《六艺略》所附《史记》并《汉书》等新辟史部。虽寓

① 赵翼：《陔馀丛考》"经史子集"条，中华书局 1963 年标点本。
② 蒋元卿：《中国图书分类之沿革》，上海中华书局 1937 年版，第 30 页。
③ 余嘉锡：《目录学发微·类例沿革篇》，民国铅印本，无版权页，第 132—133 页。
④ 姚名达：《目录学》，上海商务印书馆 1933 年版，第 82 页。

尊经之义，亦由部帙而不得不然者。

《隋志》云："班固列《六艺》为九种，或以纬书解经，合为十种。……《汉书》有《诸子》、《兵书》、《数术》、《方伎》之略，今合而叙之，为十四种，谓之子部。……班固有《诗赋略》，凡五种，今引而伸之，合为三种，谓之集部。……班固以《史记》附《春秋》，今开其事类，凡十三种，别为史部。"又云："凡六艺经纬六百二十七部。凡诸子，合八百五十二部。凡集五百五十四部。凡史之所记，八百一十七部。"其建殿构屋，所谓"东屋藏甲乙，西屋藏丙丁"之设，大体均衡。

再上溯《汉志》，六略之中，"凡《六艺》一百三家。凡《诸子》百八十九家。凡《诗赋》百六家。凡《兵书》五十三家。凡《数术》百九十家。凡《方伎》三十六家"。六略部帙亦大致相埒，可知其分部皆与部帙、庋藏相关，实寓以部帙分门类之例。

阮孝绪曰："刘、王并以众史合于《春秋》。刘氏之世史书甚寡，附见《春秋》诚得其例。今众家纪传倍于经典，犹从此志，实为繁芜。且《七略》诗赋不从六艺《诗》部，盖由其书既多，所以别为一略。今依拟斯例，分出众史。"[1]

马端临曰："班孟坚《艺文志》无史类，以《世本》以下诸书附于六艺《春秋》之后。盖《春秋》即古史，而春秋之后唯秦汉之事，编帙不多，故不必特立史部。"[2]

胡应麟曰："夫兵书、术数、方技，皆子也。当时三家至众，殆四百余部，而九流若儒、若杂，多者不过数十编。故兵书、术、技，向、歆俱别为一录，视《七略》几半之。"[3]

陈钟凡曰："刘班于《诗》外，别著《诗赋略》；阮氏于《春秋》外，别著《纪传录》。盖以附庸蔚为大国，势应别立封疆也。……是故七略之与四部，部次虽开合有异，立意则先后从同。"[4]

余嘉锡曰："向歆类例，分为六略，盖有二义：一则因校书之分职，

---

① 释道宣：《广弘明集》卷3阮孝绪《七录序》，上海商务印书馆《四部丛刊初编》影印本。

② 马端临：《文献通考·经籍考·史部总序》。

③ 胡应麟：《九流绪论》卷上。

④ 陈钟凡：《古书校读法》，上海商务印书馆1923年版，第30—31页。

一则酌篇卷之多寡也。"又曰:"《七略》于史则附入《春秋》,而诗赋自为一略者,因史家之书自《世本》至《汉大年纪》仅有八家四百一十一篇,不能独为一略,只可附录。……六艺《诗》仅六家四百一十六卷,而《诗赋略》乃有五种百六家千三百一十八篇,如援《春秋》之例附之于《诗》,则末大于本,不得不析出使之独立,刘勰所谓'六艺附庸,蔚成大国',此如'别子为祖,继别为宗'也。"①

汪辟疆论"史部与经书之开合"曰:"盖以经书只有此数,后人注疏亦不离其宗,而史书则与日俱增,尽附存于六艺之《春秋》家,其势不能。此史部与经部开合之一大变迁也。"又论"诸子与兵书、术数、方技之开合"曰:"且四部以统括见长,势难别出,此兵书、术数、方技与诸子开合之变迁也。"②

蒋元卿论《诗赋略》曰:"诗赋既为《诗经》之支流,而刘氏不仿《太史公书》列入《春秋》类之例,而所以离《诗》类独立一略者……六义(艺)附庸蔚成大国,故不得不另立诗赋略以统之,此亦不得已之势也。"③

由七略到四部,其部帙变迁,大抵史部扩充在前,集部扩充在后。历朝变换,史书自多,如章实斋所谓"日务增华,不过千年,将恐大地不足容架阁矣"(章学诚《章氏遗书·邵与桐别传》)。文人猥集,吟咏自夥,如《四库提要》所谓"宋人务求深解,多穿凿之词,明人喜作高谈,多虚怀之论","侩魁渔利,坊刻弥增,剽窃陈因,动成巨帙"。④

四 论经史子集各有等差而不并列之例

经史子集,并称四部、四库,四者又别称甲乙丙丁,久之使人有四部平行并列之疑,故不得不加辨明。

四部、六略虽由部帙变化不得不然,而其各部各类之间,实有次第等

---

① 余嘉锡:《目录学发微·类例沿革篇》,民国铅印本,无版权页,第114—115页。
② 汪辟疆:《目录学研究》,上海商务印书馆1934年版,第89—91页。
③ 蒋元卿:《中国图书分类之沿革》,上海中华书局1937年版,第27—28页。
④ 《四库全书总目提要》诗文评类及总集类小叙。

差。如叶长青所论："夫七略并列，而非并重，所以具源流本末，纵而非横也。"① 钱基博《文史通义解题及其读法》开篇立言亦云："中国之书，总以四部。四部之学，经史为大。"②

平行并列，平等独立，此为西洋学术宗旨，近代以来移入国内，则体现为子集的抬升与经史的降低。朱自清说："按从前的情形，本来就只有经学，史、子、集都是附庸。后来史、子由附庸而蔚为大国，但集部还只有笺注之学，一直在附庸的地位。……现在一律平等，集部是升了格了。"③

现代初期，尚有以文学、史学、哲学并称"文史哲"及"文史哲不分家"之说，在名词和含义上都体现出旧时"经史""文史"与近代学科"文史哲"的过渡。而近年《学科分类与代码表》的颁行④，则以文学、语言学、史学、考古学、哲学、宗教学各为一级学科，其下更有数量众多的二级学科、三级学科，所体现的平行并列原则，正与社会思潮中的"平等自由民主"精神相对应（当然也有例外，如说"哲学是科学的科学"）。恰如钱穆所说："今日西方人竞称自由平等独立诸口号，其实在其知识领域内即属自由平等独立，无本末，无先后，无巨细，无深浅，无等级，无次序，无系统，无组织，要而言之，则可谓之不明大体，各趋小节。"⑤

经史子集四部之兴，各有时间次第。经部兴于三代四代，三代以下无

---

① 叶长青：《汉书艺文志问答》，上海正中书局1937年版，第1页。

② 钱子泉（钱基博）：《文史通义解题及其读法》，上海中山书局1929年初版，龙虎书店1935年增订版，第1页。

③ 朱自清：《部颁大学中国文学系科目表商榷》，载《朱自清全集》第2卷，江苏教育出版社1988年版，第10页。朱氏关于集部之内，即文学内各研究门类的"升格"也有详细论述，参见朱自清《诗言志辨·序》，上海开明书店1947年初版。

④ 国家标准GB/T13745—92，国家技术监督局1992年颁行。

⑤ 钱穆：《现代中国学术论衡》，三联书店2001年版，第95页。至如以西洋宗旨诠解中国典范，如左玉河谓："从刘歆《七略》六分法到《隋志》四部分类法，不仅表明中国学术分类观念之深化及学术类目分科之细密，而且这种学术分类逐渐成为对中国学术'剖判条源、甄明科部'的自觉行为。"左玉河：《从四部之学到七科之学——学术分科与近代中国知识系统之创建》，上海书店出版社2004年版，第58页。按其论全误。四部出则源流混，实斋云："六典亡而为《七略》，是官失其守也；《七略》亡而为四部，是师失其传也。"（《文史通义·和州志艺文书序例》）以分科之细密，求本原之得失，其往往扞格，多如此类。

经，有则传记注疏而已。子部兴于晚周，晚周以下无子，有则皆为儒家之余，绝无道、墨、名、法家派。史部之名兴于秦汉，史部之实则渊源甚远。集部兴于魏晋，降至明清尤繁。

（一）论经部之书自成一类

上古本无经名，政典即经。经名由诸子、传记而起。实斋谓："因传而有经之名，犹之因子而立父之号。"（《文史通义·经解上》）故以事言，先有经，后有子；以名言，先有子，后有经。实斋谓"古人不著书"（《文史通义·易教上》），不著书故无书之名，亦无作者之名。政典即经，而经义全；无经之名，乃是真经。

实斋曰："有官斯有法，故法具于官；有法斯有书，故官守其书；有书斯有学，故师传其学；有学斯有业，故弟子习其业。官守学业皆出于一，而天下以同文为治，故私门无著述文字。"（《校雠通义·原道》）此谓有官有法乃有书，有宗法世畴之业乃有学。

实斋又曰："三代以上，记注有成法而撰述无定名；三代以下，撰述有定名而记注无成法。"（《文史通义·书教上》）此谓无名而有实，有名则失实。

故张尔田曰："三代以上无专门之著述，未尝无专门之学，宣之口耳与见之行履，皆学之所有事也。至战国始纷纷言著述矣，而人亦因其著述称为某甲氏之学、某乙氏之学，是学反藉书为重也。学藉书重，学斯衰矣。"①

蒋伯潜亦曰："五经本官书也。诸子之书则不论其著作为记述，为追辑，为依托，皆私家之记述，非官书也。"②

经之本义为王官之学，而王官之书实不限于六经。实斋谓六经"乃《周官》之旧典"（《校雠通义·原道第一》），《周官》六典有三百六十官，即三百六十篇之学，即有三百六十之部次。柳诒徵又谓王官不止于周，亦有虞夏之官，其言曰："诸子之学发源甚远，非专出于周代之官……按《七略》原文，正未专指《周官》。如羲和、理官、农稷之官之

---

① 张尔田：《史微》卷6《口说》，上海书店出版社2006年版，第169页。
② 蒋伯潜：《诸子通考》绪论，上海正中书局1948年版，第3页。

类，皆虞夏之官。"①

近人解析经书，往往以西洋学科分类相权衡，于是谓六经分属文学、史学、哲学而本非一类。又有谓经部不成一类，或主张经子平等者。如钱玄同称《诗》是一部最古的总集。《书》是"文件类编"或"档案汇存"。《仪礼》是战国伪书，《周礼》是刘歆所伪造。《乐》本无经。《易》是生殖器崇拜时代的东西。《春秋》是"断烂朝报""流水账簿"。遂称"《诗》、《书》、《礼》、《易》、《春》、《秋》，本是各不相干的五部书。（'乐经'本无此书。）"②

他如蔡元培亦谓："《书》为历史学，《春秋》为政治学，《礼》为伦理学，《乐》为美术学，《诗》亦美术学……《易》如今之纯正哲学。"③蔡元培又曰："我以为十四经中，如《易》、《论语》、《孟子》等已入哲学系，《诗》、《尔雅》已入文学系，《尚书》、《三礼》、《大戴记》、《春秋三传》已入史学系，无再设经科的必要，废止之。"④

吴康曰："我以为要从最新式的分类，如分哲学、文学、社会学、博物学……按照现在的分类法做来，《易经》要归哲学类，《诗经》要归文学类，《书经》、《礼经》要归政治学、社会学、风俗学等。"⑤

王云五曰："譬如经部的《书》是一部古史，《诗》本是文学，《春秋》也是历史，《三礼》等书是社会科学，《论》《孟》也可以说是哲学。"⑥

蒋伯潜曰："其实就'五经'的性质，按之'经史子集'四类的分法，它们简直可分入史、子、集三部。……所谓'经'实在没有特立一

---

① 柳诒徵：《论近人讲诸子之学者之失》，载《柳诒徵史学论文续集》，上海古籍出版社1991年版，第520—521页。原刊1921年11月《史地学报》创刊号，重刊1931年《学衡》第73期。

② 钱玄同：《答顾颉刚先生书》，载《古史辨》第一册，北平朴社1926年版，第75—78、69页。

③ 蔡元培：《学堂教科论》，普通学书室1901年石印版，载《蔡元培全集》第1卷，中华书局1984年版，第145页。

④ 蔡元培：《我在教育界的经验》，《宇宙风》1937年12月第55期。

⑤ 吴康：《重编中文书目的办法之商榷》，《北京大学日刊》第6分册，1920年9月16日。

⑥ 王云五：《中外图书统一分类法》，上海商务印书馆1928年版，第2页。

部的必要。"①

杜定友曰："我们主张打破经部，并没有不尊重的意思，也没有特别提升的必要。在图书分类学上，经书与哲学和其他科学并无轩轾。……我们所打破的各种单位的经书，如《尚书》入史，《诗经》入文，《易》入哲学，《礼》入伦理学，《乐》入艺术，《春秋》入史等，完全就研究上的便利。"②

在新分类法方面，沈祖荣《仿杜威书目十类法》以 000 为经部及类书。《自序》曰："经书为四库首部，其性质近于类书，所有经解注疏，以及字典、丛书、杂志，及百科全书，悉编入之。"③

实则经部虽与西洋学科分类不同，而确乎自成部类。《汉志》谓诸子以下均出于王官，可知经部即是三代四代天子之官学，以往刘师培、章太炎诸人言之颇详，而王官之学自是一种分类。

《汉志》又云："六艺之文，《乐》以和神，《诗》以正言，《礼》以明体，《书》以广听，《春秋》以断事。"④ 大义与《礼记·经解》《史记·滑稽列传》孔子曰相发明。⑤

《汉志》又云："五者盖五常之道，相须而备……犹五行之更用事焉。"大义与《庄子·天下》"譬如耳目鼻口，皆有所明……皆有所长，时有所用"相发明。《隋志》又云："遭时制宜，质文迭用，应之以通变，通变之以中庸。中庸则可久，通变则可大。"此言五经自有其系统，皆相关联，不可割裂，亦无可取代。不惟自成一类，而且"具有特色"。

按六经内容虽可分别与现代文学、史学、哲学等学科对应，然所谓"经"之所以为"经"本不以内容划分。即史、集之中，亦各具文史哲内容，然亦不失其为史为集也。

---

① 蒋伯潜：《经与经学》，上海世界书局 1941 年版，第 11—12 页。

② 杜定友：《三民主义中心图书分类法》，经部，国立中山大学图书馆 1948 年版。

③ 沈祖荣：《仿杜威书目十类法》，凡例，武昌文华公书林 1922 年版中，第 4 页。

④ 姚振宗《七略佚文》作："书以决断，断者义之证也。"

⑤ 《礼记·经解》曰："温柔敦厚，《诗》教也。疏通知远，《书》教也。广博易良，《乐》教也。絜静精微，《易》教也。恭俭庄敬，《礼》教也。属辞比事，《春秋》教也。"《史记·滑稽列传》曰："孔子曰：'六艺于治一也。《礼》以节人，《乐》以发和，《书》以道事，《诗》以达意，《易》以神化，《春秋》以义。'"《史记·太史公自序》及《汉书·司马迁传》作："《易》以道化，《春秋》以道义。"

此义《四库总目提要》言之最明。其言曰："经禀圣裁，垂型万世，删定之旨，如日中天，无所容其赞述，所论次者，诂经之说而已。"虽曰存而不论，而定义实在下文。其言曰："盖经者非他，既天下之公理而已。"故经学亦可称为公理之学。

《汉志》亦云，《诗》《书》《礼》《乐》《春秋》"五者盖五常之道"，又云："与天地为终始也"；《史记·滑稽列传》曰："六艺于治一也"。此其为学，岂不自成一类。

（二）论史与经同源及经史为一

"六经皆史"，故史亦经，经史互释，同体而异名。故章实斋曰："古无经史之别，六艺皆掌之史官，不特《尚书》与《春秋》也。……若六艺本书，即是诸史根源，岂可离哉！"（《校雠通义·外篇·论修史籍考要略》）

我国史书起源甚早，而史部分类则晚出。实斋曰："大抵《汉志》不立史部，凡遇职官、故事、章程、法度之书，不入六艺部次，则归儒杂二家。"（《校雠通义·汉志诸子》）钱基博曰："经名学而史不闻，史有书而学罕述。"[1]

《隋志》谓荀勖著《新簿》，总括群书，分为四部。二曰乙部，有古诸子家及近世子家、兵书、兵家、术数；三曰丙部，有史记、旧事、皇览簿、杂事。史部尚在诸子之后。但《汉志》早已有言："古之王者世有史官。君举必书，所以慎言行，昭法式也。左史记言，右史记事，事为《春秋》，言为《尚书》，帝王靡不同之。"《周礼·春官宗伯》载："大史掌建邦之六典，小史掌邦国之志，内史掌王之八枋之法，外史掌书外令。"《天官冢宰》又载："女史掌王后之礼职。"皆谓诸史起源甚早。

《世本》又谓："黄帝始立史官，仓颉沮诵居其职。"当三代四代之时，史官统领官书，凡诸典册莫不经由史官之手，故经史为一。《尚书》《春秋》自在六经之列，《逸周书》《左传》《国语》诸书内容亦颇为相近，亦为史官所掌。

---

① 钱子泉（钱基博）：《文史通义解题及其读法》，上海中山书局 1929 年版，龙虎书店 1935 年增订版，第 1 页。

两汉以下，情境则有不同。盖有三代四代之史，有两汉以降之史。三代四代，史称史官，而经皆官书，史即经，经即史，经史不分。两汉以降，正史可称史官，私修只可称之为史家，与诸子家言之意略同。今人有"史家"一语，上古史不得称家，称家则为子矣；今人有"史学"一语，三代四代之史不得称学，亦有史官而已矣。

张尔田曰："三代以上，帝王无经也，史而已矣；三代以上，帝王无教也，政而已矣。……经与史之区分，政与教之所由判也。由前而言，《六艺》皆三代之政也，故谓之为史；由后而言，《六艺》皆孔子之教也，故谓之为经。"①谓先有其实，后有其名；及有其名，已失其实。

钟泰曰："学至于义理其至矣！义理之原在经，其征在史；若夫诸子之书，百家之集，则皆经史之发挥，而义理之纶绪也。"②

乾隆帝《文源阁记》亦曰："以水喻之，则经者文之源也，史者文之流也，子者文之支也，集者文之派也。流也支也派也皆自源而分，集也子也史也皆自经而出。"按此所谓"史"，即两汉以后之史。

《史记》本题《太史公》，《汉志》列在《春秋》三传之后；至《隋志》，以《史记》居史部之首。此后官修与私著相混，而史部流衍最众。至清，《四库全书》分史部为正史、编年、别史、杂史、诏令、奏议、传记、史钞、载记、时令、地理、职官、政书、目录、史评，凡十五类。故章实斋著书，题名《文史通义》，而倡"六经皆史"之说。

"六经皆史"近人多解为"六经皆史料"。如胡适说："先生作《文史通义》之第一篇——《易教》——之第一句即云：'六经皆史也。'此语百余年来，虽偶有人崇奉，而实无人深懂其所涵之意义。……其实先生的本意只是说'一切著作，都是史料'。"③顾颉刚说："从前学者认为经书是天经地义，不可更改，到了章氏，六经便变成了史料，再无什么神秘可言了。"④周予同也说："章学诚所叫出的'六经皆史'说，在我们现在研究的阶级上，也仍然感到不够；因为我们不仅将经分隶于史，而且要

① 张尔田：《史微·内篇·明教》，上海书店出版社 2006 年版，第 227—228 页。

② 钟泰：《国学概论》序，上海中华书局 1936 年版，第 1 页。

③ 胡适、姚名达：《章实斋先生年谱》，上海商务印书馆 1929 年版，第 137 页。

④ 顾颉刚：《中国古代史研究序论》，《文史》2000 年第 4 辑，第 13 页。

明白地主张'六经皆史料'说。"①

　　然实斋自称"吾于史学，盖有天授"（《文史通义·家书二》），自称其书"题似说经，而文实论史"（《章氏遗书·上朱中堂世叔》）。作为史家，章氏本意自当以提升史学为己任，故"六经皆史"应当有一"向上"的解释：六经皆史，史即六经。如章太炎所言："上古以史为天官……人言六经皆史，未知古史皆经也。"②

　　故原实斋之意，不在抑经，而在升史为经。实斋是要将史学提升到经学的地位，亦即提升到王官学的地位。故《文史通义》开篇即称："六经皆史也。古人不著书，古人未尝离事而言理，六经皆先王之政典也。"（《文史通义·易教上》）三代四代之事不可复，而三代四代之遗义可复。其意存乎三代之际，故其书首论六经。而"六经皆史料"则是"向下"的解释，即认为六经只是可待加工的原材料，甚者则提出中国根本没有史学，只有史料，中国只是史料发达。

　　实斋原史升经之意，恰与"六经皆史料"之说相对。如钱穆所言："实斋倡为'六经皆史'之论，欲以史学易经学。"又曰："章氏'六经皆史'之说，本主通今致用，施之政事。……近人误会'六经皆史'之旨，遂谓'流水账簿尽是史料'。呜呼！此岂章氏之旨哉！"③

　　实斋《文史通义》题名，原出孟子。《孟子·离娄下》："王者之迹熄而《诗》亡，《诗》亡然后《春秋》作。晋之《乘》，楚之《梼杌》，鲁之《春秋》，一也。其事则齐桓、晋文，其文则史。孔子曰：'其义则丘窃取之矣。'"④

　　孟子言"事"、言"文"、言"史"、言"义"，而以四者为一。事谓史实，赵岐注："其事，则五霸所理也，桓、文，五霸之盛者，故举之。"文谓文字，赵岐注："其文，史记之文也。"史即《礼记·曲礼上》"史载

---

　　①　周予同：《治经与治史》，载《周予同经学史论著选集》，上海人民出版社1983年版，第622页。

　　②　章太炎：《訄书》重订本，"清儒"，三联书店1998年版，第156页。康熙间宁都易堂九子之一彭任《草亭文集·历代文约序》曰："经以载道，史以记事，经即史，史即经也。后世之所谓经史，道其所道，事其所事，是以不惟道与事分，而经史亦遂已截然分而为二己。"

　　③　钱穆：《中国近三百年学术史》，商务印书馆1997年版，第468页夹注、第433页夹注。

　　④　《公羊传·昭公十二年》曰："子曰：'《春秋》之信史也。其序，则齐桓、晋文；其会，则主会者为之也；其词，则丘有罪焉耳。'"与《孟子》不同。

笔"之史，谓史官其人。^① 义谓所寓含之意，古人凡著作皆有寓意。孙奭疏："赏罚之意于是乎在……故以赏罚之意寓之褒贬。"孔子非史官，而欲代行其职，赵岐注："不受君命，私作之，故言'窃'。"赏罚为天子之事，褒贬为史官之职，天子不失其位，王官不失其职，故其书尊为经。换言之，有其义则为经，无其义则惟是事与文而已。总之《春秋》不离事、文、史、义，四者一事。^② 实斋曰："经史之不可判也，犹道器之必不可分也。"^③

《文史通义》引孟子语，见《史德》《申郑》各篇。《申郑》曰："夫事即后世考据家之所尚也，文即后世词章家之所重也。然夫子所取，不在彼而在此。则史家著述之道，岂可不求义意所归乎？"《史德》曰："史所贵者义也，而所具者事也，所凭者文也。孟子曰……非识无以断其义，非才无以善其文，非学无以练其事。"《经解下》又曰："夫子之作《春秋》……盖其义寓于其事其文。"《言公上》又曰："载笔之士，有志《春秋》之业，固将惟义之求，其事与文，所以藉为存义之资也。"《方志立三书议》又曰："孟子曰……即簿牍之事，而润以尔雅之文，而断之以义，国史方志，皆《春秋》之流别也。譬之人身，事者其骨，文者其肤，义者其精神也。断之以义，而书始成家。"《和州志前志列传序例上》又曰："孟子所谓……明乎史官法度不可易，而义意为圣人所独裁。然则良史善书，亦必有道矣。"《为张吉甫司马撰大名县志序》又曰："志者，志也。

---

① 金毓黻谓古无以史名书之例，曰："周代以前，凡职司记事之人，皆谓之史。"又引钱大昕《廿二史考异》，谓《史记》之称出于魏晋以后，曰："而史之一词，遂由官名移而为书名。"金毓黻：《中国史学史》，重庆国立编译馆 1944 年初版，商务印书馆 1957 年新版，第 16、19 页。《隋志》云："史官既立，经籍于是与焉。夫经籍也者……咸有史官以纪言行。"余嘉锡谓"已开章氏之先声矣"。《目录学发微·小序篇》，民国铅印本，无版权页，第 58 页。

② 顾炎武曰："孟子曰'其文则史'，不独《春秋》也，虽六经皆然。"顾炎武：《日知录》卷 3，清康熙三十四年潘耒刻本。张其昀曰："昔孔子分作史之道为三：曰事、曰文、曰义。刘君言史才须兼有才、学、识三长。章君易之以今语，称之曰考据之学、词章之学、义理之学。"又作图表一一对应。张其昀：《刘知几与章学诚之史学》，《学衡》第 5 期，1922 年 5 月。

③ 章学诚：《文史通义·书坊刻诗话后》，清道光十二年大梁刻本。《礼记·郊特牲》："礼之所尊，尊其义也。失其义，陈其数，祝史之事也。故其数可陈也，其义难知也。知其义而敬守之，天子之所以治天下也。"此语论"义"最重。其所谓"义"何在？即下文"所以治天下"是也。郑玄注："言政之要尽于礼之义。"能知政要、能治天下，是之谓守义。实斋所通之义当在此。

其事其文之外，必有义焉，史家著作之微旨也。"①

实斋又特重方志，以为朝廷政典，尤见以史为经之意。盖上古只有政书，谓之经则为经，谓之史则为史，亦经亦史，要皆官书。《文史通义》论经为政书官书，《校雠通义》论方志为官书政书。刘咸炘谓："章言六经皆史，史皆官书。"② 史皆官书，故与经同。

由此推揣实斋之题名，"文史"犹《春秋》之文史，而其所欲明通之"义"亦犹孔子以私家代行王官之职之经义。有"文"有"史"而复能深通其"义"，则文立史立，而王官之职守不坠于地。"六经皆史"，是史官之极必造作六经，而史官之职守在于政教。自昔孔子、司马迁皆是据子升经、由史升经、期于致治，实斋之用心亦同乎此。③ 三代四代之史是经，故秦汉以后之史当承三代四代之遗意，此之谓由史升经。史部之学当以史官为正，以史家为偏；以得经义为正，以抒私见为偏，此之谓经史同一。必以经史两成之为结局，必不为两毁之，方是正解。④

钱基博以为《文史通义》之题名为"文通于史""以文为史"之义，曰："'文史通义'何谓也？章氏著书以明'文史通'之义云尔。""因以推见一切文之通于史，而著书阐明其义焉尔，故题目之曰'文史通义'也。"⑤ 备言文士撰文与史家之文之异同。按其说非是。

---

① 《传习录》载王阳明有"以事言谓之史，以道言谓之经，事即道，道即事。《春秋》亦经，《五经》亦史"之说，亦据《孟子》而发。

② 刘咸炘：《推十书·经略》，成都古籍书店1996年影印本。

③ 张尔田谓："《史记》一书上拟六艺。"《史微·史学》，上海书店出版社2006年版，第7页。

④ 沪上学者高峰又有"经统""史统"之辨，大略云："经""史"乃王官之学，诸子属百家之说而依违于"经""史"者，则"经"政"史"教，"经"体"史"用，"经"主常而"史"顺变，"经"以道论而"史"以事言；体用一源，道器不离。然秦汉之际，中国政制起一绝大变动，欧阳文忠所谓"由三代而下，治出于二"，"经""史"遂亦分途。今文家初不相应，竞倡"革命"之说；史家长于观变，反能以"变"为"常"。故东汉以降，"史统"日尊于"经统"。宋明诸儒、晚清公羊家，其初皆欲返"经统"之"道"而立"常"，然于"事"上俱成大"变"，此体"经"用"经"之弊也。惟两宋史学兴盛，小程子亦主"体用一源，显微无间"，又云"随时变易以从道"；"随时变易"乃"史"、乃"变"，而所从之"道"则为"经"、为"常"。其时浙东诸贤似亦有体"经"用"史"之意趣。或者此即陈寅恪先生盛赞"宋学"之微意耶？见高峰2009年2月23日来书。

⑤ 钱子泉（钱基博）：《文史通义解题及其读法》，上海中山书局1929年版，龙虎书局1935年增订版，第45、47页。

今人又有解"文史通义"为"文心"与"史笔",其意与现代学科文学与史学相近,似称实斋能兼文学与史学之才识。如乔衍琯所著《史笔与文心:文史通义》①,《文史通义:史笔文心的交融》②,《文史通义快读:史笔与文心》③,均解"文史"为"文+史"。此由不明经义之故。

(三) 论子书所以辅经

子部本与经部蝉联,故《七略》以诸子次六艺,荀勖《中经》以诸子家、近世子家及兵书、兵家、术数为乙部。

有经学然后有诸子。经学为治世之学,而诸子为衰世之学。晚周诸子皆不得已而后起,起而求治,故诸子皆以回归官学、辅经返正为准的。故《淮南子·泛论训》谓百家:"百川异源,而皆归于海;百家殊业,而皆务于治。"司马谈谓六家"夫阴阳、儒、墨、名、法、道德,此务为治者也",称引《易传》曰:"天下一致而百虑,同归而殊涂。"④

孙德谦曰:"(《庄子·天下篇》)谓'百家之学时或称而道之',岂彼百家者亦深于经义者乎?曰:《班志·诸子略》云'合其要归,皆六经之支与流裔',刘彦和亦云'述道言治,枝条五经',则后儒屏诸子为异端而以为离经叛道者,其说不足信矣。"⑤

孙德谦又曰:"六经论其常,诸子论其变;六经为治世学术,诸子为乱世学术。……诸子者,乱世之所贵;而六经者,其为太平世矣。"又曰:"周官废而诸子盛,乃学术升降之大原。"又曰:"六经而后,奇文郁起,其诸子哉!夫诸子蜂作,道源职官;《七略》要删,睎骥乎隆古;五代条别,探骊乎成周。"⑥又曰:"诸子之学,班志谓'合其要归,亦六经之支与流裔'。在班氏以为诸子者,经之支流也;若逆推之,其原即出于

---

① 该书时报文化出版公司 1987 年出版。

② 该书春风文艺出版社 1992 年出版。

③ 该书海南出版社、三环出版社 2005 年出版。

④ 《史记·太史公自序》引司马谈《论六家之要指》。

⑤ 孙德谦:《诸子通考》卷 1 论《庄子·天下篇》,江苏存古学堂 1910 年铅印本,第 19 页。

⑥ 孙德谦:《诸子通考》卷 2 论《汉志·诸子略》,江苏存古学堂 1910 年铅印本,第 145—146、166、213 页。

经矣。"①

先有诸子之名，而后有经学之名；犹之先有西学之名，而后有国学之名。其实皆在先，而名义每后起。孔子先以六艺设教，至汉立五经博士，今人或谓经学之名始于汉代，遂认为经学为汉代之学，则经学之次第反在诸子之后；又或以诸子百家之争鸣为"自由""繁荣"，经学乃是"窒息""结束"诸子者，故遂以为经学为一大反动。

子部古称"家""家言""私家言"，与王官相对。子家又称为"派"，"派"与"流"同义，而与"源"相对。② 王官谓天子之官，诸侯之大夫称家称私，钱穆谓"'官'是公义，'家'是私义，所谓百家之言，只是民间私议而已"③。

实斋谓上古"百官以治"，"未有以文字为一家私言者也"（《文史通义·经解上》）。又论道公而学私，曰："古人未尝取以为著述也，以文字为著述，起于官师之分职，治教之分途也。""治教无二，官师合一，岂有空言以存其私说哉！"（《校雠通义·原道》）罗根泽谓"战国前无私人著述"，章氏乃谓有著述即私人之事，而学术始不纯不完。

要之，子为流，经为源，故子者所以辅经，其精神祈向如此。

《抱朴子·外篇·百家》曰："正经为道义之渊海，子书为增深之川流。"

张尔田《史微·宗经》引傅玄《傅子》曰："圣人之道如天地，诸子之异如四时。"

张之洞《劝学篇·宗经》引刘向《晏子春秋叙录》"文章可观，义理可法，合于六经之义"，及《汉志》"若能修六艺之术，观九家之言，舍短取长，则可以通万方之略矣"，曰："斯可谓读诸子之准绳。"

张尔田又曰："自天子失官，诸子蜂起，始盛于战国，然考其要归，

---

① 孙德谦：《古书读法略例》卷5"善推例"条，上海商务印书馆1936年版，第266页。

② "源"，俗字，本作"原"，古文作"灥"。《说文》："灥，水本也。从灥出厂下。"段玉裁注："各本作'水泉本也'，今删正。厂者，山石之厓岩，会意。"《说文》又云："原，篆文从泉。"又云："泉，水原也。象水流出成川形。""支与流裔"，颜师古注："裔，衣末也。其于六经，如水之下流，衣之末裔。""派"，《说文》："派，别水也。"刘勰《文心雕龙·附会》："整派者依源，理枝者循干。"

③ 钱穆：《国史大纲》，商务印书馆1996年修订三版，第96页。

无不思以所学上代史统也。"（张氏"史统"指经而言。）①

罗止园曰："诸子百家，各是其是，纷纭博辩，非不各有其理，然一视六艺之旨，则萤火也。"②

汪辟疆曰："盖六经以后，其能推见道术大原，实推晚周以后子家，虽纯驳不同，要足羽翼经传。"③

有三代四代之经，有汉代之经。三代四代之经，有经之实，无经之名。近人或谓上古无经学之名，又谓上古政学不分，又谓上古学术为贵族所专擅，又谓诸子兴起学术始普及于民间。④ 不知上古只有官书，无私家著述，无须区别，故无须另立名目。⑤ 上古为宗法制，官长即父兄，一姓之内有大宗有小宗，父兄子弟，降杀以等，并无"贵族"与"平民"的两极对立。⑥ 上古各以技守职，凡官皆为技术官。三公坐而论道，凡技皆有道，道器不离也。《左传·昭公二十九年》载蔡墨曰："物有其官，官修其方，朝夕思之。一日失职，则死及之。"是知上古并无若干贵族专门做官，另有若干学者专门治学，政统与治统、道统与学统可以两不相干也。

诸子之名，起于大夫。⑦ 大夫为世家，故诸子又称家，家谓世家，非一人。天子诸侯称世本世家，大夫士亦各有世业。陈钟凡、王蘧常谓"家为畴官世业之名"。李文禘谓："学术在于私家，其人率身从大夫之后

---

① 张尔田：《史微·子馀》，上海书店出版社 2006 年版，第 65 页。

② 罗止园：《经史子集要略》，北平三友图书馆 1935 年版，第 345 页。

③ 汪辟疆：《目录学研究》，上海商务印书馆 1934 年版，第 92 页。

④ 如杨东莼说："学术思想……又对贵族而得到解放，于是'王官世守'垄断学术之局毁，而知识始下逮普及。"杨东莼：《中国学术史讲话》，上海北新书局 1932 年版，第 31 页。曹朴说："过去知识全由封建贵族所垄断（所以《汉书·艺文志》说'诸子出于王官'）。由于贵族的没落，将知识带到民众中间去传播（如孔子在民间讲学），产生了许多新的知识分子。"曹朴：《国学常识》，桂林国文杂志社、文光书店 1943 年版，第 170 页。

⑤ 实斋谓"经不言经""三传不言传"（《文史通义·经解上》），朱熹解"无极而太极"曰"无形而但有理"（《朱子文集》卷三十六《书（陆陈辩答）·答陆子美》），皆此意。

⑥ 龚自珍《古史钩沉论》谓："五经者，周史之大宗也。……诸子也者，周史之支孽小宗也。"以大小宗譬源流，其说可参。

⑦ 张尔田《史微·明教》引《左传·昭公七年》孔颖达疏："身为大夫，乃称夫子。"陈钟凡《诸子通谊·流别》（上海商务印书馆 1925 年版，第 15 页）、王蘧常《诸子学派要诠》卷下（上海中华书局 1936 年版，第 177 页）引《公羊传·宣公六年》何休注："古者士大夫通曰子"，及汪中《述学·释夫子》："古者孤卿大夫皆称子……凡为大夫，自适以下皆称之曰子。"

而掌官守之实者，于是弟子以'子'字题其著作，谓之'子书'。"① 其说近理。

上古因事得官，因功得姓，故"姓"与"官"相近。"官"又称"氏"，又称"人"，"民"即姓氏之泛泛小宗。《尚书·尧典》："九族既睦，平章百姓。"孔安国传："百姓，百官。"陈大猷《书集传或问》："或问百姓之为百官族姓何也？曰：唐孔氏谓《左传》云'天子建德，因生以赐姓'，谓建立有德以为公卿，因其所生之地而赐之以为姓，令其收敛族亲，自为宗主。按《史记》黄帝二十五子，得姓者十四人。上古必德位尊显者，始得姓，故百姓多指百官。其后人皆有姓，故百姓多指民。"②

《周礼·天官冢宰》贾公彦疏："《周礼》之内，宗伯之类，诸言'伯'者，伯，长也，以尊长为名。县师之类言'师'者，皆取可师法也。诸称'人'者，若轮人、车人、腊人、鳖人之类，即《冬官》郑云'其曰某人者，以其事名官'。言'氏'者有二种，谓若桃氏为剑、筑氏为削之类，郑注《冬官》'族有世业，以氏名官'。若冯相氏、保章氏、师氏、保氏之类，郑注引《春秋》'官有世功，则有官族'是也。"《礼记·曲礼下》孔颖达疏引干宝曰："凡言司者，总其领也。凡言师者，训其徒也。凡言职者，主其业也。凡言衡者，平其政也。凡言掌者，主其事也。凡言氏者，世其官也。凡言人者，终其身也。"③ 是知先能守职，然后可以居官；先有世畴世业，然后有其道术，并非无故便成贵族，然后别处另有一件学术而贵族可以取为"专利"。又并非平民本有学术，为贵族无故侵夺，至东周重又归于民间。

原古之初，不只平民无学，大夫私家皆无学也；不只私家无学，政教合一故天子王官亦本无学也。故张尔田曰："三代以上，帝王无经也，史

① 李冷衷（李文裿）：《国学常识述要》，北平众教学会 1934 年版，第 27 页。大意又参见顾荩臣：《国学研究·子部》，上海世界书局 1930 年版，第 1 页；高维昌：《周秦诸子概论》，上海商务印书馆 1935 年版，第 7 页；王蘧常：《诸子学派要诠》，上海中华书局 1936 年版，第 177 页。

② 张尔田据《礼记·曲礼上》有"民虏"之称，以为始与"百姓"有别，曰："三代以上之民皆萌虏也……若百姓则皆贵族之父兄子弟，因生赐姓，与国终始者。"张尔田：《史微·明教》，上海书店出版社 2006 年版，第 225 页。按"民虏"又见《文子》《吕氏春秋》《淮南子》。

③ 晋唐人略言其大概，孙诒让谓官名实可互称。参见孙诒让《周礼正义》卷 1。

而已矣；三代以下，帝王无教也，政而已矣。六艺皆三代之典章法度，太史职之以备后王顾问，非百姓所得而私肄也。自六艺归于儒家，三代之典章法度一变而为孔子之教书，而后经之名始立。故经也者，因六艺垂教而后起者也。"①

刘向《说苑·君道》又云："夫势失则权倾，故天子失道，则诸侯尊矣；诸侯失政，则大夫起矣；大夫失官，则庶人兴矣。由是观之，上不失而下得者，未尝有也。"此谓宗法阶级废弛，学术先失后得，并无垄断之事。近代学术起于乱世，逐时、顺俗，故贬损三代之"贵族"，称道学术之"下放"。始则以子学贬抑经学，"婢作夫人"；继则"辨伪""移置"，置经学于汉代，数千年文化蓄积一旦成为"无头"之学。②

故我国文化之兴盛，三代四代王官学是源，晚周诸子学是流；三代王官学是正题，晚周诸子学是反题。取消三代王官学的源头地位，而代之以晚周诸子学，其影响不只是掩盖上古真实、缩短文明年限，而是正题与反题的倒置，与中国学术各期的整体错位。

（四）论集部最杂而最后起

《四库提要·集部总叙》曰："四部之书，别集最杂。"

"集"字解为杂会。《尔雅》："集，会也。"《说文》："集，本作雧。群鸟在木上也。""杂"字又写作"雜""雥"，《说文》："雥，群鸟也。从三隹。"隋许善心《神雀颂》："景福氤氲，嘉贶雥集。"故集部本为杂会之书。

"集""杂"二字可以互释。然杂家之杂谓能兼采众家之善，非杂糅不纯、不成一家之意。江瑔曰："杂家之'杂'为'集'（见《方言》），为'合'（见《国语》注），为'聚'（见《广雅》），为'会'（见《吕

---

① 张尔田：《史微·明教》，上海书店出版社 2006 年版，第 227—228 页。
② 借用牟宗三评胡适语："胡适之先生讲中国哲学，是直接从老子开始，这是不对的……所以有人说胡适之先生的那个哲学史是无头的哲学史。"牟宗三：《中国哲学十九讲》，上海古籍出版社 1997 年版，第 49 页。

览》注)。"① 孙德谦曰："古之杂家，兼儒墨，合名法。《隋书·经籍志》所谓'通众家之意'者也。故杂家者，不名一家，而实未尝不自成一家。后儒每以类书牵合之，亦见其陋矣。"②

章实斋曰："文集者，辞章不专家，而萃聚文墨以为蛇龙之菹也。"(《文史通义·诗教上》) 又曰："文集之名，起于末世无本之学。"(《文史通义·和州志艺文书辑略》) 又曰："集者非经而有义解，非史而有传记，非子而有论说，无专门之长，而有偶至之诣。"(《章氏遗书·为毕制府拟进湖北三书序》)

陈钟凡曰："自文集盛而家学衰，典故穷而类书起，学术之途，已樊然淆乱，治丝益纷，乃不得不立集部之名，为群流汇归之地。"③

吕思勉曰："集为后起……此等书在经、史、子三部中，无类可归，乃不得不别立一名，而称之曰'集'。"又曰："吾国书籍，分为经、史、子、集四部；而集为后起之物，古代只有经、史、子三者。……逮于后世，则子亡而集代兴。集与子之区别，集为一人之著述，其学术初不专于一家；子为一家之学术，其著述亦不由于一人。"④

王云五曰："关于集部，尤其是复杂，表面上虽皆偏于文学方面，其实无论内容属于哪一类的书籍，只要是不能归入经史子三部的，都当它是集部。"⑤

集部以辞藻为宗。昭明太子《文选序》云："老庄之作，管孟之流，盖以立意为宗，不以能文为本。……至于记事之史，系年之书，所以褒贬

---

① 江瑔：《读子卮言》第十五章"论杂家非驳杂不纯"，上海商务印书馆 1917 年版，华东师范大学出版社 2012 年点校本，第 119 页。

② 孙德谦：《古书读法略例》卷 2，上海商务印书馆 1936 年版，第 63—64 页。又参见张尔田《史微·原杂》。刘向所著《五经通义》，郑玄所著《六艺论》，殆皆杂家之学。刘师培谓与《白虎通义》为一类。参见刘师培《刘向撰〈五经通义〉〈五经要义〉〈五经杂义〉辨》，《国粹学报》第六年第八号，1910 年出版。《白虎通义》所谓"杂论经传""考详同异"，以至"通经释义"，即杂家之所长。

③ 陈钟凡：《古书校读法》，上海商务印书馆 1923 年版，第 30—31 页。

④ 吕思勉：《经子解题》，上海商务印书馆 1926 年版，第 1、83 页。

⑤ 王云五：《中外图书统一分类法》，上海商务印书馆 1928 年版，第 2 页。至如钱基博引章学诚《文史通义》所论："子有杂家，杂于众不杂于己，杂而犹成其家也。文有别集，集亦杂也，杂于体不杂于指。集亦不异于诸子也。"钱基博：《古籍举要》(《后东塾读书记》)"诸子"，世界书局 1933 年版，第 77 页。钱氏长于词章，所谓"不杂于指"盖偏于理想之论。

是非，纪别异同，方之篇翰，亦已不同。若其赞论之综缉辞采，序述之错比文华，事出于深思，义归乎翰藻，故与夫篇什杂而集之。"《四库提要·子部总叙》曰："自六经以外立说者，皆子书也。"准此，亦可谓"自六经以外为辞藻者，皆集也"。

集部以楚辞为首，其定名始于西汉之末。《四库全书》分集部为楚辞、别集、总集、诗文评、词曲五类。《集部总叙》曰："集部之目楚辞最古，别集次之，总集次之，诗文评又晚出，词曲则其闰余也。"《汉志》诗赋略亦以《屈原赋》二十五篇居首，而"定名《楚辞》，自刘向始"[1]。张之洞曰："《楚辞》兼有屈、宋、杨、刘诸人作，义例实是总集，但从前著录皆自为一类，冠于别集之前。"[2]

集部既创自楚辞，而始于诸赋，则其地位尚在诸子之下，故亦为六经之支与流裔无疑。

刘师培曰："屈宋继兴，爰创赋体，撷六艺之精英，括九流之奥旨。"[3]

姚永朴曰："吾尝论古今著作，不外经史子集四类。约而言之……经盖子史之源也……集则子史之委也。"[4]

叶长青："问：《诗赋略》何以次《诸子略》之后？答：诗赋者，所以表国华而观风俗，犹《六艺》之有《三百篇》也。与《诸子略》之穷智究虑以明治要者，自居其次焉。"[5]

近代以来学者往往以《楚辞》与《诗经》并重。五经之中，《易经》又别称《周易》，《诗经》别称《毛诗》，《书经》别称《尚书》，《礼经》别称《仪礼》（汉以后以《周官经》为礼经，又别称《周礼》），《春秋经》别称《春秋》。学者解析五经，谓与孔子无关，又谓绝非"经典""神圣"，凡所称道，率避"经"字。比较而言，五经之中唯《诗经》所

---

① 《四库提要》楚辞类小序。

② 张之洞：《书目答问·集部》。

③ 刘师培：《文说·宗骚》，《国粹学报》第 11 期，1906 年 4 月 13 日。

④ 姚永朴：《文学研究法·范围》，上海商务印书馆 1916 年版，第 24 页。

⑤ 叶长青：《汉书艺文志问答》，上海正中书局 1937 年版，第 127 页。

受质疑最少，① 如胡适以新法讲《中国哲学史》，"丢开唐、虞、夏、商，径从周宣王以后讲起"，犹称"用《诗经》作时代说明"。② 又谓"现在先把古史缩短二三千年"，亦称"从《诗三百篇》做起"。③ 然而亦唯《诗经》书名仍留得一"经"字，可喜可怪。《诗经》既由经部转化为文学书，《楚辞》遂得与之并列，同为"先秦文学"之重镇。学者又以区域地理解析中原核心，将《诗经》《楚辞》与地域相匹配，谓《诗经》为北方黄河流域作品，《楚辞》为南方长江流域作品，纵向之史被横向之论所打破，二者遂不分轩轾，经义既失，而集部亦失去根柢，可谓两失。④

五 论不止诸子出于王官，诗赋、兵书、术数、方技皆出王官

姚振宗曰："大抵六艺传记，则上溯于孔子。诸子以下，各详记其官守。皆一一言师承之授受，学术之源流，杂而不越，各有攸归。"⑤ 所谓"诸子以下"，即谓诗赋、兵书、术数、方技四略；所谓"各详官守"，即谓天子王官。

《四库全书》分子部书为十四类：儒家、兵家、法家、农家、医家、天文算法、术数、艺术、谱录、杂家、类书、小说家、释家、道家。较之《汉志》，除六艺、诗赋以外，均已囊括。可知由清代馆臣看来，《七略》除六艺、诗赋以外，其余兵书、数术、方技，率皆可入子部。

---

① 此由相对而言。实斋谓历代"文学"之变迁云："略《易》、《书》、《礼》、《乐》、《春秋》而独重《毛诗》；《毛诗》之中又抑《雅》《颂》而扬《国风》；《国风》之中又轻国政民俗而专重男女慕悦；于男女慕悦之诗又斥诗人风刺之解，而主男女自述淫情。"《文史通义·内篇·书坊刻诗话后》。今世大略同之。

② 顾颉刚：《自序》，载《古史辨》第一册，北平朴社1926年版，第36页。

③ 胡适：《自述古史观书》，载《古史辨》第一册，北平朴社1926年版，第22页。

④ 子部书亦有以地域匹配者，如谓儒家为洙泗之鲁学，道家为涡淮之楚学，法家为三晋之学，邹衍诸人为稷下齐学等。梁启超著《论中国学术思想变迁之大势》，以战国诸子为"全盛时代"，其第一期分为"两派"（北派南派）。柳诒徵驳之曰："按孔老南北之说，亦出于日本人。日本人读中国书素无根柢，固不足责。梁氏自居学识高于刘歆者，何得出此不经之言耶？"柳诒徵：《论近人讲诸子之学者之失》，载《柳诒徵史学论文续集》，上海古籍出版社1991年版，第535页。

⑤ 姚振宗：《七录别录佚文·叙》。

《四库全书》子目分类以"篇帙繁富可以自为部分"为准则，较之《诸子略》，少却墨、名、纵横三家，殆由部帙不足以独成一目。由此反观《七略》体例，其于《诸子略》以外另立诗赋、兵书、数术、方技四略，殆亦由于部帙独多，单独分目为便。故《诸子略》与诗赋、兵书、数术、方技四略，虽然分类不同，性质实未尝相远。殆自刘歆看来，诸子、诗赋、兵书、数术、方技五者未尝不可以列为一部。

故其论诸子则曰："儒家者流，盖出于司徒之官。……道家者流，盖出于史官。……阴阳家者流，盖出于羲和之官。……法家者流，盖出于理官。……名家者流，盖出于礼官。……墨家者流，盖出于清庙之守。……从横家者流，盖出于行人之官。……杂家者流，盖出于议官。……农家者流，盖出于农稷之官。"[1] 此为九流。

又曰："小说家者流，盖出于稗官。"此为十家。[2]

又曰："兵家者，盖出古司马之职，王官之武备也。……数术者，皆明堂羲和史卜之职也。……方技者，皆生生之具，王官之一守也。"

其论兵家、数术、方技出于上古官守，与诸子九流十家全同。[3] 由此确证《诸子略》与兵书、数术、方技三略性质相同，皆为"六经之支与流裔"。

《隋志》已合子部为十四类，云："《汉书》有《诸子》、《兵书》、

---

[1] 姚振宗《七录别录佚文》据荀悦《汉纪》云："儒家者流，盖出于师徒之官。……墨家者流，盖出于清庙之官。"文字与传本不同。

[2] 罗焌谓去一家为九流，所去者为阴阳家，云："十家中所去之一家，说者皆以为小说（北齐刘昼《九流篇》已去小说家）。今考班氏虽以小说为小道，而其叙小说家引孔子曰：'虽小道必有可观者焉'，是小说亦有可观，其不可观者似非小说。尝以《隋志》较之，则所去者为阴阳家言也。自隋以后历代史志子部皆无阴阳，盖古阴阳家书无一完存，后有作者皆并入天文、历数、五行三类中矣。"罗焌：《诸子学述》上编第三章《诸子家数》，上海商务印书馆1936年初版，岳麓书社1995年重印本，第13页。王重民《校雠通义通解》引文廷式《纯常子枝语》卷四亦谓："《汉书·艺文志》九流皆略有考见之书，惟阴阳家者流则二十一家书悉皆亡佚。"王重民：《校雠通义通解》，上海古籍出版社1987年版，第99页。

[3] 亦唯兵家与方技明言出于"王官"。姚明煇《汉书艺文志注解》："王官，王朝之官。"孙德谦谓《诸子略》十家与兵书、方技、数术，有政教之别，其渊源则又有古官、王官之别。十家出于古官，兵书、方技、数术出于王官，至汉犹尚如是，故"谓之王官，特就汉而言"。孙德谦：《古书疑义举例》卷5"读书不破常解例"条，上海商务印书馆1936年版，第304页。所论尤为精细。

《数术》、《方伎》之略，今合而叙之，为十四种，谓之子部。"

胡应麟曰："六艺，经也。诸子、兵书、术数、方伎四略，皆子也。"①

章实斋曰："《七略》以《兵书》、《方技》、《数术》为三部，列于《诸子》之外，至四部而皆列子类，然列其书于子部可也。"（《校雠通义·校雠条理》）

江瑔曰："兵书一类，尤纯然为子体……故班氏叙述诸子十家，皆云出于某官，而于兵家亦云出古司马之职，体例无异，是可知兵家亦诸子之一也。"②

章太炎曰："《汉书·艺文志》从刘歆《七略》来出，把一切书分做六部。其中诸子、兵书、数术、方技四部，现在统统叫做子书，六部中间，子书倒占了四部……现在的分部，兼有诸子、兵书、数术、方技四部，古来分，近来合，原没有什么不可。"③

《七略》唯不言诗赋出于王官，唯曰："学《诗》之士，逸在布衣，而贤人失志之赋作。"然赋出于《诗》，《诗》绝而赋作，《诗》即王官也，《六艺略》于《诗》六家明言"古有采诗之官"，故诸赋之流实亦出于王官。

班固《两都赋序》曰："赋者，古诗之流也。"

刘勰《文心雕龙·诠赋》曰："荀况礼智，宋玉风钓，爰锡名号，与《诗》画境，六艺附庸，蔚成大国。"

张尔田曰："《离骚》二十五篇，后世所尊为文章之祖者也，而源流即出于风诗。"④ 又曰："屈原独依诗人之义而作《离骚》。"⑤

叶长青曰："赋者，古诗之流，以源流言，故先诗后赋。"⑥

---

① 胡应麟：《经籍会通》卷2。

② 江瑔：《读子卮言》第一章"论子部之沿革兴废"，上海商务印书馆1917年版，华东师范大学出版社2012年点校本，第6—7页。

③ 章太炎：《论诸子的大概》，载《章太炎的白话文》，贵州教育出版社2001年版，第100—103页。

④ 张尔田：《史微·诸子文说》，上海书店出版社2006年版，第71页。

⑤ 张尔田：《史微》，上海书店出版社2006年版，黄曙辉校勘记，第79页。

⑥ 叶长青：《汉书艺文志问答》，上海正中书局1937年版，第127页。

楚辞既源出《诗经》，其性质遂略同于诸子，学者或谓其类于儒家，或谓其类于纵横家。

章实斋曰："古之赋家者流，原本《诗》《骚》，出入战国诸子。……虽其文逐声韵，旨存比兴，而深探本源，实能自成一子之学。"（《校雠通义·汉志诗赋》）又曰："赋家者流，犹有诸子之遗意，居然自命一家之言。"（《文史通义·诗教下》）

陈澧曰："澧以为屈原之文，虽诗赋家，其学则儒家也。"[1]

钱基博谓："辞赋家者流，盖原出诗人风雅之遗，而旁溢为战国纵横家之说……而为纵横之继别。"[2]

故《七略》《汉志》所述，五略皆出王官，即皆出于六艺。故《七略》《汉志》论天下学术实为源流二分，六艺为源，自余皆是流派。《礼记·学记》云："三王之祭川也，皆先河而后海，或源也，或委也。此之谓务本。"[3] 实斋能知其意，故其言曰"辨章学术，考镜源流"。

刘咸炘曰："章先生由《七略》六艺、诸子之分，而明道公学私、事先理后之大理，可假名之曰'校雠哲学'。"[4]

六　论《七略》《汉志》"出于""起于"之例，及
近人"诸子不出于王官论"之误读

1917 年，与前引毛泽东题记同时，胡适撰写、发表了《诸子不出于王官论》一文。[5] 文称诸子出于王官说有四谬：第一刘歆以前论诸子学派者皆无此说，第二九流无出于王官之理，第三《汉志》所分九流乃汉儒陋说，第四章太炎发挥诸子出于王官之说不能成立。文章反驳《汉志》，

① 陈澧：《东塾读书记》"诸子书"，世界书局 1933 年版，第 134 页。姚永朴《诸子考略》引陈澧之说，以屈原入诸子，作《考楚辞略》。
② 钱基博：《古籍举要》（《后东塾读书记》）"诸子"，世界书局 1933 年版，第 66 页。
③ 郑玄注："源，泉所出也。委，流所聚也。始出一勺，卒成不测。"
④ 刘咸炘：《校雠述林》第 3 册，1936 年自刊本。实已窥见"二分法"之幽微。
⑤ 原题为《论九流出于王官说之谬》，草于 1917 年 4 月，10 月刊《太平洋》第 1 卷第 7 号，后收入《中国哲学史大纲（卷上）》附录及《古史辨》第四册，改题今名。

而认同《淮南子·要略》，认为诸子起源于时势。其言曰："《淮南·要略》专论诸家学说所自出，以为诸子之学皆起于救世之弊，应时而兴。……然其大旨，以为学术之兴，皆本于世变之所急。其说最近理。""故诸子之学，皆春秋战国之时势世变所产生。"[①]

1927 年傅斯年在中山大学主讲《战国子家叙论》，将"王官说"修正为"职业说"，认为战国诸子除墨子外皆出于职业，如儒家出于"教书匠"等。[②]

1947 年冯友兰在美国讲授中国哲学史，又加修正曰："儒家者流，盖出于文士。墨家者流，盖出于武士。道家者流，盖出于隐者。名家者流，盖出于辩者。阴阳家者流，盖出于方士。法家者流，盖出于法术之士。"[③]

其后学者往往以诸子起源于王官与起源于时势分别归属《汉志》《淮南》，迄今犹尚如此。[④]

民国新潮学者喜言"时势""时代思潮"。即以"时势"言，其实《汉志》屡屡强调"及周之衰""战国纵横""诸侯逾度"，只是并非如民

---

① 胡适《中国哲学史大纲（卷上）》，上海商务印书馆 1919 年版，附录，第 3 页。张舜徽谓诸子不出王官，曹耀湘（镜初）先有其说，曹著《墨子笺》曰："刘歆之叙诸子，必推本于古之官守，则迂疏而鲜通。至谓墨家出于清庙之守，尤为无稽之妄说，无可采取。"该书有湖南官书报局 1904 年刊本。张舜徽曰："自刘、班论列诸子，谓皆出于王官，后之辨章学术者，率奉此以为定论。独清末学者长沙曹氏以为不然，载其说于《墨子笺》中。"张舜徽：《汉书艺文志通释》，华中师范大学出版社 2004 年版，第 346 页。

② 参见傅斯年《战国子家叙论》"论战国诸子除墨子外皆出于职业"，载《傅斯年全集》第 2 册，联经出版事业公司 1980 年版。

③ 冯友兰：《中国哲学简史》第三章"各家的起源"，小目题为"对刘歆理论的修正"，美国麦克米伦出版公司 1948 年英文原版，涂又光中译本，北京大学出版社 1985 年版，1996 年第二版，第 33 页。

④ 现代学者多承胡、冯旧说。唯黄丽丽、刘巍有所指明，指出："'皆起于'三字强调了诸子之学是应时势之变、时代之需要而诞生的，这与《淮南子·要略》之论是一致的。"黄丽丽：《试论〈汉书·艺文志〉"诸子出于王官"说（上）》，《中国历史文物》1999 年第 1 期，第 66 页。"柳诒徵认为……'即《淮南子·要略》亦非专主救世之弊一端也'。……笔者想进一步指出的是：即《核实·艺文志》亦非专主'出于王官'之一端也。"刘巍：《"诸子不出于王官论"的建立、影响与意义——胡适"但开风气不为师"的范式创新一例》，《近代史研究》2003 年第 1 期，第 78—79 页。

国学者之喜见纷纭而已。①

民国学者对于"时代思潮"概念的误用，兹不具论。此处所要指出的是，胡适、傅斯年、冯友兰诸人以"学科"为宗旨的种种方法、学理的阐述，以及围绕《七略》《汉志》的一大批驳议，其实均由于对《汉志》文本的误读。误读的原因又并非复杂的训诂问题，而只是对于古书文本若干明文的视而不见，究其原因，殆仍是民国社会思潮之"时势"使然。

《汉志》本于《七略》，其为书皆有体例。其述诸子九流十家，各言"出于"某官，凡十处。末又总论十家，而曰"皆起于"某事。"出于""起于"二语虽仅一字之别，指事类情实有不同。

《七略》《汉志》俱出史官之手，其例略如《春秋》。如《易》九家曰"入刘向《稽疑》一篇"，颜师古注："此凡言'入'者，谓《七略》之外班氏新入之也；其云'出'者，与此同。"其他如言"多"、言"省"、言"重"，皆各具体例，前人论之已详。②

《汉志》论九流十家"出于"，已见上引。其论九流十家"起于"，又云："诸子十家，其可观者九家而已。皆起于王道既微，诸侯力政，时君世主，好恶殊方，是以九家之术蜂出并作，各引一端，崇其所善，以此驰说，取合诸侯。"

九流十家"出于"各节，孙德谦名为"辩章得失见后论例"，张舜徽名为"每类之末用总结例"。九流十家"起于"一节，孙德谦名为"每类后用总论例"，张舜徽名为"每略之尾用总论例"。孙德谦曰："班志于一类后既作后论以究学术之得失矣，其于一略之中再用总论者何哉？盖后论只及一家，总论则包举全体也。《六艺略》云'五者盖五常之道，相须而备，而《易》为之原'，《诸子略》云'合其要归，亦六经之支与流裔'。

---

① 好古深通之士如孙德谦曾谓："夫战国为兵争之世……孟子……皆言当世战祸耳。……墨子亦救世之士也。……老子……所言者皆衰世之事可知矣。……"孙德谦：《古书疑义举例》卷5"论世例"条，上海商务印书馆1936年版，第341—344页。对于诸子之学的衰世背景，亦特加留意。

② 如孙德谦《汉书艺文志举例》有"称出入例""称省例"条。高维昌亦曰："刘氏去古未远……班氏宗之，而参以'出入省'三例。"高维昌：《周秦诸子概论》，上海商务印书馆1930年版，第23页。

一则明《易》为六艺之原，一则明诸子之学其要皆本于经，是其于一家之中有不能言者，故复作总论以发挥之。"①

"出于"各节，章实斋、姚振宗又称为"条辨流别数语"，曰："《辑略》……此最为明道之要，惜乎其不传，今可见者唯总计部目之后条辨流别数语耳。"（《校雠通义·原道第一》）②

实斋又曰："刘歆盖深明乎古人官师合一之道，而有以知乎私门初无著述之故也。其叙六艺，而后次及诸子百家，必云某家者流盖出于古者某官之掌，其流而为某氏之学，失而为某氏之弊。"（《校雠通义·原道》）按实斋所言"流而为""失而为"二语，承接"出于"之后，实亦古人论学之通例。③

"出于"各节与"起于"一节蝉联而下，两相对读，明显可以看出二者语义上的差别。

"出"与"起"亦有远近之别。"出"谓出生，《左传·成公十三年》："康公，我之自出。"《易经·说卦传》："万物出乎震，震东方也。"《说文》云："出，进也，象艸木益滋，上出达也。""生，进也，象艸木生出土上。""起"谓举而立、立而行。《说文》云："起，能立也。"

故"出于"即九流十家产生之远源，"起于"即其产生之近因，二者绝不相混。学术必有其学理之内在渊源，亦当有其触发之直接原因。④

《汉志》小学十家又曰："《苍颉》七章者，秦丞相李斯所作也；《爰历》六章者，车府令赵高所作也；《博学》七章者，太史令胡母敬

---

① 孙德谦：《汉书艺文志举例》，四益宦 1918 年刊本。张舜徽之发凡起例，见《广校雠略》附录，华中师范大学出版社 2004 年版，第 118 页。据作者题记，《释例》作于 1946 年。

② "起于"一节，姚振宗又谓即《辑略》原文，曰："按'条辨流别数语'即《辑略》之文。"姚振宗：《汉书艺文志条理·叙录》，《师石山房丛书》刊本。又曰："按此一篇文格，大类刘歆《移太常博士书》。是亦班氏全用《辑略》之文之一证。"姚振宗：《汉书艺文志条理·诸子略下》。"文格"二字，浙江省立图书馆 1933 年据《师石山房丛书》铅印本如此，张舜徽《汉书艺文志通释》引作"此一大段文字格调"。

③ 张尔田曰："《汉志》载诸子皆曰'某家者流，盖出于某官'。家，家学；流，流衍；盖出于某官，溯其原也。"张尔田：《史微》"博观"，上海书店出版社 2006 年版，第 149 页夹注。

④ 沈文倬曰："'出于'云云，实指事物在发展中的本质变化。"沈文倬：《略论宗周王官之学》（上），《学术集林》卷 10，上海远东出版社 1997 年版，第 138 页注释②。

所作也;文字多取《史籀篇》,而篆体复颇异,所谓秦篆者也。是时始造隶书矣,起于官狱多事,苟趋省易,施之于徒隶也。"文中谓隶书"起于"官狱多事,亦指"直接原因",可与诸子"起于"之例互证。

又"出于"句前十"盖"字,与"辑略"之"略"字相当,意谓大略如此,细事未遑具论。实斋论《汉志》尝言:"其云盖出古者某官之掌,'盖'之为言,犹疑辞也。欲人深思,而旷然自得于官师掌故之原也。"①

缪凤林曰:"诸子之学之起因,亦以《艺文志》所言为最备。一曰出于官守……二曰起于时势,《艺文志》称'诸子十家,皆起于王道既微,诸侯力政,时君世主,好恶殊方……。'是诸子虽出于王官,亦与时势为因缘。"自注:"近人胡适尝著《诸子不出于王官论》,其说多误,详见拙著《评胡氏诸子不出于王官论》。"② 所论最具卓识。

故知《汉志》文字虽简,义本完备。古人"良史"之称,岂虚语哉!

---

① 章学诚:《文史通义·和州志艺文书序例》。余嘉锡曰:"'某家者流,盖出于某官。''盖'者,疑而未定之词,言其大略相近而已。《经传释词》卷五云:'盖者,大略之词。'又:'盖者,疑词也。'"余嘉锡:《小说家出于稗官说》,载《余嘉锡文史论集》,岳麓书社 1997 年版,第 250 页。王引之《经传释词》以"盖"为大略,举《孝经》之例,原文曰:"盖者,大略之词。《孝经》:'盖天子之孝也',孔传:'盖者,辜较之辞'。辜较,犹大略也。"又以"盖"为疑词,举《礼记》之例,原文曰:"盖,疑词也。《礼记·檀弓》:'有子盖既祥而丝屦、组缨',正义曰:'盖是疑辞'。"按《孝经·天子章》:"子曰:'爱亲者,不敢恶于人。敬亲者,不敢慢于人。爱敬尽于事亲,而德教加于百姓,刑于四海。盖天子之孝也。'"唐玄宗注引郑玄曰:"盖,犹略也。孝道广大,此略言之。"邢昺疏:"案孔传云:'盖者,辜较之辞。'刘炫云:'辜较犹梗概也。孝道既广,此才举其大略也。'刘瓛云:'盖者,不终尽之辞,明孝道之广大,此略言之也。'皇侃云:'略陈如此,未能究竟。'是也。"则此"盖"义为大略不具述之意。《孝经》"盖天子之孝也""盖诸侯之孝也""盖士之孝也"云云,正与《汉志》同例。《礼记·檀弓上》:"孔子既祥,五日弹琴而不成声,十日而成笙歌。有子盖既祥而丝屦组缨。"郑玄注:"讥其早也。"孔颖达疏:"'盖'是疑辞,录记之人传闻有子既祥而丝屦,未知审否,意以为实,故云盖既祥而丝屦,以组为缨也。"此则虽为疑词,恰是传闻有之而"意以为实"也。而蒋伯潜则曰:"刘、班虽分别说明某家出于某官,但加一'盖'字。盖者,疑而未定之辞。曰'盖出',已自言其为揣测之辞,非肯定之说了。"蒋伯潜:《诸子学纂要》,上海正中书局 1947 年版,第 16 页。同一发凡起例,而所解全然不同,亦可叹矣。

② 缪凤林:《中国通史要略》第一册,重庆国立编译馆 1943 年版,第 57、68 页。

七 论《汉志》《淮南》各具本末，前后相承，及近人分判二书之误

1921 年，柳诒徵撰文《论近人讲诸子之学者之失》，率先反驳胡适之说，提出诸子起源有"正因"与"副因"新说，谓"诸子之学出于古代圣哲者为正因，而激发于当日之时势者为副因"。① 其后学者往往参考立论。

如陈柱谓诸子起源有"远因"有"近因"，《汉志》出于王官者为"远因"，《淮南·要略》出于时势者为"近因"。②

吕思勉谓诸子起源有"根"有"缘"，曰："天下无无根之物……天下亦无无缘之事。"又曰："此犹今人好言社会主义，谓其原出于欧洲之马克思等可，谓由机械发明，生财之法大变，国民生计受外国之侵削，而国内劳动、资本阶级亦有划分之势，因而奋起研究者多，亦无不可也。"又谓《汉志》《要略》"二说皆是也"。③

吕思勉又谓诸子起源有"因"有"缘"，曰："凡事必合因缘二者而成。……先秦诸子之学，当以前此之宗教及哲学思想为其因，东周以后之社会情势为其缘。"又谓："诸子缘起，旧有二说：一谓皆王官之一守，一谓起于救时之弊。二说无论孰是，抑可并存。"又谓："诸家之学，《汉志》谓出王官，《淮南·要略》则以为起于救时之弊，盖一言其因，一言其缘也。"④

蒋伯潜亦主"因缘"说，曰："无论什么事物，其发生和发展，必有'因'和'缘'。"⑤ 又谓诸子兴替"皆有其内在之'因'，外界之

---

① 柳诒徵：《论近人讲诸子之学者之失》，载《柳诒徵史学论文续集》，上海古籍出版社1991 年版，第 524 页。

② 陈柱：《诸子概论》，上海商务印书馆 1930 年版，第 1—2 页。

③ 吕思勉：《经子解题·论读子之法》，上海商务印书馆 1926 年版，第 84 页。"根"与"缘"之说又参见顾荩臣《国学研究·子部》，上海世界书局 1931 年版，第 22 页。

④ 吕思勉：《先秦学术概论》，上海世界书局 1933 年版，第 2、9、13 页。

⑤ 蒋伯潜：《诸子学纂要》，上海正中书局 1947 年版，第 22 页。

'缘'"①。

柳诒徵等以正副、远近、内外解释诸子起源，所论颇确，足与实斋"考镜源流"之源流二分相佐证。然以此解释诸子起源则可，以此分判《汉志》《淮南》则不可。此后学者多只说《汉志》主于"王官说"，《淮南子·要略》主于"时势说"，以此分判二书而折中其间，几成定论。②

按《汉志》论诸子起源备言有"出于"、有"起于"，已见前。而《淮南》所论实亦自具本末。兹略引《淮南子·要略》曰：

"文王之时，纣为天子，赋敛无度，杀戮无止……文王欲以卑弱制强暴，以为天下去残除贼而成王道，故太公之谋生焉。""文王业之而不卒，武王继文王之业……孔子修成、康之道，述周公之训，以教七十子，使服其衣冠，修其篇籍，故儒者之学生焉。""墨子学儒者之业，受孔子之术，以为其礼烦扰而不说，厚葬靡财而贫民，〔久〕③服伤生而害事，故背周道而用夏政。""齐桓公之时，天子卑弱，诸侯力征，南夷北狄，交伐中国，中国之不绝如线……故管子之书生焉。""齐景公内好声色，外好狗马，猎射亡归，好色无辨……故晏子之谏生焉。""晚世之时，六国诸侯……恃连与国，约重致，剖信符，结远援，以守其国家，持其社稷，故纵横修短生焉。""新故相反，前后相缪，百官背乱，不知所用，故刑名之书生焉。""秦国之俗，贪狼强力，寡义而趋利……孝公欲以虎狼之势而吞诸侯，故商鞅之法生焉。"

《汉志》曰"出于""起于"，分而言之。《要略》曰"生焉"，则合而言之。其论战国相争，固然为"时势"；而其论儒者之学，先言文王、武王、成王、周公，然后谓孔子修其道，论墨子则论夏政与禹。凡此均非"时势"，恰是"远因"也。

---

① 蒋伯潜：《诸子通考·诸子兴替之因缘》，上海正中书局 1948 年版，第 25 页。"因缘"说又参见蒋伯潜、蒋祖怡《诸子与理学》，上海世界书局 1941 年版，第 8 页。

② 旧唯姚明煇所解能守旧义，较为中肯。其言曰："古者官师合一，私家无学。及王道既微，官失其守，始流而为私家之学。故天下有道，则学在上；无道，则在下。至时君世主，好恶殊方，乃悬格以待学者，而诸子专家于是乎起矣。"姚明煇：《汉书艺文志注解》，武昌高等师范学校 1917 年初版，吴兴读经会 1924 年第二版。"始流而为私家之学"，"流而为"为章实斋《文史通义》《校雠通义》中习语。陈国庆引作"始有私家之学"，参见陈国庆《汉书艺文志注释汇编》，中华书局 1983 年版，第 164 页。未知何据。

③ "久"字据王念孙补。

孙德谦谓《淮南子·要略篇》："自太公以下，溯其缘起；又于诸家学术，明其为经世之要图。"① "溯其缘起"犹之《汉志》"出于王官"，"经世要图"则谓时势之所求。

柳诒徵谓《要略》虽述时势，亦论远因，柳氏谓之"前因"。曰："即《淮南子·要略》亦非专主救世之弊一端也。其述儒者之学，则曰'修成康之道'；其述墨子之学，则曰'学儒者之业，受孔子之术，背周道而用夏政'；其述《管子》之书，则曰'崇天子之位，广文武之业'。夫夏及文、武、成、康、周公皆诸子之学之前因也。"②

可见《汉志》《淮南》二书于"远因"与"近因"，原本各具始末。故知二书并非各主一偏，可得折中，实是前后相承，所见皆同。

罗焌论学术贵在相承，《汉志》《要略》本不相悖，所言最善。曰："今案《淮南子》所云，惟'周公继文王之业'、'孔子修成康之道，述周公之训'、'墨子学孔子之术'，为述其渊源所自。其他如'太公之谋'、'管子之书'、'晏子之谏'、'纵横修短之说'、'申子刑名之书'、'商鞅之法'，皆谓其受当时政治学术之影响而后发生。至刘向校诸子时，盖犹承用是说。"③

又检《汉志》《淮南》二书，其中均用"诸侯力政"一语。④ "力政"又作"力正"，解为"力征"，本古人习语。⑤ 在《淮南子》，又见《览冥训》："晚世之时，七国异族……诸侯力征，天下不合而为一家。"《主术训》："尧之有天下也，非贪万民之富而安人主之位也，以为百姓力征，强凌弱，众暴寡，于是尧乃身服节俭之行，而明相爱之仁，以和辑之。"

---

① 孙德谦：《诸子通考》卷1，江苏存古学堂1910年铅印本，第37页。

② 柳诒徵：《柳诒徵史学论文续集》，上海古籍出版社1991年版，第524页。

③ 罗焌：《诸子学述》上编第七章"诸子之兴废"，上海商务印书馆1936年初版，岳麓书社1995年重印本，第74页。

④ 其实冯友兰于1934年所出版的《中国哲学史》（两卷本）论"子学时代哲学发达之原因"，已引《汉志》"皆起于王道既微，诸侯力政"一段原文，可见曾加注意，而仍从胡适立论。冯友兰：《中国哲学史》，上海商务印书馆1934年版，第37页。罗焌谓《汉志》《淮南》二书犹相承用，下引即引《汉志》"皆起于王道既微，诸侯力政"一段。学者所见，其不同如此。

⑤ 王念孙《读书杂志》曰："《度训篇》：'力争则力政，力政则无让。'念孙案：政与征同，力征，谓以力相征伐。《吴语》曰：'以力征一二兄弟之国。'《大戴记·用兵篇》曰：'诸侯力政，不朝于天子。'皆是也。"杨树达《汉书窥管》："'政'读为'征'，力征谓以力相征伐。"

《泛论训》："使天下荒乱，礼义绝，纲纪废，强弱相乘，力征相攘，臣主无差，贵贱无序。"《泰族训》："管子忧周室之卑，诸侯之力征，夷狄伐中国，民不得宁处，故蒙耻辱而不死，将欲以忧夷狄之患，平夷狄之乱也。"

在《汉书》，又见《游侠传》："陵夷至于战国，合从连衡，力政争强。"《严朱吾丘主父徐严终王贾传上》："及至周室衰微，上无明王，诸侯力政，强侵弱，众暴寡，海内抏弊，是以巧诈并生。"①

二书之外，又见《国语》《墨子》《文子》《慎子》《商君书》《贾谊新书》《大戴礼记》《春秋繁露》《韩诗外传》《史记》《说苑》《盐铁论》《越绝书》、京房《易传》、许慎《说文序》、《后汉书》《文心雕龙》诸书。

《国语·吴语》："君今非王室不平安是忧，亿负晋众庶，不式诸戎、狄、楚、秦；将不长弟，以力征一二兄弟之国。"

《墨子·节葬下》："是故昔者圣王既没，天下失义，诸侯力征。"又《明鬼下》："子墨子言曰：'逮至昔三代圣王既没，天下失义，诸侯力正。'"②

《文子·道德》："诸侯背叛，众人力政，强者陵弱，大者侵小，民人以攻击为业。"

《慎子》佚文："昔周室之衰也，厉王扰乱天下，诸侯力政，人欲独行以相兼。"

《商君书·开塞》："当此时也，民务胜而力征。务胜则争，力征则讼，讼而无正，则莫得其性也。"

《越绝书·吴内传》："当此之时，上无明天子，下无贤方伯，诸侯力政，疆者为君。南夷与北狄交争，中国不绝如线矣。"又曰："晋公子重耳之时，天子微弱，诸侯力政，疆者为君。"

《贾谊新书·过秦中》："近古之无王者久矣，周室卑微，五霸既灭，令不行于天下，是以诸侯力政（政一作正）。强凌弱，众暴寡，兵革不休，士民罢弊。"

---

① 又见《东方朔传》《西南夷两粤朝鲜传》，见下引。

② 孙诒让间诂："毕云：'正，同征。'诒让案：《节葬下》篇作'征'，字通。"

《大戴礼记·用兵》："不告朔于诸侯，玉瑞不行、诸侯力政，不朝于天子，六蛮四夷交伐于中国。"

《韩诗外传》卷五："于是周室微，王道绝，诸侯力政，强劫弱，众暴寡，百姓靡安，莫之纪纲，礼仪废坏，人伦不理。"

《春秋繁露·王道》："周衰，天子微弱，诸侯力政，大夫专国，士专邑，不能行度制法文之礼。"

《史记·秦本纪》："周室微，诸侯力政，争相并。"又《天官书》："天子微，诸侯力政，五伯代兴，更为主命，自是之后，众暴寡，大并小。秦、楚、吴、越，夷狄也，为强伯。田氏篡齐，三家分晋，并为战国。"① 又《十二诸侯年表》："是后或力政，强乘弱，兴师不请天子。"又《滑稽列传》："夫张仪、苏秦之时，周室大坏，诸侯不朝，力政争权，相禽以兵，并为十二国，未有雌雄。"（又见《汉书·东方朔传》）又《南越列传》："天子微，诸侯力政，讥臣不讨贼。"（又见《汉书·西南夷两粤朝鲜传》）

《说苑·尊贤》："春秋之时，天子微弱，诸侯力政，皆叛不朝；众暴寡，强劫弱，南夷与北狄交侵，中国之不绝若线。"

《盐铁论·忧边》：文学曰："周之季末，天子微弱，诸侯力政，故国君不安，谋臣奔驰。"又《伐功》："昔周室之盛也，越裳氏来献，百蛮致贡。其后周衰，诸侯力征，蛮、貊分散，各有聚党，莫能相一，是以燕、赵能得意焉。"

《汉书·五行志》引京房《易传》："天子弱，诸侯力政，厥异水斗。"②

《说文解字序》："其后诸侯力政，不统于王。恶礼乐之害己，而皆去其典籍，分为七国，田畴异亩，车涂异轨，律令异法，衣冠异制，言语异声，文字异形。"

《后汉书·郎顗襄楷列传》："故周衰，诸侯以力征相尚。"

---

① 裴骃集解引徐广曰："政，一作征。"

② 颜师古注："政亦征也，言专以武力相征讨。一说，诸侯之政，当以德礼，今王室微弱，文教不行，遂乃以力为政，相攻伐也。"

《文心雕龙·诸子》先述流，后述源，仍称"力政"之文："逮及七国力政，俊乂蜂起。孟轲膺儒以磬折，庄周述道以翱翔。墨翟执俭确之教，尹文课名实之符……然繁辞虽积，而本体易总，述道言治，枝条五经，其纯粹者入矩，踳驳者出规。"①

就讲论"时势"而言，"诸侯力政"一语实为最具特征的成语，而《汉志》《淮南》二书从同，古称"殊途同归"，其谓是乎！②

---

① 孙德谦曰："则是百家道术皆足推之治理，而其立言垂世无有乖于经教。彦和盖深知之矣！"孙德谦：《诸子通考》卷2，江苏存古学堂1910年铅印本，第173页。

② 二书与《庄子·天下篇》亦相照应。葛志毅指出："中国原只有学术流别，而无后世之甲乙目录，《汉志》所言实乃一部学术史家数，而非后世之甲乙部次文本目录。欲明《汉志》必读《庄子·天下》，尤其'道术将为天下裂'以上的总论部分，它把上古学术之渊源及属性讲的再清楚不过，比《汉志》王官说要更加贴切。"见葛志毅先生2009年2月25日来书。所论诚是，当另作申论。

论"轴心时代"

——兼论"诸子出于王官"命题

"轴心时代"（Axial Age）理论由德国存在主义哲学家雅斯贝斯（Jaspers, Karl Theodor, 1883—1969）提出，主要体现在他的两部著作中。

一为《历史的起源与目标》，原著为德文，标题为 *Vom Ursprung und Ziel der Geschichte*，1949 年初版，有苏黎世 Zurich：Artemis 公司和慕尼黑 München：Piper Verlag 两个版本。1953 年由 Michael Bullock 英译，题为 *The Origin and Goal of History*，由美国纽黑文的耶鲁大学出版社 New Haven：Yale University Press 出版。英文版同时也由 Routledge and Keegan Paul 公司在英国伦敦出版。

一为《哲学概论》，德文标题 *Einführung in die Philosophie：Zwölf Radiovorträge*，1950 年初版。1954 年由 Ralph Manheim 英译，英译时调整了主题和副题，题为 *Way to Wisdom：An Introduction to Philosophy*，仍由美国耶鲁大学出版社出版。其中有关轴心时代的部分为第九章，题为《人的历史》。标题下作者有一个脚注："本章的某些段落摘自我的专著《历史的起源与目的》，并且未加任何改动。"[1]

1972—1973 年由史华慈（B. I. Schwartz）召集的讨论会（罗马和威尼斯），1982—1983 年由艾森斯塔（S. N. Eisensdnt）参加和召集的讨论会（美国新墨西哥州、德国和以色列），对"轴心时代"有专门的推介。[2]

---

[1] 据柯锦华、范进译本。参见［德］卡尔·雅斯贝尔斯《智慧之路》，柯锦华、范进译，中国国际广播出版社 1988 年版，第 67 页。

[2] 参见许倬云《论雅斯培枢轴时代的背景》，载许倬云《中国文化与世界文化》，贵州人民出版社 1991 年版；余国良《轴心文明讨论述评》，《二十一世纪》2000 年 2 月号。

但在 1972 年以前，雅斯贝斯的"研究纲领并没有得到学界的回响"，而在 1973—1982 年，"轴心文明的讨论一度被搁置"。①

雅斯贝斯是二战期间产生的学者，"轴心时代"理论提出的 1949 年，在中国是一个特殊的年份。该理论介绍到中国，始于 80 年代，在中国也是一个特殊的转折时期。他的两部著作，《历史的起源与目标》在前，《哲学概论》在后，但是介绍到中国，却是《人的历史》在前，《历史的起源与目标》在后。

《人的历史》在 1961—1964 年，由田汝康中译，收入田汝康、金重远选编的《现代西方史学流派文选》，1982 年由上海人民出版社出版。中译稿注明译自 *Way to Wisdom*，但没有注明此书的副标题，只称该书的中译名称为《智慧之路》。译者当时的视角是将雅斯贝斯作为存在主义以及主观唯心主义历史观的代表人物来评判的，其对"轴心时代"的表述是"自从公元前 800—200 年起直至现在，人类历史的发展始终在一个死胡同里打转，悲观失望无法自拔"②。1988 年柯锦华、范进翻译了此书全文，题为《智慧之路》，由中国国际广播出版社出版。《历史的起源与目标》汉译本在 1989 年由魏楚雄、俞新天翻译，华夏出版社出版。

20 世纪 80 年代，首先讨论"轴心时代"的有华裔美国学者许倬云和中国学者刘家和等人。许倬云有《论雅斯培枢轴时代的背景》③，俞新天、魏楚雄有《关于雅斯贝斯的"轴心期"理论》及《历史的起源与目标》第一章译文④，刘家和有《论古代的人类精神觉醒》⑤。

---

① 余国良：《轴心文明讨论述评》，《二十一世纪》2000 年 2 月号，第 33—34 页。

② 田汝康、金重远选编：《现代西方史学流派文选》，上海人民出版社 1982 年版，第 36 页。

③ 载台湾《中央研究院历史语言研究所集刊》第 55 本第 1 分册，1984 年出版。许文又见钟敬文等主编《东西文化研究》1987 年第 2 辑，河南人民出版社出版；又见许倬云《中国古代文化的特质》，联经出版事业公司 1988 年出版；又见许倬云《中国文化与世界文化》，贵州人民出版社 1991 年出版；文章主要内容又分段选入许倬云《学苑英华：历史分光镜》，上海文艺出版社 1998 年版。

④ 载《史学理论》1988 年第 1 期。

⑤ 载《北京师范大学学报》（社会科学版）1989 年第 5 期。

Axial Age 被译作枢轴时代、轴心期或轴心时代，在近十余年成为古典研究中最重要的关键词。伴随而起的第二轴心时代、新轴心时代、后轴心时代、前轴心时代等，成为最重要的新术语。

一　中国学术界早有共识：西方之"轴心"与东方之"运会"

雅斯贝斯提出："在公元前 800 年到公元前 200 年间所发生的精神过程，似乎建立了这样一个轴心。在这时候，我们今日生活中的人开始出现。让我们把这个时期称之为'轴心的时代'。"① "轴心时代"理论中一段最为感人的文字，是关于人类精神觉醒、哲学飞跃的描述。

> 在这一时期充满了不平常的事件。在中国诞生了孔子和老子，中国哲学的各种派别的兴起，这是墨子、庄子以及无数其他人的时代。在印度，这是优波尼沙和佛陀的时代；如在中国一样，所有哲学派别，包括怀疑主义、唯物主义、诡辩派和虚无主义都得到了发展。在伊朗，袄教提出它挑战式的论点，认为宇宙的过程属于善与恶之间的斗争；在巴勒斯坦，先知们奋起：以利亚、以赛亚、耶利米、第二以赛亚。希腊产生了荷马，哲学家如巴门尼德、赫拉克利特、柏拉图，悲剧诗人，修昔的底斯和阿基米德。这些名字仅仅说明这个巨大的发展而已，这都是在几世纪之内单独地也差不多同时地在中国、印度和西方出现的。②

不佞首先要指出的是，类似关于文化"盛况"的描述，照理比较容易得到中国学界的回应，但另一方面也难于在中国学界获得"发明权"，因为关于文化"盛况"的各类描述其实早为中国学者所熟知，正如余英时所声明的："关于古代'突破'，学术界早有共识，不得视为雅氏的创

① 田汝康、金重远选编：《现代西方史学流派文选》，上海人民出版社 1982 年版，第 39 页。

② 同上。

见，更不可视为西方学人的独特观察。"①

余英时举出了闻一多 1943 年所作《文学的历史动向》的例子：

> 人类在进化的途程中蹒跚了多少万年，忽然这对近世文明影响最大最深的四个古老民族——中国、印度、以色列、希腊——都在差不多同时猛抬头，迈开了大步。约当纪元前一千年左右，在这四个国度里，人们都歌唱起来，并将他们的歌纪录在文字里，给流传到后代。在中国，《三百篇》里最古部分——《周颂》和《大雅》，印度的《黎俱吠陀》，《旧约》里最早的《希伯来诗篇》，希腊的《伊利亚特》和《奥德赛》——都约略同时产生。②

闻一多是最擅长描绘、文笔最优美的现代学者之一，单从文笔和表意一面看，这段文字较之雅斯贝斯有过之而无不及。

除了闻一多，其他学者的论述尚多有可补充者。

邓实（1905）说道：

> 考吾国当周秦之际，实为学术极盛之时代，百家诸子争以其术自鸣。如墨、荀之名学，管、高之法学，老、庄之神学，计然、白圭之计学，扁鹊之医学，孙、吴之兵学，皆卓然自成一家言，可与西土哲儒并驾齐驱也。③

---

① 余英时：《轴心突破和礼乐传统》，《二十一世纪》2000 年 4 月号。与余英时的观点略同，其本师钱穆亦早指出，西方史家观察世变与中国传统气运观近似："从前西方的历史家，他们观察世变，好从一条线尽向前推，再不留丝毫转身之余地，如黑格尔历史哲学，他认为人类文明，如太阳升天般，由东直向西，因此最先最低级者是中国，稍西稍升如印度，如波斯，再转西到希腊，到罗马，西方文明自优过东方，最后则到日耳曼民族，那就登峰造极了。……最近西方一辈文化史学者，才懂改变看法，也想籀绎出几条大原则，描绘出几套大形式，来讲世界各民族文化兴衰的几条大路向。换言之，他们的历史看法，是像逐渐地接受了中国人传统的气运观。"参见钱穆《中国思想通俗讲话》，1955 年初版，三联书店 2002 年简体字版，第 88 页。

② 见余英时文。又见闻一多《文学的历史动向》，载《闻一多全集》，上海开明书店 1948 年版，第 201 页。据《闻一多年谱》，该文原刊 1943 年 12 月 1 日《当代评论》4 卷 1 期。

③ 邓实：《古学复兴论》，《国粹学报》第 1 年第 9 号，光绪三十一年（1905）出版，台湾商务印书馆 1974 年《景印国粹学报旧刊全集》本，第 3 册，第 1009 页。

梁启超（1918）说道：

> 世运尊大同，治法贵统一。……前此已成熟之特性，益发扬充实……于是在各种特性基础之上，别构成一种通性，此即所谓中国之国民性，传二千年颠扑不破者也。而其大成，实在春秋之季。……由此观之，春秋时代国史之价值，岂有比哉？
>
> 原注：读泰西史，观希腊时代文化所以极盛，及十字军后文治所以复兴，与夫现代各国并立交际竞进之迹，则可以识春秋史竞争之崇贵矣。①

梁文这段话有个小目，题为"论春秋造成文化通性"，而夹注中则提到了中西文化的比较。他认为中国春秋时期文化的"特性""通性"，传承二千年颠扑不破，其状况与古希腊近似。

谭嗣同（1897）说道：

> 周秦诸子之蓬蓬勃勃……当时学派，原称极盛。如商学则有管子、《盐铁论》之类，兵学则有孙、吴、司马穰苴之类，农学则有商鞅之类，工学则有公输子之类，刑名学则有邓析之类，任侠而兼格致则有墨子之类，性理则有庄、列、淮南之类，交涉则有苏、张之类，法律则有申、韩之类，辩学则有公孙龙、惠施之类。盖举近来所谓新学、新理者，无一不萌芽于是。②

这段引文中没有作中西比较，但谭文的标题则是"论今日西学与中国古学"。

也有学者离开了世界文化的参照，专就自身的变迁而言。张继熙（1903）说道：

---

① 梁启超：《春秋载记·小序》，载《饮冰室合集》第 8 册，上海中华书局 1936 年版，第 3 页。

② 谭嗣同：《论今日西学与中国古学》，载《谭嗣同全集》下册，中华书局 1981 年版，第 400 页。

吾国当成周之末，为学界大放光彩时代。若儒家，若法家，若农家，若名家，类皆持之有故，言之成物，蔚然成为专门之学，何尝不可见诸实用。①

吴敬轩（吴康）（1927）论晚周诸子学术的勃兴说道：

神州古代期之学术，当推周末三百年间为全盛时代。凡古代大思想家，其学术风流，足以肸蠁来世。而为震旦文明之代表者，盖靡不诞育于是。所谓千岩竞秀，万壑争流，恠异诡观，于焉毕具。虽然，合抱之木，生于毫末；岷山导江，发乎滥觞。生必有初，事必有始。总括人情，同符物理。则周末诸子之学际天人，发扬舒放，思通神明，识综万类，盖必有所自矣。辄为溯古代文明发皇递衍之程，列为四期，以综其变，庶可明其梗概，识其会通，撢本穷原，知因果之来也有自。②

刘汝霖（1929）说道：

中国的文化，进到春秋战国时代，大放光明。自从孔子之生到韩非的死，这三百多年里面，真有一日千里的进步。这重要学派，都在这个时代成立起来。③

夏曾佑（1933）说道：

周秦之际，至要之事，莫如诸家之学派。大约中国自古及今至美

---

① 张继熙：《叙论》，《湖北学生界》第 1 期，1903 年 1 月 29 日。转引自左玉河《从四部之学到七科之学——学术分科与近代中国知识系统之创建》，上海书店出版社 2004 年版，第 169 页。

② 吴敬轩：《周代学术勃兴之原因》，载中国学术讨论社编《中国学术讨论集》第一集，上海群众图书公司 1927 年版，第 10 页。

③ 刘汝霖：《周秦诸子考》总论一"诸子的兴起及其学说之分布"，北平文化学社 1929 年版，第 1 页。

之文章，至精之政论，至深之哲理，并在其中，百世之后，研穷终不能尽，亦犹欧洲之于希腊学派也。①

梁启超（1902—1904）在其名著《论中国学术思想变迁之大势》第三章"全盛时代"第一节"论周末学术思想勃兴之原因"有这样的描述：

> 全盛时代，以战国为主，而发端实在春秋之末。孔北老南，对垒互峙；九流十家，继轨并作。如春雷一声，万绿齐茁于广野；如火山乍裂，热石竞飞于天外。壮哉盛哉！非特中华学界之大观，抑亦世界学史之伟迹也。②

以上论述当然并没有提出"轴心时代"的字眼，出于中国习惯以文笔、描述居多，但是类如全盛、蔚然、勃兴、蓬蓬勃勃、大放光彩、千岩万壑、春雷火山这样的形容③，中国人读后每能明白其中的意味，"轴心"的含义可谓呼之即出了④。

特别值得注意的是，中国学者在表达以往文化"盛况"之时，曾使用了一个颇为东方化的术语"世运"。"世"有时间的含义，近似于"时"，但是"世运"一语较之学者所惯称的"时势"更要宏观和严重得多。

---

① 夏曾佑：《中国古代史》，上海商务印书馆 1933 年初版，三联书店 1955 年新版，第 175 页。

② 梁启超：《论中国学术思想变迁之大势》，上海古籍出版社 2001 年版，第 18 页。

③ 较早的一种中国思想史著作胡行之所著《中国学术思想之变迁》将中国学术思想划分为五个阶段：发生（周以前）、灿烂（春秋战国）、衰落（两晋六朝）、因袭（唐宋元明清）、复兴（清末至 20 世纪 30 年代）。胡行之：《中国学术思想之变迁》，上海光华书局 1934 年版。其书以"灿烂"为题，颇觉生动。班固《典引篇》称述汉德有"备哉灿烂"一语，李贤《后汉书》注："灿烂，盛明也。"近人唐文治作《无锡国学专修馆学规》，梁启超《祖国大航海家郑和传》，谭嗣同著《报章总宇宙之文说》，均用"备哉灿烂"为典。

④ 关于"人的觉醒"，在早于雅斯贝斯的中国学者中也可找到颇多例证，如罗根泽在 20 世纪 30 年代即有专文讨论，他当时的表述是"人的发现"："'人'的发现，是一切的发现与发明的根本基础，所以西洋学者说文艺复兴的一切的发现与发明，都植基于'人'的发现。'人'的发现之在西洋，要等到十六世纪，在中国则纪元前二世纪的荀卿已经发现了。"罗根泽：《中国发现"人"的历史》，《清华学报》1934 年第 1 期，第 143 页。

前引梁启超《论中国学术思想变迁之大势》第三章"全盛时代"的第四节是专作"全球"比较的，题为"先秦学派与希腊印度学派比较"，其中说道（由不佞分段）：

呜呼，世运之说，岂不信哉！当春秋战国之交，岂特中国民智为全盛时代而已，盖征诸全球，莫不尔焉。自孔子、老子以迄韩非、李斯，凡三百余年，九流十家皆起于是，前空往劫，后绝来尘，尚矣。

试征诸印度：万教之狮子厥惟佛，佛之生在孔子前四百十七年，在耶稣前九百年六十八年凡住世七十九年。佛灭度后六百年而马鸣论师兴，七百年而龙树菩萨现。马鸣、龙树殆与孟子、荀卿同时也。八百余年而无著、世亲、陈那、护法诸大德起，大乘宏旨，显扬殆罄，时则秦汉之交也。而波你尼之声论哲学，为婆罗门教中兴巨子，亦起于马鸣前百余年。此印度之全盛时期也。

更征诸希腊……七贤之中，德黎 Thalsm（今译退利斯）称首，生鲁僖二十四年……亚诺芝曼德 Anaximander……生鲁文十七年，毕达哥拉 Pythagoras……生鲁宣间……芝诺芬尼 Xenophanes……生鲁文七年……巴弥匿智 Parmenides（今译巴门尼底斯）……生鲁昭六年，额拉吉来图 Heraclitus（今译赫拉颉利图斯）……生鲁定十三年……安那萨哥拉 Anaxagoras……生鲁定十年，德谟颉利图 Democritus……生周定王九年……梭格拉底 Socrates……生周元王八年……柏拉图 Plato……生周考王十四年……亚里士多德 Aristotle……生周安王十八年。此外则安得臣 Antisthenes……生周元间……芝诺 Zeno……生周显三年，伊壁鸠鲁 Epicurus……生周显廿七年……至阿克西拉 Arkesilaos 倡怀疑学派，实惟希腊思想一结束。拉氏生周赧初年，卒始皇六年，是时正值中国焚坑之祸将起，而希学支流亦自兹稍涸矣。

由是观之，此前后一千年间，实为全地球有生以来空前绝后之盛运。兹三土者，地理之相去如此其辽远，人种之差别如此其淆异，而其菁英之磅礴发泄，如铜山崩而洛钟应，伶伦吹而凤凰鸣。於戏！其偶然耶，其有主之者耶，姑勿具论。要之此诸贤者，同时以其精神相接构、相补助、相战驳于一世界遥遥万里之间，既壮既剧，既热既切。①

中国、古印度、古希腊的哲人，一千年之间，遥遥万里之隔，空前与绝后……除了"轴心时代"字眼，该说到的都说到了。

"轴心时代"本是雅斯贝斯在施本格勒的 8 个文化类型和汤因比的 21 个文化类型基础上，试探性地给出的一个假设。他说：

> 要是历史有一个轴心的话，我们必须依靠经验在世俗的历史中来寻找，把它看成是一种对所有的人都重要的情况，包括基督教徒在内。它必须给西方人、亚洲人以及一切人都带来信念，而并不依靠特殊的信仰内容，因而能为所有的人都提供一种共同的历史观点。②

在《历史的起源与目标》中，雅斯贝斯用了一节的篇幅讨论出现"轴心时代"的规律性依据，最终"无人能充分理解在此所发生并成为世界历史轴心的东西！"③ 但是梁启超给出了理由。梁氏在评论他的老师康有为的怀疑主义与政治革新之间的逻辑关联时，曾经给出了一个理由，称作"铜山崩洛钟应"：

> 夫泰西古学复兴，遂开近世之治。谓希腊古学，果与近世科学、哲学，有不可离之关系乎？殆未必然。然铜山崩而洛钟应者，其机固若是也。凡社会思想，束缚于一途者既久，骤有人焉冲其藩篱而陷之，其所发明者，不必其遂有当于真理也，但使持之有故，言之成理，则自能震聋一般之耳目，而导以一线光明。此怀疑派所以与学界

---

① 梁启超：《论中国学术思想变迁之大势》，上海古籍出版社 2001 年版，第 40 页。自"由是观之"以上，皆据严译《天演论》而有所修正，详后。

② 田汝康、金重远选编：《现代西方史学流派文选》，上海人民出版社 1982 年版，第 39 页。

③ ［德］卡尔·雅斯贝斯：《历史的起源与目标》，魏楚雄、俞新天译，华夏出版社 1989 年版，第 26 页。此节的标题为"对轴心期论点的审查"。

革命相缘也。①

与梁启超大约同时，在邓实的文章中也可以看到"铜崩钟应"的表述。邓实在比较晚周诸子与古希腊七贤时说道：

> 十五世纪为欧洲古学复兴之世，而二十世纪则为亚洲古学复兴之世。夫周秦诸子，则犹之希腊七贤也。土耳其毁灭罗马图籍，犹之嬴秦氏之焚书也。旧宗教之束缚，贵族封建之压制，犹之汉武之罢黜百家也。呜呼，西学入华，宿儒瞠目，而考其实际，多与诸子相符，于是而周秦学派遂兴。吹秦灰之已死，扬祖国之耿光，亚洲古学复兴非其时邪？考吾国当周秦之际，实为学术极盛之时代，百家诸子争以其术自鸣，如墨荀之名学，管商之法学，老庄之神学，计然白圭之计学，扁鹊之医学，孙吴之兵学，皆卓然自成一家言，可于西土哲儒并驾齐驱者也。夫周秦诸子之出世，适当希腊学派兴盛之时，绳绳星球，一东一西，后先相映，如铜山崩而洛钟应，斯亦奇矣。②

邓实文中"绳绳星球，一东一西，后先相映，如铜山崩而洛钟应，斯亦奇矣"的论述，丝毫不让于"言满天下"的梁启超。

"机（機）"古文又作"幾"，谓"机缄""幾微"。其机固若是，谓其事理当如此。古文献中"事理""事情"一语，往往针对社会理想、政

---

① 梁启超：《论中国学术思想变迁之大势》"近世之学术"，上海古籍出版社2001年版，第127页。铜山崩而洛钟应，典出汉魏。南朝梁刘孝标《世说新语·文学注》引《东方朔传》："孝武皇帝时，未央宫前殿钟无故自鸣，三日三夜不止。诏问太史待诏王朔，朔言恐有兵气。更问东方朔，朔曰：'臣闻铜者山之子，山者铜之母，以阴阳气类言之，子母相感，山恐有崩弛者，故钟先鸣。《易》曰："鸣鹤在阴，其子和之。"精之至也。其应在后五日内。'居三日，南郡太守上书言山崩，延袤二十余里。"南朝宋刘敬叔《异苑》卷二："魏时，殿前大钟无故大鸣，人皆异之，以问张华，华曰：'此蜀郡铜山崩，故钟鸣应之耳。'寻蜀郡上其事，果如华言。"南朝宋刘义庆《世说新语·文学》："殷荆州曾问远公：'《易》以何为体？'答曰：'《易》以感为体。'殷曰：'铜山西崩，灵钟东应，便是《易》耶？'"

② 邓实：《古学复兴论》，《国粹学报》第1年第9号，光绪三十一年（1905）出版。台湾商务印书馆1974年《景印国粹学报旧刊全集》本，第3册，第1008—1009页。《论中国学术思想变迁之大势》据夏晓虹导读，作于1902—1904年。

治理想而发，意谓事物的实际状态并不依人类的理性为转移。换言之，天机运转之理大于人类的理性。在人类看来，天机似乎不合理性，变化万端，无法料知，但是它有更大的理性，这理性超越简单的直线因果律，出于偶然而终归必然（在人为偶然，在天仍是必然）。①

关于"世运"的论述，在影响甚大的皮锡瑞和夏曾佑的著作中都可以见到。皮锡瑞说道：

> 学术随世运转移，亦不尽随世运而转移。隋平陈而天下统一，南北之学亦归于统一，此随世运转移者也；天下统一，南并于北，而经学统一，北学反并于南，此不随世运而转移者也。②

夏曾佑说道：

> 老孔墨，三大宗教，皆起于春秋之季，可谓奇矣！抑亦世运之有以促之也？③

如果追溯根源，"世运"之说可以追寻到被誉为中国"近世思想第一人"的严复。严复在所译赫胥黎《天演论》中有几行译文：

> 夫转移世运，非圣人之所能为也。圣人亦世运中之一物也。世运至而后圣人生。世运铸圣人，非圣人铸世运也。使圣人而能为世运，

----

① 钱穆曾对"气运"有富于启发的阐释："宇宙一切现象，乃在一大化中形生出万变。若勉强用西方哲学的术语来讲，也可说这是由量变到质变。""不论开风气与转风气，在其背后，必有一些经常不变的真理作依据。""中国人的气运观，是极抽象的，虽说有忧患，却不是悲观。懂得了天运，正好尽人力。"见钱穆《中国思想通俗讲话》第四节"气运"，1955 年初版，三联书店 2002 年简体字版，第 69、74、89 页。

② （清）皮锡瑞：《经学历史·经学统一时代》，中华书局 2004 年版，第 135 页。成书于 1905 年。

③ 夏曾佑：《中国古代史》"三家总论"，1933 年初版，三联书店 1955 年新版，第 91 页。其他如康有为"三世说"也在"世运"的术语之内，所不同的是康有为不是用以描述文化的"盛况"，而是用以说明他的政治改制主张。康有为之言曰："每小三世中又有三世焉，于大三世中又有三世焉。故三世而三重为九世，九世而为三重之为八十一世，展转三重至无量数，以待世运久变而为进化之法。"见康有为《中庸注》。

则无所谓天演者矣。①

此下更有大段的按语，说道（由不佞分段）：

　　复案，世运之说，岂不然哉！合全地而论之，民智之开，莫盛于春秋战国之际。中土则孔墨老庄孟荀，以及战国诸子，尚论者或谓其皆有圣人之才。而泰西则有希腊诸智者，印度则有佛。

　　佛生卒年月，迄今无定说……隋翻经学士费长房撰《开皇三宝录》云生鲁庄公七年甲午，以《春秋》恒星不见，夜明星陨如雨为瑞应……晚近酉士于内典极讨论，然于佛生卒终莫指实，独云先耶稣生约六百年耳，依此则费说近之。

　　佛成道当在定哀间，与宣圣为并世，岂夜明诸异，与佛书所谓六种震动，光照十方国土者同物欤？鲁与摩竭提东西里差仅三十余度，相去一时许，同时睹异，容或有之。

　　至于希腊理家，德黎称首生鲁僖二十四年……亚诺芝曼德生鲁文十七年，毕达哥拉斯生鲁宣间……芝诺芬尼生鲁文七年……巴弥匿智生鲁昭六年，般刺密谛生鲁定十年，额拉吉来图生鲁定十三年……安那萨哥拉……生鲁定十年，德摩颉利图生周定王九年……苏格拉第生周元王八年……亚里大各一名柏拉图生周考王十四年……理家最著号亚里斯大德，生周安王十八年，新学未出以前，其为西人所崇信，无异中国之孔子。此外则伊壁鸠鲁生周显二十七年，芝诺生周显三年……而以阿塞西烈生周赧初年，卒始皇六年者终焉。盖至是希学支流亦稍涸矣。

　　尝谓西人之于学也，贵独获创知，而述古循辙者不甚重。独有周上下三百八十年之间，创知作者迭出相雄长，其持论思理范围后世，至于今二千年不衰。而当其时一经两海，崇山大漠，舟车不通，则又不可以寻常风气论也。呜呼，岂偶然哉！②

---

　　① 严复译：《天演论》卷下论二"忧患"，上海商务印书馆 1933 年版，第 4 页。书名今译作《进化论与伦理学》。

　　② 严复译：《天演论》卷下论三"教源"严复案语，上海商务印书馆 1933 年版，第 8—9页。

"尝谓西人之于学也"以上文字与前引梁启超《论中国学术思想变迁之大势》略同，梁文中有一条夹注，明言"此侯官严氏所考据也，见《天演论》下第三章按语，今从之"。比较梁启超与严复所述古希腊哲人姓氏，二者都列举15人，所不同的只是梁文中少了般剌密谛，多了安得臣（般剌密谛不知为谁，旧传唐时翻译《易筋经》者有天竺僧人名般剌密谛，严、梁之异或许是出于梁启超发觉严复之误而作的纠正），同时添注了15人的西文名字，以及译名略有修正（不同版本亦略有不同）。而严复文中"范围后世""至于今二千年不衰"等语，也足以和梁启超文互相补充。

严复、梁启超所举古希腊哲学家生年列表

	古希腊哲学家	生年（中国纪年）
1	德黎（一名退利斯，Thalsm）	鲁僖二十四年
2	亚诺芝曼德（Anaximander）	鲁文十七年
3	毕达哥拉斯（Pythagoras）	鲁宣间
4	芝诺芬尼（Xenophanes）	鲁文七年
5	巴弥匿智（Parmenides 巴门尼底斯）	鲁昭六年
6	般剌密谛（Pramiti）（严复本）	鲁定十年
	安得臣（Antisthenes）（梁启超本）	周元间
7	额拉吉来图（Heraclitus 赫拉颉利图斯）	鲁定十三年
8	安那萨哥拉（Anaxagoras）	鲁定十年
9	德摩颉利图（Democritus）	周定王九年
10	苏格拉第（Socrates）	周元王八年
11	亚里大各（一名柏拉图，Plato）	周考王十四年
12	亚里斯大德（Aristotle）	周安王十八年
13	伊壁鸠鲁（Epicurus）	周显二十七年
14	芝诺（Zeno）	周显三年
15	阿塞西烈（Arcesilaus）	周赧初年

从严复再往前追溯，在近代以前，则可以追寻到明代吕坤、北宋邵雍。吕坤《呻吟语》中专门有一篇题为"世运"，大意谓：

势之所在，天地圣人不能违也。势来时即摧之，未必遽坏；势去时即挽之，未必能回。

伏羲以前是一截世道，五帝是一截世道，三王是一截世道，秦以后是一截世道。

三皇是道德世界，五帝是仁义世界，三王是礼义世界，春秋是威力世界，战国是智巧世界，汉以后是势利世界。①

邵雍以三十年为一世，十二世为一运，三十运为一会，十二会为一元，称为"世运会元"或"元会运世"。"易之生数十二万九千六百，总为四千三百二十世，此消长之大数。"②

"世运"之说甚至与战国邹衍的"五德更始"，以及古印度婆罗门教与佛教的"劫数"相呼应。梵语 Kalpa 译音"劫簸""劫波"，省称"劫"，意为"长时""远大时节"。有大劫、中劫、小劫。一大劫有"成""住""坏""空"四期，称为"四劫"。唐释道世《法苑珠林》："夫劫者，盖是纪时之名，犹年号耳。"北宋释善卿《祖庭事苑》："日月岁数谓之时，成住坏空谓之劫。"不佞注意到在赫胥黎《天演论》的原文中，曾有"大年周期""'大年'相对于'劫'"③等语。严译的发挥大约亦基于此。

直到雅斯贝斯所说"以公元前 500 年为中心"的"轴心时代"，在战国史官和诸子笔下，都可以找到关于"运"的文化自觉，如《庄子》篇题有"天运"，《礼记》篇题有"礼运"，均与"世运"一语相应和。④战国汉代还出现了专门表现学术"自觉"的文献，如学者所习知的《庄子·天下篇》《淮南子·要略篇》、司马谈《论六家之要指》、刘歆《七略》等，其中譬如"蜂起""并作"诸语，亦可说是对于学术"盛况"的形容性描述。至近代诸子学盛行，梁启超、章太炎等人曾将这些如套用

---

① 明代宋应星《野议》亦有《世运议》篇名，称之为"天地乘除之数"。

② （宋）邵雍：《皇极经世书·观物外篇·河图天地全数第一》。

③ 据翻译组译《进化论与伦理学》，科学出版社 1974 年版，第 49、74 页。

④ 《史记·天官书》亦云："夫天运，三十岁一小变，百年中变，五百载大变，三大变一纪，三纪而大备，此其大数也，为国者必贵三五。上下各千岁，然后天人之际续备。"

雅氏概念可以称之为"轴心之轴心"的文献①加以汇编，如《中国学术论著集要》②《中国古代学术流变研究十篇》③《国学别录》④ 等，则可视为现代学人对这一文化自觉的认同和回应。

二　问天，天不告；问地，地不知——"轴心时代"的必然性

其实雅斯贝斯也给出了"轴心时代"一个理由，就是"同时出现"。他这样描述道：

> 在这一时期充满了不平常的事件。在中国诞生了孔子和老子，中国哲学的各种派别的兴起，这是墨子、庄子以及无数其他人的时代。在印度，这是优波尼沙和佛陀的时代；如在中国一样，所有哲学派别，包括怀疑主义、唯物主义、诡辩论和虚无主义都得到了发展。在伊朗，袄教提出它挑战式的论点，认为宇宙的过程属于善与恶之间的斗争；在巴勒斯坦，先知们奋起：以利亚、以赛亚、耶利米、第二以赛亚。希腊产生了荷马，哲学家如巴门尼德、赫拉克利特、柏拉图，悲剧诗人，修昔的底斯和阿基米德。这些名字仅仅说明这个巨大的发展而已，这都是在几世纪之内单独地也差不多同时地在中国、印度和西方出现的。⑤

这也可以是一个理由。不知道"轴心时代"由何而来？但是差不多在同一时间，该出现的都出现了，大家都是"当然股东"，无须认证，这

---

① 亦可称为"学术之学术"。顾实称"周末人之学案"，"今日学术史"，参见顾实《庄子天下篇讲疏》自序，上海商务印书馆 1928 年版。

② 梁启超、章太炎合编：《中国学术论著集要》，中华印书局 1929 年出版。

③ 梁启超著：《中国古代学术流变研究十篇》，上海中华书局 1936 年出版。

④ 方光：《国学别录》，包括《庄子·天下》《荀子·非十二子》《淮南子·要略》、太史公《论六家要指》四篇篇释，1927—1928 年方方山馆重校自刊。其他单篇如顾实《庄子天下篇讲疏》，上海商务印书馆 1928 年出版；钱基博《读庄子天下篇疏记》，上海商务印书馆 1933 年出版。关于《汉书·艺文志》（即《七略》）的论著尚且不计。

⑤ 田汝康、金重远选编：《现代西方史学流派文选》，上海人民出版社 1982 年版，第 39 页。

就是理由。

所以，"轴心时代"理论的论证方法是时空的归纳与类型的比较。而现在首先一个问题就是，"同时出现"是否具有必然性？比较的方法是否可以证明必然？

清末民初，国事、学术在西学东渐的大趋势上演进，比较的方法可以说是无可回避的前提条件。吕思勉就曾提到研究先秦学术，与欧洲、印度文化的比较是"不易之法"。吕思勉说道：

> 今之谈哲学者，多好以先秦学术，与欧洲、印度古代之思想相比附。或又谓先秦诸子之学，皆切实际，重应用，与欧洲、印度空谈玄理者不同。二说孰是？曰：皆是也。人类思想发达之序，大致相同。欧洲、印度古代之思想，诚有与先秦诸子极相似者。处事必根诸理，不明先秦诸子之哲学，其处事之法亦终无由而明。而事以参证而益明，以欧洲、印度古说与先秦诸子相较，诚不易之法也。①

梁启超在一次政治学的讲演中也曾专门说到，欧美的社会组织和中国不同，所处的环境和所要解决的问题和中国不同，研究欧美政治思想的目的在于政治学的原则，然而"须知具体的政治条件，是受时间空间限制的，抽象的政治条件，是不受时间空间限制的"②。

通过文化比较可以看出异同，说明状况，参照定位。但是，比较的方法固然可以"不受时间空间限制"，这是它的优势，而比较方法本身决不能证明大家的相同点或不同点具有何种必然性，这是它所不具备的功能。

1923 年，顾实在一次演讲中提及严复，说道：

> 严又陵（严复）译《天演论》，他说："中国春秋战国时代，中国及印度、欧洲，皆学者辈出，张立门户，倡导学说，正不知何以运

---

① 吕思勉：《先秦学术概论》第三章《先秦学术兴起时之时势》，上海世界书局1933年版，第8—9页。

② 梁启超：《先秦政治思想》（在北京政法专门学校五四讲演），载《梁任公学术讲演集》第二辑，上海商务印书馆1922年版，第1—2页。

会如此?"他的大意如此,便是一个极有兴味的问题。问天,天不告;问地,地不知。也可不必穷究其所以然了。我辈只要知道中国周季的古学,或者汉以前的古学,确有和希腊罗马文化同样的价值,或者超过之,亦未可知。①

顾实是清末民初倡导"古学复兴"的重要人物,他这段话不是追问中印欧三地"运会"的理由,而恰是对"天地不知"感到了刺激。一方面,"运会"无须理由;另一方面,"运会"也拿不出理由。

雅斯贝斯在其著作中追溯了在他之前拉索尔克斯和施特劳斯关于类似"轴心时代"现象的描述,并且以反问的形式讨论了这一现象的必然性:"民族宗教的改革者""几乎同时出现,这不可能是偶然的事情";"我常感到,轴心期全貌未必仅仅是历史巧合所造成的幻觉"。②事隔90年,当"轴心时代"理论风云再起之际,不佞在北京大学历史学系"北大史学论坛"网站上又见到了类似的议论。以下是该网站颜海英教授开设本科生"世界古代史""世界古代史文献导读"课程讨论区关于"轴心时代"在2003年11月1日至20日发布的主题讨论。

kai(版主):2003—11—1 12:19:51

大约公元前8—3世纪,中国、印度、希腊等地都出现了许多哲学家、思想家,对人类自身进行了反省,也可以说是人类系统进行哲学思考的开端,因此德国学者雅斯贝斯提出了"轴心时代"这一概念来表明这一时期人类精神的觉醒。

为什么会在这一时期上世界各大主要文明都不约而同地进行对自身的反思呢?大家讨论一下吧。

Ear:2003—11—1 13:58:07:

这(问题)可够大的,我个人以为这是神意,凡人不可测度。

长河落日:2003—11—2 14:25:44:

---

① 顾实:《治小学之目的与方法》,载东南大学、南高师范国学研究会编《国学研究会演讲录》,上海商务印书馆1923年版,第22页。

② [德]卡尔·雅斯贝斯:《历史的起源与目标》,魏楚雄、俞新天译,华夏出版社1989年版,第16、20页。

我觉得这不过是人为的杜撰，或许在中国、印度、希腊可以适用，但是把它推演到"人类"则不充分，埃及文明，西亚文明的"轴心时代"早已过去，西欧文明的"轴心时代"还要很久才到来。只能说中国、印度、希腊的文明产生和发展比较同步……

Odusseus：2003—11—9 22：58：57：

我想理由有几个：哲学不会出现在一个毫无准备的文明里。在人类发展的过程中，我认为每一个民族都会接触到哲学。希腊哲学产生在公元前5世纪，中国和印度哲学应该算是在（公元前）6世纪。印度和希腊产生哲学的原因我估计是因为他们都是缘于印欧人种，信仰的是多神教……东方哲学的诞生也在同一时期，这是否巧合我不知道，不过，对于人生的深沉思考一般都是发生在社会变迁的时代……不过，我也明白，这并不能完全解释为什么他们会同时产生……

徐硕：2003—11—19 17：25：57：

轴心时代重要的不是时间上的巧合而是阶段上的类同……

Odusseus：2003—11—19 18：25：22：

不过我仍然觉得我们仅有的文明例子太少，而特殊性太多，使得轴心时代更像是巧合。

汤因比……的理论《历史研究》也讲述了文明的停滞和夭折，我觉得挺适合于解释其他文明为什么没有达到轴心时代。

Ear：2003—11—19 19：41：03：

问题是，那些繁盛时期不属于这个所谓的"轴心时代"的文明，其文明程度绝不比轴心时代的三个文明有丝毫逊色，尤其是"轴心时代"之前的，甚至有过之而无不及。那又该如何算呢？轴心时代，名字本身就带着一种优越感，仿佛就是前无古人后无来者的全人类文明的巅峰之作了。但真是这样的吗？

廖理琳：2003—11—19 21：29：38：

而我们想要知道的是：为什么在这个阶段就会有这么多的人忽然思考起前人所未曾想过的，或人们都习以为常，已不认为是问题的命题呢？

Odusseus：2003—11—20 0：56：27：

而原因，也是多方面的。我说的偶然性并不是说轴心时代是天上掉下来的，我的意思是说，轴心时代的出现，是很多方面因素在一个偶然的情况下同时出现，促成了文明的跃进。①

这些在教师指导下的自由讨论的一个线索就是"轴心时代"的理由，讨论结果是缺乏必然性，"不可测度""不能完全解释""更像是巧合"。和近代中国学者关于古史的研究方法与取证方法的大量讨论相比，如果"不可能是偶然""未必是巧合"便可以等于必然，这样的结论未免来得过于轻松了。

三 从哪个阶段进行比较？——"同时出现"还是"最早开化"

接下来的第二个问题是，从哪个阶段进行比较？

雅斯贝斯的原著将人类历史划分为史前、古代文明、轴心时代和科技时代四个基本阶段②。

第一阶段：在遥远而漫长的过去，产生了语言，工具和火的应用。"产生文明的地区……从欧洲经过北非和小亚细亚伸展到印度和中国。"③

第二阶段：公元前5000年到公元前3000年之间，出现了埃及、美索不达米亚、印度和中国的"古代高级文明"。

第三阶段："以公元前500年为中心——从公元前800年到公元前200年——人类的精神基础同时地或独立地在中国、印度、巴勒斯坦和希腊开始奠定。而且直到今天人类仍然附着在这种基础上。"④

---

① "北大史学论坛"网站，http：//www. hist. pku. edu. cn/club/dispbbs. asp？boardid = 19&id = 1136。

② 据柯锦华、范进译本，田汝康译本为基本部分。"分期"本身亦为一种"假设"的研究分法，王尔敏指出："历史分期实是一种便利研究之假设工具，西方史家尤其习惯应用。"参见王尔敏《史学方法》"假设工具"一节，东华书局1977年版，广西师范大学出版社2005年简体字版，第208页。

③ ［德］卡尔·雅斯贝斯：《历史的起源与目标》，魏楚雄、俞新天译，华夏出版社1989年版，第31页。

④ 田汝康、金重远选编《现代西方史学流派文选》，上海人民出版社1982年版，第38页。就中国历史而言，东周（包括春秋、战国二期，前770—前221）特别符合雅斯贝斯的第三阶段。

第四阶段：自 17 世纪开始至今的科学和技术的时代。

用来比较和假设为轴心时代的是其中的第三阶段。特别需要注意的是，中国（及印度）跨越着整个四个阶段。埃及和美索不达米亚文明到第二阶段绝灭了，古希腊文明则从第三阶段开始出现。虽然雅斯贝斯说到埃及、美索不达米亚、印度、中国这些最早的文明几乎同时在地球上三个区域产生是除轴心时代之外全部世界历史中唯一的谜团和与轴心时代近似的唯一的可比现象，① "轴心时代"所选择的仍只是第三阶段。②

然而，较之雅斯贝斯的"错位"，近代中国学人也比较了其中的前两个阶段，而比较的结果自然与雅斯贝斯大相径庭，全然不成比例了。

清末，徐仁铸著《輏轩今语》，将儒家及诸子与古印度、古希腊文化比较，其比较的时段与"轴心时代"吻合。

> 儒者，孔子所立之教也……诸子皆在孔子后……要之，当时列国并峙，民智大开，诸子见孔子创法立教，以示万世，因亦各出其所心得，思以易天下，如印度之九十六外道、希腊之七贤，皆一时之豪杰也。③

对此，叶德辉马上予以批驳，认为徐氏的议论是出于"流"而不是出于"源"：

> 诸子之学，亦不尽在孔子以后。道家源于黄老，墨家始于尹佚，班氏明言其出，明述其流……而谓孔子之教必符合印度之九十六外

---

① ［德］卡尔·雅斯贝斯：《历史的起源与目标》，魏楚雄、俞新天译，华夏出版社 1989 年版，第 20—21、55 页。

② 正像有学者指出的，雅斯贝斯"是站在反对西方文化中心的角度提出的认识"（强昱先生语，见强昱致笔者信），不佞承认这一看法。不佞的意图也并非直接论证轴心时代理论的正确与否，以及雅氏等西方学者是否对于中国历史足够了解，而只是关注轴心时代为中国所接受过程中的学术背景。

③ 叶德辉：《叶吏部〈輏轩今语〉评》，载《翼教丛编》卷 4，上海书店出版社 2002 年版，第 83—84 页。

道、希腊之七贤，始得流传千古，岂不谬哉！岂不谬哉！①

梁启超将"中国学术思想"分为胚胎时代、全盛时代（春秋战国）、儒学统一时代（秦汉）、老学时代（三国六朝）、佛学时代（六朝隋唐）和近世（明亡至清）六段。其中胚胎时代又为四期，第一期黄帝时代，第二期夏禹时代，第三期周初时代，第四期春秋时代。前引《论中国学术思想变迁之大势》一书曾以"先秦学派"与古希腊相比，而在此书的开篇总论中，梁启超是另有一番比较的。其言曰：

> 立于五洲中之最大洲，而为其洲中之最大国者谁乎？我中华也。人口居全地球三分之一者谁乎？我中华也。四千余年之历史未尝一中断者谁乎？我中华也。我中华有四百兆人公用之语言文字，世界莫能及。我中华有三十世纪前传来之古书，世界莫能及。②

在这段"中华"与"世界"的比较中，梁启超还有一项以传世文献为基准的具体统计：

> 《坟》《典》《索》《丘》，其书不传，姑勿论。即如《尚书》，已起于三千七八百年以前夏代史官所记载。今世界所称古书如摩西之《旧约全书》，约距今三千五百年；婆罗门之《四韦陀论》亦然，希腊和马耳之诗歌约在二千八九百年前，门梭之《埃及史》约在二千三百年前，皆无能及《尚书》者。若夫二千五百年以上之书，则我中国今传者尚十余种，欧洲乃无一也。此真我国民可以自豪者。③

---

①　叶德辉：《叶吏部〈輶轩今语〉评》，载《翼教丛编》卷4，上海书店出版社2002年版，第83—84页。

②　梁启超：《论中国学术思想变迁之大势》第一章"总论"，上海古籍出版社2001年版，第4页。

③　同上书，第4页夹注。

梁启超所作古代文明传世典籍年代列表

	传世典籍	距今年数
1	《坟》《典》《索》《丘》	……
2	《尚书》	3700—3800 年
3	《旧约全书》	3500 年
4	《四韦陀论》	3500 年
5	《和马耳诗歌》	2800—2900 年
6	《埃及史》	2300 年
7	中国今传者尚十余种	2500 年

梁启超是近代学人中对本国历史极为敏感的先驱，他对中国文明的溯源早至三代之前的上古传疑时代：大巢氏（亦称有巢氏）、燧人氏、庖牺氏、神农氏、共工氏。梁启超曾说："中国史宜托始于何时耶？……吾作载记，虽托始三代，而太古亦未敢尽从盖缺。"[①] 梁启超还曾借助法国哲学家蒲陀罗（T. M. Boutren，1845—1921）之口说道："一个国民，最要紧的是把本国文化，发挥光大……你们中国，着实可爱可敬。我们祖宗裹块鹿皮拿把石刀在野林里打猎的时候，你们不知已出了几多哲人了。"[②] 蒲陀罗其说真实与否姑可不论，本国文化的自觉在梁启超身上体现得非常明显是可以肯定的。于梁启超而言，亦可谓"我中华""名字本身就带着一种优越感"[③] 了。

梁启超的统计数据，主要应当是西人著作或通过日本转述的西人著作。较之稍晚，陆懋德直接引据了韦尔斯（Wells）的《世界史纲》，说道：

吾国为东方最古之民族，此为世界所公认者也。……世界最近之出版史学名著，当推英人韦尔斯（Wells）《世界史纲》。此书于中国

---

① 梁启超：《太古及三代载记·小序》，载《饮冰室合集》第 8 册，上海中华书局 1936 年版，第 1 页。

② 梁启超：《欧游心影录节录》下篇"中国人之自觉"，十三"中国人对于世界文明之大责任"，载《梁任公近著》第一辑，上海商务印书馆 1927 年版，第 68 页。

③ 见前引"北大史学论坛"网站。

上古文化之开始，虽未能详定其时代，然已明言"当阿利安人（Aryan）语言生活传布东西之时，其他文化甚高之民族，已存在于埃及、米索怕土迷亚，或中国及印度"。此于中国虽用疑词的"或"字，然固已不能不承认中国之文化与埃及、嘉尔地、巴比伦同一远古也。①

与 20 世纪疑古派颇多往还的钱穆，曾经对夏史有相当的肯定，有时并将古史上溯到黄帝时期。② 他的重要著作《国史大纲》（作于 1939 年）和《中国文化史导论》（作于 1941 年）论中原华夏文化之发祥，是以虞夏时代为中国史之开始的。③ 钱穆说道：

> 中国为世界上历史最完备之国家……从黄帝传说以来约得四千六百余年，从《古竹书纪年》载夏以来约得三千七百余年。……若一民族文化之评价，与其历史之悠久博大成正比，则我华夏文化于并世固当首屈一指。④
>
> 尧舜禹的禅让时代无疑的为春秋、战国时一致公认的理想黄金时代。尧舜禹诸人，也为当时一致公认的理想模范皇帝。我们现在说唐虞时代尚为中国各部族间公推共主的时期，这大致是可信的。……中国古代史，直到夏王朝之存在，现在尚无地下发现的直接史料可资证明，但我们不妨相信古代确有一个夏王朝。⑤

钱穆认为中国早在先秦时代已完成了"国家凝成"与"民族融合"两大事业，同时中国民族的"学术路径"与"思想态度"，也大体在先秦时代奠定。⑥ 钱穆"凝成"一语，其实也有"轴心"的意味。但是钱穆并没有像梁启超那样热心于世界文化的比较，或者说他宁愿显明中国与世

---

① 陆懋德：《中国第一篇古史之时代考》，《清华学报》1924 年第 2 期，第 221 页。
② 抗战中钱穆曾指导弟子姚汉源著成《黄帝》一书，重庆胜利出版社 1944 年初版。
③ 钱穆：《国史大纲·引论》，上海商务印书馆 1940 年初版，商务印书馆 1996 年修订 3 版，第 2 页。
④ 钱穆：《国史大纲·引论》，商务印书馆 1996 年修订 3 版，第 1 页。
⑤ 钱穆：《中国文化史导论》（修订本），商务印书馆 1994 年版，第 27 页。原作写于 1941 年，重庆正中书局 1943 年初版。
⑥ 同上书，第 65 页。

界文化的不同。钱穆将世界文化划分为三型两类，以游牧文化、农耕文化、商业文化为三型；又以游牧文化和商业文化为一类，以农耕文化为另一类。① 其《中国文化史导论》第一章开篇亦为中国文化与其他三大文明的比较，而结论则是异大于同，指出中国文化"自始即走上独自发展的路径"，"特别见是一种孤立的"，"较之埃及、巴比伦、印度……绝不相似"。②

较钱穆为早，梁漱溟看出了古希腊、古中国、古印度三大系文化即人生三条路向"于三期间次第重现一遭"的"整齐好玩"，③ 他的《东西文化及其哲学》整部著作都以"中国人与西洋人之不同为主眼"，④ 其比较的思路与东方化倾向颇类钱穆。

和钱穆"华夏文化于并世固当首屈一指"的观念相近，张君劢径直称中国为"全球第一老大哥"。张氏说道：

> 吾人既比较欧亚两洲上之文化中心，常觉吾族文化虽稍后与埃及与巴比伦，然较诸印度犹早一千年，较诸希腊犹早五六百年；国人当念吾族立国之久远，而思所以保持之也！⑤

> 事物之成败得失，以历久不坏为准……他人五百年之成效，安能与吾族历四千余年之久者，相提并论乎？吾族之特色，自古代迄于今日，犹能保持其生命，视埃及、巴比伦之长埋地下，视希腊、罗马之主已再易，视印度之为人奴隶者，大有天壤之别。此必吾族之自处有以胜于其他民族者无疑义矣。⑥

张君劢比较了世界上七个民族的"独立生存年龄"，认为中国文化有

① 钱穆：《中国文化史导论》（修订本），商务印书馆1994年版。"弁言"1948年5月写于无锡江南大学，次年春即赴广州。

② 钱穆：《中国文化史导论》（修订本），商务印书馆1994年版，第1、6页。

③ 梁漱溟：《东西文化及其哲学》，上海商务印书馆1921年初版，商务印书馆2005年版，第203页。

④ 同上书，1929年"第八版自序"第5页。

⑤ 张君劢：《明日之中国文化》第三讲"欧亚两洲文化之发轫"，上海商务印书馆1936年版，第25页。

⑥ 同上书，附录"中华民族文化之过去与今后之发展"第135—136页。

一个很崇高的"门楣"，结论说：

> 以七族之年龄与吾族之四千三百（自《尚书·尧典》始）或三千七百（自甲骨文所证明之殷朝始）年相比，则吾族为全球第一老大哥显然矣。自有历史以来，绵延不绝者，除吾中华外，世间已无第二国。日本尝以万世一系之皇位自夸于世，吾人宁百年以"万寿无疆之民族"自傲于全球乎？[1]

张君劢所论七个民族"独立生存年龄"列表

民族	独立生存年龄
埃及	3500 年
亚西里亚	500 年
希伯来	200 余年
波斯	300 年
希腊	800 余年
罗马	2200 余年（至东罗马灭亡）
印度	2000 余年（总年龄 3900 余年）
中国	4300 或 3700 年

在中国历史、文化的分期上，吴敬轩（吴康）、张星烺、夏曾佑、柳诒徵、王正颜诸家观点也值得注意。

吴敬轩将"先秦"分为四阶段。其中，部落期的文化，"地旷人稀，文教鄙啬"。封建期的文化，"宗周文化，号称极盛"。国政期的文化，"风气盛开，文明日启，史乘为最发达"。列国期的文化，"凡阅三百年，此土大思想家之诞育，咸荟萃于斯，实为神州古代期学术思想发皇递衍之全盛时代。其思潮曼衍，煇燿古今，盖震旦数千年文明之星宿海也"[2]。星宿海为黄河源头所在，以此形容孔子以后列国期的文化，其实也有

---

[1]　张君劢：《明日之中国文化》，上海商务印书馆 1936 年版，第 151—152 页。

[2]　吴敬轩（吴康）：《周代学术勃兴之原因》，载《中国学术讨论集》第一集，上海群众图书公司 1927 年版，第 13 页。

"轴心"的含义。

吴敬轩（吴康）所论"先秦"四期列表

第一期	部落期	唐虞迄殷末约千余年
第二期	封建期	西周约三百年
第三期	国政期	东周迁后至孔子出世前约二百年
第四期	列国期	孔子出世后至秦政统一约三百年

张星烺的文化比较也是将中国古史上溯很早，认为中华文化"开化最早"。他说：

> 汉武帝未重通西域以前，由结绳起，下逮黄帝唐虞三代以至于汉初之数千年间也。当此之时，全世界各国，皆混沌鸿濛，惟我中华，开化最早。……史学发达，郁郁乎盛矣！西方诸国，如埃及、迦尔底、亚述利亚、巴比伦、波斯、腓尼基、犹太、希腊等，皆瞠乎我后，无所谓史。略有记载，亦多今代人揣测之辞，据为信史，亦云难矣。①

夏曾佑将中国历史分为三段，其中上古和中古二段都予以了充分肯定，认为足以和世界历史作一比较，其观点与梁启超、钱穆所见略同。夏氏说道：

> 读我国六千年之国史，有令人悲喜无端、俯仰自失者。读上古之史，则见至高深之理想（如大易然），至完密之政治（如周礼然），至纯粹之伦理（如孔教然），灿然大备，较之埃及、迦勒底、印度、希腊，无有愧色。读中古之史，则见国力盛强，逐渐用兵，合闽粤滇黔越南诸地为一国，北绝大漠，西至帕米尔高原，衰然为亚洲之主

① 张星烺：《中西交通史料汇编》第一册《上古时代中外交通·汉武帝以前之中外交通》，辅仁大学图书馆 1930 年版，第 1 页。

脑，罗马、匈奴之盛，殆可庶几。此思之令人色喜自壮者也。①

柳诒徵将中国古代学术源流分为五期。其中在今人所常言的"先秦"阶段，柳诒徵划分了伏羲以来、唐虞及三代盛时、春秋至战国三个时期。②

柳诒徵所论中国古代学术源流五期列表

第一期	伏羲以来	为萌芽时代
第二期	唐虞及三代盛时	为官守时代
第三期	春秋至战国	为私家学术盛兴时代
第四期	两汉	为古学源流昌明时代
第五期	汉末至唐末	为古学迭因兵乱消沉时代

而柳诒徵的比较范围，则是今人所常言的"四大文明古国"。其《中国文化史》一书引日人浮田和民《西洋上古史》曰：

迦勒底王国，始于公元前四千年以前，至一千三百年而亡。亚述兴于公元前一千三百年，至六百零六年而亡。巴比伦兴于公元前六百二十五年，至五百三十八年为波斯所灭。……埃及旧帝国兴于公元前四千年，中帝国当公元前二千一百年，新帝国当公元前一千七百年，至五百二十七年为波斯所灭。③

柳氏的结论是："世界开化最早之国，曰巴比伦，曰埃及，曰印度，曰中国。比而观之，中国独寿。"④

中国学术传统总是将考镜源流视为第一要紧事，许倬云在 20 世纪 80

①　夏曾佑：《中国古代史》第五节"历史之益"，1933 年初版，三联书店 1955 年新版，第6 页。

②　柳诒徵：《论近人讲诸子之学者之失》，载《柳诒徵史学论文续集》，上海古籍出版社1991 年版，第 532—533 页。

③　柳诒徵：《中国文化史》，南京钟山书局 1932 年初版，正中书局 1948 年再版，东方出版中心 1988 年新版，第 4 页。

④　同上。

年代曾敏锐指出"轴心时代"理论有突出古希腊而回避文明源头之嫌："古代的几个主要文化——两河、埃及、中国及印度河流域——都已有文字。然而雅斯贝斯却不承认两河、埃及有过轴枢文化。雅斯贝斯的疑难，在于他未能认清两河古代文化与埃及文化实为波斯文化、希腊文化以及以色列文化的源头。"① 就此方面而言，民初学者王正颜的观点颇值得注意。

王正颜确定巴比伦文化距今八九千年，中国自伏羲至虞舜二千年，自虞舜至今五千年。其文化比较的特色是划分世界文化为"发源之国"与"非发源之国"二类，称埃及、巴比伦、中国为"文化发源之国"，而西伯来、以色列为"非文化发源之国"。②

王正颜所论世界文化起源列表③

	中　国
文化发源之国	巴比伦
	埃　及
非文化发源之国	以色列
	西伯来

值得注意的还有一种抗战中山东省编审委员会编辑、山东省政府审定、鲁东文化社印行的高级小学用书《战时历史教科书》（第三册），其第一课为《中国古代文化及儒道墨三家之兴起》，第二课为《印度古代文化及佛教之兴》，第三课为《西方古文明的发源地》，其中关于古代文明的描述与排序亦具代表性。教科书中说：

中国文化很古，而且都是自创的：即如皇帝（应作黄帝）时，已作甲子，制文字；尧舜之时，已造历法，制音乐；殷周时代，铸造精美的铜器。周代的礼制，最为完备，凡宫室衣服种种，都有一定的制度，实现灿烂之文化。古书留传至今的，有《诗》、《书》、《礼》、

① 许倬云：《论雅斯培枢轴时代的背景》，载许倬云《中国文化与世界文化》，贵州人民出版社1991年版，第101页。原文发表于1984年。
② 王正颜：《国学原理考》，上海商务印书馆1928年版。
③ 原表在王正颜《国学原理考》最后，上海商务印书馆1928年版，第123页。

《易》、《春秋》五种,后人称为"五经"。古代"官师合一",学者皆入校肄业。到春秋的末世,私学大兴,加以民生困苦,各欲创立学说,以求解决人生问题。因之思想解放,学派分立,最著的为儒道墨三家。

非洲的埃及和西亚的巴比伦,也都是世界有名的古国,是西方文明的发源地。埃及、巴比伦的文化,都由地中海而传入希腊。

很明显,如果"轴心时代"是以时间早晚而论,那么古希腊、古罗马不是最早的;如果以持续的影响而论,那么埃及、两河的古代文明固然中断了,欧洲的古希腊、古罗马文明亦曾中断一千余年。就中只有中国的文明是既早又持久的,同时符合这两项条件。

以上关于中国文化的考量,时间因素占据着突出的地位。当然,时间只是一种外在形式。在雅斯贝斯的理论中,时间是一个关键性的因素,但不是唯一的因素。在此意义上,清末许守微的一个观点特别值得注意。如果说,"开化最早"只能说明单纯的时间早晚,那么许守微依据"进化理论"得出的唯独中国文化最为合理的结论,就应该是与"轴心时代"理论同样具有某些"精神"意义了。

1905 年,许守微论中国文明独存可与天择之理互证,其言曰:

> 四千余年之古国,以声明文物著者,若埃及,若希腊,若印度,皆以失其国粹,或亡或灭,或弱或微,而我中国独岿然独著于天下,不可谓非天择之独厚也。毋亦我古先哲贤抱守维持,而得系千钧一发以至于斯乎?以群古国之文明,而独竞胜于我国,其必适于天演之例可知也。[①]

当时,依照西方人"优胜劣汰"的原理来证明中国文化"独存"合乎天演规律的,还有梁启超。前引梁书中曾经欢呼:

> 西人称世界文明之祖国有五:曰中华,曰印度,曰安息,曰埃

---

① 许守微:《论国粹无阻于欧化》,《国粹学报》第 1 年第 7 号,台湾商务印书馆 1974 年《景印国粹学报旧刊全集》本,第 2 册,第 753 页。

及，曰墨西哥。然彼四地者，其国亡，其文明与之俱亡。今试一游其墟，但有摩诃末（今译莫罕默德）遗裔铁骑蹂躏之迹，与高加索强族金粉歌舞之场耳。而我中华者，屹然独立，继继绳绳，增长光大，以迄今日；此后且将汇万流而剂之，合一炉而冶之。於戏，美哉我国！於戏，伟大哉我国民！吾当草此论之始，吾不得不三熏三沐，仰天百拜，谢其生我于此至美之国，而为此伟大国民之一分子也。①

其后，梁漱溟也颂扬了中国文化的创造力与生命力，代表了抗战时中国学者的一种认识。梁氏说道：

> 历史上与中国文化若先若后之古代文化，如埃及、巴比伦、印度、波斯、希腊等，或已夭折，或已转易，或失其独立自主之民族生命。唯中国能以其自创之文化绵永其独立之民族生命，至于今日屹然独存。②

与上述各家关于"文化的时间起源"的论述相经纬，清末民初甚至还出现了关于"文化的地理起源"的热切关注，在本节最后，值得略为一提。早先，张之洞、叶德辉都曾说到中国不仅文化起源为早，其地理位置也最为居中，因之文明状态最为良好。总之中国文化不仅最早，而且"最尊、最大、最治"。张之洞说：中国"其地得天地中和之气，故昼夜适均，寒燠得中，其人秉性灵淑，风俗和厚，邃古以来称为最尊、最大、最治之国"③。叶德辉也说："合五洲之大势而论，人数至众者莫如中国，良以地居北极温带之内，气候中和，得天独厚，而又开辟在万国以前，是以文明甲于天下。中外华夷之界，不必以口舌争，亦不得以强弱论也。"④

对此，梁启超的论述更加具体，不仅称中国"天地中和"，进而认为亚细亚为世界各古文化的发源地。梁启超引据志贺重昂《地理学讲义》

---

① 梁启超：《论中国学术思想变迁之大势》，上海古籍出版社 2001 年版，第 4 页。

② 梁漱溟：《中国文化要义》，学林出版社 1987 年版，第 2 页。原书写于 1942 年至 1949 年。

③ 张之洞：《劝学篇·内篇·知类第四》，载《翼教丛编》卷 3，上海书店出版社 2002 年版，第 47 页。

④ 叶德辉：《叶吏部〈非幼学通议〉》，载《翼教丛编》卷 4，上海书店出版社 2002 年版，第 136 页。

中《亚细亚地理考究之方针》一篇为蓝本阐发道：

> 尔来绝代之伟人，如释迦，如孔子，如耶稣，如咋乐阿士打（原注：波斯之教主，生于西历纪元前千四百年倾。按今译琐罗亚斯德），如摩诃末（原注：即回教教主，或译为摩哈默德，《唐书》曾译此三字，今从之。按今译穆罕默德）相接出现于此土。全世界所有之宗教，如婆罗门教，如佛教，如儒教，如袄教（原注：即咋乐阿士打之教也，名见《唐书》），如基督教，如回教，如马尼教（原注：亦波斯教之一种也）等，无一非此土之产物也。号称世界最古之国，如印度，如中华，如犹太，如亚西里亚，无一非此土之肇建也。而泰西一切文学、哲学、美术、巧艺，其渊源大率自印度、中华、亚西里亚、巴比伦尼亚、腓尼西亚、波斯、阿剌伯等国而来，无一非此土之子孙也。①

那么，如果雅斯贝斯笔下可以假设出"轴心时代"，梁启超的论述是否便得以称之为"轴心地理"了呢？

雅斯贝斯"历史的起源与目标"示意图②

人类的同一起源	人类的诞生			

↓

史　前	美索不达米亚	埃及	印度河	黄河

↓

古代文明	欧亚		印度	中国

↓

轴心时代	西方	拜占庭	伊斯兰	印度	中国

↓

科技时代	美国	欧洲	俄国	伊斯兰	印度	中国

↓

人类的同一目标	不朽的精神王国			

---

① 梁启超：《亚洲地理大势论·小序》，载《饮冰室合集》第2册，上海中华书局1936年版，第69—70页。

② 据《历史的起源与目标》第35页原表简化而成。

四 "砍掉一半"和"打个对折": "轴心时代"与疑古派的对接

雅斯贝斯淘汰了其第二阶段的古代埃及、美索不达米亚、印度和中国的文明，选择第三阶段为轴心文明的起点，同时再以孔子时代的中国作为印度佛教、波斯伊斯兰教和古希腊哲学的陪衬。这一理论在 20 世纪 80 年代后相当普遍地为中国学者接受，与近百年来中外学者首先是中国学者对于中国古代历史的"重新估定"背景相关。

自 19 世纪末兴起、至 20 世纪初而大盛的疑古思潮，曾被评价为"对二千年之中国传统史学予以毁灭性打击"[①]，有学者将其归类为反传统主义[②]，不无道理。单从时间上看，疑古派（又称古史辨派）的做法是将中国古史"砍掉一半"，"打个对折"。

清末今文家康有为的两部名著《孔子改制考》和《新学伪经考》，认为六经非出三代，为孔子托古而作，及为刘歆伪窜，虽无反孔反儒之名，实际上否定了孔子以前的文化。

1917 年胡适留美归国，在北京大学讲授中国哲学史，从《诗经》时代的周宣王讲起。同年发表的《诸子不出于王官论》[③]承接康有为，反驳章太炎，否认诸子的王官渊源，认为皆由春秋战国时势世变所产生。二年后出版的被誉为中国第一部现代意义的中国哲学史著作的《中国哲学史大纲》（卷上），"截断众流，从老子、孔子讲起"[④]。又二年，胡适提出了自己全新的"古史观"："现在先把古史缩短二三千年，从《诗三百篇》做起。将来等到金石学，考古学发达上了轨道以后，然后用地底下掘出的史料，慢慢地拉长东周以前的古史。"[⑤] 此说被学者称为把中国历史"砍掉了一半"。

---

① 顾潮：《顾颉刚先生小传》，载《中国现代学术经典·顾颉刚卷》，河北教育出版社 1996 年版，第 2 页。

② 郑光先生持此观点，见郑光致笔者信。

③ 原题《论九流出于王官说之谬》，刊《太平洋》第 1 卷第 7 号，1917 年 10 月出版，后收入《中国哲学史大纲》上卷附录及《古史辨》第四册，改题今名。

④ 蔡元培语，见胡适《中国哲学史大纲》"蔡序"，上海商务印书馆 1919 年版，第 3 页。

⑤ 胡适：《自述古史观书》，载《古史辨》第一册，北平朴社 1926 年版，第 22 页。

顾颉刚响应胡适"整理国故"的倡导，终其一生以"古史辨伪"为事业，在胡适不再疑古、改为信古之后①，即成为"古史辨派"的核心人物。顾颉刚说道：

> 中国的历史，普通都知道有五千年……但把伪史和依据了伪书而成立的伪史除去，实在只有二千余年，只算得打了一个"对折"！②
>
> 中国号称有四千年（有的说五千年）的历史，大家从《纲鉴》上得来的知识，一闭目就有一个完备的三皇五帝的统系……若能仔细的同他考一考，教他们涣然消释这个观念，从四千年的历史跌到二千年的历史，这真是一大改造呢！③

值得注意的是，砍掉一半、打了"对折"以后的中国古史，恰从雅斯贝斯的第二阶段中退出，而与第三阶段相对应。

对于影响巨大、流衍复杂的疑古派，不佞所要强调的有两点。

第一，自古史辨派创建之后，"疑古"与"信古""释古""考古"各派主张既有分合又有兼容，各派间的争论延续至今，疑古的影响亦延续至今。

以王国维、傅斯年为代表的金石、考古一派，表面上确有相互对立的形式，实际上正如方家所指出的，"疑古这一派为考古在中国的发展开了路"④。不过此语还有推敲的余地，准确说来，应当是疑古派刺激了中国考古学的发展（实际上也刺激了不少其他现代新学科的发展）。另一方面，顾颉刚从中国考古学兴起时就非常熟知考古学的发展状况，并且擅长

---

① 据顾颉刚 20 世纪 80 年代初的追述，胡适 1929 年自言："现在我的思想变了，我不疑古了，要信古了！"参见顾颉刚《我是怎样编写〈古史辨〉的？》，载《古史辨》第一册，上海古籍出版社 1982 年版，第 13 页。

② 顾颉刚：《古史辨》第一册"自序"，北平朴社 1926 年版，第 42—43 页。

③ 顾颉刚：《告拟作〈伪书考〉跋文书》，载《古史辨》第一册，北平朴社 1926 年版，第 14 页。

④ 李学勤引夏鼐语，见李学勤《疑古思潮与重构古史》，《中国文化研究》1999 年第 1 期。夏鼐原文可能为："古史辨派……他们对于封建主义的旧史学的摧陷廓清的功绩仍是不可抹杀的。他们扫除了建立'科学的中国上古史'的道路上一切障碍物，同时使人痛感到中国史上科学的考古资料的极端贫乏。"见夏鼐《五四运动和中国近代考古学的兴起》，《考古》1979 年第 3 期，收入中国社会科学院考古研究所编辑《夏鼐文集》（上），社会科学文献出版社 2000 年版，第 118 页。

运用考古学的最新成果助成他的疑古观点，表明古史辨派与考古学的关系尚有其复杂的一面。

　　"信古"派的称谓本为"疑古"一派所加，其逻辑上的次第应当排在"疑古"之前，实际上却是虚拟，并无其人。刘起釪谓在古史辨派以前"盈天下都是信古的人"，指明姓氏的有章太炎、陈汉章、黄侃、刘掞藜、胡堇人、柳诒徵、戴季陶①，严格界定，均不能其人没有怀疑的精神与阐释性的工作。与"信古"的状况相反，"释古"一派则有许多人，声闻一时的诸如梁启超的学术史研究、王国维的古史研究、冯友兰的中国哲学史研究、钱穆的中国文化史研究、郭沫若的史观派研究等以现代科学方法为指导的研究，都只能综合在"释古"一大类中。这些"释古"的研究亦颇多受到疑古的影响，甚至"所疑皆超于颉刚"②，虽无疑古之名，却有疑古之实。当然，"释古"派在有些时候是专指郭沫若的，因为新中国成立以后证明其他学者的阐释都是不对的。特别需要注意的是，以郭沫若为核心的史观释古一派，新中国成立后即提出"薄古"主张（全称"厚今薄古"）。"薄古"的技术目标之一是批判"言必称尧舜"，"以上古为黄金时代"③，在学理上疑古派主张"破坏就是建设"，"薄古"主张"不破不立"，故"疑古"与"薄古"亦为前后承接的关系。

　　所以，虽然有学者认为疑古派在新中国成立以后即不再存在，④ 顾颉刚自己也称疑古不能自成一派，⑤ 而其实际影响始终存在，⑥ "不但是我们今天国内的学术界，还有相当的影响，对于海外、国际上的汉学界，影响

---

① 刘起釪：《顾颉刚学述》，中华书局 1986 年版，第 277—282 页。

② 钱穆语，见钱穆《师友杂忆》，三联书店 1998 年版，第 167—168 页。

③ 未署名，《厚今薄古　边干边学——陈伯达谈哲学社会科学如何跃进？》，郭沫若《关于厚今薄古问题》，载科学出版社编辑部《厚今薄古》，科学出版社 1958 年版。

④ 如许宏有"走进考古新阶段"说，见拙文《二十世纪疑古思潮回顾与前瞻学术研讨会纪要》，载《疑古思潮回顾与前瞻》，中国书店、京华出版社 2003 年版。

⑤ 参见顾颉刚《我是怎样编写〈古史辨〉的？》，载《古史辨》第一册，上海古籍出版社 1982 年版。

⑥ 近年出版的疑古著作有刘起釪著《古史续辨》、吴锐编《古史考》等。据为《古史考》承担排版发行的北京新潮社文化公司称，《古史考》原来有《古史辨》第二辑或《续古史辨》《新古史辨》等拟名。见 2005 年 5 月 10 日，"北京新潮社"发帖（http：//www.ywsl.com/bbs/bbsshow.aspx？id＝20108）。

更大!"①

第二,在疑古派的发展阶段上,胡适与顾颉刚始合而离,二人对中国古史的判断是不一样的。早先,胡适为"疑古辨伪"预定的目标有"先缩短,后拉长"之说,而邓实、梁启超、钱穆也都提出了由晚周恢复三代的预想,指出"本朝学术……未有能出乎孔子六经之外而更立一学派也,有之,自今日之周秦学派始"②,"复先秦之古,对于一切传注而得解放"③,"故先秦学占学界第一之位置"④和"复西周之古来解放东周,复殷商之古来解放西周,复虞夏之古来解放殷商,溯源寻根,把中国从来的文化学术思想从头整理一过"⑤等。

但是顾颉刚的工作则是将疑古更进一步。实际上顾颉刚的疑古不是沿着胡适最初的实验主义设想发展,而是在"五四"思潮带动下加入了许多预设目标。顾颉刚是先提出古人造伪的假设,再将假设直接坐实为结论。疑伪的经典不仅包括经部,而且包括子部和史部。时间范围也从三代延至春秋战国,下及两汉。

单从时间因素方面来看,顾颉刚提出过一种为学者所盛道的"移置法"。他说:

> 许多伪材料,置之于所伪的时代固不合,但置之于伪作的时代则仍是绝好的史料;我们得了这些史料,便可了解那个时代的思想和学

---

① 李学勤语,见李学勤《疑古思潮与重构古史》,《中国文化研究》1999年第1期,收入洛阳大学东方文化研究院编《疑古思潮回顾与前瞻》,中国书店、京华出版社2003年版,又刊于李学勤《重写学术史》,河北教育出版社2002年版。此处据录音原稿引用。

② 邓实:《国学今论》,《国粹学报》第1年第5号,光绪三十一年(1905)出版,台湾商务印书馆1974年《景印国粹学报旧刊全集》本,第2册,第504页。其说称为"二十世纪亚洲古学复兴论"。

③ 梁启超:《清代学术概论》,上海古籍出版社1998年版,第1页。

④ 梁启超:《论中国学术思想变迁之大势》,上海古籍出版社2001年版,第133页。

⑤ 钱穆:《评顾颉刚〈五德终始说下的政治和历史〉》,原刊《大公报·文学副刊》1931年4月13日,又刊《古史辨》第5册,北平朴社1935年版,第618页。大意又见钱穆1926—1927年所著《国学概论》:"今按:梁氏此论极是。然复先秦之古,犹未已也。继此以往,则将穷源拔本,复商、周之古,更上而复皇古之古。则一切崇古之见,皆得其解放,而学术思想,乃有新机。此今日考论古史一派,实接清儒'以复古为解放'之精神,而更求最上一层之解决,诚为不可忽视之一工作也。"钱穆:《国学概论》,商务印书馆1997年简体字版,第330页。

术。……所以伪史的出现，即是真史的反映。我们破坏它，并不是要把它销毁，只是把它的时代移后，使它脱离了所托的时代而与出现的时代相应而已。实在，这与其说是破坏，不如称为"移置"的适宜。①

我们的破坏，并不是一种残酷的行为，只是使它们各各回复其历史上的地位：真的商周回复其商周的地位，假的唐虞夏商回复其先秦或汉魏的地位。②

这一观点从理论上说当然不错，但在实际层面却不免有主观的先导。所谓"以周还周，以汉还汉"，焉知不是"以周还汉，以汉还唐"？顾颉刚的辨伪工作实际上是将大量先秦时期的经部、子部著作"整体移置"到了汉代，由此造成了先秦无史的疑难，也带来了古史专家"专业"岗位的忧虑。③

在 20 世纪 30—40 年代，金毓黻曾经慨叹道：

夫刘歆作伪之说，已不可信，而谓左氏为晚周人，为可信乎？泥古太甚者，固不可与道古；而疑古太甚者，亦岂有可信之古籍耶？④

梁园东也说：

中国的古史到了现在，差不多已无法攻究，因为"伪书"的观

---

① 顾颉刚：《古史辨》第三册"自序"，北平朴社 1931 年版，第 8 页。

② 顾颉刚：《古史辨》第四册"顾序"，北平朴社 1934 年版，第 22 页。

③ 20 世纪 50 年代"薄古"之际，有人安慰为自己的"专业"担心的学者，会保留少数人在专业岗位上，"留少数人去做古史研究工作，这叫做薄古"。见范文澜《研究历史应当厚今薄古》，载科学出版社编辑部《厚今薄古》，科学出版社 1958 年版，第 18 页。"决不是反对让少数人研究古代。"见夏鼐《考古工作也要厚今薄古》，载科学出版社编辑部《厚今薄古》，科学出版社 1958 年版，第 37 页。据刘大年统计，1957 年从事古史研究的学者有一万人。现代史和革命史教师和研究人员"有一支万人以上的庞大队伍，和搞古代史的人数相比，有过之而无不及"。见刘大年《需要着重研究"五四"运动以后的历史》，载科学出版社编辑部《厚今薄古》，科学出版社 1958 年版，第 30 页。

④ 金毓黻：《中国史学史》，初稿作于抗战初的 1938 年，商务印书馆 1999 年新版，第 37 页。

念甚盛，研究历史的对于古书上的记载大都在敢信不敢信之间。①

20 世纪 50 年代，吴泽批驳说：

> 夏商以前的原始时代，根本没有文学②，没有史书，原始社会的历史，用默证法，不是可以一笔"考"个光吗？③

徐旭生说道：

> 极端的疑古派学者……对于夏启以前的历史一笔勾销，更进一步对于夏朝不多几件的历史，也想出来可以把它们说作东汉人伪造的说法，而殷墟以前漫长的时代几乎变成白地！要之，疑古学派最大的功绩，是把《尚书》头三篇的写定归之于春秋和战国的时候。④

和雅斯贝斯所划分的四个历史阶段相较，可以认为，胡适"砍掉"

---

① 引自杨鸿烈《历史研究法》，上海商务印书馆 1939 年版，第 433 页。注云出《哲学杂志》第 7 期。

② 原文如此，按"文学"当作"文字"。

③ 吴泽：《"五四"前后"疑古"思想的分析和批判》，《历史教学研究》1959 年第 4 期。张之洞谓："一分真伪而古书去其半，一分瑕瑜而列朝书又去其八九。"见张之洞《辅轩语》。朱一新论诸子学起于毁经，亦早已有言："如足下言，《尚书》当读者仅有二十八篇，余自《周易》、《仪礼》、《公》、《谷》、《论》、《孟》而外，皆当废弃。五经去其四，而《论语》犹在疑信之间，学者几无可读之书，势不得不问途于百家诸子。"朱一新：《朱侍御答康有为第四书》，载苏舆编《翼教丛编》卷 1，光绪二十四年（1898）刊行，上海书店出版社 2002 年新版，第 10 页。20 世纪 40 年代顾颉刚的弟子童书业亦曾自豪地说："这几十年中，学术随着时势的进展，'疑古'的学风更是前进得飞快：由怀疑古文经学到怀疑群经诸子，由怀疑儒家传说到怀疑夏以前的整个古史系统：这都是科学思想发展的自然趋势，虽有有力的反动者，也是无法加以遏止的。时到现在，谁都知道古代史有问题，谁都知道古代史的一部分乃是神话，并非事实。甚至有人著中国通史，不敢提到古史只字。"见童书业《古史辨》第七册上编"自序二"，上海开明书店 1941 年版，第 1—3 页。

④ 徐旭生：《中国古史的传说时代》（增订本）第一章，科学出版社 1960 年版，第 26 页。此书初版出版于 1943 年，增订本第一章《我们怎样来治传说时代的历史》写于 20 世纪 50 年代。初版本《叙言》中尚有"因为他们的一切抹杀，使我国古史失了重要的一段，便引起了知识界不小的恐慌"等语。徐旭生：《中国古史的传说时代》，中国文化服务社 1943 年版，第 21 页。

的是前二个阶段，而顾颉刚"砍掉"的是前三个阶段。顾颉刚在20世纪80年代去世，"轴心时代"理论恰在此时来华。

胡适本人在首开风气之后，并无"拉长"的工作。对应胡适的"拉长"计划，与梁启超、钱穆"先秦学占学界第一之位置"预想的，实际上是近年开始的"夏商周断代工程"与"中国古代文明探源工程"。[①]

而在克服疑古所带来的先秦无史与岗位忧虑方面，使学界从顾颉刚退回到胡适、从否定三代经学与晚周诸子到否定经学而肯定诸子的，正是雅斯贝斯。

雅斯贝斯绕开顾颉刚重归胡适，雅斯贝斯恢复了诸子学的合法性。他"手援天下"，为诸子学解救重围。百年纷争被雅斯贝斯"四两拨千斤"般使用一个世界文明比较的方法妙手解除。

"整理国故"以来最讲究"拿证据来"而最没有证据的结论，"疑古辨伪"以来最强调"科学方法"而最无方法的结论，通过了。多少考据学的研究又多少出土文献的证明皆遭质问，而此说岿然独存。绕开核心抄近路，得来全不费工夫。

五　"截断众流"与"婢作夫人"：关于中国学术源流与正反题的反省

顾颉刚是否可以绕开而无须面对？重归胡适之"先缩短"而忽视其"后拉长"，亦即忽视邓实、梁启超、钱穆重建先秦学术的预想，是否便已回归原位？

通过疑古派的作用，在传统经史子集四部体系被打破之后，按照现代意义实际上是西方模式构建的学科体系顺利完成，文、史、哲不分大小高低并列为一级学科。与此同时，一批分支学科如神话学、民俗学、民族学、俗文学、历史地理学等，在顾颉刚更多直接参与的背景下建立起来。"轴心时代"理论是在这样一种学科背景上，跨过近百年的真伪论争不

① "夏商周断代工程"与胡适的"拉长"计划及梁启超、钱穆"先秦学占学界第一之位置"预想在学术方向上的对应，参见拙文《论胡适"缩短""拉长"两阶段的古史观》，《江南大学学报》2002年第5期；刘巍《"诸子不出于王官论"的建立、影响与意义——胡适"但开风气不为师"的范式创新一例》，《近代史研究》2003年第1期，第99—100页。

论，而直接在诸子学上嫁接新枝。这种隔着"古史辨"的诸子热，所铸成的是否一只"沙器"？

雅斯贝斯所关注的"轴心时代"现象：精神创造、人的觉醒、哲学的突破，无疑都有事实的根据。国内学者以此作为依托，积极重构民族传统，所起的作用无疑是正面的。① 但郢书燕说，"治则治矣，非书意也"

① 在此方面国内学者已有极多建树。不佞在草写拙稿的过程中，非常认同余敦康的一个观点："传说中的三皇五帝，还有夏商周三代，以后是春秋战国，这不是一脉相承的吗？……在轴心期产生孔子、老子、墨子这些诸子百家以前早已有一个成熟的文化体系，这个希腊没有、印度没有，唯独中国有。……我们一定要从源头上把这个儒、墨、道、法诸子百家搞清楚，他们是流而不是源。"见《中国社科院教授余敦康做客新浪谈国学源头》，2006 年 8 月 25 日，新浪博客（http://blog.sina.com.cn/lm/8/2006/0825/5999.html）。但余敦康先生以三代源头为宗教，认为中国哲学起源于宗教，及典籍所载颛顼"绝地天通"为宗教改革（见余敦康《夏商周三代宗教——中国哲学思想发生的源头》，载《经学今诠三编》，辽宁教育出版社 2002 年版；又载《中国宗教与中国文化》第 2 卷《宗教·哲学·伦理》，中国社会科学出版社 2005 年版），仍有失真。又冯天瑜倡导"中华元典精神"十余年，影响广泛（冯著《中华元典精神》，上海人民出版社 1994 年出版；《中国元典文化十六讲》，郑州大学出版社 2006 年版）。冯天瑜指出："诞生于公元前六世纪前后（即'轴心时代'）的文化元典，在此后两千余年间，不断被诠释和放大，其包蕴的精神被人们反复悟读、延伸，尤其是当历史处于转型的关键时刻，元典精神往往被人们重新召唤。"（见冯天瑜《关于"文化重演律"的思考》，《浙江社会科学》1996 年第 1 期，第 66 页）其所考论的历史现象与文化现象是对的，所论元典所曾经起到的作用和今后仍将起到的作用也是对的。冯天瑜以轴心思想圈定五经、诸子为元典，从中提炼出"元典精神"。正如学界所评价的："作者纳入'元典'的，除'五经'外，还有先秦诸子。"（见许苏民《读〈中华元典精神〉》，《中国文化》1995 年第 2 期，第 277 页）"'元典'是冯先生创制的一个概念，用于指称中国历史上古老而又影响深远的典籍。……作者开出的元典名单是：《诗经》、《易经》、《尚书》、《春秋》、《礼经》、《论语》、《墨子》、《孟子》、《老子》、《庄子》、《荀子》。从其行文中现出的意愿来看，'中华元典实为五经'，名单中的其他书只是具有元典性质而已。"（见姜海《令人困惑的"元典"和"元典精神"》，《中国图书评论》1999 年第 3 期，第 29 页）"元典精神是元典包蕴的基本精神，这种精神是民族的，所以可称'民族基本精神'或'民族元精神'；这种'民族基本精神'具有原创性，所以可称'民族文化的原创性精神'或'中国文化原创性内核'等；从'文化重演律'的角度，元典精神又可看作'文化全息基元'。……在'轴心时代'已基本定型。"（见邓万春《〈中华元典精神〉的再评价——姜海〈令人困惑的"元典"和"元典精神"〉祛惑》，《江汉论坛》2000 年第 3 期，第 93—94 页）冯天瑜"元典"一语实际包含了三代王官学与晚周诸子学二个时段，犹可注意的是冯天瑜侧重五经有过于诸子，与近代以来毁弃经学的趋向不同。但从总体看来，"元典"一语基本是在"轴心时代"的概念之内进行构建。由冯天瑜回避三代官学性质而以典籍形态入手，以及论定上古史为神话与《山海经》为神话书（见冯天瑜《上古神话纵横谈》，上海文艺出版社 1983 年版），论商代文化以鬼神为主为轴心萌芽期等见解（见冯天瑜《关于中华元典"人文性"的思考》，《社会科学家》1994 年第 1 期），大体未能超出近百年来的学术匡范。而维新派——改良派——革命派（辛亥革命与五四新文化运动）的过程是否"得益于元典精神的启迪"并发挥了正面作用［见冯天瑜《中华元典精神的现近代意义》，《华中理工大学学报》（社会科学版）1995 年第 1 期，第 49 页］，尤当别论。

（《韩非子·外储说左上》）。

蔡元培评价胡适的"中国哲学史"体系，曾有"截断众流"一语。"截断众流"典出禅宗德山缘密禅师："我有三句语示汝诸人：一句函盖乾坤，一句截断众流，一句随波逐浪。"①此评既出成语，可能言者无心，但因影响甚广，仍有细加分析的必要。实际上胡适所"截断"的并不是"流"，而恰是源。胡适不是截流，而是塞源。

胡适在阐明其"中国哲学史"体系时，又有"婢作夫人"之语②。胡适说道：

> 到了最近世，如孙诒让、章炳麟诸君，竟都用全副精力发明诸子学，于是从前作经学附属品的诸子学，到此时代，竟成专门学。一般普通学者崇拜子书也往往过于儒书，岂但是"附庸蔚为大国"，检直③是"婢作夫人"了。④

"塞源"与"婢作夫人"二者恰是一因果关系。因为有了"截断众流"，自然便有"婢作夫人"。从此"先秦"便没有"三代王官"，只剩下"晚周诸子"。诸子之内，孔子先于老子，义理先于术数方技；"先秦"以下，纵向变横向，通史转成概论，儒释道皆得并列。高下无别，九派横流，"遂谓'流水账簿尽是史料'"⑤。

钱穆曾经指出："我们撇开周公来讲中国思想，把战国先秦来比拟希腊，真所谓从何说起。我们讲中国史，断不该只从战国讲起。讲战国思

---

① 释普济：《五灯会元》卷 15，苏渊雷点校本，中华书局 1984 年版，第 935 页。

② "婢作夫人"典出张彦远《法书要录》卷 2 引梁袁昂《古今书评》："羊欣书如大家婢为夫人，虽处其位，而举止羞涩，终不似真。"其事则出于三代礼制。冯翊《桂苑丛谈》："以妾为妻，鲁史所禁。"《穀梁传·僖九年》葵丘之盟桓公曰："毋雍泉，毋讫籴，毋易树子，毋以妾为妻，毋使妇人易国事。"注："此四者，皆时人所患。"《礼记·内则》："聘则为妻，奔则为妾"；"妻不在，妾御莫敢当夕"，郑玄注："妻之言齐，得与夫敌体。妾之言接，得接见于君子。"其主从正副不可颠倒如此。

③ "检直"今通作"简直"。

④ 胡适：《中国哲学史大纲》卷上"导言"，上海商务印书馆 1919 年版，第 9 页。

⑤ 钱穆语，见钱穆《中国近三百年学术史》，商务印书馆 1997 年版，第 433 页。

想，也断不该只从老子孔子讲起。"① 所论切中肯綮。源头意味本质。如果截断众流只是时间长短问题，就不会是根本问题。或者截断的是下半截，也不会伤及根本。现在的情况是失去了源头，遂致文化本质的模糊。近百年来学者逐渐以"诸子"为中华文化的原典和源头，后世论学，无不以流代源，本末颠倒，导致史哲各科，多失祈向。

不佞认为，本末颠倒的过程，与近代以来两个学术概念的讨论有关。

其一是关于诸子起源的讨论。

从胡适《诸子不出于王官论》到《古史辨》第六册，诸子学是疑古派讨论的核心之一。胡适此文直接反驳章太炎，间接反驳刘歆。文章的主要线索是反驳《汉书·艺文志》诸子出于王官说，认同《淮南子·要略》诸子起源于时势说。此后诸家论学，基本上都要从分辨诸子起源开始，而观点则大致不出三种：一种支持章太炎，一种支持胡适，一种折中。

冯友兰将《汉志》的记载修正为：

> 儒家者流，盖出于文士。
> 墨家者流，盖出于武士。
> 道家者流，盖出于隐者。
> 名家者流，盖出于辩者。
> 阴阳家者流，盖出于方士。
> 法家者流，盖出于法术之士。②

傅斯年将"王官说"修正为"职业说"，认为战国诸子除墨子外皆出于职业，如儒家出于"教书匠"等。③

梁启超增多"地域"一种因素。梁氏在批评《诸子略》"其分类未能尽当，其推原所出亦非尽有依据"，及补充了诸子勃兴在时势方面的七项原因之后，将先秦学派重新划分为北派、南派，以下再细分出邹鲁、齐、

---

① 钱穆：《中国史学名著》，三联书店 2000 年版，第 13 页。

② 冯友兰：《中国哲学简史》第三章《各家的起源》"对刘歆理论的修正"，北京大学出版社 1996 年第二版，第 30—33 页。

③ 傅斯年：《战国子家叙论》"论战国诸子除墨子外皆出于职业"一节，傅斯年《史料略论及其他》，辽宁教育出版社 1997 年版，第 100—106 页。

秦晋、宋郑各派，指出："欲知先秦学派之真相，则南北两分潮，最当注意者。"①

柳诒徵认为，出于王官是诸子学派产生的"正因"，出于时势是诸子学派产生的"副因"。在文献方面，也指出《淮南子·要略》"亦非专主救世之弊一端"，篇中也追述到夏及文、武、成、康、周公之政。②

不佞要指出的是，以"学科"为宗旨的种种阐释，其实均由于对《汉志》文本的误读。误读的原因又并非复杂的训诂问题，而只是由于时代潮流如此，宜乎"视而不见"。

《汉志》"诸子略"先以九段文字概述九家：

> 儒家者流，盖出于司徒之官……
>
> 道家者流，盖出于史官……
>
> 阴阳家者流，盖出于羲和之官……
>
> 法家者流，盖出于理官……
>
> 名家者流，盖出于礼官……
>
> 墨家者流，盖出于清庙之守……
>
> 从横家者流，盖出于行人之官……
>
> 杂家者流，盖出于议官……
>
> 农家者流，盖出于农稷之官……
>
> 小说家者流，盖出于稗官……

随之以一段文字作为总论：

> 诸子十家，其可观者九家而已。皆起于王道既微，诸侯力政，时

① 梁启超：《论中国学术思想变迁之大势》，上海古籍出版社 2001 年版，第 16、25 页。按以地域追考文化，其后渐盛，其言虽不为无据，但终究不足以解决诸子起源的根本问题。柳诒徵谓梁启超"孔老南北之说出于日本人。日本人读中国书素无根柢，固不足责。梁氏自居学识高于刘歆者，何得出此不经之言耶？"见柳诒徵《论近人讲诸子之学者之失》，载《柳诒徵史学论文续集》，上海古籍出版社 1991 年版，第 535 页。

② 柳诒徵：《论近人讲诸子之学者之失》，载《柳诒徵史学论文续集》，上海古籍出版社 1991 年版，第 524 页。

君世主，好恶殊方，是以九家之术蜂出并作，各引一端，崇其所善，以此驰说，取合诸侯。

这蝉联的两段对读，应当能够看出"出于""起于"二语在使用上的区别，"出于"即其远源，"起于"即其近因，二者绝不相混。① 而其书例严整所透视出来的，正是世官世畴、有其守则有其官、失其守则死及之、学术生命重于个体生命的王官遗制。

"出于""起于"这一小处文字问题所反映出来的，在刘歆一面是史官史职、书体书例的制度问题，在胡适一面则说明了在"科学"旗帜之下人民所信从的大抵只是社会潮流与自由心况而已。

其二是关于"六经皆史"的讨论。

近人对章学诚"六经皆史"一语的理解，大致可以区分为温和、极端两种观点。温和者理解为"六经皆历史书"②，极端者理解为"六经皆史料"。

战国之际已有学者指出"六经，先王之陈迹"③，强调追寻"大义""真意""本意"的学者解"六经皆史"为"六经皆历史书"，并没有错，但却绝非"于史学如有天授"的章学诚的用心。作为史家，章学诚的本意当然是提升史学，所以"六经皆史"一语应当有一"向上"的解释：六经皆史，史即六经。章太炎谓："上古以史为天官……人言六经皆史，未知古史皆经也。"④ 故章学诚是要将史学提升到经学的地位，亦即提升到官学的地位。章氏所著《文史通义》开篇即称："《六经》皆史也。古人不著书，古人未尝离事而言理，《六经》皆先王之政典也。"⑤ 而"六经皆史料"则是"向下"的解释，即认为六经只是可

---

① 参见黄丽丽《试论〈汉书·艺文志〉"诸子出于王官"说》（上），《中国历史文物》1999 年第 1 期，第 66 页；刘巍《"诸子不出于王官论"的建立、影响与意义——胡适"但开风气不为师"的范式创新一例》，《近代史研究》2003 年第 1 期，第 79 页。

② 何为"历史"另当别论，可参阅王尔敏《史学方法》关于历史定义的"近世学者新说"列表，广西师范大学出版社 2005 年版，第 89—92、97—98 页。

③ 庄子语，见《庄子·天运》。

④ 章太炎：《訄书》重订本"清儒"，三联书店 1998 年版，第 156 页。

⑤ 章学诚：《文史通义·易教上》。

待加工的原材料，甚者则提出中国根本没有史学，只有史料，中国只是史料发达。

顾颉刚说道：

> 从前学者认为经书是天经地义，不可更改，到了章氏，六经便变成了史料，再无什么神秘可言了。①

周予同也说：

> 章学诚所叫出的"六经皆史"说，在我们现在研究的阶级上，也仍然感到不够；因为我们不仅将经分隶于史，而且要明白地主张"六经皆史料"说。②

时空错位导致本末倒置，不佞认为，这也主要体现在两个方面。

第一，学术源流的颠倒。

在诸子起源问题上，一个关键问题是对于上古史官史职制度的理解。刘师培曾将刘歆、章太炎的认识具体化，提出"古学出于史官"说，是非常正确的。"六经皆史"问题的关键，实际上仍在史官史职制度一面。

近代学者对"经"有种种界定，但是最为重要的，"经"是王官之学。

王官之学最重要的，是政学合一、官师合一。政学合一与官师合一最重要的，是"技兼于道"。③ 政治家都是劳动能手和技术发明家，换言之，劳动能手和技术发明家才能担任政治家。学术以政治为标尺，政治以技艺为标尺，这乃是中国文化的常道。（古代政治实际亦有不少弊端，但那是

---

① 顾颉刚：《中国古代史研究序论》，《文史》2000 年第 4 辑，第 13 页。

② 周予同：《治经与治史》，载朱维铮编《周予同经学史论著选集》，上海人民出版社 1983 年版，第 622 页。

③ 《庄子·天地》："技兼于事，事兼于义，义兼于德，德兼于道，道兼于天。"又称"技进于道"。兼亦进之意，《论语·先进》："求也退故进之，由也兼人故退之。"

另外一个问题,所谓"冠虽敝必加于首,履虽新必关于足"①)

政学合一体制的保障是"世官世畴"制度。"世官世畴"也称为"世业""职业",但与现代人之"职业"不同。古代"世业""职业"是以文化的传承,延续民族的生命,有技术乃有职守,乃有家族的生存。晋史蔡墨谓:"物有其官,官修其方,朝夕思之。一日失职,则死及之。失官不食。官宿其业,其物乃至。"② 章学诚谓:"有官斯有法,故法具于官。有法斯有书,故官守其书。……官守学业皆出于一,而天下以同文为治,故私门无著述。"③ 古人治学有谋道与谋食之别,年薪、版税非其所思。

王官之学职掌在史,《周官》所载有"府史之史"与内史、外史、太史、小史、御史等"五史"。刘师培谓:"史也者掌一代之学者也,一代之学即一国政教之本,而一代王者之所开也……史为一代盛衰之所系,即为一代学术之总归。"④

《孟子·离娄下》称《春秋》:"其事则齐桓、晋文,其文则史。孔子曰:'其义则丘窃取之矣。'" 就文字而言称为"文",就史官记载而言称为"史",就王官之义而言称为经,故经、史、文为一事。刘师培谓周代学术源流分为三派,一曰六艺出于史官,二曰九流出于史官,三曰术数方

---

① "冠虽敝必加于首,履虽新必关于足"一语,见于《太平御览》卷697引《六韬逸文》:"冠虽弊,礼加于首;履虽新,法以践地。"又卷684引作"冠虽弊,礼加之于首;履虽新,法践之于地"。刘向《说苑·奉使》:晋楚宛丘之会,宋使者曰:"冠虽弊,宜加其上;履虽新,宜居其下。"又《说苑·谈丛》:"冠虽故,必加于首;履虽新,必关于足。"《韩非子·外储说左下·说三》:赵简子谓左右曰:"夫冠虽贱,头必戴之;屦虽贵,足必履之。"又费仲曰:"冠虽穿弊,必戴于头;履虽五采,必践之于地。"《淮南子·道应训》:崇侯虎曰:"冠虽弊,必加于头。"贾谊《新书·权重》:"履虽鲜,弗以加枕;冠虽弊,弗以苴履。"《史记·儒林列传》:黄生曰:"冠虽敝,必加于首;履虽新,必关于足。"《梁书·王志传》:王志叹曰:"冠虽弊,可加足乎?"《南齐书·张敬儿传》:沈攸之遗太祖书曰:"但冠虽弊,不可承足。"马总《意林》:"冠虽弊,加于首;履虽新,履于地。"《唐律疏议》卷十三《户婚》"颠倒冠履":王元亮《释文》引古人云:"履虽新,不可加之于首;冠虽弊,不可践之于足。"《榖梁传》僖公八年:"朝服虽敝,必加于上;弁冕虽旧,必加于首;周室虽衰,必先诸侯。"亦是此义(此条承高峰先生见告)。

② 《左传·昭公二十九年》。

③ 章学诚:《校雠通义·原道》。

④ 刘师培:《古学出于史官论》,《国粹学报》第一年第一号,光绪三十一年(1905)出版,台湾商务印书馆1974年《景印国粹学报旧刊全集》本,第1册,第61—62页;又见《刘师培全集》第三册《左盦外集》,第281页。

技之学出于史官，三派皆渊源于史，故"周代之学术即史官之学也，亦即官守师儒合一之学也"①。

王官之学不只六经，亦不只西周一代，凡三代王官之学皆可称之为经。柳诒徵谓："诸子之学发源甚远，非专出于周代之官……按《七略》原文，正未专指《周官》。如羲和、理官、农稷之官之类，皆虞夏之官。"②

因为出于"王官""世畴"，所以经典不署私名，署私名者均出于纪念首创之功。古人敬首事，故凡署名均从上限；今人重专利，故署名均从下限。近人称道"私人著述"，其实古典之本源皆是"集体成果"，即子学、家言亦推重师承，而不务于"个人版权"。

现代学科文学、史学、哲学是并列关系，古代乃以天地万物皆为一大关联而存在，故"经史子集"并称而不并列。"经史子集"旧称"四部""四库"，是西晋以来传统的典籍分类方法，同时亦具有学科分类的意义。姚永朴谓"经……盖子、史之源也"，"集……则子、史之委也"③。集部为后起，内容实包经、史、子三者。史部本在"六艺"之内，自晋代出于篇幅原因从经部分出。子部古称家、家言，与官学相对。子家又称为派，派与流同义，而与源相对。子源于经，故子者所以辅经，其精神祈向如此。

四部分类之前，有刘歆《七略》。《七略》之中，诗赋、兵书、术数、方技四略均为家言，盖因篇幅原因从"诸子略"中分出。近人称《七略》为"六分法"，实际上《七略》只是二分法。天下学术只分二类，一类是源，一类是流。或者说，一类是经史王官之学，一类是诸子百家之学。经史子集，各有等差，不可同日而语。

今人又谓《七略》不当有"辑略"。"辑略"又称"目录之学"，为

---

① 刘师培：《古学出于史官论》，《国粹学报》第一年第一号，光绪三十一年（1905）出版，台湾商务印书馆 1974 年《景印国粹学报旧刊全集》本，第 1 册，第 67 页；又见《刘师培全集》第三册《左盦外集》，中央党校出版社 1997 年版，第 283 页。

② 柳诒徵：《论近人讲诸子之学者之失》，载《柳诒徵史学论文续集》，上海古籍出版社 1991 年版，第 520—521 页。

③ 姚永朴：《文学研究法》，黄山书社 1989 年版，第 21 页。

古人特重的指要之学①，掌在专官，今为绝学。古代目录之学包校雠、指要而言，现代目录学只是编目与分类而不能作指要。

今人有"史家"一语，古人史不得称家，称家则为子矣。今人有"史学"一语，三代之史不得称学，亦有史官而已矣。

司马迁作《史记》，本称《太史公书》，兼有子家与史家双重身份，其本意则是以史为子，据子升经。

自司马迁之后，官修与私著相混，史部篇幅流衍最众。而在夏商周三代之时，经即是史，史即是经。章氏《文史通义》以"文史"题名，不是"文学"与"史学"之通义，其意亦存乎三代之际，故其书首论六经。

"先秦"一语本应包括三代（夏、商、西周）与东周二大段，自近人仅以"先秦"为春秋战国，"三代"便成为极为罕见的术语，而"晚周"遂亦被"春秋战国"所取代。②

第二，学术正题、反题的倒置。

雅斯贝斯"轴心"概念出自黑格尔："所有历史都走向基督，而且来自基督。上帝之子的出现是历史的轴心。"③ 就中国文化而言，具有类似此种"轴心"力量的，只能是三代王官之学。李塨曾谓："三代实学《六艺》不复，天下终无强立之日。"④ 刁包谓："作时文不作古文者，文不文；作时人不作古人者，人不人。"⑤ 三代政事以《六经》为典要，而学统即道统即政统，官师合一，政学合一；学即其仕，仕即其学；学即所用，用即所学；道不离器，器不离道。只此方是学术之本然与正脉。

故在中国文化的早期阶段，三代王官学是源，晚周诸子学是流；三代

① 司马谈"乃论六家之要指"，而《汉书·艺文志》颜师古注："辑与集同，谓诸书之总要。"

② 古称夏商周为三代，又称虞夏商周为四代。其中东周（前770—前221）仅550年，虞夏商西周积年约1500年。近年李学勤特别强调先秦阶段的上限，指出三代、四代"在中国5000年文明史里占了很大的一部分"（李学勤：《虞夏商周研究的十个课题》，《文史知识》2006年第3期），"在中华文明的5000年的历史中……是极其重要的"（李学勤讲演录音：《先秦研究的十个课题》2006年3月6日）。

③ 田汝康、金重远选编：《现代西方史学流派文选》，上海人民出版社1982年版，第38页。

④ 冯辰、刘调赞：《李塨年谱》，中华书局1988年版，附录恽鹤生《李恕谷先生传》第226页。

⑤ 李塨、王源：《颜元年谱》，中华书局1992年版，第9页。

王官学是正题，晚周诸子学是反题。取消三代王官学的源头地位，而代之以晚周诸子学，其影响不只是缩短年限的问题，而是正题与反题的倒置，是中国学术各期的整体错位。

中国学术史正题反题列表①

	三 代	东 周	秦 汉	魏 晋	隋 唐	宋 代	元 代	明 清
正题	王官学		经学		经学		理学	
反题		诸子学		玄学		理学		实学

近代学术起于逐时、顺俗、大众化，故贬损三代之"贵族"，称道学术之"下放"。"婢作夫人"之后，"经学"被"移置"到了汉代，中国文化真正成了"无头"之学。②

希腊古有黄金时代，中国古有大同之世，此为中国文化之正题，雅斯贝斯的理论正是由黄金时代推演出"轴心时代"，近人则从一开始就对古代大同之世为黄金时代断然否定③。政统、学统由此分裂。

晚周一向称为衰世，诸子百家莫衷一是，大哀伤心，大醉终生不醒，孔子开创儒家，全由"周文罢弊""礼崩乐坏"反动而出，此为反题。王正颜谓："晚周之学术，以之与中古尧舜之世相比，诚衰之极矣，宜乎庄周叹其分裂矣。""周自东迁以降，王纲不振，文化亦随之而扫地尽矣。于是列国以干戈相尚，争地争城，生民涂炭。以视前王道盛时，尚礼义，明孝弟，真不啻天壤之别矣。"④ 近代学术亦从晚清民初衰世起，故错认晚周为中国文化的原点。

---

① 此表见拙文《宋代理学的精神方向——朱子〈近思录〉释义》，载张新民主编《阳明学衡》第2辑，贵州人民出版社2006年出版；又见拙作《新译近思录》"导读"，三民书局2005年版。

② 借用牟宗三评胡适语，1978年牟说："适之先生讲中国哲学，是直接从老子开始，这是不对的……所以有人说胡适之先生的那个哲学史是无头的哲学史。"牟宗三：《中国哲学十九讲》，上海古籍出版社1997年版，第49页。

③ 顾颉刚"四个打破"之一，见顾颉刚《答刘、胡两先生书》，载《古史辨》第一册，北平朴社1926年版，第101页。

④ 王正颜：《国学原理考》"晚周之思潮及其学术盛衰考"，上海商务印书馆1928年版，第69—70页。

汉唐政治、制度均为极盛，经学承三代之后亦粲然大备，此为正题。刘师培称西汉经学有官学，有师学，有家学①，其学尚能多存古制。近人则贬其专制主义、烦琐僵化，将晚周诸子争鸣局面的结束归罪于汉代。

魏晋又乱，佛教、玄言风行，此为反题，近人则称道其自由、解放。

近人只认同政治的统一，而不认同学术的统一。依照近人的治学趋向，凡衰世皆夸其学术，凡盛世皆贬其经术。故中国学术皆成衰世之学，而政事亦与学术无关。要之均以近人所热心之"自由""平等""独立""进化"为标尺。然而，"娜拉出走以后会怎样？"试问学术已然获得"独立"与"自由"，又将如何？②

如果说怀疑精神为学术的基本原则，而古书古史仍有待于继续"辨伪"的话，那么学术源流的颠倒与正题、反题的倒置，当是近百年学术史中最大之伪。

---

① 参见刘师培《国学发微》，《国粹学报》第一年第六号，光绪三十一年（1905）出版，台湾商务印书馆1974年《景印国粹学报旧刊全集》本，第2册，第719页。

② 不佞并非以为凡正题之时政治均好，凡反题之时学术均坏，也并非否认政治与学术存在着不对应的偏差。但学者的使命原不在于以承认实事为止境，正题终当期于使之归正，反题只是走向正题的过渡阶段。

孙德谦及其诸子学

孙德谦为清末民初之际值得特别关注的学者之一。孙氏有见于政体之失，而道体不可以失，故而竭力延展旧学，大治目录之学、实斋之学、诸子之学，成就卓异。

孙德谦平生治学，以诸子学为归宿，著述有《诸子要略》《诸子通谊》《诸子发微》《诸子概论讲义》《十家文编》《诸子通考（内外篇）》等多种。王蘧常称"先生于学，诸子最为专家，造述独富"。张尔田称"诸子之学，创始益葊与弟"，又称"自唐以后，言诸子而能本于《汉志》者，实自吾两人始"。而今人追论诸子学之兴起，往往遗漏于清代与民国之间，如郭齐勇、吴根友《中华文化通志·诸子学志》（1998）、罗检秋《近代诸子学与文化思潮》（1998）、刘仲华《清代诸子学研究》（2004）、宋洪兵《国学与近代诸子学的兴起》（2010），皆无专论。似乎孙氏诸子学的学术史意义与胡适、钱穆、罗根泽以下诸家研究，两相脱离，前者既乏传承，后者亦渐趋枝蔓。江瑔、陈钟凡、罗焌、陈柱数家宗旨、义例与孙氏最近，晚近则罕能振起，总以不能回归本原，故亦不能为世所重。

一　孙德谦之学术立场

孙德谦先生，生于清同治八年（1869），卒于民国二十四年（1935）。名德谦，字受之，又字寿芝，号益葊，晚号隘堪居士，室号四益宦。

望文生义而揣测，德谦之名当出于《易经》之《谦卦》，与先生十九岁入县学时之学使王先谦字益吾命义相同。《易·谦·象》曰："天道亏盈而益谦，地道变盈而流谦，鬼神害盈而福谦，人道恶盈而好谦。""受之"，受益与福也。"益葊"，承其所益也。"寿芝"取谐音。"隘堪"，

"隘"取同音，读为"益"，"堪"即天道也。许慎注《淮南子》曰："堪，天道也；舆，地道也。""四益宧"，"宧"，《尔雅》在《释宫》，"庵"类也，而义通于《颐卦》，谓天地颐养万物也。然而以"四益"阐发《谦卦》，首推《汉志》。《汉志》称道家者流，"《易》之嗛嗛，一谦而四益，此其所长也"，师古曰："嗛字与谦同。"此即"四益宧"之出典。然则先生出生有此名，晚年以此号，其终生谨于天人之道，而以《汉志》为学术中坚，以发明六艺、九流之说而贡献于世，殆有天命然。

昔金源有人名孙德谦，元好问有诗题《赠别孙德谦》，称为"孙郎"。元亦有人名孙德谦，《新元史·忠义传》："孙德谦，睢州人，官大同行省平章政事。大都既陷，惠宗北奔，明兵围大同。谦婴城固守，自知力不支，乃手书自决，作诗数章，词义激烈，饮药自杀。"按人有谦谨之德，而天道有时竟不能眷顾，乃至专以摧之残之灭之亡之，此司马所以质疑于"天道无亲，常与善人"古训也。《史记》一书，自本纪、世家、列传、十表、八书，未有深论天道者，而其自陈乃谓"亦欲以究天人之际，通古今之变"。"通古今之变"诚有之，"究天人之际"何谓也？庄生有言："何谓道？有天道，有人道。天道之与人道也，相去远矣，不可不察也。"天道与人道有时而相合，相合则可以无言；天道与人道有时而相分，相分则不胜其言。伯夷、叔齐积仁絜行如此而饿死，盗跖日杀不辜，肝人之肉，暴戾恣睢，横行天下，竟以寿终。此则必有以论之，论此之谓"究天人之际"。

王蘧常所作《元和孙先生行状》载其感慨于金元二同名，又云："时士媚澆说，视旧学若土埂，先生忧之。……当光绪之季，邪孽始萌，国步岌岌，先生自以诸生，无所补救，（当）〔尝〕辑陶渊明、二妙《年谱》、《杜善夫文集》、《金史艺文略》、《全金词》各若干卷，以寄其蕴愤之慨。……又读元诗选，见有同姓名官平章殉节者，元遗山诗亦有同者，能诗，皆遭末造，为心动，至作《三末谣》以见志。"[①] 先生《三末谣》诗云："金末能诗寿不长，元末殉难官平章。及余而三又清末，不夭不节守其常。"夏敬观《忍古楼诗话》称孙德谦"其生平为诗绝少"，"视此亦

---

① 王蘧常：《元和孙先生行状》，《国专月刊》1935 年第 2 卷第 4 期，第 58—59 页。

可以知其生平抱负也"。①

吾国学术传统特重天人之际，又重在鼎革兴替，尤对于叔世季世衰世末世，深怀痛悼。然而先生所关切者，又不仅在三末，盖金、元、清三朝，女真、蒙古、满人所建之朝也，而先生深情寄意焉。段克己、段成己兄弟"二妙"金人也。杜善夫，元人也。刘承幹曰："先生于辛亥后，又辑有《金遗民录》，藏于家。"又发论曰："完颜一代，地褊祚短，而亡国之后，遁庵、菊轩联袂高蹈，与夫野史一亭殚心文献，空山掩泪，笙磬同音。其志事视《天地间集》、谷音汐社诸君子何以异？古人不作，来者难诬，岂有享国远过于金源，声教无间于南朔，而箕子仁贤，惟以陈畴为心，崔生高朗，不闻一士之报者哉？"② 是则先生所刿心，不只于寄情逸民，更在于夷夏之势。料先生必深知夫"学在四夷"之从权，"用夏变夷"之常道，惜未出其深论也。

《元和孙先生行状》又载："辛亥（1911），武昌军起，只身走海上"，"独居深念，几席常有涕泣处"。③ 是年，先生作《南窗寄傲图记》，即以逸民自守。后数年，王国维作《百字令·题孙隘庵南窗寄傲图》云："楚灵均后，数柴桑、第一伤心人物。招屈亭前千古水，流向浔阳百折。夷叔西陵，山阳下国，此恨那堪说。寂寥千载，有人同此伊郁？"

昔顾炎武为明诸生，而开有清一代学术。王蘧常作先生行状，亦以为可以"上之国史，以为修儒林、文苑传者要删，如《清史》之于亭林、南雷、船山先生焉，其可"。其意似以先生为清末诸生，而当赖以开启民国一代之学术。夫明人而开有清之学，清人而开民国之学，其可乎？其不可乎？

二　孙德谦之学术宗旨

有清之季今文盛，此康氏之今文也，以伪益伪，伪今文也；民国之初子学盛，此胡氏之子学也，以乱益乱，乱世之学也。析言破律，足以乱世

---

① 夏敬观：《忍古楼诗话》，载张寅彭《民国诗话丛编》第 3 册，上海书店出版社 2002 年版。

② 刘承幹：《二妙年谱·序》，载孙德谦《二妙年谱》，民国求恕斋刻本。

③ 王蘧常：《元和孙先生行状》，《国专月刊》1935 年第 2 卷第 4 期，第 58—59 页。

淆听，而决不能终始条理，集成集美。

故自晚清民国以来，有学术，而学术与学术不同；有子学，而子学与子学不同。故先生尝为之慨言曰："呜呼！今天下未尝废学也，庠序之内，莘莘学子所讲肆者，左行之文字，侏僺之语言，其甚者辞气鄙倍，曾子所戒，今且师弟之间公然传习。街谈巷议，不过小道之可观，而其推崇也，等诸金科玉律。一切经史之学，前贤所用以经世者，无不弁髦弃之。学术之衰，于斯为极。"①

又曰："呜呼！中国四部之书，至今日而若存若亡，将在无足轻重之列矣！慨自异说盛兴，为之士者，摈弃吾国旧有之学，所书者唯佉卢左行之文，所习者为鲜卑通解之语，于是经可束阁，史可挂壁。更复造为文字，苟趋简易。出其诗歌则以谚言行之，将古人文集皆可屏而不观。独于诸子尚有研阅之者，然便辞巧说，一任我之所为而牵合傅会之，是其于诸子也，岂真能章明其学说哉？"②

又曰："呜呼！今天下之乱至矣，彼非圣无法者，日出其奇谬之学说，以隳弃纲常，铲灭轨物。世风之愈趋而愈下，正不知伊于何底。"③

又曰："夫天下有治世之学术，有乱世之学术。余之表章诸子也，盖以百家学术皆以救时为主，世之乱也则当取而用之耳。"④

故予以为近世经学当有分辨。奚乎辨？或以为"我辈生于今日，其任务则为结束经学"，又以为"经学时代已经结束了，可是经学史的研究才刚刚开始"，如此而自命为经学家者，伪经学也。子学亦当有辨。奚乎辨？清光绪三十四年（1908）张尔田刊《史微内篇》（孙德谦《诸子要略》著作在先，然未刊行），真子学也，民国六年（1917）胡适作《论九流出于王官说之谬》，伪子学也。陇头流水，其界分当如此。

张尔田《史微·凡例》曰："《史微》之为书也，盖为考镜六艺、诸子学术流别而作也。……名曰《史微》者，以六艺皆古史，而诸子又史

---

① 孙德谦：《儒家道术于四时属夏故其教重学而明礼说》，《亚洲学术杂志》1922 年第 1 卷第 4 期，第 4—5 页。
② 孙德谦：《中国四部书阐原》，《亚洲学术杂志》1922 年第 1 卷第 2 期，第 6—7 页。
③ 同上，第 4 页。
④ 孙德谦：《诸子通考》卷 3，江苏存古学堂 1910 年铅印本，第 43 页。

之支与流裔也。"① 王国维称张尔田《史微》云："君之学固自浙西入，而渐渍于浙东者，故曩为《史微》，以史法治经、子二学，四通六辟，多发前人所未发。"② 钱基博谓章学嗣响，"又一衍而为钱唐张尔田孟劬、元和孙德谦隘堪。尔田考镜六艺、诸子学术流派，著《史微内篇》八卷，以丕扬章氏'六经皆史'之义。而德谦则为《汉书艺文志举例》、《刘向校雠学纂微》两书，以论定雠例，又著《太史公书义法》二卷，以究明史意"③。

孙德谦卒，张尔田为论定学术宗旨，有云："诸子之学，创始益荪与弟，而执事实为之后劲。世有表子学先河者，必不遗我辈，此固非区区标榜之谓耳。"④

又云："诸子之学，绝千余年，国朝儒者非无治之者，然大抵皆校勘家，非子学也。两人本笃信章实斋，习于《流略》，遂于《汉艺文志》发悟创通，自唐以后，言诸子而能本于《汉志》者，实自吾两人始。尝自诩其功，不在戴东原发明《孟子》字义之下。即有欲推翻吾两人者，亦必先推翻《汉志》不可，《汉志》苟推翻，则中国学术且尽亡。苟其为中国人、有人心也者，必不灭裂至此。吾两人现见及此，于是用《汉志》创通诸子。益荪先成《诸子要略》，仆亦成《史微内篇》，益荪复又成《通考》三卷。于王念孙辈校勘训诂外，别辟一门径矣。虽近十年来，诸子之学日异而月不同，我辈自亦不免有积薪之叹，然先河后海之功，似亦不容没也。"⑤

王蘧常《元和孙先生行状》称孙德谦："于清儒独契会稽章实斋言，习于《流略》，遂于《汉志》发悟创通。章氏严于体例，而先生则钩索质谳，贯殊析同，直欲驾而上之矣。又叹世之讲板本者，得宋元以矜奇閟，而于书之义理则非所知。以为刘氏向歆之所长只此璱璱辨订于字句之间，

---

① 张尔田：《史微·凡例》，上海书店出版社 2006 年版，第 1 页。

② 王国维：《玉溪生诗年谱会笺·序》，载张尔田《玉溪生诗年谱会笺》，民国求恕斋刻本，第 3 页。

③ 钱子泉（钱基博）：《文史通义解题及其读法》，上海中山书局 1929 年版，龙虎书店 1935 年增订版，第 68 页。

④ 张尔田：《与陈柱尊教授悼孙益荪教授书》第二书，《学术世界》1935 年第 1 卷第 8 期，第 90 页。

⑤ 张尔田：《与陈柱尊教授悼孙益荪教授书》第三书，《学术世界》1935 年第 1 卷第 8 期，第 91 页。

未能条其篇目，撮其指归，于是又治向歆父子之学。盖生平得力在周秦名家之术，于一切学问异同咸思礳实以求其真，其后虽屡进而益深，皆植基于此矣。兴化李审言明经详，尝称先生会稽之学与太守（张尔田）为海内两雄，有益一人不得者，犹未能尽先生之学也。三十以后，尝欲遍注诸子，精思真索，往往掐擢肾胃而出之。"①

孙氏尝自言为"章氏学派"②，而沈增植亦称之为"今之章实斋"③。予按晚清民国以来诸子之学，以孙德谦、张尔田开其先，刘师培、江琼、刘咸炘承其后，具有宗旨。（此下陈柱、陈钟凡、王蘧常诸人，精粗不一，亦多辟见。）此五人俱皆私淑实斋，实可厘为一部实斋学案。其学术始基，皆自"笃信章实斋"而发。盖信章实斋乃能信刘向歆父子，乃能信《汉志》、信《诸子略》，乃能信《周官经》，由此而尊崇三代，下览四部，故治经学而经学立，治子学而子学立，治国学而国学立。

张尔田卒，邓之诚复为论定学术宗旨云："所撰《史微》八卷，本章学诚之旨，求证于群经诸子，穷源竟委，合异析同，以推古作者之意。……早岁愤梁启超辈异说惑世，因撰《新学商兑》一卷。晚尤笃信孔孟，有犯之者，大声急呼以斥之，虽亲旧无稍假借。谓人心败坏至此，必有沧海横流之祸。"又云："世安有不信其人，而其学可信者哉？今之自命学人者多矣，攘臂争利，鬼怪百出，此世之所以乱也。"④

由此而言，可知笃信其人，笃信其学，因以考求上古之本真，是为真子学；虽岌岌于诸子学科之设置，其实不信其学，仅利用之以成一己之私情，故不惜钩釽割裂，破碎其义，是即伪子学。真伪之际，由信与不信可见其一端矣。

三　孙德谦之学术转变

孙德谦与张尔田治学，有所谓"谭道广平"时期与"海上三子"时期。

---

① 王蘧常：《元和孙先生行状》，《国专月刊》1935 年第 2 卷第 4 期，第 58 页。

② 孙德谦：《论国学分类方法》，《大夏周报》1933 年第 9 卷第 28 期，第 68 页。

③ 孙德谦：《跋陈柱尊所藏沈子培先生与康长素手札》，《学术世界》1936 年第 1 卷第 8 期，第 94 页。

④ 邓之诚：《张君孟劬别传》，《燕京学报》1946 年第 30 期，第 323—325 页。

张尔田《史微·凡例》云："往与吾友孙君益葊同谭道广平，即苦阮氏、王氏所汇刊《经解》琐屑饾饤，无当宏旨，嗣得章实斋先生《通义》，服膺之。"为孙德谦《太史公书义法》所作《序》又云："与余同读书广平，举向之声韵训诂，尽弃其所学，而一以会稽章氏为归。"

据《年谱》，光绪二十年甲午（1894），孙德谦二十六岁，"大治目录学"，辑刘向《别录》、刘歆《七略》等十三卷，"名之曰《古书录辑存》"。次年，"成《汉志艺文略》一卷"。①

光绪二十三年丁酉（1897），孙德谦二十九岁，至元城课业张东荪，即张尔田之弟。时张上龢（字沚尊，《年谱》作芷尊，《行状》作芷纯）为元城县令，即张尔田之父。

张上龢"由元城改静海，后又调广平府永年县"，孙德谦"皆从之"，张尔田"亦时时省亲至署"。②

光绪二十四年戊戌（1898），孙德谦三十岁，在静海，"于经、小学自艾不得大义，为高邮一派徒屑屑于章句，非其至，遂去经而专治百家言"③。

光绪二十五年己亥（1899），孙德谦三十一岁，在广平永年，"其年与孟劬太守同治会稽章实斋书，始以张氏④治史之法治诸子。'凡先秦诸子之书，罔不轶⑤察觟理，疏纱昔比⑥，必蕲于至嗛而无蔽'，而子学乃大进"⑦。

张尔田《与陈柱尊教授悼孙益葊教授书·第三书》亦云："是年始同读章实斋书，两人者始尽弃从前训诂章句之学，潜研乙部，拙著《史微》所谓'谭道广平'者此也。"

此为"谭道广平"时期。

张尔田《与陈柱尊教授悼孙益葊教授书·第三书》："时王静安亦

①　吴丕绩：《孙隘堪年谱初编（续）》，《学海月刊》1944年第1卷第6期，第93—96页。
②　张尔田：《与陈柱尊教授悼孙益葊教授书·第三书》，《学术世界》1935年第1卷第8期，第91页。
③　同上，第95页。
④　"张氏"误，当作"章氏"。
⑤　"轶"字误，《太炎文录》作"轶"。
⑥　"昔比"误，《太炎文录》作"比昔"。
⑦　吴丕绩：《孙隘堪年谱初编（续）》，《学海月刊》1944年第1卷第6期，第96页。

来沪，仆因介与隘莽相见，三人者遂相视莫逆，培老（沈增植）诗所谓'三客一时隽吴会，百家九部共然疑'者，指吾三人也。"又曰："此仆与益莽遇合之迹也，尝综合吾两人之生平、学行、志趣，殆无弗同。"

王国维云："丙辰（1916）春，予自日本归上海，卜居松江之侧，闭户读书，辄兼旬不出，所从谈学问者，除一二老辈外，同辈惟钱唐张君孟劬，又从孟劬交元和孙君隘庵，二君所居距予居不数百步，后遂时相过从。二君为学皆得法与会稽章实斋先生，读书综大略，不为章句破碎之学。孟劬有《史微》，隘庵有《诸子通考》，既藉甚学者间，丁巳秋，隘庵复出所撰《汉书艺文志举例》。"①

夏定域曰："嘉兴沈子培（曾植）曾称先生为'今之郑夹漈'，更以先生与张尔田及海宁王静安（国维）并称，谥曰'三君'，曾有'三客一时萃吴会，百家九部共然疑'之诗句，其推崇可谓至矣。"②

邓之诚《张君孟劬别传》谓张尔田"居上海时，与海宁王国维、吴孙德谦齐名交好，时人目为'海上三子'"③。

此为"海上三子"（又称"海上三君"）时期。

王国维治学由西学而自返，专意诗词、戏曲，于经学、孔学殊不屑屑。其后粹精于甲骨金文，又专注于所谓"史料"，其学术途径实较复杂，与孙德谦、张尔田二人大同之中又有小异，当别作专论。

四　孙德谦之子学成就

孙德谦于诸子学，所著述有《诸子要略》《诸子通谊》《诸子概论讲义》《十家文编》，及《诸子通考（内外篇）》等。

《诸子要略》又称《诸子辑略》，共五十篇，未见刊行，单篇《家数》《宗旨》二篇见《亚洲学术杂志》1922年第1卷第1期、第2期。

《诸子通谊》又称《子通》，《诸子通考》卷二引《十家文编·自序》

---

① 王国维：《汉书艺文志举例·序》，载孙德谦《汉书艺文志举例》，民国四益宦刻本。

② 夏定域：《悼孙德谦先生》，《浙江省立图书馆馆刊》1935年第4卷第6期，第3页。

③ 邓之诚：《张君孟劬别传》，《燕京学报》1946年第30期，第324页。

云："尝撰《子通》一书，挈其纲矩，复句古人异论，而著《诸子通考》矣。"今见《荀子通谊》，孙氏卒后，于《学海月刊》创刊号、第 1 卷第 5 册连载，1944 年 7 月、11 月。又有《吕氏春秋通谊》，未见。又有《墨子通谊》《列子通谊》《贾子新书通谊》，皆未成稿。

又著商务印书馆函授学校国文科《诸子概论讲义》一小册，分《诸子须辨明家数》《诸子各有其宗旨》《诸子之派别》《诸子之寓言》《诸子本书及末流之失》等七章。

《十家文编》为诸子文选，其书未见。《自序》曰："《六经》而后，奇文郁起，其诸子哉！""夫祖述唐虞，留思仁义，儒家文也；鉴观成败，秉执执谦，道家文也；循声责实，尊君卑臣，法家文也；历说权宜，熄兵弭患，从横家文也。"又曰："今者萃兹十家，都为一集。""暝钞昕写，提要钩元。"

《诸子通考》内篇三卷，宣统二年庚戌（1910）由江苏存古学堂刊行。江苏存古学堂仿张之洞武昌存古学堂而设，即光绪三十三年（1907）孙德谦与张尔田共请创设，孙氏并任协教，讲授诸子之学三年。

其书线装铅印，1 函 3 册。题"元和孙德谦益莽父撰"，朱祖谋书检，为《四益宧丛书》之一。卷下题"四益宧丛书"。按"四益宧"，民国七年《汉志艺文志举例》刻本，民国十二年《刘向校雠学纂微》《六朝丽指》刻本，民国十五年《太史公书义法》刻本，即《孙隘堪所著书》四种，均题作"四益宧"。

《诸子通考》外篇未刊，上海图书馆存有稿本。

王蘧常《元和孙先生行状》云："先生于学，诸子最为专家，造述独富。尝谓诸子于古为绝学，两汉以还鲜有涉其藩者，后儒且加掊击，即有识者亦识其文字而已。欲为之洒冤解惑（洒即洗之本字，见《说文》），一发千年来之积部。其疏醳闳旨者为《通谊》，其剽剥古贤者为《通考》，其辨章同异者为《要略》。又取《晏子》而下，在一篇之中挈其巨纲、阐其大谊者为《发微》，而综其指于《通考》之《序》。"① 疑《诸子发微》即《诸子通考》内篇，"《晏子》"或为"《庄子》"之误。而所云"剽剥古贤者为《通考》"为《诸子通考》之外篇，内外篇尝分别为二书。

---

① 王蘧常：《元和孙先生行状》，《国专月刊》1935 年第 2 卷第 4 期，第 59 页。

孙德谦《庄子通考·内篇·序》云："于是取《汉志》所载、为今所未亡者，若荀、吕诸书，发明其一家之言，而究其大义。复为提挈纲要，别立篇目，作《要略》一书……以总论者入《内篇》，专论者入《外篇》。"所云"荀、吕诸书""究其大义"，即《诸子通谊》。所云"总论""专论"，似内外篇体例颇有差异。然就《内篇》而言，其书篇题标作"诸子通考卷一""卷二""卷三"，题下均标"内篇"，书口标作"考一""考二""考三"，似《外篇》当接续作卷四起，内外篇合为一体。

传世又有《孙益葊诸子考内篇残蒃》抄本，钤"益葊"朱文方印，内有《孟子》及《孔丛子》"子思年十六"，"孟轲问子思"等节。体例与刊本《诸子通考》内篇相近，而内容不见于今本，疑为未定之稿。

其书无目录，以历代有关于序录者为经，顶格排。取历代相关议论为"附录"，低一格排。皆加以案断，标为"谦案"，低二格排，如经传。间有双行小字夹注。其体例可谓自为经传，原委清晰，虽"条理略逊"（胡适语），然自无妨于迭出精义。计卷一考《庄子·天下篇》，《尸子·广泽篇》，《吕氏春秋·不二篇》，《荀子·非十二子篇》，太史谈《论六家要指》，《淮南子·要略篇》，《史记·孟荀列传》七篇；卷二考《史记·老庄申韩列传》，《史记·管晏列传》，班固《汉书·艺文志》（诸子略），葛洪《抱朴子·百家篇》，刘昼《新论·九流篇》，《隋书·经籍志》，《文心雕龙·诸子篇》，韩淲《涧泉日记》，庄元臣《叔苴子·内篇》，焦竑《笔乘》，文震孟《诸子汇函》十一篇；卷三考《汉志·诸子略·儒家者流》，《汉志·诸子略·道家者流》，《汉志·诸子略·法家者流》三篇，共二十一篇。

王蘧常谓"综其指于《通考》之《序》"，《元和孙先生行状》大段引之，其说是也。

今读其《序》，所言凡有八义。《序》之首数句云："《诸子通考》内外篇，为古人洗冤、来学辨惑而作也"，第一义。"夫诸子为专家之业"，第二义。"其人则皆思以救世"，第三义。"其言则无悖于经教"，第四义。"读其书者要在尚论其世"，第五义。"又贵审乎所处之时"，第六义。"而求其有用"，第七义。"苟不知此数者，徒疏释其章句，诠品其文辞，甚或爱之则附于儒术，憎之则摈为异端，此丙部之学所以埋晦不明，受诬于千载，无有为之表章者也"，第八义。① 以下即次第疏解之（即太史谈《论六家要指》之法）。按此八义即孙氏《通考》内外篇宗旨，亦即孙氏治诸子学之宗旨。

张上龢于元城诗赠孙德谦，有云："古史无文苑，中垒九流析。不有周秦子，谁能继六籍。"② 要之，经之与子，成则两成，毁则两毁。经子互证，源流互通，首尾两立而不割裂，是为得之。

---

① 孙德谦：《诸子通考》序，江苏存古学堂 1910 年铅印本，第 1 页。
② 吴丕绩：《孙隘堪年谱初编》，《学海月刊》1944 年第 1 卷第 6 期，第 96 页。

江瑔及其《经学讲义》与《读子卮言》

    江瑔于经学、子学、史学、诗学，下及小说、译本，均能精通。其学术的代表性著作，当推《经学讲义》与《读子卮言》二书。江瑔在民初数年间，著述极密，而卒时年甫三十。民国间学者，见识最有奇致，一刘师培，一刘咸炘，皆早卒，江瑔亦为此中一人。

一

    窃谓常言"数千年未有之奇劫巨变"者，不仅限于人事，亦且关乎天运。若果内争不起，诸人不亡，以数千年之旧典而应对一二百载之新潮，其契机当如何哉！

    关于江瑔生平，近年仅"湛江文史·名人词条"中有一篇不甚详尽的传记。[①] 又见《廉江县志》第七编《人物》"江瑔"条目，内容较简。

    江瑔之祖江诚和，字心畬，官兵部主事，晚主讲松明书院。性聪颖，善属文，尤工诗赋。治经，兼通医算之学。

    江瑔之父江慎中，字孔德，号蟫盦。初为广雅书院梁鼎芬弟子，受知于张之洞、汪鸣銮。后入京，遍交名流，与江标、叶昌炽、程秉钊、饶轸、龙继栋为至交。"髫年博览群籍，人称'书柜'。长益肆力于实事求是之学。为文渊雅有法。诗尤雄健，得力于少陵、遗山。性和厚，善谈辩。每论事讲学，四座尽倾。……四十即绝意进取，著述外，唯以教育为务。主讲松明、同文两书院历十余年。……为高文书院院长，一时名士皆出其门。科举制废，高文书院改为中学堂，仍受聘为监督。著有《春秋

---

① 未署名：《江瑔》，广东文史网"文史小巷"，2009 年 12 月 13 日。

穀梁传条例》□卷、《穀梁传条指》□卷、《用我法斋经说》□卷、《蟫盦论学私记》□卷、《南溪文稿》□卷、《南溪诗稿》□卷。其学由博返约，《六籍》皆有论述，尤以《春秋穀梁》为专家。所著《条例》、《条指》，叶编修（叶昌炽）评为‘悬诸国门，不易一字’。龙先生（龙继栋）许为‘确解定论’，‘其崇贤、贵民、重众诸义，洵深得《春秋》微恉’。感于俞曲园先生（俞樾）之敦促，欲为《穀梁注疏》，先为《解诂》，旋改为《笺释》，未就，仅成□卷而卒。"（民国《石城县志》）

江诚和、江慎中父子，《石城县志》各有传，《县志》即民国二十年（1931）江瑔主纂。

江瑔为南社社友，见柳亚子《南社纪略》、郑逸梅《南社丛谈》二书附录《南社社友姓氏录》，云："江瑔，号玉泉，号山渊，广东廉江人。"《南社丛谈》又有附录《南社社友斋名表》云："江山渊：仇庵、奢盦、山渊阁、绿野亭边一草庐。"

江瑔之字"玉瑔"又作"玉泉"，亦见《小说新报》连载《绿野亭边一草庐诗话》署名及自注。笔名又有"梦余"，见《小说新报》连载《旅京一年记》《都门忆语》二篇署名。斋号又有"省愆斋"，见《小说新报》连载之《省愆斋文话》。

近年新出《南社丛刻第二十三集第二十四集未刊稿》中，有江瑔文二篇，诗二十首。文为《与蔡哲夫书》（论古文字）及《公祭黄克强先生文》；诗有《癸丑冬，国会非法解散，冒雪南返，道次天津，候舟半旬……》及《有客十首》，其中曰："有客有客行江皋，踯躅不前心徒劳，前有虎狼后波涛，黑云蔽野风萧骚，随身惟有鞘中刀，披发仰天歌且号，歌声上彻霜天高。"诗序云："余自国会解散，蹙被南归，重为当道所忌，军警临门大索，荷枪实弹，如临大敌，仓皇逃亡，幸脱虎口，瞻望前途，怆恨无柽，旅居寡欢，赋此寄慨。"所云癸丑为1913年。由此可见其任国会议员时期之心志与处境。江瑔《旅京一年记》一文，亦详记国会始末。

江瑔曾经三度入京履行国会议员职务，一在1913年，一在1915年（《都门忆语》刊于1915年，而云"今岁因事北上，再入都门"），一在1917年。前者有"为当道所忌"，后则病卒。初次入京，江瑔系"由乡间挈眷首途"（《旅京一年记》），只不知第三次入京忽罹急症时，是否有家人在身边及时照料，当时状况不得其详。有说江瑔之死为"受政客毒害"，"传说他是被政敌毒死的"，则是混二事为一。当时袁已先死，迫害之说恐无根据，"政敌"亦无确指。

《郑逸梅选集》第二卷《短命诗人朱鸳雏》一篇又云："南社社员中，多才短命，仅二十余岁即逝世者，有徐天复、邹亚云、江山渊、岳麟书、胡伟平、朱谨侯、陆子美、阮梦桃、孙竹丹、朱鸳雏都是。"至 1917 年 7 月出版之《南社丛刻》第二十集，刊有《南社亡友遗像》十人，其一为江山渊。

南社社友胡寄尘（胡怀琛）《说海感旧录》之三有《江山渊》一篇，刊周瘦鹃主编之《半月》第二卷第二十二号，上海大东书局 1923 年 7 月出版。短文三小段，全文云：

江先生名瑔，字山渊，广东廉江人。我和他认识，在民国五年，大家同在进步书局担任编辑事。江先生于经史子集之书无所不读，曾著《读子卮言》一书，由商务印书馆印行，直到现在仍风行于世。先生对于小说，也做得不少。当恽铁樵编《小说月报》的时候，常有先生的短篇在那里发表，大概都是明清间的野史，然事有来历，并非凭空构造，所以比较的为有价值。同时《妇女杂志》及《小说新报》中也常有先生的小说。此外有一单行本名曰《芙蓉泪》，由泰东书局出版。

我和江先生订交时，曾赠他一首诗道："谈经岭海称家学，说稗江湖算异才。别有伤心来尘底，大明旧事劫余灰。"那时候我们的交情很好，不多几时，江先生便往北京去了，因为他本是国会议员，国会被袁项城解散了，所以他跑到上海来卖文。这时候共和复活，国会恢复原状，他当然要往北京去。民国六年的春天，我在天津担任事务，两次入京，都因时间匆促，没有和江先生相见。不多几时，听见江先生在京病故了。

从民国六年到现在，政治上经过许多变迁，文学上也经过许多变迁，便说江先生不死，他做议员也不知要担受多少风波，他做小说也未免有美人迟暮之叹。独是《读子卮言》一书有永久的价值，在三百年内必不消灭。然而江先生一生的心血，也都消耗这两本小册子上头了。当日盛游，依然在目，对此遗著，能不凄然！①

二

郑逸梅《南社丛谈》附录《南社社员著述存目表》云："江山渊：《山渊阁诗草》、《仿庵文谈》、《绿野亭边一草庐诗话》、《诗学史》、《作文初步》、《读子卮言》、《劫余残灰录》、《旅京一年记》、《楚声录》、《姓名古音考》、《芙蓉泪》、《辣女儿》。"著录尚不完备。

江瑔于经学、子学、史学、诗学，下及小说、译本，均能精通，又有记载谓江瑔"工书"。

经学有《经学讲义》一书，1917 年 3 月至 6 月先刊于师范讲习社《新体师范讲义》期刊第一至第四期，上海商务印书馆出版，后于 1918 年 1 月由上海商务印书馆出版单行本，铅印竖排。

子学有《读子卮言》一书，1917 年 2 月由上海商务印书馆出版，铅印竖排，宣纸线装。无序跋，卷一下题"廉江江瑔山渊学"，版权页署"编纂者廉江江瑔"。

江瑔又曾撰《荀子发微》一书，见《读子卮言》第九章夹注："余亦著有《荀子发微》一书，颇有所发明。"（温心园有《论江瑔的著作及其影响：六十年前诸子学之先驱者》一文，专论江瑔之诸子学。②）

史学有《仿庵笔记》，初由《小说新报》连载，其中如"学者意气之病""异端"诸条，论周末诸子百家，与《读子卮言》同一宗旨。又多作史传，有《季明义士传略》，为连载之"野乘"，内容概为明末布衣之士抗清事迹。又有《楚声录》，性质亦同，"楚声"非记楚事，而专搜罗明末死节之臣、南明君臣及遗民诗文，揣其文意似取"亡秦必楚"之意。又有《明季轶闻》数篇，之一《夏令尹外传》，之二《词臣殉国记》，之三《指冢》，之五《成德外传》，及未题次序之《亡国风流史》《赵士超》诸篇，性质亦同。又有单篇如《记王延善》，专载明末河北王建善、王延

① 胡寄尘：《说海感旧录·江山渊》，周瘦鹃主编《半月》1923 年第 2 卷第 22 期。
② 温心园：《论江瑔的著作及其影响：六十年前诸子学之先驱者》，香港《道风》1975 年第 44 期。

善兄弟二人，及子侄辈王余恪、王余佑、王余严兄弟三人抗清义举，与《季明义士传略》中《王氏兄弟》（二）一篇内容相接。

按王余佑一门事迹，新版点校本《五公山人集》附录《王氏家谱事迹纪略》及拙编《王余佑传记文献汇编》多已涉及，两相比对，可知江瑔所撰多与史实相合，间有情节对话出于发挥。胡怀琛称江瑔之野史小说"事有来历，并非凭空构造"，江瑔亦自云："余故博采诸家之记载，琐语残文，互相比勘，述为是编"，信然。庄逸云《民初小说家江山渊的豪侠传奇》一文认为，"江山渊笔下的人物皆具有超凡的品性和轰轰烈烈的人生经历，富有鲜明的传奇色彩"，举《王延善》等篇为例，诠解为"文学塑造"，盖未能深察。

至《庞雄传》《丘逢甲传》《莫钟英》《续技击余闻·阿乙》等，则记当世、乡土人物，亦具有史才。丘逢甲为台湾民族英雄，丘氏卒后，江瑔为作《丘逢甲传》数千言，1915 年刊《小说月报》第六卷第三号，署名"江山渊"。后丘氏之弟丘瑞甲、丘瑞兆编辑其诗作成《岭云海日楼诗钞》，为《台湾文献丛刊》第七十种，收为附录，改题《丘仓海传》，作者题"江瑔"。传中亟称丘氏民主共和之功，有云："清政不纲，仁人志士揭橥民主之义，播厥声于寰宇。辛亥倡义，若疾风涤尘垢，不半载而奠共和之局。数千年之帝制，于焉以熄。故言共和之纪元，必推端辛亥焉。然窃谓共和之制，辛亥之前已有行之者，不徒见诸空言，且征诸实行。建总统，开议会，定国旗，更官制，远挹唐虞之遗风，近撷欧美之良制，共和之规模遂粗定。其时，固在辛亥以前十余年也。不过兵威不足，国力未充，外无援兵，民无固志，朝廷已弃珠崖，邻省亦视同秦越。登高而啸应者无人，遂不旋踵而雾解烟消，等于昙花一现。大好山河，拱手而授于异族。其中之志士仁人，血欲化碧，志已成灰，归去无家……然实为辛亥倡义之先声，而海外孤臣血泪之所聚也。"传文后，丘氏之子丘琼作跋语云："江山渊先生名瑔，高州人，民国初曾为国会议员。其本人或亲族必曾随宦或游历至台，故能详悉台事若目睹耳闻，非他传记所能及也。"新出丘铸昌《丘逢甲交往录》有"江瑔"一目及小传，且云："他与逢甲有无交往，目前未查到文字依据，不敢妄断。不过他对逢甲生平事迹知之甚早且甚详。早在民国初年（即逢甲逝世不久），他就写出数千言的《丘逢甲传》，成为海内外最早宣传逢甲生平事迹的传记作者，而且文中充满了对逢甲的崇敬之情。由此可推知：他早年在广州就读和日后在广州任教期间，可能与逢甲有过接触，至少耳闻了许多有关逢甲的生平往事，心中产生了由衷的敬意。因此，在逢甲逝世后，他才能在短期内写出《丘逢甲传》。"

江瑔又作《徐骧传》，刊《小说月报》第九卷第三号。徐骧为台湾抗日义军首领。

又多记明末奇女子、孝妇烈女之类，有《劫余残灰录》《余孝女》《沈云英》等。《劫余残灰录》云："余昔辑撰季明烈女传，略得百数人，亦可谓盛矣。"

江瑔又作《女艺文志》三篇，连载于1917年《妇女杂志》第三卷，著录始自东汉班昭《女诫》，下至明代，未完而止。其研究早于施淑仪《清代闺阁诗人征略》、冼玉清《广东女子艺文考》、单士厘《清闺秀艺文略》及胡文楷《历代妇女著作考》诸书。

《姓名古音考》未见，要亦为史学之作。又曾撰《古书人名异文释》《古书地名异文释》二书，见《读子卮言》第九章、第十二章夹注："余著之《古书人名异文释》"，"余昔撰古书人名、地名《异文释》二书"。

江瑔能诗，《小说学报》有连载之《山渊诗稿》二篇及《绿野亭边一草庐诗话》（共六篇，五篇署"山渊"，一篇署"玉泉"）。《诗话》多记师友乡人事。《山渊阁诗草》及《诗学史》未见。

江瑔亦长于文章之学，《小说新报》有连载之《仞庵文谈》三篇，倡言文章之道、四部分界、骈散文体、古人之创作及唐宋八大家等；连载之《省喾斋文话》二篇，论经与文、史与文、诸子与文、诗与文，谓"经子史皆文也"，所言皆甚精。所编教本《作文初步》由1915年上海文明书局出版，《评注南北朝文读本》（历代文读本第四种）由上海大东书局出版，题为"吴兴王文濡评选，廉江江山渊注释"。

小说、译本，有长篇"哀情小说"《芙蓉泪》，1915年由上海泰东图书局出版，作者题"廉江江山渊"，共二卷（二册）三十四章。描写一对少年男女肖若存、李肖蓉的爱情悲剧，书局图书介绍有云："著者江君为经学大师，蟫盦先生之哲嗣。幼承家学，著述等身，多过于考订经史之作。诗古文辞尤为擅长，岭南学者宗旨。近以其著述之余，兼及小说，凡数阅月而后成。此书述一女士与某少年结婚事，欲合忽离，将成又败，离奇谲诡，变化万状，如行山阴之道，如过五都之市。及其结局终归无成，一则投身弱水，一则寄迹空门。声情凄惋，一字一泪，读者亦当为之泣下。迩来哀情小说多矣，然皆陈陈相因，拾人牙慧，非事不足以惊人，即词不足以动目。此书摘词则千锤百炼，藻彩纷披；叙事则柳暗花明，天地别有。情文兼至，意态环生。"或谓江琭"以自己的青年现实生活为蓝本"所作。[1]

另有短篇"滑稽小说"《童子师》、"醒世小说"《化身术》、"社会小说"《洞房奇变》、"神怪小说"《墓中人》及《奇窃》，均刊《小说新报》。另有译著"侦探小说"《辣女儿》，1914 年由上海国华书局出版。原著为英国格多士，中文作者题"廉江江山渊译述，毗陵李定夷评润"，全书二十二章，有眉评和总评。

三

江琭学术的代表性著作当推《经学讲义》与《读子卮言》二书。

师范讲习社由蔡元培、张元济、陈宝泉等多人发起。关于"新体师范讲义"，详见《师范讲习社师范讲义简章》，刊于上海商务印书馆创办的《教育杂志》第二年第六期《附录》，宣统二年（1910）6 月出版；及《师范讲习社第二次发行新体师范讲义简章》，刊于《新体师范讲义》第一期。《新体师范讲义》期刊专为刊载各科师范讲义而编辑，相当于合订的讲义。1917 年 3 月至 12 月，共出版十二期，其中前四期连载了江琭《经学讲义》全文。连载的《经学讲义》与单行本排版格式完全相同，并且各期连载的各科讲义均独立编排页码，可知编辑者早有单行本的出版计划，期刊即由排版好的单行本抽出合编而成。

据师范讲义简章，讲义的编纂是照准清政府宣统元年《学部奏定检定小学教员章程》，章程规定师范生的检定科目，前三项为修身（修身学及伦理学大意）、经义、国文（国文典）。讲义均"延聘各科名家分科担任"。据第二次发行新体师范讲义简章，讲义的编纂是照准民国政府教育

---

[1] 全俊：《哀情小说〈芙蓉泪〉》，2010 年 7 月 22 日，缘在良垌网（http://www.liangdong.net）。

部的"部令","师范学校第二部"的讲授科目前四项为修身、读经、教育、国文。

由于学制改变，学生所用教材亦不得不随时更新，故编辑者标出"新体""新编""新标准"乃是常例。这套新编讲义，如张元济致蔡元培信札所说，"时越数年，学制屡有变更，学说亦多新异，兹拟遵照最近法令，采取适用教材"，故而题为"新体"。期刊名称既已题为"新体师范讲义"，则目录中各科讲义上不再标出"新体"，而单行本各科讲义书名上均以小字标出"新体"。

由此可知，江瑔《经学讲义》与《读子卮言》恰是经子骈联的两部著作。由期刊开始连载的时间而论，二书完稿付印在同一年之二月、三月，只是单行本的出版分在两年。由二书的书名而论，《读子卮言》为子学著作，因诸子学当时不在部定科目之内，故为个人著作的形式出版，"卮言"典出《庄子》，由此即可知其书为"子家体"；《经学讲义》为经学著作，因各科统一题名，故称"讲义"，但单行本的"新体"乃是全套讲义之新，而非江瑔独自标新，故其书亦可减省"新体"二字，径称《经学讲义》。

在第二次发行新体师范讲义简章中公布的各科科目及讲员，"经学讲义"一项标明讲述者为"众议院议员前广东高州中学校校长江瑔"。讲义单行本的封面上，有"教育部审定""师范学校参考用"字样。

《读子卮言》卷一凡九章，卷二凡七章。前五章总论诸子，后十一章分论各家。二卷页码各自独立，卷一凡37页，卷二凡47页，可知二卷只是以篇幅部帙划分，并无特别用意。

《读子卮言》二卷十六章，各章多以立意设为标题，其标题即其宗旨，而又皆冠以"论"字。按《文心雕龙·论说篇》云："圣哲彝训曰经，述经叙理曰论。"又云："详观论体，条流多品：陈政则与议说合契，释经则与传注参体，辨史则与赞评齐行，铨文则与叙引共纪。故议者宜言，说者说语，传者转师，注者主解，赞者明意，评者平理，序者次事，引者胤辞。八名区分，一揆宗论。论也者，弥纶群言，而研精一理者也。"《读子卮言》之十六章，即其十六篇之诸子传论，而作者以"论"名篇之所寄意，当以刘勰《论说篇》解之。

"卮言"二字出自《庄子》，"读子"之"子"指周秦诸子，不称正言、诸子而曰厄曰读，可见二语均有自谦之意。但"厄言"在谦让之中，又隐含了自珍自喜。

不幸在《经学讲义》与《读子厄言》二书出版的同一年，江瑔忽然病逝，故而二书亦即江瑔的最后著作。

四

近世治学，贵能论诸子而与经学蝉联，又贵能经学与子学皆上溯至孔子、晚周之前，如梁任公"以复古为解放"之意。而吕思勉《经子解题·论读经之法》乃谓"经、子本相同之物"，此语即要命。

《读子厄言》第一章论子学沿革，论子学沿革必自经学始，作者不言，盖已有《经学讲义》在先，甚多铨评颂赞。故就《读子厄言》而言，论子学沿革为全书之始；就江氏所学而言，则《经学讲义》为《读子厄言》之始。经学、子学之承接次第，大抵如是。

江瑔《经学讲义》与刘师培《经学教科书》同为清末民初最早以"经学"为题的少数著作之一，较之前此十年出版的《经学教科书》，《经学讲义》颇有见解从同之处。

如二书均着意论述孔子以前的六经，刘师培有"古代之六经""西周之六经"两课，然后才论"孔子定六经"；江瑔则先有"古代之六经"一节，然后再论"孔子删订之六经"。如刘师培分经学史为四期，江瑔则析魏晋南北朝与隋唐为二，分为五期，文字亦且率多相合。如刘《叙》略言经学有古文今文、有齐学鲁学、有南学北学、有宋学汉学，江瑔则有"古今经学流派之大别"一章四节大段展开，颇加申论，遂为《讲义》中最精最专之所在。

江瑔《讲义》中论齐学鲁学之别，曾引其父江慎中《用我法斋经说》，内有《西汉鲁学齐学家法考》，江慎中专于《穀梁》学，著有《春秋穀梁传条指》，江瑔素承家学，故长于经论，殆无疑义。

江瑔又谙于子学，沉潜久之，且极推重道家老子，曾说："余不敏，治百家语有年，寝馈既久，颇有所悟，每亦有为前人所未见及者，窃不自揆，用敢以积年所得，援近儒《礼经通论》之例，述为兹篇，分章标论，前后仍有条贯。"（《读子厄言》第一章）"然则道家之学为百家所从出。"

"大氐古今学术之分合，以老子为一大关键。"（《读子卮言》第十章）

江瑔赞同章学诚"六经皆史"说，认为六经皆出于古史，在《读子卮言》一书中，已有论断。如说："《六经》者，上古三代之史也。"（《读子卮言》第七章）"《六经》为上古三代之史。按'六经皆史'之说，李卓吾、章实斋、龚定盦诸人皆坚持之，颠扑而不可移。"（《读子卮言》第二章）在《经学讲义》中，又有申论，说道："六经者，古代之史也。《尚书》记言，为唐虞三代之史。《春秋》记事，为春秋列国之史。《易》为上古羲农之史。《诗》为商、周、十五国之史。《礼》、《乐》尤为一代制度之史。按'六经皆史'，李卓吾、章实斋、龚定盦诸人力持其说，颠扑不磨，殆成定论。"（《经学讲义·古代之六经》）就"六经皆史"一条来看，二书可谓体现着一种"互注"的状态。

江瑔进而认为诸子亦皆出于古史，即出于史官，即出于道家，即出于老子。针对《汉志》"诸子出于王官"说，江瑔说道："大抵班氏所言尽本于刘氏《七略》，刘氏去古未远，且亲校秘书，其所云云，必有所本。……班、刘二氏溯诸子之近源，故源各不同，而不知更溯而上之，其源实俱出于一。盖九流虽支分派别，而皆出于古之史官者也。""近儒谓'《六经》'皆史'，其实诸子、诗赋、兵书亦皆史也。《班志》谓'道家者流，出于史官'，其实九流之学亦尽出于史官也。"（《读子卮言》第四章）如此诸胜义，在《读子卮言》中往往颇见，而《经学讲义》则说："六经即古史，为万世史体所宗，诸子百家亦六经之支与流裔。"（《经学讲义·绪论》）由此亦可概见江瑔经学、子学的蝉联关系。

故在《读子卮言》中，江瑔已能对孔子以前之六经有所阐发，如说："古无经名，自孔子删订修纂，后世即名之曰'经'，而在古人则只称为'六艺'。后世名之曰'经'者，盖所以尊孔子耳，非经之体裁有以异于其他之艺文也。"（《读子卮言》第二章）此意与《经学讲义》中"古代之六经"一节所论相同。可见江瑔无论在经学或子学中，都是将我国学术溯源至于上古，直至经学、史学、子学同源之处，从而给予上古文明以一种新的确定，其见解不仅超出了今文与古文家法的限制，甚至可说是后来梁启超所说"以复古为解放"，"复先秦之古"，以"先秦学占学界第一之位置"的早期实践。

故而虽然江瑔酷爱子学、道家，以善治诸子学知名，而他对于经学的态度颇存中正，能以尊经而尊重本国固有之精神，深斥疑经蔑古之谬妄。如《读子卮言》中说："保氏以六艺教民，儒家传六艺之学。……窃谓经部与儒家二者，不能并立而两存。……余固素尊孔子，深恶夫王充、刘知几诸人肆然为《问孔》、《疑经》之篇者也。然与其徒尊孔子而不明孔子之学，何如明孔子之学而道益尊善乎！"（《读子卮言》第六章）《经学讲义》中说："数千年以来，孔子之六经已如日月经天，江河行地，为学术上之最尊，无有可以抗敌者。其有如王氏《问孔》、刘氏《惑经》、李贽放言高论，于六经有所訾毁，莫不为万口所交讥，斥之为离经畔道。"（《经学讲义·群经之缘起》）二书所言，由比较而益显。

按在江琭病逝之年，胡适发表《论九流出于王官说之谬》，驳《汉志》《七略》，提出"诸子不出于王官论"，进而推崇而误解章学诚"六经皆史"说，又推崇而误解刘知几《史通》，又推崇而误解王充《论衡》。迄今鲜有学者能知驳正章学诚、刘知几之流弊与王充、李贽之失，而世风日变，亦果然不出江琭所预料。

在《经学讲义·绪论》中，江琭指出："近数十年来，远西学说自西徂东，一孔之士目瞪舌挢，于是诋六经为破碎，斥古学为支离，一唱百和，遂成风气，甚至有悍然倡为废经之说……卒之所学于外者，仅获皮毛，而己国相传固有之精神，则销铄殆尽。驯至于道德沦亡，名教衰弊，大为人心风俗之忧，而国本亦因之飘摇而无所托。"此语即可视为江琭经学与子学的立言宗旨。

五

清末，章太炎旅居日本，1906 年成立国学讲习会，同年出版《国学讲习会略说》，内有《论诸子学》一篇，又改题《诸子学略说》，在《国粹学报》连载，为近代诸子学研究之首倡，迄于民国（1949 年以前），诸子之学日渐繁盛，重要著作无虑二三十家。窃以为，在民国间乃至整个近现代，在众多同类著述中，当推江琭这部《读子卮言》最具启发和最有贡献。

与江琭大略同时，陈钟凡《诸子通谊》（自序作于 1917 年 7 月，出版于 1925 年），始于"原始""流别"，终于"论性""阐初"，自身即具有子家性质。稍后，陈柱有《子二十六论》（遗著，自序作于 1935 年）体例近之。

张尔田著《史微》（多论子学），孙德谦著《诸子要略》（全书未刊），均为"子家体"。孙德谦又著《诸子通考》内外篇（《外篇》稿本未刊），其体例为系统梳理历代著录家言，自《庄子·天下篇》以迄《汉书·艺文志》。稍后姚永朴《诸子考略》（1918 年初版）、王蘧常《诸子学派要诠》（1936 年初版）体例近之。

较江瑔稍迟，罗焌《诸子学述》（1935 年初版）有总论、各论二编，其三编结论未完而遽逝，然已称富厚，持论尤为中肯，其中往往承江瑔之说。至于尹桐阳《诸子论略》（1927 年初版），尤往往因袭江氏。

按，自清代以降，诸子学虽然号称显学，学者著作纷纭众多，但是真正通论性的著作其实非常少。故至 1947 年，张舜徽在兰州草拟《初学求书简目》，于百家言"近人通论之书"部分仅列出四种，即孙德谦《诸子通考》、姚永朴《诸子考略》、罗焌《诸子学述》，而以江瑔《读子卮言》列居第一，认为："此皆通论诸子之书，有论说，有考证，初学涉览及之，可以诸子源流得失、学说宗旨，憭然于心，而后有以辨其高下真伪。"

故《读子卮言》一出，钱基博《国学必读》（1924 年出版）即选录《论子部之沿革兴废》《论九流之名称》《论道家为百家所从出》三章，李继煌《古书源流》（1926 年出版）亦同，洪北平《国学研究法》（1930 年出版）选录第一章《论子部之沿革兴废》，而钟泰、钱穆、朱谦之等学者的哲学史、诸子学著作均加以引用。钱基博《国学必读·作者录》有简短评价云："江山渊，名瑔，廉江人，著《读子卮言》二卷，中有精到语。"

尤其在 1917 年，胡适作《论九流出于王官说之谬》，刊于《太平洋》杂志，后收入《中国哲学史大纲》卷上附录（1919 年出版）及《古史辨》第四册（1933 年出版），改题《诸子不出于王官论》，一时影响甚大。胡文一方面从时序上将中国古史"砍掉一半"，一方面从性质上否定王官，飙扬平民，使得子学取代经学，变流为源，"婢作夫人"。由此而提升诸子学的崇高地位，甚至成为新兴的"中国哲学史"学科的主体骨干。（1931 年至 1935 年出版的冯友兰《中国哲学史》两卷本以"子学时代”“经学时代”架构，时序与内容均受此影响。）

1917 年，江瑔卒。此年，胡适不仅刊出《诸子不出于王官论》，还刊出《文学改良刍议》，开始“新文化运动”，而南社也恰在这一年有解散之厄。

照说，柳诒徵在 1921 年已刊出《论近人讲诸子之学者之失》一文于《史地学报》，1931 年又于《学衡》重刊，钱基博《国学必读》、洪北平《国学研究法》亦均选入。文章专驳胡适之非，言颇可据，但学界的后来趋向并未沿此而行，故此可知晚清民国间多数时代潮流并不遵循学理之是非，往往在学术的旗号之下，遵循的乃是民众的或说是人类本能的利欲。

譬如孙德谦认为，其《诸子通考》的著作宗旨有六：“为古人洗冤、来学辨惑而作”，“诸子为专家之业，其人则皆思以救世”，“其言则无悖于经教”，“读其书者要在尚论其世”，“又贵审乎所处之时”，“而求其有用”。其书卷二论经学、子学关系说：“六经为治世学术，诸子为乱世学术。”“诸子者乱世之所贵，六经者其为太平世矣。”而范文澜《诸子略义》（自序作于 1926 年）则认为：“方今世运更新，数千年来思想之桎梏一旦尽解，学问不受政治之迫压，各得骋其才智，钻研真理，战国诸子虽其壮乎，特为今世作前驱已耳。”二者同治诸子，而理念与方向却是截然相反的。

因此可以说，晚清民国间的诸子学，胡适《诸子不出于王官论》之说乃是一个分水岭，支持甚至承接援引其说的著作往往为之蒙冒，愈辨而愈失离中道，著述日出，其谬益远。按晚周诸子学本以三代王官学为源，既已否定王官，又遂打倒经学，诸子纷纷，恰似有群龙而无其首，学理上要真正有所建树其实已无可能性，遑论用世通变了。

从胡适到范文澜诸人在诸子学的研究上，其实是寄托了自身出处的私情。自居乱世而感应乱世，所谓“鼓宫宫动，鼓角角动”，而又以反为正，不知逆取顺守之义。大体言之，诸人利用“国故”创造“新文化”，利用战国的“思想”推翻当世的“政治”，意欲由平民支撑一个新政治。殊不知循此而来的政治最不代表平民，然则追溯当初，鼓动思潮之学者其功过正未可遽论，即此诸人自身亦最终落入自己挖掘的坟墓。

要之，百年来学术、社会、政治之循环互动，未始不由若干学术专题的辩难肇始，故而可以说，开后世太平之业仍必须以厘定学理为基。此可谓诸子学之"时义"。反观江瑔所言，如称"近数十年来……道德沦亡，名教衰弊，大为人心风俗之忧"，其一种顺时而不顺俗之心，岂不昭然若揭！

第二编　儒道法通论

论三家之要指

引　言

　　司马谈《论六家要指》一篇，为西汉论述诸子学的代表性文献，20世纪30年代收入梁任公、章太炎编辑的《中国学术论著辑要》，曾署名"京师大学校文科讲义"，北平各书局多有印行。同时，李继煌《古书源流》（上海商务印书馆1926年出版）卷三，洪北平《国学研究法》（上海民智书局1930年出版）第三卷，钱基博《国学文选类纂》（上海商务印书馆1931年出版）丙集，也均有收录。

　　晚周诸子中最具影响的道、儒、法三家各有其核心概念，即道（或道德）、仁（或仁义）、法（或礼法）。道、仁、法阶梯递进，同条共贯，在学理上呈现出一个整齐的序列，形成一个完整的结合体。

　　道家以老子为代表，其核心概念是"道"。"道"的本义是天地万物绝对同一，其引申义是从形而下的层面上发展出致用的"黄老道德家言"。儒家以孔子为代表，其核心概念是"仁"。"仁"的本义是"亲"，即亲子关系；亲释为私，与公相对。"仁"的引申义是人、爱人、人道、人文，与政治结合则为仁政。人道、人文的本义是人为，与自然之天道相对。法家以韩非为代表，其核心概念是"法"。"法"的本义是"平"，其思想渊源是道家之"道"，故称"道生法"。"法"的引申义是具体的刑赏，与政治结合则为法治。

　　道、儒、法三家皆务为治者也，而所用不同。或各有所长，时有所用；或互为表里，兼收并用，畅达而不悖。由历史而言，首先法家运用于战国之魏及秦，演成法治，卒以统一六国；其次道家运用于汉初，演成黄老之治，造就文景之治；又次儒家运用于西汉中期，独尊儒家经术，臻于武帝之极盛。由政治社会而言，道家运用于政治社会之上层，垂拱无为而治，天子所学君人南面之术；儒家运用于政治社会之下层，仁孝慈爱以治民，古称牧民之学；法家运用于政治社会之中层，严刑峻法以治吏，古有酷吏之说。由时代而言，道家之道德适用于休养生息，即战乱平定后新秩序逐渐恢复的建国初期（早期）；儒家之仁义适用于守成，即新秩序恢复之后的发展时期（中期）；法家之法治适用于救败，即政治社会矛盾激化的危急时期（晚期）。由学派理想而言，道家之道德其理想性最强，实践性最差；儒家之仁义其理想性中和，实践性亦中和；法家之法治其实践性最强，而理想性最差。

道、儒、法三家大体上可分别运用于每一朝代的早、中、晚期，状如梯级，逐节递进；又大体上分别适用于政治社会的上层、下层和中层，状如行医，各对症候。

白汉世以来，学者看待诸子各家的关系大致有三种态度。窃尝论之，其一以道儒互黜互非，冲突对立。是多门户之争，实为利益之争，其境界陋矣。其一以道儒互补，圆融兼通。是虽终不免于一偏，而往往善取彼此之所长。其一以各家时有所用，各有所明。此其学理宏达，能通观时变，底于致用者，能有此见。其一以诸子同为衰世应变之说，而其渊源皆出于王官，其旨趣皆会归于政术（所谓政学合一、政道合一）。是硕学大贤，或苦学孤旨，深具史识者，能有此见。

自入现代以来，基于种种民族忧患，"新儒家""新道家"相继而起，近数年又有"新墨家""新法家"之兴起。① 台港新儒家讲论有年，其思想文化兴复之意，世所共见，然而收效甚微，后继乏人。究其所以，多由各欲独尊，蔽不能通。近年扬墨排法之说，所见亦狭。实则韩非之法与孔孟之仁、荀子之礼一脉相承，在学术义理与人文实践两方面，法家境界均高于墨家，非可同日而语。

不佞有感司马谈（《论六家要指》）、王弼（《老子指略》）、葛洪（《抱朴子·明本篇》）之说，激于一家独尊，道家不竞，世人闻小不闻

---

① 新儒家又称新儒学、现代新儒家、现代新儒学。新道家又称当代新道家。新墨家又称新墨学、现代新墨家、现代新墨学。其主张与评价不具述，参见"新道家"网（http：//www.xindaojia.com）、"新法家"网（www.xinfajia.net）、"新墨家"网（http：//www.mojia.org）以及"百度百科"新儒家、新道家、新法家、新墨家条目。

大，亦曾主张"新道家"之营建。然而总持而论，儒家实不可偏废。而逢时衰末，力功争强，胜者为右，故法家尤见功效。要之，诸子百家以道、儒、法三家为大。实则诸子皆衰世之学、乱世之说，皆当归本于王官政术。三代四代王官之学不可复，然论其所归，固当有此一种旨趣，乃可谓之知所向方，庶可根本大成，重振文脉。然则发掘三家之原始学理，会通三家之优长整体，构建"新三家"之学术体系，使之成为现代社会一种综合而有次第的思想资源，亦不失其由晚周诸子进而至于王官之学的一种途径。是为本篇之命义所在。

一 道家老子之道

道家之道概念有多种不同解释，其基本精神则如《庄子·天下》所说："建之以常无有，主之以太一。"

（一）道之本义

由文字训诂意义而言，《说文》："道，所行道也，从辵从首，一达谓之道。"朱熹由字训而加引申说："道，犹路也，人之所共同也。""道"字金文作"衜"。其字从"行"，象道路，其字形与十字路口十分逼近。又从"首"，犹之《易经·乾卦》"首出庶物"之"首"。故此所谓行走，最初的本义当指天道环绕"太一"即北极星的运行。天道最明显是北斗的变化，群星围绕北极星运转，而"太一"则端居不移，此即所谓"天道"。可知"道"字本义为"天道"，"道"即"天道"之省称。

老子关于"道"的较为严谨的表述，主要见于《老子》的《一章》《二十五章》《四十章》《四十二章》四章。从这四章的叙述中可以提出四个要点：第一，"道"是一元的，也就是说"道"是绝对同一的。"道"至大无外，在"道"之外别无他物。第二，既然"道"是一元的，那么"道"就既是形而上的，又是形而下的。第三，既然"道"是一元的，那么"道"就既是天地万物的起源，又是天地万物的演化。第四，既然"道"是一元与绝对同一的，那么"道"就是无名的，可以对"道"加以任何称谓，但是任何称谓都并不是"道"本身。由以上四点可知，"道"虽然又称为大、一、天地、万物、有无、玄同等，但均以一元为本义。

"道生一，一生二，二生三，三生万物"的意思是："道"本无名，勉强名之，于是有"一"，不是"道"又生出了"一"，所以"一"就是"道"，"道"就是"一"。"一生二"意为"道"分出阴阳。"二生三"意为"道"与"阴阳"合而为三。"一生二"不能理解为"道"生出"有无"，因为"道"就是"有"，亦就是"无"，"道"与"有"和"无"是同一的。"道生一"也就是"有生一"，也就是"无生一"。

"同谓之玄"的意思是："同"叫作"玄"。"玄"字的意思就是"同"，"同"字的意思也就是"玄"，"同"和"玄"都作名词，二者是互释的关系。[①]"同"的字义，《说文》："同，合会也。"文字学解释的"合会"，实即思想家所常说的"合一"之义。

"玄""同"二字可以连用，作同义复合词，仍表示"同"的意思，见于《老子·五十六章》《庄子·胠箧》。老子又说："为学日益，为道日损。损之又损，以至于无为。"（《老子·四十八章》）庄子说："夫道，覆载万物者也，洋洋乎大哉！不同同之之谓大。"（《庄子·天地》）"玄之又玄"也就是同之又同。损之又损，以至于无为；同之又同，以至于无异。如果将"同"解释为副词的都，将"玄"解释为形容词性的深奥、奥妙，则此句寡于意义，且古汉语"同"字亦无此用法。

"天下万物生于有，有生于无"的意思是：有和无是同一的，有就是无，无就是有，所以有才能生无，无也才能生有。说无，是就天地万物的起源而言；说有，是就天地万物的演化而言。有无同一，所以天地万物的起源与演化也同一。此处的有和无，都是形而上的概念，《庄子·知北游》："有先天地生者物邪？物物者非物。物出不得先物也，犹其有物也。犹其有物也，无已。"《庄子·庚桑楚》："有不能以有为有，必出乎无有。"从形而下的意义上，可以将天地万物的起源上溯到"浑沌"，而"浑沌"是没有任何规定性的，所以形而下的概念就上升为形而上的概

---

①　牟宗三说："《道德经》首章谓'此两者同出而异名。同，谓之玄，玄之又玄，众妙之门。'……同出之同就是玄。"牟宗三：《中国哲学十九讲》，上海古籍出版社1997年简体字版，第96页。按其说本于熊十力，熊十力本于严复。又钱穆说："老子名此同曰玄。玄之又玄，即是同之上又有同，达于同之最大最极处，乃始是众妙之门。"钱穆：《中国学术特性》，载《中国现代学术经典·钱宾四卷》，河北教育出版社1999年版，第1081页。

念，就是有或无。在形而下的意义上，并不能说"无生有"或"有生于无"，但是在形而上的意义上，就可以说"无生有"或"有生于无"，其意犹如说"无成为有"或"有成为无"。

对于"道"的同一性质，庄子中有更为详尽、生动的阐述。

《庄子·齐物论》："古之人，其知有所至矣。恶乎至？有以为未始有物者，至矣，尽矣，不可以加矣。其次以为有物矣，而未始有封也。其次以为有封焉，而未始有是非。"此谓人类对于天地万物的认识有三个层次：第一个层次是天地万物有畛域封界，也就是个性和规定性。第二个层次是天地万物具有共同的物质本性，而没有个性与规定性的区分。第三个层次是天地万物本无所谓物质。宇宙的本源忽漠无形，浑沌同一。既然已经同一，也就无名可加，也就无所谓有物质或没有物质。

《庄子·庚桑楚》："有不能以有为有，必出乎无有，而无有一无有。"此谓"道"的同一性，可以有四层理解：第一，"道"是"无有"，是对"有"的否定。因为有不能以有为根据。如果有以有为根据，那么"什么是有的根据？"的问题永远不会完结。但是，"无有"对"有"的否定也还是存在的，所以"无有"就仍然是"有"。因此，第二，"道"是"一无有"。"一无有"意为一切都无有，就是无"无有"，是对"无有"的否定。无"无有"换一种说法就是"无无"。因此，第三，"道"是"无无"。但是，"无无"也仍然是有。"无无"是在"无"之上又加了一个"无"，这就还是有"无"，就还是有。按照"有不能以有为有"的原则，"无"也不能以"无"为"无"。"无"不能以"无"为"无"，所以，"无"就必须是一种绝对不存在，绝对无规定性。而任何规定都不存在的"无"，就是无有、无无、无形、无名。既然连自身的存在也是不存在的，所以"无"在认识上和表述上就是不可分析和无可表述的。所以《老子》说："名可名，非常名"，"吾不知其名，强为之名"。《庄子·知北游》说："道不可闻，闻而非也；道不可见，见而非也；道不可言，言而非也。知形形之不形乎？道不当名。"因此，第四，"道"无名。对"道"加以任何描述，都已不是"道"。

只有绝对同一的"无"才能生成在时间上"无古无今，无始无终"，在空间上"至大无外，至小无内"的宇宙，只有绝对的"无"才有无限的宇宙生成。所以《老子》说道为天地之始、万物之母。

（二）道之引申义

"人法地，地法天，天法道，道法自然"的意思是：天地万物间只有一个同一的"道"，而没有其他的"道"。如果另外有一个独立的"人道"出现，那么这个所谓的"人道"就是虚假的"人道"。老子认为"道"的概念大于"人"的概念，"人"顺应"道"而不会与"道"相冲突。但是在其他地方，老子却又指出了与"道"相冲突的独立的"人道"的存在。可见老子虽然否定"人道"，但是也只能暂时以"人道"称谓它，同时对于同一的"道"不得不称为"天道"以示区别。《老子·七十七章》："天之道其犹张弓欤？高者抑之，下者举之，有余者损之，不足者补之；天之道损有余而补不足，人之道则不然，损不足以奉有余。"

老子自己是追求"天道"的，但是他却得不到"人道"的认同，这就迫使老子在同一的"道"的概念上加以引申，具体说是由"道"的形而下层面上加以引申。因为从形而上的意义上说，"道"生成了天地万物，天地万物不能逾越"道"；但是从形而下的意义上说，"道"来自对天地万物的抽象概括，所以天地万物的任何举动，"道"都必须接受。

《庄子·秋水》："牛马四足，是谓天。"《庄子·庚桑楚》："唯虫能虫，唯虫能天。"既然虫子做得像虫子就是符合"道"，那么种种"异端"之存在，自然也可以说是符合"道"。

老子认为天道无为，实则无为无不为并重。"夫唯不居，是以不去"，用心乃在不去。"以其终不为大，故能成其大。"目的在于大成。所谓"反者道之动"，"负阴而抱阳，知雄而守雌"，"以天下之至柔驰骋天下之至坚"，其精义合于兵法。行文常以圣人称，如侯王之说策。从形而上的方面看，老子在本体论上具有极高的境界；从形而下的方面看，老子又在政治、军事上具有极大的作用，开创出致用的"黄老道德家言"，"南面无为之术"，在政治思想史上占有一席之地。

（三）简短的结论

通过对老子"道"的概念的本义和引申义的分析，可知道家学说具有如下特点。

第一，道家的"道"的本义是一个同一的概念，因此道家老庄在本体论方面具有极高的境界，在概念思维方面远超诸子之上。

第二，由同一的本体的"道"也可以逻辑地引申出形而下的人道理论，体现在老子方面是致用的"黄老道德家言"和"南面无为之术"，以及"以柔克刚"，"后发制人"诸手段，其"务为治"的意义至为明显。

二 儒家孔子之仁

孔子的学说体系庞大，但有一核心贯穿始终，即"仁"。《论语·卫灵公》："子曰：'予一以贯之。'"《论语·里仁》："子曰：'吾道一以贯之。'"在此一点上，诸子中的其他学派也加以认同，如《庄子·天道》说孔子之学"要在仁义"，《吕氏春秋·不二》说"孔子贵仁"。

（一）仁之本义

儒家"仁"的概念在孔子时使用已极灵活，其后含义更加宽泛，有一宽泛的广义。[①] 宋明以后，"仁"更直接解释为性和天道。由文字训诂意义而言，"仁"就是"亲"，亦即是"私"，与族群之"公"相对，依现代生物学的解释则为"亲子关系"。《说文》："仁，亲也。"《庄子·天运》："至仁无亲。"《庄子·在宥》："亲而不可不广者，仁也。"孟子亦言："仁之实，事亲是也。""爱人不亲，反其仁。"（《孟子·离娄上》）"未有仁而遗其亲者也。"（《孟子·万章上》）解"仁"为事亲，又以"亲"专指父亲或父母双亲。古人重家族，以家族为社会文化最基本单位，一系子孙即为一体，其所有成员的价值全由家族的意义上获得，而无所谓个人的独立价值，所以"亲"字的基本含义是非常明确的，就是由血缘关系决定的亲子关系。

"仁"释为"亲"，"亲"又释为"私"。《尚书·蔡仲之命》："皇天无亲，惟德是辅。"《说苑·敬慎》及《孔子家语·观周》引《黄帝金人铭》："天道无亲，而能下人。"《老子·七十九章》："天道无亲，常与善

---

① 屈万里认为，"仁"经孔子阐述几乎包括了人类的全部美德，成为做人的最高标准。参见屈万里《仁字涵义之史的观察》，载屈万里《书佣论学集》，台北开明书店 1969 年版，第254—266 页。

人。"《老子·五章》："天地不仁，以万物为刍狗。"《庄子·齐物论》："吾谁与为亲？其有私焉？"《韩非子·扬权》："若天若地，孰疏孰亲？"司马谈《论六家要指》："法家不别亲疏，不殊贵贱。"例证甚多。道家认为"仁"即是"私"，因为"仁"不合天道均平之意，所以说"天地不仁"，意即天地不私。元李道纯《道德会元》本《老子》正作"天道无私"。正因为"仁"的本义是"亲"，是亲子关系，所以"仁"就是与"公"相对言的，就是"私"，就是偏袒于具有共同血缘的一系的私情，而这私情恰是法家学说所反对的。

生物学上所说的"亲子关系"，是出于生物种属延续的血缘遗传，是具有普遍性和稳定性的，由人的日常经验看来，它是出于天然、自然而然的。孔子即从这一天然的关系中，建立了作为儒家思想核心的"仁"的概念。

（二）仁之引申义

《礼记·礼运》："大道之行也，天下为公。故人不独亲其亲，不独子其子。"《孟子·梁惠王上》："老吾老，以及人之老；幼吾幼，以及人之幼。"由父子的亲子关系加以引申，生物的自然的亲子关系就被扩展成为普遍的社会关系。《论语·颜渊》："樊迟问仁，子曰：'爱人。'"《孟子·离娄下》："仁者爱人。"这里所说的爱人就已不限于血缘关系，而是包括了所有的人。"爱人"更具体地说就是"老吾老以及人之老，幼吾幼以及人之幼"，就是"老者安之，少者怀之"。予以抽象概括则是"己所不欲，勿施于人"和"己欲立而立人，己欲达而达人"。此处的关键是在"不独"和"以及"上。加上一个"以及"，"老吾老"和"幼吾幼"就成了"以及人之老"，"以及人之幼"，就成了凡老者皆安之、凡少者皆怀之了。韩愈《原道》："博爱之谓仁，行而宜之之谓义，由是而之焉之谓道，足乎己无待于外之谓德。"其以博爱为"仁"，就是由"仁"的引申义来说的。

孔子说："能近取譬，可谓仁之方也已。""方"谓途径、方法，"能近取譬"就是能够因事制宜地进行模拟和引申的方法，也就是孔子建立仁学体系的方法。这种方法其实并没有逻辑上的依据，是独断的。但同时"爱人"或"博爱"是一个道德的概念，而道德的概念又是自明的，无须论证的。

儒家"仁"的概念用复合词称谓，可以称为"仁道"，而"仁道"又可以称为"人道"。因为"仁"的博爱扩展到最大范围，就包括了所有的人，没有人可以遗漏，这样就可以称为"人道"。由于孔子所关注的是社会全体的共同利益，所以就可以直接用"人"解释孔子的"仁"，儒家"仁道"也因此而称为"人道"。《礼记·中庸》："仁者，人也，亲亲为大。"《孟子·尽心下》："仁也者，人也。合而言之，道也。"《大戴礼记·哀公问于孔子》："哀公曰：'敢问人道谁为大？'孔子对曰：'人道政为大。古之为政，爱人为大。'"

"仁道"又称为"人道"。"人道"不是相对于人类社会内部各阶层之间利益的一个概念，而是相对于天道、自然的一个概念，在此意义上"人道"又可以称之为"人文"。《说文》："文，错画也，象交文。"《释名》："文者，会集众彩以成锦绣。"《易经·系辞下传》："物相杂，故曰文。"相互交错的线图叫作"文"。古称青黄赤白黑合为五色，青与赤为文，赤与白为章，白与黑为黼，黑与青为黻。可知"文"字的最初含义是与图画、丝织有关。由错画为文、五色成文，"文"字就可以引申为人类一切有秩序的创造，引申为人类一切人为的活动。"文"字与"人"字连用就成为"人文"。"人文"所强调的就是秩序性和人为的创造性，是人类一切有秩序的创造活动的总称。

孔子所建立的儒家学说是以全社会的共同利益为目标的，儒家六经（六艺）的知识体系和理论体系是孔子在所知以往的全部知识中经过选择的一个结果，而选择的另一个方面就是舍弃。孔子以"多闻""多能"和"博学"而著称，他虽然强调学习，但有些知识却是他不愿意学习和讲授的。"子不语怪力乱神"；"未知生，焉知死"；"夫子之言性与天道，不可得而闻也"。与社会现实生活无关的事情，即使孔子的个人感情愿意接受，也是不能做的。另一方面，"鸟兽不可与同群，吾非斯人之徒与而谁与"；"谁能出不由户？何莫由斯道也？"与社会现实相关的事情，即使孔子的个人感情不愿意接受，也是一定要做的。"鸟兽不可与同群"与"谁能出不由户"二语，前者表示只能与人类社会认同，后者表示儒家人道为人类社会所必由之路。结合《庄子·天地》"吾闻之夫子：'事求可，功求成'"，《孟子·尽心上》"知者无不知也，当务之为急"，以及《荀子·天论》"唯圣人为不求知天，故明于天人之分，则可谓至人矣"数语，孔子的选择与内心情感是极可玩味的。

"仁"的概念与政治行为结合就成为"仁政"。仁政就是将"仁"的概念"施于有政"。《论语·颜渊》："齐景公问政于孔子，孔子对曰：'君君臣臣，父父子子。'"由"仁"的父父子子加以引申推广，就成为君君臣臣。君君臣臣由"正名"的意义而言，就是君要做得是一个君，臣要做得是一个臣。由"亲子关系"的本义而言，就是博爱于君，博爱于臣，博爱于民。

（三）简短的结论

通过对孔子之仁概念的本义与引申义的分析，可知早期儒家学说具有如下特点。

第一，儒家学说是一道德体系，道德的价值是自明的，而非逻辑论证的。自孔子以来对"仁"的概念的论证，都是独断的引申，是主观所赋予的、不合逻辑的。

第二，儒家是代表全社会共同利益所做的对于社会新秩序的探求，它的最终归结必然是"行"，是实践，其最高境界是政治而非学术。

第三，儒家在选择"人道""人文"的同时，也舍弃了对于自然的天道的功利性探求，从现代学术的概念上说，它必然是既排斥科学又排斥宗教的。

三　法家韩非之法

法家的形成甚早，可以上溯至春秋初年的管仲。韩非称："今境内之民皆言治，藏商、管之法者家有之。"《隋书·经籍志》也将《管子》列为法家类。由《史记·管晏列传》所载管仲侵蔡、伐山戎、柯之会三事而言，其举止确似法家。但今所传《管子》一书内容繁复，以道家成分居多。管仲之后，以晋献公初年的士蒍最可注意。士蒍之后有郭偃，亦晋献公时人，并佐晋文公为治，有书传世。至战国初年则有李悝，佐魏文侯为治。李悝之后有尸佼，为商鞅之师。《商君书·更法》有"郭偃之《法》曰"云云，则知以"法"作为书名最迟不晚于郭偃。此后法家的发展受道、儒二家影响很大。《韩非子》有《解老》《喻老》二篇，其学说主张"因道全法"。另一方面，《汉书·艺文志》法家类以《李子》《商君》为始，李悝为子夏弟子，而韩非、李斯俱师事荀子。不佞认为，韩非作为战国末年法家的集大成学者，在思想理论上是继承了道家特别是老子的思想，在人文实践上是继承了儒家特别是荀子的思想。[①]

（一）法之本义

"法"字的本义是"平"，故法家的目标也是"平"，而均平的思想正是道家最为强调的。

《老子·三十三章》："天地相合，以降甘露，人莫之令而自均。"《三十七章》："不欲以静，天下将自正。"《三十九章》："侯王得一以为天下正。"《四十五章》："清静以为天下正。"《五十七章》："我好静，而民自正。"老子所说的"均""正"即是"平"的意思。

庄子对"平"所论更多。如《庄子·胠箧》："圣人已死，则大盗不起，天下平而无故矣。"《天道》："夫虚静恬淡寂漠无为者，天地之平而道德之至也。""此之谓大平，治之至也。"《刻意》："夫恬淡寂漠，虚无无为，此天地之平而道德之质也。"《达生》："是以天下平均。""弃世则无累，无累则正平。"《徐无鬼》："若然者，其平也绳，其变也循。"《盗跖》："平为福，有余为害者，物莫不然。"《列御寇》："以不平平，其平也不平。"

但老子又说："天地不仁，以万物为刍狗，圣人不仁，以百姓为刍狗。""天之道其犹张弓与？高者抑之，下者举之，有余者损之，不足者与之。天之道，损有余而补不足。"天道的性质在于均平，人道则是不均平，使不足者愈不足，有余者愈有余，由此而产生出天道与人道的对立，也造成了老子思想体系的内在矛盾。如何使人道均平，老子没有论述。法

---

① 钱穆曾说："法家乃是从儒家出来的。儒家在初时只讲礼，只讲政治活动，到后来曾子等人却退化来讲仪文小节。但传到魏国去的一派却仍然从事政治活动，遂把儒家原来的宗旨发扬光大。通常总认曾子孟子一派为后来儒家的正宗，其实就儒家的本旨论，法家毋宁算是儒家的正宗。"熊伟：《从先秦学术思想变迁大势观测老子的年代》，载钱穆《老子辨》附录，上海大华书局1935年版，第110页；《古史辩》第六册下编，上海开明书店1938年版，第566页。文章前有熊伟小序云："这篇文章几乎不是一篇文章而是一篇笔记，因为大部分是根据钱穆教授的讲演写成的。"

家之法的概念正是承接老子天道均平的问题，而提出一种解决对策。道家与法家在理论上的前后衔接，就叫作"道生法"或"因道全法"。《管子·心术上》："法者，所以同出，不得不然者也，故杀戮禁诛以一之也。故事督乎法，法出乎权，权出乎道。"帛书《经法·道法》："道生法。"《韩非子·大体》："因道全法，因天命，持大体。"

"法"字古文作"灋"。《说文》："灋，刑也。平之如水，从水。廌，所以触不直者去之，从去。法，今文省。佱，古文。""法"即"刑"，刑为羹器。《周礼·天官》有"羞修刑膴"。刑字从刀从开，《说文》："开，平也，象二干对构，上平也。"可见"法"字的本义与"刑"有关，本是可以盛液体的器皿，由于可以盛水，所以有"平"的引申义。《庄子·德充符》："人莫鉴于流水而鉴于止水，唯止能止众止。""平者，水停之盛也，其可以为法也。"《庄子·天道》："水静则明烛须眉，平中准，大匠取法焉。"《庄子·刻意》："水之性，不杂则清，莫动则平。"清楚地表明了法与平与水与鉴之间的关系。

"刑"又通"型"，型为铸器的范模。《说文》："型，铸器之灋也。"《荀子·强国》："刑范正。"

又《老子》中多处提到"正"，"法"字古文一作"佱"，又作"证"，与"正"字本相关联。而且作为"型"字之假借的"刑"，也有"正"的含义。《广雅》："刑，正也。"《诗经·思齐》："刑于寡妻。"陆德明《经典释文》引《韩诗》："刑，正也。"

《管子·心术上》"故事督乎法，法出乎权，权出乎道"一句，较《经法·道法》多出"出乎权"一节。"权"的概念和字义后世多解为权力，实则"权"字的本义和"法"字一样，也是均平、衡正的意思。"权"就是"法"，所以黄老与形名法术学说也经常讲"权"。"权"与"衡"同义，所以又经常讲"衡"。权与衡与法，从主体方面说就是"称"，所以黄老道德之术与形名法术之学也讲"称"，讲"断"，讲"审"。帛书《称》："审其名以称断之。"法、权、衡、称、断、审及规矩、绳墨等概念，其本义多与度量衡器有关。

"法"字本是一切持平的意思。《商君书·修权》："法者，君臣之所共操也。"《史记·张释之列传》："法者，天子所与天下公共也。"用的都是"法"字的本义。由道家之"道"到法家之"法"是经过选择的一个结果，是对于老子思想体系内在矛盾的一种解答。司马谈《论六家要指》称法家为："不别亲疏，不殊贵贱，一断于法。"老子提出了均平与不均平的矛盾而没能解决，法家则是通过"一断于法"的方法解决了这个矛盾，同时也赋予了"法"这一概念以绝对的和本体的意义。

（二）法之引申义

在此基础上，法家学者又进而将"法"的本体概念充实以"杀戮禁诛"的具体内容，使"法"的本体概念具体化。"杀戮禁诛，以一之也"，杀戮禁诛的目的就是要消除矛盾，均平人道。而具体的杀戮禁诛的规定，也称作"刑"。所以"法"和"刑"都有二义，一是抽象本体概念的"法"和"刑"，二是作为具体规定的"法"和"刑"。经过引申的具体的"法"的概念已接近于近代所说的成文法，《韩非子·定法》："法者，宪令著于官府，刑罚必于民心，赏存乎慎法，而罚加乎奸令者也，此臣之所师也。"《韩非子·难三》："法者，编著之图籍，设之于官府，而布之于百姓者也。"

"法"具体表现为赏罚，其中包括赏和罚两个方面（近代法律一般没有赏的方面）。赏罚的实施通过"循名责实"（控名责实）而贯彻。《韩非子·解老》："道者万物之所然也，万理之所稽也。理者成物之文也，万物各异理。凡理者，方圆、短长、粗靡、坚脆之分也，故理定而后物可得道也。"物的外观状态和外在属性叫作理，物和理的关系也就是实和名的关系。有其物必有其理，有其实必有其名，理和名比附于物和实而存在。人类社会中百官、百姓的职守持业各有不同。各守其职，各操其业，叫作"履理"，又叫作"定理""明分""命名"。循名以责实，能守其职，能操其业的，就是名副实，就加赏；不能守其职，不能操其业的，就是名不副实，就加罚。晚周时期在形式逻辑的推理方面，首推韩非。《韩非子》中的寓言阐述的多是逻辑问题，现代汉语中"矛盾"一语亦出自韩非，其推理之严密超过了孔子的"引喻取譬"。①

---

① 关于韩非与孔子"正名"思想的比较，胡适曾说："强调实际效果学说的更雄辩的思想家是韩非。""法治逻辑的最重要之处在于强调法治实施观念中所蕴涵的结果。孔子的正名主义由于传统地不顾后果而遭到了重大损害。"胡适：《先秦名学史》，学林出版社1983年汉译版，第148—149页。

法家之法的概念与政治实践结合，就是"法治"。通过"循名责实"的方法，而达到"民以力得富，民富而国强"的政治目的，对内讲习耕战，对外实行兼并和称霸，这样一个过程就是"法治"。

法治是建立在因循人性的理论基础上的。《韩非子·八经》："凡治天下必因人情。人情者有好恶，故赏罚可用。赏罚可用则禁令可立，而治道具矣。"但法治的实施又是控制人，使人为我所用，所以法治的整个过程是完全的制约和完全的规范化，其极端结果是抵斥人的个人行为和个人意志自由。《韩非子·显学》："今不知治者，必曰得民之心。欲得民之心而可以为治，则是伊尹、管仲无所用也，将听民而已矣。民智之不可用，犹婴儿之心也。"这就把法家的政治理论推展到了唯目的、唯实践和极端功利的境地。

（三）　简短的结论

通过对韩非之法的本义与引申义的分析，可知法家学说具有如下特点。

第一，法家"法"的概念来源于道家"道"的概念，其本义为"平"，即均平。其引申义才是具体的刑赏。

第二，法家因为韩非的出现而最著声望，韩非为晚周最后一位学者，故此学术界多有法家晚出的印象。其实法家的渊源甚早，不在儒家之下。像法家这样一种"道法合一"的思想学说，就它的初衷而论，境界一定甚高，与儒、道二家同样具有学术的严肃性。

第三，法家思想的不足，司马谈《论六家要指》早有指出，所谓"严而少恩"，"可以行一时之计，而不可长用"。《汉书·艺文志》进一步指出："及刻者为之，则无教化，去仁爱，专任刑法而欲以致治，至于残害至亲，伤恩薄厚。"但由《史记·秦始皇本纪》所载秦始皇刻石所见，法家的政治理想较之儒家的"大同""小康"有过之而无不及，可知最初法家学者对于自己一派的政治愿望，或许另有解释。

第四，由于法家虽有兴秦之功，而卒使强秦二世而亡，尤其秦有焚书坑儒之举，故历来学者多轻蔑之。即使倾向于法家的人物，也多以儒家为旗号而不便直言，有所谓"阳儒阴法"，"礼禁未然之前，法施已然之后"，"礼乐刑政四达而不悖"，"二千年之学荀学也"诸说。然而此一现象中亦当蕴含某种现实合理性。

论孔孟荀韩"仁""义""礼"
"法"思想之承接

晚周儒法等学派都是在春秋战国"周文疲弊"背景下应时而起的"务为治"的政治学说。其中孔子的核心观念是"仁",政治理想是"仁政";孟子侧重的概念是"义",政治理想是"王政";荀子侧重的概念是"礼",政治理想是"礼制";韩非的核心概念是"法",政治理想是"法治"。"仁""义""礼""法"的变化来源于理想与现实关系的调整。孔孟荀韩四人的具体主张虽然不同,但都在坚持人道实践原则这一点上是一致的。在此原则下"义""礼"特别是"法"对于前者表现出的恰是一种合理的承接关系。

儒家学说是针对春秋战国政治上的分裂趋向而产生的。春秋战国时期王室衰落,五霸迭兴,挟天子以令诸侯,当时习语有"周文疲弊""天无天子,下无方伯"等语,儒学便是对于社会政治上下失序所作的回应。牟宗三论先秦诸子的起源问题,认为孔子创立儒学与老子讲无为,都是针对"周文疲弊"而发,是非常允当的。[①] 中央政权由统一趋于分裂,再由分裂归于统一,儒家学者对于社会政治新秩序的重构也随之出现一个由理想到现实的演变过程。由孔子的"仁"和"仁政",到孟子的"义"和"王政",再到荀子的"礼"和"礼制",体现出儒家社会政治理想由较为高远到较为现实可行的发展演变。但是从整体上说,儒家所构建的社会政治理想,无论是孔子的"仁政"、孟子的"王政"还是荀子的"礼

---

① 牟宗三:《中国哲学十九讲》,台湾学生书局 1983 年出版,上海古籍出版社 1997 年简体字版,第 84 页。

制"，从来都没有实现过。这就产生出一个问题：对于无法实现的社会政治学说是否还要坚持？实际上孟荀二人继续探索的过程，就可以看成是对于孔子的修正过程。

儒家学说是以"仁"为核心概念的，但是孔孟荀三人又各有所侧重，尤其是孟荀二人还直接对立，这又产生出一个问题：究竟谁能代表儒家？实际上很难简单地说"仁政""王政"或是"礼制"代表了儒家的政治理想。《庄子·齐物论》："彼亦一是非，此亦一是非，果且有彼是乎哉？果且无彼是乎哉？""既使我与若辩矣，若胜我，我不若胜，若果是也？我果非也邪？我胜若，若不吾胜，我果是也？而果非也邪？其或是也？其或非也邪？其俱是也？其俱非也邪？"按照庄子所说，是非的双方除了有一方是一方非的可能性外，还有一种可能，就是二者都是错误的。既然双方是同处于一个体系之内的，那么如果其中一方错误，则无论另一方正确还是错误，二者都是错的。不佞认为，儒学由孔子的"仁政"，到孟子的"王政"，再到荀子的"礼制"，次次修正，又一一落空，所以最终贯穿儒家的并非"仁政""王政"或"礼制"的具体社会政治主张，而是孔孟荀三人共同具备的人道实践原则。具体主张不断变化，而基本原则是不变的。

而到了战国后期，坚持人道实践原则的最典型的代表就是韩非。从思想概念上说，韩非的"法"和"法治"正是对于"仁"和"仁政"、"义"和"王政"、"礼"和"礼制"的逻辑继承，并最终使儒家"定于一"[①] 的理想得到实现。

钱穆论李悝时就儒家与法家的关系指出："魏文侯是先秦政治界一大怪杰。文侯实为春秋转变战国的一大关键。文侯手下有子贡弟子田子方，子夏及其弟子李克、段干木，又曾子子曾参的弟子吴起等。曾子、子游、有子等登在积弱的鲁国，只好讲些仪文小节的礼，幸亏得李克、吴起等在魏从事政治活动，始将儒道发扬光大。故孔子死后，儒家形成鲁魏两派。"又说："法家乃是从儒家出来的。儒家在初时只讲礼，只讲政治活动，到后来曾子等人却退化来讲仪文小节。但传到魏国去的一

---

① 《孟子·梁惠王上》："孟子见梁襄王，出语人曰：望之不似人君，就之而不见所畏焉。卒然问曰：'天下恶乎定？'吾对曰：'定于一。'"

派却仍然从事政治活动，遂把儒家原来的宗旨发扬光大。通常总认曾子孟子一派为后来儒家的正宗，其实就儒家的本旨论，法家毋宁算是儒家的正宗，曾子孟子等在鲁国的一支反而是别派。古代贵族的礼一变成了儒家的士礼，再变成了墨家的墨礼，三变便成了法家的法。"① 所论极富启发。

司马谈《论六家要指》说阴阳、儒、墨、名、法、道德六家，"此务为治者也，直所从言之异路，有省不省耳"，即认为诸子都是以参政为目标的。而比较严格地说，晚周诸子中最早得以与当时现实政治结合的是法家，在战国时期。其次是道家，在西汉初期。最后是儒家，在西汉中期。② 在此意义上，也可以说，韩非"是从儒家出来的，始将儒学发扬光大，毋宁算是儒学的正宗"。由此而论，韩非"法"和"法治"的思想恰是对于孔孟荀三人的一个承接，代表了儒家学者对于社会政治新秩序探索的一个最终结果。

以下分别对"仁""义""礼""法"作一概述。

一　孔子的"仁"和"仁政"

（一）人道原则的建立

孔子思想的核心是"仁"。

《大戴礼记·哀公问于孔子》："孔子侍坐于哀公，哀公曰：'敢问人道谁为大？'孔子对曰：'人道政为大。古之为政，爱人为大。'"

《礼记·中庸》："哀公问政，子曰：'仁者，人也，亲亲为

---

① 熊伟：《从先秦学术思想变迁大势观测老子的年代》，载钱穆《老子辨》附录，上海大华书局1935年版，第110页；《古史辨》第六册下编，上海开明书店1938年版，第566页。

② 西汉中期汉武帝"独尊儒术"与此前法家与道家的政治实践还有所不同，就是"阳儒阴法"，儒法兼用。西汉中期以后儒学实际上并没有成为唯一的正统政治思想，法家思想同时也得到重视。儒家思想对现实政治政策只起一种辅助、维护的作用，所谓"独尊儒术"只是名义上的独尊，真实体现出汉代政治本质的是法家思想。汉宣帝说："汉家自有制度，本以霸王道杂之，奈何纯任德教，用周政乎？"王道、德教指儒家，霸道指法家，明确揭示出汉代自开国以来兼用儒法的事实。

大。'"

《孟子·尽心下》："仁也者，人也。合而言之，道也。"

《荀子·礼论》："礼者，人道之极也。……生，人之始也；死，人之终也。终始俱善，人道毕矣。"

可知"仁"的本义就是"人"，"仁道"也就是"人道"。"人道"不是相对于人类社会内部各阶层之间利益的一个概念，而是相对于天道、自然的一个概念，是面对天地自然而将人看待作人。在此意义上"人道"又可以称之为"人文"。

《易经·贲卦·象辞》："观乎天文，以察时变；观乎人文，以化成天下。"

《说文》："文，错画也，象交文。"

《易经·系辞下传》："物相杂，故曰文。"

《周礼·天官·典丝》："供其丝纩，组文之物。"

《礼记·乐记》："五色成文而不乱。"

《释名》："文者，会集众彩以成锦绣。"

相互交错的线图叫作"文"。古称青黄赤白黑合为五色，青与赤为文，赤与白为章，白与黑为黼，黑与青为黻。可知"文"字的最初含义是与图画、丝织有关。由错画为文、五色成文，"文"字就可以引申为人类一切有秩序的创造，引申为人类一切人为的活动。"人文"一语所强调的就是人类社会的秩序性和人为的创造性，是人类一切有秩序的创造活动的总称。晚周诸子常由与自然的天道相对应的意义上讨论"人为"，如《庄子·秋水》："牛马四足，是谓天；落马首，穿牛鼻，是谓人。"《荀子·礼论》："性者，本始材朴也。伪者，文理隆盛也。无性则伪之无所加，无伪则性不能自美。性伪合，然后成圣人之名，一天下之功于是就也。"庄子所说天人的"人"和荀子所说"性伪合"的"伪"，都是人为的意思。晚周诸子使用"人文"这一概念较少，使用"人道"的概念更多，但都是从"人为"的意思上说的，恰与现代学术中的人文、文化概念相对应。①

晚周诸子早有互绌互非的现象，学术界也多注重对各学派观念的判别，如果某些观念与某一标准不符，往往就被判定是后学所为。但孔子是以"多闻""多能""博学"而著称于世的。儒家知识体系和理论体系的建立，不是由孔子所独创，而是经孔子对于以往所有知识加以选择的一个结果。"六艺"是经选择后的"百科全书"，孔子只是在选择的过程中，贯入了他作为儒家创始人的"人道"用意。选择的另一个方面就是舍弃。孔子虽然强调学习，但有些知识却是他不愿意学习和讲授的。"子不语怪力乱神。"（《论语·述而》）"未知生，焉知死？"（《论语·先进》）"夫子之言性与天道，不可得而闻也。"（《论语·公冶长》）与社会现实生活无关的事情，即使孔子的个人感情愿意接受，也是不能做的，所谓玩物丧志。另一方面，"鸟兽不可与同群，吾非斯人之徒与而谁与？"（《论语·卫灵公》）"谁能出不由户？何莫由斯道也？"（《论语·雍也》）与社会现实相关的事情，即使孔子的个人感情不愿意接受，也是一定要做的，所谓知其不可为而为之。"鸟兽不可与同群"与"谁能出不由户"二语，前者表示只能与人类社会认同，后者表示儒家人道为人类社会所必由之路。结合《庄子·天地》"吾闻之夫子：'事求可，功求成'"，《孟子·尽心上》"知者无不知也，当务之为急"及《荀子·天论》"唯圣人为不求知天，故明于天人之分，则可谓至人矣"数语，孔子的取舍与内心情感是极可玩味的。

---

① 古今中外对于文化的定义很多，可以不严格地分为两种。一种是对文化的客观解释，即把文化看作人类的生存方式，如古罗马人所使用的文化一词常用以指耕作。这一文化概念是和自然相对的，其中没有进步的含义，也不含褒贬，有一种生存方式就有一种类型的文化。另一种解释是把文化看作一种价值观念，一种典型的行为方式，其中具有文明、进步的含义。这是从17世纪下半叶西方学者建立文化学以后重新赋予的解释，按照这种解释，文化是人类伟大的精神和物质创造，是人类在与自然的斗争中人工创造出的第二环境，是一定范围内社会成员的行为典范和价值观念，总之它是"好的"东西，是进步的同义语。它的内容包括知识、信仰、艺术、道德、法律、习俗等。第一种解释较第二种更加广义，拙稿所指即第一种解释。不过，这种生存方式的文化也并非只要能够生存、能够适应就行，而是仍有更高的追求"道"的一重境界，并且广义地说，人文仍然隶属于自然，而非超于自然之上或者征服自然。

（二）实践原则的建立

孔子以一个衰败世族之后，地无封邑，身无爵禄，是典型的从世族中分离出的"士"阶层的一员。孔子宦游列国十四年，干七十二诸侯，下开战国士阶层游学干禄之风气，孔子与其众多弟子实际上构成了与战国养士之风与门客制度近似的一个"政治集团"。孔子早年感愤于陪臣执国政，所以退而修《诗》《书》《礼》《乐》《易》《春秋》，教授门徒。求学和讲学在孔子一生中占有重要地位，但在孔子讲学前期，是以参政入仕为主要目的。对于孔子而言，直接参政是最好的方式，讲学、著述是第二位的。由于孔子坚持自己"宗周、复礼、正名"的政治理想和政治道德，最终沦落不遇，晚年居鲁，仍以退修《诗》《书》为业。孔子是在平生政治志向落空之后，才构建出儒家"六艺"的知识体系的。

孔子宦游，下开战国"士"阶层游学、干禄之风气。孔子宦游时，门人弟子伴随孔子的有许多人，所谓"弟子盖三千焉，身通六艺者七十有二人"，以人数计，已足以和战国四公子门客的数量相媲美。但他去乎鲁，斥乎齐，逐乎宋卫，困于陈蔡，命运的多舛，计划的不成功，又远过于战国时期的任何人。当春秋战国之际，宦游天下而求其政治际会，最为辛苦的有两个人，一是有公侯身份的晋公子重耳，二就是"士"阶层的孔子。司马迁虽称孔子为天下折中的学者，但对于孔子的政治抱负及其"厄而作《春秋》"的经历，最为强调。由《史记·孔子世家》所见，孔子确为一位为政治理想奋斗而又最终落空的政治家。

孔子三十五岁时，鲁大夫季氏、孟氏、仲孙氏三家乱鲁，孔子避乱到齐，曾因齐大夫高昭子交通齐景公，不为所用。此后，孔子因鲁国"陪臣执国政，自大夫以下皆僭离正道"，一直退而不仕。直到鲁定公十四年孔子五十六岁时，才担任了中都宰的官职，进而升任司空、大司寇，后三月罢。同年，孔子离开鲁国，开始了他长达十四年的宦游。

孔子到卫国，住了十个月。往陈国，途中被匡人拘困了五天，只好又返回卫国。孔子不得已往见卫灵公夫人南子，子路因之不悦。又经过曹国去往宋国，途中受到宋司马桓魋的威胁。到郑国，路上与弟子走失，孔子独自站在郑国东门下，被郑人讥为"丧家之狗"。到陈国，陈为晋楚及吴所侵伐，不足自保，孔子对蒲人盟誓之后，才被放行。又回到卫国，卫灵公老而怠政，不用孔子。孔子准备西见赵简子，未果，临河叹道："美哉水，洋洋乎！丘之不济此，命也夫！"于是往陈，又往蔡。去叶，又返于蔡，途中为长沮、桀溺所指斥。楚人伐蔡，孔子转投楚国，蔡大夫怒，发兵围孔子于野。孔子至楚不久，楚昭王死，孔子又为楚隐者接舆所讥笑，于是返于卫。孔子弟子多已仕于卫，独孔子仍无所事。鲁哀公十一年，孔子将近七十岁时，重返鲁国，长达十四年的宦游就此结束。

孔子回鲁国后，鲁仍不用孔子，孔子亦不求仕，退而讲修《诗》《书》《礼》《乐》《易》《春秋》。五年之后，孔子死于鲁城。

"人道政为大。"孔子在卫，不得用，喟然而叹曰："苟有用我者，期月而已，三年有成。"又说："如有用我者，吾其为东周乎！"孔子的政治目的是十分明确的：不仅干禄，求衣食富贵，而且执掌政事，在东方重建一个像周文王、武王那样的周朝，最终成就王者的功业。为了这个政治目的，孔子不惜到陈蔡小国，不惜求仕于自己曾指责为"无道"的卫灵公。晋国的叛臣佛肸以中牟招孔子，孔子欲往。鲁国的叛臣公山不狃以费邑招孔子，孔子欲往。远到大河之北，南到荆楚，孔子都愿意去。孔子所敬重的周文王、武王，开始时以丰镐五十里而王天下，所以孔子对地方的偏狭远近，并不挑剔。

孔子一生讲学，其中不同的阶段有不同的特点。在孔子讲学前期，实在是以参政入仕为目的的。孔子评价冉雍说："雍也可使南面。"评价冉求说："可使为之宰。"评价仲由说："千乘之国，可使治其赋。"又说："片言可以折狱。"齐田常欲伐鲁，孔子对门弟子说："夫鲁，故墓所处，父母之国，国危如此，二三子何为莫出！"实即要求弟子参政。当时子路、子张、子石、子贡纷纷请出，子贡受命。"子贡一出，存鲁、乱齐、破吴、强晋而霸越，十年之中，五国各有变。"

孔子弟子出仕的很多，所以孔子说："天下无行，多为家臣，仕于都，唯季次未尝仕。"可见其他人多已出仕，或者曾经出仕。孔子与弟子一起宦游求仕，孔子终不得用，而门下弟子却得以纷纷先期出仕，为此，孔子和弟子还互相帮助引见。鲁大夫季康子想任用孔子，犹豫未决，先召冉求。冉求将行，孔子对弟子说："鲁人召求，非小用之，将大用之也。"又叹息说："归乎归乎！吾党之小子狂简，斐然成章，吾不知所以裁之。"表面上是鼓励的话，但其中却颇多感慨惆怅。孔子教授弟子，弟子借孔子之力而走在了孔子前面，孔子反没有了去路。起初孔子不知名得不到任用，后来孔子名气太大还是得不到任用。子赣看出了孔子的用意，就嘱咐冉求说："即用，以孔子为招。"后来冉求果然向季康子介绍孔子，以币迎孔子归鲁。孔子得以返鲁，就是因为冉求。

孔子曾说："邦有道，谷；邦无道，谷，耻也。"（《论语·宪问》）"谷，禄也。邦有道，当食禄。"① 当孔子之时，陪臣执国命，显然是"无道"的因素居多。不过孔子又说："人能弘道，非道弘人。"因而所谓"道"与"谷"的关系就又反转过来，即无论"有道"与"无道"，都是可以"谷"的。而且，"谷"的含义也更加深了一层，不仅仅是食禄，而且还要弘道。

在宦游的初期，孔子对于出仕曾经表示乐观。过匡，说："文王既没，文不在兹乎！天之将丧斯文也，后死者不得与于斯文也；天之未丧斯文也，匡人其如予何！"适宋，又说："天生德于予，桓魋其如予何！"表现出极大的自信。在郑都东门和弟子失散后，独立于门侧，郑人讥之为"丧家之狗"，孔子听后，欣然而笑。但是到后来，孔子始终得不到任用，情绪上就有了一些变化。离开卫灵公时，孔子喟然而叹。将西见赵简子，又临河而叹，说："命也夫！"又说："逝者如斯夫，不舍昼夜！"欲往中牟，说："我岂匏瓜也哉，焉能系而不食？"在陈，说："归乎归乎！"返于蔡，忧然曰："鸟兽不可与同群。"往楚，说："君子固穷。"在叶，说："不知老之将至。"所谓不知老之将至，实在是自欺自慰的一个说法。到鲁哀公十四年，西狩获麟，孔子说："河不出图，洛不出书，吾已矣夫！"又说："甚矣吾衰矣！"又说："吾道穷矣！"又喟然叹曰："莫知我夫！"看来是最后绝望了。②

正是在这种心境下，孔子才削《诗》、序《书》传、作《春秋》的。《诗》《书》等典籍的整理传授，是在孔子平生志向落空之后，对于自己的政治主张在书面和文字上的一个寄托。所以孔子在"述而不作"的同时表述说："君子病没世而名不称焉。吾道不得矣。吾何以自见于后世哉？"又说："后世知丘者以《春秋》，而罪丘者亦以《春秋》。"故司马

---

① 何晏《论语集解》引孔安国言。
② 以上据《史记·孔子世家》及《史记·仲尼弟子列传》。

迁说:"孔子知言之不用,道之不行也,然后作《春秋》。"司马迁遭李陵之祸,身毁不用,而后发愤作《史记》百三十卷,是能够深明孔子当时心意,与孔子同出一辙的。

《论语·阳货》:"如有用我者,吾其为东周乎!"孔子的最大愿望,是在东方建立一个像周文王、武王、周公那样的周朝。孔子既然没有取得文王、武王、周公的地位和功绩,因而他的身后名望也就限定为一代学术大师,限定为"中国言六艺者折中于夫子"①,仅仅成为一位著名的思想家、教育家,而非政治家。因而在孔子返回鲁国后,就主要倾向于典章制度的讲习,教授的科目和思想理论逐渐系统化,形成了比较确定的"六艺"系统。虽然如此,"六艺"仍只是一个途径,一种寄托,而非最终目标。

《论语·子路》:"故君子名之必可言也,言之必可行也。"《论语·学而》:"贤贤易色;事父母,能竭其力;事君,能致其身;与朋友交,言而有信。虽曰未学,吾必谓之学矣。"行是目的,学是途径。行是第一位的,学是第二位的。

(三)理想与现实之间的选择

晚周诸子多有关于古代历史的论述,目的在于以历史为依据寄托自己的政治理想。孔子对以往各个阶段的历史,黄帝、颛顼、帝喾、尧、舜、禹、汤、文、武、周公、齐桓、管仲都有所论及,而且予以不同程度的赞许。但是孔子将这些历史时期加以比较的结果,却是排除了较前和较后的朝代,而只确定下了夏商周三代特别是西周一朝作为儒家学说的政治典范,说明孔子在确定自己的政治理想时,是做了一个折中的选择,选择的标准主要在于可行性上。

据《礼记·礼运》,孔子认为从黄帝至尧舜是历史上最好的时期,"大道之行也,天下为公",称为"大同"。夏商周三代,"大道既隐,天下为家",称为"小康"。"大同"和"小康"有极大的差别,但是孔子却选择了"小康"作为他效法的典范,这是因为"大同"时代至高至明,非人力所能及,不具备现实可行性。《大戴礼记·五帝德》:孔子称黄帝、

---

① 《史记·孔子世家》司马迁赞语。

帝喾"生而神灵",帝尧"其仁如天,其知如神,就之如日,望之如云",帝舜"承受天命,依于倪皇"。据《论语·宪问》,孔子又曾盛赞过齐桓公和管仲君臣的功绩,说"微管仲,吾其被发左衽矣"。齐桓管仲是春秋五霸之首,是后来法家引为始祖的人物。对齐桓管仲的现实功绩,孔子是明白承认的,但他又没有像后来的法家那样去效法齐桓管仲,这是因为孔子认为齐桓管仲在理想方面又嫌不足。

在孔子看来,历史不仅是一个客观描述的问题,它还可以给现实生活以比较和参照,是现实生活的依据。什么样的历史才能作为现实的依据,不仅取决于历史上社会政治水平的高低,而且取决于历史上的制度在当代社会现实中的可行性。

即便如此,在孔子当时,儒家理想与现实的冲突也还是很激烈的。孔子在政治上主张推行"仁政",以陪臣执国政的鲁大夫季氏的家臣阳虎,就曾直言不讳地说:"为富不仁矣,为仁不富矣!"(《孟子·滕文公上》)孔子在卫,卫灵公准备任用孔子,子路问孔子如果被任用,首先将做何事。孔子说:"正名。"子路不同意,孔子即称子路为"野",子路也称孔子为"迂"。"野,不达也。""迂,犹远也。言孔子之言远于事也。"①

其实,与孔子早年感愤于陪臣执国政,故退而修《诗》《书》《礼》《乐》的做法相比,在他开始长达十四年的宦游之时,已经是做了极大的让步。王业下衰,大夫僭于公室,陪臣执国政。陪臣就是大夫的嬖臣、家臣,地位是很低的。而孔子宦游列国,既干其诸侯,也求仕于当权的大夫和陪臣,连孔子自己也曾为齐大夫高昭子的家臣,后来又依托于卫大夫蘧伯玉等,也是托为大夫之家臣。所以宦游时期的孔子,已经不是感愤于陪臣乱政,而是要以"士"的身份取陪臣而代之。只有一件事是孔子坚定不移的,那就是他"仁政"的政治理想和政治道德。孔子晚年已感到对自己的政治理想,如宗周、复礼、正名等,也难以坚持下去。孔子为此终于没能达到参政的目的,但他也没有再次让步,没有最后舍弃他的政治理想。

孔子所面临的儒家政治理想与现实的冲突,毫无疑问地给予了孔子个人以巨大的责任感和心理压力。鲁襄公四年,陈、蔡联合困阻孔子于去楚

_____

① 裴骃《史记·孔子世家》集解引孔安国及包氏言。

途中，"发徒围孔子于野，不得行，绝粮，从者病"。弟子门人流困已久，对儒家前途多感失望。子路愠见孔子，问了孔子一个问题："君子亦有穷乎？"既然是真理，何以行不通？实际上行不通，是否仍是真理？孔子知弟子有愠心，先后单独召见了子路、子贡、颜回三个最优秀的弟子，以最后摊牌的姿态问了同一个问题："《诗》云：'匪兕匪虎，率彼旷野。'吾道非邪？吾何以至此！"对孔子的这个问题，子路回答说："意者吾未仁邪？人之不我信也。意者吾未知邪？人之不我行也。"意思是说问题出在"理想"一方面。孔子不高兴，说仁者不必使世人必信必行。子贡回答说："夫子之道至大也，故天下莫能容夫子，夫子盖少贬焉。"表面上说问题出在"现实"一方面，实际上是劝孔子修正理想。孔子不高兴，认为子贡与世求容，志向不远。颜回回答说："夫子之道至大，故天下莫能容。"又说："虽然，夫子推而行之。不容何病，不容然后见君子！夫道之不修也，是吾丑也。夫道既已大修而不用，是有国者之丑也。不容何病，不容然后见君子！"虽然不能容，也没有什么关系。不能容也要推行下去。不推行是儒者的过失，不能容是王者的过失，不能容才能够见出君子的高贵品质来。颜回的回答表示了儒家理想的正确不误和现实社会的过失不当，但颜回在指出现实社会的过失不当的同时，又承认了现实社会"不容"的事实存在，也就是说，同时承认了理想与现实的对立而两存。实际上，颜回是回避了理想与现实的深刻矛盾，将理想与现实矛盾的哲学问题，归结而为丑与不丑、见君子与未见君子，所谓"岁寒然后知松柏之后凋"那样的个人品质问题。听了颜回的这一回答，于是孔子才"欣然而笑"。孔子及其弟子这一集团由此渡过了其儒家学派内部分裂的一个最为严重的危机。①

二 孟子的"义"和"王政"

（一）孟子对实践原则的继承

孟子非孔子亲传弟子，他受教于孔子嫡孙子思之门人，自称"予未得为孔子徒也，予私淑诸人也"。同时对于他的实际才干，也多有人怀

---

① 以上据《史记·孔子世家》。

疑，如章炳麟曾说："窃谓孟子之学，虽抗言王道，然其实郡县之才也，如五亩之宅树之以桑，七十者可以衣帛云云。"① 但是，与历代儒家学者相比，孟子却是最能理解孔子实践原则的一个人。

> 《孟子·尽心下》："由孔子而来至于今百有余岁，去圣人之世若此其未远也，近圣人之居若此其甚近也，然而无有乎尔，则亦无有乎尔。"
>
> 《孟子·公孙丑下》："五百年必有王者兴，其间必有名世者。由周而来七百有余岁，以其数则过矣，以其时考之则可矣。夫天未欲平治天下也，如欲平治天下，当今之世舍我其谁也！"

孟子不仅由"私淑"而继承孔子的思想学说，而且进而以第二个孔子自居，要做"王者"，要"平治天下"。孟子具有和孔子相类似的开创意识，比之好学的颜渊，教授经籍的子张、子思诸人，都更加接近于孔子的本志，更加称得上是孔门的真正后学。孟子虽然也有孔子那样的入仕要求，但也没有成功，"退而与万章之徒序《诗》《书》，述仲尼之意，作《孟子》七篇"（《史记·孟子荀卿列传》），这一点尤其与孔子相似。

从年数的关系上，孟子有过两种说法。一是自孔子至孟子百有余年，这是要说明孟子与孔子的接近；二是自周文武王至孟子七百有余年，其间尚无王者出现，应该是够五百年就出现一位王者的。第二种说法实际上是把周兴以后第六百年出现的孔子都没有计算在内，而要直接继承周文王、武王了。孟子的这种救世心理，这种高度的自信，都与孔子十分相同。不管孟子的学说是否言之有中，就其期于政治实践这一点而言，孟子与孔子以"二圣"并称，是非常有道理的。

（二）主张性善说以提撕人心

《孟子·滕文公上》："孟子道性善，言必称尧舜。"孟子与孔子的具体不同之处是，孔子侧重讲"仁"，孟子侧重讲"义"；孔子回避讲"性"，孟子提出性善说；孔子主张效法三代特别是西周，孟子主张效法

---

① 章炳麟：《儒家之利病》，载《章太炎讲演集》，河北人民出版社2004年版，第192页。

"先王"尧舜。道性善与称尧舜的用意是一样的。

孟子说:"尧舜,性之也;汤武,身之也;五霸,假之也。"(《孟子·尽心上》)又说:"尧舜,性者也;汤武,反之也。"(《孟子·尽心下》)即认为尧舜是出于天性的,而汤武则是行天之道,五霸仅仅是假借天的名义。孔子因为尧舜至高至明所以不加选择,孟子则是专门选择了"唯天为大"的尧舜。

孟子认为,性善可以通过每一个人都具有的心理反映加以验证。既然这种心理反应是普遍的,因此性善就是有根据的,就也是出于人的本性、天性的,孟子称之为"良知""良能"。

《孟子·告子上》:"恻隐之心,人皆有之;羞恶之心,人皆有之;恭敬之心,人皆有之;是非之心,人皆有之。恻隐之心,仁也;羞恶之心,义也;恭敬之心,礼也;是非之心,智也。仁义礼智非由外铄我也,我固有之也。"

《孟子·公孙丑上》:"人皆有不忍人之心。所以谓人皆有不忍人之心者,今人乍见孺子将入于井,皆有怵惕恻隐之心。非所以内交于孺子之父母也,非所以要誉于乡党朋友也,非恶其声而然也。"

《孟子·尽心上》:"人之所不学而能者,其良能也;所不虑而知者,其良知也。孩提之童无不知爱其亲者,及其长也,无不知敬其兄也。"

恻隐和羞恶是人的一种心理常态,孟子说"人皆有之",即认为这种心理常态是人人具有的,因此是带有普遍性的。普遍存在的,也就是天然所固有的。无一人能够例外,非个人能力所及,于是就成为一种绝对,一种极致。所以孟子说性善"人皆有之",又说"我固有之"。孟子认为,这种人心所固有的心理常态就是仁义的萌芽之所,是仁义礼智的本原。

既然人是性善的,接下来的问题就是如何充分发展人的这一性善本质,也就是如何依据性善而实践的问题了。孟子说:"人皆可以为尧舜。"(《孟子·告子下》)"舜何人也,予何人也。"(《孟子·滕文公上》)通过性善的环节,就把普通人和历史上至高至明的尧舜联系起来了。所以,孟子提出性善说的目的其实并不在于论证历史上哪些帝王出于天行,而是要求人们为善，同时证明人们有能力为善。

也就是说，虽然人是性善的，但这一本性、天性并不能成为人们不为恶的保证，每个人的所作所为仍然像原来一样具有善与不善两种倾向。所以孟子说："求则得之，舍则失之。"（《孟子·告子上》）性善说的最后关键是聚焦在"取舍"一点上。

（三）"义"与"王政"

孔子侧重在"仁"，孟子侧重在"义"，"仁"与"义"虽然是两个不同的概念，但二者在内涵上却是可以合为一体，重合为一的。"仁"具体化就是"礼"，遵"礼"而行就是"义"。《孟子·尽心上》："亲亲，仁也；敬长，义也。""仁"和"义"的差别不在于概念的内涵上，而在于理论的实践上。"仁"更接近于专有概念的名词性，是儒家本体论的，是静止的。"义"则具有行为上的内容，具有动词的因素，是一个实践的概念。

> 《孟子·公孙丑上》："夫仁，天之尊爵也，人之安宅也。"
> 《孟子·离娄上》："仁，人之安宅也；义，人之正路也。"
> 《孟子·尽心上》："居恶在？仁是也。路恶在？义是也。"

"仁"是一个原则，一个标准。"义"是有所作为，有所取舍，以达到这个原则和标准。所以孟子说"仁"是"居"，是"宅"，而称"义"为"路"。依"仁"而行，有所由，有所取舍，就是"义"。所以"义"是一个具有实践性的概念。"义"所不同于"仁"而特别强调的，就是实践和取舍。

> 《孟子·公孙丑上》："孟子曰：'以力假仁者霸，霸必有国；以德行仁者王，王不待大。汤以七十里，文王以百里。以力服人者，非心服也，力不赡也；以德服人者，中心悦而诚服也，如七十子之服孔子也。'"

行性善之德叫作"王"，以"王"作为政治思想称为"王政"。

从理想与现实的关系上看，孟子生当孔子之后百有余年，"天下方务于合从连衡，以攻伐为贤"（《史记·孟子荀卿列传》），当时社会政治环境的恶劣较之孔子时自然是有过之而无不及。但他却不但没有降格以求，在西周以下的历史中寻找与其政治理想相对应的模式，反而上溯到唐尧虞舜，也就是上溯到孔子以为力所不能及、文献所难于征考的"大同之世"。孟子虽然生于孔子之后，其学说主张中的理想性反而更高了。

孟子之所以这样做，不是出于学术原因，而是出于实践原则。大恶必彰之以大善，大迷必开之以大悟，时事越是陵替，越要痛下针砭。儒家所面临的处境越是艰难困苦，就越要因其难行于世，而高自树立，以危言耸人听闻，冀世之猛醒，求其可行性于万一。侧重"义"、主张性善、效法"先王"的目的，其实都是一个，就是为了提撕人心。

三　荀子的"礼"和"礼制"

（一）荀子对人道原则的继承

梁启雄比较孟荀的主张说："孟子言性善，荀子言性恶；孟子重义轻利，荀子重义而不轻利；孟子专法先王，荀子兼法后王；孟子专尚王道，荀子兼尚霸道。"[①] 孟子相对于孔子是将儒家的政治理想进一步提高，荀子则是使儒家的政治理想更加接近于现实。

荀子认为"天地与人相参"（《荀子·天论》）。"参"既是天与人发生联系，也是天与人具有区别。荀子"参"的概念与《易经·系辞上传》中"广大配天地""易简之善配至德"的"配"相类。具体而言，"参"有三义："人之命在天"（《荀子·强国》），天是第一位，人是第二位的；"人最为天下贵"（《荀子·王制》），人在天之下，又在万物之上；"天有其时，地有其财，人有其治"（《荀子·天论》），天、地、人平行而并列。

"参"的概念所以重要，是因为它一方面没有否认人与天的联系，另一方面又在相当程度上保持了人道的相对稳定性。一方面人不能与天争职，另一方面天也不能代行人治。荀子一方面说"人之命在天"，一方面又说"国之命在礼"，其中一个关键的环节就是"参"。"参"的概念直接

---

① 梁启雄：《荀子简释》自叙，古籍出版社 1956 年版，第 9 页。

导致了"天有天常，人有人治"的思想。荀子由此主张人类社会"不与天争职"，提出"唯圣人为不求知天"，"故明于天人之分，则可谓至人矣"（《荀子·天论》）。

由此可知，荀子的"不求知天"和"明于天人之分"，表面上看是儒家天道学说的进一步丰富，实际上则是孔子人道原则的进一步发展。

（二）主张性恶说以鞭策人心

荀子说："生之所以然者谓之性"，"不事而自然谓之性"，"性者，天之就也；情者，性之质也"。（《荀子·正名》）又说："性之好恶、喜怒、哀乐，谓之情。""好恶、喜怒、哀乐，夫是之谓天情。"（《荀子·天论》）

荀子认为，人性包括食色、喜怒、好恶、利欲等欲望，是人所固有的，不论君子还是小人都一样，至于"仁义"，则是通过后天所学、所行、所为而获得的。所以荀子说："人之生也固小人。"（《荀子·荣辱》）人之生也固小人就是"性恶"。

> 《荀子·荣辱》："凡人有所一同。饥而欲食，寒而欲暖，劳而欲息，好利而恶害。是人之所生而有也，是无待而然者也，是禹桀之所同也。目辨白黑美恶，耳辨音声清浊，口辨酸咸甘苦，鼻辨芬芳腥臊，骨体肤理辨寒暑疾养。是又人之所生而有也，是无待而然者也，是禹桀之所同也。可以为尧禹，可以为桀跖，可以为工匠，可以为农贾，在执注错习俗之所积耳。汤武存则天下从而治，桀纣存则天下从而乱，如是者岂非人之情固可与如此，可与如彼也哉？材性知能，君子小人一也。好荣恶辱，好利恶害，是君子小人之所同也。人之生固小人，无师无法则唯利之见耳。尧禹者，非生而具者也，夫起于变故，成乎修为，待尽而后备者也。"

> 《荀子·性恶》："今人之性，生而有好利焉，顺是，故争生而辞让亡焉。生而有疾恶焉，顺是，故残贼生而忠信亡焉。生而有耳目之欲，有好声色焉，顺是，故淫乱生而礼义文理亡焉。然则从人之性，顺人之情，必出乎争夺，合于犯分乱理而归于暴。"

荀子认为："故虽为守门，欲不可去；虽为天子，欲不可尽。"性、情、欲都源于天，因此人对于性、情、欲至多只能是"欲虽不可尽，可以近尽也；欲虽不可去，求可节也"（《荀子·正名》）。

但是，就像性善说并不能保证人们不为恶一样，性恶说也并不能限制人们为善。虽然有天性不可改变的一方面，但是也还有"天人之分"的另一方面。既然有"天人之分"，就可以有人治，有人与天情、天性的对抗。

> 《荀子·正名》："生之所以然者谓之性，不事而自然谓之性，性之好恶、喜怒、哀乐谓之情。情然而心为之择谓之虑。心虑而能为之动谓之伪，虑积焉、能习焉而后成谓之伪。正利而为谓之事，正义而为谓之行。""不可学、不可事而在天者谓之性。可学而能、可事而成之在人者谓之伪。是性伪之分也。"

"伪"即为，即人类的有价值的创造行为。性和情是天生的，人不可干涉，也不应该干涉。但人的后天选择、思考、学习、行事，却完全取决于人，应该由人自己承当，"天"也同样不可以干预人事。荀子学说的最后关键是聚焦在了"性伪之分"一点上。"伪""虑""学""行"，正是荀子思想中所最终强调的部分。

> 《荀子·儒效》："彼求之而后得，为之而后成，积之而后高，尽之而后圣。""性也者，吾所不能为也，然而可化也。积也者，非吾所有也，然而可为也。""不闻不若闻之，闻之不若见之，见之不若知之，知之不若行之。学至于行之而止矣。"
>
> 《荀子·性恶》："圣人之所以同于众其不异于众者，性也；所以异而过众者，伪也。""小人可以为君子而不肯为君子，君子可以为小人而不肯为小人，小人君子者，未尝不可以相为也。"

君子与小人的区别，就在于为与不为。能行、能止、能为，即是君子。小人循性而不知为，君子明天人之分，化性起伪，不舍于性而求有为，性与伪既是有区别而对立的，又是一致而并存的。性虽具有欲望，但性原本简易，不加以节制才乱、才恶。所以荀子说："性者，本始材朴也。伪者，文理隆盛也。无性则伪之无所加，无伪则性不能自美。性伪合，然后成圣人之名，一天下之功于是就也。"（《荀子·礼论》）有了"伪"的概念以后，"性"之"恶"的情况就得到了淡化，以至于"性"与"伪"趋向于一致，即"性伪合"。通过"学"的途径，就可以做到"性伪合"。

由此可知，表面上看荀子讲性恶，孟子讲性善，荀孟二人截然相反，实际上二人同样是具有遵循实践原则的儒家本色。孟子和荀子都认为性不是不可以改变的，不是决定一切的，所以所谓性善性恶，先天后天，原也就无所谓善恶，性善性恶只是逻辑论证的不同前提而已。本性所具备的，后天也有可能失去；本性所不具备的，后天也有可能拥有。所以本性有没有并没有关系，关键是后天能不能有。所以说，性善说与性恶说在同归于实践原则一点上，并没有本质的不同。

荀子之所以提出性恶，与他所处的战国环境有关。《史记·孟子荀卿列传》："荀卿嫉浊世之政，亡国乱君相属，不遂大道而营于巫祝，信機祥，鄙儒小拘，如庄周等又猾稽乱俗，于是推儒、墨、道德之行事兴坏，序列著数万言而卒。"荀子与孔孟二人身世环境属于同一类型，都有所谓是非淆乱、老而发愤的经历。但荀子生当战国末年，作为春秋战国最后一位集大成的学术大师，所感受到的社会环境的险恶，以及来自儒家统系的责任感和心理压力，又在孟子之上。既然人人争于利欲，君子与小人同恶，所以不宜再宣扬性善，于是只有深明其恶，以求人能反躬自救，要求人在后天实践中厉行改造。性善说是在前提撕人心，即俗所谓唱红脸者。性恶说则是要在后鞭策人心，即俗所谓唱白脸者。

（三）"礼"与"礼制"

"性伪合"的具体内容就是"礼"。荀子认为，"礼"是出于圣人君子之伪的。

《荀子·礼论》说："天能生物，不能辨物也。地能载人，不能治人也。宇中万物，生人之属，待圣人然后分也。""分"又叫作"别"。《荀子·礼论》说："曷谓别？曰：贵贱有等，长细有差，贫富轻重皆有称者也。"由分与别、等与差，就产生出了"礼"的概念以及符合礼的一整套人道秩序。

> 《荀子·礼论》:"礼起于何也?曰:人生而有欲,欲而不得,则不能无求。求而无度量分界,则不能不争。争则乱,乱则穷。先王恶其乱也,故制礼义以分之,以养人之欲,给人之求,使欲必不穷乎物,物必不屈于欲,两者相持而长,是礼之所起也。绳者,直之至。衡者,平之至。规矩者,方圆之至。礼者,人道之极也。"
>
> 《荀子·王制》:"天地者,生之始也。礼义者,治之始也。君子者,礼义之始也。故天地生君子,君子理天地。君子者,天地之参也,万物之总也,民之父母也。无君子,则天地不理,礼义无统,上无君师,下无父子,夫是之谓至乱。君臣、父子、兄弟、夫妇,始则终,终则始,与天地同理,与万世同久,夫是之谓大本。故丧祭、朝聘、师旅一也,贵贱、杀生、与夺一也,君君、臣臣、父父、子子、兄兄、弟弟一也,农农、士士、工工、商商一也。"

"仁"和"礼"两个概念在内涵上也是重合为一的,"礼"实际上是"仁"的概念的又一解释。孔子说:"克己复礼为仁。""仁"的主要内容就是"礼"。"仁"重在事亲、爱人,本体而内在;"礼"重在名分秩序,形名而外在。"礼"的概念体现在政治上就是"礼制"。

> 《荀子·儒效》:"法后王,统礼义,一制度,以浅持博,以古持今,以一持万。苟仁义之类也,虽在鸟兽之中若别白黑。倚物怪变,所未尝闻也,所未尝见也,卒然起一方,则举统类而应之,无所疑怍。张法而度之,则奄然若合符节,是大儒者也。用大儒,则百里之地久,而后三年,天下为一,诸侯为臣;用万乘之国,则举错而定,一朝而伯。"
>
> 《荀子·议兵》:"能并之而不能凝,则必夺;不能并之又不能凝其有,则必亡;能凝之则必能并之矣。"
>
> 《荀子·强国》:"粹而王,驳而霸,无一焉而亡。"

荀子生当战国晚期的社会政治环境,因此没有固守孔孟的"仁政"

"王政"而主张"礼制"。没有取法"先王"尧舜，而是取法"后王"春秋五霸，提出"兼王霸"。所谓"兼王霸"就是兼取"王政"和"霸政"的长处，而弥补其各自的不足。单纯的王可以存国安民，而不足以应变创业；单纯的霸可以兼并而不足以坚凝。荀子晚年游秦，当秦昭王时。秦国经历了孝、文、武、昭四代，正是战国霸道的先驱。有鉴于秦国的霸政，荀子提出了"兼王霸"的政治主张。

　　荀子之所以能够大胆地放弃夏商周的政治模式，而取法于春秋时期的历史，是因为他认为社会制度的水平是不重要的，重要的是要适合于现实社会的状况。在这种情况下，修正、调整、变化是避免不了的。《荀子·性恶》："善言古者必有节于今，善言天者必有征于人。凡论者，贵其有辨合，有符验。故生而言之，起而可设，张而可施行。"有符验、可施行正是孔子"事求可，功求成"思想的发展，同时也与法家讲刑名、重因循的思想相一致。

四　韩非的"法"和"法治"

（一）荀韩的师承渊源

　　儒家的政治理想，不论是孔子的"仁政"，孟子的"王政"，还是荀子的"兼王霸"，始终不能与春秋战国时期的社会政治环境相适应。从孔子到荀子前后三百余年，儒家主张由理想越来越趋向于现实，但是终荀子之时，依然一再落空。所以，虽然"仁"与"义"与"礼"三者都被公认是儒家一脉相承的核心概念，但实际上却又不能以其中的任何一个概念作为儒家事业的主线和儒家"儒统"的标志。

　　这个问题在当时就已十分突出，所以孟子说："舜生于诸冯，文王生于岐周，地之相去也千有余里，世之相后也千有余岁，得志行乎中国，若合符节。先圣后圣，其揆一也。"（《孟子·离娄上》）而荀子也强调凡事要有符验、可施行。三代殊政，其义则一。不同的是其具体的政治理想，一成不变的是其方法和原则。具体的政治理想屡有更改，变动的幅度越来越大，与最初的理想模式的差距越来越大，表现出一种失去共同标志的不确定性。而在此不确定性的表象背后，却逐渐地澄清出儒家的一致不变的共同原则，即人道实践的原则。春秋战国数百年间，早期儒家的政治理想因时而异，甚至出现了孟荀二人的对立，但儒家的人道实践却能够始终得到坚持和发扬。从儒家思想体系的建立和早期政治实践的实际过程上看，孔孟荀韩四人中，孔子和孟子共同完成了儒家思想体系的创立；荀子承前启后，正处在儒家思想的一个转变的环节上；荀子的弟子韩非则实际上是以 "法治" 的具体政治主张，继承和实践了儒家的人道实践原则。孟子说："天下恶乎定？定于一。"（《孟子·梁惠王上》）最终实现了 "定于一" 的，就是 "法治"。

《韩非子·五蠹》曾批评儒者 "以文乱法"，但批评儒者并不能作为其是否属于儒家学派的标准，晏子和荀子都曾对儒者提出批评。[1] 衡量儒学的标准，只能是早期儒家孔孟荀三人所共同建立的人道实践原则。从这个意义上说，正是韩非继续了荀子的思想转变过程，以 "法" 的思想承接了 "仁""义""礼" 的思想，继承了儒家的人道实践原则。或者说，由于 "仁政""王政""礼制" 的具体政治理想与社会现实的冲突，儒家的人道实践原则在战国后期的历史环境下，必然地要表现为韩非的 "法治" 主张。

韩非主刑名法术之学，其要本归于黄老。其又与李斯俱师事荀子，李斯自以为不如韩非。荀韩的师承渊源是非常明确的。战国中后期的学者多有博闻强记、学无所主的特点。孔子多学而能，孟子本 "私淑" 孔子，荀子 "推儒墨道德之行事兴坏" 而序列著述，孔孟荀三人并没有直接的师承关系。所以韩非学兼儒、道，是不足为怪的。韩非在法家理论和逻辑概念上主要取源于道家的老子，而荀子在战国后期 "最为老师"，韩非作为荀子的高足弟子和战国末年最有才华的学者，在人道实践原则方面得力于荀子之处，是直接而丰富的。

（二）"事因于世" 的历史观

《韩非子·五蠹》："上古之世，人民少而禽兽众，人民不胜禽兽虫蛇。有圣人作，构木为巢，以避群害，而民悦之，使王天下，号曰 '有巢氏'。民食果蓏蚌蛤，腥臊恶臭而伤害腹胃，民多疾病，有圣

---

[1] 《汉书·艺文志》列《晏子》为儒家类之首。

人作，钻燧取火，以化腥臊，而民悦之，使王天下，号之曰'燧人氏'。中古之世，天下大水，而鲧、禹决渎。近古之世，桀、纣暴乱，而汤、武征伐。今有构木钻燧于夏后氏之世者，必为鲧、禹笑矣。有决渎于殷、周之世者，必为汤、武笑矣。然则今有美尧舜汤武禹之道于当今之世者，必为新圣笑矣。是以圣人不期修古，不法常可，论古之事，因为之备。"

又曰："古者丈夫不耕，草木之实足食也；妇人不织，禽兽之皮足衣也。不事力而养足，人民少而财有余，故民不争。是以厚赏不行，重罚不用，而民自治。今人有五子不为多，子又有五子，大父未死而有二十五孙，是以人民众而货财寡，事力劳而供养薄，故民争，虽倍赏累罚而不免于乱。是以古之易财，非仁也，财多也。今之争夺，非鄙也，财寡也。故圣人议多少、论薄厚为之政。故罚薄不为慈，诛严不为戾，称俗而行也。故事因于世，而备适于事。世异则事异，事异则备变。上古竞于道德，中世逐于智谋，当今争于气力。"

韩非的历史观主张"事因于世，备适于事"，"世异则事异，事异则备变"，明确提出"圣人不期修古，不法常可"。①"因"是依循、依照的意思。"事因于世"就是首先认定社会现实会有变化，而政治主张要依循社会现实的变化而变化。每一时代的世情事态都不一样，上古、中古人口稀少，条件简陋，所以可以行"仁义"。近代人多物少，争于气力，不能"以宽缓之政治急世之民"，所以不可以行"仁义"，而需要实行"法治"。从理论上说，"事因于世"的历史观只承认社会的变化，只承认有"适"与"不适"，而不承认有好的或不好的历史，不承认任何理想模式。

韩非这种务求可行、见功而且果于批判的历史观，与荀子的"起而可设，张而可施行"是明显一致的。韩非"事因于世"和效法"新圣"

① "事因于世"的历史观念，至秦汉间已为人们普遍接受。李斯于秦始皇三十四年奏议："五帝不相复，三代不相袭，各以治。非其相反，时变异也。"司马谈《论六家要指》："有法无法，因时为业；有度无度，因物与合。"《汉书·武帝纪》元朔六年六月诏曰："朕闻五帝不相复礼，三代不谈法，所繇殊路而建德一也。"

的历史观正可以看作孟荀二人从"法先王"到"法后王"之后的又一次发展和修正。

（三）"法"与"法治"

荀子曾说："隆礼尊贤而王，重法爱民而霸。"（《荀子·天论》）"礼"和"法"同是一种制度，一种秩序，二者的施用本有异曲同工之效，因此"礼""法"二者可以相提并论。陈柱曾说："法家盖起于礼。礼不足为治，而后有法。礼流而为法，故礼家流为法家，故荀卿之门人李斯、韩非皆流而为法家也。"① 则知韩非"法"的思想曾有荀子"礼"的思想的影响。

"法"的本义是均平。《说文》："灋，刑也。平之如水，从水。廌，所以触不直者去之，从去。法，今文省。佱，古文。"则知"法"字是"灋"的今文简写。"法"即"刑"。刑为羹器。《周礼·天官》有"羞修刑膴"。刑又通"型"，型为铸器的范模。刑字从刀从开，《说文》："开，平也。象二干对构，上平也。"可见"法"字的本义与"刑"有关，本是可以盛液体的器皿，所以就有"平"的引申义。"法"字古文一作"佱"，又作"㳍"，与"正"字又相关联。而且作为"型"字的假借的"刑"字，也有"正"的意思。《广雅》："刑，正也。"《诗经·思齐》："刑于寡妻。"陆德明《经典释文》引《韩诗》云："刑，正也。"《商君书·修权》："法者，君臣之所共操也。"《史记·张释之列传》："法者，天子所与天下公共也。"所说都是"法"字的本义。由此可知韩非"法"的思想是有着深厚的理论渊源的。

韩非认为，"法"的作用就是均平划一，也只有"法"才能起到均平的作用。"法"是绝对的，不别亲疏，即使君主也不例外，所以"法"又强调地称作"公法"。《韩非子·有度》："故当今之时，能去私曲就公法者，民安而国治；能去私行行公法者，则兵强而敌弱。""法"是和"私"相对的，所以"法"行于国中，则"民不越乡而交，无百里之戚。有口不以私言，有目不以私视"。所以"法"被认为是"严而少恩"（司马谈

---

① 陈柱：《诸子概论》，上海商务印书馆 1930 年版，第 95 页。

《论六家要指》）、"伤恩薄厚"（班固《汉书·艺文志》），是与"仁义"的爱人相对立的。

但韩非虽然主张人性恶，其初衷并非不重视人的价值。韩非的人性恶只是强调人作为生物以满足生存为第一需要。在这一点上，荀韩二人基本上一致。

荀子认为人性恶，主张以"礼"节制人性。荀子虽然认为人性恶，但其目的并非因为人性恶而否定人性，而是要以性恶之说确定以"礼"节制人性的前提条件。因为人性恶，所以要以"礼"节制人性；而既然已经以"礼"节制了人性，人性就不再是恶的，而是可以任其充分发展，也应该任其充分发展的了。正因为有了以"礼"节制人性的环节，所以荀子虽然认为人性恶，但是又强调"尽天下之美，致天下之用"，"序四时，载万物，兼利天下"（《荀子·王制》），在"礼"的前提条件下尽可能满足人性。荀子说："无性则伪之无所加，无伪则性不能自美。""使欲必不穷乎物，物必不屈于欲，两者相持而长。"（《荀子·礼论》）实际上是有条件地肯定了财富利欲的合理性。韩非受荀子的影响，也主张人性恶，认为人性好利恶害而自为，同时也承认荀子对人性的认可。但韩非否定以"礼"节制人性，主张用"法"取代"礼"。韩非认为，人性之恶是自然既成的，所以现实政治政策必须是以人性之恶为依据，而不应对人性加以否定。理论要以现实为依据，治国之道要"称俗而行"，要"因人情"。既然人情好利恶害，治国的目的就应该与人情相符，是赏功罚奸，而不是仁义礼乐。《韩非子·八经》："凡治天下必因人情。人情者有好恶，故赏罚可用。赏罚可用则禁令可立，而治道具矣。"《韩非子·六反》："故明主之治国也，适其时事以致财物，论其税赋以均贫富，厚其爵禄以尽贤能，重其刑罚以禁奸邪。使民以力得富，以过受罪，以功致赏，而不念慈惠之赐。此帝王之政也。"

《韩非子·定法》："法者，宪令著于官府，刑罚必于民心，赏存乎慎法，而罚加乎奸令者也，此臣之所师也。"法既是君治臣，也是臣治民的，因此法具有更为普遍的社会性，这叫作"一断于法"（司马谈《论六家要指》）。法包括赏和罚两个方面，赏和罚的基础是人性，是对于人性的满足。

以"法"治国就叫作"法治"。由《史记·秦始皇本纪》所载秦代刻石铭文来看①,"法治"的政治主张是有很高的境界的,其中有些话是非常感人的,较之儒家的"大同""小康"有过之而无不及。

---

① 《史记·秦始皇本纪》:二十八年邹峄刻石略云:"治道运行,诸产得宜,皆有法式。皇帝躬圣,既平天下,不懈于治。夙兴夜寐,建设长利,专隆教诲。贵贱分明,男女礼顺,慎遵职事。"二十八年琅邪刻石略云:"端平法度,万物之纪。圣智仁义,显白道理。皇帝之功,勤劳本事。上农除末,黔首是富。普天之下,专心辑志。尊卑贵贱,不逾次行。奸邪不容,务皆贞良。端直敦忠,事业有常。诛乱除害,兴利致福。节事以时,诸产繁殖。"二十九年之罘刻石略云:"大圣作治,建定法度,显著纲纪。""阐并天下,灾害绝息,永偃戎兵。"三十二年碣石刻石略云:"皇帝奋威,德并诸侯,初一泰平。男乐其畴,女修其业,事各有序。惠被诸产,久并来田,莫不安所。"三十七年南海刻石略云:"皇帝并宇,兼听万事,远近毕清。运理群物,考验事实,各载其名。贵贱并通,善否陈前,靡有隐情。防隔内外,禁止淫泆,男女洁诚。大治濯俗,天下承风,蒙被休经。皆遵度轨,和安敦勉,莫不顺令。"

儒道天人坐标体系

儒家道家学说就其汉代以后的实际影响而论，有儒道互补、同为主干诸说，至其互补或主干之内外结构，尚乏深论。本篇以天、人一组范畴为基准，认为儒道二家各自沿着天、人的轴线发展，又共同构成了同一个以天人关系为坐标参照的体系。

一　以天人关系为最大范畴的中国哲学体系

如果说西方哲学最大的一组范畴是主观与客观，那么中国哲学最大的一组范畴就是天和人。中国古代哲学中天和人的概念，与西方哲学传统中精神和物质（本体论的角度）以及主观和客观（认识论的角度）的概念不同。先秦儒、道各家都是把自己的学说基础维系在天与人上面，现代学者也屡屡论及天人之际、天人合一。"天人合一"的表述不如"天人关系"，因为虽然许多人都追求天人合一的境界，但并不是所有诸子都主张天人合一的。除了天人合一以外，还可以有天人相离、天人相分、天人相参、天人相与等，"天人关系"一语能够总括这几个方面。

在考察儒、道二家时，可以发现，"天人关系"在儒、道学说体系中并不像是太极图（阴阳鱼）中代表阴阳的两个点，而是分别由"天"和"人"作为轴线构成了一个直角坐标，坐标的一极是"人"，另一极是"天"。先秦诸子百家都是在开放的时代背景之下，在追求真理，追求世界万物的根据与原则上建立各自的体系和学说的。从较大尺度上看，也是从中国古代哲学原有的天、人概念和天人关系上看，先秦道家（主要是庄子）和先秦儒家都是把自己的学说基础维系在天人关系的坐标参照中。孔、孟、荀哲学以人为中心，为出发点，为根据，承认存在，立足现实，注重人生和社会政治实践，以归纳的、独断的方法为认识方法，以相对现象为绝对根据，要求建立完备、封闭、多元的人道秩序。庄子哲学则是以自然为中心，为出发点，为根据，庄子哲学中关于人生和社会的思想是从它的本体论核心中逻辑推导出来的。先秦道家（庄子）和先秦儒家二者以其相互对立的思想体系各自沿着天、人的垂直轴线向前发展，同时又共同构成了同一个以天人关系为坐标参照的代表了中国古代思想主流的完整体系。

到战国时期，许多最初由某一学派建立的学术术语已成为各家共同使用的概念。比如儒家后来不仅讲仁，也讲道、讲天、讲五行、讲文法。这给学者分析各家学说带来不少困难，不过蛛丝马迹依然可寻。仔细分析，可以知道儒、道各家对天、人概念的态度和解释并不相同。孔子和孟子基本上持郑子产的观点，承认有天道，有人道，但是认为天道和人道有一个比较远的距离，人难以把握天道，天道也不怎样干涉人道，所以孔子和孟子的态度就基本上是务求人道，而对天道不甚过问。孔子和孟子偶尔也讲"天"，但这个"天"就不是天道的天，而是现实、必然的"天"，是与人道相关的"天"，因而这个"天"又常常称作"命"，称作"性"，称作"理"。荀子的天人思想即总结、发展了郑子产、孔子和孟子的这一思想，将"天道远，人道迩"重新概括为"天人相参"和"天人之分"。但与此同时，荀子对于"天"的概念也给予了简单化的解释。荀子的"天"是自然现象的具体的天，在这一点上，荀子与孔、孟二人有所不同。

道家一派，老子和庄子讲求天道，主张天道的统一，从原则上说，老庄的天道是绝对的，这个天道否定在天道之外别有一个人道的存在，不承认人道的存在。但是由于天道的内在矛盾，出于不得已，老子和庄子都从批评、否定的角度提到了"人道"，指出了"人道"对于天道的违背、不合理。那么在理解"天"的时候，就应该采用道家的概念。在理解"人"的时候，就应该采用儒家的概念了。

"天"的概念，按照道家的解释，是指自然、宇宙万物、物质存在、宇宙本质、哲学本体和终极原因。天指自然，又称为"天地""万物""宇宙"等。自然的天，既包括天，也包括地，包括万物，在庄子哲学中，也包括人的形体和人的先天本性。天的概念针对自然物质存在的哲学含义，又称为"道""德""理"等，天与道合称，即成为"天道"。

"人"的概念，按照儒家的解释，是指人的思想、情感、意志等精神内容，以及人类社会的各方面内容，包括个人的生活、行为和人类社会的原则、秩序。人类社会的共同原则称为"人道"。《大戴礼·哀公问于孔子》说："哀公曰：'敢问人道谁为大？'孔子曰：'人道政为大。'"《荀子·礼论》说："礼者，人道之极也。"又说："生，人之始也，死，人之终也。终始俱善，人道毕矣。"人类社会的有秩序的创造称为"人文"。错画为文，五色成文，"文"字的本义，引申为人类社会的秩序性和人为的创造性。

二 儒道天人坐标体系

先秦儒、道二家对天、人概念的理解虽然不同，但都把自己的学说体系维系在天人关系的坐标参照中，通过在天人关系上的有所倾向，有所取舍，从而形成了各自的特点。从儒、道二家的学说内容和哲学水平上看，天是道家的中心，为道家所长，而为儒家所短。人是儒家的中心，为儒家所长，而为道家所短。天和人合在一起作为一组相关而对立的概念，恰恰可以取儒、道二家之所长，舍儒、道二家之所短。在天的方面，以庄子具有封闭性和开放性双重特点的哲学体系为代表，体现出中国古代哲学在形而上学抽象思辨方面的水平；在人的方面，以儒家一派的人道原则和实践原则为代表，体现出中国古代文化在形而下的人道实践方面的贡献。通过道家和儒家在天人概念上的互补，就展现出中国古代哲学和古代文化传统伟大而丰富的基本面貌。这样一种理解，可以称之为"儒道天人坐标体系"。

在先秦儒家思想奠定时期，孔子、孟子、荀子并称儒家大师，但三人的具体政治主张已经不同。孔子主张仁政，孟子主张王政，荀子主张兼王霸。而且孟子主张人性善，法先王，荀子主张人性恶，法后王，观点不仅不同，尚且对立。《荀子·非十二子》中指名批评孟子说："略法先王而不知统……则子思、孟轲之罪也。"况且，这三人的政治主张，哪一个也没有最终实现。所以，判定儒家一派不能以一个人的具体政治主张作标准。孔孟荀三人的政治主张一一调整，一一落空，留下来的是他们三个人共同的人道实践原则。儒家的核心概念是仁，仁就是人，就是人道、人文。只有这一个原则是不变的。

这样一种人道实践原则具有以下三方面的特点：

第一，注重政治实践。儒家学说有很强的政治针对性，孔孟荀三人虽然都以学者视野看待儒家，就转失其真意了。儒家文化是一种政治文化。在尧、舜、禹、汤、文、武、周公、孔、孟、荀这一系"儒统"中，有六人是帝王，一人是宰相。虽然他们都是孔子开创儒家以前的人物，但却真实地表明了一个事实，就是儒统中不仅要有孔孟荀、朱周陆王这样的学者，还应该有帝王和大臣，也就是实际上的政治家。儒家文化所开拓出来的是一个真实的历史轨迹，所以历史上有为的帝王大臣，虽不以儒学显名，却都是实际上的大儒，是儒家文化在政治上的代表和实际推行者。如果承认中国历史是在儒家文化影响下开创出来的，就不能排斥帝王大臣在儒家文化中的地位。从这个意义上说，焚书坑儒的秦始皇、不读《诗》《书》的汉高祖、阳儒阴法的汉武帝，都是儒家文化中的重要人物。历代大臣中杂用秦仪的叔孙通、以经术润饰吏事的公孙弘，以及后世许多科举出身、出将入相的实权人物，也都对儒家文化有极大的贡献。

第二，注重现实的原则。孔子说"事求可，功求成"，孟子说"当务之为急"，荀子说"不与天争职"。与现实距离遥远的事务，无论大小，都无意义；与现实距离切近的事务，无论巨细，都有意义。对现实的关注有时甚至超出了人的情感和善恶，也就是"知其不可为而为之"。

第三，独断的认识论。儒家虽有孔子的"举一反三"，孟子的"善辩"，但从严格的逻辑意义上说，儒家认识论是独断的，通俗说就是不讲理的。认识论上的独断和政治主张上的人治正相对应。一项主张可以赋予许多次适时适地的新的解释。最明显的一个例证解释即孟子和荀子对人性的不同论断。孟子为了强调仁义，所以深自树立，高自标榜，以求激励人心，所以提出人心本善，要求法先王。而荀子较孟子晚出，生当战国末年，人人争于利欲，君子与小人同恶，所以不宜再倡言人心之善，只有深明其恶，以期人能反躬自救，深自鞭策，厉行改造。究其实，孟荀二人都认为人的本性是可以改造的，所以，所谓性善性恶，原也可以无所谓性善性恶，二者只是同一逻辑论证的不同前提而已，二者的分歧在于二人所处时代的前后不同。主张性善强调后天努力而恢复本性，主张性恶强调后天努力而改造本性，性善性恶的观点表面上看虽然相反，其实二人的人道主张是一致的，强调后天实践是一致的，而且逻辑论证上同属独断也是一致的。

儒家对"天"也就是对自然的认识。荀子提出"缘天官"，主张对自然现象要依据人的自然感官感觉为标准进行判断，以求见怪不怪，得出天行有常的结论。而以认知主体的自然感官作为认识客观事物的标准，就势必要走到主观独断的位置上了，因而也就很自然地会得出"天圆地方"和"四方上下曰宇，往古来今曰宙"的错误的时空观念了。在儒家的易学（主要是《易传》）和礼学（包括《礼记》《大戴礼记》和《荀子·礼论》）中有一个明显的特点，就是把易学中对天道的观察，援引为礼学中对人道的论证，使得礼学从原来的得之于周代典章制度，所谓的圣人王者成功定治制礼作乐，发展成为得之于天，照之于天，从而为礼学建立了"天道"上的根据。比如《周易·乾卦·文言》说："夫大人者，与天地合其德，与日月合其明，与四时合其序，与鬼神合其吉凶。先天而弗违，后天而奉天时。"《荀子·礼论》说："天地以合，日月以明，四时以序，星辰以行，江河以流，万物以昌。礼岂不至矣哉，立隆以为极。故天者高之极也，地者下之极也，无穷者广之极也，圣人者道之极也。故学者固学为圣人也，非特学为无方之民也。"礼学对于易学的注意，就是要假借易学对自然的观察为礼学的人间秩序服务。而在此过程中的先秦儒家的天道观，从《易传》中的仰则观象于天，俯则观法于地，至荀子的以天地日月为至极，都仅仅是以人的自然感官感觉经验为基础，是以人的自然感官感觉阈限作为半径，人为地制作出来的一个封闭的宇宙，封闭的"天道"。

先秦儒家的哲学体系以直观中的现象世界为最大范围的宇宙存在，要求以人的自然感官感觉作为判断事物真实存在与否的最终标准。以直观感觉中至高的天为至高，以直观感觉中至下的地为至下，以直观感觉中至明的日月为至明。主张配天、应天，主张验之以天官。儒家的宇宙是以人的自然感官感觉阈限为半径的自我封闭的宇宙，儒家的哲学思维方式是根据主体的感觉经验进行判断的思维方式。

道家庄子的哲学体系具有明显的超越人的自然感官感觉的特点。儒家讲求不闻不若闻之，闻之不若见之；道家则专讲视之而不见，听之而不闻，搏之而不得。由人的自然感官感觉起来，大的就大，小的就小，天运地处，时空绝对。而庄子则认为大者未必大，小者未必小，天未必运动，财未必静止。"因其所大而大之则万物莫不大，因其所小而小之则万物莫不小，知天地之为稊米也，知毫末之为丘山也。""数之所不能分，意之所不能察致者，不期精粗焉。"庄子哲学由超越人的自然感官感觉出发，否定了事物的外在形式，否定了事物之间不同属性的区别。庄子哲学的核心就是它的超感觉的抽象形而上学部分。

梁启超《先秦政治思想史》指出："道家哲学有与儒家根本不同之处。儒家以人为中心，道家以自然为中心。儒家道家皆言'道'，然儒家以人类心力为万能，以道为人类不断努力所创造，故曰：'人能弘道，非道弘人。'道家以自然界理法为万能，以道为先天的存在且一成不变。道家之论政治也，谓'民莫之令而自正'，此与儒家所言'子率以正孰敢不正'正相针对。"从人和自然的关系上区别儒家和道家，认为儒道是对立而平行的两个不同的学说体系，是十分正确的。总之，儒道二家虽都讲论自然和人文，儒家讲论自然却是一种假借，道家讲论人文但却没有成功。所以儒家就实际上倾向了人文，而并无自然；道家就实际上倾向了自然，而并无人文。道家和儒家一天，一人；一封闭，一开放；既相互对立，又互补短长。道家和儒家是中国古代文化传统中平行而互补的二条主线，二者共同构成了中国古代文化传统的完整的天人关系坐标体系。儒家倾向于人的一极，说明儒家体系是一个封闭的体系。道家倾向于天的一极，说明道家体系是一个开放的体系，或者说兼有封闭与开放的双重性质。

三　中国哲学的封闭性与开放性

封闭和开放本来是物理学、热力学中的概念。在人文方面，人们讨论改革开放三十余年了，但是很少有人给开放作一个定义。在哲学上，可以认为：封闭性，是体系内部不存在内在矛盾，体系对其内部的所有内容都可以涵括、覆盖，体系内部的所有内容都具有内在的逻辑联系。开放性，是体系内部存在内在矛盾，体系对其内部的所有内容不可以涵括、覆盖，体系内部的所有内容不具有内在的逻辑联系。

从时间序列上看，儒家是封闭在宇宙已经有了人和生物产生之后的一个阶段中；从空间序列上看，儒家是封闭于一个以天为至高，以地为至下，以日月为至明，以无限为至广，以圣人王者为至高典范的空间世界。而道家的思想体系既是封闭的，又是开放的，兼有封闭性和开放性的双重特点。封闭与开放的双重性，即由庄子哲学中内在的并且又是由庄子自己提出来的矛盾现象表现出来。庄子在他的哲学体系中不断地提出一系列的矛盾问题。这些矛盾问题庄子自己没有解决。庄子的理想和出发点有可能是想找到宇宙万物中统一的、封闭的"道"的所在，但庄子哲学探索的实际结果则带有明显的矛盾和开放的性质。

从"有"和"无"的关系上看：道兼"有""无"，"有"生于"无"，"无"是"有"的终极根据，是宇宙万物的共同本质。但同时，"无"也可以是无根据，也可以是对终极根据和宇宙万物共同本质的否定。从宇宙万物的生成上看："道""有情有信"，有日月之明，有星辰随转，有旦暮之期。春夏秋冬四时运行，各得其序。但有序的现实物质世界的本原和根据是"无"，而"无"的展现形式又是"无所可用乃为予大用"，从而使得在从"无"到"有"的物质运动与生化过程中，存在着无限多样的可能性。从生命的意义上看：庄子认为"凡有貌象声色者皆物也"。人的生命的意义在于"道"。人从人与宇宙万物的共同本质上获得了自身的生命意义、存在意义。但"道"之于物，生生不休，变动不居。对于万物来说，生为体，死为尻，生如得，死如丧，生死一守，"万物一府，死生同状"。生的意义又从而为"道"的更高层次所否定了。从对"道"的认识上看："道"无所不在，但是在对"道"的认识和描述上，"道"非常道，非常名。"道"不可闻，闻而非也。"道"不可见，见而非也。"道"不可言，言而非也。知之为不知，不知乃知之。所以，如果庄子知"道"，就应该抱一自守，对"道"不加论述；如果庄子对"道"屡有论述，著书十余万言，申之无已，这个"道"就应该不是真实的"道"。

儒家与道家二者比较，庄子哲学是一个极大范围上的开放系统，儒家则是一个自我封闭的系统，是人为地将人类自己封闭在一个有限的范围之内。因此儒家与道家的结合，儒家与道家共同构成一个天人坐标体系，实际上就可以看成是由儒家和道家二者共同构成了一个更大的结构。庄子思想体系与先秦儒家思想体系在真实性和实践性、开放性和封闭性上形成互补。

四　现代时势下的儒道互补

这种天人坐标体系的结构说明了什么？意味着什么？

儒家文化是在周文疲弊、上下失序的忧患中提出来的，它代表了旱地农耕文化为使自身发展长久延续而提出的最基本要求，而且它也实现了保护旱地农耕文化发展延续这一目的。所以儒家文化虽然在哲学上缺乏本体论部分和在逻辑上是独断的，但它仍然是最有见识也最有贡献的一种文化，而且只要中国传统的旱地农耕生产方式还有一定遗存，儒家文化即使不加改造也仍然有其继续存在的理由。

儒家思想的哲学意义，即在于它的实践可行和感觉合理。封闭的，但其体系内部却又是多元和有序、完备和自洽的。只要是处在其体系的范围之内，都足以加入其整体机制的自觉运转，为其所扶持，所覆盖，所涵化，所再造。《论语·雍也》："谁能出不由户，何莫由斯道也！"

庄子思想的哲学意义，即在于庄子所建立的是开放体系，所追求的是绝对真理。正因如此，庄子在诸子百家中的理论地位最高，而其实际境遇最差。可是庄子虽然有空前绝后的不幸，但其思想又能够超越时代，超越古代，而直接与现代哲学中的许多重要原则相吻合。

儒家建立了人道和实践原则，以生存为目的，接受现实，讲求功利，知其不可为而为之，在政治社会人生实践上获得了相当的成功。这是儒家的长处。但是儒家在思想体系上以仁、义、礼等人道概念为本体，以相对为绝对，在体系上是封闭的，在方法上是归纳的，在逻辑上是独断的。这是儒家的短处。

儒家产生的背景，是周文疲弊、礼崩乐坏、四夷侵凌中国，总之是面临分裂的压力而寻求统一，是在开放的背景上寻求建立社会新秩序。那么中国古代的政治传统就是由分裂而寻求统一，这是它的初始状态。中国古代总是能够在分裂之后，重新回归统一。但是，古人不擅长在统一以后，维持一种持续的发展，像耗散结构那样，像核反应堆那样，求得一种开放中的有序，在开放中求得持续增长、持续发展。总是要么统一，要么开放，一统就死，不统就乱。天下大势，合久必分，分久必合，每一次的改朝换代，政治封闭，最多只能持续二三百年，就必然地趋于崩溃，然后重新回到分裂的开放的局面。然后再归向统一、封闭。统一与分裂、封闭与开放循环不已，又始终不离开原来的起点。因为这是儒家产生的初始条件，初始条件是什么样子，以后它就一直是什么样子，所以儒家就只懂得由分裂达到统一，至于什么是有序开放、持续发展，它不知道，也不可能知道，就像处在四维时空中的人类，无法想象二维世界的状况一样。

道家注重对宇宙万物的整体探求，追求绝对，在对宇宙物质存在的理解上能够超出人的自然感官感觉之上，在思想体系上具有封闭性和开放性的双重特点，在形而上学抽象思辨和纯哲学本体论方面具有相当的水平。这是道家的长处。但道家的道论以抽象的形而上学内容为核心，并且具有开放性和超越人的自然感官感觉经验的特点，否定了人的独立存在，又主张先存诸己而后存诸人，在认识论上认为知者不言，言者不知，得意忘言，因而没有实用价值，不能作为政治和社会人生实践的理论而为历代汲取，空前绝后，在继承和发展上表现为一条虚线。这是道家的短处。

以往许多人都从社会观和人生智慧的不同态度和风格上理解儒道二家。其实儒道二家一封闭、一开放，在哲学体系与内存逻辑上有根本的不同。二者道德截然不同，而后又从其截然不同之处恰相互补。如果认识到了这一点，就不难得出以这二家文化为主要支柱建造起来的中国文化其实至今仍然具有极大活力的结论。单从儒家看，如果对先秦儒家的前半期较多继承，对后半期较多舍弃的话，也不难得出开放性的结局。从孔子的人道实践原则出发而不是具体的仁政主张出发，儒家本是没有什么新鲜事物不可以吸收接受的那样一种文化。从荀子前期的"明于天人之分""唯圣人为不求知天"出发而不是从"天者高之极也，圣人者道之极也"出发，儒家就将在制天用天、制物用物的自然应用方面，取得不可限量的进展。再从庄子的道家文化上看，道是物，宇宙从统一走向不统一，从有规律走向无规律，从有意义走向无意义，从可认识走向不可认识，从唯一的生成走向无限可能的生成。庄子的道家文化与西方现代物理学、哲学、文艺思潮在开放体系和思维方式上并不存在难以跨越的障碍，也不存在东西方两种文化的冲突。

在东西方文化的冲突和融会中，学习西方文化，同时又注意发掘中国古代的文化，在可感觉世界中发挥儒家文化的实用功能，在超感觉世界中发挥庄子道家的抽象思辨功能。新儒家、新道家互补，各有所明，时有所用，是有可能实现中国文化与西方文化的对接，比翼比肩，同步发展的。

"道生法"解

　　《管子·心术上》及帛书《经法·道法》中"道生法"的明确记载，说明老子"道"的思想和法家"法"的思想有着十分清晰的哲学关联。从老子的思想体系来看，"法"源出于老子天道均平的理想，源出于老子天道与人道分离的哲学疑难，是法家人物试图解决人道不平的哲学疑难的一个对策。从文字的训诂方面看，"法"字的本义为均平，刑、权、衡、称的本义也是均平。

　　法家思想的形成，其历史渊源和文献渊源都很早，可以上推到炎黄之际。班固《汉书·艺文志》说九流十家均出于王官的叙述，是有真实依据的。司马谈《论六家要指》说六家同归于"务为治"，意即各家都是希图通过政治来实现自己的人文理想。《庄子·天下》说百家"皆有所长，时有所用"，表明诸子有一"学术阶梯"的递进关系。因此法家学说就它的初衷而论，其政治理想是有很高境界的，与儒、道二家一样具有"学术的严肃性"。

一

　　法家思想的形成甚早。《韩非子·五蠹》："今境内之民皆言治，藏商管之法者家有之。"商鞅生年较儒家之孟子、道家之庄子为早，管仲又较孔子、老子为早。法家因为韩非的出现而最著声望，韩非为晚周最后一位学者，故此学术界多有法家晚出的印象。[1] 又法家虽有兴秦之功，而卒使

---

　　① 梁启超、胡适、冯友兰三人均持此观点。梁启超说："法家成为一有系统之学派，为时甚晚，盖自慎到、尹文、韩非以后。"梁启超：《先秦政治思想史》第十三章《法家思想》（其一），上海商务印书馆 1923 年初版，上海中华书局 1936 年再版，第 132 页。胡适说：（转下页）

强秦二世而亡，尤其秦有焚书坑儒之举，故历来学者多轻蔑之。[①]即使是倾向法家的人物，也多以儒家为旗号，不便直言，有所谓"阳儒阴法"[②]与"礼乐刑政四达而不悖"[③]之说。

实际上法家思想的渊源极早，最早可以上推到炎黄之际，所谓"轩辕乃修德振兵，以与炎帝战于阪泉之野，三战然后得其志"[④]，当是天下用"法"之始。

《庄子》中批评社会有云：

> 逮德下衰，及燧人、伏羲始为天下，是故顺而不一。德又下衰，及神农、黄帝始为天下，是故安而不顺。德又下衰，及唐、虞始为天下，兴治化之流，枭淳散朴，离道以善，险德以行，然后去性而从于心，心与心职。知而不足以定天下，然后附之以文，益之以博。文灭质，博溺心，然后民始惑乱，无以反其性情而复其初。（《庄子·缮性》）

> 然而黄帝不能致德，与蚩尤战于涿鹿之野，流血百里。尧舜作，立群臣。汤放其主，武王杀纣。自是之后，以强陵弱，以众暴寡。汤武以来，皆乱人之徒也。（《庄子·盗跖》）

> 昔者黄帝始以仁义撄人之心，尧舜于是乎股无胈，胫无毛，以养天下之形，悉其五藏以为仁义，矜其血气以规法度。然犹有不胜也，尧于是放讙兜于崇山，投三苗于三危，流共工于幽都，此不胜天下也。夫施及三王而天下大骇矣。下有桀跖，上有曾史，而儒墨毕起。于是乎喜怒相疑，愚知相欺，善否相非，诞信相讥，而天下衰矣。大

（接上页）"古代本没有什么'法家'。""我以为中国古代只有法理学，只有法治的学说，并无所谓'法家'。""后人没有历史眼光，遂把一切讲法治的书统称为'法家'，其实是错的。"胡适：《中国哲学史大纲（卷上）》第十二篇《古代哲学的终结》第二章《所谓法家》，上海商务印书馆1919年版，第361页。冯友兰说："法家是先秦最后的主要一家。"冯友兰：《中国哲学简史》第十四章《韩非和法家》，涂又光中译本，北京大学出版社1985年版，1996年第二版，第137页。

① 自汉初陆贾、贾谊已开其端。

② 《汉书·元帝纪》载宣帝谓元帝曰："汉家自有制度，本以霸王道杂之，奈何纯任德教，用周政乎？"

③ 《礼记·乐记》，又见《史记·乐书》及《汉书·礼乐志》。

④ 《史记·五帝本纪》。《汉书·刑法志》亦有"自黄帝有涿鹿之战以定火灾"等语。

德不同，而性命烂漫矣。天下好知，而百姓求竭矣。于是乎斤锯制焉，绳墨杀焉，椎凿决焉。天下脊脊大乱，罪在撄人之心。（《庄子·在宥》）

所说神农、黄帝、唐尧、虞舜、商汤、周武王数事，说明当时政治上一种特有的权力运作原则已经产生。

在典籍方面，今传《尚书·虞书·皋陶谟》《尚书·周书·吕刑》《周礼·秋官·司寇》等，是其较早的典籍。

班固《汉书·艺文志》说："法家者流，盖出于理官。"若由上古以家族为基本文化单位及"畴人世官"① 的背景来看，则班固所说九流十家均出于王官的叙述，应该是有真实依据的。②

司马谈著《论六家要指》，专以比较诸子优劣，兼论各家异同。引《易大传》说："天下一致而百虑，同归而殊途。"又说："夫阴阳、儒、墨、名、法、道德，此务为治者也，直所从言之异路，有省不省耳。"这个见解是极其重要的。所谓"同归"，即同归于"务为治"。也就是说各家都是希图通过政治手段，来实现自己的人文理想。中国古代政治的发生甚早，由此而论，法家学说的产生确为一种历史必然性的体现。梁启超说："所谓'百家言'者，盖罔不归宿于政治。"③ 以儒道二家比较而言，与其将孔子尊崇为思想家、哲学家、教育家，不如将孔子理解为一个终生为政治理想而奋斗却最终未获成功的政治家，庶几更切合孔子"吾其为东周"（《论语·阳货》）的本意。由《史记·孔子世家》所见，孔子及其弟子实际上就是一个要求以文化推进政治的"政治集团"。老子认为天道无为，实则无为无不为并重。《道德经》上下两篇，一曰道，一曰德，"德者，得也"④。"夫唯不居，是以不去"（《老子·二章》），用心乃在不

---

① 关于畴人世官，参见章炳麟《礼隆杀论》，载《检论》卷2，浙江图书馆刻印《章氏丛书》本。原文作于 1916 年。

② 支持班固立论的，如陈柱《诸子概论》，上海商务印书馆 1930 年版；吕思勉《先秦学术概论》，上海世界书局 1933 年版。

③ 梁启超：《先秦政治思想史》序论，上海商务印书馆 1923 年初版，上海中华书局 1936 年再版，第 1 页。

④ （唐）陆德明：《经典释文·老子音义》。

去。行文常以圣人称，如侯王之说策。所谓"反者道之动"（《老子·四十章》），"负阴而抱阳，知雄而守雌"（《老子·二十八章》），"以天下之至柔，驰骋天下之至坚"（《老子·四十三章》），其精义合于兵法。故老子学说本质上也是致用的。

由晚周诸子之"学术目的"而言，最早将自己的学说与当时政治结合的就是法家，最终重新确立秩序、使天下"定于一"① 的也是法家。法家一派人物辈出，事迹显明的，晋国有士芮②，郑国有子产，齐国有管仲、晏婴③、孙膑，吴国有孙武，魏国有李悝、吴起、西门豹，赵国有武灵王，燕国有子之，秦国有商鞅、韩非、李斯，以至于西戎的由余④，匈奴的中行说⑤，都曾取得一定实效。⑥ 较之道家于西汉初、儒家于西汉中期始得采用，早了许多。学术界在分析道家一派庄子与黄老道德家言的分歧、儒家一派孟子法先王与荀子兼王霸的分歧之时，对于法家的直指现实，应给予更多的关注。

胡适说："中国法理学当西历前三世纪时，最为发达，故有许多人附会古代有名的政治家如管仲、商鞅、申不害之流，造出许多讲法治的书。"⑦ 不佞认为恰恰是有违晚周学术宗旨的。因为荀子亦言："大儒者，

---

① 《孟子·梁惠王上》："孟子见梁襄王，出语人曰：望之不似人君，就之而不见所畏焉。卒然问曰：'天下恶乎定？'吾对曰：'定于一。'"

② 士芮事显在《左传》，分见庄公二十三、二十四、二十五、二十六、二十七年，闵公元年，僖公五年，成公十八年。

③ 《晏子春秋》，《汉书·艺文志》列为儒家类。洪亮吉《晓读书斋初录》认为："今观《史记·孔子世家》载晏子对景公之言，是明与儒者为难矣。其生平行事，亦皆与儒者背驰。愚以为管子、晏子皆自成一家。"

④ 《汉书·艺文志》有《由余》三篇，列在杂家。

⑤ 《史记·匈奴列传》有中行说驳汉使言"礼义之敝"一段，实与晏婴驳孔子、《韩非子·五蠹》驳儒家同出一辙。

⑥ 关于先秦以后法家的发展，梁启超曾概述说："秦人用之以成统一之业，汉承秦规，得有四百年秩序的发展。盖汉代政治家萧何、曹参，政论家贾谊、晁错等，皆用其道以规画天下。及其末流，诸葛亮以偏安艰难之局，犹能使'吏不容奸，人怀自厉'（《三国志·诸葛亮传》陈寿评语），其得力亦多出法家。信哉！卓然成一家之言，直至今日，其精神之一部分，尚可以适用也。"梁启超：《先秦政治思想史》第十六章《法家思想（其四）》，上海商务印书馆1923年初版，上海中华书局1936年再版，第148页。

⑦ 胡适：《中国哲学史大纲（卷上）》第十二篇《古代哲学的终结》第二章《所谓法家》，上海商务印书馆1919年版，第361页。

帝王三公也。"（《荀子·儒效》）

钱穆说："魏文侯是先秦政治界一大怪杰。文侯实为春秋转变战国的一大关键。文侯手下有子贡弟子田子方，子夏及其弟子李克、段干木，又曾子子曾申的弟子吴起等。曾子、子游、有子等在积弱的鲁国，只好讲些仪文小节的礼，幸亏得李克、吴起等在魏从事政治活动，始将儒道发扬光大。故孔子死后，儒家形成鲁魏两派。"又说："法家乃是从儒家出来的。儒家在初时只讲礼，只讲政治活动，到后来曾子等人却退化来讲仪文小节。但传到魏国去的一派却仍然从事政治活动，遂把儒家原来的宗旨发扬光大。通常总认曾子孟子一派为后来儒家的正宗，其实就儒家的本旨论，法家毋宁算是儒家的正宗，曾子孟子等在鲁国的一支反而是别派。古代贵族的礼一变成了儒家的士礼，再变成了墨家的墨礼，三变便成了法家的法。"① 钱穆从政治活动一点分辨儒法渊源流变，认为法家是继承了早期儒家传统的正宗，是极富辟见的。

"法家"一语，始于司马谈《论六家要指》。班固《汉书·艺文志》也称法家，其实已糅合了司马谈所说"法家"与"名家"二者。司马谈所说"名家"即"形名家"，又作"刑名家"，亦即法家，古称法家为"形名法术之学"。② 但法家学者多擅长汲取各家所长③，往往涉猎广泛，靡所不窥，其学说渊源与师承关系均较自由。④《管子》一书，刘向、班

---

① 熊伟：《从先秦学术思想变迁大势观测老子的年代》，载钱穆《老子辨》附录，上海大华书局 1935 年版，第 110 页；《古史辨》第六册下编，上海开明书店 1938 年版，第 566 页。

② 《史记》载商鞅"少好刑名之学"，韩非"喜刑名法术之学"，申不害"主刑名"。刘向《新序》曰："申子之书号曰《术》，商鞅所为书号曰《法》，皆曰《刑名》，故号曰《刑名法术之书》。"

③ 梁启超说，法家"以道家之人生观为后盾，而参用儒墨两家正名核实之旨，成为一种有系统的政治学说"。见梁启超《先秦政治思想史》第十六章《法家思想（其四）》，上海商务印书馆 1923 年初版，上海中华书局 1936 年再版，第 148 页。胡适也说，法家的无为主义来源于老子，正名主义来源于儒家，平等主义来源于墨家。见胡适《中国哲学史大纲（卷上）》第十二篇《古代哲学的终结》第二章《所谓法家》，上海商务印书馆 1919 年版，第 360—361 页。

④ 这也是学者否认法家的原因之一。如胡适即将慎道归于道家，尹文归于墨家，尸佼归于儒家。参见胡适《中国哲学史大纲（卷上）》第十二篇《古代哲学的终结》第二章《所谓法家》，上海商务印书馆 1919 年版，第 364 页。

固归之于道家,《隋书·经籍志》归之于法家,今多视为杂家。① 《尸子》一书,《汉书·艺文志》列在杂家,而商鞅以尸佼为师。晚周诸子若由师承渊源而言,极为复杂,很少不带疑问的。即如儒家一派,孔子多学而能,孟子本"私淑孔子",荀子"推儒墨道德之行事兴坏"而序列著述,孔孟荀三人也并没有直接的师承关系。

法家中韩非的情况也是如此。《史记·老子韩非列传》说:"韩非者,韩之诸公子也。喜刑名法术之学,而其归本于黄老。"又说:"与李斯俱事荀卿,斯自以为不如非。"这就是说,韩非的学说有两个渊源,一个是学术渊源,一个是师承渊源。今学术界一般已不将韩非视为荀子儒家一派,也不视为老子道家一派,而是称其为独立成家的法家集大成学者,同时对于韩非在儒、道两方面的渊源,也都予以认同。

关于韩非与儒家方面,陈柱说:"简括言之,法家盖起于礼。礼不足治,而后有法。礼流而为法,故礼家流为法家,故荀卿之门人李斯、韩非皆流而为法家也。"② 荀子曾说:"隆礼尊贤而王,重法爱民而霸。"(《荀子·天论》)"礼""法"并称,二者同是一种制度,一种秩序,"礼"与"法"的施用本有异曲同工之效,因此韩非"法"的思想便有荀子礼学思想的影响。

关于韩非与道家方面,吕思勉说:"法家为九流之一,然《史记》以老子与韩非同传,则法家与道家,关系极密切。"③

但韩非与道家的密切关系究竟体现在何处,诸家所述尚不详尽。胡适和冯友兰仅说法家的"无为"思想来源于老子。胡适说:"中国的政治学说,自古代到近世,几乎没有一家能逃得出老子的无为主义。"④ 冯友兰说:"无为是道家的观念,也是法家的观念。道家与法家代表中国思想的

————————————

① 吕思勉说:"《管子》,《汉志》隶之道家,《隋志》隶之法家,然实成于无意中之杂家也。"吕思勉:《先秦学术概论》下编第一章《道家》第六节《管子》,上海世界书局 1933 年版,第 45 页。

② 陈柱:《诸子概论》第四编《法家》,上海商务印书馆 1930 年版,第 93 页。

③ 吕思勉:《先秦学术概论》下编第三章《法家》,上海世界书局 1933 年版,第 89 页。

④ 胡适:《中国哲学史大纲(卷上)》第十二篇《古代哲学的终结》第二章《所谓法家》,上海商务印书馆 1919 年版,第 372 页。

两个极端。可是在无为的观念上,两个极端却遇合了。"① 不佞认为,除此以外,法家与道家应当还另有足以使司马迁将韩非与老子合传的原因。

法家的思想渊源虽然复杂,但其中最为重要的一个环节,应是老子的道家学说。也就是说,从法家思想的内在逻辑和概念上看,"法"的概念是来源于道家"道"的概念的,这就是战国秦汉之际"道生法"的说法。道家之所以称为道家,法家之所以称为法家,说明这二家的核心概念是"道"和"法",那么"道生法"一语就正表明了道、法二家的直接派生的关系。

二

《管子·心术上》:"法者,所以同出,不得不然者也,故杀戮禁诛以一之也。故事督乎法,法出乎权,权出乎道。"法出乎权,权出乎道,明确记载了"道生法"的渊源关系。

《管子》一书,自宋以来学者多争议,认为伪书的居多。叶适认为成于春秋末年,朱熹、宋濂及姚际恒认为成于战国。②《管子·心术上》一篇,罗焌认为"则此上篇为管子所著无疑"③,吕思勉认为"皆言哲学,文颇简质",又称《管子》:"书中道法家言诚精绝,然关涉他家处尤多。即以道法家言论,亦理精文古,与老庄商韩各不相掩,真先秦诸子中之瑰宝也。"④ 罗根泽则以为"战国中世以后道家作",冯友兰、郭沫若二人进而认为是稷下学者所作。⑤

1974 年长沙马王堆三号汉墓出土的黄老帛书,包括《经法》《十六

---

① 冯友兰:《中国哲学简史》第十四章《韩非和法家》,涂又光中译本,北京大学出版社 1985 年版,1996 年第二版,第 141 页。

② 见叶适《水心集》、朱熹《朱子语类》、宋濂《诸子辩》、姚际恒《古今伪书考》。

③ 罗焌:《诸子学述》,上海商务印书馆 1936 年初版,岳麓书社 1995 年重印本,第 296 页。

④ 吕思勉:《经子解题》,华东师范大学出版社 1995 年重印版,第 150 页;吕思勉:《先秦学术概论》下编第一章《道家》第六节《管子》,上海世界书局 1933 年版,第 45 页。

⑤ 罗根泽:《管子探源》,上海中华书局 1931 年版;冯友兰:《中国哲学史新编(1980 年修订本)》第一册第三章《齐、晋两国的改革及齐桓、晋文的霸业》,人民出版社 1982 年版;郭沫若:《宋尹文遗著考》,《东方杂志》1944 年第 40 卷第 10 期。

经》《称》《道原》四种。其中《经法》一书共九篇，在首篇《道法》中，开篇第一句话就是"道生法"，明确认定了"道"与"法"的关系。同时，对于以往在疑古气氛下所作的种种断语，也有逐渐释疑的作用。近年来出土简帛书的增多，虽未能将先秦古籍一一定实，但所持理解已逐渐向肯定的方面转化。

对于出土帛书，学术界已有极多的论述。关于"道生法"一语，学术界的理解基本上是清楚了在世传"黄老之学"中的"老学"以外，确有一个"黄学"的重要学派，申韩法家之学是讲形名的，"黄学"也是讲形名的，所以法家出于黄老，二者合一，道法同源。但这种理解似仍有模糊不细致之处。第一，战国时期的黄老学说，仍然应以老子的思想渊源为主，黄老之学与申韩法家学说固然有密切的关联，但二者是同样都归本于老子的。《韩非子》有《解老》《喻老》二篇，说明韩非的思想与老子是直接的关系。第二，战国秦汉间"道生法"的明确记载，应该有一道法二家共同的学说宗旨为背景，有其内在的逻辑线索可寻，而不是说道生法就可以有道生法的。黄老之学与申韩法家学说的密切关系是确认了，但老子思想如何能转变为黄老之学与申韩法家学说，如何能为管商申韩所本，这是需要进一步清楚的。

战国秦汉间"道生法"的明确记载，说明老子"道"的思想和法家"法"的思想有着十分清晰的哲学关联。了解老子与法家之间"道生法"的关系，对于理解老子哲学和理解法家学说具有重要的意义。以下从两个方面做一探讨。

（一）从老子的思想体系来看

在老子的思想体系中，存在着一个内在矛盾。所谓"道"，当然是无所不道，通达为一的，"道"具有绝对性、普遍性。但既然无所不道，通达为一，又何以要批评仁义的不道？又何以有"天道"与"人道"的分离？

老子一方面阐述"道"的损之又损，绝学无忧，天网恢恢疏而不失，以天下藏天下，归根与得一，也就是阐述"道"的最大内涵，"道"的绝对本质；一方面又批评社会有是非高下之分，批评众人熙熙和俗人察察，人多技巧，盗贼多有。老子指责儒家说："夫礼者，忠信之薄而乱之首。"

（《老子·三十八章》）这等于是说"道"不是一切事物都可以涵括的，不是绝对和同一的，在道之外又有"非道"，二者相对立而并存。由此就使老子的学说产生了一个内在矛盾，或一个悖论：如果"道"是统一和绝对的，它就是不真实的；如果"道"是真实的，它就不是统一和绝对的。

老子思想体系内的这一矛盾，是在其体系内必然要产生的，是在终极的本体论探索中注定要出现的，因此也是不可能由老子个人负责和解决的。老子的贡献在于，他毕竟是以极为谨严的和存疑的态度，将这一体系内的矛盾总结为"天道"与"人道"的对立，实际上也就是理性和实践的对立，而揭示给了世人。

关于绝对、统一的"道"：

　　　　《老子·四十二章》："道生一，一生二，二生三，三生万物。"

　　　　《老子·二十五章》："人法地，地法天，天法道，道法自然。"

　　　　《老子·一章》："此两者同出而异名。同谓之玄。玄之又玄，众妙之门。"

　　　　《老子·四十一章》："大方无隅，大器晚成，大音希声，大象无形。"

"道"是绝对的，天地万物都以天道自然为依据。《庄子·天下》：老聃"主之以太一"。"一"之意为"大一""至一"，即绝对的同一。《庄子·大宗师》："其一也一，其不一也一，其一也与天为徒，其不一也与人为徒。""大象无形"，"大"是至大，"无"是无对，也就是绝对。至大的象，涵括了所有的形，所有的象，无所不形，无所不象，所以说"大象无形"。"同谓之玄。玄而又玄"句，据吴澄、陈景元、小柳司气太及牟宗三[①]，"同"为名词，不作副词。同，谓之玄，意为"同"叫作"玄"。玄之又玄，意为"有无"二者同之又同。损之又损，以至于无为；同之又同，以至于无异。在"道"之外，别无一物，所以说"道"是绝对的。

---

　　① 见吴澄《道德经注》、陈景元《道德真经纂微篇》、［日］小柳司气太《老莊の思想と道教》、牟宗三《中国哲学十九讲》。

关于"天道"的均平性质以及"人道"与"天道"的分离：

《老子·三十三章》："天地相合，以降甘露，人莫之令而自均。"

《老子·五章》："天地不仁，以万物为刍狗，圣人不仁，以百姓为刍狗；天地之间其犹橐籥，虚而不屈，动而愈出。"

《老子·七十七章》："天之道其犹张弓与？高者抑之，下者举之，有余者损之，不足者与之。天之道，损有余而补不足。人之道则不然，损不足以奉有余。"

"均"是均平。"天道"的性质在于均平。"人道"则不同，是不均平，取不足以奉有余，使不足者愈不足，有余者愈有余，与"天道"正相反。"刍狗"和"橐籥"数语的含义，各家注解繁复，反失其真。"刍狗"者为贱物。《老子·三十九章》："故贵以贱为本，是以侯王自谓孤、寡、不穀。"《老子·四十二章》："人之所恶，唯孤、寡、不穀，而王公以为称。"与此意同。刍狗为贱物，是相对于人为万物之灵的思想而言。"以天地为刍狗"，与后来《庄子》所说"凡有貌象声色皆物也，物与物何以相远"（《庄子·达生》）和"易世而无以相贱"（《庄子·外物》）的思想可以互解，是表示万物齐一的意思。"橐籥"者为容器，故《老子》屡有冲盈倚正之语。"橐籥"与"张弓"一样是取其持平之义。刍狗、橐籥、张弓，都取义均平、齐一。"仁"是人世所特有的。《老子·七十九章》："天道无亲，常与善人。""无亲"即不仁，故"仁"又释为"亲"。《庄子·齐物论》："吾谁与为亲？其有私焉？"《韩非子·扬权》："若天若地，孰疏孰亲？"司马谈《论六家要指》："法家不别亲疏。"故"亲"又释为"私"。《正字通》："对公而言谓之私。""仁"是"私"，不合均平之义。"天地不仁"，意即天地不私。

由老子思想体系的内在矛盾即"天道"与"人道"的对立，就突出了均平的概念，《老子》多称之为"正"。《三十七章》："不欲以静，天下将自正。"《三十九章》："侯王得一以为天下正。"《四十五章》："清静以为天下正。"《五十七章》："我好静，而民自正。"以《庄子》相印证，《盗跖》："平为福，有余为害者，物莫不然。"《天道》："大平，治之至也。"《达生》："是以天下平均。"

如何使人道均平，老子没有论述。后世则继续了老子的这一重要环节，进而提出一个解决的办法，这就是"法"的概念。

（二）从"法"字的本义来看

"法"字的本义为均平。《说文》："灋，刑也。平之如水，从水。廌，所以触不直者去之，从去。法，今文省。佱，古文。"则知"法"字是"灋"的今文简写。"法"即"刑"。刑为羹器。《周礼·天官》有"羞修刑膴"。刑又通"型"，型为铸器的范模。刑又从刀从开，《说文》："开，平也。象二干对构，上平也。"可见"法"字的本义与"刑"有关，本是可以盛液体的器皿，与《老子·五章》中的"橐籥"一样由于可以盛入液体，所以就有"平"的引申义。《庄子·德充符》："人莫鉴于流水而鉴于止水，唯止能止众止。""平者，水停之盛也，其可以为法也。"《庄子·天道》："水静则明烛须眉，平中准，大匠取法焉。"清楚地表明了法与平与水与盛之间的关系。《老子》中多次提到"上善若水""虚而不屈，不如守中"等，与此意同。又《老子》中多处提到"正"，"法"字古文一作"佱"，又作"㴱"，与"正"字本相关联。[①]

而作为"型"字的假借的"刑"字，也有"正"的意思。《广雅》："刑，正也。"《诗经·思齐》："刑于寡妻。"陆德明《经典释文》引《韩诗》云："刑，正也。"《老子》中对均平概念的描述，多是用"正"字以及其他形象的词汇。其中使用"法"字只有二处，一处是复合名词"法令"，一处作为动词，即《二十五章》"人法地，地法天，天法道，道法自然"的四个"法"字。这里的"法"字虽用作动词，但仍作"持平取齐"的意思，仍是"法"字的本义。又《商君书·修权》："法者，君臣之所共操也。"《史记·张释之列传》："法者，天子所与天下公共也。"用的也是"法"字的本义。"法"字本是一切持平的意思，包括天子王侯在内，后来才又演成天子持法绳治天下，将君主自己排除在外。

---

① 胡适认为"法"字的古义为模范，以古文之"佱"字为模范之意。胡适：《中国哲学史大纲（卷上）》第十二篇《古代哲学的终结》第二章《所谓法家》，上海商务印书馆1919年版，第366页。其实"刑"字的本义是模范。"刑"即"型"的假借，古时经典均借"型"为"刑"，例证极多。《说文》："型，铸器之灋也。"《荀子·强国》："刑范正。"刑、范连称，意即模范。

正因为“法”有均平的含义，可以承接老子思想体系中悬而未解的疑难，所以才有《管子·心术上》及帛书《经法·道法》中“道生法”的说法，才由老子的“道”推导出了法家的“法”。

《管子·心术上》说：“法者，所以同出，不得不然者也，故杀戮禁诛以一之也。”解“同”，解“一”，都与老子对“道”的阐述相一致。所谓“不得不然”，表明“法”是经过选择的一个结果，是对于老子思想体系内在矛盾的一种解答。

《管子·心术上》“故事督乎法，法出乎权，权出乎道”一句，较《经法·道法》多出“出乎权”一环节。“权”的概念和字义，后世多解为权力①，实际上“权”字的本义和“法”字一样，也是均平、衡正的意思。“权”就是“法”，所以黄老与形名法术学说也经常讲“权”。“权”与“衡”同义，所以又经常讲“衡”。权与衡与法，从主体方面说，就是“称”，所以黄老道德之术与形名法术之学也讲“称”，讲“断”，讲“审”。帛书《称》中说：“审其名以称断之”，审、称、断三字同义。②

法、权、衡、称、断、审的概念，同出于老子的“道”，同出于老子天道均平的理想，同出于老子天道与人道分离的哲学疑难。“法”就是在老子之后自称“黄老道德之术”的老子后学，和称为“形名法术之学”的法家新学人物，按照老子“人法地，地法天，天法道”的原则，试图解决人道不平的哲学疑难的一个对策。司马谈《论六家要指》称法家为：“不别亲疏，不殊贵贱，一断于法。”《韩非子·扬权》说：“若地若天，孰疏孰亲，能象天地，是谓圣人。”老子提出了均平与不均平的矛盾，而没能解决这个矛盾。法家则是通过“一断于法”的方法，从而解决了这

---

① 戴濬以“权”为“权宜”，解“法出乎权”为“法之起，则权宜之策也”，尤乖法家本义。参见戴濬《管子学案》第五章《管子之法理学》，正中书局1949年版，第72页。

② 法、权、衡、称、断、审等概念，其本义多与度量衡器有关。《墨子·法仪》：“虽至百工从事者，亦皆有法。百工为方以矩，为圆以规，直以绳，正以县。无巧工不巧工，皆以此四者为法。故百工从事皆以法度。”《尹文子·大道上》：“法有四呈：一曰不变之法，君臣上下是也。二曰齐俗之法，能鄙同异是也。三曰治众之法，庆赏刑罚是也。四曰平准之法，律度权衡是也。”又说：“故人以度审长短，以量受多少，以衡平轻重，以律均清浊。以万事皆归于一，百度皆准于法。”班固以九流十家均出于王官，称法家出于理官，则可推想道家的渊源或与专掌度量衡的所谓“畴人世官”有关。

个矛盾，同时也赋予了"法"这一概念以绝对的和本体的意义。在此基础上，法家学者又进而将"法"的本体概念，充实以"杀戮禁诛"的具体内容，使"法"的本体概念具体化。"杀戮禁诛，以一之也"，杀戮禁诛的目的就是要消除矛盾，均平人道。而具体的杀戮禁诛的规定，也称作"刑"。所以"法"和"刑"都有二义，一是抽象本体概念的"法"和"刑"，二是作为具体规定的"法"和"刑"。从逻辑上说，本体的概念是在先的，具体的概念是由本体的概念引申出来的。

三

到战国末年，韩非由"法出乎权，权出乎道"又提出了"因道全法，因天命持大体"的思想。

> 《韩非子·大体》："古之全大体者，望天地，观江海，因山谷。日月所照，四时所行，云布风动。不以智累心，不以私累己，寄治乱于法术，托是非于赏罚，属轻重于权衡。不逆天理，不伤情性，不急法之外，不缓法之内，守成理，因自然，祸福生乎道法，而不出乎爱恶。故曰因道全法，因天命，持大体。"

韩非"因道全法"的思想，对于此前"道生法"的说法作了进一步的细致解释，借助"道"的天理自然性质作为"法"的根据，又通过"法"的齐一治平功能来表达概括天道。

> 《韩非子·主道》："道者，万物之始，是非之纪也。"

这就不仅是把"道"看成是"法"产生的根据，而且直接把"道"解释为可以直接绳量是非的"法"，也就是道法合一了。韩非与在他之前的许多黄老和形名学者一样，是把老子的"道"作为法家"法"的概念和法治思想的渊源，以老子的道家思想为上承，进而建立了法家集大成的理论学说。

对于法家思想的不足，司马谈《论六家要指》早有指出，所谓"严而少恩"，"可以行一时之计，而不可长用"。班固《汉书·艺文志》进一步指出："及刻者为之，则无教化，去仁爱，专任刑法而欲以致治，至于残害至亲，伤恩薄厚。"但是像法家这样一种"道法合一"的思想学说，就它的初衷而论，境界一定是很高的。①

尝读《史记·秦始皇本纪》，至秦始皇刻石，其中有些话是非常感人的，其境界较之儒家的"大同""小康"有过之而无不及。② 可知最初法家学者对于自己一派的政治愿望，一定另有解释。③

近代以来诸子学极盛，学者每于儒、道、墨、法各家探索渊源、比较异同，有所好恶则加以批评。但是早在战国秦汉之际，学者对于以往学术史的总结是另有思路的。其中最有代表性的仍推《庄子·天下篇》、司马谈《论六家要指》及《汉书·艺文志》三家。

　　《庄子·天下篇》："天下多得一察焉以自好，譬如耳目鼻口，皆有所明，不能相通。犹百家众技也，皆有所长，时有所用。"

　　司马谈《论六家要指》："《易大传》：'天下一致而百虑，同归而殊途。'夫阴阳、儒、墨、名、法、道德，此务为治者也，直所从言之异路，有省不省耳。"

　　《汉书·艺文志》："其言虽殊，辟犹水火，相灭亦相生也；仁之与义，敬之与和，相反而皆相成也。《易》曰：'天下同归而殊途，一致而百虑。'今异家者各推所长，穷知究虑，以明其指，虽有蔽短，合其要归，亦《六经》之支与流裔。使其人遭明王圣主，得其所折中，皆股肱之材已。若能修六艺之术，而观此九家之言，舍短取

---

① 宋代王安石学术主于经学，而重在礼乐刑政并用。曾著《老子论》说："道有本有末，本者万物之所以生也，末者万物之所以成也。本者出之自然，故不假乎人之力，而万物以生也。末者涉乎形器，故待人力而后万物以成也。夫其不假人之力而万物以生，则是圣人可以无言也无为也。至乎有待于人力而万物以成，则是圣人之所以不能无言也无为也。故昔圣人之在上而以万物为己任者，必制四术焉。四术者，礼乐刑政是也。"解释由道家而至儒家法家、由无为而至有为的逻辑关系，极为精致。梁启超称其为："荆公此论，盖有所见矣。二千年之学者之论老氏，未有如公之精者。"梁启超：《王安石传》，上海世界书局 1933 年版，第 140 页。

② 《史记·秦始皇本纪》载二十八年邹峄刻石、二十八年琅邪刻石、二十九年之罘刻石、三十二年碣石刻石、三十七年南海刻石。

③ 至于秦朝何以出现速亡的误差，属于别一问题，当另做分析。

长，则可以通万方之略矣。"

上述三种阐述都是将以往的学术思想流派看成是处在同一水平上的。争议过后，退到局外来看，各家其实是非常一致的，都有着同样的发生背景和学术目标，即各家都是"务为治"的。各家的不同仅仅体现在不同的方式和途径上，而这不同的途径也不是一概可以否定，或者一概可以肯定，而是都可以肯定，只看是在什么时间和什么情况下加以应用。各家学说都有其长处，又都有其短处。之所以具有长处，是因为适宜于当时的特定时间和特定情况。之所以呈现短处，是因为不适宜于当时的特定时间和特定情况。只要适宜于当时的特定时间和特定情况，也可以说各家都具有价值，都没有短处。这就很像庄子曾经说到的一种境界了。

《庄子·寓言》："恶乎然？然于然。恶乎不然？不然于不然。恶乎可？可乎可。恶乎不可？不可于不可。物固有所然，物固有所可。无物不然，无物不可。"（《齐物论》略同）

《庄子·秋水》："因其所大而大之，则万物莫不大；因其所小而小之，则万物莫不小。因其所有而有之，则万物莫不有；因其所无而无之，则万物莫不无。因其所然而然之，则万物莫不然；因其所非而非之，则万物莫不非。"

怎样才对？自有其对的原因所以就对。怎样才不对？自有其不对的原因所以就不对。怎样才应该？有应该的原因所以应该。怎样才不应该？有不应该的原因所以不应该。存在的事物都有对的原因，现实的事物都有应该的原因。没有什么事物不对，没有什么事物不应该。

从大的方面看，万物都大。从小的方面看，万物都小。从有的方面看，万物都有。从无的方面看，万物都无。从对的方面看，万物都对。从非的方面看，万物都非。

也就是说，诸子百家的价值和作用体现为一种更相递进的关系，或者说是体现为一个"学术阶梯"。各家学说不可以相互取消，而可以相互接替，由此共同组成一个务为治的学术阶梯。《庄子·天下》所谓"耳目"之喻，实在是非常贴切的。

最早提出"学术阶梯"思想的是老子。

《老子·三十八章》："故失道而后德，失德而后仁，失仁而后义，失义而后礼。"

这就是说，理想的政治方案，按照自高而低的次序，可以排列为：道——德——仁——义——礼，这样一个阶梯。其中，道和德是相近的概念，是道家所主张的；仁和义是相近的概念，是儒家所主张的；礼与法相近，二者关系密切，学术界已多有指出，因此可以在老子的叙述中补充上"法"，礼法则是法家所主张的。所以这个学术阶梯又可以修改为：道德——仁义——礼法。或者是：道家——儒家——法家。

"学术阶梯"的思想还见于文子。《文子·下德》说："仁义礼乐者，所以救败也，非通治之道。"也就是认为儒家的仁义是在道家之下的一级。《文子·上义》又说："治之本仁义也，其末法度也。"这个说法与上引并无矛盾，只不过是认为法家的"法度"又在儒家的"仁义"之下。

"学术阶梯"的规则可以由以下四个方面进一步阐明，或者也可以说"学术阶梯"具有以下四方面的特性。

第一，"学术阶梯"体现着诸子所具有的不同的政治理想。

老子认为道家"道德"的理想才是最高的。对老子的这一表述，孔子也有认同，《礼记·礼运》载孔子盛赞大同而取法小康，就是因为大同的理想最高而可行性却小，小康的理想居中而可行性也居中。也就是说，孔子承认儒家的理想是居于道家之下的。而在儒家的"仁义"之下，还有一个层次，就是"礼法"。"礼法"的可行性最高，而理想却最低。

第二，"学术阶梯"体现着诸子所具有的不同的历史观。

晚周诸子往往不能回避在自己的政论中论述历史。诸子论述历史，其中当有一定的成分可信为史实，但其论述历史的目的，实是为了获得一个取法的参照，即通过依托历史这一形式，而提出和建立自己的政治理想。在此过程中，所期望的政治理想越高，所依托的历史就越是久远，由此也构成一个阶梯。道家老子称道的历史为"小国寡民""结绳而用"（《老子·八十章》），庄子为"古十二君"①，均在韩非所称的"上古"（《韩非子·五蠹》）范围之内。儒家孔子称道的历史为夏商周三代②，孟子为"先王"尧舜③，均在韩非所称的"中古""近古"④ 范围之内。荀子称道的历史为"后王"即春秋五霸。⑤ 到了法家，便不再依托历史，而只讲"当今"。⑥ 法家没有依托历史，也可以看成是历史与当今或理想与现实二者已重合为一。

第三，"学术阶梯"体现着诸子所具有的不同的适用周期。

以诸子百家中最突出的道家、儒家、法家三个流派而论，道家"道德"的政治主张最适用于休养生息，即战乱平定后秩序正在恢复的建国初期；儒家"仁政"的政治主张最适用于守成，即秩序恢复后的发展时期；法家"法治"的政治主张最适用于救败，即社会矛盾激化的危急时期和改朝换代的兼并战争时期，在和平时期则为变法，在战争时期则转化为兵法家。从战国至汉代的史实上看，道、儒、法三家最早得以与当时政治结合的是法家，时当战国；其次是道家，时当汉初；最后是儒家，时当汉中期。自此以后，道、儒、法三家往往因其各自的不同特点，分别适用于每一朝代的初期、中期和晚期，三家均按学术阶梯的规则逐级递进，虽然不是处处严整，但其痕迹明显可寻。古来一些图治的名言，如叔孙通所说"夫儒者难与进取，可与守成"（《史记·刘敬叔孙通列传》），陆贾所说"汤武逆取而顺守之，马上得天下，宁能马上守天下乎"（《史记·郦

---

① 《庄子·胠箧》："子独不知至德之世乎？昔者容成氏、大庭氏、伯皇氏、中央氏、栗陆氏、骊畜氏、轩辕氏、赫胥氏、尊卢氏、祝融氏、伏牺氏、神农氏，当是时也，民结绳而用之，甘其食，美其服，乐其俗，安其居，邻国相望，鸡狗之音相闻，民至老死而不相往来。若此之时，则至治已。"

② 《大戴礼记·五帝德》："夫黄帝尚矣"，"禹汤文武成王周公可胜观也"。

③ 《孟子·滕文公上》："孟子道性善，言必称尧舜。"

④ 《韩非子·五蠹》："上古之世，人民少而禽兽众，人民不胜禽兽虫蛇。有圣人作，构木为巢以避群害，而民悦之，使王天下，号曰有巢氏。民食果蓏蚌蛤，腥臊恶臭而伤害腹胃，民多疾病，有圣人作，钻燧取火以化腥臊，而民悦之，使王天下，号之曰燧人氏。中古之世，天下大水，而鲧、禹决渎。近古之世，桀、纣暴乱，而汤、武征伐。"

⑤ 《荀子·非相》："欲观圣王之迹，则于其粲然者矣，后王是也。彼后王者，天下之君也，舍后王而道上古，譬之是犹舍己之君而事人之君也。故曰：欲观上世，则审周道。以近知远，以一知万，以微知明。"又《荀子·儒效》："道过三代谓之荡，法二后王谓之不雅。"

⑥ 《韩非子·五蠹》："上古竞于道德，中世逐于智谋，当今争于气力。"

生陆贾列传》），曹操所说"治平尚德行，有事赏功能"（《曹操集·论吏士行能令》），唐太宗所说"创业与守成孰难"（吴兢《贞观政要·君道》）等，都道出了道、儒、法学术阶梯逐级递进的奥妙所在。

第四，"学术阶梯"体现着诸子所具有的不同的适用阶层。

在同一时期中，由于社会各阶层地位和利益的不同，道、儒、法三家所最适用的阶层也不尽相同。道家讲无为，最适用于社会的上层，即决策层；法家讲赏罚，最适用于社会的中层，即吏治层；儒家讲仁爱，最适用于社会的下层，即百姓层。在同一社会政治环境与同一时期，道、儒、法三家也各有其适用的范围，体现为一个横向的阶梯走向。

由此反观法家学说，在政治理想的层面，法家的境界是很高的，与儒道二家一样具有"学术的严肃性"。① 就是在学说理论方面，法家也不是无足可取的。

---

① 前文所说"礼法"的可行性最高，而理想却最低，系就法家与儒道二家的对比而言，而法家自己一定是认为只有法家学说才是最现实可行的，同时也是最理想的，即所谓现实与理想重合为一。

孟庄逻辑论辩之比较

儒家学说为一道德体系，其中许多观点是不可证也无须证的，如果有论证，从逻辑的角度看，有许多是不合逻辑的、独断的。道家学说存在着很大的内在矛盾，但其逻辑论证则比较精致，体现出更高的思维水平。本篇通过对四组相关的论证的比较，欲以表明孟子和庄子二人在逻辑论辩上的这一区别，同时也表明儒、道二家学说在方法论上的不同特点。

孔子和孟子并列为儒家具有开创之功的两位大师。从孔孟二人对待儒家事业的风格态度上看，孔子述而不作，存而不论，"我欲载之空言，不如见之于行事之深切著明"，开汉代今文经学微言大义之先河。孟子则与孔子相反。孟子以"邪说诬民，充塞仁义"，"欲正人心，息邪说，距诐行，放淫辞"，恰恰是要认真地和大张旗鼓地对儒家学说做一番维护论证，认为只有"能言距杨墨"，才是真正的"圣人之徒"，自称"我善养吾浩然之气"，为后世滔滔雄辩者所师法。

公都子曰："外人皆称夫子好辩，敢问何也？"孟子曰："予岂好辩哉？予不得已也。天下之生久矣，一治一乱。圣王不作，诸侯放恣，处士横议，杨朱、墨翟之言盈天下，天下之言不归杨则归墨。杨氏为我，是无君也。墨氏兼爱，是无父也。无父无君，是禽兽也。杨墨之道不息，孔子之道不著，是邪说诬民，充塞仁义也。仁义充塞，则率兽食人，人将相食。吾为此惧，闲先圣之道，距杨墨，放淫辞，邪说者不得作。圣人复起，不易吾言矣。我亦欲正人心，息邪说，距诐行，放淫辞，以承三圣者，岂好辩哉？予不得已也。能言距杨墨者，圣人之徒也。"（《孟子·滕文公下》）

孟子对于诸子百家不同学说的评价，既不能像《易大传》的"天下同归而殊途，一致而百虑"，也不能像《庄子·天下篇》的"皆有所长，时有所用""譬如耳目鼻口，皆有所明"，对诸家学说给予长短两方面的判别。孟子是以"一治一乱"的判断方法来评价诸子，对诸子进行是非取舍。或者仁，或者不仁。或者可以治，不可以治则必可乱。孟子对待其他诸子的态度，从理论上的全面否定，一至情绪上的声色俱厉，实开李斯焚弃百家和董仲舒独尊儒术的先声。

孟子与庄子约略同时。明代宋濂曾将孟子与庄子做比较，有"惜其与孟轲氏同时，不一见而闻孔子之大道"之语。

> 其书本老子，其学无所不窥，其文辞汪洋凌厉，若乘日月，骑风云，下上星辰而莫测其所之，诚有未易及者。然所见过高，虽圣帝经天纬地之大业曾不满其一哂，盖仿佛所谓"古之狂者"。惜其与孟轲氏同时，不一见而闻孔子之大道。苟闻之，则其损过就中岂在轲之下哉！呜呼！周不足语此也！孔子百代之标准，周何人，敢掊击之，又从而狎侮之！自古著书之士虽甚无顾忌亦不至是也。周纵日见轲，其能幡然改辙乎？不幸其书盛传，世之乐放肆而惮拘检者莫不指周以籍口，遂至礼义陵迟，彝伦斁败，卒踣人之家国，不亦悲夫！金李纯甫亦能言之士，著《鸣道集说》，以孔孟老庄同称"圣人"，则其沈溺之习至今犹未息也。异说之惑人也深矣夫！（宋濂《诸子辨》）

道家在哲学方法论上是有较大贡献的。比如老子提出了"有无相生""反者道之动"的曾被称为"朴素辩证法"的方法论，庄子提出了"此亦一是非，彼亦一是非"的曾被称为"相对主义"的方法论，老庄都提出了"大象无形""大辩不言"的形而上学方法论。而孟子也以雄辩著称。在逻辑论辩上将孟子和庄子互相比较，二人之间的区别是显而易见的。

梁启超说："道家哲学，有与儒家根本不同之处。儒家以人为中心，道家以自然界为中心。儒家道家皆言'道'，然儒家以人类心力为万能，以道为人类不断努力所创造，故曰：'人能弘道，非道弘人。'道家以自然界理法为万能，以道为先天的存在且一成不变，故曰：'人法地，地法天，天法道，道法自然。'"①

这一比较是简捷而正确的。由方法论方面看，儒家与道家的这种区别也是比较明显的。

庄子以"天道"、自然为中心，以形而上学本体论为中心，追求绝对真理，在逻辑推理上不乏极其精致之处。孟子以"人道"、社会为中心，以实践理性为原则，排斥异端，追求事功，虽然有雄辩之名，实际上却往往不合逻辑。孟子在逻辑推理上基本是经验和独断的。

以下将孟子的逻辑推理和庄子的逻辑推理分四组做一比较。

一

> 鱼我所欲也，熊掌亦我所欲也，二者不可得兼，舍鱼而取熊掌者也。生亦我所欲也，义亦我所欲也，二者不可得兼，舍生而取义者也。（《孟子·告子上》）

在这一段中，"熊掌"的价值大于"鱼"的价值，为世所公认，应视为公理。所以从"鱼"到"熊掌"的推理："二者不可得兼，舍鱼而取熊掌"，是符合逻辑的。但是第二个命题"舍生而取义"中，以"生"比同于"鱼"，以"义"比同于"熊掌"，这个前提条件并非世所公认，所以这个环节是独断的。因而"义"的价值大于"生"的价值的结论："舍生而取义"，也是独断的，是不能成立的。在这一逻辑推理中，孟子确实做出了一个论辩的形式，但其"雄辩"性质实有赖于道德的力量。

和孟子相比较，庄子在同一论题上得出的相反结论，则是符合逻辑的。

> 韩魏相与争侵地。子华子见昭僖侯，昭僖侯有忧色。子华子曰："今使天下书铭于君之前，书之言曰：'左手攫之则右手废，右手攫之则左手废，然而攫之者必有天下。'君能攫之乎？"昭僖侯曰："寡人不攫也。"子华子曰："甚善！自是观之，两臂重于天下也，身亦

---

① 梁启超：《先秦政治思想史》第八章《道家思想（其一）》，上海商务印书馆1923年初版，上海中华书局1936年再版，第99页。

重于两臂。韩之轻于天下亦远矣，今之所争者其轻于韩又远。君固愁身伤生以忧戚不得也！"僖侯曰："善哉！教寡人者众矣，未尝得闻此言也。"子华子可谓知轻重矣。（《庄子·让王》）

在这一段中，"左右手""两臂""身""韩魏所争之地""韩""天下"六项，是逻辑上的递进关系。其中，"左右手"与"天下"也设定为二者不可得兼而取其一的关系。"左右手"重于"天下"的命题，则由昭僖侯的判断"寡人不攫也"为证据，从而推导出了身为重、天下为轻的结论。从人类的求生本能方面看，人一般会首先保护自己的身体和生命，这是可以为多数人所认同的。从实例方面看，《后汉书·马融传》："融既饥困，乃悔而叹息，谓其友人曰：'古人有言：左手据天下之图，右手刎其喉，愚夫不为。所以然者，生贵于天下也。今以曲俗咫尺之羞，灭无赀之躯，殆非老庄所谓也。'"马融为东汉大儒，弟子如卢植、郑玄也都是著名的儒家大师，史称马融能"达生任性，不拘儒者之节"，当时称为"通儒"。"生贵于天下也"一句，出自马融之口，可证庄子的推论是比较合理的。

二

告子曰："生之谓性。"孟子曰："生之谓性也，犹白之谓白与？"曰："然。""白羽之白也，犹白雪之白；白雪之白，犹白玉之白与？"曰："然。""然则犬之性犹牛之性，牛之性犹人之性与？"（《孟子·告子上》）

在这一段中，"白羽之白""白雪之白""白玉之白"一组三项，和"犬之性""牛之性""人之性"一组三项，具有同样的逻辑关系。如果肯定第一组是符合逻辑的，则第二组也是符合逻辑的。如果否定第一组的逻辑关系，则同样也否定了第二组的逻辑关系。实际上这两组关系都是符合逻辑的。从第一组的三项中，可以抽象出共项"白"，同样，从第二组的三项中，也可以抽象出包括人在内的三种生命物的共项"性"。凡有生命之物都有共同的"性"，就是求生，不论是犬、牛还是人，都要求生，这符合事实，并没有错。在这一段中，孟子先设下"白羽之白""白雪之白""白玉之白"三项，引导告子予以肯定。然后又设下与之并列的"犬之性""牛之性""人之性"三项，但却否定其逻辑关系，这是不能成立的。孟子否定了后一个系列，实际上也已经否定了前一个系列，孟子的论证等于是在用不符合逻辑的论据证明不符合逻辑的结论。所以，孟子的论证是有矛盾的，在逻辑上和事实上都是不成立的。孟子这样论证，实际上仍然是利用了伦理道德的因素，因为一般来说，人们都不愿意将自己与犬、牛这样的动物相提并论。突出人在世界中的主宰地位，以人为自然界的核心，把人从整个生物界中分离出来，这是儒家人本思想的主要观念。孟子以此观念作为这一段逻辑论证的先在前提，这本身就是独断的。

相比之下，庄子在同一论题上得出的相反结论则是符合逻辑的。

> 商太宰荡问仁于庄子。庄子曰："虎狼，仁也"。曰："何谓也？"庄子曰："父子相亲，何为不仁！"（《庄子·天运》）

商太宰荡问庄子什么是"仁"，庄子按照"仁"的本义作了回答。"仁"字的本义为"亲"，即有直系血缘的双亲。"仁"的这一本义，可以得到文字训诂及儒家和道家三方面的认同。《说文解字》："仁，亲也。"《庄子·天运》："至仁无亲。"《庄子·在宥》："亲而不可不广者，仁也。"《孟子·离娄上》："仁之实，事亲是也。"《孟子·尽心上》："亲亲，仁也。"以亲为亲，叫作亲亲。《论语·颜渊》："齐景公问政于孔子，孔子对曰：'君君臣臣父父子子。'"父即是父，子即为子，父慈，子孝，叫作父父子子，其中心含义仍只是事亲。

"仁"的这一本义后来被儒家向许多方面作了引申，引申到政治就成为"仁政"，引申到社会就成为"仁道"或"人道"，而由自己的双亲引申到其他人的双亲，所谓"老吾老以及人之老"，就成为"爱人"。《论语·颜渊》："樊迟问仁，子曰：'爱人。'"但是，儒家的这种引申其实是独断的，它之所以成立是由于道德上的支持，而非逻辑论辩上的支持。而且，父子以血缘相亲，也并非人类所专有。它是整个生物界的普遍规则，现代生物学称之为"亲子关系"。

商太宰荡问"仁"，按照儒家的标准，应该回答为"爱人"，但这却是不符合逻辑的独断。所以，庄子按照"仁"的本义做了回答，坚守其本义，没有丝毫的逾越。庄子以虎狼立论，犹如东郭子问道，庄子答以"在稊稗""在瓦甓"一样，是"极言之"的做法。虽然惊世骇俗，但逻辑上是严谨的。

"仁"就是"亲"。既然"仁"就是指亲子关系，指父子相亲，那么许多具有亲子关系和父子相亲的生物就都符合"仁"。虎和狼虽然吃人，但虎和狼自己也是父子相亲，也都可以说是"仁"。虎狼与人与其他生物是并列的关系，而不是在本质上有所区别，所谓"凡有貌象声色者皆物也，物与物何以相远"（《庄子·达生》），这在逻辑上和事实上都是成立的。儒家将亲子关系的"仁"推广到人类全体，推广为与整个社会都相关联的概念，同时又把其他生物所具有的"父子相亲"排除在外，这个规定是独断的。庄子说"虎狼，仁也"，确乎是抓住了儒家仁学在逻辑上的这个缺陷，恰可以破除儒家以"爱人"为"仁"的独断。

相比之下，孟子言距杨墨，称杨墨"无父无君，是禽兽也"，说杨墨之道不息，"此率兽而食人也"。人就是人，而非禽兽。孟子贬损禽兽，从观念上说已是一种错误，从逻辑上说，"人是禽兽"无疑是一个独断的逻辑判断。一般来说，称异己为"禽兽"都是情绪化的表现，也就是"骂人"，最多只能算是一种文学性的比喻，而不能具有哲学上逻辑上的意义。以禽兽骂人，孟子应是倡始之人。

三

> 告子曰："性犹湍水也，决诸东方则东流，决诸西方则西流。人性之无分于善不善也，犹水之无分于东西也。"孟子曰："水信无分于东西，无分于上下乎？人性之善也，犹水之就下也。人无有不善，水无有不下。今夫水，搏而跃之，可使过颡；激而行之，可使在山。是岂水之性哉？其势则然也。人之可使为不善，其性亦犹是也。"（《孟子·告子上》）

在这一段中，告子说，人性没有善与不善，如同流水可以向东西南北任何一个方向上流，关键是在一个"决"上。"决"是使水导下的意思。

孟子说水不分东西南北，但分高下。这与告子的推论实际上是重复、一致的，只是二人的角度和参照不同。东西南北是言其地表，高下是言其地形。孟子说"水无有不下"，这是成立的，但也是与告子的推论重复的，因此没有意义。孟子说："人性之善犹水之就下。"以人性比同于水，以善比同于下，则是不成立的，和以生比同于鱼，以义比同于熊掌一样，是独断的。

> 淳于髡曰："男女授受不亲，礼与？"孟子曰："礼也。"曰："嫂溺，则援之以手乎？"曰："嫂溺不援，是豺狼也。男女授受不亲，礼也；嫂溺，援之以手者，权也。"曰："今天下溺矣，夫子之不援，何也？"曰："天下溺，援之以道；嫂溺，援之以手。子欲手援天下乎？"（《孟子·离娄》）

在这一段中，淳于髡是想说服孟子有所作为，有一番举动，诸如出仕之类。男女授受不亲，这是正常状态，要用"礼"的方式来处理。嫂溺援之以手，这是非常状态，要用"权"的方式来处理。淳于髡判定其时天下已"溺"，希望孟子出仕行"权"。什么是"权"？《老子·三十八章》："故失道而后德，失德而后仁，失仁而后义，失义而后礼。"这就是说，理想的政治方案，按照自高而低的次序，可以排列为：道——德——仁——义——礼。老子认为道家"道德"的理想才是最高的。对于老子的这一表述孔子也有认同，《礼记·礼运》载孔子盛赞大同而取法小康，就是因为大同的理想最高而可行性却小，小康的理想居中而可行性也居中。也就是说，孔子承认儒家的理想是居于道家之下的。而在儒家的"仁义"之下，还有一个层次，就是"礼法"。"礼法"的理想最低，而可行性却最高。那么，与不亲则用礼、溺则行权这个逻辑系列相对应的，就可以有两种情况。一种情况是：天下在正常的、和平有序的状态，用道家的"道德"思想来管理；天下在非常的、沉溺混乱的状态，用儒家的"仁义"思想来管理。另一种情况是：天下在正常的、和平有序的状态，用儒家的"仁义"思想来管理；天下在非常的、沉溺混乱的状态，用荀子、韩非的"礼法"思想来管理。

孟子所处的时代，自然不能说是正常状态。《史记·孟子荀卿列传》

说孟子时："当是之时，秦用商君，富国强兵，楚魏用吴起，战胜弱敌，齐威王宣王用孙子田忌之徒，而诸侯东面朝齐。天下方务于合从连衡，以攻伐为贤。"所以，淳于髡便说"今天下溺矣"，而孟子也说"天下溺"，对此表示同意。那么接下来的问题就是，是用儒家的"仁义"思想对应天下的非常状态，还是用荀子、韩非的"礼法"来对于天下的非常状态？

淳于髡的用意，肯定是后一种情况。因为当时人们对孟子的看法，是认为他的主张不合时宜，如《史记·孟子荀卿列传》所说："而孟轲乃述唐虞三代之德，是以所如者不合。"又说：孟子"游事齐宣王，宣王不能用。适梁，梁惠王不果所言，则见以为迂远而阔于事情"。

战国的政局要求道家、儒家的思想发展出权变方式。这一思想的权变方式按照事实的发展，就是较孟子稍后的荀子和韩非的"礼治"和"法治"思想。孟子承认有正常与非常两种状态，但孟子对"道"在正常与非常两种状态下的对应没有予以区分。第一，他说："天下溺，援之以道。"这个"道"指的是什么？孟子没有说，其意应是坚持自己的"义政""王道"而排斥权变，排斥顺应政局。第二，天下溺援之以道，天下不溺援之以什么？孟子也没有回答，但却发出了一句反问。对于淳于髡的劝说，孟子说："嫂溺，援之以手。子欲手援天下乎？"这一句话实为狡辩，在逻辑上很没有意义。因为淳于髡正是在建议孟子危难之际不拘小节地"出手"，而孟子却以实有的手做了回答。①

四

相比之下，庄子的许多论辩虽然在观念上与儒家不合，与世俗不合，但是在逻辑上却是相当精致的。

---

① 蔡仁厚解释"天下溺援之以道"一句为"权而取其中"，"隐居以求其志"，则是把"道"解释作"权"，又把"权"解释为"隐居"。这就十分不通。既是隐居，又如何可以说是援溺？"权"的意思是权变而不是权宜。"权"即使不是对应为荀子、韩非的"兼王霸"和"任霸尚法"，至少也应对应为孔子的"杀身以成仁"或孟子自己所说的"舍生而取义"，所谓以身殉道、不悔其志，而不是退而隐居。蔡仁厚：《孔孟荀哲学》，台湾学生书局1984年版，第344页。

　　惠子谓庄子曰："子言无用。"庄子曰："知无用而始可与言用矣。天地非不广且大也，人之所用容足耳。然则厕足而垫之致黄泉，人尚有用乎？"惠子曰："无用。"庄子曰："然则无用之为用也亦明矣。"（《庄子·外物》）

　　庄子认为，天地万物本质上都是物质的，人在本质上也是物质的。《庄子·知北游》："汝身非汝有，是天地之委形也；生非汝有，是天地之委和也；性命非汝有，是天地之委顺也；孙子非汝有，是天地之委蜕也。"人不属于自己所有，人的身体是天地形态的委托，人的诞生是天地和谐的委托，人的生命是天地变动的委托，人的子孙是天地代谢的委托。对于个人来说，生是获得，死是丧失，生死是人生第一大事。但是人不能脱离天地万物的整体而独立存在，人必须遵从于天地万物之"道"。而对于"道"来说，生死如同来往，都是"道"的常规运转。《庄子·大宗师》："夫大块载我以形，劳我以生，佚我以老，息我以死，故善吾生者乃所以善吾死也。"《庄子·养生主》："适来，夫子时也；适去，夫子顺也。安时而处顺，哀乐不能入也。"《庄子·外物》："虽相与为君臣，时也，易世而无以相贱。""道"赋予我形体，是通过我有所寄托；使我成长，是要劳动我的筋骨；使我衰老，是为了让我得到宽逸；使我死亡，是为了让我休息，得到解脱。"道"让我好好地生，同时也就是让我好好地死。我出生，是因为偶然碰到了我；我死去，是顺从万物不断运转的秩序。生的时候，在人世间虽然有君臣之分，死了以后，在"道"面前，就再没有贵贱之分，不能互相役使。

　　《庄子·大宗师》："俄而子来有病，喘喘然将死，子犁往问之，倚其户与之语曰：'伟哉造化！又将奚以汝为？将奚以汝适？以汝为鼠肝乎？以汝为虫臂乎？'子来曰：'父母于子，东西南北，唯命之从。阴阳于人，不翅于父母。彼近吾死而我不听，我则悍矣，彼何罪焉。今大冶铸金，金踊跃曰："我且必为莫邪！"大冶必以为不祥之金。今一犯人之形，而曰："人耳！人耳！"夫造化者必以为不祥之人。今一以天地为大炉，以造化为大冶，恶乎往而不可哉！'"庄子认为，人是天地万物的创造和寄托，天地万物的造化就像是大冶的洪炉。一个人的产生是由天地万物的整体变化而产生的一个固定的形质。一个人的死亡是由于这个固定的形质又回归了天地万物的整体，重新交由天地随机造化。所以，生并不比死具有更大的意义，倒是死比生更多一种回归万物、更新再造的广阔空间。

> 楚王与凡君坐，少焉，楚王左右曰凡亡者三。凡君曰："凡之亡也，不足以丧吾存。夫凡之亡不足以丧吾存，则楚之存不足以存存。由是观之，则凡未始亡而楚未始存也。"（《庄子·田子方》）

庄子认为，宇宙万物合则成体，散则成始，人的出生是由于人不得不生，人的死亡是回归自然获得大用。个别事物的存在也可以说是并不存在，因为天地万物都根据于"道"。个别事物的不存在也可以说依然存在，因为"道"体现着天地万物。楚王有灭亡凡国之心，凡君就对楚王说："凡国灭亡了，却不能因此否定凡国的存在。楚国没有灭亡，却不能因此保持楚国的存在。"

个别事物的生存和灭亡与作为物质实体的存在和消亡是不相同的两个层次。物质实体永远存在，因此本无所谓存在不存在。生存和死亡只是对于个别事物而言才有的现象。所以，凡君又说："凡国虽然灭亡了，也本无所谓灭亡，也从来没有灭亡；楚国虽然生存着，也本无所谓生存，从来没有生存。"

朱子所论《易传》"一二四"与
《老子》"一二三"问题

中国古代发生于本土的思想体系，是道家与儒家。道家的创始人老子比儒家的创始人孔子生年略早，孔子曾入周问礼乐于老子，二人大体上生于同一时代。当时诸子虽各有其核心内容与自身原则，而学者之间颇有交往，并非如后世"学老子者则绌儒学，儒学亦绌老子"之绝不相往来。另由易老渊源来看，易言阴阳，老言有无，易学思想与老子道家思想可能具有相近似的来源。老子为东周的史官，所著《老子》一书多言历代治乱兴衰，与历史经验有关。而史官又掌《周易》。《易》以明天道决吉凶，而古代史官与职掌天文历法之天官为一。这样，老子以史官所见历代治乱兴衰而著作《道德经》，与《周易》以明天道决吉凶，同时《道德经》又多言天道，《周易》又多言史事，所同多于所异，并不存在很大的矛盾。

虽然如此，老子之"道"与《周易》《易传》之"道"，尚有不同。由形上概念阶梯来看，老子的概念阶梯始于"无"，《易传》的概念阶梯始于"太极"，相当于老子的"有"，较老子退后一个阶梯。由此在魏晋以迄两宋的儒家易学传承中，便不得不与道家相接触，借用老子的"无"以建立儒家"无极"的概念，借用老子的"有生于无"以建立儒家"无极而太极"的理论，从而完备儒家的形上学体系。其最突出的代表人物便是魏晋时期的王弼与两宋时期的周子与朱子。周子所作《太极图说》首先提出"无极而太极"的论断，朱子一方面极力推崇周子，另一方面也借以阐发出了自己的形上学体系。

但是，魏晋时期与两宋时期儒家学者的做法并不是相同的。魏晋为中国古代的中古时期，政治与文化的发展处于上升的阶段，道家学说由隐而显，佛教刚刚开始传播，王弼以研治易学之世家，既为《周易》作注，又为《老子》作注，表现出会通三教的趋势。而两宋时期为日本学者所说中国近代之开始，商业化加剧而政治上积贫积弱，儒家学说面临危机。所以，如果说周子还是试图融会道家的天道思想，朱子则是在给予周敦颐以最大支持的同时，极力判明儒、释、道三教的界限，借用道家之实而改易其名，由维护儒家思想的纯粹性以达到发展儒学的目的。

《老子·四十二章》有"道生一，一生二，二生三，三生万物"之说，此可称为"一二三"问题。朱子阐释《易经·系辞上传》"易有太极，是生两仪，两仪生四象，四象生八卦"四句，认为《易》之自然次第为一生二，二生四，四生八，此可称为"一二四"问题。朱子对于《易传》四句、《太极图说》"无极而太极"二句所作的阐释，以及对于《老子·四十二章》四句、《老子·四十章》"天下万物生于有，有生于无"二句所作的评论，呈现出一种曲折复杂的状况。朱子实际上是透过周敦颐的《太极图说》而吸收了老子"无"的概念，从而与道家具有了同样的形上学高度。但是在表面上，朱子则极力排斥老子，以维护儒学的尊严。这样，朱子对于"无极"与"太极"概念的阐释，以及对于老子思想的评论，就有极其合理的一面，同时也影响他产生出一些严重的误解。

中国自古有"儒道互补"之说。朱子《文集·杂学辨》中有《苏黄门〈老子解〉》一篇，逐句辩驳苏辙所著《老子解》共十四处，此可称"朱苏之辩"。世皆以苏辙主儒道互补，实则周、朱之说仍可谓之援道入儒。苏辙之儒道互补在用，而朱子之儒道互补在体。朱子以"无极而太极"阐释"易有太极"，固然是对《易传》的极大发展，但由宏观上看，仍不超出儒道互补的模式。

一 "道""无""有"三者同一：老子"已先 敦颐千百年而建此玄学上之一元论"

冯友兰曾经论断说，在能够是任何物之前，必须先是"有"；在"有"之前，必须先是"无"。这是他在评价老子思想时所作的论述，他说："老子这句话，不是说，曾经有个时候只有'无'，后来有个时候

'有'生于'无'。它只是说，我们若分析物的存在，就会看出，在能够是任何物之前，必须先是'有'。'道'是'无名'，是'无'，是万物之所从生者。所以在是'有'之前必须是'无'，由'无'生'有'。这里所说的属于本体论，不属于宇宙发生论。它与时间，与实际，没有关系。因为在时间中，在实际中，没有'有'，只有万有。"①

在哲学本体论方面，陈钟凡与张岱年都曾推崇老子，陈钟凡曾说，老子"则已先敦颐千百年而建此玄学上之一元论矣"。② 张岱年也说："关于本根，最早的一个学说是道论，认为究竟本根是道。最初提出道论的是老子。老子是第一个提起本根问题的人。"③ 因为老子在其《道德经》的首章中，开篇就讨论了"有无"的问题。

《老子·一章》说："道可道，非常道；名可名，非常名。无名，天地始；有名，万物母。常无，欲观其妙；常有，欲观其徼。此两者同出而异名，同谓之玄，玄之又玄，众妙之门。"④ 牟宗三解释其中的最后数句说："《道德经》首章谓'此两者同出而异名。同，谓之玄。玄之又玄，众妙之门'。两者指道之双重性无与有。无与有同属一个根源，发出来以后才有不同的名字，一个是无，一个是有。同出之同就是玄。"⑤ 按照牟宗三的解释，"同谓之玄"的"同"不是"谓"的副词，而是名词。副词"都"在现代汉语中作"同"，在古代汉语中则应作"皆"，故"同谓之玄"不得解释为"都叫作玄"。《老子·五十六章》有"是谓玄同"，《庄子·胠箧》有"攘弃仁义，而天下之德始玄同矣"，"玄""同"二字连用，作同义复合词，都是"同一"的意思。"同谓之玄"就是"同"叫作"玄"，"同"叫作"玄"则"玄"也叫作"同"。"同"与"玄"作为名词，被赋予了特殊的含义，成为老子学说中专有的哲学概念。《老

---

① 冯友兰：《中国哲学简史》第九章《道家第二阶段：老子》，涂又光中译本，北京大学出版社 1985 年版，1996 年第二版，第 84 页。

② 陈钟凡：《两宋思想述评》第五章《周敦颐之图书学说》，上海商务印书馆 1933 年编校再版，第 36 页。

③ 张岱年：《中国哲学大纲》第一篇第二章《道论》，中国社会科学出版社 1982 年版，第 17 页。

④ 《老子·一章》文字，传世本与出土帛书本略有不同，此据传世本。

⑤ 牟宗三：《中国哲学十九讲》第五讲《道家玄理之性格》，台湾学生书局 1983 年版，上海古籍出版社 1997 年简体字版，第 96 页。

子·二十五章》："吾不知其名，强字之曰道，强为之名曰大。"《庄子·天地》："不同同之之谓大。""不同同之"则为"道"，其义亦犹《庄子·内篇·大宗师》之"其一也一，其不一也一"。"玄之又玄"也就是"同之又同"。损之又损之，以至于无为；同之又同之，以至于无异。《老子·一章》仅由寥寥数语，把老子哲学也是道家哲学中最重要的五个概念"道""有""无""同""玄"都揭示出来，可谓开宗明义。

"有"与"无"同一，"无"就是"有"，"有"就是"无"，"有"与"无"之同一就是"道"。马其昶解《老子·道经·一章》说："同者，即有即无，即无即有，斯乃玄也。以后单言，或曰玄，或曰同，连文则曰玄同。"① 牟宗三说："道有两相，一曰无，二曰有。浑圆为一，即谓之玄。"② "有无"一对概念与"阴阳"一对概念完全不同，如上所述，"阴阳"是互相消长的关系，二者不可互相取代，而"有无"则完全是同一的。称之为"有"，是表示最大范围的存在；称之为"无"，是表示完全的绝对。"无"是绝对的，只有概念上绝对的"无"，才有物理上无限的宇宙生成。因此"无"并不是空洞虚泛的，恰恰相反，"无"具有最大范围的内涵。如唐君毅所说："故'无'为天地之始，亦万物之终。而此'有'，则中间之一大段事，合以见芸芸万物之盛衰成败者。"③ 亦如李震所说："我们可以说'无'是一个辩证性的概念，因为它是藉肯定性之否定而获致的一个综合性的概念。"又说："老庄所最重视的'无'概念，不但不是空无或虚无，而且有极丰富的内容与意义。"④

二 "无极""无极而太极"："道"
"无极""太极"三者同一

上述老子哲学与《易传》是不相同的，《易传》的"太极"相当于老子的"有"，而没有"无"。吕绍纲认为：《系辞传》的"道"是儒家的"道"，不是道家的"道"，《系辞传》中的"太极"或"大恒"也不

---

① 马其昶：《老子故》，《老子注三种》本，黄山书社1994年版，第4页。
② 牟宗三：《才性与玄理》，台湾学生书局1980年版，第136页。
③ 唐君毅：《中国哲学原论·原道篇》卷一，台湾学生书局1986年版，第282页。
④ 李震：《中外形上学比较研究》上册，"中央文物供应社"1982年版，第77页。

是道家的"道"。"太极"是"有",道家的"道"是"无",二者属于两个层次的范畴。[①] "太极"为"有",而《易传》不言"无",这样一种状况,可能就是子贡"夫子之言性与天道,不可得而闻也"(《论语·公冶长》)的具体所指。

由《易经·系辞上传》"易有太极,是生两仪,两仪生四象,四象生八卦"四句所表现出的概念阶梯来看,《易传》是以单一的"太极"作为开端,而老子哲学是以"有无"一对概念作为开端。《易传》所说的"太极"相当于老子所说的"有",其相当于老子之"无"的概念则"不可得而闻也"。

《易传》与老子二家概念阶梯之不同,图示如下:

老　子	无——有——　万　　　物
《易传》	□……太极——两仪四象八卦

由此,便产生了朱子对于"太极"概念的双重阐释:"至极"与"无形"。

《易传》虽然提出了"太极"的概念,但阐述极少。历代学者对于"太极"概念的解释,大略有如下六种:

(1)"极"字的本义:为屋脊之栋,引申为顶点、极至、中正。

(2)"太极"是"一"。[②]

(3)"太极"是"太一"。[③]

(4)"太极"是"太初"。[④]

---

① 吕绍纲:《〈系辞传〉属儒不属道论》,载《国际易学研究》第2辑,华夏出版社1996年版。

② 许慎《说文》:"一:惟初太极,道立于一,造分天地,化成万物。"邵雍《皇极经世·观内物篇》:"太极,一也,不动。"

③ 《吕氏春秋·大乐》:"太一生两仪,两仪生阴阳。"以"太一"当"太极"。《礼记·礼运》:"夫礼必本于太一,分而为天地,转而为阴阳,变而为四时。"以"太一"当"太极"。虞翻:"太极,太一。"孔颖达《周易正义》:"太极谓天地未分之前,元气混而为一,即是太初、太一也。故《老子》云'道生一',即此太极是也。"

④ 孔颖达《周易正义》,引文同上。

（5）"太极"是"北辰"。①

（6）"太极"是"无"。②

六种解释虽有分歧，但除王弼、韩康伯是以《老子》解《周易》外，都是将"太极"理解为一种最终的"实有"，亦即如冯友兰所说，"在时间中，在实际中，没有'有'，只有万有"③，各家解释的"太极"正相当于"万有"的概念。

而朱子对于"太极"的阐释，则是在阐释其"极至"性质的同时，又着重地阐释了其"无形"的一面。

（1）以"太极"为"至极""极致""枢极""天地万物之根""浑沦底道理""如木之有根，浮屠之有顶"。④

（2）以"太极"为"无形""无方所顿放""无限""无名""无以加""一画亦未有""无声臭之可言"。⑤

---

①　陆德明《经典释文》引马云："北辰也。"

②　韩康伯《周易注》："夫有必始于无，故太极生两仪也。太极者，无称之称，不可得而名，取有之所极，况之太极者也。"陆德明《经典释文》："大极，无也。"

③　冯友兰：《中国哲学简史》第九章《道家第二阶段：老子》，涂又光中译本，北京大学出版社 1985 年版，1996 年第二版，第 84 页。

④　"极者，至极而已。"（《朱子文集》卷 36《书（陆陈辩答）·答陆子美（陆九韶）》）"故语道体之至极，则谓之太极；语太极之流行，则谓之道。"（《朱子文集》卷 36《书（陆陈辩答）·答陆子美（陆九韶）》）"太极之义，正谓理之极致耳。"（《朱子文集》卷 37《答程可久》）"原'极'之所以得名，盖取枢极之义。圣人谓之'太极'者，所以指夫天地万物之根也。"（《朱子文集》卷 44《书（知旧门人问答）·答蔡季通》）"当未画卦前，太极只是一个浑沦底道理。"（《朱子文集》卷 75《易十一·上系下·解〈系辞上〉第十一章》）"以物论之，易之有太极，如木之有根，浮屠之有顶。"（《朱子文集》卷 75《易十一·上系下·解〈系辞上〉第十一章》）

⑤　"以物论之，易之有太极，如木之有根，浮屠之有顶。但木之根、浮图之顶是有形之极，太极却不是一物，无方所顿放，是无形之极。"（《朱子文集》卷 75《易十一·上系下·解〈系辞上〉第十一章》）"太极如一木生上，分而为枝干，又分而生花生叶，生生不穷。到得成果子，里面又有生生不穷之理生将出去，又是无限个太极。"（《朱子文集》卷 75《易十一·上系下·解〈系辞上〉第十一章》）"且夫《大传》之'太极'者何也？即两仪、四象、八卦之理具于三者之先而缊于三者之内者也。圣人之意，正以其究竟至极，无名可名，故特谓之太极，犹曰'举天下之至极无以加此'云尔。"（《朱子文集》卷 36《书（陆陈辩答）·答陆子美（陆九韶）》）"至于太极，则又初无形象方所之可言，但以此理至极而谓之极耳。"（《朱子文集》卷 36《书（陆陈辩答）·答陆子美（陆九韶）》）"若论太极，则一画亦未有。"（《朱子文集》卷 71《杂著·记林黄中辨〈易〉〈西铭〉》）"至于所以为太极者，则又初无声臭之可言，是性之本体然也。"（《朱子文集》补编卷 5《〈太极图说〉解义·太极图》）

由上述第二个方面来看，朱子对"太极"的阐释使用了许多带有"无"字的否定语，这是以前学者（除王弼、韩康伯外）所没有的。所以，陈钟凡在论述"太极"概念时，也正是将其概括为"无形状而有实理"两个方面①。

但是，仅由"太极"一个单一概念，而要使之具备"至极"与"无形"的双重性质，实际上是非常困难的，也是解释不通的。因为无论是从字义上，还是从义理上，"太极"都不能解释为"无形"。对于"太极"之"无形"，朱子每以《诗经·大雅·文王》"上天之载，无声无臭"一语为据，其单薄脆弱一望而知，实不足以与道、释二教相争。《朱子文集》②卷一百四十《拾遗》中提到朱子论邵雍说："康节说形而上者不能出庄老，形而下者则尽之矣（因诵《皇极书》第一篇）。"这既可以看成是朱子对以前儒家学者的批评，也可以看成是他对自身所处学术环境的忧虑。

从哲学上说，儒家学者要想建立起自己的本体论体系，仅仅从"太极"概念中分析出"无形"等带有否定含义的性质还不够，还必须建立专有的表示否定含义的概念。正如道家学者所说："天下万物生于有，有生于无。"（《老子·四十章》）"万物出乎无有。有不能以有为有，必出乎无有。"（《庄子·庚桑楚》）"夫有必始于无。"（韩康伯《周易注》）正是出于此种目的，朱子开始推崇周敦颐所著《太极图说》③，称其"说得有功"，"无一字出私意"，"先圣后圣如合符节"，"亘古亘今颠扑不

---

① "综两家（朱熹与吴澄）之诠释，周子所谓太极者，无形状而有实理，为天地万物之统会，盖假设一最高绝对的本体，遍一切时，一切地，而为一切化生之根原也。"陈钟凡：《两宋思想述评》第五章《周敦颐之图书学说》，上海商务印书馆1933年编校再版，第36页。

② 此处所引《朱子文集》为《四部丛刊》影印明嘉靖十一年福州府学刊本《朱子晦庵先生朱文公文集》。下同。

③ 关于周子"无极"概念源于老子问题，当时及现代学者多有判断。朱震《进周易表》称《太极图》是周敦颐得之于穆修，穆修得之于种放，种放得之于陈抟。陆九渊认为"无极"源出《老子·二十八章》"复归于无极"，对周子、朱子有严重批评，而朱子也作书辩解，时称"朱陆之辩"。黄宗炎《宋元学案·濂溪学案》载，陈抟曾作《无极图》，中有"炼神还虚，复归无极"数语，"周子得此图，而颠倒其序，更易其名，附于大易，以为儒者之秘传"。关于此问题，侯外庐、张立文已有详细考证。参见侯外庐等主编《宋明理学史》上卷第一编第二章第二节《〈太极图〉的渊源及〈太极图·易说〉的唯心主义本质》，人民出版社1984年版；张立文：《宋明理学研究》第二章第二节《周敦颐的哲学思想》（一）《〈太极图〉的来源》，中国人民大学出版社1985年版。

破","灼见道体","真得千圣以来不传之秘","绝无毫发可疑"①，这些评价在儒学史上是少有的。

同时，朱子对"无极"概念作了多次阐释，最为重要的见于《朱子文集》卷36《书（陆陈辩答）·答陆子美（陆九韶）》及同卷《答陆子敬（陆九渊）》两处。②

周敦颐于《太极图说》中所增补的"无极"一语，可谓石破天惊，乃是儒家形上学历史上的一个里程碑。同时，经由朱子揭示出来的"不言无极，则太极同于一物，而不足为万化之根；不言太极，则无极沦于空寂，而不能为万化之根"二句规定③，表明朱子已将自己对于"太极"概念的双重阐释，发展成为以"无极"和"太极"共同构成一对本体论概念。

《朱子文集》卷36《书（陆陈辩答）·答陆子美（陆九韶）》说：

---

① 《朱子文集》卷42《书（知旧门人问答）·答胡广仲》："夫《太极》之旨，周子立象于前，为说于后，互相发明，平正洞达，绝无毫发可疑。"《朱子语类》卷75《易十一·上系下·解〈系辞上〉第十一章》："以物论之，易之有太极，如木之有根，浮屠之有顶。但木之根、浮图之顶是有形之极，太极却不是一物，无方所顿放，是无形之极。故周子曰'无极而太极'，是他说得有功处。"《朱子文集》卷38《书（问答）·答黄叔张（黄维之）》："《西铭》《太极》诸说，亦皆积数十年之功，无一字出私意。释氏以胸襟流出为极则，以今观之，天地之间自有一定不易之理，要当见得不假毫发意思安排，不著毫发意见夹杂，自然先圣后圣如合符节，方是究竟处也。"《朱子文集》卷46《书（知旧门人问答）·答黄直卿（黄榦）》："《先天》乃伏羲本图，非康节所自作。《太极》却是濂溪自作，发明《易》中大概纲领意思而已。"

② 《朱子文集》卷36《书（陆陈辩答）·答陆子美（陆九韶）》："伏承示谕《太极》《西铭》之失，备悉指意。然二书之说，从前不敢轻议，非是从人脚跟，依他门户，却是反覆看来，道理实是如此，别未有开口处，所以信之不疑，而妄以己见辄为之说。正恐未能尽发其奥而反以累之，岂敢自谓有扶掖之功哉？……今亦不暇细论，只如《太极》篇首一句，最是长者所深排。然殊不知不言无极，则太极同于一物，而不足为万化之根；不言太极，则无极沦于空寂，而不能为万化之根。只此一句，便见其下语精密，微妙无穷。而向下所说许多道理，条贯脉络，井井不乱，只今便在目前，而亘古亘今颠扑不破。"《朱子文集》卷36《书（陆陈辩答）·答陆子静（陆九渊）》："至熹前书所谓'不言无极，则太极同于一物，而不足为万化根本；不言太极，则无极沦于空寂，而不能为万化根本'，乃是推本周子之意，以为当时若不如此两下说破，则读者错认语意，必有偏见之病。闻人说有，即谓之实有；见人说无，即以为真无耳。自谓如此说得周子之意已是大煞分明，只恐知道者厌其漏泄之过甚，不谓如老兄者，乃犹以为未稳而难晓也。请以熹书上下文意详之，岂谓太极可以人言而为加损者哉？是又理有未明而不能尽乎人言之意者五也。"

③ 两处"之根"，前书均作"根本"。

"未知尊兄所谓太极，是有形器之物耶？无形器之物耶？若果无形而但有理，则无极即是无形，太极即是有理，明矣，又安得为虚无而好高乎？"这句话表明，在没有"无极"概念时，"太极"是"无形而但有理"。有了"无极"的概念以后，则"无极"是无形，"太极"是有理。两个概念清晰地分开了。

与道家相比，朱子"不言无极，则太极同于一物，而不足为万化之根；不言太极，则无极沦于空寂，而不能为万化之根"二句规定，水平实已超过了王弼等人对于老子"有无"概念的阐释。

与周敦颐《太极图说》相比，周敦颐在《太极图说》中对于"无极"的论述，正与孔子在《易传》中对于"太极"的论述，一样语而不尽。《太极图》于"无极"仅是最上者一中空之圆形，《图说》于"无极"仅见于"无极而太极"一句。而朱子所作的则是反复的申论，恰是王弼评价老子"是有者也"的"申之不已"[①] 了。若非朱子对此反复阐释，"无极"之义实难昌明。朱子所作的揭示固然是透过对周敦颐《太极图说》的阐释而完成的，但由这二句规定来看，他对于儒家形上学本体论所做出的贡献，已超过了周敦颐很多。朱子的贡献同样是开创性的，因而成为在周敦颐之后的儒家形上学的又一个里程碑。

由周敦颐《太极图说》"无极而太极"增补后的概念阶梯，图示如下：

老　　子	无——	有——	万	物
《太极图说》	无极——太极——两仪四象八卦			

如上所述，老子哲学中的"道""无""有"三者是同一的。"道"是"无"，又是"有"，牟宗三学术借用佛教词语以为"道有两相，一曰无，二曰有"，是对的。"道""无""有"有三种不同的名称，有三种不同的名称而又同为一体；"道""无""有"同为一体，同为一体而又有

---

① 何劭《王弼传》："弼幼而察惠，年十余，好老氏，通辩能言。时裴徽为吏部郎，弼未弱冠，往造焉。徽一见而异之，问弼曰：'夫无者诚万物之所资也，然圣人莫肯致言，而老子申之无已者何？'弼曰：'圣人体无，无又不可以训，故不说也。老子是有者也，故恒言无所不足。'"

三种不同的名称。称之为“有”，是为了表明其实有与万有；称之为“无”，是为了表明其绝对与无限。“有”“无”同一，则为“道”。称之为“道”，最重要的目的是为了表明“无”与“有”之间的关联。

如果说，朱子对于“无极”与“太极”的二句规定，意在阐释“无极”与“太极”两种不同名称的作用。另一方面，朱子也在许多地方阐释了“无极”与“太极”之间的关联，是即“无极”“太极”或说“道”“器”的二名一体。①

朱子“道器”二名一体之说，其最精微的阐释见于他围绕《太极图说》版本差异所作的论述。② 据此，则是《太极图说》首句有“无极而太极”与“自无极而为太极”两种版本，后者较前者增出“自”“为”二字。朱子之意以为后者所增为《国史》所改。张立文当以“自无极而为太极”或“无极而生太极”为周子原意③，而朱伯崑则认为是为朱子自己所订正④。陈来则认为周敦颐《太极图说》“无极而太极”一句，本有不同版本，朱熹坚持的版本体现了朱熹自己的哲学倾向，但非朱熹所改，

---

① “道器之名虽殊，然其实一物也。”（《朱子文集》卷72《杂学辨·苏氏（苏辙）〈易解〉》）“有道须有器，有器须有道，物必有则。”（《朱子文集》卷75《易十一·上系下·解〈系辞上〉第十二章》）“故语道体之至极，则谓之太极；语太极之流行，则谓之道。虽有二名，初无两体。”（《朱子文集》卷36《书（陆陈辩答）·答陆子静（陆九渊）》）“愚既为此说，读者病其分裂已甚，辩诘纷然，苦于应酬之不给也，故总而论之。大抵难者：……或谓不当以太极阴阳分道器（按，共举七条）……阴阳太极，不可谓有二理必矣。然太极无象，而阴阳有气，则亦安得无上下之殊哉！此其所为道器之别也。故程子曰：‘形而上为道，形而下为器。’须著如此说。然器，亦道也；道，亦器也。得此意而推之，则庶乎其不偏矣。”（《太极图说解·附辨》）

② 《朱子文集》卷71《杂著·记濂溪传》载：“戊申六月，在玉山邂逅洪景卢内翰，借得所修《国史》，中有濂溪、程、张等传，尽载《太极图说》。盖濂溪于是始得立传，作史者于此为有功矣。然此说本语首句但云‘无极而太极’，今传所载乃云‘自无极而为太极’，不知其何所据而增出‘自’、‘为’二字如？夫以本文之意，亲切浑全明白如此，而浅见之士犹或妄有讥议。若增此字，其为前贤之累，启后学之疑益以甚矣。谓当请而改之……则无不可改之理矣。”

③ 张立文：《宋明理学研究》第二章第二节《周敦颐的哲学思想》（三）《“无极”与“太极”》，中国人民大学出版社1985年版，第117页。参见张立文《周敦颐“无极”、“太极”学说辨析》，《求索》1985年第2期。

④ 朱伯崑说：“朱熹继承程颐的易说，以‘显微无间’说解释周氏的《太极图说》，以太极为理，此理无形迹，所以又称为无极。无极表示太极之理是最高范畴，没有极限，并不是说在太极之先还有一个无极的阶段。所以，他对周敦颐的《太极图说》作了订正，改第一句‘自无极而为太极’为‘无极而太极’。”朱伯崑主编：《易学基础教程》（修订本）第三章《易学》第五节《易学的基本范畴》一《太极》，九州出版社2002年版，第182页。

因张南轩《太极解》本与朱熹同。同时国史《濂溪传》为"自无极而为太极",杨方九江旧本为"无极而生太极",传写本自不一。[1] 不佞认为,陈来所说较为合理。朱子坚持"无极而太极"的版本,说明他对"无极"的理解较之周子已更进一步。

"无极而太极"与"自无极而为太极"二句,文字虽大略相同,含义则截然有别。由朱子坚持"无极而太极"之版本的情况来看,他是将"无极而太极"一句理解为"无极即是太极",将"自无极而为太极"理解为"从无极生出太极"。张岱年也认为:"'自无极而为太极',包含'有生于无'之意。可以说,周子宇宙论中涵有'有生于无'的观点。"同时并指出《太极图说》中的另外一句话"太极本无极也",也可以有两种解释,一是太极本即无极,一是太极本于无极。[2] 不佞认为,如上所述,"无极"与"太极"既有称谓不同的一面,又有同为一体的一面。"无极而太极"一句既已标立二名,则当务之急自然是要同时表明其二名一体的性质。"而"为连词,含义委婉,如以"无极""太极"为二名,则"而"之义为"而且",表示并列关系。如以"无极""太极"为一体,则"而"之义为"而即",表示同一关系。用语之微妙,应该说是超过了老子"有生于无"的表述。其为朱子所坚持,自不足怪。

老子"道""无""有"三者同一与《太极图说》"道""无极""太极"三者同一的概念阶梯,图示如下:

老　　子	无 有——万　　物 道
《太极图说》	无极 太极——两仪四象八卦 道

① 陈来:《朱熹哲学研究》第一部分《理气论》第一章《理气先后——朱熹理气观的形成与演变》,中国社会科学出版社 1988 年版,第 5 页注。

② 张岱年:《中国哲学大纲》第一篇第三章《太极阴阳论》,中国社会科学出版社 1982 年版,第 34—35 页注二。

三 "一二四"与"一二三"问题及其得失

《易经·系辞上传》"易有太极,是生两仪,两仪生四象,四象生八卦"四句①,具有一种严整而简明的阶梯结构。朱子认为,在儒家易学学说中,《易经·系辞上传》"易有太极,是生两仪,两仪生四象,四象生八卦"四句论断具有极其重要的意义,称之为"圣人作易"的"纲领""次第"。②

朱伯崑指出,历代学者对于《易传》四句所作的解释,有占筮过程、画卦过程、宇宙发生论、宇宙本体论四种。他说:"太极这一范畴,就易学说,始于《易经·系辞上传》:'易有太极,是生两仪,两仪生四象,四象生八卦。'……就占筮的过程说,此太极指五十或四十九根蓍草混而未分。……就画卦说,太极之阴阳两卦混而未分。……就世界形成的过程说,太极为最高或最初的实体。"③ 朱子所作的解释,便是"以画卦言之"④ 的解释。此种解释是比较注重于"形而上"之"道"的阐释,因此朱伯崑又认为朱子所作的是一种宇宙本体论的理解。

"以画卦言之"解释出来的"次第",就是"一二四",即所谓一个生两个,所谓一便生二,二便生四。其具体陈述,大略见于《朱子语类》

---

① "易有太极"一句,各本或作"大极",大同太,音泰。唐陆德明《经典释文》作"易有大极",释文:"大音泰。"《四库全书》经部一·易类三·原本《周易本义》卷七作"是故易有大极",朱子本义:"大极者,其理也。"《四库全书》经部一·易类三·别本《周易本义》卷三亦作"是故易有大极",朱子本义:"大音泰。……大极者,其理也。"湖南长沙马王堆1973年出土帛书《系辞》作"易有大恒"。本篇仍按照传世通行本即《十三经注疏·周易正义》本作"易有太极"。

② "易有太极,是生两仪,两仪生四象,四象生八卦。熹窃谓此一节乃孔子发明伏羲画卦自然之形体次第,最为切要。"(《朱子文集》卷37《与郭冲晦》)"此数言者,实圣人作易自然之次第。"[文渊阁《四库全书》本《原本周易本义》(十二卷本)卷7,及文渊阁《四库全书》本《别本周易本义》(四卷本)卷3]"此是圣人作《易》纲领次第。"(《朱子文集》卷71《杂著·记林黄中辨〈易〉〈西铭〉》)

③ 朱伯崑主编:《易学基础教程》(修订本)第三章《易学》第五节《易学的基本范畴》一《太极》,九州出版社2002年版,第180页。

④ 《朱子文集》卷37《与郭冲晦》:"盖以《河图》、《洛书》论之:太极者,虚其中之象也;两仪者,阴阳奇耦之象也。以画卦言之:太极者,象数未形之全体也;两仪者,一为阳而一为阴,阳数一而阴数二也。"

中有二处①，见于原本《周易本义》及别本《周易本义》二处②。

此外，在《朱子语类》卷75《易十一·上系下·解〈系辞上〉第十一章》中，又有一处阐释是由八卦、四象向两仪、太极逆推。③

朱子学识广博，对于道、释二家都有深入的了解。但是在学统上，他的做法则与道、释严明区分。周子与朱子吸收道家哲学的痕迹至为明显，而二人生当两宋之际，佛教鼎沸，儒学不竞，所谓"当务之为急"者，首在明三教之分。朱子评价《太极图说》及张载《西铭》，有"无一字出私意""不著毫发意见夹杂"④ 等语，由此亦使人想到程颢对于张载《西铭》的评价："《订顽》（即《西铭》）之言，极醇无杂。"⑤ 所谓"极醇无杂"，首先是在学术用语上，与道、释二家严格区分。凡是道、释二家所使用过的概念，儒家便不再使用。这样做的目的首先在于维护儒家学术的尊严，所谓"从人脚跟，依他门户"避免歧义尚在其次。

朱子在致陆九渊的长信中，论其"理有未明"者共七事，其中说道："老子'复归于无极'，'无极'乃无穷之义，如庄子'入无穷之门以游

---

① 《朱子语类》卷75《易十一·上系下·解〈系辞上〉第十一章》："问：'易有太极，是生两仪，两仪生四象，四象生八卦。'曰：此太极却是为画八卦说。当未画卦前，太极只是一个浑沦底道理，里面包含阴阳、刚柔、奇耦，无所不有。及各画一奇一耦，便是生两仪。再于一奇画上加一耦，此是阳中之阴；又于一奇画上加一奇，此是阳中之阳。又于一耦画上加一奇，此是阴中之阳；又于一耦画上加一耦，此是阴中之阴。是谓四象。所谓八卦者，每一象上有两卦，每象各添一奇一耦，便是八卦。""明之问：'易有太极，是生两仪，两仪生四象，四象生八卦。'曰：易有太极，便有个阴阳出来，阴阳便是两仪。仪，匹也。两仪生四象，便是一个阴又生出一个阳，⚏是一象也；一个阳又生一个阴，⚍是一象也；一个阴又生一个阴，⚎是一象也；一个阳又生一个阳，⚌是一象也。此谓四象。四象生八卦，是这四个象生四阴时，便成坎、震、坤、兑四卦；生四个阳生，便成巽、离、艮、乾四卦。……每卦变八卦，为六十四卦。"

② 《原本周易本义》卷7："是故易有大极，是生两仪，两仪生四象，四象生八卦"，朱子解："一每生二，自然之理也。易者，阴阳之变。大极者，其理也。两仪者，始为一画，以分阴阳。四象者，次为二画，以分太少。八卦者，次为三画，而三才之象始备。此数言者，实圣人作易自然之次第，有不假丝毫知力而成者。"《原本周易本义》与别本全同，惟原本"始为"别本作"始于"，原本"知力"别本作"智力"，别本并多"大音泰"注音。

③ 《朱子语类》卷75《易十一·上系下·解〈系辞上〉第十一章》："'易有太极'，便是下面两仪、四象、八卦。自三百八十四爻总为六十四，自六十四总为八卦，自八卦总为四象，自四象总为两仪，自两仪总为太极。"

④ 《朱子文集》卷38《书（问答）·答黄叔张（黄维之）》。

⑤ 《近思录》卷2本注引。

'无极之野'云尔，非若周子所言之意也。"① 在其他地方也多为周子辩护。吕思勉曾经认为，朱子之"无极"与老子之"无极"虽然用语相同，而不害其理，说："朱陆无极太极之辩，亦为理学家一重公案。……象山谓无极二字，出《老子》知其雄章，以引用二氏之言为罪案。……象山又谓二程言论文字至多，亦未尝一及无极字。""案此说似陆子误也。……理之不同者，虽措语相同，而不害其为异。理之不易者，凡古今中外，皆不能不从同。安得摭拾字面，以为非难乎？"② 但是这种态度其实是朱子所不能接受的。

不佞认为，周子、朱子之"无极"概念，确实与《老子·二十八章》"复归于无极"之"无极"不同，但是却与《老子·四十章》"天下万物生于有，有生于无"之"无"相对应。"无极而太极"实即老子"有生于无"之意，朱子在此是借用了道家之实而改易其名。也正是由于朱子尚不能免于门户之见，所以妨碍了他对于老子哲学的正确理解，致使朱子在形上学方面尚有未尽之处。

朱子在阐释《易传》"一二四"问题的同时，也批评了老子"一二三"之说。

《朱子文集》卷37《答程泰之（程大昌）》解老子"道生一，一生二，二生三"说："熹恐此'道'字即《易》之'太极'。'一'乃阳数之奇，'二'乃阴数之偶，'三'乃奇偶之积。其曰'二生三'者，犹所谓二与一为三也。若直以一为太极，则不容复言'道生一'矣。详其文势，与《列子》'易变而为一'之语正同，所谓'一'者，皆形变之始耳，不得为非数之一也。"

朱子认为，"道生一，一生二，二生三"与"易有太极，是生两仪，两仪生四象，四象生八卦"，前者的"道"相当于后者的"太极"，前者的"一"相当于后者"两仪"中的阳，前者的"二"相当于后者"两仪"中的"阴"。而前者的"三"当是"阴阳"之二与另外的一个"一"，这个"一"表示继续到来的变化。按照这样的解释，老子所谓

<hr>

① 《朱子文集》卷36《书（陆陈辩答）·答陆子静（陆九渊）》。

② 吕思勉：《理学纲要》篇四《濂溪之学》，上海商务印书馆1931年编校再版，东方出版社1996年重排本，第36页。

"道生一，一生二，二生三"之说显然不如《易传》"易有太极，是生两仪，两仪生四象，四象生八卦"之说严整与合理了。所以朱子断定："一便生二，二便生四。《老子》却说'二生三'，便是不理会得。""'道生一，一生二，二生三'，不合说一个生一个。"①

《朱子文集》卷37《答程可久》又说："太极之义，正谓理之极致耳。有是理即有是物，无先后次序之可言，故曰'易有太极'，则是太极乃在阴阳之中，而非在阴阳之外也。'形而上者谓之道，形而下者谓之器'……有是理即有是气，气则无不两者，故《易》曰太极'生两仪'。而老子乃谓道先生一，而后一乃生二，则其察理亦不精矣。老庄之言之失，大抵类此，恐不足引以为证也。"这就有了很大的误解。

《老子·四十二章》所说"道生一，一生二，二生三，三生万物"一段文字，其中"道生一"一句的意思应该是："道"本无名，勉强名之，于是有"一"。是称为"道"才是有了"一"，不是"道"又生出了"一"，所以"一"就是"道"，"道"就是"一"。

"一生二"一句的意思，历代学者有两种不同的解释。一是庄子、王弼等人的理解，以"二"为"有无"。这是由形上概念角度所作出的解释。

《庄子·齐物论》："天地与我并生，而万物与我为一。既已为一矣，且得有言乎？既已谓之一矣，且得无言乎？一与言为二，二与一为三。自此以往，巧历不能得，而况其凡乎！故自无适有，以至于三，而况自有适有乎！"

王弼《老子道德经注·四十二章》："万物万形，其归一也。何由致一？由于无也。由无乃一，一可谓无。已谓之一，岂得言无乎？有言有一，非二如何？有一有二，遂生乎三。"②

王弼等的解释明显是由庄子而来。其意为："道"是"无"；"道"是"无"，所以"道"是"一"。这叫作"道生一"。称"道"是"无"

---

① 《朱子语类》卷125《老氏·老子书·道生一章第四十二》。

② 其他理解还有王安石《老子注》："道一也，而为说有二，所谓二者，何也？有无是也。是二者，其为道一也。"吕惠卿《道德真经传》："太初有无无，有无名。有无无，则一亦不可得。有无名，则一之所起，有一而未有形也。既谓之一，则虽未有形，且已有名矣。名为一而名之者，为二。二与一为三。万物纷纷，自此生矣。"

或称"道"是"一"，是有言，有言就是"有"。"道"是"无"的
"一"加上"有言"的"有"，故为二。这叫作"一生二"。"道"是
"无"的"一"加上二，又成了三。这叫作"二生三"。虽然"一生三"
的逻辑过程已经完成，但是"道"与"无"与"有"这三个概念本质上
仍只是一个，所以王弼又说："既谓之一，犹乃至三。"所谓二和三只是
逻辑思辨的不同环节而已。"道"与"无"与"有"仍然是三者同一的
关系。

二是文子、河上公等人的理解，以"二"为阴阳，或称天地、两仪、
动静。这是由宇宙生成的角度所作出的解释。

《文子·九守》："天地未形，窈窈冥冥，浑而为一。寂然清澄，重浊
为地，精微为天，离而为四时，分而为阴阳。精气为人，粗气为虫，刚柔
相成，万物乃生。"

河上公《老子道德经河上公章句·道化第四十二》："一生二"，注
曰："一生阴与阳也。"[1]

民国学者奚侗也说："《易·系辞》：'是故易有太极，是生两仪。'
'道'与'易'异名同体。此云'一'即太极，'二'即两仪，谓天地
也。天地气合而生和，二生三也。和气合而生物，三生万物也。"[2]

高亨也说："一、二、三者，举虚数以代实物也。一者天地未分之元
素，《说文》所谓'惟初太始，道立于一，造分天地，化成万物'者也。
《庄子·天下篇》述老聃之术曰：'主之以太一。'太一即此一也。《易·

---

① 据王卡点校《老子道德经河上公章句》本，中华书局 1993 年出版。其他理解还有《吕
氏春秋·大乐》："太一出两仪，两仪出阴阳。阴阳变化，一上一下，合而成章。"《淮南子·天
文训》说："道日规始于一，一而不生，故分而为阴阳。阴阳合和而万物生，故曰一生二，二生
三，三生万物。"（"日规"二字王念孙以为衍文，见王念孙《读书杂志》。）唐杨上善《黄帝内
经·太素·知针石篇》注："从道生一，谓之朴也。一分而二，谓天地也。从二生三，谓阴阳和
气也。从三以生万物，分为九野、四时、日月乃至万物。"宋司马光《道德真经论》说："道生
一，自无而有。一生二，分阴分阳。二生三，阴阳交而和生。三生万物，和气合而生物。"宋赵
实庵《老子解》："太极生三。……凡有四说焉。一以阴阳言，二以天地言，三以父母言，四以
有无言。"宋范应元《老子道德经古本集注》："道一而已，故曰道生一也。一之中便有动静，动
曰阳，静曰阴，故曰一生二也。"元李道纯《道德会元序例》："道生一，虚无生一气。一生二，
一气判阴阳。"

② 奚侗：《老子集解》，《老子注三种》本，黄山书社 1994 年版，第 111 页。序作于 1925
年。

系辞上》：'易有太极，是生两仪，两仪生四象，四象生八卦。'太极亦即此一也。二者，天地也。三者，阴气阳气、和气也。《礼记·礼运》：'礼必本于太一，分而为天地，转而为阴阳。'《吕氏春秋·大乐篇》：'太一出两仪，两仪出阴阳。'皆一生二、二生三之意，特仅言阴阳未言和气耳。'万物负阴而抱阳，冲气以为和。'阴也阳也和也，即此所谓三也。"①

按照文子、河上公、奚侗、高亨等人的理解，是认为"道"与"无"与"有"均为一，三者可谓异名同实。"道"或"无"或"有"异名同实的"一"生出了"二"，这个"二"就是阴阳。此处的"生"是实有的生，阴阳也是实有的存在物。

不佞认为，以上两种解释当以前者义理为长，但是第二种解释也是对的，特别是高亨的解释，会通了老子与《易传》两种阐述，是比较合理的。朱子是依循了第二种的解释，依照这种解释，固然也可以把"二"理解为阴阳，但是却不能因此而认为"一"只是"先生"的"阳数之奇"。其实此"一"包含了"道""有""无"三者在内，三者同一，此为《老子·一章》"玄之又玄"亦即同之又同本旨。朱子已明"无极""太极"与儒家之"道"三者同一，而却反不能明了老子"有生于无"为"无""有""道"三者之同一，亦一怪事。

朱子对老子"一二三"问题的错解，直接导致了他对于老子"有生于无"之说的理解。《四十章》"有生于无"纯为形而上之"道"层面上的概念，"有""无"是同一的关系，无即是有，有即是无。"有生于无"或"无生有"是就逻辑上的先后而言，"无生有"意为使"无"成为"有"，"有生无"意为使"有"成为"无"。朱子不明此意，则说："熹详老氏之言有无，以有无为二；周子之言有无，以有无为一。正如南北水火之相反。"② 又说："《易》不言有无。《老子》言'有生于无'，便不是。"③

实际上，朱子虽然建立了与"太极"相对的"无极"概念，建立了儒家易学的形上体系，但是他对于"道""无""有"三者的同一，对于

---

① 高亨：《老子正诂》，东北大学 1929 年初版，清华大学出版社 2011 年版，第 70—71 页。
② 《朱子文集》卷 36《书（陆陈辩答）·答陆子静（陆九渊）》。
③ 《朱子语类》卷 125《老氏·老子书·反者道之动章第四十一》。

"无"同一性、绝对性的认识，仍较道家有一段距离。较之庄子关于"有无""无无"的论述①，关于"有无""未始有无""未始有夫未始有无"的论述②，可知在形上学方面，"无"才是义理上、语言上一种最佳的描述。周子、朱子之"无极"虽与"无"之概念对应，其实尚不能及于老庄之"无"。

老子"一二三"说（庄子、王弼与文子、河上公二种解释）与《太极图说》"一二四"说，图示如下：

老子 "一二三" 说 （庄子、王弼）	一 ── 二 ── 三 无　　无与有　无与有与道
老子 "一二三" 说 （文子、河上公）	一 ── 二 ── 三 道、无、有　阴阳　阴气阳气和气
《太极图说》"一二四"说	一 ── 二 ── 四 无极、太极　两仪（阴阳）　四象

---

① 《庄子·外篇·知北游》："光曜问乎无有曰：'夫子有乎？其无有乎？'光曜不得问而孰视其状貌，窅然空然。终日视之而不见，听之而不闻，搏之而不得也。光曜曰：'至矣，其孰能至此乎！予能有无矣，而未能无无也。及为无有矣，何从至此哉！'"

② 《庄子·内篇·齐物论》："有始也者，有未始有始也者，有未始有夫未始有始也者；有有也者，有无也者，有未始有无也者，有未始有夫未始有无也者。"

第三编　儒家专论

先秦典籍中"仁"字本义试解

关于"仁"的诠释，大致可以区分为字源、本义、引申义三类。就本义而论，先秦典籍解"仁"为"亲"，解"亲"为"私"。其思想路径与宋代理学解"仁"为"无私"恰是一相反的过程。

"仁"为我国学术、文化中一大思想概念，也是我国自上古先秦以来的重要伦理概念。先秦学者、思想家对此多有论断，历代阐释尤层出不穷。近代以来关于"仁"的研究，大致可以区分为字源、本义、引申义三类。（一）字源研究。"仁"字的字形："二"旁有从人（仁）、从尸（𡰱）、从心（忈）三体，又有从千从心（㤸）一体。楚简从身从心（㥃），廖名春谓"心"为"二"省代，写作"伈"，省写为"仁"。由字形解释字义：从"二"者用今语可阐释为人际关系。段玉裁《说文注》引《中庸》"仁者，人也"，谓读如相人偶之人，以人意相存问。从"尸"者可阐释其民族性与地域性。"尸"字象卧之形①，其字义与"夷"相关，《说文》古文"仁"或从尸，段注"按古文夷亦如此"。"夷"字甲骨、金文或写作"尸"，有"尸方"。《说文》"夷"字从大（大象人形），解为"东方之人"，段注"夷俗仁"，《汉书·地理志》载"东夷天性柔顺"，《后汉书·东夷传》载东夷"仁而好生，天性柔顺"。从"心"者可阐释为道德内省。段玉裁《说文注》引《孟子》"仁，人心也"，谓仁乃是人之所以为心。（二）本义研究。先秦典籍解"仁"为"亲"，解"亲"为"私"。惟此义学界论述尚有缺略。（三）引申义研究。先秦典籍解"仁"为"人"②，故"仁"有"人""仁政""人道""人文"诸多

---

① 古文"尸"字不封口，又或写作一笔。
② 《礼记·中庸》："仁者，人也。"

引申义，为诠解中华文明的一大主题。①

"仁"作为伦理概念，内容涵括极其广泛。屈万里曾经说，"仁"这个概念经过孔子的阐述以后，几乎包括了人类的全部美德，成为做人的最高标准。② 而"仁"的伦理概念的阐释，有赖于以上三个方面的研究。其中，对于"仁"的本义的研究，具有不可或缺的意义。

本篇重在讨论"仁"的本义，采录先秦典籍《尚书》《逸周书》《左传》《国语》《尔雅》《礼记》《大戴礼记》《老子》《孟子》《庄子》《韩非子》《战国策》等，兼采汉代典籍《论六家要指》《说苑》《孔子家语》等，以当世之人论当世之言，又兼括儒、道二家之论，说明先秦典籍中存在解"仁"为"亲"、解"亲"为"私"之一途，其社会背景当与宗法制度与"亲孝"思想相关。其思想路径与宋代理学以"天道""无私"解"仁"，恰是一相反之过程，由此亦可引出先秦儒家与宋代理学之一重比较。

一 "仁"释为"亲"

"亲"解为至、到。《说文》："亲，至也。"段注："情意恳到曰至，父母者情之冣（聚）至者也，故谓之亲。"

"亲"亦可解为自身，有"躬亲"之文。《尔雅·释言》："膺，身，亲也。"《礼记·哀公问》："大昏既至，冕而亲迎，亲之也。亲之也者，亲之也。"③ 亲迎谓亲自迎娶，孔疏："上亲，犹自也；下亲，亲爱也。"

《庄子·养生主》"保身、全生、养亲、尽年"，养亲犹言养身，成玄英疏谓"外可以孝养父母，大顺人伦"，于义不符。王先谦集解谓"以受于亲者归之于亲，养之至也"，差为近之。古人以生命为连续的整体，故以宗族的生命为最小单位，个人生命的存亡殊无意义，个体生命之存在即

---

① 近年的研究较为重要者有：庞朴《"仁"字臆断》（《寻根》2001 年第 1 期），白奚《"仁"字古文考辨》（《中国哲学史》2000 年第 3 期），廖名春《"仁"字探原》（《中国学术》第八辑，商务印书馆 2001 年版），梁涛《郭店竹简"悬"字与孔子仁学》（《哲学研究》2005 年第 5 期），谢阳举《"仁"的起源探本》（《管子学刊》2001 年第 1 期）等。

② 屈万里：《"仁"字涵义之史的观察》，《民主评论》1954 年第 5 卷第 23 期。

③ 又见《大戴礼记·哀公问于孔子》。

宗族生命之存在，故养身即所以孝养父母，故《孝经·开宗明义章》"身体发肤，受之父母，不敢毁伤，孝之始也"，司马迁谓"其次不辱身，其次不辱理色……其次诎体受辱，其次易服受辱，其次关木索被棰楚受辱，其次剃毛发婴金铁受辱，其次毁肌肤断支体受辱"（《报任安书》），凡关于自身者皆事关乎孝道。

"亲"可引申为父母等一切血缘、亲属关系，有"双亲""六亲"之文。《孟子·滕文公上》："父子有亲。"《尔雅》载"父为考，母为妣，父之考为王父，父之妣为王母……"题其篇卷为《释亲》。

"仁"字可与父母血缘之"亲"互释，二语并提，频见于道家《庄子》、儒家《孟子》及法家诸书。

> 《说文》："仁，亲也。"
>
> 《庄子·天运》："至仁无亲。"
>
> 《庄子·在宥》："亲而不可不广者，仁也。"
>
> 《庄子·天运》："商太宰问仁于庄子，庄子曰：'虎狼，仁也。'曰：'何谓也？'庄子曰：'父子相亲，何为不仁！'"
>
> 《孟子·离娄上》："孟子曰：'仁之实，事亲是也。'"
>
> 《孟子·离娄上》："孟子曰：爱人不亲，反其仁。"
>
> 《孟子·万章上》："孟子曰：'未有仁而遗其亲者也。'"
>
> 《太平御览》引《礼记·经解》曰："上下相亲谓之仁。"

庄子或以为其学出于儒家之门，所言虽剽剥儒墨，诋訾孔子之徒，要之以仁、亲互释则与孟子相同。

又《老子·五章》："天地不仁，以万物为刍狗。"刘师培曰："案刍狗者，古代祭祀所用之物也。……古代祭祀，均以刍狗为求福之用。盖束刍为狗，与刍灵同，乃始用终弃之物也。老子此旨曰：天地之于万物，圣人之于百姓，均始用而旋弃，故以刍狗为喻，而斥为不仁。"[1] 所言"终弃""旋弃"，犹之乎不亲。《老子·五章》犹言天地不仁，不亲万物。

《孟子》又载：

---

[1] 朱谦之《老子道德经校释》引。

《孟子·滕文公上》："盖上世尝有不葬其亲者。……则孝子仁人之掩其亲，亦必有道矣。"

《孟子·离娄上》："孟子曰：'人人亲其亲，长其长。'"

《孟子·离娄上》："孟子曰：'事孰为大？事亲为大。……不失其身而能事其亲者，吾闻之矣。失其身而能事其亲者，吾未之闻也。'"

《孟子·离娄上》："孟子曰：'不得乎亲，不可以为人；不顺乎亲，不可以为子。'"

凡此所论，亦皆仁孝之事，而专以事亲为言，仍可见仁、亲互释之义。

法家之学，儒者每责之不仁，"无教化，去仁爱，专任刑法而欲以致治，至于残害至亲，伤恩薄厚"（《汉书·艺文志》）。

法家之不仁亦由不亲而起：

《韩非子·扬权》："若天若地，孰疏孰亲？"

《六家要指》："法家不别亲疏，不殊贵贱。"

清儒戴震亦谓："人之异于禽兽不在是。禽兽知母而不知父，限于知觉也；然爱其生之者及爱其所生，与雌雄牝牡之相爱，同类之不相噬，习处之不相啮，进乎怀生畏死矣。一私于身，一及于身之所亲，皆仁之属也。私于身者，仁其身也；及于身之所亲者，仁其所亲也。"[①] 其论可与道家庄子"虎狼，仁也"之意相接。

二 "无亲"释为"无私"，"亲"释为"私"

先秦有习语称"天道无亲"，"无亲"即"无私"。

《尚书·商书·太甲下》："惟天无亲，克敬惟亲；民罔常怀，怀

---

① 戴震：《孟子字义疏证》"性九条"。

于有仁。"① 孔传:"言天于人无有亲疏,惟亲能敬身者。"

《尚书·周书·蔡仲之命》:"皇天无亲,惟德是辅。"孔传:"天之于人,无有亲疏,惟有德者则辅佑之。民之于上,无有常主,惟爱己者则归之。"

《楚辞·离骚》:"皇天无私阿兮,览民德焉错辅。"

《楚辞·招魂》:"帝告巫阳曰:'有人在下,我欲辅之。'"

《左传》僖公五年宫之奇引《周书》,又曰:"臣闻之,鬼神非人实亲,惟德是依。"又《尚书·皋陶谟》孔颖达正义曰:"皇天无心,以百姓之心为心。"亦此无私之意。

《国语·晋语六》:范文子曰:"吾闻之,'天道无亲,唯德是授。'"

《孔子家语·观周》及《说苑·敬慎》《皇览·记阴谋》引《黄帝金人铭》:"天道无亲,而能下人。"

《后汉书·袁绍传》注引《太公金匮》曰:"天道无亲,常与善人。"

《后汉书·郎颉传》引《易》曰:"天道无亲,常与善人。"

《老子·七十九章》:"天道无亲,常与善人。"

《史记·伯夷列传》:"或曰:天道无亲,常与善人。"

以上所引古语,"天道无亲"亦皆解为"天道无私"。古人称天道常谓之无私,如:

《尚书·咸有一德》:"非天私我有商,惟天佑于一德。"

《大戴礼记·礼察》:"无私如天地。"

《申子》:"天道无私,是以恒正;天常正,是以清明。"

庄子又直接以亲、私并提:

---

① 亲、仁并提,增前一例。

《庄子·齐物论》："若有真宰，而特不得其朕……吾谁与为亲？其有私焉？"

古人论天道多称有信，谓之"三信"，称无私则亦有"三无私"：

《逸周书·宝典解》："三信：一春生夏长无私，民乃不迷。"

《逸周书·周祝解》："时之还也，无私貌；日之出也，无私照。"

《礼记·孔子闲居》："子夏曰：敢问何谓三无私？孔子曰：天无私覆，地无私载，日月无私照。奉斯三者以劳天下，此之谓三无私。"

可知就天道而言，其"无亲"即解为"无私"，其"亲"则解为"亲私"之"私"。

三 儒家"无亲"与法家"无私"二义之别

然细绎古人用语，"无亲"多为贬义，"无私"多为褒义。究其原由，殆因儒家与道、法二家学说不同而起。

儒家重在人文[①]，而以天道为远[②]，非当务之急[③]，故孔子罕言天道[④]，既有言，亦往往"推天道以明人事者"（《四库全书总目提要·易类小叙》）。道家重在自然，而以自然之道为终极律令，"人法地，地法天，天法道，道法自然"（《老子·二十五章》）。道家不以为天道之外另有一人道，谓有人道，即斥其为伪。

故先秦儒、道二家皆言天道、人道，而各有虚实。儒家言天道多依托名义，道家言人道则一概菲薄。梁启超谓："道家哲学有与儒家根本不同之处。儒家以人为中心，道家以自然为中心。儒家道家皆言'道'，然儒家以人类心力为万能，以道为人类不断努力所创造，故曰：'人能弘道，

---

① 即前述人道、仁道。

② 《左传》昭公十八年子产之意。

③ 《孟子·尽心上》之意。

④ 《论语·子罕》之意。

非道弘人。'道家以自然界理法为万能,以道为先天的存在且一成不变。道家之论政治也,谓'民莫之令而自正',此与儒家所言'子率以正孰敢不正'正相针对。"① 其言最精。

故儒家论人道,主于亲亲,凡言"无亲",多为贬义。

《左传》隐公四年:"夫州吁,阻兵而安忍。阻兵无众,安忍无亲,众叛亲离,难以济矣。"

《左传》隐公九年:"戎轻而不整,贪而无亲,胜不相让,败不相救。"

《左传》僖公十四年:"背施无亲,幸灾不仁,贪爱不祥,怒邻不义。四德皆失,何以守国?"

《左传》僖公二十三年:"晋侯无亲,外内恶之。"

《左传》僖公二十四年:"惠、怀无亲,外内弃之。天未绝晋,必将有主。"

《左传》襄公四年:"戎狄无亲而贪,不如伐之。"

《战国策·魏三》:"秦败魏于华走芒卯而围大梁,须贾为魏谓穰侯曰:'夫秦贪戾之国而无亲,蚕食魏,尽晋国。'"

《战国策·燕一》:"张仪为秦破从连横,谓燕王曰:'夫赵王之狼戾无亲,大王之所明见知也。且以赵王为可亲邪?赵兴兵而攻燕,再围燕都而劫大王,大王割十城乃却以谢。'"

以上诸例,"无亲"均为贬义,反映出与儒家相类的人道观念,其中称戎狄为"无亲"二例,尤可见出儒家"明华夷之分"之义。故"无亲"一语用之于外族或"保族"意义上,尤其明显。准此而言亦有例外,如以公族相对私室而言,则"无亲"犹言"无私",亦有褒义,如:

《国语·晋语一》:"吾闻之外人之言曰:为仁与为国不同。为仁者,爱亲之谓仁;为国者,利国之谓仁。故长民者无亲,众以为

---

① 梁启超:《先秦政治思想史》,上海商务印书馆 1923 年初版,上海中华书局 1936 年再版,第 99 页。

亲。……自桓叔以来，孰能爱亲？唯无亲，故能兼翼。"韦注："无亲，无私亲。"

《国语·晋语二》："亡人无亲，信仁以为亲。"

《国语·晋语四》："国君无亲，以国为亲。"

道家以天道为均平，天道相对于万物而言，称为"无私"。老子所言天之道，损有余而补不足。人之道则不然，损不足以奉有余。《老子·三十三章》："天地相合，以降甘露，人莫之令而自均。"故道家凡称述天道，或法自然，均以无私为说。法家其哲理均出道家，谓之"道生法"①，故道、法二家哲理相近。法家之"法"，古文写作"灋"，《说文》："灋，刑也。"②

由道家、法家一类观念而论，凡言"无私"，多为褒义。

《左传》成公九年："楚囚，君子也。言称先职，不背本也。乐操土风，不忘旧也。称大子，抑无私也。名其二卿，尊君也。不背本，仁也。不忘旧，信也。无私，忠也。尊君，敏也。"

《老子·七章》："圣人后其身而身先；外其身而身存。非以其无私邪？故能成其私。"

《庄子·大宗师》："天无私覆，地无私载，天地岂私贫我哉？"

《战国策·秦一》：卫鞅亡魏入秦："商君治秦，法令至行，公平无私，罚不讳强大，赏不私亲近，法及太子，黥劓其傅。"

《战国策·赵二》：武灵王平昼闲居："承教而动，循法无私，民之职也。"

《史记·老子韩非列传》索隐引刘氏云："韩非之论诋驳浮淫，法制无私。"

亦有儒家由公族而言，以"无私"为褒义者，与以"无亲"为贬义

---

① 见《管子·心术上》及马王堆汉墓古佚书《经法》。
② 刑法之"刑"从刀从开，其本义亦解为平。《说文》："开，平也。"

者意颇不同。《逸周书·谥法解》："立志及众曰公。"① 《史记》正义："志无私也。"

《左传》成公十六年："子叔婴齐奉君命无私，谋国家不贰，图其身不忘其君。"

《左传》昭公二十年："夫子之家事治，言于晋国，竭情无私。其祝史祭祀，陈信不愧。"

《左传》昭公二十六年："王不立爱，公卿无私，古之制也。"

《左传》昭公二十八年："照临四方曰明，勤施无私曰类，教诲不倦曰长，赏庆刑威曰君，慈和遍服曰顺，择善而从之曰比，经纬天地曰文。"

《国语·鲁语下》："公父文伯之母朝哭穆伯，而暮哭文伯。仲尼闻之曰：'季氏之妇可谓知礼矣。爱而无私，上下有章。'"

《国语·周语下》："加之以无私，重之以不翦，能避怨矣。居俭动敬，德让事咨，而能避怨，以为卿佐，其有不兴乎！"

四　朱子以天道之"无私"释"仁"

上述"仁"释为"亲"，"亲"释为"私"的界定，到后世渐以改变，宋代乃有专以"无私"释"仁"者。宋儒喜言天理，以"无私"释天理，遂亦以"无私"释"仁"。如：

《朱子语类》卷六："公不可谓之仁，但公而无私便是仁。……无私以间之则公，公则仁。……惟无私，然后仁；惟仁，然后与天地万物为一体。"

《朱子语类》卷四十一："无私便是仁。……人能克己，则日间所行，事事皆无私意而合天理耳。"

《朱子语类》卷九十五："仁，便如天地发育万物，人无私意，便与天地相似。"

---

① 《史记》正义所引"制"作"志"。

《朱子语类》卷九十六："公而无私则仁。"

《近思录》卷一茅星来注引朱子曰："无私是仁之前事，与天地成物为一体是仁之后事。惟无私然后仁，惟仁然后与天地万物为一体。"

由此引申，以至君子小人之分与中庸之义，亦可以"公心""私心"为断，如说：

《朱子语类》卷二十六："'君子小人趋向不同，公私之间而已。'只是小人之事莫非利己之事，私也。君子所怀在德，则不失其善。至于刑，则初不以先王治人之具而有所憎疾也，亦可借而自修省耳。只是一个公心。"

《朱子语类》卷六十三："心无一点私，则事事物物上各有个自然道理，便是中庸。以此公心应之，合道理顺人情处便是。"

公私的"私"字，本作"厶"，假借为"私"。[①]《说文》："厶，奸衺也。"[②]《韩非子·五蠹》："古者苍颉之作书也，自环者谓之私，背私谓之公，公私之相背也，乃苍颉固以知之矣。"《周礼》："大者公之，小者庶民私之。……大兽公之，小禽私之。"此所谓"公"，为公侯、公族之公；此所谓"私"，亦为支庶、私室之意。此一公私概念当与先秦宗法制度相关，公、私皆相对于族姓中之大宗、小宗而言，与现代一般伦理概念中的自私、自利不同。天子相对于诸侯为大宗，诸侯相对于大夫为大宗，大夫相对于士为大宗；诸侯相对于天子为小宗，大夫相对于诸侯为小宗，士相对于大夫为小宗。

而上古礼制，重在分辨远近亲疏，大小远近各具意义，大宗远祖虽然重要，却并不能取代小宗与近亲，甚至近亲的地位更加重要，此之谓"亲亲"。《礼记·大传》："上治祖祢，尊尊也；下治子孙，亲亲也。旁治昆弟，合族以食，序以昭穆。""自仁率亲，等而上之至于祖；自义率祖，

---

① "私"本字从禾，为禾名。

② "衺"字段注谓衍当删。

顺而下之至于祢。是故人道亲亲也。"郑玄注："用恩则父母重而祖轻，用义则祖重而父母轻。"故知古人"乌鸟私情"一语①，实为"仁"字之正解。

按宋儒所论，与先秦儒家之说恰相反转。经过宋儒的诠释，"仁"之意义不仅上推至于天道，并且天道亦已下涵人性。清儒钱大昕谓"古书言天道者，皆主吉凶祸福而言……皆论吉凶之数，与天命之性自是两事"②，亦为有感而发之语③。盖因三代以后宗法制度早已变换为官僚制度，家族意义转轻，小宗近乎庶民，大宗亦无疆土。故宋儒论"仁"乃变大宗、小宗之公私而为天道、人性之公私。宋儒所论"私心"实就一切人欲而言，而所论"公心"则拟于天道，或为抽象之人性。而宋儒以"公心"为"仁"，与先秦儒家释"仁"为"私"，其语义遂截然相反。

---

① 见李密《陈情表》、张居正《谢召见疏》。
② 钱大昕《十驾斋养新录》卷3"天道"条。
③ 钱氏举证除《老子》"天道无亲，常与善人"一语（实为先秦习语）外，则有《古文尚书》《易传》《春秋传》《国语》《孟子》，故知所谓"古书"者，皆就儒家典籍而言。

"事求可,功求成"

——儒家实践的基本精神

据《庄子》间接转述,孔子曾有"事求可,功求成"一语。"事求可,功求成"说明儒家的基本精神是实践的。儒家讲"仁道/人道",讲"生生",由宏观方面来看,人道是要求以人类生存为底线,儒家"仁道/人道"精神因此亦可视为一种生存文化。儒家既有内省的为学目标,同时并不遗忘社会实践与环境改造,"事求可,功求成"说明儒家具备正视和接受任何现实处境的应对能力与学理准备。

一 了解儒家的几个不同途径

学术传承是一个双向的过程。就对儒家的了解而言,一方面儒家学说体系庞大,源远流长,另一方面自晚清民国以来时势屡变,故而儒家的形象也屡经变化,人人作享,学无所主。大体而言,现代人对于儒家的接触,有几条不同的途径。

第一,《六经》的途径。恪守传统的学者会以《六经》为儒学正源,而其途径的指向必然是三代之学。儒学以往有周孔、孔孟、程朱、陆王等不同的阶段,但不论是哪个阶段,都必言三代。孟荀的主张相反,但无论先王、后王,均不出三代左右。程朱罕言三代,但张载是深许井田的。陆王罕言三代,而清世北学一派则专注于三代。清代以后,遵循《六经》治学的人就不多了。

第二,《论语》的途径。自20世纪新文化运动与疑古思潮兴起以来,学者多不信《六经》。《六经》中的《乐》早已不传,实际上是《五经》。钱玄同在1920年说:"我现在以为——(1)孔丘无删述或制作'六经'

之事。（2）《诗》、《书》、《礼》、《易》、《春秋》，本是各不相干的五部书。（'乐经'本无此书。）……（4）'六经'底配成，当在战国之末。……我们要考孔丘底学说和事迹，我以为只有《论语》比较的最可信据。"① 疑古者认为《五经》中《易》与王官无关，《易传》与孔子无关，这部最能体现"哲学"素质的著作被从儒家学说中剥离开来。《诗经》在称谓上由于现代汉语惯用复合词汇的原因，"经"之一字被保留下来，但该书早被认为与孔子无关，其中大部分作品被解释为民间的自由创作。《书经》多被称为《尚书》，《春秋》也不再称《春秋经》，这与20世纪以来误解"《六经》皆史"为"《六经》皆史料"有一定的关系。而最受冷落的更在于《礼经》，现代学者已经很少了解《仪礼》本为《礼经》了。《六经》遭否定以后，取而代之的便是《论语》。《论语》本七十弟子所记，又是传非经，但现代学者大多相信《论语》，认为《论语》代表了孔子的主要思想。（当然，《论语》的部分内容其实也在怀疑之列。）由于《论语》是一部主要记载孔子嘉言懿德的书，孔子自然就被理解成为一位长者、道德家。时至今日，《论语》已成为解孔子的主要途径，乃至唯一途径。（当然，这与宋代以后以《四书》取代《五经》的趋向也有一定关联。）

第三，《史记》和《孔子家语》的途径。《史记》中的《孔子世家》和《仲尼弟子列传》是专门记载孔子及其弟子的文献。与《论语》不同，《史记》的侧重点不是"言"而是"事"。《孔子家语》中更是有《相鲁》《始诛》《问礼》《观周》《在厄》《困誓》各篇，记载尤其饱满生动。由《史记》和《孔子家语》的途径，所认识的孔子必定是一个毕生致力于实践的政治家。孔子周游列国十四年，干七十二君，其求仕的时间和艰辛的程度都超过了晋公子重耳，而其性质也可与重耳的政治流亡互相映照。孔子和他的三千弟子所构成的师生群体，实际上是一个政治集团，这也与当时出现的养士、门客制度极为类似。只是由于孔子基本上没有获得官爵，政治努力落空，不得已退而修《诗》《书》《礼》《乐》，教授弟子，他才被定格成为一个学者。其实孔子的弟子、再传弟子出仕者还是很多，如子

---

① 钱玄同：《答顾颉刚先生书》，载顾颉刚《古史辨》第一册，北平朴社1926年版，第69—70页。

贡的弟子田子方，子夏及其弟子李克、段干木，曾参的弟子吴起，都仕于魏文侯，钱穆曾经指出："传到魏国去的一派却仍然从事政治活动，遂把儒家原来的宗旨发扬光大。"①《孔子家语》一书相传为孔子世孙所传，孔安国所献，王肃所注，朱熹多有称引，称其"虽记得不纯，却是当时书……只是王肃编古录杂记，其书虽多疵，然非肃所作"（《朱子语类》卷 137）。但是《孔子家语》一向受到怀疑，被顾颉刚称为"不但是一部伪书，而且是一部杂凑书"，一部为了辨伪而造伪的奇怪的书，直到近年才有学者依据出土简书予以肯定。《史记》作为中国第一部通史，其名著的地位似乎是肯定的，但是实际上存在的问题很多。顾颉刚曾经多次整理《史记》，早年做过标点，晚年受命领衔点校《二十四史》，成果之一就是中华书局 1959 年版的《史记》。1959 年以后，这个版本成为《史记》最流行的版本，甚至是除影印本之外（简体横排普及版亦除外）的唯一学术版本。但是这个版本只是标点而非点校，没有校勘记，底本不是较早的南宋黄善夫刻本，而是较晚的清代金陵书局本，三家注中的张守节正义被遗落了 1600 余条，司马贞所补作的《三皇本纪》也遭删除。在顾颉刚的著作中，可以看到他对司马迁的批判，反映出他对《史记》的不信任。现代学者研究孔子，很少有人依据《史记》，即与疑古派的态度有关。

第四，政治批判的途径。学术如同医术，有救治疾病的时候，也有误诊死人的时候，但是并不能因为存在着误诊就否定医术。学者接触儒家，如果是只看到了儒家的不足，和古代社会的弊病，政治的暗弱，那么得出的结论就会是吴虞的"打倒孔家店"和鲁迅的以仁义为"吃人"了。古代学者如果说到治学，必定要对这个学科做出贡献，现代学者不同，反过来专门对一个学科给予毁灭性打击的，也可以称为这个学科的专家。

第五，工具书、教科书的途径。现代大学（本科）中很少开设经学、儒学的课程了，但是青年学生也都或多或少了解儒家，其知识来源主要就是工具书和教科书（从中学开始）。问卷调查发现，不少学生在论及孔子时，除了会将孔子分裂为许多不同的某某家之外，往往会带出"封建社会""专制统治""没落贵族"等字样，对儒家持批判、怀疑态度的大有

① 熊伟：《从先秦学术思想变迁大势观测老子的年代》，载钱穆《老子辨》附录，上海大华书局 1935 年版，第 110 页；《古史辨》第六册下编，上海开明书店 1938 年版，第 566 页。

人在。现代学术过于要求创新，人们往往是在尚未继承传统的情况下就急于创新，在尚未了解过去的情况下就对传统予以批判了。

二 庄子与儒家的关联

在儒学史上，庄子多是作为非圣的形象而受到排斥，所谓"诋訾孔子之徒"（《史记·老子韩非列传》庄子附传）。历代儒家学者多不信庄子转述的孔子言行。如苏轼曾怀疑《盗跖》《渔父》二篇若真诋孔子者，《让王》《说剑》二篇"皆浅陋不入于道"，故定四篇为伪窜。他的观点对后世有极大影响，至疑古思潮兴起以后，《庄子》中的外篇、杂篇乃至内篇普遍受到怀疑，

直到近二三十年以来，由于考古学的研究和简帛文献的大量出土，学界对于庄子的认识开始有所突破。竹简本《庄子》共有二种发现：其一为 1977 年安徽阜阳双古堆汉墓竹简，内容为《庄子·杂篇》中的《则阳》《让王》《外物》三篇，数量为 8 支。其二为 1988 年湖北江陵张家山汉墓竹简，内容为《庄子·盗跖》，数量为 44 支。已知出土的《庄子》虽然只是一小部分，但恰恰包含了遭苏轼怀疑的两篇，堪称巧合。由疑古思潮与考古新发现一线背景来看，相信《庄子》的文献批评还远不能骤下结论。

庄子的学问"其要本归于老子之言"（《史记·老子韩非列传》庄子附传），这是没错的，但庄子不是老子的嫡传，他的学问是从哪儿学来的，学者还不清楚。有人说他是孔门弟子，如郭沫若说他是颜回的弟子，均依据不足，但是庄子确实对儒家的事情非常熟悉，经常抓住孔子的弱点加以批评。《庄子》书中写有一些故事，那些人物、地点多不能确指，但是大意并不错，如书中说到孔子翻十二经以说老聃是"太谩"，说虎狼相亲何为不仁，说盗跖之徒仁义礼智信具备是盗亦有道，等等。

另一方面，《庄子》书中也有许多对儒家的赞许和评价，钦敬之情也是溢于言表的。如历述天下学术，以"邹鲁之士、缙绅先生"居于首位。又如称道曾参"蕴袍无表，颜色肿哙，手足胼胝，三日不举火，十年不制衣，正冠而缨绝，捉衿而肘见，纳履而踵决"，然而"曳履而歌《商颂》，声满天地，若出金石，天子不得臣，诸侯不得友"。在已知的先秦

典籍中最早提出"六经"概念并且做出精确断语的，也是《庄子》，说"《诗》以道志，《书》以道事，《礼》以道行，《乐》以道和，《易》以道阴阳，《春秋》以道名分"。

宋儒特别注重的就是"辨异端"，但是程朱对于庄子都有赞同。如程颐称："人于天理昏者，是只为嗜欲乱着它，庄子言'其嗜欲深者，其天机浅'，此言却最是。"（《二程遗书》卷 2 上）又称庄子曾说天道流行，无处不遍，在谷满谷，在坑满坑，是"尽有妙处"（《朱子语类》卷 33 引）。朱熹称庄子"《天下篇》首一段皆是说孔子，恰似快刀利剑斫将去，更无些子窒碍，又且句句有着落。如所谓'《易》以道阴阳，《春秋》以道名分'，可煞说得好！"（《朱子语类》卷 63）称以"莫春者，春服既成，冠者五六人，童子六七人，浴乎沂，风乎舞雩，咏而归"明志而孔子亦表赞同的曾点"意思与庄周相似"。称"庄周是个大秀才，他都理会得"，"庄子不知他何所传授，却自见得道体。盖自孟子之后，荀卿诸公皆不能及。后来佛氏之教有说得好处，皆出于庄子"（《朱子语类》卷16）。朱子对庄子的评价极高。闻一多说："朱熹说庄子'是他见得方说到'，一句极平淡极敷泛的断语，严格的讲，古今有几个人当得起？"[①] 由此可见，庄子与儒家的关联是比较特殊的。

叶适称庄子为"知圣人最深，而玩圣人最甚"（《水心文集·论庄周》）。这可说是对庄子与儒家关联的一个总评。

三　"事求可,功求成"的出典及旧注

"事求可，功求成"一语见于《庄子·天地》："子贡曰：'吾闻之夫子，事求可，功求成，用功少，见功多者，圣人之道。'"

当时子贡过汉阴，见一丈人为圃畦，凿隧而入井，抱瓮而出灌，用力甚多而见功寡。子贡问他为什么不使用桔槔。丈人说："有机械者必有机事，有机事者必有机心。……吾非不知，羞而不为也。"子贡羞惭而退，以告孔子。孔子称之为"假修浑沌氏之术者"，"识其一不知其二，治其

---

① 闻一多：《庄子》，载《闻一多全集》，上海开明书店 1948 年版，湖北人民出版社 2004 年新版，《庄子编》，第 11 页。

内不治其外"。所谓"治其内而不治其外"，据成玄英疏："守道抱素，治内也；不能随时应变，不治外也。"

《庄子》中的这段记载可以和《论语》中子路问津于长沮桀溺的一段记载相对比。长沮桀溺耦而耕，子路问津，二人耰而不辍。子路以告孔子，孔子怃然曰："鸟兽不可与同群，吾非斯人之徒与而谁与？天下有道，丘不与易也。"所谓"天下有道，丘不与易"，据朱熹集注："言所当与同群者，斯人而已，岂可绝人逃世以为洁哉？天下若已平治，则我无用变易之。正为天下无道，故欲以道易之耳！"

《庄子》《论语》所载二事，要之均为出处进退之道，孔子选择的结果，明显地倾向于实践，即使天下无道，也不敢弃之不顾，正因为天下无道，而不敢有忘天下之心。

《庄子》以后，"事求可，功求成"一语颇见于后儒记载。

《孟子·梁惠王下》滕文公请问孟子，滕为小国，在齐楚之间，如何可以免祸？孟子说，凿池筑城，效死与民守之可也。又问，孟子说，可以效法周太王居邠，狄人侵之，则修善而迁居于岐山之下。滕文公听了难于决断，朱熹集注于此引杨氏曰："孟子所论，自世俗观之，则可谓无谋矣。然理之可为者，不过如此，舍此则必为仪秦之为矣。凡事求可，功求成，取必于智谋之末而不循天理之正者，非圣贤之道也。"这里间接引用了《庄子》所载孔子的一句话。

《朱子语类》记载，朱熹与弟子论及文中子"安我者，所以宁天下也；存我者，所以厚苍生也"一语，器远因问："事求可，功求成，亦是当如此？"朱熹回答说："只要去求可求成，便不是。圣人做事，那曾不要可，不要成！只是先从这里理会去，却不曾恁地计较成败利害。"再次引杨氏之语说："凡事求可，功求成，取必于智谋之末，而不循天理之正者，非圣贤之道。"（《朱子语类》卷108）

又与弟子论及诸葛亮，朱熹认为诸葛亮应当取荆蜀，但此时取蜀却不成举措，因为刘焉刘璋父子亦得人情。若如此，宁可事不成。刘焉刘璋父子不伐魏，如果能声其罪，用兵而取之，却正。朱熹说，诸葛亮"大纲却好，只为如此，便有斑驳处"。弟子请问："孔明执刘璋，盖缘事求可，功求成，故如此。然则宁事之不成？"朱熹回答说："然。"（《朱子语类》卷136）

以上三处论及"事求可，功求成"，朱熹并无断然否认其为孔子之语与其含义有违儒家宗旨之意。

"事求可，功求成"一语又见于王安石和刘敞。王安石为欧阳修门人，事迹载《宋元学案·荆公新学略》。王安石《与刘原父书》说："没役之罢，以转运赋功本狭，与雨淫不止，督役者以病告，故止耳。昔梁王堕马，贾生悲哀；泔鱼伤人，曾子涕泣。今劳人费财于前，而利不遂于后，此某所以恨愧无穷也。若夫事求遂，功求成，而不量天时人力之可否，此某所不能也。不能，则论某者之纷纷，岂敢恶哉？"

宋代刘敞的《公是先生弟子记》，刘敞为宋儒，师承欧阳修，事迹见《宋元学案·庐陵学案》，撰有《春秋传》，《四库全书》列《公是先生弟子记》入子部儒家类。书中托言师生而自设问答说："事求可，功求成，何如？"曰："不可。事求法，功求义。法而不可者有矣，义而不成者有矣，未有不法而可者也，未有不义而成者也。君子之道不出于中，中者所以并容也。贤者守焉，不肖者勉焉，并容所以为大也。决绝之行，君子不为。……事求可，功求成，惟吾以苟为一切之计而已，是申商吴李之徒，以亡人之国而自灭其身，国虽富，其民必贫，兵虽强，其国必病，利虽近，其为害也必远。"

"事求可，功求成"一语还见于明代戚继光的《练兵实纪》，该书卷九《练将第九》第十二说："逢迎害将者，死官也；兵者，危事也。一有处置不宜，安危存亡所系。何今九边之将不顾安危与存亡、是非与利害，凡于上司势要，当面唯唯，不顾事理之通否。……吾人有疆场之责，遇上司之命令，当道之咨询，必须是曰是、非曰非，某事不宜行则曰不宜，某事力不能奉行即曰力不能，直以告之，虽一时有拂上官意，终必无失于己。他时功求成，事求可，其上官且感我矣。"

自朱熹以下所引，大都将"事求可，功求成"一语与儒家义利之辨联系在一起，似乎"事求可，功求成"便有近乎仪秦申商吴李的功利嫌疑，而为持兵变法者所忌讳。

四　儒家实践的基本精神

在儒学史上，庄子大多作为非圣的形象而受到排斥。在文献学、辨伪史上，《庄子》一书特别是《盗跖》等篇也普遍受到怀疑，所以历代儒家学者多不信庄子转述的这段话。而朱熹作为一代硕学大儒，却多次毫不犹豫地引用此语，表现了朱熹的超凡识见。不过，朱熹在阐释"事求可，功求成"一语的含义时，确又将无论事之可否，功之成败，一概归于抽象的"循天理之正"，这又是出于他理学家的立场了。

实际上，孔、孟、荀都是不得志的政治活动家，孔子说"功求成，事求可"，表明他是一个功利、实用主义者，说明儒家的基本精神是实践的。儒家所强调的"生生"，就是生存第一，发展第一。

"事求可，功求成"这句话的隐含意思就是：对于一件事情，明知其合乎理想，但不具备可能性，便不能去做；明知其为自己所不情愿，但为了现实需要，也要去做。或者说，对于一件事情，无论自己感情上是否喜欢，应该做的就要去做；无论是否合乎理想，没有可行性，就不能去做。还有，只要决定做的事情，就要追求成功，不成功宁可不做。"事"与"功"均相对于感情与理想而言。

孔子曾赞同郑子产的话"天道远，人道迩"，孟子曾说"当务之为急"，荀子说"不与天争职"。与现实距离遥远的事务，无论大小，都无意义；与现实距离切近的事务，无论巨细，都有意义。对现实的关注有时甚至超出了人的情感和善恶，一切需以现实、以理性为转移。

孔子说过他的"道"是"谁能出不由户？何莫由斯道也"，那么他就可以说出"事求可，功求成"的话来。

《易传》说："生生之谓易"，"天地之大德曰生"。《西铭》说："乾称父，坤称母。民吾同胞，物吾与也。"儒家学说中，有特别强调"生生"的一个意思。先秦儒家讲"仁"，老吾老以及人之老，叫作仁。宋代儒家说天地赐予万物生机，天地的这份赐予叫作仁。周敦颐窗前长了草，不除去，问之，他回答说，那是仁。"生生"被直接解释做"仁"了。天地万物生生不已，"生生"简单地说就是生存，就是活着。仁是最重要的，生生是最重要的，生存、活着是第一位的。

由孔子创立的早期儒家学说具有如下三个特点。

第一，既然儒家是追求人道、人文的，那么它一定是代表全社会共同利益的，代表全社会各个阶层的共同利益，代表全社会来对新秩序作一种探求，一种摸索。而且这种探求一定是注重实践的，它的最终归结必然是"行"，是实践。它的最高境界是政治而不是学术。实践是第一位，学术、理论是第二位。过去一段时间孔子曾被称为是代表没落奴隶制贵族的利益，其实这是不对的。因为既然儒家追求人道，它所代表的就是全社会各阶层的利益，谁都不排斥，每个人都有自己的位置。它不是代表一个阶级来欺负另一个阶级。

第二，儒家学说是一种道德体系，道德体系和哲学体系还不太一样，哲学体系必须要用概念推导出来，必须合乎逻辑。道德的价值是自明的，不需要逻辑论证的。真善美就是真善美，不需证明。不证自明换一个角度来说，就是它所有的证明都是不合理的。

第三，儒家既然选择了"人道""人文"，而这个"人道""人文"是和自然的天道相对立的，那么从现代学术的概念上说，它必然是既排斥科学又排斥宗教的。在儒家中找不到宗教因素，因为它排斥宗教。儒家里有没有科学因素，这个问题争论了很多年，但是按照不佞的观点来看，如果要想在儒家里面寻找科学思想，或者要想让儒家思想和科学思想接轨，是不可能的。因为儒家注定了就要排斥宗教，也排斥科学。科学的含义，按照汉语的字义和西方的概念，都是指客观。这也是按照西方的思维方式建立的概念。科学的精神是追求客观，而儒家就最反对客观。"未知生，焉知死"，人类的事情还没有弄清楚，为什么要了解客观呢？人的事情还没有做好，就不要去研究自然。

以上可称为儒家人道精神的第一义。儒家人道精神还有第二义：从孔子的人道实践原则出发，儒家本是没有什么新鲜事物不可以吸收接受的那样一种文化。从"明于天人之分"，"唯圣人为不求知天"（《荀子·天论》）出发，儒家势必将在制天用天、制物用物的自然应用方面，取得不可限量的进展。由逻辑上、学理上说该当如此。

圣迹：孔子的一生

一　《论语》较偏于道德教训,《史记》更接近孔子真貌

了解孔门儒家学说，可以有五种途径。一则读五经、传记。五经虽历载往古，毕竟为孔子理想寄托所在，而公穀二《传》及《礼记》《易传》之书多载孔子言论，所以为了解儒家第一途径，晚清以前传统如此。二则《史记》中的《孔子世家》及《仲尼弟子列传》。三则《论语》。四则《孔子家语》《孔丛子》及《孔子集语》，源于后裔之家传，亦颇可取。五则晚周诸子，如《孟子》《荀子》《庄子》之书，下至出土战国简帛及汉宋学者著述。

途径不同，所得出的印象亦自不同。今人认识儒家多不由五经，而只读《论语》。其实《论语》孔子应答弟子之语，所揭示的孔子形象以对七十子的教训为主，偏于"静态"。由《论语》入门，就不如由《史记》更能接近真相。只读《论语》，则孔子仅是一位教育家、道德说教者；由《史记》来观察，则孔子本是一位政治家，准确地说，是一位失败的、没有政治家之名的政治家。

朱熹撰著《四书集注》，其《论语序说》首先节略《孔子世家》，以见之于行事。明郭子章《圣门人物志》仿此，也首列《孔子世家》，次先贤，先儒。

《论语》中，孔子历数弟子之成就，分为德行、言语、政事、文学四科，而感叹说："从我于陈蔡者，皆不及门也。"程子注解："四科乃从夫子于陈蔡者尔。"这一古代学术科目划分的最早记录，其实仍与周游列国的经历紧密相关。

和了解道家学说不同，道家长于思辨，而其作者多为隐逸之士，要想

了解其生平事迹颇难，亦且无益，只要在其著作中静思哲理就好，而儒家是主张入世的，又重在修身齐家，知行如一，所以了解儒家人物的生平事迹即是了解其思想学说，而只顾分析其言论说教反而就外在了。

二 以入仕为进路，以讲学为退守

孔子以一个衰败世族之后，地无封邑，身无爵禄，周游列国十四年，干七十二诸侯，下开战国游学干禄之风气。孔子与其众多弟子构成了与战国养士之风和门客制度近似的一个政治集团。求学讲学在孔子一生中占有重要地位，但孔子以参政入仕为主要目的，讲学著述是第二位的。由于孔子坚持自己"宗周、复礼、正名"的政治理想与政治道德，最终沦落不遇，晚年居鲁，以退修诗书教授弟子为业，在平生政治志向落空之后，不得已成为教育家、思想家。但追溯其本意，孔子首先是一个为政治理想不懈努力而未获成功的政治家。

司马迁说："鲁自大夫以下皆僭离于正道。故孔子不仕，退而修《诗》《书》《礼》《乐》。"甚至说到孟子，依然是"天下方务于合从连衡，以攻伐为贤"，"退而与万章之徒序《诗》《书》"。"退而"一语，最为关键，表明孔孟均曾先有一种"进路"，只因未能实现，退而求其次，才归结为退守。

荀子曾说："大儒者，天子三公也；小儒者，诸侯、大夫、士也。"司马谈说："夫阴阳、儒、墨、名、法、道德，此务为治者也。"梁启超亦云："我国自春秋战国以还，学术勃兴，而所谓'百家言'者，盖罔不归宿于政治。"

章学诚指出："学术之未进于古，正坐儒者流误欲法《六经》而师孔子耳。孔子不得位而行道术，述《六经》以垂教于万世，孔子之不得已也。""故学孔子之所学，不当学孔子之不得已。"此语可谓得之。"孔子之所学"，是因；"孔子之不得已"，是果。推源溯流，求孔子之本志，不仅要知其"果"，更要知其"因"。由"果"而求"因"，此之谓"辨章学术，考镜源流"。

三 周游列国,栖栖遑遑

"圣迹"一语,源于《汉书》:"往者秦为无道,残贼天下,杀术士,燔《诗》《书》,灭圣迹,弃礼义。"

取径《孔子世家》而论孔子的为人,大致可以分为求学、讲学、仕宦、宦游四个方面,这四个方面即贯穿了孔子73年的一生。

孔子初仕,为委吏,主管仓库、料量、会计。又为司职吏,又称乘田,有牛人、枳人、牧人诸解,主管苑囿刍牧。

齐景公与晏婴至鲁,见孔子。孔子追随至齐,为齐大夫高昭子的家臣,欲通齐景公,为晏婴所阻。孔子返鲁,时年35岁。

鲁大夫季氏的家臣公山不狃与阳虎作乱,囚季桓子,以费邑招孔子,孔子欲往,说:"文武起丰镐而王,费虽小,庶几乎?如有用我者,吾其为东周乎!"时年50岁。

鲁定公任孔子为中都宰,一年升司空,又升大司寇,摄相事,与闻国政三月。而鲁国陪臣执国政,又怠于政事,孔子不得已决心出走,时年56岁。

孔子当时不会想到,这一走,不仅没有丝毫结果,而且迁延至于暮年。如果不是弟子冉求的帮助,他几乎不能返回祖国,归葬故墓。

鲁定公十四年,孔子至卫(今濮阳),为颜浊邹家臣,居十月而去。将至陈,过匡(今长垣),匡人围之。返于卫,见南子,子路不悦。至曹(今定陶),又至宋(今商丘),宋大夫桓魋欲杀孔子,孔子与弟子习礼大树下,桓魋拔其树。至郑(今新郑),立东门外,与弟子走散,被讥为"丧家之犬"。至陈(今淮阳),为陈大夫司城贞子家臣,居三年。将至卫,过蒲(今滑县),蒲人止之,盟而出之,出而背盟。又至卫,卫灵公已老,孔子始叹:"苟有用我者,期月而已,三年有成。"欲至中牟见赵简子,临河而止,在川上叹道:"逝者如斯夫,不舍昼夜!"返于卫,卫灵公问战阵,孔子答"未之学"。明日见孔子,仰视飞鸿,色不在孔子。至陈,季桓子来召弟子冉求,孔子思归,叹道:"吾党之小子狂简,斐然成章!"多惆怅感慨。至蔡(今上蔡),又至叶(今叶县),又返于蔡,遇长沮、桀溺,又遇荷蓧丈人,讥孔子不能避世。居蔡三年,蔡人不能用,楚昭王聘孔子，陈、蔡大夫惧有威胁，相与发兵围之于野。孔子不得行，绝粮，从者病，莫能起，弟子有愠色，史称"陈蔡之厄"。

"陈蔡之厄"为孔子周游求仕所历艰难困苦的极点，此后子贡使楚，楚国发兵迎孔子，则迎来孔子一生参政的最大转机。当日楚国之强盛，就全国疆域而言，实已占据半壁江山，其后荀子即成功在楚发展。但孔子在郢都（今荆州），令尹子西对楚昭王提了四个问题："王之使，使诸侯，有如子贡者乎？王之辅相，有如颜回者乎？王之将帅，有如子路者乎？王之官尹，有如宰予者乎？"楚昭王皆答"无有"。子西不必再问，而楚昭王已不用孔子。到这年秋天，楚昭王就去世了，大好机缘可谓转瞬即逝。

匡人围孔子，孔子声称："文不在兹乎！"桓魋拔树，孔子说道："天生德于予，桓魋其如予何！"口气强硬。至中牟，叛人召孔子，孔子欲往，子路谏止，孔子回答说："我岂匏瓜也哉？焉能系而不食！"此时便不能不关注实际。至叶，叶公问政，孔子愿报以"不知老之将至"，已退居于守势。

在孔子周游列国的初期，孔子还不知名，所以没有人任用他；而在游历数年以后，孔子大有名望，以致没有人敢于任用他，仅仅任用他的弟子就已经足够了。令尹子西说，若用孔子，"非楚之福也"。而鲁人召冉求为将，居然打败了一向强大的齐国，"然鲁终不能用孔子"。弟子皆已出仕，"唯季次未尝仕"，而"孔子亦不求仕"。这真是一个悖论。

四　孔子及其弟子实际上构成了一个政治集团

回鲁几年以后，孔子就去世了。

至鲁哀公十四年，西狩获麟，孔子叹道："吾已矣夫！"又叹："甚矣吾衰矣！"又叹："吾道穷矣！"又喟然曰："莫知我夫！"看来是最后绝望了。正是在这种心境下，孔子才削《诗》、序《书传》、作《春秋》的。五经的整理传授，是在孔子平生志向落空之后，对于自己的政治主张在书面和文字上的一个寄托。

当春秋之际，周游天下而求其政治际会，最为辛苦的有两个人，一为晋公子重耳，之外十九年，一为孔子，在外十四年。这段被后人称为"周游列国"的经历，其实绝无浪漫美好之可言。《庄子》描述为"再逐于鲁，削迹于卫，伐树于宋，穷于商周，围于陈蔡之间"，《孔子家语》更直接称之为"在厄"。

冯梦龙在其小说《东周列国志》中，述及重耳，写道："要知重耳能成伯，只在周游列国间。"（第三十五回"晋重耳周游列国"）述及孔子，则说："那孔仲尼名丘"，"有圣德，好学不倦。周游列国，弟子满天下，国君无不敬慕其名，而为权贵当事所忌，竟无能用之者"（第七十八回"会夹谷孔子却齐"）。同样的周游，却完全是两个结果。

重耳的"周游"，其实也只是政治流亡。但他居狄五年，娶咎如之女，又留齐五年，娶齐桓公之宗女，虽然在外时间长于孔子，却远不如孔子辛苦。

班固曾称："圣哲之治，栖栖遑遑，孔席不暖，墨突不黔。"身不安居，坐不暖席，正是孔子备经艰难的写照。

《史记》记载："孔子以《诗》《书》《礼》《乐》教，弟子盖三千焉，身通六艺者七十有二人。"这乃是就志向落空以后的孔子而言。而庄子、刘向的叙述刚好与此有巧合之处，二人认为孔子游说求仕过的诸侯大夫也恰是七十二人。庄子说：孔子"以干者七十二君，论先王之道，而明周召之迹，一君无所钩用"。

同样巧合的是，战国中，孟尝君、平原君、春申君、信陵君及吕不韦，都有食客三千人，恰与孔门弟子的数量相等。

《诗经·周颂》有云："有客有客，亦白其马。"古文献中，有关"宾客"的记载开始得很早，但"门客""食客""门生""故吏"的称谓则兴起较晚。孔子时尚无"门客""食客"之说，但却已经盛道"门人""门弟子"了。

《礼记》《论语》中都有"门人""门弟子"的记载。孔子曾说："丘得四友，门人加亲，远方之士日至。"《论语》记载："子疾病，子路使门人为臣。"孔子的弟子曾子、子思、子夏等，也各有其门人。顾炎武《日知录》引《册府元龟》载后唐明宗时，中书门下奏："门生者，门弟子也，颜、闵、游、夏等并受仲尼之训，即是师门。"认为汉唐的"门生"源于孔子时的"门人"。

"阍者"也称"门人"，《公羊传》："阍者何？门人也。"但孔子的门人不是阍者，其意义与战国的门客相接近。弟子三千，足以和战国四公子的养士相媲美。孔子与其众多弟子实际上是构成了和战国养士之风与门客制度近似的一个入仕干政的政治集团。

"学优则仕",若德业优长,则当仕进。孔子是真正遵循了学以致用宗旨的一个人。

孟子性善论与荀子性恶论辨析

孟子与荀子同为晚周儒家大师，但其关于人性善与人性恶的观点却截然相反。那么究竟谁的观点代表儒家原则？是孟子对而荀子错，还是荀子对而孟子错，抑或是二人都错？结论只能是二人都错，也就是说二人在逻辑思辨上都是独断的，而都是出于独断这一点又恰恰便是包括二人在内的儒家的共同原则。儒家学说是一道德体系，其中的许多原则属自明性质，非由逻辑论辩可以证明，也无须通过逻辑论辩的形式证明。

冯友兰曾说："人性是善的，还是恶的，——确切地说就是人性的本质是什么？——向来是中国哲学中争论最激烈的问题之一。"又说："先秦儒家三个最大的人物是孔子、孟子、荀子。……儒家之中，荀子思想是孟子思想的对立面。有人说孟子代表儒家的左翼，荀子代表儒家的右翼。这个说法尽管很有道理，但是概括得过分简单化了。"①

中国古代思想史上的互绌互非是很激烈的，因此各家各派之间的名分与界限都有截然的划分。而由学术渊源上看，诸子中的很多重要人物实际上都缺少严格的师承关系。道家一派老子与庄子，法家一派管子、商鞅、韩非都没有师承关系。即如儒家一派，孔子多学而能，孟子本"私淑孔子"，荀子"推儒墨道德之行事兴坏"而序列著述，孔孟荀三人同样没有直接的师承。在此情况下，要想确定学派中人物的名分与地位，衡量其思想体系就成为非常重要的一个方面。由此而论，孟子与荀子的差异也就显得尤为突出。如吕思勉就曾提出怀疑："荀子之书，狭隘酷烈之处颇多。

---

① 冯友兰：《中国哲学简史》第七章《儒家的理想主义派：孟子》、第十三章《儒家的现实主义派：荀子》，涂又光中译本，北京大学出版社1985年版，1996年第二版，第61、124页。

孔门之嫡传，似不如是。"①

　　不佞并不怀疑将荀子视为儒家人物，荀子与孔子、孟子同为晚周儒家大师，但是这也带来了一个问题。儒家就其总体上说，自然是以"仁"的概念贯穿始终，这是没有疑问的。②

　　然而在人性问题这一方面，究竟是谁的观点代表儒家的原则？是孟子的性善论，还是荀子的性恶论？《庄子·齐物论》："彼亦一是非，此亦一是非，果且有彼是乎哉？果且无彼是乎哉？""既使我与若辩矣，若胜我，我不若胜，若果是也？我果非也邪？我胜若，若不吾胜，我果是也？而果非也邪？其或是也？其或非也邪？其俱是也？其俱非也邪？"按照庄子所说，是非的双方除了有一方是一方非的可能性外，还有一种可能，就是二者都是错误的。既然双方是同处于一个体系之内的，那么如果其中一方错误，则无论另一方正确还是错误，二者都可能是错的。

一　学术界对于孟子性善论的批评

　　《孟子·滕文公上》："孟子道性善，言必称尧舜。"

　　孟子对于性善论的最用力的论证，是通过人的心理活动来证明的。孟子认为，性善可以通过每一个人都具有的普遍的心理活动加以验证。既然这种心理活动是普遍的，因此性善就是有根据的，是出于人的本性、天性的，孟子称之为"良知""良能"。

　　《孟子·告子上》："恻隐之心，人皆有之；羞恶之心，人皆有之；恭敬之心，人皆有之；是非之心，人皆有之。恻隐之心，仁也；

---

　　① 吕思勉：《先秦学术概论》下编第二章《儒家》第五节《荀子》，世界书局1933年版，第83页。

　　② 《论语·卫灵公》："子曰：'赐也，女以予为多学而识之者与？'对曰：'然。非与？'曰：'非也。予一以贯之。'"《论语·里仁》："子曰：'参乎，吾道一以贯之。'"孔子说自己"一以贯之"，明白地表示他自己的思想学说有一个完整的体系。一以贯之这个完整体系的最基本概念就是"仁"。《庄子·天道》及《吕氏春秋·不二》也说："孔子往见老聃，翻十二经以说。老聃中其说，曰：'大谩，愿闻其要。'孔子曰：'要在仁义。'""孔子贵仁。""仁"的概念也是为孟子与荀子所共同遵循的。

羞恶之心，义也；恭敬之心，礼也；是非之心，智也。仁义礼智非由外铄我也，我固有之也。"

《孟子·公孙丑上》："人皆有不忍人之心。所以谓人皆有不忍人之心者，今人乍见孺子将入于井，皆有怵惕恻隐之心。非所以内交于孺子之父母也，非所以要誉于乡党朋友也，非恶其声而然也。"

《孟子·尽心上》："人之所不学而能者，其良能也；所不虑而知者，其良知也。孩提之童无不知爱其亲者，及其长也，无不知敬其兄也。"

恻隐和羞恶是人的一种心理常态，孟子说"人皆有之"，即认为这种心理常态是人人具有的，无一例外，因此是带有普遍性的。普遍存在的，也就是天然所固有的。无一人能够例外，非个人能力所及，于是就成为一种绝对，一种极致。所以孟子说性善"人皆有之"，又说"我固有之"。孟子认为，这种人心所固有的心理常态就是仁义的萌芽之所，是仁义礼智的本原。

既然人是性善的，接下来的问题就是如何充分施展人的这一性善本质，也就是如何依据性善而实践的问题了。

孟子认为，虽然人的本性是善的，但是每一个人的作为都有善有不善，并非可以不加努力完全自动地依据本性去行善。遵守性善的人，就是顺受其正，就得天之助，得人之心，就是正命，就得以成功。不遵守性善的，就不得天助，不得人心，就非正命，就要逆天而亡。有行之者，有不行之者，孟子学说最后的关键是聚焦在"取舍"一点上。所以孟子说："求则得之，舍则失之"（《孟子·告子上》），强调一个"求"字。

孔子重"仁"，孟子重"义"。"仁"与"义"虽然是两个不同的概念，但二者在内涵上却是可以合为一体，重合为一的。"仁"具体化就是"礼"，遵"礼"而行就是"义"。《孟子·尽心上》："亲亲，仁也；敬长，义也。""仁"与"义"的差别，不在于概念的内涵不同，而在于理论与实践的不同。"仁"是名词性的，是理论上的、本体的、静止的。"义"则具有行为和实践的含义，是动词性的一个概念。《孟子·公孙丑上》："夫仁，天之尊爵也，人之安宅也。"又《孟子·离娄上》："仁，人之安宅也；义，人之正路也。"又《孟子·尽心上》："居恶在？仁是也。路恶在？义是也。""仁"是一个原则，一个标准。"义"是有所作为，有所取舍，以达到这个原则和标准。所以孟子说"仁"是"居"，是"宅"，而称"义"为"路"。依"仁"而行，有所由，有所取舍，就是"义"。所以"义"是一个带有实践性倾向的概念。

在孟子当时，关于"仁""义"这两个概念，诸家已有争论。《管子·戒》说："仁从中出，义由外作。"告子也持此说，认为："仁，内也，非外也；义，外也，非内也。"（《孟子·告子上》）以仁为内，以义为外，即以仁为本性和本体的，以义为非本性和非本体的。其目的有可能是为了否定作为本体的"义"的概念，但从中仍然可以看出《管子·戒》与告子强调"义"的外在实践性的合理倾向。《孟子·告子上》说："孟季子问公都子曰：'何以谓义内也？'曰：'行吾敬，故谓之内也。'"孟子坚持认为"义"与"仁"没有内外之分，反对"义"为外，而强调"义"出于天，出丁普遍心理。但孟了说"义"是"行吾敬"，"敬"就是"仁"，"行吾敬"就是"行仁"，对于"义"的实践特点是明白承认的。

"义"的关键问题在于取舍一点，孟子提出性善说的目的也是要归结于取舍的选择。所以孟子说："富岁，子弟多赖；凶岁，子弟多暴。"（《孟子·告子上》）"故曰：求则得之，舍则失之。"（《孟子·告子上》）"故苟得其养，无物不长；苟失其养，无物不消。"（《孟子·告子上》）又引孔子语说："操则存，舍则亡。"（《孟子·告子上》）孟子自述，则说："生亦我所欲也，义亦我所欲也，二者不可得兼，舍生而取义也。"（《孟子·告子上》）引孔子语说："道二，仁与不仁而已矣。"（《孟子·离娄上》）又说："学问之道无他，求其放心而已矣。"（《孟子·告子上》）"求则得之，舍则失之，求在我者也。求之有道，得之有命，万物皆备于我。强怒而行，求仁莫近焉。"（《孟子·尽心上》）

孟子说过的几句最著名的话："我善养吾浩然之气"，"万物皆备于我"和"舍生而取义"，都是从"义"的取舍意义上的阐述，其逻辑线索则来自他的性善理论。性善论表面上看是对人性的抽象论述，实际上则是孟子思想中实践原则的最得力的理论论证。

由此可见，性善论是一个实践的概念，而非出于严格的逻辑推理。但是，孟子在提出性善论时，却赋予了它一个逻辑论辩的形式，孟子自己也以"好辩"自诩，这就等于承认了性善是可以通过逻辑进行论证的，结果反而使性善论的问题复杂化了。

> 《孟子·告子上》："鱼我所欲也，熊掌亦我所欲也，二者不可得兼，舍鱼而取熊掌者也。生亦我所欲也，义亦我所欲也，二者不可得兼，舍生而取义者也。"

在这一段论辩中，"熊掌"的价值大于"鱼"的价值，为世所公认，应视为公理。所以从"鱼"到"熊掌"的推理："二者不可得兼，舍鱼而取熊掌"，是符合逻辑的。但是第二个命题"舍生而取义"中，以"生"比同于"鱼"，以"义"比同于"熊掌"，这个前提条件并非世所公认，所以这个环节是独断的。因而"义"的价值大于"生"的价值的结论："舍生而取义"，也是独断的，是不能成立的。

在这一逻辑推理中，孟子确实做出了一个论辩的形式，但其"好辩"性质实有赖于道德的力量。

> 《孟子·告子上》："告子曰：'生之谓性。'孟子曰：'生之谓性也，犹白之谓白与？'曰：'然。''白羽之白也，犹白雪之白；白雪之白，犹白玉之白与？'曰：'然。''然则犬之性犹牛之性，牛之性犹人之性与？'"

在这一段论辩中，"白羽之白""白雪之白""白玉之白"一组三项，和"犬之性""牛之性""人之性"一组三项，具有同样的逻辑关系。如果肯定第一组是符合逻辑的，则第二组也是符合逻辑的。如果否定第一组的逻辑关系，则同样也否定了第二组的逻辑关系。实际上这两组关系都是符合逻辑的。从第一组的三项中，可以抽象出共项"白"，同样，从第二组的三项中，也可以抽象出包括人在内的三种生命物的共项"性"。凡有生命之物都有共同的"性"，就是求生，不论是犬、牛还是人，都要求生，这符合事实，并没有错。在这一段中，孟子先设下"白羽之白""白雪之白""白玉之白"三项，引导告子予以肯定。然后又设下与之并列的"犬之性""牛之性""人之性"三项，但却否定其逻辑关系，这是不能成立的。孟子否定了后一个系列，实际上也已经否定了前一个系列，孟子的论证等于是在用不符合逻辑的论据证明不符合逻辑的结论。所以，孟子的论证是有矛盾的，在逻辑上和事实上都是不成立的。孟子这样论证，实际上还是利用了伦理道德的因素，因为一般来说，人们都不愿意将自己与犬、牛这样的动物相提并论。突出人在世界中的主宰地位，以人为自然界的核心，把人从整个生物界中分离出来，这是儒家人本思想的主要观念。孟子以此观念作为这一段逻辑论证的先在前提，所以说它是独断的。

《孟子·滕文公下》："公都子曰：'外人皆称夫子好辩，敢问何也？'孟子曰：'予岂好辩哉？予不得已也。天下之生久矣，一治一乱。圣王不作，诸侯放恣，处士横议，杨朱、墨翟之言盈天下，天下之言不归杨则归墨。杨氏为我，是无君也。墨氏兼爱，是无父也。无父无君，是禽兽也。杨墨之道不息，孔子之道不著，是邪说诬民，充塞仁义也。仁义充塞，则率兽食人，人将相食。吾为此惧，闲先圣之道，距杨墨，放淫辞，邪说者不得作。圣人复起，不易吾言矣。我亦欲正人心，息邪说，距诐行，放淫辞，以承三圣者，岂好辩哉？予不得已也。能言距杨墨者，圣人之徒也。'"

孟子以"邪说诬民，充塞仁义"，"欲正人心，息邪说，距诐行，放淫辞"，所以要大张旗鼓地对儒家学说做一番维护论证，认为只有"能言距杨墨"，才是真正的"圣人之徒"，自称"我善养吾浩然之气"，为后世滔滔雄辩者所师法。但是另一方面，孟子对于诸子百家不同学说的态度，就没能像《易经·系辞下传》的"天下同归而殊途，一致而百虑"，也没能像《庄子·天下篇》的"皆有所长，时有所用"，"譬如耳目鼻口，皆有所明"，对各家学说给予长短两方面的分析。孟子是以"一治一乱"的判断方法来评价诸子，对诸子进行是非取舍。或者仁，或者不仁。或者可以治，不可以治则必可以乱。孟子对待其他诸子的态度，从理论上的全面否定，以至情绪上的声色俱厉，实开李斯禁百家语和董仲舒罢黜百家的先河。

然而由此也引发了历代学者对孟子的批评。

孟子认为性本善，但恶从何来？程颐在解释"恶"时，说它不出于心，即不出于性。《程氏遗书》卷十八："'问心有善恶否？'伊川曰：'心本善，发于思虑则有善有不善。若既发则可谓之情，不可谓之心。'"但是朱熹又提出疑问。《朱子语类》卷九十五："履之问：'心本善，发于思虑则有善有不善，如何？'曰：'疑此段微有未稳处。盖凡事莫非心之所为，虽放僻邪侈，亦是心之为也。'"《朱子语类》卷五又说："心之本体未尝不善，又却不可说恶全不是心。若不是心，是甚么做出来？"

吕思勉说："如实言之，则告子之说，最为合理。凡物皆因缘际会而成，人性亦犹是也。人性因行为而见，行为必有外缘，除却外缘，行为并毁，性又何从而见？告子曰：'性犹湍水也，决诸东方则东流，决诸西方则西流。人性之无分于善不善也，犹水之无分于东西也。'此说最是。性犹水也，行为犹流也。决者，行为之外缘。东西，其善恶也。水之流，不能无向方。人之行为不能无善恶。既有向方，则必或决之。既有善恶，则必有为之外缘者。问：无决之者，水之流向方若何？无外缘，人之行为善恶如何？不能答也。必欲问之，只可云：是时之水，有流性而无向方；是时之性，能行而未有善恶之可言而已。佛家所谓'无明生行'也。更益一辞，即成赘语。孟子驳之曰：'水信无分于东西，无分于上下乎？人性之善也，犹水之就下也。人无有不善，水无有不下。今夫水，搏而跃之，可使过颡；激而行之，可使在山。是岂水之性哉？其势则然也。人之可使为不善，其性亦犹是也。'误矣。水之过颡在山，固由搏激使然，然不搏不激之时，水亦自有其所处之地，此亦告子之所谓决也。……故孟子之难，不中理也。"[1]

二　学术界对于荀子性恶论的理解

荀子认为，人之命在天，"无天地，恶生？"（《荀子·礼论》）天地者，"万物各得其和以生，各得其养以成。天职既立，天功既成，形具而神生。"（《荀子·天论》）既然人是由天而生的，人情也就出于天情，同于天情。出于天情同于天情的人情就叫作"性"。所以荀子说："生之所

---

[1]　吕思勉：《先秦学术概论》下编第二章《儒家》第四节《孟子》，上海世界书局 1933 年版，第 78—79 页。

以然者谓之性","不事而自然谓之性","性者，天之就也；情者，性之质也"（《荀子·正名》）。

荀子说："好恶、喜怒、哀乐，夫是之谓天情。"（《荀子·天论》）又说："性之好恶、喜怒、哀乐，谓之情。"（《荀子·正名》）荀子和孟子一样，认为食色喜怒等是人的先天性情，是人情之所不能免，是人所共有的。但是，在性情与仁义的关系上，荀子则与孟子不同。孟子把食色和仁义都看成是出于先天的人性，其中仁义是大体，食色是小体；仁义好比是熊掌，食色是鱼。荀子则认为人性只限于食色、喜怒、好恶、利欲等情绪欲望，不论"君子""小人"都一样。所以荀子说："人之生也固小人。""人之生也固小人"就叫作"性恶"。至于仁义，则是由后天所学、所行、所为而获得的。

> 《荀子·荣辱》："凡人有所一同。饥而欲食，寒而欲暖，劳而欲息，好利而恶害。是人之所生而有也，是无待而然者也，是禹桀之所同也。目辨白黑美恶，耳辨音声清浊，口辨酸咸甘苦，鼻辨芬芳腥臊，骨体肤理辨寒暑疾养。是又人之所生而有也，是无待而然者也，是禹桀之所同也。可以为尧禹，可以为桀跖，可以为工匠，可以为农贾，在执注错习俗之所积耳。汤武存则天下从而治，桀纣存则天下从而乱，如是者岂非人之情固可与如此，可与如彼也哉？材性知能，君子小人一也。好荣恶辱，好利恶害，是君子小人之所同也。人之生固小人，无师无法则唯利之见耳。尧禹者，非生而具者也，夫起于变故，成乎修为，待尽而后备者也。"
>
> 《荀子·性恶》："今人之性，生而有好利焉，顺是，故争生而辞让亡焉。生而有疾恶焉，顺是，故残贼生而忠信亡焉。生而有耳目之欲，有好声色焉，顺是，故淫乱生而礼义文理亡焉。然则从人之性，顺人之情，必出乎争夺，合于犯分乱理而归于暴。"

荀子认为："故虽为守门，欲不可去；虽为天子，欲不可尽。"性、情、欲都源于天，因此人对于性、情、欲最多只能是"欲虽不可尽，可以近尽也；欲虽不可去，求可节也"（《荀子·正名》）。这是一方面。另一方面，"天能生物，不能辨物也；地能载人，不能治人也"。天不能治人，叫作"天人之分"。既然有"天人之分"，就可以有人治，有人与天情、天性的对抗。所以，荀子学说最后的关键是聚焦在了"天人之分"一点上。

> 《荀子·正名》："生之所以然者谓之性，不事而自然谓之性，性之好恶、喜怒、哀乐谓之情。情然而心为之择谓之虑。心虑而能为之动谓之伪，虑积焉、能习焉而后成谓之伪。正利而为谓之事，正义而为谓之行。""不可学、不可事而在天者谓之性。可学而能、可事而成之在人者谓之伪。是性伪之分也。"

伪即为，意即人类的作为。性和情是天生的，人不可干涉，也不应该干涉。但人的后天选择、思考、学习、行事，却完全取决于人，应该由人自己承当，"天"也同样不可以干预人事。"伪（为）"与"虑"与"学"与"行"，正是荀子思想中所最终强调的部分。荀子著《劝学》《修身》诸篇，并以此作为《荀子》全书的开始，是有着特殊含义的。

荀子认为，礼义是出于圣人君子之伪（为）。《荀子·儒效》："彼求之而后得，为之而后成，积之而后高，尽之而后圣。""性也者，吾所不能为也，然而可化也。积也者，非吾所有也，然而可为也。"伪（为）是建立仁义、消化性情的关键，是在否定了孟子之后，礼义和人治赖以重建的新的根据。"不闻不若闻之，闻之不若见之，见之不若知之，知之不若行之。学至于行之而止矣。"（《荀子·儒效》）荀子说："小人可以为君子而不肯为君子，君子可以为小人而不肯为小人，小人君子者，未尝不可以相为也。"君子与小人的区别，就在于为与不为。《荀子·性恶》："圣人之所以同于众其不异于众者，性也；所以异而过众者，伪也。"能行，能止，能为，即是君子。小人循性而不知为，君子明天人之分，化性起伪，不舍于性而求有为，性与伪既是有区别而对立的，又是一致而并存的。性虽具有欲望，但性本不怎样恶，不加以节制才乱，才恶。所以荀子说："性者，本始材朴也。伪者，文理隆盛也。无性则伪之无所加，无伪则性不能自美。性伪合，然后成圣人之名，一天下之功于是就也。"（《荀子·礼论》）

有了"为"的概念以后，"性"之"恶"的情况就得到了淡化，以至于在《荀子·礼论》中，"性"与"为"趋向于一致，即"性伪合"。"性伪合"具体表现在两个方面。其一，表现在方法上，是"学"的方法和途径。"蓬生麻中，不扶而直。白沙在涅，与之俱黑。积善成德，圣心备焉。""学恶乎始？恶乎终？曰：其数则始乎诵经，终乎读礼。其义则始乎为士，终乎为圣人。"（《荀子·劝学》）"为"不舍弃"性"而独在。"为"与"性"相联结的关键环节，就是"学"。其二，荀子往往以礼义并称，区别于孟子的以仁义并称。荀子对礼学有着重要的阐述，"性伪合"表现在具体内容上，就是礼。如果说孟子是在孔子"仁"的概念之后着重建立了"义"的概念，那么荀子就是继孟子之后着重建立了"礼"的概念。冯友兰以孔子、孟子、荀子为晚周儒家三个最大的人物，是很正确的。

性恶论在名声上自然没有性善论那么入耳。其实，就如同性善论并不能使人自动行善一样，性恶论的含义也并非准许人随意作恶。性恶之恶就其本义而言，是指人类作为一种生物，所本来具有的生存本能。是生物就要生存，就一定要求生。既然一定要求生，也就没有必要否定它，回避它。荀子的做法只是没有回避它而已。从这一点来看，荀子直指人的本性，较之孟子的多方论辩更具有"因人情"的一面。孟子的学说是以性善论作为开端的，但是却以诋距杨墨作为结束。荀子背负性恶的恶名，但具有更多的合理性。

性恶论并非一定会给社会带来不好的影响。以法家韩非为例。

韩非主张人性恶比荀子更加鲜明彻底。《韩非子·奸劫弑臣》说："夫安利者就之，危害者去之，此人之情也。"《韩非子·外储说左上》说："人为婴儿也，父母养之简，子长而怨。子盛壮成人，其供养薄，父母怒而诮之。子、父，至亲也，而或谯或怨者，皆挟相为而不周于为己也。"《韩非子·备内》说："医善吮人之伤，含人之血，非骨肉之亲也，利所加也。故舆人成舆，则欲人之富贵；匠人成棺，则欲人之夭死也。非舆人仁而匠人贼也，人不贵则舆不售，人不死则棺不买。情非憎人也，利在人之死也。"既然人性本恶，那么就只有接受其恶的本性，唯其如此，才合乎天意。所以韩非认为，人性是自然而成的，所以现行政治政策就必须以人的本性为依据，要因循它，而不是对它加以否定。"因"或者说"循名责实"是法家学说中一个重要原则，早于韩非的慎到曾说："因也者，因人之情也。人莫不自为也，化而使之为我，则莫可得而用矣。用人之自为，不用人之为我，则莫不可得而用矣。此之谓因。"韩非也说："凡治天下必因人情。人情者有好恶，故赏罚可用。赏罚可用则禁令可立，而治道具矣。"（《韩非子·八经》）"故明主之治国也，适其时事以致财物，论其税赋以均贫富，厚其爵禄以尽贤能，重其刑罚以禁奸邪。使民以力得富，以过受罪，以功致赏，而不念慈惠之赐。此帝王之政也。"（《韩非子·六反》）法家明确表示不要亲情，不要恩惠，因为亲情和恩惠会连带出许多复杂的因素，把社会秩序搞乱。人是自为的，亦即利己的，因此不可能使人利他。但是恰恰是因为有人的利己，才可以使人由自为转为为公和利他。因为人为了利己，就必须依循国家政策的引导，也必须躲避国家法律的惩罚。于是，利己转而成为利他。法家是最强调国家秩序的，而法家的人性论理论基础则是毫不隐讳地承认利己，承认性恶。

对于荀子性恶论的本意，学术界也曾有学者予以理解，甚至支持荀子的观点。

冯友兰说："荀子最著名的是他的性恶学说。这与孟子的性善学说直接相反。表面上看，似乎荀子低估了人，可是实际上恰好相反。荀子的哲学可以说是教养的哲学。他的总论点是，凡是善的、有价值的东西都是人努力的产物。价值来自文化，文化是人的创造。正是在这一点上，人在宇宙中与天、地有同等的重要性。""照荀子所说，凡是没有经过教养的东西不会是善的。荀子的论点是：'人之性，恶；其善者，伪也。'（《荀子·性恶》）伪，就是人为。""禽兽有父子，有牝牡，这是自然。至于父子之亲，男女之别，则不是自然，而是社会关系，是人为和文化的产物。它不是自然的产物，而是精神的创造。人应当有社会关系和礼，因为只有它们才使人异于禽兽。从这个方面的论证看来，人要有道德，并不是因为人无法避开它，而是因为人应当具备它。"①

吕思勉说："荀子最为后人所诋訾者，为其言性恶。其实荀子之言性恶，与孟子之言性善，初不相背也。伪非伪饰之谓，即今之为字。荀子谓'人性恶，其善者伪'，乃谓人之性，不能生而自善，而必有待于修为耳。

---

① 冯友兰：《中国哲学简史》第十三章《儒家的现实主义派：荀子》，涂又光中译本，北京大学出版社1985年版，1996年第二版，第124、125、127页。

故其言曰：'涂之人可以为禹则然，涂之人之能为禹，则未必然也。'夫孟子谓性善，亦不过谓涂之人可以为禹耳。"①

三　由孟荀异同略论儒学体系的性质

荀子和孟子二人，荀子主性恶，孟子主性善，荀孟的不同不在于儒家"仁"的思想的差异，也不在于儒家逻辑论证方法的差异。孔孟荀三人所以能并列为早期儒家大师，其中一个重要原因就是孔孟荀三人在思想和方法论上的一致。荀孟所以不同，是因为二人在儒学的理想与实践上有着不同的侧重。表面上看性善、性恶正相反对，实际上却更加反映了荀孟二人极为一致的儒家本色。

孟子和荀子都认为性不是不可以改变的，不是决定一切的，所以所谓性善性恶，先天后天，原也就无所谓善恶，性善性恶只是二人逻辑论证的不同前提而已。孟子的"义"出乎心性，但是"或相倍蓰而无算者，不能尽其才也"。"苟得其养，无物不长；苟失其养，无物不消。"仁义者，"求则得之，舍则失之"。先天虽有的，后天也有可能会失去。荀子的仁义虽在生性天情之外，但君子"化性起伪"，"强学而求有之"。先天没有的，后天也可以具备。所以先天有没有并没有关系，关键是要看后天能不能拥有。所以说，性善论与性恶论同样归结为儒家"仁政"理想和"求"与"学"的实践原则，在此一点上二者并没有本质的不同。

孟子和荀子既然一致，为什么会有一人主张性善、一人主张性恶？其原因即在于二人所处的历史环境不同。对此，司马迁早有指出。《史记》将孟子与荀子合传，是有其充分考虑的。

《史记·孟子荀卿列传》司马迁评价孟子说："当是之时，秦用商君，富国强兵，楚魏用吴起，战胜弱敌，齐威王宣王用孙子田忌之徒，而诸侯东面朝齐。天下方务于合从连衡，以攻伐为贤，而孟轲乃述唐虞三代之德，是以所如者不合。"又说孟子"游事齐宣王，宣王不能用。适梁，梁

---

① 吕思勉：《先秦学术概论》下编第二章《儒家》第四节《孟子》，上海世界书局 1933 年版，第 83—84 页。

惠王不果所言，则见以为迂远而阔于事情"。所谓"所如者不合"与"迂远而阔于事情"，是说孟子的学说主张与当时的社会现实相差太远，孟子被认为是过于理想化了。

《史记·孟子荀卿列传》司马迁评价荀子说："荀卿，赵人。年五十始来游学于齐。田骈之属皆已死齐襄王时，而荀卿最为老师。齐尚修列大夫之缺，而荀卿三为祭酒焉。齐人或谗荀卿，荀卿乃适楚，而春申君以为兰陵令。春申君死而荀卿废，因家兰陵。荀卿嫉浊世之政，亡国乱君相属，不遂大道而营于巫祝，信禨祥，鄙儒小拘，如庄周等又猾稽乱俗，于是推儒、墨、道德之行事兴坏，序列著数万言而卒。"所谓"嫉浊世之政，亡国乱君相属"，说明到荀子时社会现实更趋恶化，更不容提出过高的理想。

孔孟荀三人的身世环境属于同一类型，都有所谓是非淆乱、老而发愤的经历。但孔子生当春秋末年，孟子生当战国前期，社会政治状况毕竟要好一些，使人感觉尚有药可救。而荀子生当战国末年，作为春秋战国最后一位集大成的学术大师，所感受到的社会环境的险恶，以及来自儒家统系的责任感和心理压力，都在孔子、孟子之上。所以荀子专意著作了《性恶》一篇，说："今人之性，生而有好利焉，顺是，故争生而辞让亡焉。生而有疾恶焉，顺是，故残贼生而忠信亡焉。生而有耳目之欲，有好声色焉，顺是，故淫乱生而礼义文理亡焉。然则从人之性，顺人之情，必出乎争夺，合于犯分乱理而归于暴。"

孟子讲仁义，把仁义概念建立在对人的心理分析之上。为了强调仁义，所以深自树立，高自标榜，以求激励人心，要求人在后天行事中保持其本心，是俗语所说的"唱红脸"。表面上讲性善，实际上重在后天行事。荀子讲仁义，但荀子生当战国末年，当时的情况已是人人争于利欲，君子与小人同恶，固不宜倡言心性之善，于是只有深明其恶，以求人能反躬自救，要求人在后天生活实践中厉行改造，有佛家世纪之末救世出苦海之意，是俗语所说的"唱白脸"。孟荀二人性善论与性恶论态度虽然相反，但"仁"的主张一致，强调后天实践一致，并且性善论或性恶论的独断的逻辑论证方法也是一致的。

社会政治格局是有变化的，学术的发展也是有变化的。在这方面以法家的论述最为充分，如《韩非子·五蠹》说："故事因于世，而备适于事。世异则事异，事异则备变。上古竞于道德，中世逐于智谋，当今争于气力。"李斯秦始皇三十四年奏议："五帝不相复，三代不相袭，各以治。非其相反，时变异也。"（《史记·秦始皇本纪》）

儒家的发展，有一个由"仁"向"义""礼"，直至向法家的"法"过渡的流变过程。在这个过程中，性善论与"义"相联系，性恶论与"礼"相联系，核心是"仁"。"义"与"礼"仍然是仁，之所以有性善论与性恶论的不同，则是源于历史环境的变化。"义"与"礼"变了，性善论与性恶论变了，但是"仁"没有变，儒家体系的独断性质也没有变。

对于此一性质，学术界也早有指出。

朱熹在解释张载《正蒙·天道》中"天体物不遗，犹仁体事而无不在也"一句时说："横渠谓'天体物而不遗，犹仁体事而无不在'，此数句是从赤心片片说出来，荀、扬岂能到?"（《朱子语类》卷九十八）所谓"赤心片片"，即表明此问题是由内心自明的，而非推理的。

梁启超说："道家哲学，有与儒家根本不同之处。儒家以人为中心，道家以自然界为中心。儒家道家皆言'道'，然儒家以人类心力为万能，以道为人类不断努力所创造，故曰：'人能弘道，非道弘人。'道家以自然界理法为万能，以道为先天的存在且一成不变，故曰：'人法地，地法天，天法道，道法自然。'"① 简洁而准确地指出了儒家学说的人文实践倾向。梁启超又说："荀子与孟子同为儒家大师，其政治论之归宿点全同，而出发点则小异。孟子信性善，故注重精神上之扩充。荀子信性恶，故注重物质上之调剂。……孟子言'辞让之心人皆有之'，荀子正相反，谓争夺之心人皆有之。"② 所说出发点的小异当即指孟荀二人的论证手法不同，归宿点的全同当即指其儒家本质的一致。

冯友兰说："荀子的人性论虽然与孟子的刚好相反，可是他也同意：人人能够成为圣人。孟子说：'人皆可以为尧舜。'荀子也承认：'涂之人可以为禹。'（《荀子·性恶》）这种一致，使得有些人认为这两位儒家并

---

① 梁启超：《先秦政治思想史》第八章《道家思想（其一）》，上海商务印书馆1923年初版，上海中华书局1936年再版，第99页。

② 梁启超：《先秦政治思想史》第七章《儒家思想（其五）》，上海商务印书馆1923年初版，上海中华书局1936年再版，第92—93页。

无不同。"① 所说人皆可以为尧舜与可以为禹的一致，当即指儒家的人文精神和躬行实践的原则。

吕思勉说："据理论之，告子之说，固为如实；然孟子之说，亦不背理。何者？孟子据人之善端而谓性为善，夫善端固亦出于自然，非由外铄也。……后来王阳明创致良知之说，示人以简易直捷，超凡入圣之途，实孟子有以启之。其有功于世道人心，固不少也。"② 吕思勉在指出孟子逻辑上的错误的同时，对其注重"善端"的观点其实是非常赞同的，其意似亦以为"善端"并非由逻辑可以证明。故孟子极力证明，反成画蛇添足。

---

① 冯友兰：《中国哲学简史》第十三章《儒家的现实主义派：荀子》，涂又光中译本，北京大学出版社 1985 年版，1996 年第二版，第 125 页。

② 吕思勉：《先秦学术概论》下编第二章《儒家》第四节《孟子》，上海世界书局 1933 年版，第 80 页。

孟子情感四阶段说

　　《孟子·万章上》所载"人少，则慕父母；知好色，则慕少艾；有妻子，则慕妻子；仕则慕君，不得于君则热中"一段，将常人的情感划分为四阶段。结合《庄子》《内经》及诸家注疏，探讨孟子"情感四阶段"之说，可以说明中国古代国家情感即个人情感、政治情感即性别情感的特性，而政治情感的情结与移情则成为中国古代文艺发达的主要原因。

一　《周易》坤道:地道即妻道即臣道

　　中国古代宇宙构成观念，有所谓"一气、二体、三类、四物、五声、六律、七音、八风、九歌"（《左传·昭公二十年》）诸说，以"一"统"多"，重在相成相济，和而不同，而不主张相分。《易经》以阴阳二卦紧密相随，象征天地、阴阳、君臣、男女，也代表清浊、小大、短长、疾徐、哀乐、刚柔、迟速、高下、出入、周疏等事物。其基本原理是"相对"而非绝对，亦即形式上对立的双方，实际上恰以对方的存在作为自身存在的条件，可以互为消长，却绝不能互相取代，所谓一荣俱荣，一辱俱辱。如果要追寻某种"价值"的话，就只有在相对的意义上"价值"才是存在的，在绝对层面上，"价值"一语是没有意义的。《易经》之剥卦，下面五爻皆阴，只留上面一个阳爻未尽，象征着天道消息盈虚之理。而到了复卦，上面一个阳爻消失了，下面一个阳爻又生出来，象征着天道循环反复之理。《易经》之泰卦象征事业盛旺发达，但泰卦的卦象却是乾下坤上，代表天的乾卦居下，代表地的坤卦反而居上，这是因为乾卦居下而上行，坤卦居上而下行，二卦才会紧密相贴，"天地交而万物通"，吉祥太平，所谓"否极泰来"。如果乾卦居上而上行，坤卦居下而下行，天地不通，恰是否卦了。《易经》咸卦的卦名，解为"感"，指刚柔"二气感应以相与"，"天地感而万物化生"，咸卦专门论述男女的结合，而强调一个"感"字，以男女相感而悦作为情爱的基本定义。

程颢这样解释天与地的不同作用："天地日月一般。月受日光而日不为之亏，然月之光乃日之光也。地气不上腾，则天气不下降。天气降而至于地，地中生物者，皆天气也。惟无成而代有终者，地之道也。"（《程氏遗书》卷十一《明道先生语》）

这样一种由"相对"而"和合"的观念，与西方性学中所谓第一性、第二性的概念非常不同。西方所谓第一性、第二性的关系不是并存，而是派生，前者是后者的依据，后者来源于前者、从属于前者。前者主动，后者被动；前者命令，后者服从。因此，完全以第一性、第二性的二分法比附于中国古代的宇宙构成观念，是不适宜的。然而，在中国传统中，主动与被动、命令与服从的关系，则同样存在。所以局部地看，使用第一性、第二性概念以分析其某一侧面，尚不失其通俗晓畅的意义。

沿着这样的思路分析，就可以发现中国传统中的若干独特性质。在中国传统中，第一性、第二性的概念具有更加广泛的分布，体现出更长的链形结构。在最具影响的古代典籍中，可以看到以下观念：

《易经·坤卦·文言传》："阴虽有美，含之以从王事，弗敢成也，地道也，妻道也，臣道也。"

《易经·序卦》："有天地，然后有万物；有万物，然后有男女；有男女，然后有夫妇；有夫妇，然后有父子；有父子然后有君臣；有君臣，然后有上下；有上下，然后礼仪有所错。夫妇之道，不可以不久也，故受之以恒；恒者久也。"

《礼记·大学》："古之欲明明德于天下者，先治其国；欲治其国者，先齐其家；欲齐其家者，先修其身；欲修其身者，先正其心；欲正其心者，先诚其意；欲诚其意者，先致其知；致知在格物。物格而后知至，知至而后意诚，意诚而后心正，心正而后身修，身修而后家齐，家齐而后国治，国治而后天下平。"

《坤卦·文言传》将大地、妻子和臣下三者并列，亦即三者的位置与性质相同。《序卦》中列数出天地、万物、男女、夫妇、父子、君臣、上下七个环节,这七个环节前后应接,而以男女夫妇为人道的起点。《大学》从另一角度列数出天下、国、家、身、心、意、知七个环节,无论从上到下或从下到上,七个环节都呈现为同一个可逆的链形结构。

二 第一性、第二性:政治归属与情感归属

《孟子·滕文公下》说:"以顺为正者,妾妇之道也。"妾妇对于丈夫是以顺为正,臣下对于君主也是以顺为正。妾妇是阴性,臣下也是阴性的,因此在个人情感上臣下自然也要完全依属于君主。

中国传统社会的基础,实为夏商周三代宗法封建之制。就西周制度而言,血统即政统。周天了为天下唯一的共主。周天子立嫡子为继承人,分封其余庶子为诸侯。诸侯立嫡子为继承人,封其余庶子为大夫。大夫立嫡子为继承人,其余庶子则为士。士立嫡子为继承人,其余庶子则为庶人。周天子居全国为大宗。诸侯对大夫为大宗,对天子则为小宗。大夫对士为大宗,对诸侯为小宗。士对庶人为大宗,对大夫为小宗。天子、诸侯、大夫、士、庶人诸等级,越是向上数量越少,越是向下数量越多,呈现出一个金字塔形的结构。

如果从情感依属上看,这种政治制度同样也具有一种严整的情感依属的形式,即:周天子居全国为第一性。诸侯对大夫为第一性,对天子则为第二性。大夫对士为第一性,对诸侯则为第二性。士对庶人为第一性,对大夫则为第二性。

实际上,在周天子之上还可以有一级,即周王为"天之子",对"天"而言仍为第二性。在庶人之下也还可以有一级,那就是他的妻子,他对他的妻子为第一性,他的妻子对他为第二性。于是政治制度中的情感依属就和在一般社会中个人天然的情感依属衔接起来。国家情感即个人情感,政治情感即性别情感。

宗法与性征的关系是完全重合,其金字塔形结构可以图示如下。

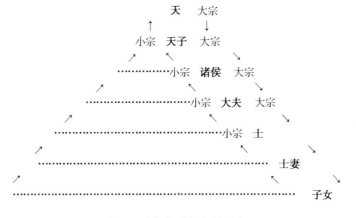

图 1　血缘与政治归属示意

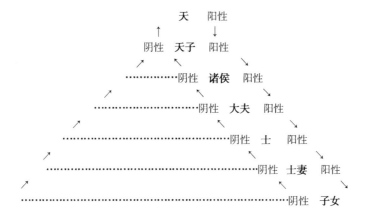

图 2　情感与性征归属示意

三　孟子"情感四阶段"说

《孟子·万章上》说："人少,则慕父母;知好色,则慕少艾;有妻子,则慕妻子;仕则慕君,不得于君则热中。"① 孟子将一个人一生的情感归属作了划分,有四个阶段:"在幼小的时候,就怀恋父母;懂得喜欢女子,便想念年轻而漂亮的人;有了妻子,便迷恋妻室;做了官,便讨好

---

① 孟子是在与弟子万章论述大舜五十而慕父母时说这段话的。五十而慕父母或终身慕父母都是情感阶段中的特例,孟子称之为"大孝"。

君主。"①

关于孟子这段论述，历代学者的诠释主要有东汉赵岐的注、北宋孙奭的疏、南宋朱熹的集注数家。

赵岐说："慕，思慕也。人少，年少也。艾，美好也。不得于君，失意于君也。热中，心热恐惧也。是乃人之情。"（《孟子注》）

孙奭说："夫人少小之时则知思慕父母，及长知好其女色则思慕其少艾，有妻子则思慕其妻子，至于为仕则思慕其君，如不得遇于君，则热中心而恐惧之也，是则人之常情如此。"（《孟子注疏》）

朱熹说："少、好，皆去声。言常人之情，因物有迁。艾，美好也。《楚辞》、《战国策》所谓幼艾，义与此同。不得，失意也。热中，躁急心热也。"（《孟子章句集注》卷九）

《孟子》一书汉代为六经传记，五代以后为"十一经"之一，实际上自唐代已有相当的重视，自朱熹作《四书集注》，元仁宗列为考试科目，在历代疑经、疑古的思潮中受到的质疑较之他书独少。作为重要的儒家典籍，诠释者无论具有何种治学倾向，都极力维护全书的主旨，是十分明显的。同时，诠释者一方面训诂字义，一方面诠释大意，其训诂与诠释都努力追求本义，这也是可以肯定的。

具体到孟子这段论述，大部分文字都容易训解。如"少"解为"少小"，今语为"幼小"；"慕"解为"思慕"，对应今语的"爱恋"；"妻子"今语为妻子及子女；"得"指心中得意，"不得"则为"失意"；等等。其中较为难训的是"艾"字，众家说法不一。

清瞿灏《孟子考异》："按《曲礼》：'五十曰艾。'疏谓发苍白色如艾也。盖古但训艾为白，而白义含有二焉。以发苍白言谓之老，以面白皙言则谓之美，同取于艾之色也。《战国策》魏牟谓赵王曰：'王不以予工，乃与幼艾。'高诱注云：'艾，美也。'屈子《九歌》：'丛长剑兮拥幼艾。'王逸注亦以艾为美好。《晋语》狐突语申生曰：'国君好艾，大夫殆。'② 韦昭注以艾为嬖臣，乃指男色之美好者。汉张衡《东京赋》：'齐

---

① 从杨伯峻译文。杨伯峻：《孟子译注》，中华书局1960年版，第207页。

② 《国语·晋语》："突闻之：'国君好艾，大夫殆；好内，适子殆。'"宋罗愿《尔雅翼》引之曰："艾者，外也。"

腾骧以沛艾。'薛综注以沛艾为作姿容貌。"

清焦循《孟子正义》："艾古通乂,亦通刈。《说文》云:'乂,芟艸也,或从刀。'是乂、刈、艾字同。《书·皋陶谟》云:'俊乂在官',马、郑注并云:'才德过千人为俊,百人为乂。'以美好为乂,犹以美才为俊,即犹以美士为彦。乂又为芟艸,故乂亦为绝。宣公十五年《左传》云:'酆舒有三俊才',注云:'俊,绝异也。'俊即俊。美好之为艾,又如称美色者为绝色也。"

清宋翔凤《孟子赵注补正》："按《论语》云'宋朝之美',而定十四年《左传》'曷归我艾豭',亦如《晋语》以艾为男色之美者。"

虽然训"艾"意见不一,但并不妨碍解"艾"为美色、女色。

分析孟子的论述,最可注意者有二。一是孟子将一个人一生的情感归属划分为四个阶段。和西方观念或一般社会观念比较,西方学者了解到人有"恋母情结""恋父情结"很晚,而孟子将喜欢年轻漂亮的女子和喜欢妻子儿女分作两个阶段,尤其带有"开放"的意味。至于孟子所论述的人的情感归属的第四个阶段"爱恋君主",则是西方完全没有的观念,纯为东方特色了。

二是孟子将人的情感归属均视为本性、本能,即所谓"人之情""人之常情"或"常人之情",而非西方或一般社会观念所说的以爱情为人类一种"高级精神"。孟子是以"食色,性也"论断著称的思想家,不过将情感视为本性则是中国古代学者的普遍观念。中国古代学者无论主张性善还是性恶,实际上都将人的生存需求视为本性,另将人类的社会制度即人文创造视为高于人的本性。主张性善是要人"求其放心"而重归良知,主张性恶是要人励行更改、自我鞭策。"物竞天择,适者生存"的进化论是以肯定人类本性为前提的,但中国古代观念则是或激烈或委婉地对人类本性表示出了"不信任"。社会不可能自动转好,"养而不教",古代最重视的还是后者,儒家尤其首重教化。

四 "热中"与"内热":从生理症候到心理反应

"爱情""恋爱""性爱"等语,古代所无。孟子此处称"慕",注家解为"思慕",这差不多已是对应今语"恋爱"最接近的词语了。最为重要的是，孟子将"思慕"的表现描述了出来，称之为"热中"，从而给判断"慕君"是否恋爱君主提供了依据。

"热中"直译为心中烦热。需要注意的是，心中烦热既包含着生理因素，也包含着心理因素，是由生理而达于心理。这一点清焦循的诠释值得关注。

焦循《孟子正义》："热中，《礼记·文王世子》云：'礼乐交错于中'，注云：'中，心也'。故热中为心热。《素问·阴阳应象大论》云：'人有五藏，化五气，以生喜怒悲忧恐。北方生寒，在变动为慄，在志为恐。'《宣明五气篇》云：'五精所并，精气并于肾则恐。'王冰注云：'心虚则肾并之为恐。'然则恐惧生于寒，不生于热；生与心虚，不生于心热。赵氏以不得于君是不为君所宠用，将被谪斥，故恐惧耳。近时通解，以热中为躁急，是也。《腹中论》云：'帝曰：夫子数言热中、消中，不可服高粱、芳草、石药。石药发癫，芳草发狂。夫热中、消中者，皆富贵人也。今禁高粱，是不合其心。禁芳草、石药，是病不愈。愿闻其说。'岐伯曰：'夫芳草之气美，石药之气悍，二者其气急疾坚劲，故非缓心和人，不可以服此二者。'又云：'热气慓悍，药气亦然。'此谓热中之病，心不和缓。心不和缓，是为焦急。孟子借病之热中，以形容失意于君者也。"

焦循认为"热中"不当解为恐惧，而应解为焦急，特别是他引证了医家《素问》的解释，很有启发。

医家《黄帝内经素问》论及"热中"凡七处：

《异法方宜论篇第十二》说东方之域的饮食："鱼盐之地，海滨傍水，其民食鱼而嗜咸……鱼者使人热中，盐者胜血，故其民皆黑色疏理，其病皆为痈疡。"

《脉要精微论篇第十七》说脉象："粗大者，阴不足阳有余，为热中也。"

《平人气象论篇第十八》说脉象："脉滑曰风，脉涩曰痹，缓而滑曰热中。……脉尺粗常热者谓之热中。"

《三部九候论篇第二十》说病死之状："是故寒热病者以平旦死。热中及热病者以日中死。病风者以日夕死。病水者以夜半死。"

《腹中论篇第四十》论服药："帝曰：'夫子数言热中，消中，不可服高粱芳草石药。石药发瘨，芳草发狂。夫热中消中者，皆富贵人也，今禁高粱，是不合其心，禁芳草石药，是病不愈，愿闻其说。'岐伯曰：'夫芳草之气美，石药之气悍，二者其气急疾坚劲，故非缓心和人，不可以服此二者。'"

《风论篇第四十二》论风症："风之伤人也，或为寒热，或为热中，或为寒中，或为疠风，或为偏枯。……风气与阳明入胃，循脉而上至目内眦，其人肥，则风气不得外泄，则为热中而目黄；人瘦则外泄而寒，则为寒中而泣出。"

《六元正纪大论篇第七十一》论季候："三之气，天政布，寒气行，雨乃降，民病寒，反热中，痈疽注下，心热瞀闷，不治者死。三之气，天政布，炎暑至，少阳临上，雨乃涯，民病热中。"

《黄帝内经灵枢》论及"热中"凡三处：

《五邪第二十》论五脏："邪在脾胃，则病肌肉痛，阳气有余，阴气不足，则热中善饥。"

《本藏第四十七》论脉象："寸口主中，人迎主外……心高则满于肺中，悗而善忘，难开以言。……心脆则善病消瘅热中。"

《禁服第四十八》论饮食："盛则胀满，寒中，食不化，虚则热中、出糜、少气、溺色变。"

此外，《素问》《灵枢》中有一术语"内热"，与"热中"的症候相近。《素问》中论及"内热"凡四处：

《疟论篇第三十五》论疟疾："疟之始发也……寒去则内外皆热，头疼如破，渴欲冷饮……阳盛则外热，阴虚则内热，则喘而渴，故欲冷饮也。"

《厥论篇第四十五》论厥症有寒厥、有热厥："数醉若饱，以入房，气聚于脾中不得散，酒气与谷气相薄，热盛于中，故热遍于身，内热而溺赤。"

《奇病论篇第四十七》论饮食："数食甘美而多肥也。肥者，令人内热，甘者令人中满，故其气上溢，转为消渴。"

《调经论篇第六十二》论疏通经络："阴虚则内热，阳盛则外热……有所劳倦，形气衰少，谷气不盛，上焦不行，下脘不通，胃气热，热气熏胸中，故内热。"

《灵枢》论及"内热"凡二处：

《寿夭刚柔第六》论针刺："刺营者出血，刺卫者出气，刺寒痹者内热。……黄帝曰：刺寒痹内热奈何？伯高答曰：刺布衣者，以火焠之；刺大人者，以药熨之。"

《刺节真邪第七十五》论针刺："阴气不足则内热，阳气有余则外热。内热相搏，热于怀炭，外畏绵帛近，不可近身，又不可近席。腠理闭塞，则汗不出，舌焦唇槁，腊干益燥，饮食不让美恶。"

《素问》《灵枢》二书，多存古意。其中关于"内热"的论述，尚可与《左传》《国语》的记载相印证。

《左传》昭公元年："晋侯求医于秦，秦伯使医和视之，曰：'疾不可为也，是谓近女室，疾如蛊。非鬼非食，惑以丧志。良臣将死，天命不佑。'公曰：'女不可近乎？'对曰：'节之。先王之乐，所以节百事也，故有五节；迟速本末以相及，中声以降。五降之后，不容弹矣。于是有烦手淫声，慆堙心耳，乃忘平和，君子弗听也。物亦如之。至于烦，乃舍也已，无以生疾。君子之近琴瑟，以仪节也，非以慆心也。天有六气，降生五味，发为五色，征为五声。淫生六疾。六气曰阴、阳、风、雨、晦、明也，分为四时，序为五节，过则为菑：阴淫寒疾，阳淫热疾，风淫末疾，雨淫腹疾，晦淫惑疾，明淫心疾。女，阳物而晦时，淫则生内热惑蛊之疾。今君不节、不时，能无及此乎？'"①

晋杜预注："女常随男，故言'阳物'。家道当在夜，故言'晦时'。"

唐孔颖达疏："男为阳，女为阴。女常随男，则女是阳家之物也，而晦夜之时用之。若用之淫过，则生内热惑蛊之疾。以女阳物，故内热；以晦时，惑蛊也。"

孔颖达疏引孔晁云："人虽有命，荒淫者，必损寿。无外患，则并心于内，故三年死。诸侯不服，则思外患，损其内情，故十年。"②

"内热"作为一种生理症候，在心理上有所体现，最早注意及此的是庄子。《庄子》将"内热"从生理症候转绎成了心理反应，而注家的解释也多是将生理与心理二方面互释。

《庄子》中论述"内热"凡三次：

《庄子·人间世》："叶公子高曰：吾食也执粗而不臧，爨无欲清之人。今吾朝受命而夕饮冰，我其内热与！吾未至乎事之情，而既有阴阳之

---

　①　其事又见《国语·晋语》。

　②　上引所言"五精所并""并心于内"，"并"解为兼并、侵夺。《庄子·齐物论》谓人"与物相刃相靡"，亦袭其意。

患矣。"

晋郭象注："对火而不思凉，明其所馔俭薄也。所馔俭薄而内热饮冰者，诚忧事之难，非美食之为也。"（《庄子注》）

唐成玄英疏："承命严重，心怀怖惧，执用粗餐，不暇精膳。所馔既其俭薄，爨人不欲思凉，燃火不多，无热可避之也。诸梁晨朝受诏，暮夕饮冰，足明怖惧忧愁，内心熏灼。"（《南华真经注疏》）

唐陆德明《经典释文》引向云："食美食者必内热。"（《经典释文·庄子》）

《庄子·达生》："鲁有单豹者，岩居而水饮，不与民共利，行年七十而犹有婴儿之色；不幸遇饿虎，饿虎杀而食之。有张毅者，高门县薄，无不走也，行年四十而有内热之病以死。豹养其内而虎食其外，毅养其外而病攻其内。"[①]

成玄英疏："高门，富贵之家也。县薄，垂帘也。言张毅是流俗之人，追奔世利，高门甲第，朱户垂帘，莫不驰骤参谒，趋走庆吊，形劳神弱，困而不休，于是内热发背而死。"（《南华真经注疏》）

《庄子·则阳》："犀首公孙衍闻而耻之曰：'君为万乘之君也，而以匹夫从雠！衍请受甲二十万，为君攻之，虏其人民，系其牛马，使其君内热发于背，然后拔其国。'"

成玄英疏："国破人亡而怀恚怒，故热气蕴于心，痈疽发于背也。"（《南华真经注疏》）

《庄子·则阳》："今人之治其形，理其心，多有似封人之所谓，遁其天，离其性，灭其情，亡其神，以众为。故卤莽其性者，欲恶之孽，为性萑苇蒹葭，始萌以扶吾形，寻擢吾性；并溃漏发，不择所出，漂疽疥痈，内热溲膏是也。"

郭象注："萑苇害黍稷，欲恶伤正性。……形扶疏则神气伤。……以欲恶引性，不止于当。此卤莽之报也。故治性者，安可以不齐其至分！"（《庄子注》）

成玄英疏："今世之人，浇浮轻薄，驰情欲境，倦而不休，至于治理

---

① 其事又见《淮南子·人间训》，也说到"内热"："张毅好恭，过宫室廊庙必趋，见门间聚众必下，厮徒马圉，皆与优礼，然不终其寿，内热而死。"

心形……逃自然之理，散淳和之性，灭真实之情，失养神之道者，皆以徇逐分外，多滞有为故也。……夫欲恶之心，多为妖孽。萑苇害黍稷，欲恶伤真性，皆由卤莽浮伪，故致其然也。……夫秽草初萌，尚易除翦，及扶疏盛茂，必害黍稷。亦犹欲心初萌，尚易止息，及其昏溺，戒之在微。故老子云，其未兆易谋也。……以欲恶之事诱引其心，遂使拔擢真性，不止于当也。……溃漏，人冷疮也。漂疽，热毒肿也。痈，亦疽之类也。溲膏，溺精也。耽滞物境，没溺声色，故致精神昏乱，形气虚羸，众病发动，不择处所也。"（《南华真经注疏》）

除此三例以外，《庄子·外物》云："利害相摩，生火甚多，众人焚和。"注疏中仍解释为"内热"。郭象注："内热故也。……众人而遗利则和，若利害存怀，则其和焚也。"成玄英疏："夫利者必有害，蝉鹊是也。萦缠于利害之间，内心恒热，故生火多矣。……焚，烧也。众人。犹俗人也，不能守分无为，而每驰心利害，内热如火，故烧焰中和之性。"

纪昀称百家方技"一技入神，器或寓道"（《四库全书总目提要》），庄子是特别指出技兼于道的学者，《庄子·天地》："技兼于事，事兼于义，义兼于德，德兼于道。"其"内热"的心理解释，可能与他对医家学术的关注有关。至宋，二程亦曾以医家麻痹不仁之说诠释儒家"仁"之概念，如说："医书言手足痿痹为不仁，此言最善名状。仁者，以天地万物为一体，莫非己也。认得为己，何所不至？若不有诸己，自不与己相干。如手足不仁，气已不贯，皆不属己。"（《程氏遗书》卷2上《二先生语》）

作为术语，"热中""内热"的含义相近。"热中"或"内热"在医家症候的记载中，可以解为心中烦热，在《庄子》的记载中可以解为心中躁急、焦虑。《庄子》的记载最接近孟子。唐李贺有《长歌续短歌》诗："秦王不可见，且夕成内热。""见"读为"现"，解为"召见"。李贺据《孟子》为典，而改用《庄子》之文，不称"热中"而称"内热"，是将孟、庄之意糅合为一的一个显证。

已仕以后的慕君，会有两种结局，得于君或不得于君。如果是不得于君，这个人通常就会"热中"。就其心理变化而言，"不得于君"与失恋并无差别。

五　从情结到移情：政治大国与文学大国

生理症候与心理现象两个方面的论述，均反向说明了臣下"失恋"于君主的状态。"不得于君则热中"的"君"解为君主，先秦凡上级官员均称为君，尤其称直属的上级为君，如士以大夫为君，大夫以诸侯为君，诸侯以天子为君之类，对隔一级的上级则自称"陪臣"。古代君臣之间不仅具有政令上的上下级关系，而且存在着内心情感的寄托，这是可以确定的。并且这种君臣之间的内心情感，与人生前三个阶段中所发生的情感并无不同，甚至可以说是更加重要，是情感的最高级阶段。幼小时的恋父、恋母"情结"，如果能够持续到晚年，不仅不是病态，而且是异常优秀者。

在西方传统中，男女情爱是人生的最高阶段，甚至可以说是人生的最终目的，幼小时的恋父情结、恋母情结，都只是成年时期男女情爱的潜伏状态，而诸如自恋、物恋、同性恋等现象，又只是男女情爱的异常状态，属于心理疾病范畴。但在中国传统中，臣下对于君主的服从，也要求到情感的层面，君主对臣下的控制也是绝对的。无论是在公门还是在私室，无论是言论行事还是内心情感，臣下也都绝对地归属于君主。如果和正常状态的夫妻关系相比较，妻子对丈夫的依属是爱，臣下对君主的依属是忠，二者就情感的依属这一点而言是完全相同的。

在古代经典乃至民谚习语中，常常有将个人情感与政治情感相提并论的例证。如李克曾引"家贫则思良妻，国乱则思良相"，司马迁曾引"士为知己用，女为悦己容"[1]，都有把国和家、臣和妻同等看待的观念，"国家""臣妾"并称，国与家不分，臣与妾不分。中国古代的忠君观念，"忠"的含义就是发自内心的诚敬，专指内心情感而言。忠君爱民一语，忠与爱同义而用法别。忠指下对上，爱指上对下。自国君而言，爱民自

---

[1]　此语又见《战国策》《说苑》，阮瑀《琴歌》作"士为知己死，女为悦者玩"。又《晏子春秋》越石父曰："臣闻之，士者屈于不知己，而申乎知己。"祢衡《吊张衡文》："士贵知己，君其弗忧。"曹植祭《桥玄文》："士死知己，怀此无忘。"陆机《辩亡论》："竭忠知己之君，缠绵三益之友。"庾信《咏怀诗》："畴昔国士遇，生平知己恩。"梁劭陵王《赠言赋》："昔人有感于知己，深情投分，如斯已矣。"

然也包括爱臣在内，可知君臣之间的忠爱完全与男女之间的正常情感相对应。臣下对君主表明心意称为"陈情"，臣下对君主的冷落不满称为"怨望"，臣下对其他同僚的排斥称为"妒贤嫉能"。另一方面，妻子也可称丈夫为"君"，女子有美色也可称为有"才"。

政治上的情感依属和男女之间的正常情感一样也有破裂的时候。屈原为楚怀王左徒，上官靳尚与之同列，争宠。屈原被谗、流放，虽流放而系心怀王，不忘欲反，冀幸君之一悟，一篇之中三致意焉。至于江滨，被发行吟泽畔，颜色憔悴，形容枯槁。其经过和表现，与一女子被谗休弃而恋怀不舍，毫无二致。屈原最后怀石自沉汨罗江而死；其后又有贾谊被谗被黜，哭泣岁余而死；司马谈不得参与封禅典礼，滞留洛阳，发愤而卒。究其原因，都不是简单的殉职而死，而是政治情感破裂所致的殉情而死，所谓"颜色憔悴，形容枯槁"，正是发自内心的失恋之态。

情感双方在数量上不对等，臣下很多而君主只有一个。每一位臣下都必须对君主忠诚，而君主却不能一一回应，必然造成得意少失意多。情感受到阻碍，即"情结"，然后出现转移，即"移情"。司马迁说："昔西伯拘羑里，演《周易》；孔子厄陈蔡，作《春秋》；屈原放逐，著《离骚》；左丘失明，厥有《国语》；孙子膑脚，而论兵法；不韦迁蜀，世传《吕览》；韩非囚秦，《说难》、《孤愤》；《诗》三百篇，大抵贤圣发愤之所为作也。此人皆意有所郁结，不得通其道也。"上述诸人所遇到的困阻，多来自政治方面。所说的"意有郁结"，即由政治情感所生之情结。所说的发愤而作，即由政治情结所引出的移情别恋。移情的一大方向为诗文，中国是一政治大国，同时又是一个文学大国，情感的转移是形成中国古代文学特别发达的主要原因。

孟子缘何不尊王

藤泽辅（1794—1864），辅一作甫，字符发，又字昌藏，号东畡，别号泊园。日本赞岐国香川郡人，江户幕府后期高松藩儒者。卒后，其子藤泽恒（藤泽南岳）编辑《东畡先生文集》十卷，明治十六年（1883）刊刻，泊园书院藏版。天保九年（1838），藤泽东畡作《思问录》一篇。

虽然藤泽东畡对孟子的批评参照了宋代李觏《常语》与司马光《疑孟》，并且承接了本国荻生徂徕的观点，但其所作《思问录》的见解仍然使人醒目。藤泽东畡说道："西汉以来，曰大贤，曰亚圣，世之崇子舆氏者尚矣！历唐至宋，其人比之夫子，其书比之《论语》，亦必不徒然也。余既埋首于典籍，岂不欲从其后乎？而有大疑于此，思之思之，思而又思，犹不能通焉。""思之"诸语既表明了作者的矜慎，又显示了作者的决断。

孟子的学说包含了丰富的命题，诸如"义""王道""良知""性善""法先王""浩然之气""好辩"等。藤泽东畡对孟子的批评只集中在"不尊周"一事上，却不仅辩驳了孟子本人，而且连驳程、朱以下五大儒，几乎具有否定孟子的力度。（明太祖曾因"君为轻""臣视君如寇仇"数语，删削了《孟子》。孟子论君臣之际与尊周立场皆相关联。）

藤泽东畡《思问录》所论可以条列为六项。

（一）驳孟子说梁惠王、齐宣王"地方百里，而可以王"

藤泽东畡指出，孟子说梁惠王数语，"皆劝诸侯以王也。当是时，周王在上，九鼎不动。若使惠、宣用其言乎，使孟子遂其志乎，将如周王何？"

藤泽认为孟子与孔子严于君臣之义相背驰，与孟子所自言亦相犯：

"孟子尝曰'乃所愿则学孔子',其所学何遗君臣之义也？孟子又曰'圣人人伦之至也',劝王之事非乱伦之魁乎？又曰'杨子为我，无君也',劝王之事，无君莫甚焉。又曰'孔子成《春秋》而乱臣贼子惧',劝王之事乃为乱贼之归。"

孟子游说魏、齐为王，从文本上看，似在推行三代王道，但却与当时周天子之王位（时王）相冲突，藤泽东畡所言未尝不是一个问题。

李觏《常语》曰："孟子曰：'五霸者，三王之罪人也。'吾以为孟子者，五霸之罪人也。五霸率诸侯事天子，孟子劝诸侯为天子。苟有人性者，必知其逆顺尔矣。孟子当周显王时，其后尚且百年而秦并之。呜呼！孟子忍人也，其视周室如无有也。"李觏的观点可以和藤泽东畡互相参照。

（二）驳程颐天命已改之说

伊川程氏曰："孔子之时，周室虽微，天下犹知尊周之为义，故《春秋》以尊周为本。至孟子时，七国争雄，天下不复知有周，而生民之涂炭已极。当是时，诸侯能行王道，则可以王矣。此孟子所以劝齐梁之君也。盖王者，天下之义主也。圣贤亦何心哉？视天命之改与未改耳。"

又曰："当是之时，天下之人惟利是求，而不复知有仁义。故孟子言仁义而不言利，所以拔本塞源而救其弊，此圣贤之心也。"

藤泽东畡指出："诚如所言，天下不复知有时王，非不仁不义之大者乎？诸侯而欲王，非贪利之大者乎？然于彼则拔本塞源而救其弊，于此则树本导源而启其弊，圣贤之心有时颠倒乎？……且所谓天命之改未改，可以论桀纣，而不可以论周末之王矣，何者？周末之王有孱弱可怜已，未尝有暴虐可疾也；亦有侮而轻之已，未尝有怨而背之也。苟有圣贤得邦家者兴，率天下而服事之，修礼乐而陶铸之，安知文武之政不再举乎？此夫子'东周'之志，而《春秋》之所以作也，岂论天命改不改之时乎？"

此条程子言时义，藤泽东畡亦由时义驳之。

按孔子曾入周，问礼而不问周王；曾游说诸侯十四年，未闻至周；孔子所陈"如有用我者，吾其为东周"之志，是"兴周道于东方"（《朱子集注》语），并非指帮助周王室中兴。春秋以后文献缺失，《左传》《战国策》虽载周天子之事，而语焉不详，似乎周太史一系文献已失传。就传世文献而言，孔孟诸人对周王室的态度，确有空缺，故藤泽东畡所质疑亦有理据。

四库馆臣称吕祖谦《春秋左氏传续说》谓"《左氏》有三病，不明君臣大义，一也"，"虽亦沿宋儒好轧先儒之习，然实颇中其失"。

（三）驳朱熹"时措之宜"之说

晦庵朱氏曰："孔子尊周，孟子不尊周，如冬裘夏葛，饥食渴饮，时措之宜异尔。此齐桓不得不尊周，亦迫于大义，不得不然。夫子笔之于经，以明君臣之义于万世，非专为美桓公也。孔、孟易地则皆然。……得时措之宜，则并行而不相悖矣。"

藤泽东畡指出："裘渴饮食，以论文质宽猛则可，岂可以论君臣之际乎？君臣之际，义与不义而已矣。以齐桓尊周为迫于大义，则不得不以孟子不尊周为违于大义。古今岂有宜于不义之时乎？岂有义与不义并行之理乎？"

此条朱子亦言时义，藤泽东畡则由大义驳之。

按庄子与孟子同时，而言"臣之事君，义也，无适而非君也，无所逃于天地之间"，已知以事君为义命之当然绝对之理，不随时间、空间之改变而改变。贾谊谓屈原"历九州而相其君兮，何必怀此都也"？而说者谓屈原为楚国世卿，"便有宗国不可去之义"。孔孟游说诸侯，为客卿、为家臣，有"鸟则择木，木岂能择鸟"之说，皆与时人所载名节之事不甚合，要亦文献缺略之故。

（四）驳元儒胡炳文"民心向背"之说

云峰胡氏曰："不有孔子之论，则在下者不知尊王之义，而民可以无君矣；不有孟子之论，则在上者不知天命之改不改在民心之向背，君可以无民矣。"

藤泽东畡指出："君者君于民也，民者民于君也，不有君则无民，不有民则无君，不可两其论矣。且民心背周者，有何征耶？抑'不知有周'之谓乎？不知有周者亦有何征耶？齐宣王问曰'齐桓晋文之事可得闻乎'？是犹欲挟天子以号令于四海矣，未见其不知有周也。又问汤武放伐曰'臣弑其君可乎'？是犹知尊天子之为义矣，未见其有背心也。以此推之，他诸侯亦可知耳，岂'不期而会'者乎？庶民亦可知耳，岂'欲与之偕亡'者乎？"

胡炳文，字仲虎，安徽婺源人，有《云峰胡先生文集》传世，《元史·儒学传》有传。此条胡炳文言时义，藤泽东畡亦详论时义而驳之。

按《朱子语类》卷五十一载朱子与弟子讨论"天命之改与未改，如何见得"，朱子谓"大势已去了"，"人心都已去"。朱子此处言"人心"，为胡炳文言"民心"为本。而朱子所言不及藤泽东畡之详。

（五）驳元儒陈栎"天命已改"之说

新安陈氏曰："天命之改未改，验之人心而已。人心犹知尊周，可验天命未改，则当守天下之经，文王、孔子之事是也。人心不知有周，可验天命改，不得不达天下之权，武王、孟子之事是也。"

《孟子集注》引王勉论放伐："惟在下者有汤武之仁，而在上者有桀纣之暴则可，不然是未免于篡弑之罪也。"

藤泽东畡引王勉之说，指出："今以孟子比武王，是以周王为'残贼'、'一夫'也。晦庵解'残贼'曰：'凶暴淫虐，灭绝天理，故谓之贼。颠倒错乱，伤败彝伦，故谓之残。'未闻周王有此事矣。"

陈栎，字寿翁，安徽休宁人，曾著《四书发明》，《元史·儒学传》有传。王勉，建阳人，南宋绍兴二年张九成榜进士。此条陈栎言时义，藤泽东畡亦由时义驳之。

（六）驳宋儒饶鲁"孟子真能尊周"之假设

双峰饶氏曰："孟子既卑管仲，使孟子当管仲之时，则如之何？亦只是合诸侯以尊周室。但孟子则真能使王室尊安，而诸侯各循王度。管仲不过假尊周之名，以盖其搂诸侯之实，去所为实文武之罪人也。"

藤泽东畡指出："孟子之卑管仲，以其徒尊周室而不能以齐王也。……双峰以管仲为文武之罪人，试比之欲移文武之统者，其罪孰重而孰轻，亦必有辨。"

饶鲁，号双峰，黄幹弟子。此条饶鲁言时义，藤泽东畡亦由时义驳之。

今按：孟子法先王，司马迁谓其"见以为迂远而阔于事情"，确乎昧于时义；其不尊时王，如藤泽东畡所论，亦有昧于君臣大义之嫌。朱子与陈亮当时有"王霸义利之辨"，以为"三代专以天理行，汉唐专以人欲行"，其措意在于人心，而不在于汉唐，于赵宋本朝亦不甚了了，似以为天理、道统固然高于赵宋政统之上。孟子、程、朱诸人皆有其合理之一面，而藤泽东畡所论，严谨尖锐，时义、大义兼顾无偏，特别是以孔子攻孟子，以儒学攻儒学，以汉文典籍攻汉文典籍，确有后出转精之势。

第四编　道家专论

道 德 说

今日以"道德"为题而言之颇不易。1948年，当民国之末，史家金兆梓有言："'讲道德，说仁义'，这两句话，在如今这年头儿，一提出来，大概就会令一般人，尤其是所谓有血有肉的人，感觉到腐气冲天，不免掩鼻而过，以为旧尸体骸又要还魂了吧!"[①] 金氏言后迄今又六十余年，道术益裂，果有董生适燕赵，娄君游淮南，谓之必有合也，岂有合也。

本篇从训诂、义理两方面探求"道德"概念之本义，认为"道"为天道，"德"为天德。"道""德"二字同源，创生于一时，与上古天官之学、世畴制度相关。"文明"观念由此而出，即便"人文"观念亦由此而出。如果割裂天道，偏指人事，则不免流为以人治人之弊。后世种种引申泛论，率多违误。

一 解 义

"道"为天道，"德"为天德。

"道""德"二字本义为"天道""天德"，"道""德"为省称。"天道"包含"人道"，"人道"不离"天道"，故"人道"亦言"道德"，然此为习惯义，而非学术义。

今日学者每言"人道"之"道德仁义"脱离"宗教"而独立，脱离"天命"而独立，为哲学之"突破"，此于学术无益。

《汉书·翼奉传》："臣闻之于师曰：天地设位，悬日月，布星辰，分

---

① 金兆梓：《道德论》（上），《新中华》1948年第11卷第1期。

阴阳，定四时，列五行，以视①圣人，名之曰道。圣人见道，然后知王治之象，故画州土，建君臣，立律历，陈成败，以视贤者，名之曰经。"

古人以为人文出于天地，天地有"道"，"道"谓整体。"道"非主宰，非命定，而出于自然。万物皆自然、自尔、自生、自化，然个体必须回归整体，故"道"也者，实为万物之一大关联。"道"为一大事关联而出世。

天下无道，则物物各争自由独立。天下有道，万物皆照，各循其性，而万物无不自由。故万物不离天道，离天道则不立。

今日学者言自由、民主、独立，重个体而不重整体，是惟知万物而不见"道"。万物芸芸，而又关联为一，此之谓"哲学"，此之谓"理性"。今世自上而下已不知"哲学""理性"为何物。故钱穆《现代中国学术论衡》云："今日西方人竞称自由平等独立诸口号，其实在其知识领域内即属自由平等独立，无本末，无先后，无巨细，无深浅，无等级，无次序，无系统，无组织，要而言之，则可谓之不明大体，各趋小节。"②

《老子》言："失道而后德，失德而后仁，失仁而后义，失义而后礼"；《文子》言："古之为道者，深行之谓之道德，浅行之谓之仁义，薄行之谓之礼智"；《庄子》言："古之明大道者，先明天而道德次之，道德已明而仁义次之。"道、德、仁、义、礼、法为一阶梯次第而不并列。时代有盛世，有衰世，有乱世，故六者先后递降，而道家、儒家、法家依次取法焉。道家祖述颛顼，宪章尧舜，于道最为高；儒家祖述尧舜，宪章文武，寔为中道；法家应变救弊，亦有所长。

《关尹子·三极》："圣人之道天命，非圣人能自道；圣人之德时符，非圣人能自德；圣人之事人为，非圣人能自事。是以圣人不有道，不有德，不有事。"《荀子·儒效》："道者，非天之道，非地之道，人之所以道也，君子之所道也。"关尹之道，道德之道也；荀卿之道，仁义之道也。故不同，非道有二也。

今人奉行之进化论出于生物学，以人类与生物同一本质，因而以生存竞争为当然，以利欲本能为合理。实则存活于最后者未必合理，吾国学术

---

① "视"同"示"，下同。

② 钱穆：《现代中国学术论衡》，三联书店 2001 年版，第 95 页。

中所以有史官者，正在于不以胜负成败论英雄，而必别有是非褒贬之标准。史官"有过必书"。《大戴礼》曰："太子既冠成人，免于保傅，则有司过之史。"《韩诗外传》云："据法守职而不敢为非者，太史令也。"①皆谓史官为人间作史，而人君以有太史而不敢为非。

古人常言察天道，顺天命。人类所最惧者，自己给自己定规矩。自己给自己定规矩，必有以结果论是非，以影响论善恶，"诸侯之门，仁义焉存"。

古之道家、儒家皆以动物可以依循天性，各适其适，而唯独人类不能。人类不学而依循本能，则必争夺而自毁同类。故孟子以为人性善，而必言"求其放心"；荀子以为人性恶，而必言"化性起伪"。曰"求"曰"化"，其旨一也。不求不化，不得为人。一日不求不化，则旦夕可以同于禽兽。

人类不能随时间自动进化。古人不言进化，故皆能归心于往昔之大治，而讥评当世之私欲。今人信奉进化，故以古人不足虑，而人人可以肆无忌惮。故信古者必疑今，信今者必疑古，其作用势必至此也。

有学有求，有教有化，有作有述，有传有受，依循天道而祈向皇古，称之为"文明"。"文明"者，"天地以合，四海以洽，日月以明，星辰以行，江河以流，万物以倡"，故称"天下文明"，如此则"人文"亦大。背离天地而自师成心，大冶踊金，人耳人耳，如此则"人文"亦小，岂得有"鸢飞戾天，鱼跃于渊"，与天地相参，赞万物化育哉！

宋儒未见有释老攻之，而亟亟于辨异端；未见有敢显悖天理，而亟亟于克人欲。今之天地闭矣，天道隐矣，以时间论则最进矣，而人欲横流莫此为盛也。"天理存则人欲亡，人欲胜则天理灭"，宋儒此语正对今日言之。

"道"为"天道"，"天道"故无为无名。"德"为"天德"，"天德"故无亲无私。《论语·阳货》："天何言哉？四时行焉，百物生焉，天何言哉？"《礼记·孔子闲居》："天无私覆，地无私载，日月无私照。奉斯三者以劳天下，此之谓三无私。"《礼记·中庸》："高明配天，不见而章，无为而成。"《礼记·哀公问》："无为而物成，是天道也；已成而明，是

---

① 《孔子家语》"太史"作"人史"，与"人师""人友""人隶"并言，亦通。

天道也。"

有名有恩，皆道德之亏。《淮南子·齐俗训》："率性而行谓之道，得其天性谓之德。性失然后贵仁，道失然后贵义。是故仁义立而道德迁矣，礼乐饰则纯朴散矣，是非形则百姓眩矣，珠玉尊则天下争矣。凡此四者，衰世之造也，末世之用也。"

名之所起，乃是实之所亏。故有名，正由其事有所变异，不得保其初始本真，失其纯完之状。故有名乃是实之亏，而欲察其纯足完备，乃在于无名。故《老子》曰："上德不德，是以有德；下德不失德，是以无德。"《庄子》曰："道不可闻，闻而非也；道不可见，见而非也；道不可言，言而非也。知形形之不形乎？道不当名。"孔颖达《尚书·序》正义："道本冲寂，非有名言。既形以道生，物由名举，则凡诸经史，因物立名。"

所谓"上德"，则尤任何收获，无任何回报，亦无施德之名，此之谓真有德。"下德"不忘给予，以德之名声为回报，实则非德，故曰"无德"。故名者，德之贼也。《韩诗外传》："喜名者必多怨，好与者必多辱。……名兴则道不用，道行则人无位。"

有"大德"，有"至德"，有"上德"。《易经·系辞传下》："天地之大德曰生。"天地之德是道德之源，是真正的德，故称"大德"。而天地之大德无名，无言，无私，无为。真正的德，不可宣传，不可言说，不可表达，此之谓"大德""至德""上德"。今人动辄宣言"道德"者，其实皆非其真也。"道德""文明""精神"皆失，徒用其词语，而实义绝矣。顾炎武《与友人论学书》："是故性也、命也、天也。夫子之所罕言。而今之君子之所恒言也；出处、去就、辞受、取与之辨，孔子、孟子之所恒言，而今之君子所罕言也。"

老子其书以《道德》为篇题，其学传自久远。晚周诸子皆渊源于上古王官，肇端于羲黄尧舜之世。"道家者流，盖出于史官"，而古之史官又称"天官""日官"，治历明时，与羲和之官同源，故司马氏"世掌天官"而谈迁父子均为太史令。所谓"历记成败、存亡、祸福、古今之道"，亦无一不与天道相关也。故道家言道德，儒家言仁义，各有所明，时有所用，未可过于轩轾。要之诸子皆同出于王官，犹之道德之出于天地，天地之出于一无也。三代文明之隆盛，其惟王官乎！（道家及其主要思想概念，可以追溯到文明创兴之际，而不自《道德经》起始。张舜徽有"周秦学者言主术同宗'道德'"之说，曰："吾尝博观周秦诸子，而深疑百家言主术，同归于执本秉要，清虚自守，莫不原于道德之意，万变而未离其宗。此黄老之术所以独为高远也欤！"[①] 不佞赞同这一宏观见解。）

今日有史家而无史官，"夫人作享，家为巫史"，不知天道，不明祸福，不能"守往事之合德之理与不合而纪其成败以为来事师法"（贾谊《道德说》论《春秋》语），所以世事不救。

《后汉书·百官志》："太史令一人，六百石。"本注曰："掌天时、星历。"《左传》桓公十七年："天子有日官，诸侯有日御。日官居卿以底日，礼也。日御不失日，以授百官于朝。"

《周礼·春官》："太史掌建国之六典。"郑玄注："太史，日官也。《春秋传》曰：天子有日官，诸侯有日卿。"《毛诗序》："国史明乎得失之迹，伤人伦之废，哀刑政之苛，吟咏情性以讽其上，达于事变而怀其旧俗者也。"此之谓史官。

古者五牲六畜不相为用。以人治人，无论出于首领一人，抑或出于集体数人，皆不免于"高者抑之，下者举之，有余者损之，不足者与之"，皆人道也。人道之与天道也，相去远矣！

而人道岂不可畏哉？《大戴礼记·易本命》："子曰：夫易之生，人、禽、兽、万物、昆虫，各有以生。或奇或偶，或飞或行，而莫知其情；惟达道德者，能原本之矣。……王者动必以道，静必以理。动不以道，静不以理，则自夭而不寿，妖孽数起，神灵不见，风雨不时，暴风水旱并兴，人民夭死，五谷不滋，六畜不蕃息。"《韩诗外传》卷二："夫万物之有灾，人妖最可畏也。曰：何谓人妖？曰：枯耕伤稼，枯耘伤岁，政险失民，田秽稼恶，籴贵民饥，道有死人，寇贼并起，上下乖离，邻人相暴，对门相盗，礼义不修牛马相生，六畜作妖，臣下杀上，父子相疑，是谓人妖。是生于乱。"《左传》昭公二十九年："夫物物有其官，官修其方，朝夕思之。""官宿其业，其物乃至。若泯弃之，物乃坻伏，郁湮不育。"孔颖达正义："夫物物各有其官，当谓如龙之辈，盖言凤皇、麒麟、白虎、

---

① 张舜徽：《周秦道论发微》，中华书局 1982 年版，第 36 页。

玄龟之属。""若灭弃所掌之事，令职事不修，则其物乃止息而潜伏，沈滞壅塞不复生育。"唯之与阿，相去几何？人道人妖，相去何若？

"文"由人事上说则为"人文"，或称"人道"。"人文""人道"相对于"天文""天道"而言。但"人文"与"人道"又不与"天文""天道"截然对立，亦不为之附庸从属，而是从"天文""天道"中渊源而出，即如《礼三本》所云"无天地焉生"，《庄子》所云是天地之委形、委和、委顺、委蜕。从"天文"到"人文"，从"天道"到"人道"，构成有序之整体。此为吾国先人传统理念。

日月之光照为明。《易经·系辞上传》："悬象莫大乎日月"，"遍照天下，无幽不烛，故云明"。因其高明，因其境界，因其灿烂，因其悠久，故称之为"文明"。

察天道，顺天命，绝非压抑人性。吾国传统特重人事，因此有"教化""文教""人文""文化""文明"诸义，而中国为数千年文教大国，衣冠声教被于天下，世界各族，莫之与京。

二　训　诂

（一）说"道"

"道"字金文作"衜"。如：衜（貉子卣）、衜（寰鼎）、衜（散盘）、衜（曾伯簠）。其字从"行"。不佞旧曾以为其字从"彳""亍"，非是。

《说文》"行"字："行，人之步趋也，从彳从亍。凡行之属皆从行。"段玉裁注："'从彳亍'，彳，小步也。亍，步止也。"《说文》"彳"字："彳，小步也，象人胫三属相连也。凡彳之属皆从彳。""亍，亍，步止也。从反彳。"说皆有误。其字当从"行"，从"彳""亍"者为"行"之省文。《说文》"道"字："道，所行道也。从辵从𩠐。一达谓之道。"段注："'所行道也'，《毛传》每云'行道'也。'道'者人所行，故亦谓之'行'。"此为得之。（"行"谓行神，见《月令》"祀行"、《聘礼》"释币于行"；"道"亦谓行神，见《荀子·礼论》注）

"行"为象形字。象道路，其字形与十字路口十分逼近。如：卝

（后）、**行**、**北**（行父辛觯）、**行**（中山王鼎）。徐中舒云："行"字金文与甲骨文同。① 罗振玉《增订殷虚书契考释》云："**北**象四达之衢，人所行也。……许书作**行**，形义全不可见。古从'行'之字，或省其右或左，作**行**及**行**，许君释'行'为'人之步趋'，谓其字'从彳从亍'，盖由字形传写失其初状使然。"所说极是。

然"行"字形象为四达之衢，字义则为"道路"，"道路"不只四达，而以四达最具特征。《尔雅·释宫》："一达谓之道路，二达谓之歧旁，三达谓之剧旁，四达谓之衢，五达谓之康，六达谓之庄，七达谓之剧骖，八达谓之崇期，九达谓之逵。"观此，似一达至九达皆可谓"行"，而以一达最为原始，其余则为一达之引申，故《尔雅》《说文》皆云"一达谓之道路"。惟一达不可以象，故用四达。

古文表示道路、行走的字极多，字形或从"行"（彳、亍），或从"辵"，或从"足"，或从"止"，形义往往相通。刘兴隆云："卜辞**止**（止）、**彳**（彳）、**辵**（辵、辶）每混用无别。"② 徐中舒云："古文字中彳、止、辵、走等偏旁每可通用。"③ 对比各类字形字义，如"衢""道""道"三形，则"行"象道路，意尤显明。

表示道路、行走的语汇丰富，可能与上古世官世畴的王官制度（大部分可以称之为技术官或技艺官）的发达有关。《周礼·夏官司马》："司险掌九州之图，以周知其山林、川泽之阻，而达其道路。设国之五沟、五涂，而树之林以为阻固，皆有守禁，而达其道路。"又《秋官司寇》："野庐氏掌达国道路，至于四畿。"《礼记·月令》季春之月："是月也，命司空曰：时雨将降，下水上腾，循行国邑，周视原野，修利堤防，道达沟渎，开通道路，毋有障塞。"

金文"道"字所从之"首"，江林昌认为意指太阳，"道"与"推步"及太阳的运动有关。不佞认为这一见解极有价值。江林昌说道：散盘铭文"道"字内中的**首**，隶定为"首"，"为有眼有发的人头"，"以眼和发代表整个头部，是甲金文里的常例"，"而在神话思维里，眼睛和太

---

① 徐中舒：《甲骨文字典》，四川辞书出版社1989年版，第182页。
② 刘兴隆：《新编甲骨文字典》，国际文化出版公司2005年版，第72页。
③ 徐中舒：《甲骨文字典》，四川辞书出版社1989年版，第171页。

阳是互拟的","甲金文里'日'与'目'常常可以互换","可见,眼睛是可以代表太阳的"。"首的原形为眼睛,即为太阳神","'道'字的本义应该就是太阳及其循环之意"。①

不佞曾对江林昌的见解反复援引。因为"道德"二字在人间的使用过于频繁,引申泛化,以致无所不包,难于指实,在哲学与政治学两方面都不免发生疑惑,所以不佞认为江林昌的见解具有超出"百姓日用而不知"的意义,是一个"突破"。

江林昌的见解可与清人钱大昕之说互相照应。钱大昕认为:古书言天道者,皆主吉凶祸福而言,皆论吉凶之数,其执掌在于瞽史。《十驾斋养新录》卷三"天道"条云:"古书言天道者,皆主吉凶祸福而言。《古文尚书》:'满招损,谦受益,时乃天道。''天道福善而祸淫。'《易传》:'天道亏盈而益谦。'《春秋传》:'天道多在西北。''天道远,人道迩。''灶焉知天道?''天道不谄。'《国语》:'天道赏善而罚淫。''我非瞽史,焉知天道?'《老子》:'天道无亲,常与善人。'皆论吉凶之数。"(上古史官之职兼天官、卜筮、尸祝、典藏、史记,此不具论。)

但细加分析,江林昌的观点还可以加以调整。因为太阳循环在人们的感觉经验中,主要是昼夜的循环,即地球的自转。虽然观测太阳投影可以得知四时的变化,但日影只是天道运行的结果,而不是原因(春分、秋分,日影相同)。天道运行的根源在于"太一",即北极星。天道明显是北斗的变化,北斗、群星围绕北极星运转,所谓"北辰居其所而众星(共)〔拱〕之",既是"道"的表象,也是"道"的本体。(古有"北极"之说,取地极与天极的对应为基准。《尔雅·释天》:"北极谓之北辰。"《尚书大传》:"旋机谓之北极。"《晋书·天文志》:"北极,北辰最尊者也,其纽星,天之枢也","北极之下为天地之中"。《庄子》:"禺强得之,立乎北极。"扬雄《甘泉赋》:"致北极之嶵嵼。"至于"北极"确指何星,则诸家所论不同,《明史·历志》云:"自汉至齐梁皆谓纽星即不动处。惟祖暅之测知纽星去极一度有余。自唐至宋,又测纽星去极三度有余。"而西洋以小熊座α为北极星。此处不具论。)

---

① 江林昌:《楚辞与上古历史文化研究——中国古代太阳循环文化揭秘》,齐鲁书社1998年版,第55—56页;江林昌:《夏商周文明新探》,浙江人民出版社2001年版,第315—316页。

白行简《春从何处来》诗："欲识春生处，先从木德来。入门潜报柳，度岭暗惊梅。"

我国历法习称阴历，即太阴历、月亮历，其实当是综合历，日月星辰以至鸟兽动植，无一不可以参比观察，然而以日月参合为主。但历法虽主于日月，"天道"则主于星辰，《史记》之《历书》《天官书》别自为篇，古典记述"天""日"多分别篇卷，如《初学记》《太平御览》即是。《楚辞·九歌》之"东皇太一"与"东君"亦别自为篇，"东君"为日，"东皇太一"谓斗柄在东，古人解为"春神"。洪兴祖《补注》引吕向《文选注》："太一，星名，天之尊神。祠在楚东，以配东帝，故云东皇。"引《汉书·郊祀志》："天神贵者太一，太一佐曰五帝，古者天子以春秋祭太一东南郊。"斗柄分指四方，因而有四时的交替，而北极不动，故古人视北极为天运的本原。地球围绕太阳公转而产生四季是现代观念。现代历法关注的是"太阳系"，而我国古人关注的是"宇宙系"。

江林昌认为："《吕氏春秋·大乐》将'道'称为'太一'"，"'太一'是春天东升的太阳，是它分开了天地和阴阳"。[1] 但太阳恐不能称为太一，《史记·天官书》首载"中宫天极星，其一明者，太一常居也"（《汉书·天文志》同，"太一"写作"泰一"）。张守节正义："泰一，天帝之别名也。"司马贞索隐引杨泉《物理论》："北极，天之中，阳气之北极也。极南为太阳，极北为太阴。日、月、五星行太阴则无光，行太阳则能照，故为昏明寒暑之限极也。"《史记·武帝本纪》又云："神君最贵者太一。"故太一为北极星。居中央，行五行、行九宫（即四方四隅及中央），以至明堂九室、十二月令者，皆是此星。太一又解为精气、元气，以其虚微，似有无有，故注解家均不确指。若太阳为太一，则光明、强阳之至，不可谓之溟滓濛鸿、虚廓幽冥。

《礼记·月令》孔颖达引刘熙《释名》："日，实也，大明盛实。""星，散也，布散于天。"正义云："自然虚无之气，无象，不可以形求，不可以类取，强名曰道。"《汉书·律历志》："太极运三辰五星于上，元

---

[1]　江林昌：《楚辞与上古历史文化研究——中国古代太阳循环文化揭秘》，齐鲁书社 1998 年版，第 56 页。

气转三统五行于下。"《孔子家语》："夫礼必本于太一，分而为天地，转而为阴阳，变而为四时，列而为鬼神。"（姜亮夫认为太一为神名，又为哲学最高概念，否定其为星名。[①] 则此"神"处于抽象概念中，缺乏实际物象的依托，与上古王官之学不合）

《周易》八经卦，"乾为天"，"离为日"（《说卦传》），"天""日"仍然分别。"《离》，丽也，日月丽乎天"，而《乾卦》则六爻全以"龙"为象，"龙"者，见其功而不见其形，有而又无，无而又有，无不在，无可见。"天"亦然，"道"亦然。孔颖达正义曰："龙者，变化之物"，"经言'龙'而《象》言'阳'者，明经之称'龙'则阳气也，此一爻之象专明天之自然之气也"。可知《乾卦》实为"天卦"，亦可称为"道卦"，其含义恰与训诂家"道"字的本义相对应。而"道"字内含之"首"，亦得以由《乾卦·象传》所云"万物资始""首出庶物"之"首"互相阐发。

"道"字内含之"首"，究竟"首"于何事？由《乾卦》言之，乃是以"出庶物"为首。换言之，"道"字内含之"首"乃是特指"出庶物"而言。

《说卦传》："《乾》为首。"由训诂家而言，此所谓"首"亦即"道"字内含之"首"，故乾为首，首为道。

古文"首"与"道"通用，王引之《经义述闻》曰："古字'首'与'道'通。《逸周书·芮良夫篇》'予下臣良夫稽道'，《群书治要》作'稽首'。《史记·秦始皇本纪》'追首高明'，索隐曰：'会稽刻石文首作道'。"

《鹖子·贵道五帝三王周政乙第五》："昔者五帝之治天下也，其道昭昭，若日月之明然，若以昼代夜然，故其道首首然。"按以"首首然"解"道"，诸家书不见，惟《鹖子》言之，洵道家之祖也。（孙德谦《诸子通考》云："《鹖子》今所存者似类后人所为，然道家者君人南面之术，则所论用人慎刑之理是真道家之恉也。彦和云：'余文遗事，录为《鹖子》'，后儒不知，称为伪造者，夫亦昧其指归矣。"）其解义之法，贴近训诂家之本义，名实相符，具有法度。犹"诗"字古体从"之"，故云

---

① 姜亮夫：《重订屈原赋校注》，天津古籍出版社 1987 年版，第 181—182 页。

"诗者志之所之","志"亦从"之",故亦云"诗言志";"教"字古体从"爻",故解为"效"。(《系辞传下》:"爻也者,效此者也。")"性"古文为"生",故云"生之谓性"。皆此之类,章太炎称之为"语根类训诂"(章太炎《菿汉雅言札记》),故最为可信。

"首"又解为面向、头向。《说文》"首"字:"𦣻,古文百也。"《广雅·释诂四》:"面、首,向也。"王念孙疏证:"面向为面,首向为首。""一达谓之道路",惟日月之行一达无歧,确然有向(今人称之为"一维"),故"首首然"又指明白知所向。

道家又言"頠頠",意与"首首"相近。《庄子·天道》老子谓士成绮曰:"而容崖然,而目衝然,而頠頠然。"郭象注:"頠然,高露发美之貌。"方以智《通雅》卷九《释诂·重言》云:"首首,犹言頠頠也。《鹖子》曰:'其道首首然。'言首在上,昂昂示人,犹頠为馗骨,常在面上,頠頠然也。公绍曰:《说文》引《庄子》:'其頠頠頠。'智按:《说文》无此语,想是唐本、蜀本。今老子谓成绮曰:'而容崖然,而頠頠然。'"

所谓"高露发美之貌","頠为馗骨","昂昂示人",则为"首"字的会意引申,其实际含义仍为"出庶物"。

"首出庶物",意为始生庶物,与"万物资始"相对,语义互生。二句一自主语言,一自宾语言;一由道而言,一由物而言。尚秉和云:"'首出庶物',与'万物资始'理同。"[①] 李鼎祚《周易集解》引荀爽曰:"'万物资始',犹万物之生禀于天。"引刘瓛曰:"阳气为万物之所始,故曰'首出庶物'。"高亨《周易大传今注》:"首,始也。出,犹生也。"《尔雅·释诂》:"首,始也。"扬子《方言》:"人之初生谓之首。""庶物",犹《老子》之"夫物芸芸"(又作"万物云云")。"出"解为"生出"。《大戴礼记》又言"顺天作刑,地生庶物","知仁合则天地成,天地成则庶物时",《孔子家语》言"吐纳雷霆,流形庶物",《庄子》言"阴阳不和,寒暑不时,以伤庶物",《梁书》载高祖诏"夫日月丽天……故能庶物出而资始",均为生出意。杨泉《物理论》曰:"东北明庶,庶物出幽入明",《织机赋》曰:"是以孟秋之月,首杀庶物","首杀"一

① 尚秉和:《周易尚氏学》,中华书局 1979 年版,第 20 页。

语由杨泉自创，与"首出"相对。

《庄子·渔父》："道者，万物之所由也，庶物失之者死，得之者生，为事逆之则败，顺之则成。故道之所在，圣人尊之。"所云与《乾卦·彖传》极为近似。

而孔颖达解"首出庶物"为圣人"以头首出于众物之上"，恐误。（朱子《周易本义》沿孔颖达之说，云："圣人在上，高出于物。"亦误。）此因孔以"龙首"解"首出"，不知"万物作而不始"，故"群龙无首"乃所以"吉"。（见《老子·二章》，旧作"辞"，当作"始"。又《文子》及《淮南子》均曰："遵天之道，不为始。"）王弼《周易》注："夫以刚健而居人之首，则物之所不与也。故《乾》吉在'无首'。"亦以"首出"为戒，而"无首"则犹"道"本于无也。

《易经·系辞上传》又言"开物成务"，《鹖冠子·能天》亦曰："道者，开物者也"，"道者，通物者也"。但所云"万物"之"物"，亦源于天文，而非日常普通之物。《说文》："物，万物也。牛为大物，天地之数起于牵牛，故从牛。""牵牛"，星名，出羲和之官。

要之，由"道"字与"太一"对应，与《乾卦》对应，与"首出庶物"对应，可知"道"字本义为天道。"天道"无所不包，无有对偶，故可以省称为"道"。天地包含人事，故古人言"天道"亦可以兼言人道。（朱子《中庸集注》："道，犹路也。人物各循其性之自然，则其日用事物之间，莫不各有当行之路，是则所谓道也。""道者，日用事物当行之理。"《论语集注》："凡言道者，皆谓事物当然之理，人之所共由者也。"《孟子集注》："道者，天理之自然。"）

"人法地，地法天"，故凡言"圣人之道""君子之道"，皆归本于天道，并非圣人、君子可以自为其道。儒家以人与天、地相参，故称"有天道焉，有人道焉，有地道焉"。（李鼎祚《集解》引陆绩曰："天道有昼夜、日月之变，地道有刚柔、燥湿之变，人道有行止、动静、吉凶、善恶之变。"）此所谓"人道"意谓人事之"相对独立"，绝非可以背离天道之意。《庄子·在宥》："有天道，有人道。……天道之与人道也，相去远矣！"与天道对立之所谓"人道"尤为道家所深斥。

梁启超《生物学在学术界之位置》援引达尔文《种源论》（《物种起源》）："生物学出世之后，才知道人类不过脊椎动物部中乳哺门猿类的一种，从下等原始生物中渐渐变成，并没有什么'首出庶物'的特权，所有生物界生活法则，我们没有那样不受其支配。"① 此又完全走入物质主义之另一极端。

《说文》解"行"为"人之步趋"，而解"道"为"所行道"，失主语，不知何故？

甲骨文未见"道"字，而有"衜"字，作𧗸（合集 7211）、𧗽（南明 79）、𧗾（后上 29.2）、𧗿（后下 15.16）。其字从眉、从止、从方，疑即"方术"之"方"之初文。《庄子》"天下之治方术（術）者多矣"，"方""术（術）"皆"道"之意。今"術"字简化为"术"，"方术"二字遂不可解。

（二）说"德"

"道"为天道，"德"为天德。

无论在古代汉语还是在现代汉语中，"德"字的使用都非常广泛。古往今来，人类所称颂过的各种"美德"不可胜数。因此"德"字的使用频率虽高，但"美德"的定义却更难界定。"德"是现代伦理学科的核心概念之一，但即使在现代伦理学中，其定义也难以把握。

特别是"道德"二字的通常字形，不一部首，似乎二字只是后起的复合词，因而切断了二字同源的线索。

"道德"二字现代汉语字形不一类，而追溯其初形与本义则极为接近，应当为一时所创。

自来训"德"，有两条歧途。

其一，"德"解为"升"、解为"登"。始于《说文》："德，升也。"此解原意乃是谓"登"为"得"，由同音而通假，实则"德"与"升"字无关。

春秋时齐国人口语，说得急促，"得"读为"登"。《春秋公羊传》隐公五年："春，公观鱼于棠。何以书？讥。何讥尔？远也。公曷为远而观鱼？登来之也。"东汉何休注："'登'读言'得'。'得来之'者，齐

---

① 梁启超：《生物学在学术界之位置》，载梁启超《梁任公学术讲演集》第二辑，上海商务印书馆 1926 年版，第 130 页。

人语。齐人名'求得'为'得来'。作'登来'者,其言大而急,由口授也。""得"与"德"相通,而"登德双声",故"德"解为"升"。许氏《说文》为解经之书,不得不耳,而纡曲甚矣,纠缠于此,乃成歧途。

其二,"德"与"得"通假互释。古文"道"与"德","德"与"得",犹"仁"与"义",皆同义,故得通假互释。(《管子·心术上》:"德者道之舍⋯⋯以无为之谓道,舍之之谓德。故道之与德无间,故言之者不别也。"《孟子·离娄上》:"仁,人之安宅也;义,人之正路也。")然留意于"德"与"得",则忽略于"道"与"德",因小弃大,而成歧途。

施者为"道",受者为"德";施者为"德",受者为"得"。行之为"道",居舍为"德";安居之为"仁",出而行之为"义"。施受不同,主宾各异,其实乃为一事之两面,互释而两明。

《韩非子·解老》曰:"德者,内也。得者,外也。"《孟子》载告子曰:"仁,内也,非外也;义,外也,非内也。"内外之分犹言主宾。

贾谊《新书·道德说》:"道者无形,平和而神","德者,离无而之有";"道者德之本也,仁者德之出也"。又释之云:"物所道始谓之道,所得以生谓之德。德之有也,以道为本,故曰'道者德之本也'。德生物又养物,则物安利矣。安利物者,仁行也。仁行出于德,故曰'仁者德之出也'。""道"与"德"区别而言,二者义近而不同。"道"为因,"德"为果;"道"为其然,"德"为所以然;"道"为第一义,"德"为第二义。

"德"与"得"相反而相通,均在"彳"部,同音同义,故可以互释。"德",德行也;"得",获得也。德行与获得,表面看来含义相差甚远,实际上却是同一类词汇。

《释名》曰:"德,得也。"《集韵》曰:"德,行之得也。"《礼记·乐记》《史记·乐书》曰:"德者,得也。""德""得"互释。

《六韬·文师》太公曰:"凡人恶死而乐生,好德而归利。能生利者,道也。道之所在,天下归之。"《庄子·德充符》:"无丧,恶用德?"所言"好德"即"好得","德丧"即"得丧",亦即"得失"。"德""得"二字通假。

简帛文字"德""得"通假常见。

"德者，得也"在具体解释中，有需要梳理之处。"德"字从心从直，似与内心美德相关。而"得"字从寸从贝，甲骨文作𫉄（京都2113），"寸"即手，为手持货币之象，与获得财物相关。《说文》云："得，行有所得也。"段注："行而有所取，是曰得也。"《春秋经·定公九年》："得宝玉、大弓。"《左传》："书曰'得'，器用也。凡获器用曰'得'，得用焉曰'获'。"

美德与获得财物如何相通？如何同时成立？对此，古人大致有三种解释。

第一，给予一方（主语）有所获得，获得之"得"解释为自得，即自我获得先天的本性，或说获得性情，或说获自礼乐，于是具备德行，成为有德的人。

如《礼记·乐记》《史记·乐书》云："礼乐皆得，谓之有德。"孔颖达疏："有德之人，是能得礼乐之情。"

《礼记·乡饮酒义》云："德也者，得于身也。故曰：古之学术道者，将以得身也。"

《管子·心术上》云："德者，道之舍，物得以生生，知得以职道之精。故德者得也。得也者，其谓所得以然也。"

《淮南子·齐俗训》云："率性而行谓之道，得其天性谓之德。"

《近思录》卷七十二引程子之语："得之于心，是谓有德。"

《论语·述而》载："子曰：'志于道，据于德。'"朱子集注："德者，得也。得其道于心而不失之谓也。"《朱子语类》载朱子之语，亦云："德者，得也。既得之，则当据守而弗失。"又云："德者，得也，得之于心谓之德。"

第二，被给予一方（宾语）有所获得。君王将实惠布施给庶民，庶民获得实惠，如此则君王为"有德"，亦称为"德政"。

如《尚书·盘庚》云："施实德于民。"《礼记·月令》云："孟春之月，命相布德，和令，行庆，施惠。"《鹖冠子·环流》："故所谓道者，无已者也，所谓德者，能得人者也。"

第三，给予与被给予双方各自皆有所得，亦即双方共同获得。

如《六韬·文师》引太公之语："凡人恶死而乐生，好德而归利。能生利者，道也。道之所在，天下归之。"

许氏《说文》谓"悳（德）"字之义为"外得于人，内得于己"（小徐作"内得于己，外得于人"），段注："'内得于己'谓身心所自得也，'外得于人'谓惠泽使人得之也。"

近人张尔田将此义阐释为"两利"，甚确。而"两利"也可以称之为"两得"。张尔田曰："圣人不言利而言德，'德'之训为'得'，得即利也。两利为德，独利为利。"（《史微》卷三）

《韩非子》称"德者，内也。得者，外也"，给予与被给予的双方分别称作"内、外"，如此则给予与被给予双方内外亦可谓皆有所得。

"德"与"得"可以互释，此虽为古义，但并非"德"字之本义。知此而知"德"之可以利人而非空悬名理可也。［古人云："天之常意在于利人"（《春秋繁露》），"举而错之天下之民谓之事业"（《系辞上传》）。］德为天德，故其德无名无私；德为施财，故其利益无不沾溉。

考"德"字甲骨文作"値"，亦作"衒"，则与"徝"字相近。《玉篇》："値，施也"，此即"德"之本义。其字从"行"，从"心"当为后起。（《乾卦·象传》："天行健……德施普也。"《春秋繁露》："天德施，地德化。"）其字形如：𢓊（甲2304）、彳（合集7271）、屰（英580）、仲（粹864）、徝（辛鼎）。

"德"字从"直"。方述鑫云："德，从直，象目视悬锤以取直之形。"[1]《说文》云："直，正见也。从乚从十从目。"

"德"字之"直"本义为何，不得而知。或谓"直"为"循"之本字，未知确否。但"德"字之"直"必与"道"字之"首"存在递进的关联。"首"与"直"之初形极似，只在"目"上有些微差别而已。

《礼记·郊特牲》"直祭祝于主"，郑玄注："首也者，直也。"孔颖达疏："直，正也。言首为一体之正。"其义似谓"首"则必"直"。又《尔雅·释诂》："道，直也。"《论语》："三代之所以直道而行也。"是"道"兼有"直"义。

但无论如何，由"値、衒"二形即可见"道德"二字同源，其本义均与天道之运行相关。

"德"为会意字，古文有二体，写作"悳""悪"。《说文》"悳"字：

---

① 方述鑫：《甲骨金文字典》，巴蜀书社1993年版，第141页。

"悳，外得于人，内得于己也。从直从心。惪，古文。"战国楚简帛文字多作"惪"。但"悳""惪"字义仍然不易界定。"悳""惪"二形突出"直""心"，而诸解仍嫌泛泛，必由从"行"之"衏"与"徝"乃能窥见本义。"悳""惪"二形或以为古体，而以"德"为俗体，考之甲骨文字形，恰好相反。

《信阳楚墓》所见竹简文字"道""德"二字，仍依稀可见同源初形之遗。其"行有道"之"道"作 🔲（信1.16），"君子之德"之"德"作 🔲（信1.05）。①

古文"道"字从"止"，又从"寸"。"道"假借为"導"，"導"另有本字，古文从"寸"作𡩋、𨔶。桂馥《说文义证》云："'𡩋'即'導'，寸部'導'后人加之。"古文"德"字从"心"，亦从"寸"，如 🔲（王孙诰钟）。从"心"与从"止"之别不甚明了，从"寸"则与"得"字贴近。《淮南子·缪称训》："道者，物之所導也；德者，性之所扶也。"《说文》："扶，左也。""寸""左"义近。可知《淮南子》此处解"道德"皆自"寸"上训诂之。

江林昌认为"道"字之"止"表示"推步"，但从"止"之字非常普遍，恐未必是。但这一思路可以指向世官世畴，即王官专家之学，所以极有启发。《史记·历书》："幽、厉之后，周室微，陪臣执政，史不记时，君不告朔，故畴人子弟分散。"章学诚《和州志前志列传序例上》："窃意南、董、左史之流，当时必有师法授受。"赵翼《廿二史札记》"累世经学"条："古人习一业，则累世相传，数十百年不坠。盖良冶之子必学为裘，良弓之子必学为箕，所谓世业也。工艺且然，况于学士大夫之术业乎！"

古人文字、术语多出自王官。推测其大略，如"法""治""刑""平"出自司空治水之官；"和""谐"古文作"龢""𧫣"，出自夔典乐之官；度量、权衡、规矩、准绳出自巧倕共工之官；"理"出自玉人之官；而"文""章"出自画缋之官，余则可以类推。（《说文》："理，治玉也。"《周礼·考工记》："画缋之事，杂五色。"）

---

① 滕壬生：《楚系简帛文字编》（增订本），湖北教育出版社2008年版，第179、166页；河南省文物研究所：《信阳楚墓》，文物出版社1986年版，第125页。

《山海经》云："有羲和之国，有女子名曰羲和，方日浴于甘渊。羲和者，帝俊之妻，生十日。"这个与帝俊联姻的羲和部族，可能在很长一段时间里（世官世畴的生存周期往往比朝代更迭更为长久），掌管占日和历律。《山海经》又云："帝命竖亥步，自东极至于西极，五亿十选九千八百步。竖亥右手把算，左手指青丘北。""步"即"推步"，推步需要测量，故竖亥的形象特征（不能称为"图腾"）为"右手把算"。推步又需实地观测，故《尚书·尧典》载帝尧命羲和四叔分别驻守东西南北四方，"分命羲仲，宅嵎夷；申命羲叔，宅南交；分命和仲，宅西；申命和叔，宅朔方"。

"推步"于古文字中之显例，莫过于"岁"字。《说文》："止山相背"为"步"，段注解为"相并""相随"之象，而甲骨文"岁"字作鉞（余1.1），正是推步"成岁"之会意。

"道德"二字的王官背景，表明上古文字的创立与使用均有制度背景，"同文同轨"为国家大法，绝非可以"约定俗成"，也绝非仅为"符号"。

王官之学"技兼于道"，故以职事、技艺在先，抽象义理出乎其中。《庄子·天地》："通于天地者德也，行于万物者道也，上治人者事也，能有所艺者技也。技兼于事，事兼于义，义兼于德，德兼于道，道兼于天。"

《庄子·养生主》又云：庖丁曰："臣之所好者道也，进乎技矣。"《庄子》书中所云庖丁、匠石、匠者、陶者、津人、封人、梓庆、梓人、工人之类，皆官名，如《周礼》"陶人为甗"，"庖人掌共六畜六兽六禽"，"攻木之工：轮、舆、弓、庐、匠、车、梓"之类。《周礼》贾公彦疏："诸称'人'者，若轮人、车人、腊人、鳖人之类，即《冬官》郑云'其曰某人者，以其事名官'。言'氏'者有二种，谓若桃氏为剑、筑氏为削之类，郑注《冬官》'族有世业，以氏名官'；若冯相氏、保章氏、师氏、保氏之类，郑注引《春秋》'官有世功，则有官族'是也。"故其技艺可以"惊犹鬼神"，此即世官世畴之王官学之旁证。

而上古之世"神道设教"，故清醒理性在先，忌讳、儆戒、畏惧之意在后（今称之为"原始宗教"，不确）。《易·观》云："圣人以神道设教而天下服矣。"孔颖达曰："'神道'者，微妙无方，理不可知，目不可见，不知所以然而然，谓之'神道'。而四时之节气见矣，岂见天之所为不知从何而来邪？"又曰："圣人用此天之神道，本身自行善，垂化于人，不假言语教戒，不须威刑恐逼，在下自然观化服从。"表明所谓"神道"完全是一种追求实效的策略，仅限于教化层面，并不代表学术层面对于天道的真实认识。

孔子不言天道，不对众人言之也。《关尹子·一字》："非有道不可言，不可言即道；非有道不可思，不可思即道。"又《八筹》曰："不可析，不可合，不可喻，不可思。惟其浑沦，所以为道。"似此，则对学者亦不可轻言，又况百姓乎？

郑吉雄分析"行"字的字义，提出人的行走在先，天体的运行后起，说道："我们认为'天体运行'之'行'源自'行走'之'行'，引申发端于'众人在道路上行走'和'日月星辰在固定的轨道上运行'是可类比的，因此'行'字字义就从'行走'延伸至'运行'。"[1] 不佞认为这一结论可能是颠倒了由天道到人文的次序。

严灵峰曾经指出："老子文第一个'道'字……在老子哲学思想中，是代表宇宙的本体；好像是个未知数的 X。犹如古代希腊哲学家亚拿西曼德（Anaximander）的'无限'（或译作'无极'）。他的意义是无际、不定和无限。又如德国哲学家康德（Immanuel Kant）和法国天文学家拉普拉斯（Piere Simon Laplace）的'星云'。据'星云说'的设想：'星云自虚无中创造，由原始的混沌中成形。'正如老子所说：'有物混成，先天地生……'"[2] 这种将"道"与天文学相关联的见解，可能符合上古文明的真相。

最后还需稍作讨论的是，由天道到人文，对于人类的影响究竟如何？

清代赵翼曾经叙述这一过程，说道："上古之时，人之视天甚近。迨人事繁兴，情伪日起，遂与天日远一日，此亦势之无可如何也。即以六经而论，《易》最先出，所言皆天道。《尚书》次之，《洪范》一篇备言'五福'、'六极'之徵，其他诏诰亦无不以'惠迪'、'从逆'为吉凶。

---

① 郑吉雄等：《先秦经典"行"字字义的原始与变迁——兼论"五行"》，《中国文哲研究集刊》2009 年第 35 卷第 9 期，第 100 页。

② 严灵峰：《老庄研究》，台湾中华书局 1979 年版，第 61 页。

至《诗》、《礼》、《乐》盛于商、周，则已多详于人事。……战国纷争，诈力相尚，至于暴秦，天理几于灭绝。"①

民国间章太炎也说道："孔子变祯祥神怪之说而务人事，变畴人世官之学而及平民，其功复绝千古。"（章太炎《菿汉雅言札记》）

但是两人的评价完全不同。民国间学者大多接受欧洲文艺复兴以世俗与宗教截然对立的观念，而我国古来观念，并没有一种与天道相对立的人道，因此也并没有背离天道才能发展的人间幸福，相反，倒是人类的暴虐有可能带给万物以灾难。"天弃我""天厌之"恰是人类最大的不幸。

"天之弃商久矣，君将兴之，弗可赦也已！"（《左传》僖公二十二年）

"不知天之弃鲁耶？抑鲁君有罪于鬼神故及此也？"（《左传》昭公二十六年）

陈师锡对宋神宗："大道德，本也；刑名，末也。教之以本，人犹趋末，况教之以末乎？"（《宋史·陈师锡传》）

虽然人世的变迁是阻挡不住的，但是当有痛惜与祈望存乎其间，当有学理之辨析评判存乎其间。

赘　语

以往学者解释道家之"道"字，乃至"中国哲学范畴"中的"道"字，大都认为由"道路"含义引申而来。论述极多，略举数家：

唐君毅《哲学概论》："人道，即人之所当行之道。"②

李存山《中国传统哲学纲要》："'道'字的本义是道路，其引申义为道理、规律、原则等等。"③

蔡方鹿《一代学者宗师——张栻及其哲学》："道的原义是指有一定指向的道路。引申为自然界和人类必须遵循的轨道。"④

---

① 赵翼：《廿二史札记》卷二"汉儒言灾异"条。
② 唐君毅：《哲学概论》（上册），中国社会科学出版社 2005 年版，第 131 页。
③ 李存山：《中国传统哲学纲要》，中国社会科学出版社 2008 年版，第 9 页。
④ 蔡方鹿：《一代学者宗师——张栻及其哲学》，巴蜀书社 1991 年版，第 65 页。

王中江《道的突破——从老子到金岳霖》："如果说《尚书》、《诗经》、《易经》、《国语》、《左传》这几部书整体上都比《老子》一书要早，那么，我们就可以把这些典籍中的'道'作为老子哲学之道或形上之道的前形态。这些典籍中'道'字的用例归纳有六种意义：（一）指路。（二）指言说。（三）指理则。（四）指方法或途径。（五）指正义或公正、正直。（六）指通、达。"①

张立文等《中国哲学范畴精粹丛书——道》："道的原始意义是指人所行走的直通的道路。"②

詹杭伦《国学通论讲义》："'道'由此则可视为形而下的道路之'道'向着形而上的哲理之'道'的升华。"③

学者又多认为至春秋战国，逐渐开始有天道、人道的区分，有"人道的觉醒""哲学的突破"。不佞已有专文④，兹不具述。

特别需要提起的是，现代社会批判古人"天道""天命"，称之为"宗教""迷信"，始于五四以后。1935 年郭沫若写出《先秦天道观之进展》，1940 年傅斯年出版《性命古训辨证》，各自具有代表意义。受此影响，迄今学者不知晓天道，不敢言天命，而对于上古"道德"之说，存有极大误解。

郭沫若《先秦天道观之进展》说："殷时代是已经有至上神的观念的，起初称为'帝'，后来称为'上帝'，大约在殷周之际的时候又称为'天'。""由卜辞看来可知殷人的至上神是有意志的一种人格神，上帝能够命令，上帝有好恶，一切天时上的风雨晦冥，人事上的吉凶祸福，如年岁的丰啬，战争的胜败，城邑的建筑，官吏的黜陟，都是由天所主宰，这

---

① 王中江：《道的突破——从老子到金岳霖》，载陈鼓应主编《道家文化研究》第 8 辑，上海古籍出版社 1995 年版，第 2—4 页。

② 张立文等：《中国哲学范畴精粹丛书——道》，中国人民大学出版社 1989 年版，第 20 页。

③ 詹杭伦：《国学通论讲义》，中国人民大学出版社 2007 年版，第 321 页。

④ 张京华：《古史研究的三条途径——以现代学者对"绝地天通"一语的阐释为中心》，《汉学研究通讯》2007 年第 2 期；张京华：《中国何来轴心时代?》（上）（下），《学术月刊》2007 年第 7、8 期。

和以色列民族的神是完全一致的。"①

又说：周人"对于天取着怀疑的态度的。从这关于天的思想上说来，的确是一大进步。这一进步是应该有的，因为殷人自己那样虔诚的信仰上帝，并且说上帝是自己的祖宗，然而结果是遭了失败的，殷家的天下为周人所得到了，这样还好再信天吗？所谓'天命'，所谓'天威'，还是靠得住的吗？这是当然要发生的怀疑"。②

又说："老子的最大的发明便是取消了殷周以来的人格神的天之至上权威，而建立了一个超绝时空的形而上学的本体。这个本体他勉强给了它一个名字叫做'道'，又叫做'大一'。"

"连'上帝'都是由'道'所生出来的，老子对于殷周的传统思想的确是起了一个天大的革命。帝和鬼神没有道的存在是不能存在的；有了道，在智者看来，鬼神也就失其威严。"③

《性命古训》为清代阮元所撰，见《揅经室集》，以训诂考据而明义理，列举经典中有关"性命"论述，上至《尚书·召诰》之"节性"，下至《孟子·尽心》之"性善"，欲以会通汉宋两家。傅斯年之《辨证》对阮氏处于批驳与承接之间，文中具体辨析阮氏之处并不多，似有取借于此、借鸡生卵之意。

傅斯年认为："性"字在金文及《诗》《书》中作"生"，即其本义。《左传》《国语》作"性"，仍为本义。《论语》作"性"始有新义，《孟子》"舍宗教而就伦理，罕言天志而侈言人性"④，则新义充分发展。又认为："'天命'一义虽肇端甚早，然'天命'之'命'与'王命'之'命'在字义上亦无分别。"⑤"当时人之天帝观实富于人化主义之色彩"，"神之情欲与喜怒俨然如人情欲与喜怒"。⑥ 而到了"春秋时代，神鬼、天道犹颇为人事主宰，而纯正的人道论亦崭然出头"⑦。

① 郭沫若：《青铜时代》，科学出版社1957年版，第9页。
② 同上书，第20页。
③ 同上书，第36、38页。
④ 傅斯年：《民族与古代中国史》，河北教育出版社2002年版，第375页。
⑤ 同上书，第246页。
⑥ 同上书，第261页。
⑦ 同上书，第329页。

傅斯年提出周初的"天命无常"论是"人道主义黎明"。殷周之际文化的大转变，"既不在物质文明，又不在宗法制度"，而是"在人道主义之黎明"。① 并称《周诰》中"'革命'之解，以人事为天命之基础，以夏殷丧邦为应得之咎"②。

傅氏此文的宗旨之一是探寻现代学术方法，研究"思想之来源与演变"，作一种"方法之试验"③，即"用语学的观点所认识'性''命'诸字之原，用历史的观点所以疏性论历来之变"④。故他主张"求其古"，不"求其是"。⑤ 这一方法，他称之为"以语言学的观点解决思想史中之问题"，或"以语言的观点解释一个思想史的问题"。⑥ 此法一方面具有一种以实证虚的"高难度"，同时也体现着与西方史学理论的呼应。其方法迄今学者依然沿用，可谓行之有效。

傅斯年说："阮氏聚积《诗》、《书》、《论语》、《孟子》中之论'性''命'字，以训古学的方法定其字义，而后就其字义疏为理论。……夫阮元之结论固多不能成立，然其方法则足为后人治思想史者所仪型。"⑦

傅斯年明显具有对甲金文字高度重视和对古典文献首先须加批评的意识。比较阮元，傅文新增甲骨文，增多金文（阮元已引证金文），备引先秦典籍（但基本不引道家）。但傅文上卷"释字"，中卷"释义"，应该也有会通考据与义理、汉学与宋学，或者会通语言与史哲、西学与中学的意愿。

以材料论，傅斯年自己即有甲骨文"有限"的观点，认为："且卜辞之用，仅以若干场合为限，并非记当时一切话语之物……今日不当执所不见以为不曾有也。"⑧

以方法论，完善的方法是否必然会得出正确的结论，仍可存疑。如桑兵所说："傅斯年虽然推崇阮元《性命古训》一书的方法，对其结论却不

---

① 傅斯年：《民族与古代中国史》，河北教育出版社 2002 年版，第 375 页。

② 同上书，第 324 页。

③ 同上书，第 244 页。

④ 同上。

⑤ 同上。

⑥ 同上书，第 241 页。

⑦ 同上。

⑧ 同上书，第 319 页。

以为然——相应而来的问题是，傅斯年本人的《性命古训辨证》，是否也会遭遇同样的尴尬？"①

以义理论，杨向奎曾批评称："傅先生这篇用力颇勤的著作，并无创获，在训诂材料上只比阮元多了一些青铜铭文，而在义理的发挥上更无新义；一切都未超出前人已有的境界。"② 杨向奎甚至认为傅斯年根本不懂哲学，其论不免过激，但傅氏自己的理论见解，确实比较隐约，自处于世界主义与民族主义之间，要之对于传统学术仍未有坚确的理会。

郭文写于 1935 年末，民国政府的政绩介乎顶峰，而郭沫若本人则多年流亡日本。郭文一方面依循西方进化论，试图描述一种思想观念的"进展"，一方面批判天道、天命下的革命，而声援人世的革命。

傅文虽作于抗战艰难之中，而其个人学术建树则臻于鼎盛，"从早年的五四自由解放到后来的 statism"③。

傅斯年认为先有原始时代的天神，然后有抽象的上帝，也提出犹太、以色列宗神作比较，与郭沫若取径颇似。（但傅氏大意先见 1930 年出版之《新获卜辞写本后记跋》，故早于郭氏。）

其实郭、傅二人身上亦皆有胡适、顾颉刚"古史辨"一派研究方法的影子（如文献之"层累"、神话之"分化演化"、实验主义之"不立一真，惟穷流变"等）。二人的党派立场选择不同，但二人身上都深刻地凝聚着民国期间"混合""过渡"的时代特征，并以此影响着后来的学者。

不佞在此侧重考虑的是：一些人可以在人类自身上找出理由，向另外一些人"革命"，则这一理由如何可以成立？

当民国初兴，1914 年，学者论共和国之国体，有"共和国重道德"之说，云："自孟德斯鸠倡共和国重道德之说，而后世学者群宗奉之，且引伸其言曰：君主之国，立宪者以国宪为其成立之基本，专制者以权威为其统治之能力，二者均足以维持其政府而巩固其国家。然民主之国则国宪、权威皆非适用，必也别求一相当之原动力，则道德是矣。"④ 民国之

---

① 桑兵：《求其是与求其古：傅斯年〈性命古训辨证〉的方法启示》，《中国文化》2009 年第 1 期，第 144 页。

② 杨向奎：《论"性命古训"》，《史学集刊》1992 年第 1 期，第 30 页。

③ 王汎森：《傅斯年是一个时代的表征》，《南方都市报》2012 年 9 月 2 日。

④ 晓洲：《共和国重道德说》，《进步杂志》1914 年第 5 卷第 3 期。

后百年，厥有革命与经济二种形态。革命者主于杀伐，武装暴力是也；经济者主于利欲，物质主义是也。去天命之道德益远，而道德之声名盈天下者，道之华也，恒言其所不足也。古典所言经济者，能经邦济民之谓也；《大易》所言鼎革者，圣人后起，受天明命而更革之。要皆未尝不以道德、天命为本。庄子云"古之明大道者，先明天而道德次之"，岂不信欤！

《老子·道经·一章》"玄之又玄"解

引　言

　　19 世纪上半叶黑格尔论中国学术，贬抑孔子，而将老子作为中国古代哲学家的代表人物，《哲学史讲演录》第一卷说："孔子只是一个实际的世间智者，在他那里思辨的哲学是一点也没有的——只有一些善良的、老练的、道德的教训，从里面我们不能获得什么特殊的东西。"又说：道家"这派的主要概念是'道'，这就是'理性'"。"道就是道路、方向、事物的进程、一切事物存在的理性与基础。"① 针对黑格尔的观点学术界早有批评，如 1957 年出版的侯外庐《中国思想通史》第一卷辟有专节《评黑格尔论老子》。言及西方古典哲学，不佞并不同意将我国古代学术概念与西方"二分法"的知识系统简单对应，但是不佞认为黑格尔此处所说也是大致不错的。黑格尔此处体现出的自然是西方的学术立场，但是其观察问题的方法也是值得注意的。

　　或者此处还可以引用梁启超的观点："道家哲学，有与儒家根本不同之处。儒家以人为中心，道家以自然界为中心。儒家道家皆言'道'，然儒家以人类心力为万能，以道为人类不断努力所创造，故曰：'人能弘道，非道弘人。'道家以自然界理法为万能，以道为先天的存在且一成不变，故曰：'人法地，地法天，天法道，道法自然。'"② 我国古代学术思想中最大的一对范畴就是"天人"了。天人就是自然与人文。中国古代

---

　　① ［德］黑格尔：《哲学史讲演录》第一卷，贺麟、王太庆译，商务印书馆 1959 年版，第 119、125—126 页。

　　② 梁启超：《先秦政治思想史》，上海商务印书馆 1923 年初版，上海中华书局 1936 年再版，第 99 页。

讲人文是从"天人"关系上讲的，是相对于天道讲的，不是针对社会各阶层讲的，也不是针对宗教信仰讲的。讲人文以儒家学说最具代表，与儒家恰好形成对比，讲自然的天道便以道家学说为代表。

现代学术界所使用的"哲学"一语来自西方知识系统，在此是应该有一些反思的。但是，即使不是以"哲学""本体"的概念来考察，道家之"道"似亦应该体现出一"主以太一""天地之纯"的层面，甚至有"无名""不可言说"的境界，即有一抽象思辨的高度。关于"太一"一类的抽象思辨，源于人类普遍的天性，本篇仅举朱熹的经验为例。朱熹曾经追述说："某自五六岁，便烦恼道：天地四边之外是什么物事？见人说四方天边，某思量也须有个尽处。如这壁相似，壁后也许有什么物事。某时思量得几乎成病，到而今也未知那壁后是何物。"（《朱子语类》卷九十四）

冯友兰在其名著《中国哲学简史》中讲到道家庄子时，曾用"有限的观点""更高的观点""更高层次的知识"为题，并且说："这真正是用哲学的方法解决问题。哲学不报告任何事实，所以不能用具体的、物理的方法解决任何问题。例如，它既不能使人长生不死，也不能使人致富不穷。可是它能够给人一种观点，从这种观点可以看出生死相同，得失相等。从实用的观点看，哲学是无用的。哲学能够给我们一种观点，而观点可能很有用。用《庄子》的话说，这是'无用之用'。"[1] 冯友兰所说"更高的观点"具体所指可以讨论，但无论如何，所谓"更高的观点"与明人事的儒家学说是不一样的。《荀子·解蔽》中批评道家庄子是"蔽于天而不知人"，在此也可以反过来说，儒家是"蔽于人而不知天"，儒、道二家在此形成互补。那么，道家所明的"天道"或者说我国古代学术的"理性"究竟是怎样的？在此方面，《老子·道经》一章、二章[2]的释读应当最为关键。

对传统的批评和对传统的认同是两个互动的端点。对"五四"反传

---

① 冯友兰：《中国哲学简史》，涂又光中译本，北京大学出版社1985年版，1996年第二版，第139页。

② 《老子》道德二篇次序，河上公、王弼本《道经》在前，《韩非·解老》、严遵《老子指归》及两种马王堆帛书本《德经》在后，但均以"道可道"章为《道经》首章，以"有无相生"章为《道经》次章。

统经历的回顾使人们看到，在人们对传统进行批评的同时，在古代原典及学术环境的理解方面其实尚未臻于绝境。

《道经·一章》在道家之学中具有重要地位，以往已有屠友祥、许抗生、任晓明、陈德和、郑志明诸学者的反复研究。本篇从追求原意出发，对《老子》再作探讨，认为："玄"字的本义是精微，但"玄之又玄"之"玄"并无玄妙、玄虚之义。老子以"玄"作为抽象名词概念，与"道""无""有"等概念具有同样的意义。"同谓之玄"之"同"也是一个抽象概念。"同谓之玄"是"同"叫作"玄"，"玄之又玄"则是同之又同。《道经·一章》"此两者同出而异名，同谓之玄，玄之又玄"的正确解释应该是：（"有"和"无"）这两者同出于"道"而名称各异，同出之"同"就叫作"玄"，同而又同是理解"道"的关键。

《道经·二章》之"有无相生"与《四十章》之"有生于无"是完全不同的两个概念，不可以相混。"有无相生"属于形而下之"器"的层面，是老子所否定的，其中"有无"是一般名词，是相对的关系，二者相互依赖而存在，相反相成，互为消长而不能互相取代。"有生于无"属于形而上之"道"的层面，是老子所要阐明的主要思想，其中"有无"是抽象概念，是同一的关系，无即是有，有即是无。"无生有"或"有生于无"是就逻辑上的先后而言，实际上无生有就是无成为有，有生无就是有成为无。

本篇从八个方面对《道经·一章》提出解义：（一）从古汉语语法上说，"谓之"是表判断的动宾词组，是叫它做、称它为的意思。（二）从字义上说，"玄"字与"妙""徼"同义，是极其微小的意思。（三）"同谓之玄"的"同"是名词，意为会同；"同"是先秦诸子普遍使用的抽象概念。（四）"玄同"二字连用，仍为"同"的意思，在《老》《庄》中均有例证。（五）"玄之又玄"即"同之又同"，与"损之又损"具有同样的句式结构和逻辑特点。（六）由老子思想一元体系而论，《道经·一章》中的"道""有""无"诸概念也是同一的，"玄之又玄"正是对"道"的绝对同一性质的明确阐述。（七）"道""无""有""玄""同"作为道家学说最主要的概念，在《道经·一章》中同时揭出，具有开宗明义的寓意。（八）由老子作为大思想家而言，如果将"玄之又玄"解释为"深奥而又深奥"，是令人难以相信的。

本篇又从五个方面对《道经·二章》提出解义：（一）"有无相生"之"生"为生存、存在之义；（二）"有无相生"属于相对的逻辑思维层次；（三）"有生于无"属于绝对的逻辑思维层次；（四）"有生于无"之"生"为生出、成为之义；（五）《道经·二章》的结构和次序并不存在错简问题。

《道经·一章》在道家经典中的重要作用是不言而喻的，[①] 但是诸家理解多有分歧。其中的"此两者同出而异名同谓之玄玄之又玄"，学者或作一句，或作二句；在文字上，传世本与出土帛书本也略有不同。仅略举四种主要者如下：

王卡点校《老子道德经河上公章句》[②] 作："此两者，同出而异名。同谓之玄。玄之又玄，众妙之门。"

楼宇烈《王弼集校释·老子道德经注》[③] 作："此两者同出而异名。同谓之玄，玄之又玄，众妙之门。"

朱谦之《老子校释》[④] 作："此两者同出而异名，同谓之玄，玄之又玄，众妙之门。"

高明《帛书老子校注》[⑤] 甲本作："两者同出，异名同胃（谓），玄之有（又）玄，众眇（妙）之〔门〕。"乙本作："两者同出，异名同胃（谓），玄之又玄，众眇（妙）之门。"

不佞认为两种帛书本缺"之玄"二字，甲本在"异名同胃"下还标

① 学界关于《老子·道经·一章》的研究主要有：屠友祥《言境释四章》第一章《老子道可道也非恒道也释》及附录的共计 103 页的《老子道可道非常道集释》，上海人民出版社 1998 年版；许抗生《再解〈老子〉第一章》，载《道家文化研究》第 15 辑，三联书店 1999 年版；任晓明《重读〈老子〉第一章》，载《中国学术》第四辑，商务印书馆 2000 年出版；陈德和、郑志明二人在台湾南华管理学院哲学研究所 1997 年 4 月 9 日主办的经典会讲，题为《老子〈道德经〉第一章》，简讯载《汉学研究通讯》第 16 卷第 2 期。

② 王卡：《老子道德经河上公章句》，中华书局 1993 年版，第 2—3 页。

③ 楼宇烈：《王弼集校释》，中华书局 1980 年版，第 2 页。

④ 朱谦之：《老子校释》，据唐景龙碑本为底本，自序作于 1954 年，上海龙门书局 1958 年初版，中华书局 1984 年重印版，第 7 页。

⑤ 高明：《帛书老子校注》，中华书局 1996 年版，第 227 页。

有句号，与传世的河上公、王弼两种版本均不同，是由于漏抄或原本质量所致。至于是否作四字读或三、五字读，都无不可。问题的关键在于对"玄"字的理解。

《道经·一章》中的"玄"字，自王弼以下，诸家多作"幽暗""深远""无形""不测"解。略举数例如下：

王弼："玄者，冥默无有也。"（《老子道德经注》[①]）

扬雄："玄者，幽攡万类而不见形者也。"（《太玄经·玄攡图》）

张衡："玄者，无形之类，自然之根；作于太始，莫之能先；包含道德，构掩乾坤；橐籥元气，禀受无形。"（《玄图》）

葛洪："玄者，自然之始祖，而万殊之大宗也。眇昧乎其深也，故称微焉。绵邈乎其远也，故称妙焉。"（《抱朴子·内篇·畅玄》）

唐玄宗："玄，深妙也。"（《御注道德真经》）

成玄英："玄者，深远之义，亦是不滞之名。"（《道德经开题序诀义疏》）

陈景元："玄者，深妙也，冥也，天也。"（《道德真经藏室纂微篇》）

刘泾："玄者，晦冥深渺，道之色也。"（《老子注》）

苏辙："凡远而无所至极者，其色必玄，故老子常以'玄'寄极也。"（《老子解》）

刘骥："玄者，天之色，所谓远而无所至极者也。"（《老子通论》）

陈孟常："玄者，不可见闻，不容思议之谓。"[②]

范应元："玄者，深远而不可分别之义。"（《老子道德经古本集注》）

吴澄："玄者，幽昧不可测知之意。"（《道德真经注》）

沈一贯："凡物远不可见者，其色黝然，玄也。大道之妙，非意象形称之可指，深矣，远矣，不可极矣，故名之曰玄。"（《老子通》）

---

① 据楼宇烈《王弼集校释》本。

② （清）胡与高：《道德经编注》引陈孟常语。

奚侗："玄，《说文》：'幽远也。'有无相生，其理幽远，予以玄名，与佛书'不可思议'同意。"①

高亨："玄者，微妙难识也。"②

蒋锡昌："《老子》一书，凡言'玄'者，皆幽明恍惚，难于形容之意。"③

任继愈："'玄'，深黑色，是《老子》中的一个重要概念，有深远、看不透的神秘意思。"④

朱谦之："盖华夏先哲之论宇宙，一气而已，言其变化不测，则谓之玄。"⑤

高明："所谓'玄'，是一非常抽象的描述，形容其深远黝然而不可知。"⑥

惟牟宗三以"同""一"解"玄"，以"玄"为名词，以"同，谓之玄"断句。这就是说，"玄"与"同"都是名词，两个概念是互训的关系，"同"叫作"玄"，反过来也一样，"玄"也叫作"同"。不佞认为，牟宗三的解释是正确的。⑦

牟宗三说："首章谓'此两者同出而异名。同，谓之玄，玄之又玄，众妙之门。'两者指道之双重性无与有，无与有同属一个根源，发出来以后才有不同的名字，一个是无，一个是有。同出之同就是玄。"⑧　又说："道有两相，一曰无，二曰有。浑圆为一，即谓之玄。"⑨

牟宗三于"同"字后断句，当由其师熊十力而来，熊十力则由严复

① 奚侗：《老子集解》，《老子注三种》本，黄山书社 1994 年版。序作于 1925 年。

② 高亨：《老子正诂》，东北大学 1929 年初版，中华书局 1959 年重订第三版。

③ 蒋锡昌：《老子校诂》，上海商务印书馆 1937 年版。

④ 任继愈：《老子今译》，古籍出版社 1956 年版。

⑤ 朱谦之：《老子校释》，中华书局 1984 年版。

⑥ 高明：《帛书老子校注》，中华书局 1996 年版。

⑦ 基本观点见拙著《庄子哲学辨析》第二章《庄子哲学：本体论》第十节《玄之又玄》，辽宁教育出版社 1999 年版，书稿完成于 1985 年。

⑧ 牟宗三：《中国哲学十九讲》第五讲《道家玄理之性格》，台湾学生书局 1983 年版，上海古籍出版社 1997 年简体字版，第 96 页。

⑨ 牟宗三《才性与玄理》，台湾学生书局 1980 年版，第 136 页。

而来。严复（字又陵）说："同字逗，一切皆从同字得。"① 熊十力说："（此两者同，出而异名。同，谓之玄。玄之又玄，众妙之门。）两者，有与无也。同字逗（从严又陵点本）。形神毕竟不异，即有无毕竟不异，以同体故，故说为同。"② 严复、熊十力二人既于"同"字后断句，自然是以"同"字为名词，但都尚未明言"玄"亦即同出之"同"。

钱穆亦云："老子曰：'同谓之玄，玄之又玄，众妙之门。'……老子名此同曰玄。玄之又玄，即是同之上又有同，达于同之最大最极处，乃始是众妙之门。妙者是一种细微开始。一切细微开始，皆当从此门出，即谓皆从大道生也。"③ 所见与牟宗三略同。

"同谓之玄"一句，南宋初邵若愚解作："有无混同，谓之玄。"（《道德真经直解》）南宋赵实庵解作："有也，无也，同也，裂于三而会一。"又说："同谓之玄，是大同也。"（《老子解》）金李霖解作："玄者，阴与阳同乎一也。"（《道德真经取善集》）元杜道坚解作："同，同此道也。玄，一而二、二而一也。"（《道德玄经原旨》）元末吴澄标点为："此两者同，出而异名，同谓之玄，玄之又玄。"作四字读，并说："此两者，谓道与德。同者，道即德，德即道也。"（《道德真经注》）明初何心山解作："有无一也。无固玄也，有亦玄也，固曰同玄。"④ 明初危大有解作："同出，体也；异名，用也。"（危大有《道德真经集义》）都是将"同""玄"二字联系作解，认为二字含义相近，均是指"二而一"的"道"，而没有将"同"理解为副词"都"，将"玄"理解为玄妙、深奥等义。日本学者小柳司气太据吴澄《道德经注》和陈景元《道德真经纂微篇》，将《老子》原文断句为："此两者同，出而异名，同谓之玄，玄而又玄，众妙之门。"不从三字、五字读法："此两者，同出而异名，同谓之玄。"理由是：一，原文是严整的四字一句句式，三字五字句法不整；二，"同谓之玄"的"同"不是"谓"的副词，而是名词；三，《老子·五十六

---

① 严复：《老子道德经评点》，清光绪三十一年（1905）印行，上海商务印书馆1931年版。

② 熊十力：《十力语要·答马格里尼》，载《熊十力全集》第4卷，湖北教育出版社2001年版，第208页。

③ 钱穆：《中国学术特性》，载《中国现代学术经典·钱宾四卷》，河北教育出版社1999年版，第1081页。

④ （明）危大有：《道德真经集义》引何心山《老子注》。

章》有"是谓玄同"句①。都可谓独具慧眼。则知牟宗三以"同""一"解"玄",也是有所本的。

《易经·系辞上传》:"乾以易知,坤以简能,易则易知,简则易从,易知则有亲,易从则有功,易简而天下之理得矣。"简明是古代学术思想的一个重要原则,《道经·一章》在句法和字义上都十分简明。"同谓之玄"就是:"同"叫作"玄"。"同"和"玄"都作名词。既然"同"叫作"玄","玄"字的含义就是"同","同"字的含义也就是"玄",二字是互训的关系。"同"字的字义很常见,因此"玄"字的字义就易于明白,本不需再求证于别处。由于"同"叫作"玄"以及二字互训,所以"玄""同"二字可以连用,构成"玄同"这样一个同义复合词。

《道经·一章》"此两者同出而异名,同谓之玄,玄之又玄"的正确解释应该是:("有"和"无")这两者同出于"道"而名称各异;同出之"同"就叫作"玄";玄而又玄亦即同而又同,是认识天地万物的关键。

这样,在《老子·道经》的第一章中,寥寥数语,把老子思想也是道家思想中最重要的五个概念"道""无""有""同""玄"都提了出来。冯友兰说:"《老子》的宇宙观当中,有三个主要的范畴:道,有,无。"② 任继愈说:"老子的哲学在先秦哲学中的巨大贡献之一就是'无'与'有'一对范畴的初次被认识。"③ 张岱年说:"道是中国古典哲学中的第一个本体概念。老子是中国古代哲学本体论的创始人。"④ 实际上除了"道""无""有"以外,应该说还有"玄"和"同"两个概念。

一 从古汉语语法上说,"谓之"是表判断的动宾词组,是叫它做、称它为的意思

在古汉语语法上,"谓之"是固定而常用的表判断的动宾搭配。谓是

---

① 〔日〕小柳司气太:《老莊の思想と道教》,东京关书院 1935 年版,东京森北书店 1942 年版。

② 冯友兰:《中国哲学史新编》第二册,人民出版社 1984 年版,第 44 页。

③ 任继愈:《论老子哲学的唯物主义本质》,载《哲学研究》编辑部《老子哲学讨论集》,中华书局 1959 年版,第 39 页。

④ 张岱年:《道家玄旨论》,载《道家文化研究》第 4 辑,上海古籍出版社 1994 年版,第 4 页。

动词，是叫作、称为的意思。之是代词。"谓之"连写组成一个常用词组，就是现代汉语中的叫它做、称它为。"谓之"二字在古汉语中可以倒置，写作"之谓"，含义与"谓之"相同，在现代汉语中就是这叫作、这称为。

"谓之"与"之谓"例证极多，较为习知的，如《易经·系辞上传》"谓之"有"一阖一辟谓之变"，"形而上者谓之道，形而下者谓之器"；"之谓"有"一阴一阳之谓道"，"生生之谓易"。《中庸》"谓之"有"喜怒哀乐之未发谓之中，发而皆中节谓之和"；"之谓"有"天命之谓性，率性之谓道，修道之谓教"。《老子》中的例证，有《五十五章》的"物壮则老，谓之不道"，《五十九章》有"夫为啬是谓早服，早服谓之重积德"。从古汉语语法上说，将"谓之"解释为现代汉语叫它做、称它为，是没有疑问的。

朱子曾云："谓之，名之也；之谓，直为也。"（《朱子语类》卷一百三十八）戴震亦云："古人言辞，'之谓''谓之'有异。凡曰'之谓'，以上所称解下，如《中庸》'天命之谓性，率性之谓道，修道之谓教'，此为性、道、教言之，若曰性也者天命之谓也，道也者率性之谓也，教也者修道之谓也；《易》'一阴一阳之谓道'，则为天道言之，若曰道也者一阴一阳之谓也。凡曰'谓之'者，以下所称之名辨上之实，如《中庸》'自诚明谓之性，自明诚谓之教'，此非为性教言之，以性教区别'自诚明''自明诚'二者耳。"（《孟子字义疏证》卷中）

现代学者如周大璞认为"之谓"是"被释词在解释词前"，"谓之"是"被解释词在前"。[①]何乐士认为"A谓之B"是双宾句，"B之谓A"是主谓句。前式的"之"是代词，后式的"之"是连词；前式是对A的命名或归类，后式是对A的解释或举例。[②]

不佞认为"谓之"是一表判断的动宾词组，前后都应该是名词，"同谓之玄"恰是这样一个结构。

《老子》中"玄"在"谓"后的句式，除《一章》外还有四例，即

---

① 周大璞主编：《训诂学初稿》，武汉大学出版社2002年修订版，第236页。

② 何乐士：《论"谓之"句和"之谓"句》，载《古汉语研究论文集》（一），北京出版社1982年版；何乐士：《左传虚词研究》，商务印书馆1989年第一版，2004年修订版。

《六章》的"是谓玄牝",《五十一章》《六十五章》的"是谓玄德",《五十六章》的"是谓玄同"。《庄子》中有一例,即《天地》的"是谓玄德"。"玄"字均作复合名词。

"同谓之玄"的"同",学者多解为副词,即现代汉语中的"都"。但副词的"都"字在古汉语中一般是用"皆"字来表示。《老子》中凡须使用现代汉语副词"都"之处,都是使用"皆"字,共有八例,即《二章》的"天下皆知美之为美""皆知善之为善",《十三章》的"百姓皆谓我自然",《二十章》的"众人皆有余""众人皆有以",《四十五章》的"百姓皆注其耳目,圣人皆孩之",《六十七章》的"天下皆谓我道大"。

而使用"同"字作副词是不常见的。《老子》中使用"同"字共有十例,《论语》中共有九例,《礼记·大学》中共有四例,《孙子》中共有五例,《鬼谷子》中共有十四例,无一处作副词"都"。《庄子》中使用"同"字共一百零三例,仅一例作副词"都",即《庄子·骈拇》的"虽盗跖与伯夷,是同为淫僻也",亦不作同谓,而作同为。

《老子》此处何以使用"谓之",还有与《易传》等书不同的特殊含义,即《老子·二十五章》的"强为之名"和《庄子·齐物论》的"道行之而成,物谓之而然",具有勉强为之命名的含义。韩非云:"圣人观其玄虚,用其周行,强字之曰道。"(《韩非子·解老》)王弼云:"不可得而名,故不可言同名曰玄,而言同谓之玄者,取于不可得而谓之然也。""是以篇云'字之曰道'、'谓之曰玄',而不名也。"[①] 陶鸿庆云:王弼"注意谓经文不言同名曰玄,而言同谓之玄者,若不可得而谓之者然,犹言无以称之,强以此称之而已"[②]。对于"道"而言,"道"本无名,只能强为之命名,强为之命名就用"谓之"来表示。这一点也可以印证"同谓之玄"句中"玄""同"二字都是指称"道"。

如果将"同谓之玄"的"同"解作"都",则在现代汉语中便可能译为"都可以说是深远的",[③] "谓之"后面的名词"玄"字就成为形容

---

① 王弼:《老子道德经注》《老子指略》,据楼宇烈《王弼集校释》本。
② 陶鸿庆:《读诸子札记》卷一《老子王弼注勘误》。
③ 据任继愈、许抗生二人译文。

词"深远的",并且"谓之"这一词组也失去对应,只能勉强译作"可以说是",因为在现代汉语"是"之后才可以加形容词"深远的"。但"谓之"的含义并非"可以说是",而是非常明确的是"叫它做"或"称它为"。"同谓之玄"如果是"都可以说是深远的"的含义,完全可以用古汉语"为""皆""乃"等词来表示,而无须使用"谓之"的句式。

总之,《道经·一章》既然使用的是"同谓之玄"的句式,就是确切表示这是一个判断,应准《易经·系辞上传》"形而上者谓之道,形而下者谓之器"之例理解。

二 从字义上说,"玄"字与"妙""徼" 同义,是极其微小的意思

"玄"字,《说文》:"幽远也。黑而有赤色者为玄。象幽而入覆之也"。以"玄"字为幽深及一种颜色的名称,二者似当以幽深为本义。

《道经·一章》上文有:"无名,天地始;有名,万物母。常无,欲观其妙;常有,欲观其徼。"[①] 其中"始""母""妙""徼"四字均具有一种模糊的形容性含义。

"始"字,《说文》曰:"女之初也。"又曰:"初,始也。"段玉裁注亦以"初""始"二字为互训。女何时为初?马叙伦说:"始为胎之异文。"[②]《说文》曰:"胎,妇孕三月也。"《尔雅》曰:"胎……,始也。"郭璞注:"胚胎未成,亦物之始也。"朱谦之解"女之初"为少女,说:"盖天地未生,浑浑沌沌,正如少女之初,纯朴天真。"[③] 古人认为女年十四经通,可以行人道,已成人,其说亦通。但两相比较,似以"胚胎未成"之义为长。不佞认为,老子是以胚胎未成的潜在状态为"始"。

"母"字,《说文》曰:"象怀子形,一曰象乳子也。"段玉裁注:

---

① 据朱谦之《老子校释》本,中华书局1984年版。

② 马叙伦:《老子校诂》,北京景山书社1924年版,古籍出版社1956年修订再版。原题《老子覈诂》。

③ 朱谦之:《老子校释》,中华书局1984年版,第5页。相同的观点参见王博,引朱谦之说认为母与始的关系正如少女和孕妇间的关系。王博:《读〈老〉札记》,《中国哲学史研究》1988年第1期。

"《广韵》引《仓颉篇》云：其中有两点者，象人乳形。"此处当以象乳子形为长。"始"和"母"二字，大概言之，都是开始的意思。天地之始、万物之母，天地即万物，"始"即"母"，四词均就宇宙存在的全体而言，所以均为互训的关系。但细加分析，"始"与"母"二字仍有不同的倾重。胚胎未成之"始"与乳子之"母"，前者是有而不见，是潜在的有；后者是已见，是初生方乳。朱谦之说："以此分别有名与无名之二境界，意味深长。"① 是对的。

胚胎未成之"始"与乳子之"母"二义，较之古人以女称未嫁、妇称已嫁，要模糊得多，但是这种模糊并非出于言者的故作玄虚，而是客观事物当其潜在、孕化之时，确实不易定性，不易描述。《老子》中讲"道"，又有"无状之状，无物之象，是谓惚恍"（《十四章》），"道之为物，惟恍惟惚"（《二十一章》），"有物混成"（《二十五章》）等语，迄今学者每多争议，实际上老子的这种用语是不得不如此，只能如此。晚周诸子语言风格各有不同，其表达方式最可注意。元初喻清中曾经提出："轻清而上浮者则谓之天，重浊而下载者则谓之地，昭乎可睹者为日月，灿然有象者为星辰，人皆得而名之。而其所以轻清，所以重浊，所以久照而不息，其理安在，常人孰得而名之？夫子言性与天道，以子贡之闻一知二且不可得而闻，况不如子贡者乎？"② 从语言上来看，应该说老子所作的已经是当时条件下最为直接也最为理性的描述了。

"妙"字，《正字通》："精微也。"王弼注："妙者，微之极也。"帛书甲本"妙"作"眇"，《说文》曰："眇，一目小也。"段玉裁注本改作："小目也。"又说："又引申为微妙之义。《说文》无妙字，眇即妙字。"则知"妙"字本应作"眇"，是微小的意思。《方言》卷十三："眇，小也。"《释名》："眇，小也。"《庄子·德充符》："眇乎，小哉！"马其昶说："妙，即小也。"③ 章炳麟说："妙有二谊，一为美，《广雅》：妙，好也。一为㷀，训㷀者，字本作㜷，《说文》：'㜷，细文也。'……

---

① 朱谦之：《老子校释》，中华书局 1984 年版，第 5 页。

② （元）刘惟永：《道德真经集义》引喻清中《道德经集义》。

③ 马其昶：《老子故》，《老子注三种》本，黄山书社 1994 年版，第 3 页。原书 1920 年刊行。

然凡杪、秒、眇、篎诸字，皆有小谊。"① 极其微小，以至不易察知。

《玉篇》《广韵》"妙"字又别写作"纱"，马叙伦认为"妙"是"纱"的讹写②，则是"妙"字本有一"玄"或"幺"旁，"玄"或"幺"意为初生之形，说见后。"眇"只是小得无从形容而已，如《庄子·秋水》所说："夫精，小之微也。夫精粗者，期于有形者。言之所不能论，意之所不能察致者，不期精粗焉。"并无玄虚之意，也并非深奥难懂。而"妙"字易于有神妙、巧妙的引申义，可知作"眇"或"纱"是更加适宜的。

"徼"字，于省吾据《老子·十四章》"其上不皦"（本或作曒、皎），认为当作《论语·八佾》"纯如也，皦如也"之"皦"，何晏注："其音节明也。"《一切经音义》卷四引《埤苍》："皦，明也。"皦明与微妙、晦昧对言。③ 朱谦之据敦煌写本及景龙碑本认为当作"曒"。"曒"之义为明、为光，《诗经·王风·大车》有"有如曒日"，郑玄注："曒，白也。"日之白为"曒"。"曒"字又借作"皎"，"皎"为月之白，《诗经·陈风·月出》有"月出皎兮"；又借作"皦"，"皦"为白玉之白，《论语·八佾》有"皦如也"，《说文》曰："皦，玉石之白也。"④ 意见与于省吾略有不同。不佞认为以朱谦之作"曒日"之"曒"，即日之白的意思更为合理。"有如曒日"，意为极其明亮，以至无人不见，故可以之立誓。今帛书本两种均作"噭"，应即"曒"字的误写。

天地万物的起源，从天地万物一方面说，是胚胎未成之"始"与乳子之"母"；从主体的观察一方面说，就是极其微小之"眇"与极其明亮之"曒"。宋徐君约云："始者，谓未有天地之先，专言形而上之道。万物之母，谓既有天地之后，兼言形而下之器。"⑤ 吕思勉说："妙当作眇，即今渺字。言最初惟有分子，而无万物之时，可以见宇宙之微眇也。徼为曒之假字。本书曰：'其上不昧，其下不曒。'曒对昧言，乃明白之义。

---

① 章炳麟：《小学答问》，载《章太炎全集》（七），上海人民出版社 2000 年版，第 461 页。

② 马叙伦：《老子校诂》，古籍出版社 1956 年版，第 32 页。

③ 于省吾：《老子新证》，《燕京学报》第 20 期 "十周年纪念专号"，1936 年出版。

④ 朱谦之：《老子校释》，中华书局 1984 年版，第 6 页。

⑤ （元）刘惟永：《道德真经集义》引徐君约《道德经解事》。

言分子既集合而成万物，则其形明白可见也。"① 蒋锡昌也说："玄之又玄，谓无名之又无名，此推至宇宙最原始之时期而言也。……老子以为宇宙最原始之时期，一切皆无，无形无名，清静空寂，不可思议，不可执著，此乃最高绝对之道，无以名之，姑名之曰'道'，或名之曰'无'，或名之曰'无名'。"② 三家从宇宙起源或形而上与形而下方面理解"始""母""眇""徼"，是正确的。

由此反观"玄"字，可知"玄"字同样是对宇宙起源精微状态的一种描述，与"始""母""眇""曒"四字是可以互明的。单以"玄"字而言，作"幽暗""无形""不测"解是不错的。《庄子·天下》论惠施有"一尺之捶，日取其半，万世不竭"之说，由"万世不竭"之意而言作"深远"解也是对的。但是"幽暗""深远""无形""不测"诸义又都不够准确，易生歧义。

"玄"与"幺"古文为一字。"幺"，《说文》："小也，象子初生之形。"胡适释《庄子·至乐》"种有幾"说："'种有幾'的幾字，决不作几何的几解。当作幾微的幾字解。《易·系辞传》说：'幾者，动之微，吉〔凶〕之先见者也。'正是这个幾字。幾字从兹，兹字从幺，本像生物胞胎之形。我以为此处的幾字是指物种最初时代的种子，也可叫做元子。"③"幾"，《说文》："微也"。"玄"字的本义可以与"幺""幾""纱"互训。宋章安《宋徽宗道德真经解义》："妙而小之谓玄。""小"的概念在《老子》中多有论及，如"道常无名，朴虽小，天下莫能臣也"（《三十二章》），"大道泛兮……可名于小"（《三十四章》），"见小曰明，守柔曰强"（《五十二章》）④，等等。老子曾说："大音希声，大象无形。"（《四十一章》）则知至大与至小其实具有同样的内涵，都是可以称谓"道"的。"小"的概念中却包含了丰富的思想，这一点也可由《庄子》"至小无内，谓之小一"（《天下》），"夫精粗者，期于有形者也。意之所不能察致者，不期精粗焉"（《秋水》）加以印证。所以，作"小"解应

① 吕思勉：《先秦学术概论》下编第一章《道家》第二节《老子》，世界书局 1933 年版，第 26—27 页。

② 蒋锡昌：《老子校诂》，上海商务印书馆 1937 年版，第 11 页。

③ 胡适：《中国哲学史大纲》第九篇《庄子》，商务印书馆 1919 年版，第 261 页。

④ 据王弼《老子道德经注》本。

是"玄"字最为简明的理解，也是最易于避免歧义的理解。

有所不同的是，"始""母""眇""曒"是对天地万物的"胚胎未成"与"乳子"两种状态的分别描述，"玄"字则是对于这两种状态的分界与会同的总体描述。天地万物由"胚胎未成"到"乳子"有一个过程，"胚胎未成"与"乳子"各是这个过程的两个端点。两个端点在其分开的一瞬，其过程必定极短，在这极短的瞬间，两个端点实际上是趋近于会同合一的。其意义犹如现代数学微积分所讲的"极限""无穷小"，现代天体物理学所讲的"临界""极早期"。

老子此处实际上有一逆向的推理，由万事万物林林总总的现象状态，逆推到天地宇宙的最初起源。第一步是推到了"胚胎未成"与"乳子"的两个时刻，第二步是两个时刻又会同为一，就是"玄"。"胚胎未成"与"乳子"会同为一的状态，古代学者将其描述作"幽暗""深远""无形""不测"，是非常客观的，其中并无神秘玄虚之意。

老子作为一位大思想家，他的用意不应该是对其所阐述的"道"赋予一种神秘不可知的外表，而应该是对于原本不可描述的"道"给予一种尽可能简明的解释。王弼云："两者，始与母也。同出者，同出于玄也。在首则谓之始，在终则谓之母。玄者，冥默无有也，始、母之所出也。"① 所谓"冥默无有"，其义本重在"无有"，此"无有"即无形。"冥默"之义亦为无形无名，但因其字义具有模糊性，后人转释为玄妙，遂失王弼本义。王弼又云："不可得而名，故不可言同名曰玄。而言同谓之玄者，取于不可得而谓之然也。"所谓"不可得而谓之然"，意犹知其不可言而言之。可以想见老子言"道"的用意与方法，应该是谨而又谨，也难而又难的。老子最终的选择，只能是简洁易解，而不会是故作玄虚的。

胡适曾说："从来的人，只因把庄子的哲学看得太神秘玄妙了，所以不能懂得庄子。依我个人看来，庄子的学说其实并没有什么十分玄妙神秘之处。"② 所说对于老子也是适用的。吕思勉也说，《道经·一章》"说皆古代哲学通常之义，本亦无甚难解。特其辞义甚古，后世神仙之家皆自托

---

① （三国魏）王弼：《老子道德经注》。

② 胡适：《庄子哲学浅释》，《东方杂志》第 15 卷第 11—12 期，1918 年 11—12 月出版。

于老子,又利其然而肆行附会,遂至如涂涂附耳"①。李连生说:"高诱说:'圣经不言玄妙。'玄、眇二字都无神秘的意思。"② 不佞认为胡适等人所抱持的态度有其合理的一面。

三 "同谓之玄"的"同"是名词,意为会同;"同" 是先秦诸子普遍使用的抽象概念

《道经·一章》全文所要表达的意思可分为三层。自"无名天地始"以下,讲"道"分为"有""无",是宇宙起源;自"此两者同出而异名"以下,讲"有""无"仍同归于"道",是抽象的概念思辨。开始一句"道可道,非常道;名可名,非常名",是对下面二层看似矛盾的阐述的说明。

从单字的字义上解"玄"为微小是对的,但是在句意上解"玄"为微小就不对了。因为由"同谓之玄"一语,可知老子已将"玄"字赋予了抽象概念的含义,使"玄"字成为一个专有名词。之所以选择"玄"字作为抽象概念,是因为"玄"字具有微小的本义,而"玄"字作为抽象概念,其专有的含义则由"同"字定义而来。

"同"字的本义为会合。《说文》:"同,合会也。"古时亦称诸侯一起朝见天子为"同",《周礼·春官·大宗伯》:"殷见曰同。"文字学所解释的"会合"之义,实即思想家所常说的合一、归一。

《国语·郑语》史伯曰:"和实生物,同则不继。以他平他谓之和,故能丰长而物生之。若以同裨同,尽乃弃矣。声一无听,物一无文,味一无果,物一不讲。"韦昭注:"和,谓可否相济。""裨,益也。同者,谓若以水益水。"《左传》昭公二十年:"昭公曰:'和与同异乎?'晏子对曰:'异。一气、二体、三类、四物、五声、六律、七音、八风、九歌,以相成也。清浊、小大、短长、疾徐、哀乐、刚柔、迟速、高下、出入、周疏,以相济也。君子听之,以平其心,心平德和。君所谓可,据亦曰

---

① 吕思勉:《先秦学术概论》下编第一章《道家》第二节《老子》,上海世界书局 1933 年版,第 27 页。

② 李连生:《老子辨析》,学林出版社 1999 年版,第 103 页。

可；君所谓否，据亦曰否。若以水济水，谁能食之？若琴瑟之专壹，谁能听之？同之不可也如是。'"《论语·子路》："子曰：'君子和而不同，小人同而不和。'"何晏注："君子心和，然其所见各异，故曰不同。"简单地说，"和"是诸多不同事物的中和，是由中和而保存了事物的不同，是多；"同"是诸多不同事物的同一，是由同一消除诸多事物的差别，是一。

"同"是先秦诸子普遍使用的抽象概念，儒道墨法各家多有关于"同"的讨论。《礼记·礼运》有大同之世，《墨子》有《尚同》三篇，言"壹同乡之义"，"壹同国之义"，"上同乎天子"，"上同乎天"。惠施"历物十事"有大同异、小同异。至《吕氏春秋》又有《应同》篇。可见老子将"同"作为抽象概念，是有充分的文化学术背景的。①

儒家主于明人事，所以主张"和"。道家主于言天道，所以主张"同"。"同"字在《老子》中的使用，见于《二十三章》："故从事于道者，同于道；德者，同于德；失者，同于失。同于道者，道亦乐得之；同于德者，德亦乐得之；同于失者，失亦乐得之。""同"字与"道德"并称，连用六次。在《庄子》中几乎见于全书各篇，摘举如下：

> 《齐物论》："劳神明为一而不知其同也。""子知物之所同是乎？"
> 《德充符》："自其同者视之，万物皆一也。"
> 《大宗师》："同则无好也，化则无常也。"
> 《在宥》："大德不同，而性命烂漫矣。""大同而无己。"
> 《天地》："性修反德，德至同于初。同乃虚，虚乃大。合喙鸣。喙鸣合，与天地为合。其合缗缗，若愚若昏，是谓玄德，同乎大顺。"
> 《天道》（又见《刻意》）："静而与阴同德，动而与阳同波。"
> 《刻意》："精神四达并流，无所不极，上际于天，下蟠于地，化

---

① 有关"同"的研究，参见中国科学院哲学研究所中国哲学史组《中国大同思想资料》，中华书局 1959 年版；王永祥《中国古代同一思想史》，齐鲁书社 1991 年版；萧兵、叶舒宪《老子的文化解读》上篇第三章第六节《"和"与"同"之争》，湖北人民出版社 1994 年版。

育万物，不可为象，其名为同帝。纯素之道，唯神是守。守而勿失，与神为一。"

《田子方》："夫天下也者，万物之所一也。得其所一而同焉，则四支百体将为尘垢，而死生终始将为昼夜，而莫之能滑，而况得丧祸福之所介乎！"

《知北游》："周、遍、咸三者，异名同实，其指一也。尝相与游乎无有之宫，同合而论，无所终穷乎！"

《徐无鬼》："道之所一者，德不能同也。"

《则阳》："合异以为同，散同以为异。"

其他道家著作也多讲"同"，如《鹖冠子·泰鸿》："泰一者，执大同之制。"《淮南子·诠言》："洞同天地，浑沌为朴。未造而成物，谓之太一。"帛书《道原》："恒无之初，迥同大虚，虚同为一，恒一而止。""大迥无名。""乃通天地之精，通同而无间，因袭而不盈，服此道者是谓能精。""迥"字一训"洞"，"迥同太虚"之"迥同"即《淮南子·诠言》"洞同天地"之"洞同"。"迥"字又训"通"，饶宗颐认为帛书"通同"即同书之"迥同"，亦即"大迥"。意为无所不同，亦即《老子》"两者同出，异名同谓"（据帛书乙本）与《庄子·大宗师》"同于大通"之"同"。魏启鹏又认为郭店简本《老子》"和曰同"之"同"不作"常"，而是"同"，和、同互训。"和曰同"所指为一种深层意义上的道体的境界。①

可知在老庄道家学说中，"同"已经成为用以阐述"道"的一个不可或缺的概念。

四 "玄同"二字连用，仍为"同"的意思，在《老》《庄》中均有例证

"同谓之玄"的意思就是："同"叫作"玄"。"玄"字的意思就是

---

① 参见饶宗颐《楚帛书与〈道原篇〉》，载《道家文化研究》第 3 辑，上海古籍出版社1993 年版；魏启鹏《楚简〈老子〉柬释》，载《道家文化研究》第 17 辑，三联书店 1999 年版。

"同"，"同"字的意思也就是"玄"，"同"和"玄"都作名词，二者是互释的关系。"玄"字的意思虽然有模糊的一面，但经过"同"字的互训，就非常简明了。

正因为"玄""同"是互训的关系，所以二字可以连用，作同义复合词，仍表示"同"的意思。例证见于《老子·五十六章》："塞其兑，闭其门，挫其锐，解其忿，和其光，同其尘，是谓玄同。"以及《庄子·胠箧》："攘弃仁义，而天下之德始玄同矣。"

马其昶解《道经·一章》云："同者，即有即无，即无即有，斯乃玄也。以后单言，或曰玄，或曰同，连文则曰玄同。"（《老子故》）解"同"为名词，为"有""无"，不作副词、修饰"有""无"，是对的。

"玄同"之意，郭象解作"同于玄德"（《庄子注》），成玄英、王先谦解作"与玄道混同"（《庄子疏》《庄子集解》），林希逸解作"归于玄妙"（《庄子鬳斋口义》），土道解作"与物大同而又无迹可见也"（《老子亿》），奚侗解作"犹云混同"（《老子集解》），高亨解作"已致玄妙齐同之境"[1]，蒋锡昌解作"无名之同"[2]，陈鼓应解作"玄妙齐同的境界"[3]，徐梵澄解作"同而不同，不同而同，是谓玄同"[4]，黄瑞云解作"冥然浑同"[5]，张松如解作"深奥的同一"[6]，杨柳桥解作"与天地之本元相混同"[7]，都是将"玄同"二字分开来解的。"玄"字或解作道，或解作深，或解作冥，或解作玄妙，或解作变化，再与"同"字合在一起。所谓"玄妙齐同"，就是玄妙和齐同。但是"玄同"何以会成为一个复合词，二字之间的内在联系如何，并没有解释出来。

不佞认为，"玄同"的意思就是"同"。"玄"的概念因为已被定义为"同"，所以"玄同"二字才可以组成一个同义复合词。类似的同义复合词在《老》《庄》中有"恍惚""橐籥""浑沌"等很多。老庄提出

①　高亨：《老子正诂》，东北大学 1929 年初版，清华大学出版社 2011 年版，第 86 页。

②　蒋锡昌：《老子校诂》，上海商务印书馆 1937 年版，第 346 页。

③　陈鼓应：《老子注译及评介》，台湾商务印书馆 1970 年初版，中华书局 1984 年修订版，第 282 页。原名《老子今注今译及评介》。

④　徐梵澄：《老子臆解》，中华书局 1988 年版，第 81 页。

⑤　黄瑞云：《老子本原》，人民文学出版社 1995 年版，第 316 页。

⑥　张松如：《老子校读》，吉林人民出版社 1981 年版，第 182 页。

⑦　杨柳桥：《庄子译诂》，上海古籍出版社 1991 年出版。

"玄同"这样一个复合的概念，说明"同"思想在道家学说中是十分重要的。

五 "玄之又玄"即"同之又同"，与"损之又损"具有同样的句式结构和逻辑特点

"玄之又玄"一句如果由"玄妙而又玄妙"上讲，不可通。"玄之又玄"即"同之又同"，由老子所说的"损之又损"上讲，正可通。

《老子·四十八章》："为学日益，为道日损。损之又损，以至于无为，无为而无不为。"① "损之又损"，可从作为上理解，也可从情欲上理解。前者如王弼注："务欲反虚无也。有为则有所失，故无为乃无所不为也。"这是与《四十八章》下文"取天下常以无事，及其有事，不足以取天下"相衔接的。后者如河上公注："日损者，情欲文饰，日以消损。损之者，损情欲也。又损之者，所以渐去之也。"若由《庄子·大宗师》"其耆欲深者，其天机浅"上讲，亦通。总之是有一个减少又减少，最终由有为归于无为的过程。

这个过程也就是老子由万事万物林林总总的现象状态，逆推到天地宇宙的最初起源的过程，是由"胚胎未成"与"乳子"的两个时刻，逆推到两个时刻又会同为一的"玄"的过程。蒋锡昌说："此乃最高绝对之道，无以名之，姑名之曰'道'，或名之曰'无'，或名之曰'无名'。人类历史愈演进，则离此'无名'也愈远，故人类当向此'无名'之标

① 据王弼本。"损之又损"，《庄子·知北游》引作"损之又损之"。郭店楚简作"损之或损"，廖名春认为"或""又"音义皆近，故可通用。"无为而无不为"，高明《帛书老子校注》据严遵《老子指归》补马王堆帛书《老子》乙本作"无为而无以为"，而早于帛书的郭店楚简本《老子》亦作"无为而无不为"，与河上公、王弼等本相同。廖名春说："所以，'《老子》原本之旧'当如楚简和今本作'无不为'无疑。"参见廖名春《楚简老子校诂》（上），《大陆杂志》第 98 卷第 1 期，1999 年版；廖名春：《〈老子〉"无为而无不为"说新证》，载《中国哲学》第 20 辑《郭店楚简研究》，辽宁教育出版社 1999 年版。裘锡圭也认为："郭简中有与今本第四十八章前半相当的内容。其最后关键性的一句作'亡（无）为而亡（无）不为'，与今本全同。可见这种思想决非战国晚期或汉初人所窜入。《庄子·知北游》：'故曰：为道者日损，损之又损之，以至于无为，无为而无不为也。'引此章之文也作'无为而无不为'。高明认为《庄子》之文有误。从简文也作'无为而无不为'来看，此说恐难成立。"裘锡圭：《郭店〈老子〉简初探》，载《道家文化研究》第 17 辑，三联书店 1999 年版。

准返走。返走之法如何？曰：在于竭力将人为之文明，事物之名号，占有之欲望，损之又损，以至于无为。"[1]

宋吕惠卿云："名之出玄，有欲于无欲，同乎一也。玄之又玄，则同者亦不可得。"（《道德真经传》）"损"的意思是减少，"同"的意思也是减少。由逆推的方面而言，"同"有同化、兼并的意思，也就是《国语》《左传》所说的"以同裨同"，"以水益水"，"以水济水"。儒家所求在于万物之生、之和，道家所求则正在于"不继""专壹"。

"玄之又玄"与"同之又同"又就是庄子所说的"不同同之"。

《庄子·天地》："夫道，覆载万物者也，洋洋乎大哉！无为为之之谓天，无为言之之谓德，爱人利物之谓仁，不同同之之谓大。""大"就是"道"。"器"的形而下的层面上，事物有种种个性、属性的差别；在"道"的形而上的层面上，个性、属性的差别就不存在了，天地万物齐一、归一，合为一体，有着同一个共同本质。"同之又同"既可从宇宙起源上讲，又可从概念思辨上讲。《庄子·德充符》："自其同者视之，万物皆一也。""同之又同"就是种种个性、属性的会同、再会同，就是使种种不同的个性、属性用其共同的本质（共性）同一起来。损之又损，以至于无为；同之又同，以至于无异。二者具有同样的句式结构和逻辑特点。

六　由老子思想一元体系而论，《道经·一章》中的"道""有""无"诸概念也是同一的，"玄之又玄"正是对"道"的绝对同一性质的明确阐述

晚周诸子百家多有关于"一"的讨论。《庄子·天下》称老子的学说是："以本为精，以物为粗，以有积为不足，澹然独与神明居。古之道术有在于是者，关尹、老聃闻其风而悦之。建之以常无有，主之以太一"。说明老子的学说主张是"一元"的。

老庄都有很多关于"一"的阐述。《老子》中说："载营魄抱一。"（《十章》）"三十辐，共一毂。"（《十一章》）"视之不见，名曰夷；听之

不闻，名曰希；搏之不得，名曰微。此三者不可致诘，故混而为一。"（《十四章》）"是以圣人抱一为天下式。"（《二十二章》）"昔之得一者：天得一以清；地得一以宁；神得一以灵；谷得一以生；侯得一以为天下正。"（《三十九章》）"道生一。"（《四十二章》）《庄子》中说："凡物无成与毁，复通为一，唯达者知通为一。"（《齐物论》）"其一也一，其不一也一。"（《大宗师》）"至道若是，大言亦然。周、遍、咸三者异名同实，其指一也。"（《知北游》）①

宋程大昌云："当其已出也，则有之与无固可分矣。而其未出，则混合无间也，故曰此两者同也。同即一也，一即未为一三可以生万而未至为万者也。《易》暨《五经》《论》《孟》皆尝言一而未尝言其何以为一也，老氏之师弟子则于此特详矣，曰混成、曰浑沦、曰浑沌，皆言其未分为二也。"（《易老通言》）元丁易东云："道以无为体，以有为用，两者皆出于道，所谓一源也。而有无异名，无即微也，有即显也。惟一源，故无间也。同谓之玄者，谓之有不可，谓之无亦不可。以为有耶？则其体似无。以为无耶？则其用似有。故谓之玄。玄者，有无不可分之谓也。"② 元吴环中（吴埈）云：老子"独于道字上不十分说破，一书间见迭出。埈反复沈潜，至'天得一以清，地得一以宁，神得一以灵，谷得一以盈'，喟然叹曰：一乎一乎，其为道之根柢乎！是一也，敛之则无，散之则有。庄周曰：人地一，万事毕。信斯言也。道果生于一矣，果能此道矣"③。三人所说是极有见地的。

《道经·一章》中的"道""无""有"等概念，也是同一的。"有""无"同一，"有"即是"无"，"无"即是"有"，"有""无"合在一起就是"道"。

从《道经·一章》及以上叙述中可以提出四个要点。第一，"道"是一元的，也就是说"道"是绝对同一的。"道"至大无外，在"道"之外别无他物。第二，既然"道"是一元的，那么"道"就既是形而

---

① 文子也说："无形者，一之谓也。一者无心，合于天下也。""道者，一立而万物生矣。故一之理，施于四海。一之嘏，察于天地。"（《文子·原道》）"万物之总，皆阅一孔。百事之根，皆出一门。""一也者，无适之道也，万物之本也。"（《文子·道德》）

② （元）刘惟永：《道德真经集义》引丁易东《老子解》。

③ （元）刘惟永：《道德真经集义》引吴环中《老子解》。

上的，又是形而下的；既是宇宙起源上的，也是抽象概念上的。第三，既然"道"是一元的，那么"道"就既是天地万物的起源，又是天地万物的演化。第四，既然"道"是一元的，绝对同一的，那么"道"就是无名的。可以对"道"加以任何称谓，但是任何称谓都并不是"道"本身。

"道"虽然又称为大、一、天地、万物、有、无等，但均以一元为本义。上文所说《道经·一章》开始一句"道可道，非常道；名可名，非常名"，是对下面二层看似矛盾的阐述的说明。这种说明看起来是认识上的，是语言学和阐释学上的，其实也是本体上的，中国古代常以认识问题为本体问题，认为认识的问题反映本体的性质。此一点可由现代量子力学理论加以理解。屠友祥也说："道与言往往相并而论，谈言即论道，充分展现了语言独具的本体意味。"①

《老子·四十一章》所说"大方无隅，大器晚成，大音希声，大象无形"，"大"是至大，"无"是无对，也就是绝对。至大的象，涵括了所有的形，所有的象，无所不形，无所不象。因而有形同于无形，有象同于无象，至大而无对，孤立而自存，所以说"大象无形"。"大象无形"中的"象"和"形"替换作"有"和"无"，就成为"大有即无"。同理，大有者无所不有，无所不有则无所谓有，无所谓有则无有，故大有则无有，大有即大无。所以，在"大象无形"的思维层次上，"有无"不是相反相成的，而是同一的。"有无"同一，"有"即"无"，"无"即"有"，"有无"合在一起就是"道"。

赵实庵《老子解》云："同谓之玄，是大同也。"② 所说"大同"之"大"应即"大象无形"的至大，"大同"就是至大之"同"、绝对之"同"。

《老子·四十二章》所说"道生一，一生二，二生三，三生万物"，意思是"道"本无名，勉强名之，于是有"一"。"道生一"是称为道于是有了"一"，不是"道"又生出了"一"，所以"一"就是"道"，"道"就是"一"。"一生二"是"道"分出阴阳。"二生三"是"道"

① 屠友祥：《言境释四章》第五部分"结论"，上海人民出版社1998年版，第382页。
② （元）刘惟永：《道德真经集义》引赵实庵《老子解》。

与"阴阳"合而为三。"一生二"不能理解为"道"生出"有无",因为"道"就是"有",也就是"无","道"与"有"与"无"是同一的。"道生一"也就是"有生一",也就是"无生一"。

《老子·四十章》又曰:"天下万物生于有,有生于无。"因为"有"和"无"是同一的,"有"就是"无","无"就是"有",所以"有"才能生于"无","无"也才能生出"有"。说"无",是就天地万物的起源而言;说"有",是就天地万物的演化而言。"有""无"同一,所以天地万物的起源与演化也同一。此处的"有"和"无",都是形而上的抽象概念。从形而下的意义上,可以将天地万物的起源上溯到"母""始",或"恍惚",或"浑沌",而"浑沌"是没有任何规定性的,所以形而下的概念就上升为形而上的概念,就是"有"和"无"。王安石《老子注》:"无者,形之上者也。有,形之下者也。"王雱《老子注》云:"道有二物,自形而下,则阳尊而阴卑。自形而上,则阴先而阳后。"赵实庵《老子解》亦云:"'道可道',形而下者之谓也。'非常道',形而上者之谓也。"在形而下的意义上,并不能说"无生有"或"有生于无",因为"无"不可能生出"有"。但是在形而上的意义上,就可以说"无生有"或"有生于无",但此处的"生"并非实有的生出,并非由"无"生出了"有",而原来的"无"仍然是"无"。"生"系指逻辑上的先后、概念上的因果而言。用日常语言加以表述,则"有生于无"的"生"可以理解为成为的意思,"有生于无"意犹"无成为有"或"有成为无"。"无"成为"有"时,并没有一个原来的"无"仍然在那后,与这个"有"相对。这个"有"就是原来的"无",二者是同一的关系。

冯友兰说:"虽然有万有,但是只有一个'有'。《老子》第四十二章说:'道生一,一生二,二生三,三生万物。'这后所说的'一'是指'有'。'道生一'等于说'有'生于'无'。""老子这句话,不是说,曾经有个时候只有'无',后来有个时候'有'生于'无'。它只是说,我们若分析物的存在,就会看出,在能够是任何物之前,必须先是'有'。'道'是'无名',是'无',是万物之所从生者。所以在是'有'之前必须是'无',由'无'生'有'。这后所说的属于本体论,不属于宇宙发生论。它与时间,与实际,没有关系。因为在时间中,在实际中,没有

'有',只有万有。"① 是非常正确的。

《道经·一章》中,把老子学说也是道家学说中最重要的四个概念"道""无""有""同"都提了出来。熟知"道""无""有"等概念是较为容易的,理解"道""无""有"的同一就比较难了。唐玄宗《御制道德真经疏》说:"自同而论,则深妙,是摄迹以归本也。归本则深妙,故谓之玄。"所说"归本"也就是归一,也就是同一。由"道""无""有"的同一才显出深奥。牟宗三说:"凡辩证的都是玄,就深。只有辩证的才玄、才深,就是道家所说的玄。"② 如果说有什么概念是理解老庄道家思想的关键,即所谓"众妙之门"的话,那么这个概念只能是"同"。

七 "道""无""有""玄""同"作为道家学说 最主要的概念,在《道经·一章》中同时 揭出,具有开宗明义的寓意

老子生当春秋时期,其著作是有为而发的。清魏源云:"老子见学术日歧,滞有溺迹,思以真常不弊之道救之。"(《老子本义》)胡适说:"在中国的一方面,最初的哲学思想,全是当时社会政治的现状所唤起的反动。当时的有心人,目睹这种现状,要想寻一个补救的方法,于是有老子的政治思想。老子观察政治社会的状态,从根本上着想,要求一个根本的解决,遂为中国哲学的始祖。"③ 牟宗三也说:"假定你了解了老子的文化背景,就该知道无是简单化地总持的说法,他直接提出的原是'无为'。'无为'对着'有为'而发,老子反对有为,为什么呢?这就由于他的特殊机缘而然,要紧扣'对周文疲弊而发'这句话来了解。"④

---

① 冯友兰:《中国哲学简史》第九章《道家第二阶段:老子》,涂又光中译本,北京大学出版社1985年版,1996年第二版,第84页。

② 牟宗三:《中国哲学十九讲》第五讲《道家玄理之性格》,台湾学生书局1983年版,上海古籍出版社1997年简体字版,第95页。

③ 胡适:《中国哲学史大纲》第三篇《老子》,上海商务印书馆1919年版,第54页。

④ 牟宗三:《中国哲学十九讲》,台湾学生书局1983年版,上海古籍出版社1997年简体字版,第84页。

简明是古代学术的通则，从文风上看，《道经·一章》是简易、直接的陈述，并无玄虚。清高延第说"玄之又玄"即庄子所说之"深而又深""神而又神"，为"赞道之辞"（《老子证义》）。但老子作为一位史官和隐者，实在不必自己称赞所论是"玄妙而又玄妙"。细绎《庄子·天地》"故深之又深而能物焉，神之又神而能精焉"之语，所说"深""神"仍作精微之意。

"玄之又玄"一句，意为"同之又同"。"同之又同"即《庄子》所说"不同同之"，"其一也一"，"而无有一无有"。所以程大昌、丁易东、杜道坚诸家解"玄之又玄"为无而又无，是非常精辟的。程大昌云："而玄之上，更有又玄焉，其理何也？曰：列庄固尝有所发明矣。其在列子则曰有太易者，有太初者，有太始者，有太素者，皆气，形质之所资始也。凡四降其序而始及夫轻清之天、重浊之地。则循其序而观之，有之进也，为无无之。又进也，为玄玄之。又进而加玄也，其次第可想也。庄子曰：有有也者，有无也者，是老氏之常无常有也。又曰：有未始有夫未始有无也者，是玄之又玄也。"（《易老通言》）丁易东云："玄之又玄，众妙之门。庄子曰：有有也者，有无也者，有未始有无也者。有未始有夫未始有无也者。有名者，即庄子所谓有有者也。无名者，即庄子所谓有无者也。玄者，有则不可谓之有，无亦不可谓之无。既不可谓之无，则未始有无者也。既玄矣，又玄焉，则庄子所谓未始有夫未始有无者也。玄者，不可以有无言，玄之又玄，则又不可以玄言焉。"[1] 杜道坚云："此两者，同出一道，而异其名。同，同此道也。玄，一而二，二而一也。玄之，似无而有。又玄，似有而无。"（《道德玄经原旨》）"玄之又玄"即无之又无，亦即同之又同。

"众妙之门"一句，"妙"即"天地始""观其妙"之"妙"，即天地万物之意。"门"即门户，亦即道路。《论语·雍也》："子曰：'谁能出不由户？何莫由斯道也？'"杜道坚云："众妙，万物也。门，有出入之义。万物出于机而入于机。"（《道德玄经原旨》）"众妙之门"就是天地万物之道，意思也是很简明的。

"玄之又玄，众妙之门"二句的意思就是：同之又同，是认识天地万

---

[1] （元）刘惟永：《道德真经集义》引丁易东《老子解》。

物的方法。"同"是特别受到强调的，所以也可以说：同之又同，是认识天地万物的关键。

由老子"主以太一"的宗旨而言，《道经·一章》中将"道""无""有""同""玄"五个概念同时列出，实有开宗明义的寓意。

唐玄宗云："道者，虚极妙本之强名，训通，训径。首一字标宗也。名者，称谓，即物得道用之名。首一字亦标宗也。"（《御制道德真经疏》）

北宋陈景元云："五千文之蕴，发挥自此数言。"（《道德真经藏室纂微篇》）

南宋林希逸云："此章居一书之首，一书之大旨皆具于此。"（《道德真经鬳斋口义》）

金李霖云："太上以此首章总一经之意，明大道之本，谓玄之又玄也。"（《道德真经取善集》）

元初喻清中云："此章居一经之首，老子示人之大旨，学者造道之极功，皆基于此。"①

元吴环中云："周至昭王时，老子著《道德》五千文，伤周之衰，人物滋伪，世道险巇，欲一挽回，为粹古之风，故于第一章首论道枢。""《老子》首章首论道枢，以有无二字贯常道常名，为一书之旨。"②

清张尔岐云："此篇全书之纲领，后凡言道体者者，皆观其妙也，常道也，无名者也。反言应事者，皆观其徼也，非常道也，有名者也。"（《老子说略》）

清胡与高云："此章乃全经之要也。以道为体，以玄为用，以无为经，以有为纬，八十一章大旨，总不外是。"（《道德经编注》）

清魏源云："（老子）及迫关尹之请，不得已著书，故郑重于发言之首，曰道至难言也。盖可道可名者，五千言之所具也。其不可言传者，则在体道者之心得焉耳。全书大旨，总括于此，所谓言有宗事

---

① （元）刘惟永：《道德真经集义》引喻清中《道德经集义》。
② （元）刘惟永：《道德真经集义》引吴环中《老子解》。

有君也。"（《老子本义》）

严复说："西国哲学所从事，不过此十二字——同谓之玄，玄之又玄，众妙之门。"①

章炳麟说："老子谓'玄之又玄，众妙之门'，玄之一字，于老子自当重视。"②

马其昶说："以上开宗明义，辞旨精深，必读全书竟，能了达其趣，然后覆观此章，斯焕然矣。"③

蒋锡昌说："此章总括全书之意，此章能通，则全书亦明矣。"④

熊十力说："老子首章最为重要。"⑤

张默生说："本章可以说是老子哲学的本体论。""他首先把道的本体和道的名相提示出来。"⑥

高亨说：（道可道，名可名。）"老子此二语实为其全书而发。"⑦"老子的'道'是'常无'、'常有'的统一（统一于'常无'），不但有全书纲领的第一章为据，而且按之老子整个体系都是畅达无阻、确凿有据的。"⑧

胡曲园说："在第一章的第一句后，老子就提出了'道'和'名'两个问题。……老子在全书开章第一段后提出来的问题，就是思维和存在的问题，也就是名与实的问题。"⑨

陈鼓应说："整章都在写一个'道'字。'道'是老子哲学上一

① 严复：《老子道德经评点》，上海商务印书馆 1931 年版。

② 章炳麟：《国学讲演录·诸子略说》，傅杰校订，华东师范大学出版社 1995 年版，第 203 页。

③ 马其昶：《老子故》，《老子注三种》本，黄山书社 1994 年版，第 4 页。

④ 蒋锡昌：《老子校诂》，上海商务印书馆 1937 年版，第 11 页。

⑤ 熊十力：《十力语要·答马格里尼》，载《熊十力全集》第 4 卷，湖北教育出版社 2001 年版，第 208 页。

⑥ 张默生：《老子章句新释》，重庆东方书社 1943 年版。

⑦ 高亨：《老子正诂》，东北大学 1929 年初版，清华大学出版社 2011 年版，第 3 页。

⑧ 高亨：《老子的主要思想》，《文史哲》1956 年第 8 期；又载《哲学研究》编辑部《老子哲学讨论集》，中华书局 1959 年版。

⑨ 胡曲园：《论老子的"道"》，《复旦月刊》1959 年第 10 期；又载《哲学研究》编辑部《老子哲学讨论集》，中华书局 1959 年出版。

个中心观念。"①

徐梵澄说:"道,本无可名言者,然不得不藉名言以说道。此《老子》一书之所为作也。"②

八 由老子作为大思想家而言,如果将"玄之又玄" 解释为"深奥而又深奥",是令人难以相信的

由开宗明义方面而言,《道经·一章》必定为一种明确的阐述,而不应是虚泛的感慨。由此亦知"玄之又玄"一语应解作"同之又同",不应解作"玄妙而又玄妙"。

由老子作为大思想家而言,其"五千言"应具有简而明的特点,不应有赘语,也不应有玄虚。如果将"同谓之玄"的"玄"字解释为"玄妙""深奥","玄之又玄"一句势必语译为"玄妙而又玄妙"或"深奥而又深奥",也就是说在言简意赅的《老子·道经》的第一章中将出现一句虚泛的毫无意义的话,这是令人难以相信的。

老子说"道可道,非常道","可道"是就认识的主体而言,"非常道"是就"道"的本质而言。"道"虽然"非常道",但是毕竟"可道",即可以描述、可以认识。韩非曰:"而常者无攸易,无定理。无定理,非在于常所,是以不可道也。圣人观其玄虚,用其周行,强字之曰道,然而可论。故曰:道之可道,非常道也。"(《韩非子·解老》)宋叶梦得云:"道无物,不可得而名。圣人无意于言,既已。苟欲言,非名之则无以显其道,故存其不可道不可名者以为之常,而设为可道之道,可名之名,以寄其非常。此老氏之书所以作也。"③ 宋徐君约亦云:"但古之知道者,欲因言语以示人,则不得不立为名字,非其本来固有也。"④ 老子的最后归止,毕竟是"然而可论",是"因言语以示人"。既然目的是以言语示人,

① 陈鼓应:《老子注译及评介》,台湾商务印书馆 1970 年初版,中华书局 1984 年修订版,第 62 页。

② 徐梵澄:《老子臆解》,中华书局 1988 年版,第 2 页。

③ (宋)彭耜:《道德真经集注》引叶梦得《老子解》。

④ (元)刘惟永:《道德真经集义》引徐君约《道德经解事》。

那么还要故作玄虚，还要示人以不可测，这是毫无意义的。

古人解"玄之又玄"一句，有所谓"赞道"之说。如明太祖云："为前文奇甚，又特赞之。"（《御注道德真经》）明薛蕙云："玄者，深远而不可测之意。玄之又玄，以深叹其不可测也。"（《老子集解》）元李嘉谋云："但赞言其妙而已，初无别义。"（《道德真经义解》）清高延第云："玄之又玄：赞道之词，犹《庄子》言'神而又神'。"（《老子证义》）不佞认为，所谓"赞道"，在《老子》这样一部哲理著作中，是完全没有必要的。

对于"玄之又玄"一句，今学者多译作"深奥""玄妙"，或译作"不可测"，更有附加"啊"字及标感叹号的，使得这句话成了没有实际意义的感叹语句。如有学者译为："真是玄妙而又玄妙，是众多奥妙的门户。"又译为："深远啊又深远，是一切微妙变化的总根源。"[1] 所谓"真是玄妙而又玄妙""深远啊又深远"等，总是使人有不似的感觉。如果称老子是中国古代最著名的大思想家，则作为一位大思想家，何得有此言论？

关于《老子》的诸家解说多以译文出现，虽然有关《老子》的大部分今译并非学术性的，但其所关联的问题却不容忽视。兹将 1950—2000 年内地所见"此两者同出而异名，同谓之玄，玄之又玄，众妙之门"（帛书则以"两者同出，异名同谓，玄之又玄，众妙之门"断句）一段今译 47 种抄录如下：

　　　　任继愈《老子今译》："这两者（有形和无形）是同一个来源而有不同的名称。它们都可以说是深远的，极远极深，它是一切变化的总门。"（古籍出版社 1956 年版）

　　　　任继愈《老子新译》："这两者（有形和无形）是同一个来源而有不同的名称。它们都可以说是深远的，极远极深，它是一切微妙的总门。"（上海古籍出版社 1978 年版）

　　　　任继愈《老子新译（修订版）》：文字同上。（上海古籍出版社

---

[1] 许抗生：《帛书老子注译与研究》，浙江人民出版社 1982 年版，第 66 页；许抗生：《再解〈老子〉第一章》，载《道家文化研究》第 15 辑，三联书店 1999 年版。

1985 年出版）

任继愈《老子全译》："这两者（有形和无形），同一个来源。只是名称不同。都可以说是深远的，极远极深，是一切微妙的总门。"（《中国古代哲学名著全译丛书》之一，巴蜀书社 1992 年版）

杨柳桥《老子译话》："这两者（'无'和'有'）出自同一本元，而有不同的名字，合起来都叫做'玄'（幽冥难知的物象）。玄而又玄，它是天地间一切妙用的门户。"（古籍出版社 1958 年版）

陈鼓应《老子注译及评价》："'无'和'有'这两者，同一来源而不同名称，都可说是很幽深的。幽深又幽深，是一切变化的总门。"（原名《老子今注今译及评介》，台湾商务印书馆 1970 年版，中华书局 1984 年修订版）

高亨《老子注译》："常无与常有，两者同出于道，而名称不同，同叫做玄妙，玄妙而又玄妙，就是万物中一切玄妙之理所从出的门户。"（原稿写于 1974 年，华钟彦校，河南人民出版社 1980 年版）

高亨《评析本白话道家名著·老子》及《评析本白话诸子集成·老子》：文字同上。（据高亨早期译本辑录，王宁主编，高云整理，北京广播学院出版社 1992 年版）

张松如《老子校读》："无名和有名这两方面，是同一来源而称谓不同，都可以说是极幽深的。从有名的幽深到达无名的幽深，便是通向一切奥秘的门径。"（吉林人民出版社 1981 年版）

许抗生《帛书老子注译与研究》："无名与有名两者同一出处，不同的名称而所称谓的对象则是一个，真是玄妙而又玄妙，是众多奥妙的门户。"（浙江人民出版社 1982 年版）

许抗生《再解〈老子〉第一章》："无名与有名这两者，同一出处而有着不同的名号，都可说是深远的。深远啊又深远，是一切微妙变化的总根源。"（载《道家文化研究》第十五辑，三联书店 1999 年版）

余培林《老子——道德的奥秘》："'无'和'有'一是道的本体，一是道的作用，各是道的一面，可以说同出于道，只是名称不同而已，并且都可以称为玄妙，玄妙而又玄妙，那就是宇宙万物创生的本源——道——了。"（原名《老子：生命的大智慧》，台湾时报文化

出版事业公司 1983 年版,春风文艺出版社 1992 年简体字版)

贺荣一《道德经注译与析解》:"有和无二者都是同出于道,只是名称不同而已。二者都可以说是奥妙的。但奥妙中之奥妙,才是一切奥妙所由出之处。"(台湾五南图书公司 1985 版,百花文艺出版社 1994 年简体字版)

陆元炽《老子浅释》:"'此两者'指'无'和'有'。玄,是深远奥妙的意思。'无'和'有'都是指我们所要探索的奥秘,所以说同出而异名。有人断句为'此两者同,出而异名',意思一样,作为诗,在节奏和音韵上更好一些。'同谓之玄'是说它们的共同点就是十分深远。老子正在探究的十分深远的对象是'道',所以'玄'也就是'道'。全章归结到:沿着这条有和无矛盾统一的线索一步一步地前进,就可以达到认识那些至微至早的宇宙本原的门径了。"(北京古籍出版社 1987 年版)

沙少海、徐子宏《老子全译》:"(上文讲的'有''无')同出一源而名称互异,它们都称得上是深远莫测的,从有形的深远境界到达无形的深远境界,这就是通向一切奥妙神秘的总门径。"(贵州人民出版社 1989 年版)

邓潭洲《白话老子》:"'有名'和'无名'这两者来源相同而名称各异,它们都可以说是幽深的。它们幽深而又幽深,是众多微妙变化的门户。"(岳麓书社 1990 年版)

赵文增《老子解译》:"这两者,同出一源而名称各异。都称之为深远,深远而又深远,是一切奥妙的大门。"(辽宁教育出版社 1990 年版)

冯达甫《老子译注》:"那永恒的无,将从它来窥探造化的微妙;永恒的有,将从它来观察自然的极限。这两方面,同一个根源而不同名称,同样叫做微妙。从微妙而更向微妙处探索,就是认识自然一切秘奥的门径。"(上海古籍出版社 1991 年版)

寇崇琳《诸子十家选译》:"'无'和'有'这两个,同出于一个根源而只是名称不同,所以都可说是玄奥、深邃的。可是玄奥又玄奥,深远再深远,这才是一切事物变化、发展的总闸门、总出口处呢!"(陕西人民出版社 1991 年版)

张忆《白话今译老子》："'无'和'有'这两者，来源相同而具有不同的名称。它们都可以说是很幽深的；极远极深，是一切变化的总门。"（中国书店 1992 年版）

艾畦《分类重编〈老子〉八十一章》："'无'和'有'这两者都出自'道'，名称虽然不同，但都是用来称呼'道'在不同衍化阶段上的不同体现。从'有'到'无'，是要显得幽昧深远、不可测知一些，从'无'再幽昧深远一层，就是'道'，宇宙万物看不见、摸不着的本体都是由'道'这里产生、又回归到'道'这里来。"（天津社会科学院出版社 1993 年版）

汪福润《老子新译》："'无'和'有'这两者，同一来源而不同名称，都可说是很幽深的。幽深又幽深，是一切变化的总门。"（见汪福润点校《老子注三种》附录三，黄山书社 1994 年版）

杨润根《老子新解》："普遍无限、绝对永恒的世界形式和普遍无限、绝对永恒的世界内容，它们都包含于世界之道的本质之中，并具有各自不同的深邃难测、微妙难识的特性，正因为它们的特征是深邃难测、微妙难识的，所以把它们两者都包含于其中的世界之道的本质也就更加深邃难测、微妙难识了。人们一旦认识了这更加深邃难测、微妙难识的世界之道的本质，也就打开了认识世界万物由以产生、存在、运动、发展或进化的全部奥秘的大门。"（中国文学出版社 1994 年版）

张玉春《中华道学通典·〈道德真经〉释读》："'无'和'有'这两者，来源相同而称谓不同，它们都被称作幽隐深远的。幽隐深远而又幽隐深远，一切玄妙皆自此门而出。"（南海出版公司 1994 年版）

纪凡《三教慧海·道教箴言》："这两者来源相同，只是名称不同。相同就叫玄，玄而又玄，就是各种奥妙的所在。"（中州古籍出版社 1994 年版）

王垶《老子新编译解》："'无'和'有'出自同一根源，名虽有异旨趣相同，幽昧深远而又幽昧深远啊，一切奥妙皆自此而出。"（辽宁古籍出版社 1995 年版）

孙雍长《白文对照诸子集成·老子》："（'有'与'无'）这二

者，出于一源而名称不同，都可以称之为幽深神秘。它们幽深而又幽深，是通向一切神秘奥妙之门。"（广西、陕西、广东教育出版社1995年版）

陈国庆、张爱东注译《道德经》："无与有这两者，来源相同而名称相异，都可以称之为玄妙、深远。它不是一般的玄妙、深奥，而是玄妙又玄妙、深远又深远，是宇宙天地万物之奥妙的总门。"（三秦出版社1995年版）

汪耀明《中国传统文化精华》："无和有这两者同一来源而不同名称，它们都可以说是幽深的，幽深又幽深，是一切奥妙的总门。"（裘仁、林骧华主编，复旦大学出版社1995年版）

赵一生、朱宏达《诸子百家格言警句白话解》："这无和有两者同出于一源而有不同的称呼，都可称为幽深。幽深又幽深，就是一切微妙的总门。"（浙江古籍出版社1995年版）

罗尚贤《老子通解·老子全译》："无、有两者同时发生，不同的名字表述同一个过程。运用无、有反复地抽象思考，是认识一切奥妙的必须途径。"（广东高等教育出版社1996年版）

刘康德《老子直解》：" '有'与'无'，此两者是同一来源的不同名称，都是相当幽深玄妙的，幽深而幽深，玄妙而玄妙，是一切变化的总门户。"（复旦大学出版社1997年版）

杨鸿儒《重读老子》："这'无'和'有'两方面，都同出于不可道的'道'，都名称不同，都是幽深莫测。幽深又幽深，是天地万物一切变化的总门。"（四川人民出版社1997年版）

吴林伯《老子新解：〈道德经〉释义与串讲》："显然，这两者都从道出现，不过一象征道的本体的效验，一显示道的功能的成绩，名称不同，都叫奥妙。奥妙而又奥妙，仿佛奥妙的门户。因此可以说，没有道，就不可能有这些奥妙。"（京华出版社1997年版）

顾悦译注《道德经》：" '无'和'有'这两者，同来源于'道'而名称不同，都可以说是很幽深玄妙的。深奥又微妙，是一切变化的总门。"（世界图书出版公司1997年版）

尹振环《帛书老子释析——论帛书老子将会取代今本老子》："两种观察同出于一源，不同的称谓同出于一人之口，真是幽深又

幽深。这就是认识种种微妙事物的途径。"（贵州人民出版社 1998 年版）

戴维《帛书老子校释》："无欲与有欲这两者，同从道中所出。名字不同，这两者的统一就玄妙得不可想像，是天地万物产生的总门。"（岳麓书社 1998 年版）

江凌注译《儒家道家经典全释丛书·老子》："'有'和'无'只不过是同一来源的不同名称罢了。它们二者是这样深远而看不透，但确实是天地万物和一切奥妙的门户。"（大连出版社 1998 年版）

孙享林《李聃道德经意解·曲谱》："此两者同是为了修道，而结果各不相同，两者都在叫'玄'，玄！玄！玄！就能玄入道门。奥妙之门多得很，只要苦练就能进。"（华中师范大学出版社 1998 年版）

李连生《老子辨析》："这两种相对的东西同出，'有名'、'无名'都用'道'这个名字来称谓，意义深远又深远，是天下万物初生的出入之门。"（学林出版社 1999 年版）

高定彝《老子道德经研究》："'恒无'与'恒有'此两者同出于'道'而名称不相同，都可叫做'玄'，'玄之又玄'之'道'是一切变化的总门。"（北京广播学院出版社 1999 年版）

郭世铭《〈老子〉究竟说什么》："'无'和'有'是从不同角度对同一对象所作的不同刻画，将'无'和'有'统称为'玄'，一个'玄'再加上一个'玄'，就是一切奥妙的总出处。"（华文出版社 1999 年版）

赵乃增《老子·自然之道》："永恒的有与永恒的无这两者是同出一源而名称各异，同样称之为玄妙。对玄妙而又玄妙的道境深入探索，就是找到了宇宙万物一切奥妙的门径。"（中国社会出版社 1999 年版）

吴兆基《中国古典文化精华·老子庄子》："空间与物质同时出现而有不同的名称，它们都很奥妙。如果不断地去探索它们，就可以找到通向万物奥妙的大门。"（京华出版社 1999 年版）

李安纲主编《道教三经·道德经》："妙和徼两个概念，本源相同而名称相异，但都可称为大道的一种变化。变过来变过去，便是微

妙万物之门。"（中国社会出版社 1999 年版）

邓乾德等《诸子百家·现代版》："这两者都有一个相同的来源，却有着不相同的名称。它们极为深远而奥妙莫测。深远呵，深远，这是一切奥妙的总门户。"（巴蜀书社 1999 年版）

怀仁《天道古说——华夏先贤与圣经先哲如是说》："这两个词，来源相同而讲法不同，都可说幽微难识。玄秘又玄秘，一切奥妙尽出其中。"（中国文史出版社 1999 年版）

《老子·道经·二章》"有无相生"解

老庄二人相较，感觉上是老子多讲阴阳，庄子多讲有无。阴阳是"器""事理"的层面，有无是"道""道体"的层面，二者是完全不同的。虽然如此，庄子讲有无，其学术渊源也是本之于老子的。

从文字上看，《老子》中讲阴阳仅《四十二章》"万物负阴而抱阳"1 例。《庄子》中复合词"阴阳"的使用共 22 例，单字"阴""阳"并称共 8 例，单字"阳"作与阴相对之义共 2 例。① 但《庄子》中的阴阳多作万物、自然之意，是与人事相对称的概念。而《老子》中使用了许多反义的概念，如有无、难易、长短、高下、音声、前后、虚实、强弱、外内、开合、去取、宠辱、得失、清浊、敝新、唯阿、昭昏、察闷、全曲、直枉、多少、大小、轻重、静躁、雄雌、行随、歔吹、白黑、吉凶、张敛、兴废、与夺、刚柔、厚薄、贵贱、进退、阴阳、损益、寒热、生死、亲疏、利害、祸福、正奇、善夭、智愚、牝牡等。②

传本《道经·二章》紧接《一章》"无名天地始，有名万物母"之后讲"有无相生，难易相成"。主张新编的学者多将这二章重新分类③，如严灵峰《新编老子章句》更定为四篇五十四章，"无名天地始，有名万物母"归于第一篇道体，"有无相生，难易相成"归于第三篇道用④。王垶《老子新编校释》及《老子新编译解》新编为九章一百十二条，"无名

---

① 据王世舜等《老庄词典》，山东教育出版社 1993 年版。

② 参见余培林《老子——道德的奥秘》，时报文化出版事业公司 1983 年版，春风文艺出版社 1992 年简体字版。原名《老子：生命的大智慧》。作者另有《新译老子读本》，三民书局 1972年版。

③ 严遵、吴澄、姚鼐、马其昶等诸家分章虽与传本不同，但尚未就整体分类。

④ 严灵峰：《新编老子章句》，重庆文风书店 1944 年版。

天地始，有名万物母"归于明道章，"有无相生，难易相成"归于喻理章。① 艾畦《分类重编〈老子〉八十一章》重编为四篇九十二条，"无名天地始，有名万物母"归于宇宙论篇，"有无相生，难易相成"归于方法论篇。② 虽打破传本二篇八十一章结构，但其侧重分析的初衷也是可以理解的。

同时，据守传本的学者，多将《一章》的"无名天地始，有名万物母"，与《二章》的"有无相生，难易相成"，解为一事，并引《四十章》"天下万物生于有，有生于无"为证，将"有无相生"与"有生于无"解为一事。如黄瑞云解《二章》说："老子认为'天下万物生于有，有生于无'；又认为'反者道之动'，即天地万物变化发展，最终又归于无。无又生有，有归于无，周而复始，至于无穷，故曰'有无相生'。"③ 台湾学者李震也说："《老子》一章告诉我们，道包括无与有，二者同实而异名，因此可见道之玄。……《老子》以'有无相生'来说明二者之间的关系。"④ 则是"有无相生"与"有生于无"二者都没有解对。

不佞认为，"有无相生"与"有生于无"是完全不同的两个概念。"有无相生"属于形而下之"器"的层面，在这个层面上只可以说"有无相生"，而不可说"有生于无"。其中"有无"是一般名词，是相反相成的关系。"有生于无"属于形而上之"道"的层面，在这个层面上只可以说"有生于无"，而不可说"有无相生"。其中"有无"是抽象概念，是同一的关系。老子在中国古代学术的概念思维方面，虽有极高的成就，但其学说中却同时包含着形上与形下两个层面，二者交互穿插，这是不能不予以分别的。

一 "有无相生"之"生"为生存、存在之义

《道经·二章》全文为："天下皆知美之为美，斯恶已；皆知善之为

---

① 王垶：《老子新编校释》，辽沈书社1990年版；王垶：《老子新编译解》，辽宁古籍出版社1995年版。

② 艾畦：《分类重编〈老子〉八十一章》，天津社会科学院出版社1993年版。

③ 黄瑞云：《老子本原》，人民文学出版社1995年版，第3页。

④ 李震：《中外形上学比较研究》上册，"中央文物供应社"1982年版，第86页。

善，斯不善已。故有无相生，难易相成，长短相形，高下相倾，音声相和，前后相随。是以圣人处无为之事，行不言之教。万物作而不辞，生而不有，为而不恃，功成不居。夫唯不居，是以不去。"①

其文意大致可以分析为三层。首句"天下皆知美之为美，斯恶已；皆知善之为善，斯不善已"，是说理。第二句"故有无相生，难易相成，长短相形，高下相倾，音声相和，前后相随"，仍是说理，是对首句的进一步说明。自"是以圣人处无为之事"以下，是说事，是前面所说之理的结论。

其中第二句连举六对反义概念，连用六个"相"字。六对概念的关系均为相反而相成、相互依赖而存在，自王弼以下学者并无异辞。兹略举数家：

> 汉严遵（严君平）："无以有亡，有以无形。难以易显，易以难彰。寸以尺短，尺以寸长。山以谷摧，谷以山倾。音以声别，声以音停。先以后见，后以先明。故无无则无以见有，无有则无以知无；无难无以知易，无易无以知难；无长无以知短，无短无以知长；无山无以知谷，无谷无以知山；无音无以知声，无声无以知音；无先无以知后，无后无以知先。"②

> 魏王弼《老子道德经注》："此六者，皆陈自然，不可偏举之名数也。"③

> 元吴澄《道德真经注》："物之有无，事之难易，形之长短，势之高下，音之辟翕，声之清浊，位之前后，两相对待。一有则俱有，一无则俱无。"

---

① 据朱谦之《老子校释》本，上海龙门书局 1958 年初版，中华书局 1984 年重印版。相形，本或作"相较"；相倾，本或作"相盈"；前后，本或作"先后"；含义则大致不差，故不具论。《郭店楚墓竹简》（文物出版社 1998 年版）整理战国简本《老子》作："天下皆智（知）散（美）之为散（美）也，亞（恶）已；皆智（知）善，此其不善已。又（有）亡之相生也，戁（难）惕（易）之相成也，长耑（短）之相型（形）也，高下之相涅（盈）也，音圣（声）之相和也，先后之相堕（随）也。是以圣人居亡为之事，行不言之孝（教）。万勿（物）俊（作）而弗忖（始）也，为而弗志（恃）也，成而弗居。天〈夫〉唯弗居也，是以弗去也。"

② 严遵：《老子指归》，据王德有点校本，中华书局 1994 年版，第 124 页。

③ 据楼宇烈《王弼集校释》本，中华书局 1980 年版，第 6 页。

高亨:"此老子之相对论也。老子以为物相相对者,一则存于人之认识,故曰:'天下皆之美之为美,斯恶已;皆知善之为善,斯不善已。'推而言之,天下皆知有之为有,斯无已;皆知难之为难,斯易已;皆知长之为长,斯短已;皆知高之为高,斯下已;皆知音声巨之为巨,斯小已;清之为清,斯浊已;皆知前之为前,斯后已。反而言之,亦复如是。老子以为物相相对者,二则存于物之本体。故曰:'有无相生,难易相成,长短相形,高下相倾,音声相和,前后相随。'推而言之,美恶相存,善不善相因也。"①

朱谦之:"盖天下之物,未有无对待者。……故有无,一对待也;……难易,一对待也;难以易显,易以难彰,无难则无以知易,无易则无以知难,此难易之相成也。长短,一对待也;寸以尺短,尺以寸长,无长则无以明短,无短则无以见长,此长短之相形也。高下,一对待也;山以谷摧,谷以山颓,无山则无以见谷,无谷则无以知山,此高下之相倾也。音声,一对待也;安乐悲怨,其出不同,无悲则无以知乐,无乐则无以知悲,此音声之相和也。先后,一对待也;先以后见,后以先明,无后则无以知先,无先则无以知后,此先后之相随也(用严君平义)。"②

陈鼓应:"'有无相生,难易相成,长短相形,高下相倾,音声相和,前后相随',则说明一切事物在相反关系中,显现相成的作用,它们相互对立而又相互依赖、相互补充。"③

高明:"(老子)第一次指出宇宙间一切事物皆有正与反两个方面,彼此相反而又先后依存。举'有无'、'难易'、'长短'、'高下'、'音声'、'先后'六事为例,具体阐述它们的矛盾现象,无'有'即无所谓'无',无'难'即无所谓'易'。诸如'长短'、'高下'、'音声'、'先后'以至于美丑、善恶,皆为相反相成,相互影响和作用。"④

---

① 高亨:《老子正诂》,东北大学 1929 年初版,清华大学出版社 2011 年版,第 6 页。
② 朱谦之:《老子校释》,中华书局 1984 年版,第 12 页。
③ 陈鼓应:《老子注译及评介》,台湾商务印书馆 1970 年初版,中华书局 1984 年修订版,第 69 页。原名《老子今注今译及评介》。
④ 高明:《帛书老子校注》,中华书局 1996 年版,第 231 页。

　　张松如："下文列举出六对矛盾：有无、难易、长短、音声、高下、前后……这些无一不是相反的关系，也无一不显出相成的作用。"①

　　以上各家，都是将《道经·二章》所举六对概念看成是属于同一性质的。既是属于同一性质，因此这六对概念的含义也是可以互训的。也就是说，此章"有无相生"的"有无"，与"难易"等五对概念的逻辑关系是一样的；"有无相生"的"相生"，与"相成"等五种表述的含义也是一样的。

　　"生"字由训诂方面看，为会意字。《说文》："生，进也。象草木生出土上。""生"字为常用字，引申有生出、生存等多义。由《道经·二章》文义互训而加以判断，"难易相成"的"成"是说难易相互成就，"长短相形"的"形"是说长短相互显现，"高下相倾"的"倾"是说高下相互显出差别。因此则知"有无相生"的"生"也应该是指有无相互依赖而存在。此"生"字应解为生存，即为显现出来之义，也就是一般所说有没有的存在之义。严遵解"有无相生"为"无以有亡，有以无形"，"亡"是没有、消失之意②，"形"即"长短相形"的"形"。"无以有亡"意为没有因为有而显出没有。所以，由句法和训诂方面来看，"有无相生"就是有和无相互依赖而存在。

二　"有无相生"属于相对的逻辑思维层次

　　再由义理方面来看，借助《庄子·秋水》"东西之相反而不可以相无"加以理解，则知这六对概念包含有两层意义，一是"相反"，二是"不可以相无"。"相反"的一层含义是不言而喻的，无须具述，关键在于"不可以相无"。所谓"不可以相无"，从正面说是双方"相互而有"，也就是相互依赖而存在；从反面说就是双方不可以相互取消，或者说不可以

---

　　①　张松如：《老子校读》，吉林人民出版社1981年版，第17页。
　　②　庞朴解"亡"为有而后无。庞朴：《说"无"》，载《纪念顾颉刚学术论文集》，巴蜀书社1990年版。

相互取代。

在此意义上，则知"阴阳"这一对概念与《道经·二章》所说六对概念完全属于同一性质。阴阳也是相互依赖而存在的一对概念。一方面，阴阳是对立的。阴就是阴，而不是阳；阳就是阳，而不是阴。另一方面，阴阳相互依赖而存在。没有阴就没有阳，没有阳也没有阴；阴不能取代阳，阳也不能取代阴。双方皆非超越对立的全称概念。人们只可以说阴与阳二者互为消长，或者阴多阳少，或者阴少阳多。但是不能够说阴就是阳，或阳就是阴；不能够有纯阳或者纯阴。① 这种只有相互消长而无相互取代的逻辑关系，借助宋人所作"太极图"恰可有一形象的说明。

对于《道经·二章》中的六对概念，古今学者有"对待""相对""相对论"等不同称谓，不佞认为以"相对"的称谓较为不失原义。从逻辑思维方面来看，先秦诸子中具有三种不同的层次：第一是"矛盾"的逻辑思维形式，第二是"相对"的逻辑思维形式，第三是"大象无形"的逻辑思维形式。

"矛盾"的逻辑思维形式以法家韩非为代表。② 其最主要的性质就是"不相容之事不两立"，也就是现代形式逻辑所说的"矛盾律"。即以长短为例，依照"矛盾不相容"的逻辑思维形式，长就是长，长多少就是长多少，与短无关，因此人们可以按照自己的意图，无限地追求长，而无须考虑短。

"相对"的逻辑思维形式以道家老庄为代表。春秋战国时期，百家竞作，由于诸家各持一说，互相非难，所以老子和庄子都着重阐述了"相对"的逻辑思维形式。"相对"的逻辑思维形式较之"矛盾"的逻辑思维形式更高一层，学者早有论述，如冯契说："庄子的相对主义起着反对主观主义的作用，是哲学向辩证法发展过程中的一个必要环节。先秦诸家在认识论上都有独断论的倾向，而庄子则认为经验和理性都是相对的。从而

---

① 程颐认为阳无可尽之理，阴亦然。《程氏易传》卷二解剥卦说："剥之为卦，诸阳消剥已尽，独有上九一爻尚存。如硕大之果，不见食，将有复生之理。上九亦变，则纯阴矣。然阳无可尽之理。变于上则生于下，无间可容息也。圣人发明此理，以见阳与君子之道，不可亡也。或曰：'剥尽则为纯坤，岂复有阳乎？'曰：以卦配月，则坤当十月。以气消息言，则阳剥为坤，阳来为复，阳未尝尽也。剥尽于上，则复生于下矣。故十月谓之阳月，恐疑其无阳也。阴亦然。"

② 汉语"矛盾"一语即出韩非，见《韩非子·难一》，又见《难势》。

否定了人们认识上的'独断的迷梦'。"① 李震也说："不侫以为庄子泯是非之说，并不意谓庄子在知识方面的怀疑论，而在于肯定感性和理性认识之限度。庄子所追求的真知是绝对性的，亦即有关'道'的认识。'道'不是理智分析的对象，'道'超越了是非相对的层面。"②

关于"相对"的逻辑思维形式，庄子也有许多论述。庄子认为，事物的个性和各自的原则，包括各家各派的是非之争，不能作为衡量事物存在的根据和进行价值判断的标准。这是因为：第一，"彼亦一是非，此亦一是非，果且有彼是乎哉？果且无彼是乎哉？"（《庄子·齐物论》）究竟有没有是非的分别，彼此二者不能互证。第二，是非不是绝对的。"物固有所然，物固有所可。无物不然，无物不可。"（《庄子·寓言》，《齐物论》略同）"因其所然而然之，则万物莫不然；因其所非而非之，则万物莫不非。"（《庄子·秋水》）彼此所以是所以非，是由于彼此各有是非的原因。是非出于彼此自身，因此彼此同样都不具有普遍意义。第三，彼此虽然对立，却又互为存在的条件。"彼出于是，是亦因彼，彼是方生之说也。方生方死，方死方生。方可方不可，方不方方可。"（《庄子·齐物论》）③

因此，大致说来，道家一派讲"相对"的逻辑思维形式，是要对它进行否定，是由否定的态度上讲④，这一点由庄子尤可证明。而老子也说："唯之与阿，相去几何？善之与恶，相去若何？"（《老子·二十章》）⑤ 唯与阿都是叹词，是答应的声音。吴澄《道德真经注》解唯为正顺，阿为邪诡。刘师培《老子斠补》以为唯之与阿犹言从之与违。唯与阿，善与恶，同样是偏失，没有什么不同。

---

① 冯契：《对庄子的相对主义作一点分析》，《学术月刊》1980 年第 9 期。

② 李震：《中外形上学比较研究》上册，"中央文物供应社"1982 年版，第 319 页。

③ "彼是方生"的"方"，注家多解作方将，惟刘武《庄子集解内篇补正》解作"并生"："《吕氏春秋·安死篇》：'其所非，方其所是也；其所是，方其所非也。'《说文》：'方，并船也；象两舟省总头形。'《仪礼·乡射礼》：'方不足'，注：'方，犹并也。''彼是方生，即彼是并生。下文'方生方死，方死方生'，即并生并死，并死并生也。"兹从刘武。

④ 其中仍含有肯定的因素，即"相对"的逻辑思维形式与"大象无形"的逻辑思维形式之间，也并非没有积极联系。参见拙著《庄子哲学辨析》，辽宁教育出版社 1999 年版。

⑤ 帛书甲本作："唯与诃，其相去几何？美与恶，其相去何若？"

三　"有生于无"属于绝对的逻辑思维层次

"大象无形"的逻辑思维形式仍以老庄为代表。《老子·四十一章》曰："大方无隅，大器晚成，大音希声，大象无形。"《老子·四十五章》又曰："大成若缺，大盈若冲，大直若屈，大巧若拙，大辩若讷。"《庄子·齐物论》亦云："夫大道不称，大辩不言，大仁不仁，大廉不嗛，大勇不忮。"在"大象无形"的逻辑思维形式中，有方与无隅、有器与晚成、有音与希声、有象与无形等表面对立的双方，就不再是相互依赖而存在的关系，而是同一的关系。"大象无形"的逻辑思维形式是较"相对"的逻辑思维形式更高一个层次。

晚周诸子百家多有关于"一"的讨论，老庄亦均有很多关于"一"的阐述。由此而论，《道经·一章》所说"无名，天地始；有名，万物母"，阐述的主要就是"道"与"无"与"有"的同一关系。对于老子的"道""无""有"三者的关系，古今学者众说不一[①]，其中以认为"道"是无是有和认为"道"非无非有两说最可关注。

认为"道"是无是有的，如严遵《老子指归·道可道篇》："有名，非道也；无名，非道也。有为，非道也；无为，非道也。无名而无所不名，无为而无所不为。"[②] 牟宗三也说："有不要脱离了无，它发自无的无限妙用，发出来又化掉而回到无，总是个圆圈在转。不要再拆开来分别地讲无讲有，而是将这个圆圈整个来看，说无又是有，说有又是无，如此就有一种辩证的思考出现。有而不有即无，无而不无即有。这个圆周之转就是'玄'，《道德经》'玄之又玄，众妙之门'的玄。玄是个圆圈，说它无，它又无而不无就是有；说它有，它又有而不有就是无，因此是辩证的。"[③]

认为"道"是非无非有的，如宋司马光《道德真经论》解《道经·

---

① 主要有"道"是无、"道"是有、"道"统有无三种观点，参见王博《老子哲学中"道"和"有"、"无"的关系试探》，《哲学研究》1991年第8期。

② 王德有《老子指归》点校本。

③ 牟宗三：《中国哲学十九讲》，台湾学生书局1983年版，上海古籍出版社1997年简体字版，第95页。

一章》云:"玄者,非有非无,微妙之极致也。"宋范应元《老子道德经古本集注》云:"玄之又玄,则犹云深之又深,远之又远,非无非有,非异非同。"张岱年也说:"道亦有亦无,非有非无……无中含有,有中含无。道实非有非无,似有似无,于无观有,于有观无,即所以不滞于有无之际,而为观道之方法。"① 若由"道"无名一点而言,认为"道"非无非有是不错的。既然"道"无名,当然就非有非无,甚至还可以说是"非道"。如冯友兰所说:"不仅'有''无'是'异名同谓',道和有无也是异名同谓。不可以说'道'是有、无的统一,也不可以说有、无是道的两个方面。说统一就多了'统一'两个字。说两个方面就多了'两个方面'四个字。因为道、有、无虽然是三个名,但说的是一回事。"②

以上两说都因于"道""无""有"的绝对同一性质,所以都是对的。但不佞认为,以"道"为非无非有,是从消极的方面而论,似杂有佛学的倾向,如僧肇《不真空论》即主非有非无说。不如从积极的方面出发,说"道"既是有又是无,更具概念思辨的意味。《韩非子·解老》曰:"强字之曰道,然而可论。""道"虽无名,毕竟可论。关于道"可论"一点,老子其实已说得很清楚,可以不必再有疑问了。

四　"有生于无"之"生"为生出、成为之义

由此而论《老子·四十章》所说的"天下万物生于有,有生于无"③,"有生于无"的含义是:因为"有"和"无"是同一的,"有"就是"无","无"就是"有",所以"有"才能生于"无","无"也才能生出"有"。

---

① 张岱年:《中国哲学大纲》,商务印书馆1958年版,中国社会科学出版社1982年修订再版,第18页。初稿完成于1937年。其后张岱年又有表述说:"有无同出于道。道一方面是无,一方面是有。"张岱年:《老子哲学辨微》,载《中国哲学史论文集》第1辑,山东人民出版社1979年版。

② 冯友兰:《中国哲学史新编》第二册,人民出版社1984年版,第46页。

③ 《庄子·庚桑楚》也说:"万物出乎无有,有不能以有为有,必出乎无有。"郭店楚简此句作"天下之勿生于又,生于亡",廖名春认为系"又"字后脱一重文符号所致。廖名春:《楚简老子校诂(上)》,《大陆杂志》第98卷第1期,1999年1月出版。魏启鹏也持此意。魏启鹏:《楚简〈老子〉柬释》,载《道家文化研究》第17辑,三联书店1999年版。

由逻辑方面而言，顺向地说，可以说由"无"推导出"有"，"无"是"有"的根据，先有"无"，然后有"有"。或者逆向地说，也可以说由"有"推导出"无"，"有"的根据是"无"，先有"有"，然后有"无"。这时，可以说"无生有"，或者说"有生于无"。"无生有"或"有生于无"在语言上当然也可以说是"相生"，但是在《道经·二章》中"有无相生"已经成为一个固定的表述，所以是一定要与《四十章》的"有生于无"区分开的。

再由《老子·四十二章》所说"道生一，一生二，二生三，三生万物"一段文字加以说明。其中"道生一"一句的意思是："道"本无名，勉强名之，于是有"一"。是称为"道"于是有了"一"，不是"道"又生出了"一"，所以"一"就是"道"，"道"就是"一"。

"一生二"一句的意思，历来主要有两种不同的理解。一是庄子、王弼等的理解，以"二"为"有无"。这是由概念思辨角度所作出的解释。

> 《庄子·齐物论》："天地与我并生，而万物与我为一。既已为一矣，且得有言乎？既已谓之一矣，且得无言乎？一与言为二，二与一为三。"

> 王弼《老子道德经注·四十二章》："万物万形，其归一也。何由致一？由于无也。由无乃一，一可谓无。已谓之一，岂得言无乎？有言有一，非二如何？有一有二，遂生乎三。"①

> 王安石《老子注》："道一也，而为说有二，所谓二者，何也？有无是也。是二者，其为道一也。"

> 吕惠卿《道德真经传》："太初有无无，有无名。有无无，则一亦不可得。有无名，则一之所起，有一而未有形也。既谓之一，则虽未有形，且已有名矣。名为一而名之者，为二。二与一为三。万物纷纷，自此生矣。"

王弼、吕惠卿等的解释明显是由庄子而来。其意为："道"是"无"；"道"是"无"，所以"道"是"一"。这叫作"道生一"。称"道"是

---

① 据楼宇烈《王弼集校释》本。楼宇烈断"一可谓无"为问句，此处改为直述。

"无"或称"道"是"一",是有言,有言就是"有"。"道"是"无"的"一"加上"有言"的"有",故为二。这叫作"一生二"。"道"是"无"的"一"加上二,又成了三。这叫作"二生三"。虽然"一生三"的推导过程已经完成,但是"道"与"无"与"有"这三个概念本质上仍只是一个,所以王弼又说:"既谓之一,犹乃至三。"所谓二和三只是逻辑思辨的不同环节而已。在此,仍然可以说无就是有,有就是无。

冯友兰说:"《老子》第四十二章说:'道生一,一生二,二生三,三生万物。'这里所说的'一'是指'有'。'道生一'等于说'有'生于'无'。"又说:"老子这句话,不是说,曾经有个时候只有'无',后来有个时候'有'生于'无'。它只是说,我们若分析物的存在,就会看出,在能够是任何物之前,必须先是'有'。'道'是'无名',是'无',是万物之所从生者。所以在是'有'之前必须是'无',由'无'生'有'。这里所说的属于本体论,不属于宇宙发生论。它与时间,与实际,没有关系。因为在时间中,在实际中,没有'有',只有万有。"① 是非常正确的。

二是文子、《吕氏春秋》、河上公、《淮南子》等的理解,以"二"为阴阳,或称天地、两仪、动静。这是由宇宙生成的角度所作出的解释。

《文子·九守》云:"天地未形,窈窈冥冥,浑而为一。寂然清澄,重浊为地,精微为天,离而为四时,分而为阴阳。精气为人,粗气为虫,刚柔相成,万物乃生。"

《吕氏春秋·大乐》云:"太一出两仪,两仪出阴阳。阴阳变化,一上一下,合而成章。"

河上公《老子道德经河上公章句·道化第四十二》:"一生二",注曰:"一生阴与阳也。"②

《淮南子·天文训》云:"道曰规③始于一,一而不生,故分而为阴阳。阴阳合和而万物生,故曰一生二,二生三,三生万物。"

---

① 冯友兰:《中国哲学简史》,涂又光中译本,北京大学出版社1985年版,1996年第二版,第84页。
② 据王卡点校:《老子道德经河上公章句》,中华书局1993年版,第168页。
③ "日规"二字王念孙以为衍文,见王念孙《读书杂志》。

唐杨上善《黄帝内经·太素·知针石篇》注云："从道生一，谓之朴也。一分而二，谓天地也。从二生三，谓阴阳和气也。从三以生万物，分为九野、四时、日月乃至万物。"

宋司马光《道德真经论》云："道生一，自无而有。一生二，分阴分阳。二生三，阴阳交而和生。三生万物，和气合而生物。"

宋赵实庵《老子解》云："太极生三。……凡有四说焉。一以阴阳言，二以天地言，三以父母言，四以有无言。"

宋范应元《老子道德经古本集注》云："道一而已，故曰道生一也。一之中便有动静，动曰阳，静曰阴，故曰一生二也。"

元李道纯《道德会元序例》云："道生一，虚无生一气。一生二，一气判阴阳。"

奚侗云："《易·系辞》：'是故易有太极，是生两仪。''道'与'易'异名同体。此云'一'即太极，'二'即两仪，谓天地也。天地气合而生和，二生三也。和气合而生物，三生万物也。"①

高亨说："一、二、三者，举虚数以代实物也。一者天地未分之元素，《说文》所谓'惟初太始，道立于一，造分天地，化成万物'者也。《庄子·天下篇》述老聃之术曰：'主之以太一。'太一即此一也。《易·系辞上》：'易有太极，是生两仪，两仪生四象，四象生八卦。'太极亦即此一也。二者，天地也。三者，阴气阳气、和气也。《礼记·礼运》：'礼必本于太一，分而为天地，转而为阴阳。'《吕氏春秋·大乐篇》：'太一出两仪，两仪出阴阳。'皆一生二、二生三之意，特仅言阴阳未言和气耳。'万物负阴而抱阳，冲气以为和。'阴也阳也和也，即此所谓三也。"②

文子、《吕氏春秋》、河上公、《淮南子》等的理解，是认为"道"与"无"与"有"均为一，三者可谓异名同实。"道"或"无"或"有"的"一"生出了"二"，这个"二"就是阴阳。此处的"生"是实有的生，阴阳也是实有的存在物。

---

① 奚侗：《老子集解》，《老子注三种》本，黄山书社1994年版，第111页。

② 高亨：《老子正诂》，东北大学1929年初版，清华大学出版社2011年版，第70—71页。

　　两种理解可以说都是对的。庄子、王弼等是由概念思辨角度所作出的解释，对于宇宙生成的环节未作讨论。文子、《吕氏春秋》、河上公、《淮南子》等是由宇宙生成的角度所作出的解释，对于概念思辨的环节未作讨论。所以二说并不矛盾。此处的关键是两种理解不可以相混。在概念思辨的环节，只能说有无同一，而不能说阴阳同一，因为阴阳是实有的存在物，是相对的逻辑关系。在宇宙生成的环节，只能说二是阴阳，而不能说二是有无，因为有无都是全称概念，二者是同一的逻辑关系。

　　由此反观《道经·二章》，可知"有无相生"与"有生于无"是两种含义完全不同的表述。陈鼓应指出："有无相生：'有'、'无'，指现象界事物的存在或不存在而言。这里的'有''无'和第十一章'有之以为利，无之以为用'的'有'、'无'同义，而不同于上章（一章）喻本体界之道体的'无'、'有'。"[①] 余培林也说："'有无相生……前后相随。''有、无'，这里只是指两个相对的概念——'有'和'没有'，与第一章'无，名天下之始；有，名万物之母'的'有、无'，一指道体，一指道用，意思完全不同。"又说："'无'虽是天地之始，'有'虽是万物之母，但它们并不是有形的物体，而只是概念而已。就层次上说，'无'的层次要比'有'为高，因为四十一章说：'天下万物生于有，有生于无。'至于第二章的'有无相生'，只是说'有'和'无'两个概念是相对而生的，和这层次毫无关系，不可混为一谈。"[②] 所说都是非常精当的。

五　《道经·二章》的结构和次序并不存在错简问题

　　由此而论《道经·二章》全文的三层含义，首句"天下皆知美之为美"的意思是：天下人都知道美是美的，就没有美了；都知道善是善的，就没有善了。"恶"字意为不美、无美，由下文"不善"可知。天下皆知美之为美，就是无所不美，就是大美。皆知善之为善，就是无所不善，就

　　① 陈鼓应：《老子注译及评介》二章注释，又见书前"老子哲学系统的形成"注五，台湾商务印书馆 1970 年初版，中华书局 1984 年修订版，第 65 页。

　　② 余培林：《老子——道德的奥秘》，时报文化出版事业公司 1983 年版，春风文艺出版社 1992 年简体字版，第 7、5 页。

是大善。由"大象无形"的逻辑思维形式而言，就是大美不美①，大善不善。

第二句"有无相生，难易相成"的意思是：既然大美不美，大善不善，那么就没有美，没有善；如果有美有善，那也只是在"相对"的逻辑思维层次上的美和善，而"相对"的逻辑思维层次上的概念双方，既不能进行肯定判断，也不能进行否定判断，双方都是有条件的，只具有相对的意义。美与恶、善与不善、有与无、难与易，无论其美、善、有、易，或者恶、不善、无、难，都不具有绝对的性质，因此都没有意义。老子在此是予以否定的意思，与庄子否定是非彼此双方的思想是一致的。

自"是以圣人处无为之事"以下数句的意思是：由无为才能达到有为。这是紧接第一层的大美不美，和对"相对"的概念予以否定之后，仍在"大象无形"的层次上作出阐述。即指出在"大象无形"的层次上，无就是有，有就是无。以此作为政治理论就是无为即有为，无为无不为。《文子·精诚》："老子曰大道无为，无为即无有，无有者不居也。""不居"既为无为，则"不去"的意思即无不为。宋祚胤曾经指出："老子理论的核心是强调道的作用而非探究道的本体，或者说是在作用层面上展现本体这样一个中心。落实到现实层面上就是用'无为'来展现'无'的内容。"②《道经·二章》全文的宗旨正在于此。

今观古代注家所论，也多认为老子是用首句的大美、大善否定"有无相生"等六对。

文子《文子·原道》云："古者……高下不相倾，长短不相形。风齐于俗，可随也。事周于能，易为也。"

河上公《老子道德经河上公章句·养身第二》云："上六句有高下长短，若开一源，下生百端，百端之变，无不动乱。"③

严遵《老子指归·天下皆知篇》云："世人所谓美善者，非至美至善

---

① 《庄子·知北游》"天地有大美而不言"亦即此意。

② 刘坤生：《庄子哲学本旨论稿》附录《于实事求是中创新——试论宋师祚胤先生的治学方法》，汕头大学出版社1998年版，第221页。

③ 王卡《老子道德经河上公章句》点校本。"若开"原作"君开"，据校勘记改。

也。夫至美，非世知也。"①

苏辙《老子解》云："天下以形名言美恶，其所谓美且善者，岂信美且善哉？彼不知有无、长短、难易、高下、声音、前后知相成相夺，皆非其正也。"

以上三家所说非至美至善、岂信美且善，及生百端动乱、皆非其正，明显是对"有无相生，难易相成"等相对概念持否定态度。

胡适也说："这一段是老子政治哲学的根据。老子以为一切善恶、美丑、贤不肖，都是对待的名词。……平常那些赏善罚恶，尊贤去不肖，都不是根本的解决。根本的救济方法须把善恶美丑贤不肖一切对待的名词都消灭了，复归于无名之朴的混沌时代，须要常使民无知无欲。"② 胡适的《中国哲学史大纲》论老子虽较单薄，但解释《二章》为消灭对待的名词，是非常精当的。

蒋锡昌说："无名时期以前，本无一切名，故无所谓美与善，亦无所谓恶与不善。迨有人类而后有名，有名则有对待，既有美与善之名，即有恶与不善之名，人类历史愈久，则相涉之事愈杂，则对待之名亦愈多。自此以往，天下遂纷纷扰扰，而迄无清静平安之日矣。下文乃举'有无'等六对以明之。"③ 蒋锡昌以河上公之意作解，是对的。

张默生说："道的本体，本无所谓美恶、善不善。换句话说，真理是至真至善至美的，不容吾人去分解他。自从人们有了偏见，往往自私用智，把真理一剖再剖，于是将一浑朴的道体凿碎了。……他们所说的美，已不是真美；所说的善，已不是真善。真理原是绝对的，而不是相对的。"④ 张默生将《二章》分析为绝对的真理与相对的事理两层含义，尤为清楚。

余培林说："所有这些对应的概念都是在浑朴的道体分裂之后才产生的，但既然已经产生了，那已是无可如何的事，老子只有教人认清这些相对的概念，只有在比较之下才能产生，也就是说，只有在某一个时间、某一个空间限度才能产生，如果从更高的角度或另一个角度来看时，这些分

---

① 王德有《老子指归》点校本。

② 胡适：《中国哲学史大纲》，上海商务印书馆 1919 年版，第 63 页。

③ 蒋锡昌：《老子校诂》，上海商务印书馆 1937 年版，第 12 页。

④ 张默生：《老子章句新释》，重庆东方书社 1943 年版，第 3 页。

别或者根本不存在，或者有其相通互济的地方。所谓'以道观之，物无贵贱；以物观之，自贵而相贱；以俗观之，贵贱不在己'（《庄子·秋水》），就是这个意思了。"① 余培林引《庄子》互明，是极有见地的。

相比之下，现代学者因为太过强调"矛盾"的概念，将其与"对立统一"的"辩证法"视为一事，所以反而出现了较多错解。古今学者对于《道经·二章》的错解大概说来有以下四种情况。

第一，《二章》"有无相生"与《一章》"无名天地始，有名万物母"及《四十章》"有生于无"概念相混。

马其昶《老子故》引姚永概曰："此谓'道''无'对待。'有无''难易'十二者，皆对待也。"此为《一章》与《二章》意思相混，错以"道""无"的同一关系为相对的关系。

朱谦之说："'天下万物生于有，有生于无'，此有无之相生也。"②此为以《四十章》解《二章》，"有无相生"与"有生于无"二概念相混。

第二，《二章》中大美、大善与有无、难易等概念相混。

吴澄《道德真经注》云："物之有无，事之难易，形之长短，势之高下，音之辟翕，声之清浊，位之前后，两相对待。一有则俱有，一无则俱无。美恶善不善之相因，亦犹是也。"

高亨据此作注，也说："推而言之，美恶相存，善不善相因也。"③

陈鼓应说："一般人多把这两句话解释为'天下都知道美之为美，就变成丑了。'老子的原意不在于说明美的东西'变成'丑，而在于说明有了美的观念，丑的观念也同时产生了。下句'皆知善之为善，斯不善已。'同样说明相反相因的观念。后面'有无相生'等六句，都在于说明观念的对立形成，并且在对待关系中彰显出来。"④

张松如说："事物总是一分为二，二又共处于一中，矛盾着的两个方

① 余培林：《老子——道德的奥秘》，时报文化出版事业公司1983年版，春风文艺出版社1992年简体字版，第7页。

② 朱谦之：《老子校释》，中华书局1984年版，第12页。

③ 高亨：《老子正诂》，东北大学1929年初版，清华大学出版社2011年版，第6页。

④ 陈鼓应：《老子注译及评介》，台湾商务印书馆1970年初版，中华书局1984年修订版，第65页。

面，互相依存，又互相转化。这就决定了既有'美'与'善'之名，即有'恶'与'不善'或'丑'与'恶'之名。美丑、善恶，便是相互对待的两对矛盾，都是说明相对的比较的关系。……下文列举出六对矛盾……无一不是相反的关系，也无一不显出相成的作用。"①

诸家都将大美、大善的"大象无形"的概念，与有无、难易等相对的概念混而不分。在大美、大善的层次上，美恶善不善不应是对待、相因的关系，而是同一的关系。

第三，错认相对的概念是为老子所肯定的。

朱谦之说："盖天下之物，未有无对待者，有矛盾斯有前进。故有美者，则有更美者与之相争，而美之为美斯不美已。有善者，则有更善者与之相争，而善之为善斯不善已。"②

高明说："老子教育人们从正反两方面观察事物，不得偏举……他利用事物相对的比较关系，概括说明自然界和人类社会的各种现象和本质。并进而指出，宇宙间的矛盾是永远存在的。"③

老庄学说主要是讲玄同、齐物的，但对于相对的概念并非没有肯定的一面，如《吕氏春秋·不二》所说"老聃贵柔"，就是在"刚柔"的相对概念层次上，发挥"柔"的一面，以克制"刚"的一面。但此处老子对于有无、难易等确为否定的意思，与《四十章》"反者道之动"不同。

第四，怀疑《二章》的结构及编次有误。

怀疑《二章》的结构及编次有误包括两种情况。一种情况是由于"有无相生"与"有生于无"相混而致。如马叙伦认为《二章》"有无相生"与《一章》论"道""有""无"的关系意思相同，又认为《四十章》"有生于无"、《四十二章》"道生一"与"有无相生"的意思相悖，于是判定《四十章》与《四十二章》非《老子》原文。马叙伦说："'天下之物生于有，有生于无'，乃《淮南》语羼入者。第二章明言'有无之相生'，义正与首章'无名万物之始，有名万物之母'相合，则安得此复言'天下之物生于有，有生于无'耶？"又说：《四十二章》"二十五字

---

① 张松如：《老子校读》，吉林人民出版社1981年版，第17页。
② 朱谦之：《老子校释》，中华书局1984年版，第12页。
③ 高明：《帛书老子校注》，中华书局1996年版，第231页。

当自为一章，疑非《老子》文也。寻此二十五字虽已见于《淮南·道应训》引，然《淮南》未明称是《老子》语。且《老子》首章建义极明，今言'道生一，一生二，二生三'，所谓'一'者或可释为现象之全体，然老子所谓一即道，今言'道生一'已与老子义谬。'二'或可释为有无，然亦与'无名天地之始，有名万物之母'相戾。'三'更何指？况万物复由三生乎？疑此乃后人据《淮南》羼入"。①

另一种情况是由错解老子对于相对概念的否定而致。如高亨说："'是以'二字疑后人所加，盖《老子》原书，本不分章，后人强为分之，有文意不相联而合为一章者，遂加'是以'或'故'等字以联之。……本章前八句为老子之相对论，此后八句为老子之政治论。文意截然不相联，本无'是以'二字，明矣。"② 陈鼓应也说："'是以'后面的文句，若是别处错入此处，则'是以'二字未必是后人所加。但高亨指出本章两段文字'文意截然不相联'，颇供参考。"③

而按照不佞的分析，《道经·二章》的三层含义由说理到说事，由提出大美、大善，到否定有无、难易，到得出无为即无不为的结论，于文意上并无不畅。再由《老子》全书来看，《一章》意在阐明道体，《二章》则是进一步阐明政治主张，即由形而上的无即是有，推导出形而下的无为即是有为，也是完全顺理成章的。

---

① 马叙伦：《老子校诂》，古籍出版社 1956 年版，第 125、129 页。

② 高亨：《老子正诂》，东北大学 1929 年初版，清华大学出版社 2011 年版，第 6 页。

③ 陈鼓应：《老子注译及评介》，台湾商务印书馆 1970 年初版，中华书局 1984 年修订版，第 66 页。

论老子之学术归止

中国古代的学说大抵都是致用的，诸子百家无论其学说在"哲学"或说"为道"方面建树多高，也必有其社会政治归止。但是由"哲学"或说"为道"的学术原则方面看，老子的政治主张又是由其"哲学"或说"道论"中合乎逻辑地推导出来的，包括其社会政治主张的矛盾与分歧，也是由其"哲学"或说"道论"中合乎逻辑地产生的。概括地说老子的政治思想有"无为无不为"与"贵柔"两个方面，其中"无为无不为"是由形而上的道论、亦即绝对的"大象无形"的逻辑思维形式中引申出来的；"贵柔"是由形而下的"器"的层面、亦即相对的"有无相生"的逻辑思维形式中引申出来的。二者的分别体现着老子学术上的一大转折。

一

司马迁说庄子"其要本归于老子"，自汉以后"老庄"已并称，而学者每每言及老庄异同。又学术界多有论述老庄学说的矛盾之处，其中尤以分析庄子思想的内在矛盾居多。这就是说，即使是同一学说，其发展中也难免出现分歧。庄子曾感慨万分的"后世之学者，不幸不见天地之纯，古人之大体"，"百家往而不反，必不合矣"（《庄子·天下》），反观老庄，亦不能自解免。

现代汉语中"哲学"一词系自西方话语移译而来。不佞并不赞同在中国学术研究中必须参照西方的体系和概念，但是类似的"哲学"思考应该说是具有共同性的，譬如中国早在《易传》中已有形而上、形而下的概念。也许人们可以说，哲学思考是人类的一种天性。这个四维时空诞生出了人类，因而在人类的头脑中就有一种相应的结构，来关注周围这四维时空，产生出有关终极原因的思考。有一种现象在古今中外许多民族的哲学家身上都可以发现，这里仅举出朱熹早年的一段经历。朱熹在记载其言论的《朱子语类》中自述道："某自五六岁，便烦恼道：天地四边之外是什么物事？见人说四方天边，某思量也须有个尽处。如这壁相似，壁后也许有什么物事。某时思量得几乎成病，到而今也未知那壁后是何物。"（《朱子语类》卷九十四）这种经历正是我们许多人都曾感受过的。

冯友兰在其《中国哲学简史》中讲述庄子时，曾用《更高层次的知识》为题，他说："这里我们看出，庄子怎样最终地解决了先秦道家固有的问题。……这真正是用哲学的方法解决问题。哲学不报告任何事实，所以不能用具体的、物理的方法解决任何问题。例如，它既不能使人长生不死，也不能使人致富不穷。可是它能够给人一种观点，从这种观点可以看出生死相同，得失相等。从实用的观点看，哲学是无用的。哲学能够给我们一种观点，而观点可能很有用。"[1] 所说"更高层次的知识"具体所指是可以讨论的，但是总之所谓"真正的哲学的方法"的问题是被提出来了。冯友兰在该书第一章《中国哲学的精神》中又说："我要回答说，对超乎现世的追求是人类先天的欲望之一，中国人并不是这条规律的例外。他们不大关心宗教，是因为他们极其关心哲学。"当然，关于中国哲学的特点，冯友兰也有明确的阐释，他说："在中国，哲学与知识分子人人有关。""照中国的传统，研究哲学不是一种职业。每个人都要学哲学，正像西方人都要进教堂。学哲学的目的，是使人作为人能够成为人，而不是成为某种人。其他的学习（不是学哲学）是使人能够成为某种人，即有一定职业的人。所以过去没有职业哲学家；非职业哲学家也就不必有正式的哲学著作。""按照中国哲学的传统，它的功用不在于增加积极的知识（积极的知识，我是指关于实际的信息），而在于提高心灵的境界——达到超乎现世的境界，获得高于道德价值的价值。《老子》说：'为学日益，为道日损。'哲学属于为道的范畴。"

---

[1] 冯友兰：《中国哲学简史》第一章，美国麦克米伦出版公司 1948 年英文原版，涂又光中译本，北京大学出版社 1985 年版，1996 年第二版，第 101 页。

既然有"哲学"或说"为道"的存在，也就一定有哲学或为道的原则的存在，或者说有"为道之道"的存在。也就是说，哲学家在其建立自己的哲学学说之前，一定要受到自己所处环境的感染，但是在其学说体系建立之后，哲学家便会用其哲学学说解释和影响社会。

一方面，中国古代学说的产生，大抵都是有为而发，这一点值得特别关注。《淮南子·要略》所说"文王欲以卑弱制强暴，以为天下去残除贼而成王道，故太公之谋生焉。孔子修成康之道，述周公之训，以教七十子，使服其衣冠，修其篇籍，故儒者之学生焉"，以及司马迁《史记·太史公自序》"昔西伯拘羑里，演《周易》；孔子厄陈蔡，作《春秋》"一段概述，是学者所熟知的。即以老子为例，其著作虽然言语极简，貌似超脱，实际上也是有为而发的。清魏源说："老子见学术日歧，滞有溺迹，思以真常不弊之道救之。"（《老子本义》）胡适说："在中国的一方面，最初的哲学思想，全是当时社会政治的现状所唤起的反动。当时的有心人，目睹这种现状，要想寻一个补救的方法，于是有老子的政治思想。老子观察政治社会的状态，从根本上着想，要求一个根本的解决，遂为中国哲学的始祖。"[1] 牟宗三也说："假定你了解了老子的文化背景，就该知道'无'是简单化地总持的说法，他直接提出的原是'无为'。'无为'对着'有为'而发，老子反对有为，为什么呢？这就由于他的特殊机缘而然，要紧扣'对周文疲弊而发'这句话来了解。"[2] 所说是非常精到的。

另一方面，既然此一"哲学"或说此"道"已经建立，那么此一"哲学"或此"道"的原则就一定要发挥作用。学者将遵循自己的学说来看待周围的一切，坚守其学说而轻易不肯改变。哲学之价值在此，学者个人的价值也维系在此。这也就是庄子所说的"不离于宗，谓之天人；不离于精，谓之神人；不离于真，谓之至人"（《庄子·天下》）了。冯友兰谈及金岳霖说："他的哲学需要他生活于其中，他自己以身载道。遵守他

---

① 胡适：《中国哲学史大纲》第三篇《老子》，商务印书馆1919年出版，第54页。
② 牟宗三：《中国哲学十九讲》第五讲《道家玄理之性格》，台湾学生书局1983年出版，上海古籍出版社1997年简体字版，第95页。

的哲学信念而生活，这是他的哲学组成部分。"① 指明有一种学者本色的存在。在此方面老子自不例外，他的政治主张完全由其哲学或说道论中推导出来，是其哲学或说道论的逻辑引申。梁启超说："道家以彼宗之哲学为出发点，以至政治上得此种结论。"② 胡适论老子说："他的政治上的主张，也只是他的根本观念的应用。"③ 冯友兰也说："由以上学说老子演绎出他的政治学说。"④ 是对的。

虽然如此，老庄的学说仍然是致用的。中国古代的学说大抵都是致用的，诸子百家无论其学说在哲学或说为道的方面建树多高，也必有其社会的或政治的归止。战国汉魏之际，学者对于当时学术史的总结，《庄子·天下篇》、司马谈《论六家要指》、《淮南子·要略》、班固《汉书·艺文志》（本之刘歆《七略》）、王弼《老子指略》数家，无不认为学术是致用的。《论六家要指》说："夫阴阳、儒、墨、名、法、道德，此务为治者也，直所从言之异路，有省不省耳。"⑤ 观点非常明确。梁启超说："我国自春秋战国以还，学术勃兴，而所谓'百家言'者，盖罔不归宿于政治。"⑥ 冯友兰也说："尽管中国哲学各家不同，各家哲学无不同时提出了它的政治思想。"⑦

在此一点上，老庄并不例外。宋祚胤曾经指出："老子理论的核心是强调道的作用而非探究道的本体，或者说是在作用层面上展现本体这样一

---

① 冯友兰：《中国哲学简史》第一章，涂又光中译本，北京大学出版社 1985 年版，1996 年第二版，第 9 页。

② 梁启超：《先秦政治思想史》第八章《道家思想（其一）》，上海商务印书馆 1923 年初版，上海中华书局 1936 年再版，第 104 页。

③ 胡适：《中国哲学史大纲》第三篇《老子》，上海商务印书馆 1919 年版，第 54 页。

④ 冯友兰：《中国哲学简史》第九章《道家第二阶段：老子》，涂又光中译本，北京大学出版社 1985 年版，1996 年第二版，第 89 页。

⑤ "务为治者"一语又略见于《淮南子·泛论训》："百川异源而归于海，百家殊业而皆务于治。"

⑥ 梁启超：《先秦政治思想史》序论，上海商务印书馆 1923 年初版，上海中华书局 1936 年再版，第 1 页。

⑦ 冯友兰：《中国哲学简史》第一章，涂又光中译本，北京大学出版社 1985 年版，1996 年第二版，第 9 页。

个中心。落实到现实层面上就是用'无为'来展现'无'的内容。"① 宋祚胤得出的这一结论，确实值得仔细领会。

老子哲学或说道论方面的成就，在晚周诸子中是最高的，但仍有其明显的学术归止。而其政治主张与其哲学或说道论的关系究竟如何，则学者尚乏论述。不佞认为，老子的政治主张完全是由其哲学或说道论中合乎逻辑地推导出来的，包括其社会政治主张的矛盾与分歧，也是由其哲学或说道论中合乎逻辑地产生的。胡适曾说："凡能著书立说成一家言的人，他的思想学说，总有一个系统可寻，决不致有大相矛盾冲突之处。"② 不佞认为这也是不一定的。上文所说建立学说之前受环境感染，体系建立之后用学说解释和影响社会，只是大致表明这样一种逻辑关系，实际上的情况要复杂得多，二者之间会往复反馈，延续的过程也可能有数十年之久，所以学者思想的转变也并非不可得见，甚至像蘧伯玉年五十而知四十九年之非的事，也是有的。儒家是尤其讲究狂狷守志的，但是孔孟二人都有由干政求仕到退而著书讲学的转折。与孔孟不同的是，孔孟的转折是由其明人事的实践理性所决定的，而老子的学说是以言天道的道论为核心的，其学术归止则有其道论上的逻辑线索可寻。

二

庄子的齐物、泯是非的思想是学者所习知的，郭象于《庄子·齐物论》篇题下注曰："夫自是而非彼，美己而恶人，物莫不皆然。然，故是非虽异而彼我均也。"这就是说，齐物和泯是非实际上是两个相互关联的概念。是非双方都没有绝对根据，所以是同样要否定的，这叫作泯是非；

---

① 刘坤生：《庄子哲学本旨论稿》附录《于实事求是中创新——试论宋师祚胤先生的治学方法》，汕头大学出版社 1998 年版，第 221 页。陈鼓应说："老子的整个哲学系统的发展，可以说是由宇宙论伸展到人生论，再由人生论延伸到政治论。然而，如果我们了解老子思想形成的真正动机，我们当可知道他的形而上学只是为了应合人生与政治的要求而建立的。""我们可以说，老子著书立说最大的动机和目的就在于发挥'无为'的思想，甚至于他的形上学也是基因于'无为'思想而创设的。"（陈鼓应：《老子哲学系统的形成》，载《老子注译及评介》书前所附，台湾商务印书馆 1970 年初版，中华书局 1984 年修订版，第 1 页；又见陈鼓应《老庄新论》，上海古籍出版社 1992 年版，第 3 页。）则是由两个方面反复说了。

② 胡适：《中国哲学史大纲》第一篇"导言"，上海商务印书馆 1919 年版，第 21 页。

而双方的同样被否定，也就是双方的共同性，也就是双方的根据，这叫作齐物。齐物与泯是非虽然关联而生，但大体说来，齐物是一肯定的层面、更高的层面，泯是非则是一否定的层面、较低的层面。

庄子泯是非之说是由老子继承而来。庄子的泯是非之说由于"剽剥儒墨"（司马迁语）而著名，相较之下，老子的此一思想则不甚彰显。

《老子》一章及二章，均具开宗明义的意义。一章提出有无同出，提出道、无、有、同、玄五个抽象概念，完全是在宇宙生成和形而上的层面上进行阐述，说明老子有一概念思辨的严密理论。至二章则立即转入政治，以"是以圣人处无为之事"作结。其文意大致可以分析为三层。首句"天下皆知美之为美，斯恶已；皆知善之为善，斯不善已"，意思是：天下人都知道美是美的，就没有美了；都知道善是善的，就没有善了。"恶"为美的反义，意为不美，由下文"不善"可知。天下皆知美之为美，就是无所不美，叫作大美；皆知善之为善，就是无所不善，叫作大善。既然无所不美，也就无所谓美，就是不美；既然无所不善，也就无所谓善，就是不善。所以大美就是不美，大善就是不善。第二句"故有无相生，难易相成，长短相形，高下相倾，音声相和，前后相随"，意思是：既然大美不美，大善不善，那么就没有美，没有善；如果有美有善，那也只是在"相对"的意义上的美和善。美与恶、善与不善、有与无、难与易，无论其美、善、有、易，或者恶、不善、无、难，都只具有相对的意义。老子此处是对"相对"的事物予以否定的意思，与后来庄子泯是非的思想是一致的。"是以圣人处无为之事，行不言之教。万物作而不辞，生而不有，为而不恃，功成不居。夫唯不居，是以不去"数句的意思是：由无为才能达到有为。

今观古代注家所论，多认为"有无相生"一句是否定的含义。如《文子·原道》："古者……高下不相倾，长短不相形。风齐于俗，可随也。事周于能，易为也。"河上公说："上六句有高下长短，若开一源，下生百端，百端之变，无不动乱。"[①] 严遵说："世人所谓美善者，非至美

---

① 河上公《老子道德经河上公章句·养身第二》，据王卡点校本，中华书局 1993 年版。"若开"原作"君开"，据校勘记改。

至善也。夫至美，非世所能见；至善，非世所能知也。"①

相比之下，现代学者因为太过强调矛盾、进步、辩证等概念，所以反而出现了较多错解。如朱谦之说："盖天下之物，未有无对待者，有矛盾斯有前进。故有美者，则有更美者与之相争，而美之为美斯不美已。有善者，则有更善者与之相争，而善之为善斯不善已。"② 高明说："老子教育人们从正反两方面观察事物，不得偏举，……他利用事物相对的比较关系，概括说明自然界和人类社会的各种现象和本质。并进而指出，宇宙间的矛盾是永远存在的。"③

老子此一思想可以由二十章"唯之与阿，相去几何？善之与恶，相去若何？"④ 得到内证。唯与阿都是叹词，是答应的声音。吴澄《道德真经注》解唯为正顺，阿为邪谄。刘师培《老子斠补》以为阿当作诃，唯之与诃犹言从之与违。高亨《老子正诂》以为唯为顺而受之，诃为逆而斥之，"义正相反"。唯与阿，善与恶，同样是偏失，没有什么不同。其义若由庄子君子与小人同恶之说互证，是非常明了的。

由此总括老子在逻辑思维方面的论述，有两种不同的层次：其一是相对的逻辑思维形式，由《老子》二章可以叫作"有无相生"的逻辑思维形式。其二是绝对的逻辑思维形式，由《老子》四十一章可以叫作"大象无形"的逻辑思维形式。《老子》四十一章："大方无隅，大器晚成，大音希声，大象无形。""大"是至大，"无"是无对，也就是绝对。至大的象，涵括了所有的形，所有的象，无所不形，无所不象。无所不形则无所谓形，无所谓形则无形；无所不象则无所谓象，无所谓象则无象，所以

① 严遵《老子指归·天下皆知篇》，据王德有点校本，据唐强思齐《道德真经玄德纂疏》引文辑佚，中华书局 1994 年版。

② 朱谦之：《老子校释》，上海龙门书局 1958 年初版，自序作于 1954 年，中华书局 1984 年重印版，后附 1962 年所作补遗。故高峰以为"不免于时代精神的影响"，见高峰《大道希夷——近现代的先秦道家研究》第四章《旧学新知：马克思主义与道家哲学》，辽宁教育出版社 1997 年版，第 223 页。

③ 高明：《帛书老子校注》，中华书局 1996 年版，第 231 页。

④ 据楼宇烈《王弼集校释·老子道德经注》本，中华书局 1980 年版。高亨《老子正诂》以为善与恶当作美与恶，美恶对言如二章，今帛书甲本正作"唯与诃，其相去几何？美与恶，其相去何若？"前引郭象注"美己而恶人"亦为美恶对言，似亦以《老子》二章解《齐物论》，因《齐物论》中并无美恶对言的原文。

说"大象无形"。《老子》一章推出有无同出,四十章又提出"天下万物生于有,有生于无"。"有生于无"或说"无生有"的意思是有无同一,有就是无,无就是有。这是在绝对的层次上,亦即"大象无形"的逻辑思维形式上讲的。大象无形中的"象"和"形"替换作"有"和"无",就成为"大有不有""大有即无"。大有者无所不有,无所不有则无所谓有,无所谓有则无有,故大有则无有,大有即大无。有即无,无即有,有无同一,就是"道"。

四十章在绝对的层次上讲"有生于无"或"无生有",与二章在相对的层次上讲"有无相生",含义完全不同。二章"有生于无"的有和无是普通的名词概念,是有和没有的意思,与下文难易、长短、音声、高下、前后都是相对的概念。在相对的层次上,概念的双方既相互对立,又相互依存,互为消长,但是不可以互相取消,"有生于无"的"生"是生存的意思。而在绝对的层次上的"有生于无"或"无生有"的"生",是生出的意思。但此一生出并非实有的生出,而仅是指逻辑上的先后、概念上的因果而言。在逻辑推导上,逆向地说,可以说由"有"推导出"无","有"的根据是"无",先有"有",然后有"无"。或者顺向地说,由"无"推导出"有","无"是"有"的根据,先有"无",然后有"有"。这时,可以说"有生于无",或者说"无生有"。而在实际上,"无"和"有"仍然是同一的关系,"无"就是"有","有"就是"无","无"生出"有"时,并没有一个原来的"无"仍然在那里,与这个"有"相对。如果用普通的语言加以表述,则"有生于无"的"生"可以理解为成为的意思,"有生于无"意犹"无成为有"或"有成为无"。

金岳霖说:"只有理论上的极限才是混沌,才是这里所说的万物之所从生的所'从'。但是绝对的'无',毫无的'无',空无所有的'无',不可能的'无'不能生'有',也不会生'有'。能生有的'无',仍是道有'有'中的一种,所无者不过是任何分别而已。"[①] 冯友兰论四十章说:"老子这句话,不是说,曾经有个时候只有'无',后来有个时候

---

① 金岳霖:《论道》第八章《无极而太极》,长沙商务印书馆 1940 年版,商务印书馆 1987 年新版,第 195 页。

'有'生于'无'。它只是说，我们若分析物的存在，就会看出，在能够是任何物之前，必须先是'有'。'道'是'无名'，是'无'，是万物之所从生者。所以在是'有'之前必须是'无'，由'无'生'有'。这里所说的属于本体论，不属于宇宙发生论。它与时间，与实际，没有关系。因为在时间中，在实际中，没有'有'，只有万有。"① 所说都是非常精辟的。

绝对意义上的"有生于无"或"无生有"在文字上也可以说是"相生"的，但因为二章的"有无相生"已是一固定表述，所以不能说"有生于无"或"无生有"也是有无相生。陈鼓应说："十一章所说的'有''无'（'有之以为利，无之以为用'）和二章所说的'有''无'（'有无相生'），是指现象界中的'有''无'，是通常意义的'有''无'，这和第一章：'无名天地之始，有名万物之母'中的'有''无'，以及四十章：'天下万物生于有，有生于无'中的'有''无'不同，第一章和四十章上的'有''无'是超现象界中的'有''无'，这是'道'的别名。许多谈《老》学的人，忽略了这种区别，混为一谈。"② 所说是正确的。"有无相生"今学者多作"矛盾、辩证、进步"解，而加以肯定，实则与庄子的泯是非一样，本为老庄所否定。老庄二人都是由对相对概念的否定而推出了对绝对概念的正面的肯定。

三

《易经·系辞上传》："乾以易知，坤以简能，易则易知，简则易从，易知则有亲，易从则有功，易简而天下之理得矣。"则知简明易知是古代学术思想的通则。《庄子·天道》记孔子往见老聃，翻十二经以说，老聃曰："大谩，愿闻其要。"孔子曰："要在仁义。"则知诸子百家欲以争鸣，必先对学说有简明的概括。由学说则概括其所贵所主，由渊源则概括其所出，孔子所谓一言以蔽之，司马迁所谓其要、其本归，淮南子、司马谈、

---

① 冯友兰：《中国哲学简史》，涂又光中译本，北京大学出版社1985年版，1996年第二版，第84页。

② 陈鼓应：《老子注译及评介》书前《老子哲学系统的形成》注五，又见二章注释，台湾商务印书馆1970年初版，中华书局1984年修订版，第65页。

王弼、严遵所谓要略、要旨、指略、指归，皆是此意。在概括学说一点上，各家并无互绌互非发生，因为即使要互绌互非，也须首先看准对方的学说要领，所以就是荀子《非十二子》与韩非《五蠹》，所论也未尝不确。

在此意义上，战国秦汉之际学者对于老子学说的概括，有《吕氏春秋》、司马迁、班固、王弼诸家。①《吕氏春秋·不二》说："老聃贵柔。"司马迁《史记·老子韩非列传》说："李耳无为自化，清静自正。"（本传）"老子所贵道，虚无，因应变化于无为。"（传论）《汉书·艺文志·诸子略》说："道家者流……清虚以自守，卑弱以自持，此人君南面之术也。"王弼《老子指略》说："《老子》之书，其几乎可一言而蔽之。噫！崇本息末而已矣。"综合而论，则或以为老子"无为"，或以为老子"贵柔"，而"无为"与"贵柔"二者其实是极有区别的，甚至是互相矛盾的。因为既然已经"无为"，则势必排斥任何所贵。

之所以有"无为"与"贵柔"的矛盾并行，其原因在于"无为"与"贵柔"分别引申自"道论"的不同层面。"无为"是由"道"的形而上层面、亦即绝对的"大象无形"的逻辑思维形式中引申出来的；"贵柔"是由"器"的形而下层面、亦即相对的"有无相生"的逻辑思维形式中引申出来的。二者的分别体现着老子学术上的一大转折。

"无为"的完整表述是"无为而无不为"。"无为而无不为"是引申自道论的"无"和"有"的，从抽象概念上说是"无"和"有"，作为政治理论就是无为和无不为。"无"和"有"是同一的，"无"即是"有"，"有"即是"无"。可以说"无生有"，因为"无"可以成为"有"；也可以说"有生无"，因为"有"可以成为"无"。可以单说"无"而隐去"有"，虽然隐去了"有"不说，其实在"无"之中仍然隐含着"有"；也可以单说"有"而隐去"无"，虽然隐去了"无"不说，其实在"有"之中仍然隐含着"无"。"有无"都是抽象的形上概念，（包括阴阳也是形上概念）但是形上概念有时也可以表达形下的含义。何时为"有"，何时为"无"？取决于是自形上的层面还是自形下的层面进行观察。《老子》一章说"无名天地始，有名万物母"，无名天地始是

---

① 《庄子·天下》与司马谈《论六家要指》篇幅较长，学者易生歧义，姑置不论。

"无",有名万物母是"有",二者同出,即二者同一。既然二者同出,何以还又要说"无"、又要说"有"?关键即在形上与形下的不同层面上。王安石《老子注》:"无者,形之上者也。有,形之下者也。"王雱《老子注》说:"道有二物,自形而下,则阳尊而阴卑;自形而上,则阴先而阳后。"宋徐君约《道德经解事》:"始者,谓未有天地之先,专言形而上之道。万物之母,谓既有天地之后,兼言形而下之器。"① 南宋赵实庵《老子解》也说:"道可道,形而下者之谓也。非常道,形而上者之谓也。"都颇有见地。特别是王雱尊卑先后之说,极富启发。按照此一理解,完全可以说,自形而下,则有尊而无卑(即"有生无");自形而上,则无先而有后(即"无生有")。由于"无"与"有"、形上与形下的分别和同一,就展现了"道"所具有的无限丰富的内涵。

"无为"与"无不为"也是这样一组绝对同一的概念,二者具有同样的含义。说"无为",实际已隐含了"无不为"的意思;说"无不为",也一定意味着它必是"无为"。无论在文字上这个表达是否隐去了一半,无为与无不为这两个方面也都是连带而生的。因为只有绝对的无为,才有绝对的无不为;绝对的无为,就必然导致绝对的无不为;没有无不为,那就也没有了无为。此一点若由《庄子·外物》"无用为用"之义加以形象说明,就十分明了了。② 《列子·仲尼》中"位之者无知,使之者无能"一段论述,也极为形象。③ 所述故事虽意含讽刺,但仍是运用无用大用的道理而作说明。吕思勉说:"世惟不名一长者,乃能兼采众长;亦惟不胶

---

① (元)刘惟永:《道德真经集义》。

② 《庄子·外物》:"惠子谓庄子曰:'子言无用。'庄子曰:'知无用而始可与言用矣。夫地非不广且大也,人之所用容足耳,然则厕足而垫之致黄泉,人尚有用乎?'惠子曰:'无用。'庄子曰:'然则无用之为用也亦明矣。'"

③ 《列子·仲尼》:"郑之圃泽多贤,东里多才。圃泽之役有伯丰子者,行过东里,遇邓析。邓析谓伯丰子曰:'汝知养养之义乎?受人养而不能自养者,犬豕之类也。养物而物为我用者,人之力也。使汝之徒食而饱,衣而息,执政之功也。长幼群聚而为牢藉庖厨之物,奚异犬豕之类乎?'伯丰子不应。伯丰子之从者越次而进曰:'大夫不闻齐鲁之多机乎?有善治土木者,有善治金革者,有善治声乐者,有善治书数者,有善治军旅者,有善治宗庙者,群才备也。而无相位者,无能相使者。而位之者无知,使之者无能,而知之与能为之使焉。执政者,乃吾之所使,子奚矜焉?'邓析无以应,目其徒而退。"

一事者，乃能处理众事。"① 则是此道理的正面阐述了。

对于"无生有"与"有生无"，古今学者多不明其意。如《老子》四十章所说"天下万物生于有，有生于无"，郭店楚简作"天下之勿生于又，生于亡"，廖名春认为系"又"字后脱一重文符号（=）所致，魏启鹏也持此意②，陈鼓应则仍以为"有生于无"是衍出一"有"字，原因是既然《老子》一章说有无同出，就只能如简本所说"天下万物生于有，生于无"，而不能将"无"放在"有"前面说"有生于无"。③ 则是于有无同一的义理尚有所不明了。牟宗三说："显这个无的境界的目的是要你应世，所以'无为'一定连着'无不为'。""所以说'无为而无不为'（《三十七章》），无不为是作用，无为是本。知道了这个意思，进一步要了解'有'。道家很完备，无是本，但并不只讲无，将生命抽象了只挂在无也不行，一定要无、有、物三层都讲才完备，才显其全体大用。"④ 此论是非常精到的。

老子"无为而无不为"之义，见于传本三十七章："道常无为而无不为"；及四十八章："损之又损，以至于无为，无为而无不为。"高明曾判断"无为而无不为"的思想不出于老子，据严遵《老子指归》补马王堆帛书《老子》乙本作"无为而无以为"，认为此"当为《老子》原本之旧"⑤。而早于帛书的郭店楚简本《老子》亦作"无为而无不为"，与河上公、王弼等传本相同。廖名春说："所以，'《老子》原本之旧'当如楚简和今本作'无不为'无疑。"⑥ 裘锡圭也认为："郭简中有与今本第四十八章前半相当的内容。其最后关键性的一句作'亡（无）为而亡（无）

———————————

① 吕思勉：《先秦学术概论》下编第一章《道家》第一节《总论》，上海世界书局 1933 年版，第 21 页。

② 廖名春：《楚简老子校诂（上）》，《大陆杂志》第 98 卷第 1 期，1999 年 1 月出版；魏启鹏：《楚简〈老子〉柬释》，载《道家文化研究》第 17 辑，三联书店 1999 年版。

③ 陈鼓应：《从郭店简本看〈老子〉尚仁及守中思想》，载《道家文化研究》第 17 辑，三联书店 1999 年版。

④ 牟宗三：《中国哲学十九讲》第五讲《道家玄理之性格》，台湾学生书局 1983 年版，上海古籍出版社 1997 年简体字版，第 92 页。

⑤ 高明：《帛书〈老子〉甲乙本与今本〈老子〉校勘札记》，《文物资料丛刊》第 2 期，文物出版社 1978 年版；高明：《帛书老子校注》，中华书局 1996 年版。

⑥ 廖名春：《楚简老子校诂（上）》，《大陆杂志》第 98 卷第 1 期，1999 年版。

不为'，与今本全同。可见这种思想决非战国晚期或汉初人所窜入。《庄子·知北游》：'故曰：为道者日损，损之又损之，以至于无为，无为而无不为也。'引此章之文也作'无为而无不为'。高明认为《庄子》之文有误。从简文也作'无为而无不为'来看，此说恐难成立。"①

老子之后，道家学者多以无为无不为并论，如《文子·上仁》："道无为而无不为也。"《庄子·至乐》："故曰：'天地无为也而无不为也。'"《知北游》："故曰：'为道者日损，损之又损之，以至于无为。无为而无不为也。'"《庚桑楚》："虚则无为而无不为也。"《则阳》："无名故无为，无为而无不为。"《淮南子·原道》："所谓无为者，不先物为也。所谓无不为者，因物之所为也。"此不具论。

四

由道的"无"与"无为"性质而言，则不应该再有"贵柔"，不但不应该"贵柔"，甚至也不应该贵刚。由道之"无"，无论如何都推导不出"贵柔"，如果讲"贵柔"，那必定是另有其逻辑上的思路。

如前所述，不佞认为《老子》二章的意思是说，真正的美是绝对的大美，而绝对的大美其实就是没有美，就是不美。如果世人认为有美，那就只是在相对的意义上的美，并不具有绝对的意义。"有无相生，难易相成，长短相形，高下相倾，音声相和，前后相随"，意思是就相对的层面而言，那么这些事物是相互依赖而存在的，相互依存，互为消长。细绎老子之意，其中自有一种退而求其次的含义。

道论首先是要在"道"的层面上讲的，如果一定要在"器"的层面上讲，那么在"器"的层面上，事物的互为消长则构成了其普遍的规律。《老子》四十章说："反者道之动。"今学者多注重于此。实际上"道"固然是在形而上的层面上，而"道之动"则已是形而下的层面了，"道之动"已不同于"道"本身了。难易、长短等相对概念，抽象概括就是阴阳。阴和阳互为消长，由宋人所作太极图恰可有一形象的说明。谢扶雅早在 20 世纪 30 年代即曾指出有道与阴阳、本质与历程、纯理与开展两个不

---

① 裘锡圭：《郭店〈老子〉简初探》，载《道家文化研究》第 17 辑，三联书店 1999 年版。

同的层面，说："就广义言，阴阳家实即道家。因为道是从本质言，阴阳是从历程言；道是玄学上所谓本体论，阴阳是玄学上所谓宇宙论。道的开展永久是辩证式的，即一正（阳）一反（阴）的。道纯理的讲来，虽是绝对宁静，但决非一死物；它实际地讲来，必须要开展，而这开展又必然地为一正一反的辩证。所以道离开阴阳，便无道可言。"又说："阴阳原是道底动相。"① 是极富辟见的。

阴阳互为消长，此消则彼长，二者互为更替，古称"消息"。《易经·丰卦》："日中则昃，月盈则食，天地盈虚，与时消息。"《剥卦》："消息盈虚，天行也。"②

古代致用学说，大抵都是在阴阳消长的层面上加以运用，这约可归纳为三种类型。第一类，既用阴又用阳；第二类，用阳；第三类，用阴。老子的"贵柔"主张只是其中的一种类型而已。

第一类既用阴又用阳，可以举《逸周书》《左传》《国语》《鬼谷子》及帛书《十大经》为例。

《逸周书·周祝》："然后汤即天下之位，与诸侯誓曰：'阴胜阳，即谓之变，而天弗施。雌胜雄，即谓之乱，而人弗行。'"③

《左传》昭公二十一年："《军志》有之：先人有夺人之声，后人有待其衰。"

《国语·越语下》："范蠡进谏曰：'臣闻之，得时无怠，时不再来，天予不取，反为之灾。赢缩转化，后将悔之。'""范蠡曰：'臣闻古之善用兵者，赢缩以为常，四时以为纪，无过天极，究数而止。天道皇皇，明以为常，明者以为法，微者则是行。阳至而阴，阴至而阳，日困而还，月盈而匡。古之善用兵者，因天地之常，与之俱行。后则用阴，先则用阳；近则用柔，远则用刚。'"④

---

① 谢扶雅《田骈与邹衍》，及《田骈与邹衍》附《邹衍是道家而非儒家辨》，载《古史辨》第五册，朴社 1935 年版。

② 消息一语本由阴阳而来，故又别为卦名。《后汉书·陈忠传》注引《汉书音义》："息卦曰太阳，消卦曰太阴。"

③ 《逸周书·周祝》与道家有关，参见李学勤《〈称〉篇与〈周祝〉》，载《道家文化研究》第 3 辑，上海古籍出版社 1993 年版。

④ 范蠡与道家有关，参见李学勤《范蠡思想与帛书〈黄帝书〉》，《浙江学刊》1990 年第 1 期。

《鬼谷子·捭阖》："故圣人之在天下也，自古及今，其道一也。变化无穷，各有所归：或阴或阳，或柔或刚，或开或闭，或弛或张。""捭之者，开也，言也，阳也；阖之者，闭也，默也，阴也。阴阳其和，终始其义。""诸言法阳之类者，皆曰始，言善以始其事。诸言法阴之类者，皆曰终，言恶以终其谋。捭阖之道，以阴阳试之。故与阳言者依崇高，与阴言者依卑小。以下求小，以高求大。""益损、去就、倍反，皆以阴阳御其事。阳动而行，阴止而藏；阳动而去，阴隐而入；阳还终阴，阴极反阳。以阳动者，德相生也；以阴静者，形相成也。以阳求阴，包以德也；以阴结阳，施以力也。阴阳相求，由捭阖也。比天地阴阳之道，而说人之法也。"

《十大经·姓争》："刚柔阴阳，固不两行，两相养，时相成。"

《十大经·三禁》："人道刚柔，刚不足以（用），柔不足寺（恃）。"

第二类用阳，可以举孔子《易传》为例。《乾卦·象传》中"天行健，君子以自强不息"一语，一向为儒者所乐道。

既用阴又用阳与用阳、用阴三类，实际上都是出于同一个层面上的，并无高低智愚之分。但细加分析，则知既用阴又用阳的一类较近功利，用阳的一类较富理想，用阴的一类较富哲理。因为在用阳的一类中，"阳"既是目的，又是手段；而在用阴的一类中，"阴"只是手段，用阴的目的则是致阳。

严遵说："虚实相归，有无相生。寒暑相反，明晦相随。阴消而阳息，阳息而阴消。本盛则末毁，末毁则本衰。天地之道，变化之机也。"（《老子指归·信言不美篇》）由"天地之道"方面看，并不存在阴与阳谁比谁贵的问题。范蠡所说"明者以为法，微者则是行"的含义，似即认为取法在于阳，途径在于阴。"行"亦犹老子"反者道之动"的"动"，体现的只是道的隐微的一面。

《文子·上德》中，有一段"尚阳"的记载："阳灭阴，万物肥；阴灭阳，万物衰。故王公尚阳道则万物昌，尚阴道则天下亡。"颇引起学者的注意。[①] 对此，不佞赞同王葆玹的意见，即认为道家"承认持守柔弱谦

---

① 参见张岱年《试谈〈文子〉的年代与思想》，载《道家文化研究》第 5 辑，上海古籍出版社 1994 年版。

卑的姿态会有更高的成功率","在实物方面则重视'阳',在法则方面则重视'阴'"。① 因为按照道家的理解,阴阳与五行概念相似,是既相胜又相生的。在阳前面的是阴,为了达到阳,就只有守住前面的阴。如果所守的是阳,那么紧跟在后面而来到的便是阴。阴其实是任何人都不愿意接受的,包括道家也是不可能愿意接受的。

既然已在形而下的层面,就只有尚阳。老子之所以主张"贵柔",是因为他相信要想取阳,只有用阴。这一点在黄帝《金人铭》中已有明确表述。②《说苑·敬慎》引黄帝《金人铭》:"强梁者不得其死,好胜者必遇其敌。……君子知天下之不可盖也,故后之下之,使人慕之。执雌持下,莫能与之争者。人皆趋彼,我独守此。众人惑惑,我独不徙。"其中"君子知天下之不可盖也"一句,《孔子家语·观周》引作:"君子知天下之不可上也,故下之;知众人之不可先,故后之。""盖"字的含义为掩,③ 为抑制,此可由《国语·周语中》"单襄公曰:君子不自称也,非以让也,恶其盖人也。夫人性,陵上者也,不可盖也。求盖人,其抑下滋甚,故圣人贵让"互明。既然不可盖,就只能不盖;既然不可上不可先,就只能下只能后了。梁启超说:"然而事实上人类终不能以彼宗所谓'无为'者为常态也。则如之何?曰:吾姑为消极受动的'为',不为积极自动的'为'。其秘诀在:'不敢为天下先。'(《老子》)在:'以天下之至柔驰骋乎天下之至刚。'(《老子》)"④ 则知老子"退而求其次"的用意是非常明显的。

历代学者多以为老子中有权谋,由此则又涉及有关"贵柔"的澄清与辩诬。⑤ 认为老子有权谋的学者以朱熹、章炳麟二人影响最大。朱熹以张良为例,章炳麟则盛道汉文帝。朱熹说:"老氏之学最忍,他闲时似个

---

① 参见王葆玹《道家阴阳刚柔说与〈系辞〉作者问题》,载《道家文化研究》第4辑,上海古籍出版社1994年版。

② 黄帝《金人铭》与老子的关系,参见黄钊《道家思想史纲》第一章第二节,湖南师范大学出版社1991年版。

③ 《国语·周语中》韦昭注:"盖,掩也。"

④ 梁启超:《先秦政治思想史》第八章《道家思想(其一)》,上海商务印书馆1923年初版,上海中华书局1936年再版,第105页。

⑤ 参见陈鼓应《老子的朴素思想及其入世的方式——澄清宋儒以来对老学的误解》,载《老庄新论》,上海古籍出版社1992年版,第86—93页。

虚无卑弱底人，莫教紧要处发出来，更教你枝梧不住，如张子房是也。子房皆老氏之学，如峣关之战，与秦将连和了，忽乘其懈击之。鸿沟之约，与项羽讲和了，忽回军杀之。这个便是他柔弱之发处，可畏可畏！他计策不须多，只消两三次如此，高祖之业成矣。"（《朱子语类》卷一百二十五）章炳麟说："汉文帝真得老子之术者，故太史公既称孝文好道家之学，以为繁礼饰貌无益于治；又称孝文帝本好刑名之言。盖文帝貌为玄默躬化，其实最擅权制。观夫平、勃诛诸吕，使使迎文帝。文帝入，即夕拜宋昌为卫将军，领南北军；以张武为郎中令、行殿中。其收揽兵权，如此其急也。其后贾谊陈治安策，主以众建诸侯而少其力，文帝依其议，分封诸王子为列侯。吴太子入见，侍皇太子饮博，皇太子引博局提杀之，吴王怨望不朝，而文帝赐之几杖，盖自度能制之也。且崩时，诫景帝，即有缓急，周亚夫真可任将兵。盖知崩后，吴楚之必反也。盖文帝以老庄申韩之术合而为一，故能及此。""老子之术，平时和易，遇大事则一发而不可当，自来学老子而至者，惟文帝一人耳。"[①]

同时，反对老子有权谋的学者也引史实予以澄清，如明薛蕙即举陈平为例。明薛蕙解《老子》三十六章"将欲歙之，必固张之"说："此章首明物盛则衰之理，次言刚强之不如柔弱，末则因戒人之不可用刚也，岂权诈之术？夫仁义圣智，老子且犹病之，况权诈乎！按《史记》陈平本治黄帝、老子之术，及其封侯，尝自言曰：'我多阴谋，道家之所禁，吾即废亦已矣，终不能复起，以吾多阴祸也。'由是言之，谓老子为权数之学，是亲犯其所禁，而复为书以教人，必不然矣！"（《老子集解》）苏辙也说："圣人知刚强之不足恃，故以柔弱自处。天下之刚强方相倾相轧，而吾独柔弱以待之。及其大者伤，小者死，而吾以不校坐待其毙，此所谓胜也。虽然，圣人岂有意为此以胜物哉？知势之自然而居其自然耳。"（《老子解·将欲取之章》）所说"圣人岂有意为此以胜物"，与陈平"我多阴谋，道家之所禁"的见解是相同的。

双方见解虽各不同，却可以说都是对的。因为从"道"的形而上的层面上说，老子不仅反对阴谋，而且反对任何权谋。《老子》十九章有

---

① 章炳麟：《国学讲演录·诸子略说》，傅杰校订，华东师范大学出版社 1995 年版，第199—200 页。

"绝巧弃利，盗贼无有"，五十七章有"人多伎巧，奇物滋起"，所说之"巧"，亦即是"谋"。司马谈《论六家要指》论道家引经典有"圣人不朽"一句，《史记·太史公自序》作"不朽"，《汉书·司马迁传》作"不巧"，今知此句出于黄老帛书《十大经·观》，正作"不巧"，颜师古注曰："无机巧之心，但顺时也。"是对的。帛书《十大经·顺道》中有"不阴谋"，《行守》中有"阴谋不祥"。（"祥"原作"详"。）帛书《称》又有"不剸（专）己，不豫谋。"《经法·四度》有"虽有圣人，不能为谋"。均本之老子而立论。

同时，从"器"的形而下的层面上说，老子确也有"贵柔"的另一引申。古有"道生法"之说，[①] 法家在学术渊源上是来自道家，对于道的"无为而无不为"理论，法家是明白承认的，但其所侧重则在于刑名法术的一面。法家之所以在刑名法术方面有长足的发展，主要就是自"器"的形而下的层面进行引申。这一点以韩非和王安石最为明显。

韩非解《老子》一章"道可道，非常道"说："凡理者，方圆、短长、粗靡、坚脆之分也。故理定而后物可得道也。故定理有存亡，有死生，有盛衰。夫物之一存一亡，乍死乍生，初盛而后衰者，不可谓常；唯夫与天地之剖判也俱生，之天地之消散也不死不衰者谓常。而常者无攸易，无定理。无定理，非在于常所，是以不可道也。圣人观其玄虚，用其周行，强字之曰道，然而可论。"（《韩非子·解老》）王安石学术主于经学，而重在礼乐刑政并用，曾著文论老子说："道有本有末，本者万物之所以生也，末者万物之所以成也。本者出之自然，故不假乎人之力，而万物以生也。末者涉乎形器，故待人力而后万物以成也。夫其不假人之力而万物以生，则是圣人可以无言也无为也。至乎有待于人力而万物以成，则是圣人之所以不能无言也无为也。故昔圣人之在上而以万物为己任者，必制四术焉。四术者，礼乐刑政是也。"《老子论》解释由道家而至儒家法家、由无为而至有为的逻辑关系，极为精致。梁启超称其为："荆公此论，盖有所见矣。二千年之学者之论老氏，未有如公之精者。"[②]

韩非是承认常道，但是又避开常道，专侧重于物理；王安石是承认道

① 见帛书《经法·道法》，又略见于《管子·心术上》。
② 梁启超：《王安石传》，上海世界书局 1935 年版，第 140 页。

之本，而又避开本，专侧重于形器之末，所谓是"替天行道""替圣人行道"了。对于道家与法家的关系，现代学者多所讳言①，但无论如何，法家学术与老子有着逻辑上的一层关系，是十分清楚的。章炳麟说："太史公以老子、韩非同传，于学术渊源最为明了。韩非解老、喻老而成法家，然则法家者，道家之别子耳。"② 由"别子"一点，实可反观老子学术上转折之剧，以及由学术到政治的归止所在。

---

① 参见高峰《大道希夷——近现代的先秦道家研究》，辽宁教育出版社 1997 年版，第 199 页。

② 章炳麟：《国学讲演录·诸子略说》，傅杰校订，华东师范大学出版社 1995 年版。

"与时俱和"

——严遵《老子指归》论

在老子学说的早期阐述中，西汉严遵的《指归》解说独特，值得珍视。严遵在阐述老子"和"的学说时，提出了"与时俱和"的思想。由以古鉴今意义而言，"与时俱和"的思想恰是"与时俱进"与"和谐社会"两种现代理论概念的联结，可以给予现代社会以积极的启示。

一　老子"主一"之学即宇宙和谐的本质体现

老子学说具有形上之体与形下之用两个层面。虽然形上与形下不离，体用不二，但是后世学者禀赋不一，识大识小，宜有不同，偏重于老子形下的层面，而特别注意其用阴用柔的言论，也是可以理解的。不过，就其全体而言，我国古代哲人向以中道为大道，老子亦然。①

晚周诸子的兴起，其直接原因在于"周文罢弊""礼崩乐坏"，亦即出于不得已的"反题"。诸子各家都追求真理，要求重建政治社会秩序，而老子对于世间思想学说的整体性、统一性的探究，较之其他诸子尤为突出，故《庄子·天下篇》称之曰"主之以太一"。近代以来学者论述先秦历史，常着眼于战国秦汉的政治统一；论述先秦思想，亦能关注其本体论、道论。但罕有打通历史与哲学二学科，将政治统一与思想学说的统一结合而论者。实际上老子对于"道""无""一"等统一性的探讨，乃是

---

① 老子的政治思想有"无为无不为"与"贵柔"两个方面，其中"无为无不为"是由形而上的道论、亦即绝对的"大象无形"的逻辑思维形式中引申出来的；"贵柔"是由形而下的"器"的层面、亦即相对的"有无相生"的逻辑思维形式中引申出来的。参见拙文《论老子之学术归止》，《中华文化论坛》2001 年第 1 期。

秦汉政治统一的先导，二者具有同样的积极意义。

而天地万物的统一性，一旦推溯到抽象的"一"，或绝对的"无"，必然涉及全体的关联。宇宙间的万事万物为一大关联而存在，万事万物相互关联而成为一个整体，这正是"和谐"思想的本质体现。

老子阐述宇宙整体性，有时乃采用具象概念，较为彰著者如认为天地万物本原于水、于气。而老子论水、论气，盖亦因水、气能充溢天地，包裹万物，使达于中道。《文子·上仁》引老子曰："天地之气，莫大于和。和者，阴阳调。……阴阳交接，乃能成和。"《老子指归·得一篇》曰："和，其归也；弱，其用也。"

当然，既为"中道"，势必不争，故老子言无为，言阴柔，言谦逊，言忍让，故司马迁云：老子"无为自化，清静自正"。"中道"体现着无为、无己、无名的性质，老子深有得于此，但老子并非仅偏颇于用阴用柔者。

近代以来学者注重老子的"辩证"思想，故往往强调其阴阳概念，而忽略其"三生万物"之"三"与"冲气"之"和"。实际上老子学说仍本于中道，其内涵范围上及天地，下包人事，兼综政统与学统，涵盖社会各阶层，所谓"至大无外，至小无内"，并无其他"异端"排斥于其学说体系之外，换言之，并无任何"不和谐"因素存在于其学说体系之外。其理想愿望如此。

二 老子"三生万物"之说以"和"为宇宙生成之起点

道家与儒家思想的差异，有一点即道家尚"同"，儒家尚"和"。老子之学讲"玄同"，讲损之又损，同之又同，孔子则云"君子和而不同，小人同而不和"，礼家言"礼节乐和"。讲"同"是就宇宙起源而论，讲"和"是就宇宙构成而论，二者各有侧重。《老子》五十六章："挫其锐，解其纷，和其光，同其尘，是谓玄同"，是专就追溯宇宙起源而论。而儒家较少涉及"天道"，"夫子之言性与天道，不可得而闻也"，即《易经》也以宇宙构成说为主体。①

----

① 关于道家与儒家学说体系之异同，参见拙文《儒道天人坐标体系》，《湖南农业大学学报》2006 年第 6 期。

但道家在讲宇宙起源的同时，对于宇宙构成亦有较多论断。老子之学有宇宙起源与宇宙构成两个层面，于宇宙起源层面讲"同""一""无"，于宇宙构成层面讲"有""和"。故《老子》四十二章云："道生一，一生二，二生三，三生万物。万物负阴而抱阳，冲气以为和。""道生一"，表明老子之学的终极目标是追求绝对的统一性。但绝对的统一性并非一个僵化的死体，所以由"一"一定要产生"多"。但"多"又并非割裂整体、各自独立，所以"多"犹然不离于"一"，万事万物犹然是一个整体。由"一"而衍生为"多"，又由"多"而复归于"一"，其中一个关键的环节就是"和"。

《老子》二章有"音声相和"一语，"和"解为动词"唱和"，此为"和"的本义，"和"本字从口，禾声，写作"咊"。"和谐"又作"和协""协和"，古文从龠，写作"龢龤"。本义为乐器名，为音乐术语，其后乃引申为抽象概念，提升为专有名词。①

"冲气以为和"之"和"，解为"和气""冲和之气"。陈景元称阴阳与和为"清浊和三气"，称"冲和之气，运行于其间，所以成乎形精"。司马光以体用分别阴阳与"和"，谓"万物莫不以阴阳为体，以冲气为用"。刘骥强调"和"对于阴阳的调和作用，谓"冲气者，自然中和之气，非阴非阳，不离阴阳，可以调和阴阳"。程大昌进一步辨析阴阳与"和"的关系，强调和气并非在阴阳之外别有一物，而恰是将阴阳调和在一起的结果。其言曰："《列子》曰：清轻者上为天，浊重者下为地，冲和气者为人，言能虚中以承清浊之会者，是其和之得以成体者也。张湛释之曰：阴阳气偏，交会而气和，气和而人生也。此其为说，是二之交焉而三，三之遍焉而万者也，说者迺冲为和，则失之矣。"

可知在老子看来，"和"并非简单的社会理想，也非片面的政治策略，而是与"道"之"一"互为体用，具有宇宙生成与万物起源的本体意义。专就宇宙起源而论，"和"乃是宇宙万物生成的起始之处。

---

① 在现代汉语中，"和"只作为普通名词、动词使用。而在古代，"和"既有专业技艺的背景，又有抽象名词概念的内涵，是标准的哲学范畴。由"和"之概念，可以标示出道儒两派截然相反的学术方向，更可以透露出上古天下学术出于"王官"的史实。参见拙文《说"和"——从音乐术语到哲学范畴》，《上饶师范学院学报》2006年第5期。

三 严遵《老子指归》与"和生万物"

近年来中央提出的新的理论概念，如"以德治国""与时俱进""和谐社会"等，多与我国学术文化传统相关。当然，中央提出的新的理论概念，在思想内涵上实质是现代性的，其内容较之古典寓意往往具有现代的超越，或说质的飞跃。但是无论如何，这些概念的基础仍然是传统的，新的理论概念因为有传统的历史的因素融入其中，极大地丰富了其现代思想的血肉肌肤，从而使其圆融蕴藉，充溢宣朗，则是可以肯定的。①

在老子学说的早期阐述中，西汉严遵的《老子指归》解说独特，值得珍视。笔者注意到严遵在阐述老子学说时，提出过"与时俱和"的思想。由以古鉴今意义而言，"与时俱和"的思想恰是"与时俱进"与"和谐社会"两种理论概念的联结。

严遵是两汉时期道家学说的重要代表，在老庄一系承传中占据重要地位。严遵字君平，西汉蜀郡人。本姓庄，世亦尊称庄子。《汉书》避汉明帝讳，改其姓为严。《汉书·王贡两龚鲍传》载："蜀有严君平，修身自保……君平卜筮于成都市，以为卜筮者贱业，而可以惠众人。有邪恶非正之问，则依蓍龟为言利害。与人子言依于孝，与人弟言依于顺，与人臣言依于忠，各因势导之以善。"日阅数人，得百钱足自养，则闭肆下帘而授《老子》。博览无不通，"依老子、严周之指著书十余万言"。皇甫谧《高士传》亦载："严君平成都市卖卜，诏徵不起。"

严遵所著书名《老子指归》，又名《道德真经指归》《道德指归论》。其书见于唐宋人著录，又多见于诸家引注。后残，存于《道藏》《怡兰堂丛书》中者凡七卷，存于《秘册汇函》《津逮秘书》《学津讨原》中者凡六卷。其书与章句注疏者不同，而多具精义，显为黄老"内家"之学。

《老子指归》一书清代学者以为虽"其言不悖于理"，而疑为"能文

---

① 不佞对于"与时俱进"诸理论概念之国学素地与现代超越曾加梳理，参见拙文《说"和"——从音乐术语到哲学范畴》，《上饶师范学院学报》2006 年第 5 期；《说"时"——中国古代的"时政"思想》，《湖南文理学院学报》（社会科学版）2007 年第 1 期；《从传统四时循环论到现代时间进化论》，《韶关学院学报》2007 年第 5 期；《"与时俱化"——中国古代变化观》，《中南林业大学科技学报》2007 年第 2 期。

之士所赝托"。(《四库总目提要》)民国初疑古之风盛行,其书遂不为世人所重。惟严灵峰认为《老子指归》"仍还严遵之旧,固未可谓为伪书"①,蒙文通亦指出其书"尚有古人余意","犹为汉世道家,不同于正始清谈之风","文高义奥,唐宋道家颇取为说"。②近年郑良树据出土帛书、竹简《老子》进行比勘,尤力辨其书不伪。③

特别值得关注的是,严遵对于老子"和"的思想阐发最多,其细密分析超于其他道家诸子之上。就道家学派而论,阐述老子的"和"较为充分而与严遵《指归》相近的,则为文子。由老子到文子再到严遵,其学理途径如此。

《老子》全文中"和"字共出现六次,含义各有不同,大致可以分为二类。其一作为普通动词,解为混和("和其光,同其尘,是谓玄同")、和好("和大怨,必有馀怨")、唱和("音声相和,前后相随")、和睦("六亲不和,有孝慈")。其二作为专有名词,解为养生之和气("终日号而不嗄,和之至也,知和曰常"),及宇宙构成之和气("万物负阴而抱阳,冲气以为和")。

严遵认为,"和"为生命之本。由宇宙构成一面,严遵充分肯定阴阳清浊之"和"是万物出生之祖。如谓"太和行乎荡荡之野、纤妙之中,而万物生焉"(《不出户篇》),"春生夏长,秋收冬藏,阴阳和洽,万物丰盛"(《人之饥篇》),"和气流行,三光运,群类生。有形寯可因循者,有声色可见闻者,谓之万物"(《道生一篇》)。"夫天人之生也,形因于气,气因于和,和因于神明,神明因于道德,道德因于自然:万物以存。"(《道生一篇》)阴阳与和"三者俱起,天地以成,阴阳以交,而万物以生"(《天之道篇》)。故其言曰:"一者,道之子,神明之母,太和

① 严灵峰:《辨严遵〈道德指归论〉非伪书》,载严灵峰《无求备斋老子集成初编》第1册,艺文印书馆1965年版。

② 蒙文通:《严君平〈道德指归论〉佚文·序言》,载蒙文通《道书辑校十种》,巴蜀书社2001年版,第124页。

③ 参见郑良树《从帛书〈老子〉论严遵〈道德指归〉之真伪》,中国古文字研究会第三届年会论文(1980,成都),后刊《古文字研究》第7辑,中华书局1982年版;《论严遵及其〈道德指归〉》,载郑良树《老子论集》,台湾世界书局1983年版;《〈老子〉严遵本校记》,台湾《书目季刊》1999年第3期;《续伪书通考·道德指归论》,台湾学生书局1984年版;《疑古与复古——论古籍辨伪的方向》,载郑良树《诸子著作年代考》,北京图书馆出版社2001年版。

之宗，天地之祖。"（《得一篇》）"天地所由，物类所以；道为之元，德为之始，神明为宗，太和为祖。"（《上德不德篇》）即认为天地万物，特别是生命，是阴阳、清浊经过"和"之阶段才产生的，故称"和"为祖为宗。

《国语·郑语》载史伯之语："和实生物，同则不继。"史伯当西周之末，早于老子。老子谓"三生万物"，学者多解"三"为阴阳之"和"，则老子此语犹言"和生万物"。

老子之后，列子、庄子亦谓"汝生非汝有，是天地之委和也"。庄子又引老聃曰：阴阳"两者交通成和而物生焉"（《庄子·田子方》）。严遵的阐述将老、列、庄及古训的简明话语，更加明确和系统化了。

严遵又以"和"为人类养生的十三个要素之一。河上公解《老子》七十六章有云："草木之生也柔脆，和气存也。其死也枯槁，和气去也。"严遵以"和"养生的思想承此而来，《老子指归·出生入死篇》曰："是故，虚、无、清、静、微、寡、柔、弱、卑、损、时、和、啬，凡此十三，生之徒；实、有、浊、扰、显、众、刚、强、高、满、过、泰、费，此十三者，死之徒也。"

四　"时和""俱和""与时俱和"

严遵认为"和"居于宇宙之中央。其言曰："阳气主德，阴气主刑，刑德相反，和在中央。"（《以正治国篇》）又曰："天地未始，阴阳未萌，寒暑未兆，明晦未形，有物三立，一浊一清，清上浊下，和在中央。"（《天之道篇》）

文子亦言"万物负阴而抱阳，冲气以为和，和居中央"（《文子·上德》）。庄子曰"中央之帝为浑沌"，浑沌亦即"和"之形象表述。严遵以"和"居宇宙之中的思想当是承此而来。[①]

"中央"又称为"中主"。严遵云："在为之阴，居否之阳。和为中主，分理自明。与天为一，与地为常。"（《上士闻道篇》）

---

① 关于"和"居宇宙之中，王安石曾有一种文字学的阐释，所作《字说》解老子"冲气"之"冲"（古体作"沖"）说："冲气以天一为主，故从水。天地之中也，故从中。"

"中央""中主"又称为"中和"。严遵云:"睹纲知纪,动合中和。"(《善建篇》)①

"和"居中央,是就其和合阴阳而言。阴阳对应清浊、天地,而"和"居其中,故曰"和"居中央。故知所谓"中央",即"中位""中道"。

"中位""中道"皆具有兼统四维时空的内涵,但分别而言,亦可说"中位""中道"既有空间的含义,又有时间的含义。

就空间而言,"和"针对着阴阳、天地、五行、万物、万方、百姓、群生,具有广阔的现实背景。如谓"故和者,道德之用,神明之辅,天地之制,群生所处,万方之要,自然之府,百祥之门,万福之户也"(《天之道篇》);"天地无为而道德无为,三者并兴,总进相乘,和气洋溢,太平滋生"(《至柔篇》);"天心和,万物丰熟,喜祥屡臻,吉符并集"(《天下有道篇》);"世主无为……天地为炉,太和为橐,神明为风,万物为铁,德为大匠,道为工作……故能陶冶民心,变化时俗……成遂万物……感动群生"(《圣人无常心篇》);"载道德,浮神明,秉太和,驱天地,驰阴阳,骋五行,从群物,涉玄冥……此治天下之无为也"(《出生入死篇》);等等。②

就时间而言,"和"针对着寒暑、四时,具有久长的历史背景。古代"时"字的本义为"四时",即春夏秋冬四季。"四时"由二分二至的历法观测而来,在取法于天地的总的价值观念之下,"时"又引申出"时中"的本体判断,以及"时政"的政治标准。"时"必须守其中位,称之

---

① "中和"一语以汉晋人所阐论为多。如《太平经》:"清者著天,浊者著地,中和著人。"(《以乐却灾法》)"天吏为天使,群精为地吏为地使,百鬼为中和使。"(《调神灵法》)"太阴、太阳、中和三气共为理,更相感动……古者圣人治致太平,皆求天地中和之心。"(《名为神诀书》)"元气有三名,太阳、太阴、中和。……中和者,主调和万物者也。……阴阳者,要在中和。中和气得,万物滋生,人民和调,王治太平。"(《和三气兴帝王法》)"天地中和凡三气,内相与共为一家,反共治生,共养万物。"(《起土出书诀》)"天地中和同心,共生万物。"(《三合相通诀》)及《老子想尔注》:"道贵中和,当中和行之,志意不可盈溢,违道诚。""多知浮华,不知守道全身,寿尽辄穷。数数,非一也。不如学生,守中和之道。"

② "和"针对阴阳、万方而言,亦早见于史籍。如《北堂书钞》卷132、《初学记》卷25、《御览》卷78引《归藏·启筮》云:"昭昭九州,日月代极。平均土地,和合万国。"《北史》引《稽览图》云:"太平时,阴阳和合,风雨会同,海内不偏。"(《隋书》引《稽览图》作"风雨咸同"。)

为"时中"（宋儒解为"随时处中"），又称"与时消息""与时偕行"（《易经》），"与时相应"（《黄帝内经》），"与时往矣"（管子），"与时屈伸""与时迁徙"（荀子），"与时相偶"（鬼谷子），"与时生死"，"法与时移"（商鞅、韩非），"与时俱化""与世偕行""与物终始"（庄子），"与时俱化""与时周旋""与时变化"（《吕氏春秋》《淮南子》），等等。

承周秦诸子之后，严遵也屡屡阐述"与时俱行"之义，如云"屈伸取与，与时俱行"（《以正治国篇》）；"与时变化，神全万物"（《治大国篇》）；"盛衰存亡，与时变化。……与时变化，死而复生"（《柔弱于水篇》）；"进退与时流，屈伸与化俱，事与务变，礼与俗化"（《上德不德篇》）；"秉微统要，与时推移，取舍屈伸，与变俱存"（《上德不德篇》）；"与时俯仰，因物变化"（《得一篇》）；"与时化转，因之修之"（《天下有始篇》）；"与时相随，与和俯仰，不为而自成，不教而民治"（《知不知篇》）；等等。

特别引人注意的是，在周秦诸子种种"与时"的句式之外，严遵提出了"与时俱益，日进无疆"（《为无为篇》）的表述。此处"进""益"二字同义连用，至少在语词上，与现代理论概念"与时俱进"是最相接近的。

"和"亦需守其中位。"和"在空间状态下，其"中位"称为"中和"；在时间状态下，其"中位"则称为"时和"。

《庄子·山木》有云："一龙一蛇，与时俱化……一上一下，以和为量。"已将"时""和"并称。① 严遵承庄子之后，进一步阐述了"时和""俱和"等思想。

关于"时和"，严遵说道：

> 天地之应因于事，事应于变，变无常时。……而时和先后，非数之所能存也。（《上德不德篇》）
>
> 二者（阴阳）殊涂，皆由道行，在前在后，或存或亡。故言行者，治身之狱也；时和先后，大命之所属也。是以君子之立身也……和顺时适，成人之福。（《万物之奥篇》）
>
> 虚无以合道，恬泊以处生，时和以固国，玄教以畜民。（《言甚

---

① 《荀子·富国》亦言"百姓时和，事业得叙"，杨倞注："时和，得天气之和"。"时"字解为四时、节候，故注称"时和"为天气之和。

易知篇》）

　　人主不言，而道无为也。……常于为否之间，时和之元。（《至
柔篇》）

　　关于"俱和"，严遵说道："大音希声……无声而万物骇，无音而万物
唱。天地人物，无期俱和。"（《上士闻道篇》）严遵又曰："和顺时得，故
能长久。"（《知者不言篇》）"乘时而发，和为之恒。"（《以正治国篇》）
"与时相随，与和俯仰。"（《知不知篇》）亦均以"时""和"并提。
　　一旦将"和"提升到"中道""中位"的本体层面，而论及"时和"
"俱和"，"与时俱和"一语可谓呼之即出了。
　　《老子指归·出生入死篇》曰：

　　　　夫生之于形也，神为之蒂，精为之根，营爽为宫室，九窍为户
门。聪明为侯使，情意为乘舆，魂魄为左右，血气为卒徒。进与道推
移，退与德卷舒。翱翔柔弱，栖息虚无。屈伸俯仰，与时和俱。

　　严遵这段话，前言生命之来源，出于天地精气之萃集，而本于自然万
物之和谐。继言生命之延续，当与宇宙自然同俯仰，共进退，与自然万物
之"和谐"保持其时间上发展上的同步。用今日话语来说，即保持"动
态和谐"与"持续和平"。
　　除"与时和俱"外，严遵还提到"与和俱行"。
　　《老子指归·道生一篇》曰：

　　　　道虚之虚，故能生一。一以虚，故能生二。二以无之无，故能生
三。三物俱生，浑浑茫茫……一清一浊，与和俱行。

　　"与时和俱"意即"与时俱和"，二语了无分别。[①] 而"与和俱行"

---

　　① "与时和俱"其语不伦，疑"和俱"二字误倒。郭象《庄子·在宥注》"与日新俱，故
无始也"，成玄英疏作"与日俱新，故无终始"，"新俱"二字亦倒。中华书局 1994 年版点校本
《老子指归》王德有无校，商务印书馆 2004 年版译注本《老子指归译注》王德有译为"与时合
节"，显然不确。

一语亦可以作为"与时和俱"意即"与时俱和"的旁证，同时"时和""俱和"诸语亦皆可以作为学理上及字句训诂上的证据。由此基本上得以判定，严遵首倡提出了"与时俱和"的思想。

五　"与时俱和"思想的现代启示

严遵关于"和"论述较多的，便是圣人王者致治的方略。如云："是以圣人，柄和履正，治之无形"（《大成若缺篇》），"是以明王圣主，放道效天，清静为首，和顺为常"（《用兵篇》）。这既是汉代政治社会的要求，也符合黄老"君学"的一贯主张。

严遵说道：

> 上德之君……动作伦于太和，取舍合乎天心。下德之君……动作近于太和，取舍体于至德。上仁之君……心意虚静，神气和顺，管领天地……法禁平和，号令宽柔，举措得时，天下欢喜。上义之君，性和平正……威而不暴，和而不淫。上礼之君，性和而情柔……顺心从欲，以和节之。（《上德不德篇》）

《老子》原文论上德无为而无以为，下德为之而有以为，上仁为之而无以为，上义为之而有以为，上礼为之而莫之应，语句精简，似乎只是意在对政治的五种状态作出评价，而严遵则已将其完全阐释成为五种政治方略。而无论其中何种方略，"和"都是不可或缺的一个要素。

由兼统时空的意义而言，"和"即称为"太和"。如谓"昔之帝王，经道德，纪神明，总清浊，领太和"（《善为道者篇》），"是以圣人……道德为父，神明为母，清静为师，太和为友，天下为家，万物为体"（《不出户篇》），"以道为父，以德为母，神明为师，太和为友"（《治大国篇》）。

严遵在"中和""时和"基础上，阐述"太和"的思想，这既是宇宙构成说的理想模式，又是社会政治的最高境界。

严遵"与时俱和"思想的提出给予现代社会的启示，至少有如下三个方面。

（一）"和"是一个形上本体的概念，"和"体现着宇宙构成的真相，是万物、群生的生存基础。

（二）"和"是一个既内涵空间又内涵时间的概念，也就是说，"和"是动态的、发展变化的，"和"具有"时义"。

（三）"与时俱进"一语的字面含义，是"同时代一起前进"，或"随时间而进化""和时代保持同步发展"等。"与时俱进"的"时"，可以解为"时间""时代"；"俱"解为"同时""同步""一起"；"进"可以解为"进步""进化""前进"。这句话的字面含义，可以理解为有二个主语，一是人们自己，在语句中省略了，二是"时间"或"时代"，整个句意就是"人们以及时代一起在前进"。这句话也可以理解为有一个主语，即人们自己，"时间"或"时代"则是目的状语，整个句意则是"人们保持着与时代的同步发展"。"与时俱进"所强调的是一种方向性、时间性，它所体现的是一种进化观、发展观。由于古今语义的变化，加之受到成语的限制，整句特别是"时"字具有一定的模糊性。与时代的什么同步发展？前进到时代的什么地方？这里，或许可以认为，"与时俱和"启示我们为"与时俱进"充实起一个目标：与时代的和谐局面同步发展，向着时代的和谐目标一起前进。

严遵由阐发老子学说而提出的"与时俱和"思想，恰将"与时俱进"与"和谐社会"两种现代理论概念联结起来。

庄子哲学的本体论

　　先秦儒家与道家相比，孔孟荀是以人为中心、为出发点、为根据，承认存在，立足现实，注重人生和社会实践，务求建立一完备、自洽的秩序体系。道家之庄子则是以自然为中心、为出发点、为根据，关于人生和社会的思想是从其本体论核心中逻辑推导出来的。荀子批评庄子"蔽于天而不知人"，庄子则批评儒家"中国之君子明乎礼义而陋于知人心"，意犹批评儒家"蔽于人而不知天"，由"天人"关系方面看，儒道二家虽都讲"天人"，但儒家实际上是侧重于"人"的一极，庄子实际上是侧重于"天"的一极。由本体论角度看，"蔽于天而不知人"，实为庄子对于绝对真理的一种"往而不返"的追求，庄子由此而对于"天"、对于"物"、对于人类感性认识的极限，都有充分的论述，较之先秦儒家甚至于道家之老子，都更为深入系统。

　　晚周诸子百家之于整个中国文化的影响，或称之为"轴心"，或称之为"元典"，总之是为后来的人文发展确定了一种不变的格式。这不变格式的出现有一个背景。古语说天下大势分久必合、合久必分，晚周诸子百家出现的背景是分，不是合，即是说中国文化的初始条件是分，是开放。"开放"一语是当代人最为熟知的，但鲜有确诂。热力学中称与外界没有热力和质量交换的系统为封闭系统，称与外界有热、功和质量交换的系统为开放系统。而先秦社会的开放性质用最简单的概念界定，或许可以解释作无序：政治上的无序与价值观念上的无序。如刘向所说："晚世益甚，万乘之国七，千乘之国五，敌侯争权，盖为战国。贪饕无耻，竞进无厌，国异政教，各自制断，上无天子，下无方伯，力功争强，胜者为右。"（刘向《战国策序》）"上无天子，下无方伯"，是为上下失序。开放或者无序的压力是沉重的，栖栖惶惶的绝不只是孔子一人，儒、道、墨、法诸家莫不如此。

司马谈《论六家要指》引《易传》说："天下一致而百虑，同归而殊途。"（《史记·太史公自序》）虽然诸子百家都是探求真理，以期重建有序，但是百家所认定的道路却是不一样的。司马谈又说："夫阴阳、儒、墨、名、法、道德，此务为治者也，直所从言之异路，有省不省耳。"这个见解是极其重要的。所谓"务为治"，就是说他们都是希图通过政治手段，来重建秩序。所谓"异路"，是说各家的主张有仁政与刑罚、王道与霸道等区别。但各家都是归结于政治、落实于人文的。今观先秦儒家，与其将孔子尊崇为思想家、哲学家、教育家，不如将孔子理解为一个终生为政治理想而奋斗却最终未获成功的政治家，庶几更切合孔子的本意。由《孔子世家》所见，孔子及其弟子实际上就是一个要求以文化推进政治的政治集团。

但是庄子却有所不同。在儒、道、墨、法诸家及各后学支脉中，庄子明显地既不同于儒家，也不同于道家中的老子，更不同于魏晋时期的玄学。与先秦儒家相比：孔孟荀以人为中心、为出发点、为根据，承认存在，立足现实，注重人生和社会实践，以相对现象为绝对依据，务求建立完备、封闭、多元支撑的秩序体系。庄子则是以自然为中心、为出发点、为根据，关于人生和社会的思想是从其本体论核心中逻辑推导出来的。中国古代文化不是讲主观与客观的对立、精神与物质的对立，而是强调天与人的关系。在由儒道二家所共同构成的中国传统文化的天人关系坐标中，儒家正是侧重于人的一极，庄子则是倾向于天的一极。庄子与孔孟荀以其相互对立的思想体系各自沿着天人的两极发展，同时又共同构成了天人关系的完整体系。与老子相比：庄子称老子为"古之博大真人"（《庄子·天下》），书中引述老子之处甚多，在本体论和方法论的许多方面老庄都是相近的。但是在最后的推论上，在社会观方面，二者却有很大的不同。庄子认为生死齐一，无就是有，有就是无，实则无所谓有，无所谓无，本已超出有无之上。及其末流，以天下沈浊为不可与庄语，故称独与天地精神往来，因而有与世同波、安时处顺一说。老子认为天道无为，实则无为无不为并重。"夫唯弗居，是以不去"（《老子·二章》），其心乃在不去。庄子在社会观上只是一种消极的处世哲学，所谓"周将处乎材与不材之间"（《庄子·山木》），"恢恢乎其以无厚入有间游刃有余"，"莫不中音，合于桑林之舞"（《庄子·养生主》），其精义援引为艺术论。老子在社会观方面是一种独特的治世哲学，所谓"反者道之动"（《老子·四十章》），"负阴而抱阳，知雄而守雌"（《老子·四十二章》），"以天下之至柔，驰骋天下之至坚"（《老子·四十三章》），其精义合于兵法。由此可知，庄子哲学是一贯到底的对于抽象思辨的本体论的追求，而老子则本质上是致用的。

老庄学说"洸洋自恣"（《史记·老子韩非列传》）、"正言若反"（《老子·七十八章》）。所谓"正言若反"说得较为通俗就是：话语严肃的时候他的心意可能是随便的，话语荒唐的时候他可能是最用心的。古人著书不易，庄子之所以这样做，是有深意的，也是说明问题的，实际上这种局面本来就是终极探索中所必定要出现的。今观庄子，在其书中随意可以见到一些由日常经验看来颇感莫名其妙的话。《老子》第一章开篇中的"道可道非常道，名可名非常名"一句话，读来极其辩证，由是颇具盛名，而《庄子》书中的一些段落，实际上更要"辩证"得多，因此也十分的宝贵。譬如说："恶乎然？然于然。恶乎不然？不然于不然。恶乎可？可乎可。恶乎不可？不可于不可。物固有所然，物固有所可。无物不然，无物不可。"（《庄子》之《寓言》《齐物论》，略同）又说："有始也者，有未始有始也者，有未始有夫未始有始也者。有有也者，有无也者，有未始有无也者，有未始有夫未始有无也者。"（《庄子·齐物论》）这些话不仅在庄子的同时代人中，而且在古今中外的大思想家中，都是极少见到的。

实际上，庄子作为一个为追求绝对真理"往而不返"（《庄子·逍遥游》）的思想家，对于天、对于物、对于人类感性认识的极限，都有充分的论述。据统计，《庄子》一书中用"物"字共计 202 次，"万物"一词共计 100 次，其他"物化""物累""物物""物物者"等词又有多次。① 可知庄子于天人之际都有极认真的探讨，甚至于较以往被认为是具有唯物主义倾向的一些古代思想家更加"唯物"。然而以往对于庄子这种探索的路径太缺乏冷静的理会，致使许多应该发掘的思想久沉泥沙。

---

① 王世舜等：《老庄词典》，山东教育出版社 1993 年版。

以下仅就庄子哲学本体论中的"道""无""有"三个概念做一阐述。

一　形而上之"道"

《易经·系辞上传》："形而上者谓之道，形而下者谓之器。"

形而上学这一概念有三种不同而又易于混淆的含义：一指哲学本体论；二指形式逻辑，是与辩证的认识论相对称的思维方式；三是一般形容词，指孤立、静止、片面的主观倾向。本篇使用的是它的第一个含义，也是它的本义。

"形而上学"，西方哲学中指关于宇宙存在的终极根据的知识。古希腊哲学家亚里士多德首先使用了"物理学"（Physics）这一名词。亚里士多德另有一部十四卷的著作，以论事物的本质、研究抽象范畴为内容。公元前 1 世纪安得罗尼柯在编纂亚里士多德遗著时，把此书编排在了《物理学》之后，题名为"在物理学之后"（Metaphysics）。"物理学"和"在物理学之后"后来都沿用为专有名词。中译据《易经·系辞上传》将"在物理学之后"这一名词译作"形而上学"。

物理学研究自然现象，形而上学研究抽象范畴，二者是在不同层次上的前后篇。无论在内容的关联上，还是在"上下""前后"的命名上，"物理学"和"在物理学之后"都与《易经·系辞上传》中的"形而下""形而上"的表述相一致，可谓心有灵犀。

"形而上者谓之道"，意思是：超出在有形的事物之上的，就是"道"。因此实际上"在物理学之后"更直接的译法，应是"道学"。因为在"形而上者谓之道"一句中，"形而上"只是"道"所体现、概括的对象和"道"所具有的范围层次，它本身并不是一个名词，这就如同物理学（Physics）也没有被译成"形而下学"一样。总之，无论是东方传统还是西方传统，"形而上学"这一名词概念的本义都是指纯粹抽象思辨的本体论。在此方面，庄子有专门和系统的探讨，其最主要的概念就是"道""无""有"。

二 形上与形下统一之"道"

庄子所说的道是指宇宙万物的共同的物质本质以及物质世界无限运动的整体过程，即：从"无"到"有"，从万物生成到各复其根，"无"生"有"，"有"复归于"无"，"有""无"相生，"无为首，生为脊，死为尻，死生存亡之一体"（《庄子·大宗师》），这样一个统一于物质性的无限运动的整体过程。这个整体过程就是"道"。

道有两个含义：其一指世界万物的终极原因和最终根据，即"无"；其二指世界万物的存在法则，即物质世界从"无"到"有"，又从"有"到"无"的整体运动过程。"道"或"无"作为宇宙万物的终极原因和最终根据，是一个形而上的概念。"道"或"有"作为宇宙万物的本原和存在法则，又有其形而下的含义。

三 道的性质："道"无所不在，又复归于一

道并不是一个空洞的概念，不是一个抽象了一切属性的主体，正相反，道具有最大范围的包罗和概括。

道的属性，延用《庄子》的原句，可归结为两个方面。一、道的性质：道无所不在，又复归于一；二、道的特点：道有情有信，无为无形。

> 《庄子·知北游》："东郭子问于庄子曰：'所谓道，恶乎在？'庄子曰：'无所不在。'东郭子曰：'期而后可。'庄子曰：'在蝼蚁。'曰：'何其下邪？'曰：'在稊稗。'曰：'何其愈下邪？'曰：'在瓦甓。'曰：'何其愈甚邪？'曰：'在屎溺。'"

道是普遍存在的，道的普遍性同时也就是道的统一性，因为普遍存在的也就是要共同依循的。同时，道的普遍性又是抽象的道以"行不知所之，居不知所为，与物委蛇，而同其波"（《庄子·庚桑楚》）的形式存在于事物的个性之中。道在蝼蚁，在稊稗，在瓦甓，在屎尿，道不仅承认具体事物的存在，而且承认位置微贱的具体事物的存在。合于个性，即合于

天，即合于道。道既无所不在，又复归于一。普遍性和统一性是统一的，个性和道是统一的，物质存在的"有"与抽象概念的"无"也是统一的。

四　"道"的特点："道"有情有信，无为无形

《庄子·大宗师》："夫道有情有信，无为无形"。

（一）道有情

庄子所讲的"情"有人情、天情两种。人情是现实中与道相背离的人的情欲和作为，天情则是在"泰初"演化的序列中与"德"相吻合而对称的概念。

情者性之动，"情"本来是用来描述人的一个概念。《天地》篇说："泰初有无，无有无名。一之所起，有一而未形。物得以生，谓之德。留动而生物，物成生理，谓之形。形体保神，各有仪则，谓之性。性修反德，德至同于初。"在这一段"泰初"的完整序列中，从生生之"德"，到保神的"性"，之后再没有其他概念，由"性"就又直接回归到"德"，回归到物得以生的初始状况，而没有经过"情"的展现阶段。但是在人世和现实中就不同。《庚桑楚》："性者，生之质也。性之动，谓之为。为之伪，谓之失。"性之动，叫作"为"，失其真，叫作"伪"。为就是伪，这与荀子性伪之说中的伪含义相同。成玄英《庚桑楚疏》："矫性伪情，分外有为，谓之道也。"为，就是情。庄子认为，人是大自然的产物，是"道与之貌，天与之形"，而人情则不是本来就有的。所谓"人情"就是人有好恶是非。有好恶是非则"内伤其身"，违背生命的原则，不符合天性。因此，"人情"在庄子哲学中是被否定的一个概念。

物得以生，谓之德。德者，得也。《韩非子》："德者，道之功也。"陆德明《经典释文》："德者，道之用也。"从无到有，从浑沌到有形，进而有理、有仪、有性，就叫作德。德是从万物的角度而言，万物得以生，谓之德。而从天或从道的角度而言，天或道对于万物的这份赋予，就是情。《齐物论》："非彼无我，有情而无形。百骸九窍六脏赅而存焉，如求得其情与不得，无益损乎其真。"情即是天道对人对万物的无

形无声的赋予。

（二）道有信

守命共时，有符契可验证，叫作信。《齐物论》："若有真宰，而特不得其朕。可行己信，而不见其形。"朕是征兆的意思，此处指"真宰"的形貌。信是验证。真宰似乎是有，看不到他的形貌，但可以验证到他的行迹，所以说道有信。

> 《列御寇》："天有春秋冬夏旦暮之期。"（道有信，主要体现为有序。）
> 《天道》："天地固有常矣，日月固有明矣，星辰固有列矣，禽兽固有群矣，树木固有立矣。"
> 《知北游》："天地有大美，四时有明法，万物有成理。阴阳四时运行，各得其序。"

"期"，《汉书注》："必也。"《庄子·寓言注》："待也。"《玉篇》："时也。"《广韵》："信也。"期是时间的确定的循环。期又写作朞，《广韵》："复其时也。"《尚书·尧典》："朞三百有六旬。"期是时间周而复始的循环运转。序，本义作东西墙，引申为时序、次第。天地日月星辰，草木禽兽，旦暮寒暑，春夏秋冬四时，都有其稳定的次第序列，有其稳定的运转周期，整齐有序，有必然性可以期待。这就是道的有信和有序。庄子认为，序是道的属性之一，是宇宙万物存在的形式，宇宙万物都表现为有序的、符合某一规则的运动。有规则就是有序，有序所以是有信，有信所以能够见出道的存在。任何事物不依循有序的原则，就不能善终，不能长存。

（三）道无形

道"不期精粗"，故无形。无形，故"可传而不可受，可得而不可见"。道是存在的，但道以无形的、抽象的形式而存在；道是可知的，但道并非语言、概念和感觉经验所能知。

《大宗师》："子祀、子舆、子犁、子来四人相与语曰：'孰能以无为首，以生为脊，以死为尻，孰知死生存亡之一体者，吾与之友矣。'四人相视而笑，莫逆于心，遂相与为友。"子祀、子舆、子犁、子来四人对道和生死的本质都很觉悟，四人相交成为道义上的朋友，只是经过相视一笑，并没有用言语互相表白。

《天道》篇说："世之所贵道者书也；书不过语，语有贵也；语之所贵者意也。"道虽是无形的，却是可以认识的，只是认识道要靠意，靠直觉，靠感悟。可以借助语言认识道，但借助语言是要通过语言获得对意的领会和把握，最后的结果应该是"得意忘言"。语言作为工具是第二位的，目的在于意，语言只是一个借助和假托，因之一旦领会了意，语言的功用也就完结了。

（四）道无为

无为而无不为，道是无为和无不为的统一。

老子和庄子都有很多关于"无为无不为"的论述。《庄子·则阳》篇说："万物殊理，道不私，故无名。无名故无为，无为而无不为。"庄子的这一思想显然来自老子。"无为无不为"原文，见于《老子·三十七章》："道常无为而无不为，侯王若能守，万物将自化。"以及《四十八章》："损之又损之，以至于无为，无为无不为，取天下常以无事。"王弼《老子注》说，无为是"顺自化也"，无不为是"万物无不由为以治以成之也"，"有为则有所失，故无为乃无所不为也"。对无为无不为的思想从正面和反面都做了解释。

不过，庄子虽然直接接受了老子无为无不为的思想，但老庄二人在无为无不为上又有各自不同的侧重。《老子》中再三讲到圣人"不为而成"（《老子·四十七章》），"取天下常以无事"（《老子·四十八章》），无为无不为，其倾向在于无不为，因而老子哲学得以在汉初之际被引为无为而治的政治理论。庄子主张"安时处顺"（《庄子·养生主》，又见《大宗师》），与世同波。"静而与阴同德，动而与阳同波"（《庄子·天道》，又见《刻意》），"知其不可奈何而安之若命"（《庄子·人间世》，又见《德充符》），无为无不为，实际上是侧重于无为，所以直到魏晋之际才为士大夫所重视，援引为玄学清谈之资。

五 "有"与"无"及其三种内涵

庄子曾提出"有物矣而未始有封"（《庄子·齐物论》）的"浑沌"概念，又提出"有实而无乎处"（《庄子·庚桑楚》）的宇宙概念。虽然未有封，但还是有物；虽然无乎处，但还是有实。有实、有物就是"有"。"有"是物质存在的总称，是宇宙万物的抽象。从"物""实"，到"有"，物理学的概念就被抽象成为形而上学的概念。

"物"又称作"有"，那么，"物"或"有"的根据又是什么？

> 《知北游》："有先天地生者物邪？物物者非物。物出不得先物也，犹其有物也。犹其有物也，无已。"
>
> 《庚桑楚》："有不能以有为有，必出乎无有。"

物不能以物为根据。因为此物之上有彼物，彼物之上又有彼物，此物与彼物都是物。如果在此物之前总是以一个彼物做根据，结果就是"什么是物的根据"的问题永远没有完结。所以，最终生成了物的不是"物"。"有"的最终根据不是"有"，而是"无有"，"无有"就是"无"。

"无"的概念具有不同层次的含义。

第一，"无"是无有，是对"有"的否定。但"无"对"有"的否定是存在的，所以无有就仍然是"有"。庄子认为，作为最终根据的"无"不仅是作为对"有"的否定而存在，而且是作为对"无"自身存在的否定而绝对否定。也就是说，"无"是绝对的。

> 《庚桑楚》："有不能以有为有，必出乎无有。而无有一无有。"

"无有"就是什么都没有，一切没有。"而无有一无有"的"一"是一切、纯粹的意思，即无论怎样都怎样，无论如何就是如何。《大宗师》篇"回一怪之"的"一"字，用法同此。"无有一无有"意即无论怎样都无有。因此：

第二，"无"是无"无有"，或者叫作"无无"，是对"无有"的否定。

> 《知北游》："光耀问乎无有曰：'夫子有乎？其无有乎？'光耀不
> 得问，而孰视其状貌，杳然空然，终日视之而不见，听之而不闻，搏
> 之而不得也。光耀曰：'至矣！其孰能至此乎！予能有无矣，而未能
> 无无也，及为无有矣，何从至此哉！'"

但是，"无无"也仍然是有。"无无"是在"无"之上又加了一个
"无"，这就还是有"无"，就还是有。按照"有不能以有为有"的原则，
"无"也不能以"无"为"无"。"无"不能以"无"为"无"，所以
"无"就必须是一种绝对不存在，绝对无规定性，完全是宇宙万物的重合
为一，天人关系的重合为一。

"光耀"意为可见其光辉而不可见其形体。"光耀"自以为是无，但
是因为他还有光辉，所以还不是无。无究竟是什么？"光耀"找到"无
有"来问，问过之后却得不到回答。视其状貌而不见，听其音息而不闻，
手触其形体而无所得。因此：

第三，无是任何规定都不存在。

任何东西都不存在的无，无有，无无，无形，无名。既然连自身的存
在也是不存在的，所以无在认识上和表述上也就是不可分析和无可表述的
了。

什么是天地万物的根据？生命的意义是什么？这是庄子哲学最终要探
讨的问题。从宇宙论到形而上学，从无限的"有"到绝对的"无"，至
此，庄子最后完成了他哲学本体论的追求。所谓"有以为未始有物者，
至矣，尽矣，弗可以加矣"。"无"就是存在的最终根据，就是天地万物
的最终根据，就是生命的最终根据。

六 "有"与"无"及其三种逻辑思维方式

晚周诸子的逻辑思维方式有三个不同的层次：第一是"矛盾不相容"
的逻辑思维层次，第二是"相反相成"的逻辑思维层次，第三即老庄用
以论证抽象绝对的道的"大音希声""大象无形"的逻辑思维层次。

"矛盾不相容"的逻辑思维层次以韩非为代表，中文"矛盾"一语即出于韩非。"矛盾不相容"的逻辑思维层次中最主要的一个特点就是"不相容之事不两立"，也就是"矛盾律"。

"相反相成"的逻辑思维层次是认为矛盾对立的双方互为成立的条件，同为相对而存在，对此老子和庄子都有论述，如：

> 《老子·二章》："天下皆知美之为美，斯恶已。皆知善之为善，斯不善已。故有无相生，难易相成，长短相形，高下相倾，音声相和，前后相随。"

此处的有和无，是普通意义上的有和无，是有和没有的意思。老子的原意是说，美与恶，善与不善，有与无，难与易，长与短，高与下，音与声，前与后，都是相互依存的相对的概念。对立的双方如果各自偏执于自己的一端，就会使双方都不能存在。强调了自己，否定了对方，对方失去了，自己的一方也不复存在。

"相反相成"的逻辑思维层次具有更为充分的思辨因素，从哲学的意义上看，较之形式逻辑的层次更高一层。但因为相反相成的双方既不能进行肯定判断，也不能进行否定判断，双方都是有条件的，只具有相对的意义。美与恶、善与不善、有与无、难与易，无论其美、善、有、易，或者恶、不善、无、难，都不具有绝对的性质，因此都没有意义。所以《老子·二十章》又说："唯之与阿，相去几何！善之与恶，相去何若！"唯与阿都是叹词，是答应的声音，唯是正常情况下的答应，阿有诮谀的意思。唯与阿，善与恶，同样是偏失，没有什么不一样的。可知这种"相反相成"的逻辑思维层次是为道家一派所共同否定的。

"大音希声""大象无形"的逻辑思维层次以老庄为代表。

> 《老子·四十一章》："大方无隅，大器晚成，大音希声，大象无形。"
>
> 《老子·四十五章》："大成若缺，大盈若冲，大直若屈，大巧若拙，大辩若讷。"
>
> 《老子·八十一章》："信言不美，美言不信，善者不辩，辩者不

善，知者不博，博者不知。"

《庄子·齐物论》："夫大道不称，大辩不言，大仁不仁，大廉不嗛，大勇不忮。"

"大象无形"，"大"是至大，"无"是无对，也就是绝对。至大的象，涵括了所有的形，所有的象，无所不形，无所不象。因而有形同于无形，有象同于无象，至大而无对，孤立而自存，所以说"大象无形"。

大象无形中的"象"和"形"替换作"有"和"无"，就成为"大有即无"。同理，大有者无所不有，无所不有则无所谓有，无所谓有则无有，故大有则无有，大有即大无。所以，在"大象无形"的逻辑思维层次上，就不再是有无相反相成，而是有无同一了。

庄子的人文思想

　　庄子的人文思想并非简单的消极厌世，依照道家"人法自然"的原则，自然的天道受到正面肯定，现实的人道势必居于被否定的位置。庄子思想的核心是抽象思辨的本体论哲学，人文思想并非庄子的核心部分，虽然如此，庄子的人文思想仍然具有十分丰富的内容，其中包含他所批评的现实社会与他所构筑的理想社会两个部分，本篇依照庄子的内在逻辑线索分七个概念对此做了概述。

　　晚周诸子百家都是在探求真理，即于探求世界万物的根据和规则中，建立各自的理想和学说的。但是在儒、道、墨、法诸家及各后学支脉中，庄子明显地既不同于儒家，甚至也不同于道家中的老子。由庄子与儒家的比较而言，孔孟荀以人为中心、为出发点、为根据，庄子则是以自然为中心、为出发点、为根据，有关人生和社会的思想是从其本体论核心中逻辑推导出来的。由"天人"关系范畴而言，儒家是侧重于"人"的一极，也就是人文的一极，庄子则是倾向了"天"的一极，也就是自然的一极。

　　古今对于庄子的评价有过二种倾向，一是认为老庄同大于异，进而认为庄子只是老子之注疏。二是认为儒家有其积极刚健的一面，而道家尤其是庄子则唯有消极。其实不然。庄子学说的主体既不是"相对主义"的认识论，也不是消极处世的社会观，而是抽象思辨的本体论。在宇宙本原方面，庄子认为宇宙万物是统一的，即统一于"物"、统一于"有"，而"物"或"有"的根据又在于"无"，因为唯有绝对的浑沌无个性的"无"，才有在时间上无古无今、无始无终，在空间上至大无外、至小无内的宇宙生成。在形而上学方面，老子认为"大象无形"（《老子·四十一章》），庄子认为"大辩不言"（《庄子·齐物论》），同理则有"大有即无"。因为大有者无所不有，无所不有则无所谓有，无所谓有则无有。故大有则无有，大有即大无，大无即大有。庄子虽然也有自己的人生观、社会观，但他的至足之处却是形而上学抽象思辨的本体论哲学。庄子是以抽象思辨的本体论来实现他对于世界万物的根据和规则的探求的，庄子对于中国文化的主要贡献也正是在于他对本体论的独特关注。

荀子称庄子是"蔽于天而不知人"（《荀子·解蔽》），司马迁也说他"其言洸洋自恣以适己，故自王公大人不能器之"（《史记·老子韩非列传》庄子附传）。所谓"蔽于天而不知人"，意即庄子为了其本体论方面的追求，而舍弃了人文方面的构建。因为按照道家"人法自然"的原则来看，天道是正面的，现实的人道则有许多不合理的地方，是负面的、应该被否定的。从语言的表述上来说，是不应该有一个独立的"人道"的，因为人道要包含在天道里面。如果有"人道"，那么这个"人道"就一定是伪的，是所谓的"人道"。当然，对于这样的"人道"，庄子又不得不提出来加以批评。《在宥》说："有天道，有人道。无为而尊者天道也，有为而累者人道也，天道与人道相去远矣。"《缮性》又说："世丧道矣，道丧世矣，世与道交相丧也。道之人何由兴乎世，世亦何由兴乎道哉！"就是这个意思。庄子又描述过有一种"真人"，或者称为"至人""神人"，以及真人治理下的社会"至德之世"，这就已经不是现实中的社会，而是庄子在理想中所构建的希望，是要与被他否定的"人道"区分开的。所以，庄子的人文思想中就包含了被他所否定的现实社会与他所构筑的理想社会两个部分，而且这两部分也都不是他整个学说的主体，这一点是在阐述庄子的人文思想时要首先明确的。

以下依照庄子的内在逻辑线索分七个概念略述。

一 养 生

庄子人文思想中的第一个概念是"养生"，这个概念经由《养生主》篇的篇名特别标出。

庄子认为，无论是在宇宙生成的过程中，还是在生物演化的过程中，天地万物都有其共同的物质本质，而不是某一个性可以离开其由以产生的根据。天地万物本质上是物质的，人在本质上也是物质的，与天地万物在物质本质上同一不悖。

> 汝身非汝有，是天地之委形也；生非汝有，是天地之委和也；性命非汝有，是天地之委顺也；孙子非汝有，是天地之委蜕也。(《庄子·知北游》)

人不为人所有。人的身体是天地形态的委托，人的诞生是天地和谐的委托，人的生命是天地变动的委托，人的子孙后代是天地代谢的委托。根据本体论中所阐明的人在宇宙万物中的地位，人生的根据在于天道。人也是物，是物就要遵从天道。所谓"一受其成形，不忘以待尽"(《庄子·齐物论》)。而既然天道赋予了人以形体、以生命，人生的意义就在于保全这形体，展开这生命，也就是"保身、全生、养亲、尽年"(《庄子·养生主》)。"亲"是躬亲、自身的意思。成玄英疏解释做孝养父母，于意不符。保身、养亲，是保养自己的身体。全生、尽年，是全其生命，以尽天年。

关于如何养生，可以概要为四个方面。其一，要持心清静。《在宥》："人大喜邪，毗于阳；大怒邪，毗于阴。无视无听，抱神以静，无劳汝形，无摇汝精，乃可以长生。"其二，要凝神守一。持心清静是什么也不去想、不去做。凝神守一则是只专心于一个地方，始终只做一件事情。《知北游》："大马之捶钩者年八十矣，而不失豪芒。大马曰：'子巧与？有道与？'曰：'臣有守也。臣之年二十而好捶钩，于物无视也，非钩无察也。'"其三，要不为物用。为物用是和为道用相对立的。宇宙万物都遵从于道，但物与物之间不可以互相役使。《人间世》："予求无所可用久矣，几死，乃今得之，为予大用。使予也而有用，且得有此大也邪？且也若与予也皆物也，奈何哉其相物也！"其四，要不沾染人情。人情包括人的志欲、喜好、情感、思想、知识等，是后天的、人为的，是人文、文化的产物。道生人，由道生出了人的形体象貌和本性，但并没有生出人情。人情排下进上，险于山川，不利于人的养生。嗜欲越多，天机越浅，要养生，就不能沾染人情。

二　德充符

庄子人文思想的第二个概念是"德充符"，这个概念经由《德充符》

篇的篇名标出。

生命的意义就是"生"，人生的目的就是养生。不过，养生还只是庄子人生观的一个方面。与此同时，庄子还认为人生不单纯是保身养亲、全生尽年的养生。保养形体，至多不过是长生长寿。导引是一种养生，但它只限于养形，为的只是长寿。庄子认为，养生不仅仅是要长寿，庄子的养生区别于导引的养生，而另具有其哲学意义。

养形必先之以物，物有余而形不养者有之矣。有生必先无离形，形不离而生亡者有之矣。悲夫！世之人以为养形足以存生。而养形果不足以存生，则世奚足为哉！（《庄子·达生》）

保养形体首先必定要有物质上的供应，但物质上的供应有余，而形体却没能得到保养的事，也是有的。维持生命必定要不离开形体，而形体没有离开，生命却已经死亡的人，也是有的。人不懂得道，活着就没有意义，活得再久，虽生犹死。世上的人以为保养好形体就足以保存生命，但保养形体却不足以保存生命，世上的人不是盲目可悲吗！庄子认为，养生并不完全等同于养身。形全生未必存，同理，形不全生也未必不存。使生命具有意义才是最终的目的，而养形只是工具。形体是外在的，而心是内在的，心又称作符，《人间世》："听止于耳，心止于符"，道的得与不得在于心符的达与不达，达于心符，得于道，就叫作"德充符"。

庄子把养生和养形区别开来，对人生意义的理解由此上升到了更高的层次。一方面，人的诞生是道的委托。生命一经出现就表现为遵循生命自身的生的法则的存在形式。另一方面，具体的个性原则同时又要不脱离开道，不脱离开宇宙万物的整体和统一性而独立存在。对于人来说，生如得，死如丧，"死生亦大矣"（《庄子·田子方》），是人生第一大事。而对于道来说，生死如来往，生与死都是道的常规运动的表现。《大宗师》说："夫大块载我以形，劳我以生，佚我以老，息我以死，故善吾生者乃所以善吾死也。"《养生主》说："适来，夫子时也；适去，夫子顺也。安时而处顺，哀乐不能入也。"《外物》说："虽相与为君臣，时也，易世而无以相贱。""时"意为偶然、时机、时遇，不论是个体生命的诞生，还是个人在社会生活中的富贵贫贱，身世地位，都是在天道运行的必然性之下的偶然和时遇。而人对于生命的态度，就应该是依循这个必然。遵从于道，安于其偶然，顺从其必然，就叫作"安时处顺"。

生生死死，就像来来往往，就如同春夏秋冬四时的更替。生并不是获得，死也并不是丧失，生并不比死具有更大的意义。倒是死比生更多一种回归万物、更新再造的广阔空间，因此更接近于道，由道所任意委托差遣。无为首领，生为脊背，死为尻尾，死生存亡为一体，这就叫作生死如一。生死如来往，死是回归于万物，是为道之大用，这就叫作视死如归。

人生和宇宙万物一样，无动而不变，无时而不移，循环往复，生化不休，生生死死，出于道而又入于道，这就叫作"天地与我并生，万物与我为一"（《庄子·齐物论》）。

三　真　人

庄子用更高层次的"生"，用生死如一的"生"，"天地与我并生"的"生"，否定了养形养身的"生"。但庄子说生不如死，生死如一，因此这个更高意义的"生"实际上也就同时否定了它自己。生的意义由道的意义而获得，同时生的意义又为道的意义所否定。庄子的人生观因而从"养生"的概念过渡到了"安时处顺"的概念。从庄子学说的内在逻辑上看，"安时处顺"不仅是庄子来自战国纷争的社会现实的消极反应，而且是从天道向人文的推演的必然结果。

什么人能够既有人的形质，又可以长生不死，可以与道为一，具有绝对的自由？这就是庄子理想中所构建的"真人"，或称"至人""神人"。所谓"真人"，"其好之也一，其弗好之也一；其一也一，其不一也一；其一与天为徒，其不一与人为徒，天与人不相胜也"（《庄子·大宗师》）。"大泽焚而不能热，河汉冱而不能寒，疾雷破山，飘风振海而不能惊。乘云气，骑日月，而游乎四海之外，死生无变于己。"（《庄子·齐物论》）

"真人"有两个最主要的特点：第一，真人之为人，与天完全合一，与道完全合一，真人的出现，与天与道并非二物。真人遵从于天是与天为一，不遵从于天也是与天为一。与天为一时就与天为一体，不与天为一时就具有人的形体，真人具有人的形体时，也是与天同一而不违背天道。天并不比真人强大，真人也不比天强大，真人在人与天与道的关系上，是天人合一，人道合一，这就叫作"天与人不相胜"。第二，真人具有不受限于万物、超出万物之上的性质。可以吸风饮露，不食五谷。往来乘白云，骑日月，驾驭飞龙，出入四海之外。不受死生的限制，大泽燃烧起来不能使之加热，河汉冻结起来不能使之加寒，疾雷破山、飓风振海不能使之惊惧。经过大山而无阻碍，入于深渊而不濡湿，充满天地，利害不能伤其身。

四　圣　人

庄子对"真人"或"至人""神人"论述较多，语言也比较形象。所谓"真人"，显然只是庄子"天人合一"观念下的一个理想。但是，庄子把这种"真人"的形象体现在他的历史观中，落实在"古之君人者"的身上，"真人""至人""神人""圣人"相提并论，"真人"与"圣人"合为一体，由此便引出了"圣人"的概念，庄子学说也由人生观过渡到了历史观。

> 圣人之治也，在混芒之中，与一世而得淡漠焉。当是时也，阴阳和静，鬼神不扰，四时得节，万物不伤，群生不夭。人虽有知，无所用之，此之谓至一。当是时也，莫之为而常自然。（《庄子·缮性》）

"圣人"和"真人"的不同之处在于：第一，真人是飘然独在的，圣人则是四方的领袖。圣人虽然也高深、闲适、自由、长寿，与天合德，但同时圣人又能以其淡漠无为为四方的领袖，为群生、万民，以至于万物鬼神的主宰，身虽无为，却建立有一番事功。真人则不同。真人不存在情欲，长游于四海方物之外，彷徨于无何有之乡，逍遥于广漠之野，"智者不得说，美人不得滥，盗人不得劫，伏戏黄帝不得友"（《庄子·田子方》）。第二，真人和圣人在庄子学说体系中，是逻辑先后的两个概念。道家学说讲究自身的领悟修为，主张"舍诸人而求诸己"（《庄子·庚桑楚》）、"先存诸己而后存诸人"（《庄子·人间世》）。在道家一派中，既无所谓圣教可以传授，也不存在普济众生的使命。所以，庄子在政治社会方面，主张"道之真以治身，其绪余以为国家，其土苴以治天下。由此观之，帝王之功，圣人之余事也，非所以完身养生也"（《庄子·让王》）。以至于说，真人"其尘垢秕糠将犹陶铸尧舜者也，孰肯以物为事"（《庄子·逍遥游》），比较而言，"真人"更多地倾向于道，"圣人"更多地倾向于人。"真人"是一个理想中的概念，"圣人"则含有不得已于物事的勉强。

五　至德之世

圣人与天同德，因此圣人治下的社会就叫作"至德之世"。

> 子独不知至德之世乎？昔者容成氏、大庭氏、伯皇氏、中央氏、栗陆氏、骊畜氏、轩辕氏、赫胥氏、尊卢氏、祝融氏、伏牺氏、神农氏，当是时也，民结绳而用之，甘其食，美其服，乐其俗，安其居，邻国相望，鸡狗之音相闻，民至老死而不相往来。若此之时，则至治已。（《庄子·胠箧》）

庄子认为，在尧舜禹以前就有容成氏、大庭氏、伯皇氏、中央氏、栗陆氏、骊畜氏、轩辕氏、赫胥氏、尊卢氏、祝融氏、伏牺氏、神农氏，这十二个上古帝王的时代是圣人治下的"至治"，是"至德之世"。在至德之世的社会中，"山无蹊遂，泽无舟梁，万物群生，连属其乡，禽兽成群，草木遂长"（《庄子·齐物论》）。当时社会中的人"立于宇宙之中，冬日衣皮毛，夏日衣葛絺。春耕种，形足以劳动；秋收敛，身足以休食。日出而作，日入而息，逍遥乎天地之间，而心意自得"（《庄子·让王》），"同与禽兽居，族与万物并"，"含哺而熙，鼓腹而游"（《庄子·马蹄》），"上如标枝，民如野鹿"（《庄子·天地》）。

"圣人"和"至德之世"是庄子历史观的两个概念，是庄子在历史的名义下加以肯定的少数人文概念之一。实际上，庄子所说的上古十二帝王的"至德之世"虽然有历史的名义，其中仍然有很大程度的理想因素。所以，庄子的"至德之世"的概念，实际上是有历史与理想的双重因素的。《外物》说："夫尊古而卑今，学者之流也。且以狶韦氏之流观今之世，夫孰能不波？唯至人乃能游于世而不僻，顺人而不失己。"对于一般所公认的、有比较明确的史实的历史，比如唐虞尧舜以后的历史，庄子实际上是持否定态度的。

六　倒置之世

上古十二帝王的"至德之世"的社会，从伏羲、黄帝时开始有了变化，到夏商周三代以下，境况就大不一样了。

> 逮德下衰，及燧人、伏羲始为天下，是故顺而不一。德又下衰，及神农、黄帝始为天下，是故安而不顺。德又下衰，及唐、虞始为天下，兴治化之流，枭淳散朴，离道以善，险德以行，然后去性而从于心，心与心职。知而不足以定天下，然后附之以文，益之以博。文灭质，博溺心，然后民始惑乱，无以反其性情而复其初。（《庄子·缮性》）

自上古十二帝王以后，道德下衰。到燧人和伏羲时，人世与天道不能合一，但人世还可以顺从天道。到神农和黄帝时，人世不能顺从天道，但还能够安于天道。此后道德愈衰，到唐尧和虞舜时，对社会进行治理改造，以善行取代道德，离开人性而趋从人心。纯朴的人性涣散了，变成了人心与人心互相竞逐役使。智慧不足，就造了文字，进而追求广阔的知识，而文字和知识淹灭了纯朴的心灵。人心迷惑，从此再不能够恢复人的初始性情。

庄子认为，人类社会所以会有这样巨大变异的根本原因，是性情分离。上古至德之世人性向道，人情与人性一致，叫作"性情不离"（《庄子·马蹄》），所以社会是和谐均平的。自黄帝以下，"天下莫不以物易其性"（《庄子·骈拇》），人性不向道而向物，即人性脱离了宇宙万物的普遍性而沿着个性的方向极端发展，最终是以人情取代了人性。人性是道赋予的，人情是人后天具有的。以人情取代人性，也就是以个性的物取代了共性的道，造成了性情分离。去性而从于心，心与心职，就是性情分离。没有人性，只有人情。只有人情和人情之间的关系存在，而没有人情出自人性的关系存在。人情恶性发展，人性受到迷乱侵扰，烂漫不收，从此不复存在，社会现实也因此而无所可取。

人情"排下而进上"（《庄子·在宥》），"说而不休，多而无已"（《庄子·天下》），具有一种在量上无限发展的不平衡的特点，具体表现为人世对于物质利益和道德名誉两方面的追求。在儒家看来，追求物质利益与追求道德名誉这两个方面是截然对立的，庄子则认为二者同样是对道德的偏离。"自三代以下者，天下莫不以物易其性矣。小人则以身殉利，士则以身殉名，大夫则以身殉家，圣人则以身殉天下。"（《庄子·骈拇》）伯夷、叔齐死于名，申徒狄、介子推、王子比干、伍子胥死于忠，尾生期死于信，盗跖死于利，这些人"事业不同，名声各异。其于伤性以身为殉一也"（《庄子·骈拇》）。无论其为名利或者为仁义忠信，都是性情的分离。

《缮性》："丧己于物，失性于俗者，谓之倒置之民。"性情分离，丧性于名物，失性于俗情，就叫作"倒置"，而性情分离的人世社会就可以叫作"倒置之世"。在倒置之世中生活的人就是"倒置之民"。"倒置"就是本末颠倒，反本为末，就是颠倒了人情对于人性也就是人情对于天道的依存关系。对于倒置之世，庄子不仅持完全否定的态度，而且曾为之断言说："大乱之本必生于尧舜之间，其末存乎千世之后。千世之后，其必有人与人相食者也。"（《庄子·庚桑楚》）

七　与世同波

性情分离导致了倒置之世的出现，导致了至德之世和倒置之世的分离，同时也是导致了天人关系、人道关系的分离。所以庄子说："有天道，有人道。无为而尊者天道也，有为而累者人道也。天道与人道相去远矣。"又说："世丧道矣，道丧世矣，世与道交相丧也。道之人何由兴乎世，世亦何由兴乎道哉！""天下之人各为其所欲焉以自为方。悲夫！百家往而不返，必不合矣！后世之学者，不幸不见天地之纯，古人之大体，道术将为天下裂！"（《庄子·天下》）性情本来是合而不分的，道也是唯一和绝对的，而性情的分离却导致了人情和所谓的"人道"的产生。人情与人道背离天道而存在，现实社会也背离天道而存在。二者相差绝远，相互违背，交相离丧。人道极端发展，往而不返。天道均平而统一，从此而不可得见，不复存在。

指出了天人之分，实际上也就是指出了庄子学说体系自身的一个内在矛盾，即哲学本体论和理想上统一的道与实际上不和谐不统一的社会历史现实的矛盾。从哲学本体论上看，实际存在的社会历史与现实应该就是道的存在与运动的表现与形式，是道的内涵的一部分。因为道是统一的、绝对的。因此，理论上的道与实际上的社会历史现实的矛盾，也就是道的统一性与道的不统一性的矛盾。

在这一点上，老子也曾面临和庄子一样的境遇。老子一方面论述了"道"在最大概念上的统一，所谓"天网恢恢，疏而不失"（《老子·七十三章》），一方面又指出了"天之道其犹张弓与，高者抑之，下者举之，有余者损之，不足者补之；天之道损有余而补不足，人之道则不然，损不足以奉有余"（《老子·七十七章》）的"天之道"与"人之道"的矛盾。

道既然是绝对的，就不应该有现实中"人之道"的分离。同样，既然有现实中"人之道"的分离，就不应该有哲学上绝对统一的道。这是一个矛盾，这个矛盾庄子没有解决，也不可能解决。庄子的"道"本来就有两个含义："有生于无"和"有无同一"。庄子从"有生于无"一义中推导出了雕琢复朴、归根反真的历史观，当这个历史观被现实中的"倒置之世"否定以后，庄子便退而求其次，又从"有无同一"的第二义中推导出了"与世同波"的现实观。

> 彼来则我与之来，彼往则我与之往，彼强阳则我与之强阳。
> （《庄子·寓言》）
> 静而与阴同德，动而与阳同波。（《庄子·寓言》，又见《刻意》）
> 行不知所之，居不知所为，与物委蛇，而同其波。（《庄子·庚桑楚》）
> 知其不可奈何而安之若命，德之至也。（《庄子·人间世》）

屈原曾说："举世皆浊我独清，众人皆醉我独醒。"（《楚辞·渔父》）"行吟泽畔，颜色憔悴"（《史记·屈原贾生列传》），是心理上的压力。庄子虽有祈向不可得也，道术将为天下裂，是学术上的压力。曲高和寡，对此老子也曾深有感慨，说："众人熙熙，若享太牢，若春登台。众人皆有余，我独若遗。"（《老子·二十章》）不过，老子学说的最后归止是政治实践，庄子执着于哲学本体论探索，主张生死齐一，独与天地精神往来，矛盾既不可解，退而求其次，不得已而与世俗处，知其不可奈何而安之若命，这一种感慨应该又比老子深切得多了。

学术界一般认为，"与世同波"的思想不合于早期庄子的处世态度，是庄子后学的想法。但"与世同波"在逻辑上是与庄子的道论一致不悖的，是可以从"有无同一"中引申出来的。从庄子学说体系的内在逻辑上看，恰是"与世同波"的概念为庄子的人文思想做了一个完整的收尾。

庄子的"宇宙"定义

中国古代所普遍接受的宇宙概念，出自晚周诸子中的尸佼。《尸子》中定义"宇宙"概念说："四方上下曰宇，往古来今曰宙。"

此外，《管子·宙合》中说："天地，万物之橐；宙合又橐天地。宙合之意，上通于天之上，下泉于地之下，外出于四海之外，合络天地以为一裹。"这里所讲的"宙合"，也就是"宇宙"。

《墨经》中说："宇，弥异所也"，"宇，东西家南北"。"久，弥异时也"，"久，合古今旦莫"。"莫"同"暮"。"家"是居中的意思。"久"即宙。《墨经》中的"宇宙"，也就是最大限度和最大范围的时空。

《管子》的解释是形象的，更加直截了当地把宇宙比作"橐"和"裹"。很显然《管子》和《墨经》二书中的宇宙概念和《尸子》中的宇宙概念是一致的。

汉高诱注《淮南子》说："四方上下谓之宇，古往今来谓之宙"，沿用了《尸子》中对宇宙的定义。自高诱以后，包括《三仓》《玉海》等字书、类书在内，解释宇宙一词基本上均用这一旧说。由于从西汉武帝时起，儒家思想始终居于主导地位，儒家学说又实际上涵括了各家学说，因此《尸子》中的这一宇宙概念也可以看成是儒家所持的标准解释，尤其是其中所包含的四方、六合的概念与汉以后儒家所乐道的八卦、五行学说有十分一致之处。

"四方上下曰宇，往古来今曰宙"，这一定义简练、明确，易于与人们的日常经验相吻合。但是，这一定义实际上只是限于对宇宙外在形式的表述，而与宇宙的真实本质相差甚远。和这一定义不同，《庄子》的宇宙概念内在而丰富，虽然不易于训读，难于理解，但却更加接近宇宙的实质。

《庄子·庚桑楚》："出无本，入无窍。有实而无乎处，有长而无乎本剽。有所出而无窍者有实。有实而无乎处者，宇也；有长而无本剽者，宙也。"

吕惠卿《庄子义》及马叙伦《庄子义证》认为此处有佚文，"有所出而无窍者有实"一句，当作"有所出而无本者有实，有所入而无窍者有长"或"有所出而无本者有长，有所入而无窍者有实"，本是两句。则此定义的完整表述为：

出无本，入无窍。有实而无乎处，有长而无乎本剽。有所出而无本者有实，有所入而无窍者有长。有实而无乎处者宇也，有长而无本剽者宙也。

剽，末也。本剽就是本末。实是实体，有实就是有质量的实体的存在。接连三次重复讲有实，是出于肯定和强调。有长是和有实相对称的。有长的长，可以析为三层含义，一是时间的长，即时间的延续性；二是长短的长，即物质具有长短的广延性；三是指长短，代指重量、大小、密度、位置、形状、能量等各种度量，其中也包括时间的度量。从文义上看，有长不应是指某一具体度量，而应是泛指"实"所具有的全部外在属性。

定义的第一句，"出无本，入无窍"："出""入"之主语为宇宙，即物质的客观存在，因不易于描述而省略。"出""入"意为物质的存在体现为物质的运动，物质的运动产生出空间时间。"无本"意为物质的存在在空间上没有最初的起点，"无窍"意为物质的存在在时间上没有最后的终止。

定义的第二句，"有实而无乎处，有长而无乎本剽"：确认物质的客观存在，"有实""有长"。"有实"意为物质的存在在空间上有其实体，"有长"意为物质的存在在时间上有其广延性。但物质的存在与物质的外在属性无关，"无处"意为物质实体在空间广延性上没有一定不变的静止形态，"无本剽"意为物质实体在时间广延性上没有起点和终点。

"无乎处"与"无乎本剽"的"无"，意为没有，没有定处和没有本末。这是从一般的否定意义上讲。但"无"字后面又加有一表示语气的虚词"乎"字，成为"无乎"，则又可有二意。其一意为无意义、无所谓。物质实体的宇宙虽然存在，但一切度量和外在的描述都不绝对和不真实，所以不管有没有"长"，也不管如何"处"，都没有意义。其二意为不知、不可知、不得而知，即否定主客体之间存在着认知关系。从认识的主体上看，认为宇宙之"实"究竟如何人类不知、未知或者不可知。

定义的第三句，"有所出而无本者有实，有所入而无窍者有长"：重申上述含义以示强调。肯定有实、有所出，否定有处、有本；肯定有长、有所入，否定有窍、有本末。一肯定一否定，用意很明显，就是强调物质的存在是根本的。时空的广延性虽然存在，但却不是根本的，而是外在的，是物质的外在属性。这外在属性是可变的，没有绝对的尺度，只有相对的变化。

定义的第四句，"有实而无乎处者宇也，有长而无本剽者宙也"：给出最后的定义及主语。此定义的标准陈述（直译）为：有实体存在但并不固定静止在某一位置不变叫作宇；有外在属性但并没有固定的度量可以衡量叫作宙。

"宇宙"一词在《老子》中不见，在《庄子》中见于《庚桑楚》《齐物论》《知北游》《让王》《列御寇》五处。现代学者在解释庄子的这一定义时，几乎全部是用尸子"四方上下""往古来今"的旧说，有人甚至明确地说庄子的定义就是尸子的定义，这种解释来源于晋代的郭象。在郭象的《庄子注》中，他解释道："宇者，有四方上下，而四方上下未有穷处。""宙者，有古今之长，而古今之长无极。"实际上是用尸子的定义取代了庄子的定义，庄子的定义由此埋没不显。

然而庄子的宇宙定义显然与尸子的有着很大的差异，初看起来，庄子的宇宙定义甚至是十分古怪的。

现代学者首先是把庄子的定义解释为时空，认为"有实而无乎处"就是"四方上下"，就是空间；"有长而无本剽"就是"往古来今"，就是时间。但是无论如何庄子的定义都与尸子的太不一样了，虽然庄子在提出自己的宇宙定义时，不能不涉及时空框架，即便现在对庄子进行诠释也不能离开时空概念。但是显然庄子是有意避开这个概念的，他完全不在意"四方"，也不在意"古今"。

由于西方文化传统谈宇宙必谈时空，所以学者论中国古代的宇宙概念，也都向时空处解释，并且认为中国古代较早提出时空概念是一大进步。但是从中国历史上看，中国古代在天文历法方面素有悠久的传统，早在殷商，已有关于"四方"的十分清晰，甚至是十分系统的知识。同时中国古代还有鲜明的理性传统，直到孔、荀时期，理性传统的巨大影响依然历历可寻。由此反观尸子的宇宙定义，一方面，有关"四方""古今"的概念应是早在尸子之前中国人的普遍观念，由《管子》《墨经》含义相近的宇宙概念可做一旁证；另一方面，由时空框架解释宇宙的思想并不是没有弊病的，"四方""古今"的概念并不十分完美，这一点也已由现代物理学所证实。

现代科学最重要的原则是实证，对此晚周学者也有认同，名学的讨论说到底是为了解决实证问题，如司马谈《论六家要指》所说："若夫控名责实，参伍不失，此不可不察也。"与名学不同，战国末期的集大成学者荀子从另一方面讨论实证问题，提出了"循天官"的理论。"循天官"就是依循人的自然感官感觉，一切是非争论都由此来判定，包括人事，也包括天象。在古代社会，"循天官"无疑是一种最佳方案，但是它不是永远正确的，因为人的感觉会有偏差，就像长期以来人们都以为大地不动、天体围绕大地旋转一样。

庄子的思想不是实证的，但是他却发现了"循天官"的不可信。在庄子的宇宙观念看来，四方与古今，或者说空间与时间，对于探索宇宙本质而言，都是不足道的，以为它们无关于宇宙的本质，从属于宇宙的本质。

其次，现代学者把庄子定义中的"无乎处"和"无本剽"解释为无限，有人甚至认为庄子提出无限是相对于尸子的又一进步。无限的观念在中国古代与时空观念一样，第一是普通的、由来已久的，第二不是绝对正确的。况且无论从字义还是从理义上讲，"无乎处"和"无本剽"都不能理解为无限。依唐代陆德明《经典释文》的解释，"无乎处"和"无本剽"意为"宇虽有实，而无定处可求也"；"宙虽有增长，亦不知其始末所至者也"。"处"字在《庄子》书中常作"居处""处所"讲，"无定处可求"是说宇宙没有固定的处所可被人类认知，而不是没有边际。

由此而言，庄子的宇宙定义不仅不是阐述时空、无限，恰恰相反，庄子明显地是在回避时空、无限，或者说是反对时空、无限的。

和尸子的宇宙定义相比，庄子的宇宙定义远不如尸子那样清晰，不能与人的感觉经验吻合对照，但它却更为内在和具有更多的合理性。尸子的宇宙定义虽然提出了时间、空间的概念，但什么是时空本质，什么是无限，这些更为关键的关于宇宙内在本质的内容恰恰是被回避开了。"四方上下"和"往古来今"是一个标准的感觉经验范围内的宇宙模型，它认为时间无限，空间无限，时间和空间均匀分布而且永恒不变。四方上下曰宇，意即空间就是宇；往古来今曰宙，意即时间就是宙。这实际上是把时空当作了宇宙，而丝毫没有讲到"实"的问题，更没有考虑"长"和"处"的相对不确定了。从实证的方面看，所谓认识到时间、空间和时空无限，不过是出之于人的感官感觉经验，又验之以人的感官感觉经验。

庄子的宇宙概念一方面再三强调宇宙物质实体的真实存在，一方面否定了物质实体的外在形式和外在属性。或者说是承认物质实体的外在形式和外在属性，而否定其固定不变，否定其具有真实性和有意义。也就是说，物质实体的外在形式和属性是相关和从属于物质实体的，是物质的时空属性统一于物质的本质，而不是时空框架独立和先在于物质之外。从这一点来说，庄子的宇宙概念就比尸子的宇宙概念合理得多。庄子的宇宙概念在思维水平上，要高出于尸子之上。

庄子这种与众不同的观念在其著作中并不是孤立的。

在《逍遥游》中，庄子曾提问道："天之苍苍，其正色邪？其远而无所至极邪？"在《天运》中，庄子更是一连提出了十五个问题："天其运乎？地其处乎？日月其争于所乎？孰主张是？孰维纲是？孰居无事推而行是？意者其有机缄而不得已邪？意者其运转而不能自止邪？云者为雨乎？雨者为云乎？孰隆施是？孰居无事淫乐而劝是？风起北方，一西一东，有上彷徨。孰嘘吸是？孰居无事而披拂是？敢问何故？"

天空苍碧，是它真正的颜色吗？

天运动吗？地静止吗？太阳和月亮在互相争夺位置吗？

谁使它们活跃起来？谁主宰控制它们？谁烦闷无聊而做着这一切？

是受机械的控制运转起来就不由自己？还是一旦运转起来就自己停不下来？

是云为了雨而兴起，还是雨为了云而降落？是谁策动着云和雨？是谁悠闲无事愿意不厌烦地重复这件事？

风起于北方，向东吹，向西吹，又向上回旋。是谁在那里吹？或者吸？是谁无事可做而不停地在扇动？

天空和天体未必就是围绕大地运动的，大地未必就是静止的。质量大的物体未必就总大，质量小的物体未必就总小。这些思想看起来荒唐离奇，与人的感觉经验不符。因为超出了人的自然感官感觉之上，所以也就漂泊无着，不切实际，没有社会应用的价值。但是越是在古代，人们对于宇宙的错误认识就越多，人们感官所具有的局限性就越严重。而庄子一贯到底的本体论追求，目的正是要摆脱感官的局限。所以庄子的思想越是超出人的感官感觉经验，也就越多地包含了真实合理的因素。

如果说庄子在这里还只是关注于一些自然现象，那么在《秋水》篇中，他已在关注物质的本质了。

> 夫精粗者，期于有形者也；无形者，数之所不能分也；不可围者，数之所不能穷也。可以言论者，物之粗也；可以意致者，物之精也；言之所不能论，意之所不能察致者，不期精粗焉。
>
> 因其所大而大之，则万物莫不大；因其所小而小之，则万物莫不小。知天地之为弟米也，知豪末之为丘山也。

在庄子看来，物质的外延可精可粗，可以度量，而物质的本质无关乎精粗，无关乎度量。从大的方面看，万物都可以是大。从小的方面看，万物都可以是小。天地可以像米粒一样小，毫毛可以像山丘一样大。

在《齐物论》中，庄子又说："一与言为二，二与一为三。自此以往，巧历不能得，而况其凡乎！故自无适有以至于三，而况自有适有乎？"表明他反对后来黑格尔所说的那种"坏的无限"。

像《天运》篇这样提出连续的疑问，在晚周诸子中是少有的。看起来是简单的问题，在感觉经验的范围内本不足为怪，不成问题，但在庄子这里恰恰成为不能够放弃的重要问题。庄子所关注的并不是云兴雨施的经验知识，而是云雨产生的物理原因，即关于万物本质及其存在、运动的终极原因。

物质的本质是什么，是金、木、水、火、土？还是土、气、火、水？

庄子的兴趣不在这里。庄子认为，物质的本质与物质的质量大小无关，甚至与物质所表现出的千差万别的种类和属性无关。

庄子有关宇宙和物质存在的思维方式，与现代物理学思想有着异曲同工之处。

从20世纪初开始，以爱因斯坦的相对论为开端的一系列现代物理学的重大发现，大大改变了以牛顿万有引力定律为基础的经典物理学的科学思想和理论。

爱因斯坦的相对论（狭义）表明，一个系统中在同一地点但在不同时刻发生的事件，从另一个相对于它做相对运动的系统去观察时，是发生在不同地点的。一个系统中在同一时间但在不同地点发生的事件，从另一个相对于它做相对运动的系统去观察时，是发生在不同时间的。因此，空间和时间至少部分地可以相互转变。广义相对论进一步指出，万有引力的产生是由于物质的存在和一定的分布状况使时间和空间变得不均匀（即时空弯曲）。这样，相对论就从根本上改变了经典物理学对于时空和物质本质的认识。

以牛顿万有引力定律为基础的经典物理学对于宇宙和物质本质的解释，突出的一点是把时间和空间看成是两个完全无关的独立实体，时间和空间都独立于宇宙物质本质而永恒地、均匀地存在，与物质的存在和运动无关，而且时间和空间二者之间也没有内在联系，叫作绝对时间和绝对空间。牛顿《自然哲学的数学原理》说："绝对的、真实的数学时间本身按其本性来说是均匀流逝的，与外界任何事物无关。""绝对空间就其本性来说与外界任何事物毫无关系，它永远是同一的、不动的。"这就为西方自古以来认为时空是两个完全独立的实体的观念作出了物理学的解释。

比较而言，尸子对于宇宙、时空的认识与西方经典物理学对于绝对时间、绝对空间的认识是一致的。"四方上下曰宇，往古来今曰宙。"宇就是东西南北和上下，宙就是过去、现在和未来，宇宙就是空间和时间。空间和时间均匀、绝对、无始无终，而物质则是处在空间和时间的框架之中。

和经典物理学不同，爱因斯坦的相对论理论把时空和时空的连续性与物质的分布和运动联系起来，认为时空与物质本质是统一的。爱因斯坦在相对论中采用了黎曼几何的数学方法，用以描述物理上的弯曲空间。数学家闵可夫斯基又将相对论进一步整理为四维时空坐标的数学形式，时间和空间都是物质的存在形式，时间和空间达到了物理上和数学上的统一。比较而言，庄子的宇宙概念与相对论理论对于时空的这一认识是一致的。"有实而无乎处者宇也，有长而无乎本剽者宙也。"不承认时空的均匀平直、永恒不变和作为独立实体的存在。宇宙就是物，承认物质的存在，但不承认时空作为独立和外在的框架的绝对意义。

在牛顿提出万有引力定律的时候，由于它成功地解释了已知的所有天体现象，因此当时的人们曾经认为万有引力不但适合于地球，也适合于宇宙，它不但是地球真理，而且也是宇宙真理，牛顿自己也在他所著的《自然哲学的数学原理》一书的序言中说："我把这部著作叫做自然哲学的数学原理，哲学的全部重任似乎就是从运动的现象来研究自然界的力，然后再从这些力去论证其他的现象。我希望我们能把自然现象从力学原理中推导出来。"但是，从后来物理学发展的实际情况来看，牛顿的宇宙并不是最大范围的宇宙，万有引力定律的适用范围基本上就是太阳系。和现代物理学相比，经典物理学所描述的宇宙仅仅是真实的宇宙中极小的一部分。经典物理学和量子力学所研究和适用的范围不同，对于宇宙和物质本性的认识也就极不相同。

经典物理学与现代物理学的根本区别从认识的主体即人的方面看就是，经典物理学的宇宙是在人的自然感官感觉范围之内、可以使人直观感觉得到的宇宙，而现代物理学的宇宙则是超出人的自然感官感觉范围之外、不可以使人直观感觉得到的宇宙。感觉世界的物理现象，可以用以牛顿万有引力定律为基础的经典物理学加以解释，解释的结果又可以与人的感觉经验相对应。而超宏观大尺度世界的宇宙和超微观的基本粒子世界的宇宙在本质上与感觉世界的宇宙性质存在着根本的差异，在认识上尤其与人的感觉经验的判断有着极大的不同。现代物理学的宇宙是一个以超感觉的方式使空间、时间和能量三者融为一体的全新领域，从这个方面来看，从经典物理学对于宇宙和物质本质的认识到相对论以来现代物理学对于宇宙和物质本质的认识，就不仅存在着一个本体上的不同，而且还存在着一个从感觉经验判断到超感觉经验推理的思维形式的差别。

在这一点上，庄子的本体论哲学和儒家等学说也分别与现代物理学和经典物理学相对应。儒家等学说以直观中的现象世界为最大范围的宇宙存在，要求以人的自然感官感觉作为判断事物真实存在与否的最终标准。以直观感觉中至高的天为至高，以直观感觉中至下的地为至下，以直观感觉中至明的日月为至明。主张配天、应天，主张验之以天官。儒家的宇宙是以人为中心、以人的自然感官感觉阈限为半径的人为封闭的宇宙，儒家的逻辑思维方式是根据主体的感觉经验进行判断的思维方式。

庄子的本体论哲学具有明显的超越人的自然感官感觉的特点。儒家讲求不闻不若闻之，闻之不若见之，道家则专讲视之而不见，听之而不闻，搏之而不得。由人的自然感官感觉起来，大的就大，小的就小，天运地处，时空绝对，而庄子则认为大者未必大，小者未必小，天未必运动，地未必静止。庄子哲学的核心就是它的超感觉的抽象形而上学部分。庄子哲学由超越人的自然感官感觉出发，否定了事物的外在形式，否定了事物之间不同属性的区别。从多种多样的物理现象，上升到宇宙起源的"浑沌"状态，又从物理学的"物"，上升到形而上学的"有"，由形而上学的"有"，又导出绝对根据的"无"。"无"是本体的，又是抽象和超感觉的。"无"是绝对同一，但由绝对同一的"无"又得以导出无限可能的宇宙生成，导出与任何感觉经验都格格不入的自由和开放。因此，无论庄子哲学与现代物理学的结论是否相同，至少它与现代物理学在超越人的自然感官感觉的思维形式上是十分一致的。

庄子哲学的内在矛盾

——封闭性和开放性的双重特点

庄子哲学中存在着许多矛盾，这些矛盾可以分析归纳为八组四个方面。矛盾是由庄子自觉提出的。任何哲学家都不希望在自己的思想体系中包含矛盾，都追求体系的封闭。从"天人"概念上看并与儒家比较，儒家是人为地将体系封闭在"人"即人文的一面，但最终又不得不面对"天"、面对开放；庄子倾向于"天"即自然的一面，追求绝对的"天道"而将人道视为附属，但由于其体系包含内在矛盾，实际上是导向了开放。庄子的哲学体系兼有封闭性和开放性的双重特点，这一点与现代哲学和现代科学的许多重要原则相一致。

读《庄子》前，先读《老子》，感觉老子学说存在矛盾。比如第一，老子认为"道"是绝对统一的，但同时老子又认为现实中存在着不符合"道"的事物，譬如"仁""义""礼"等概念，"下士闻道大笑之"等现象。第二，老子说"道"无名，但又强为之名曰"大"，字之曰"道"，著书五千言专以讲"道"。第三，老子讲"无""贵无"，实际已超出"有无"的层面，但是老子行文常以圣人称，虽然主张"无为"，终究是要"致治"。

既然宇宙万物都要遵循天道，为什么在天道之外另有一个不同于天道的人道？既然在天道之外另有一个不同于天道的人道，为什么还说存在着宇宙万物都要遵循的天道？

后读《庄子》，知庄子学说中包含有更多的内在矛盾，而且较老子更为复杂，也更为切入实质。

牟宗三说："道德经首章谓'此两者同出而异名。同，谓之玄，玄之又玄，众妙之门。'两者指道之双重性无与有。无与有同属一个根源，发出来以后才有不同的名字，一个是无，一个是有。"① 又说："道有两相，一曰无，二曰有。"② 从认识论的方面来说，可以说道家对于宇宙万物之"道"的探求是自下而上、自物理学而形而上学的。其推论的过程是由"万物""物""有""无"而最终推演出"道"。"道"兼"有无"。冯友兰说："虽然有万有，但是只有一个'有'。《老子》第四十二章说：'道生一，一生二，二生三，三生万物。'这里所说的'一'是指'有'。'道生一'等于说'有'生于'无'。"③ "无"是天地万物的根据，是天地万物之间的普遍联系，是物理学和形而上学的统一，是抽象的绝对的本体论概念。一般认为，"无"就是道家关于"道"的探求的最后的结论。

不过，对于庄子来说，这个抽象、绝对的"无"还并不是庄子哲学的顶点，庄子哲学的顶点应该是矛盾。在庄子哲学中，存在着许多内在的矛盾。庄子哲学中具有一些独特之处，以往学术界的探讨尚不充分，比如庄子论"物"比较多，论"有无"比较多，不仅和老子比较，和其他诸子比较也是如此，反映出庄子对于宇宙、人生的独特关注。《庄子》中所提出的问题也很多，给人以极深的印象。按照现代汉语标点符号的统计，在6万余字的《庄子》一书中，包含了600多个问号。另外还有600多个叹号，其中一些也可以作为问号。《庄子》中的问题常常是接连提出的，与《楚辞·天问》的形式相似，很多是不易回答的。

任何杰出的哲学家都不可能使自己的哲学体系不存在矛盾，但是任何哲学家也都不愿意在自己的体系中包含矛盾。追求事物的统一性、普遍性是人类的天性，是哲学家之所以成为哲学家的首要前提。特别是对于古典的哲学家来说，恐怕没有人愿意在自己的学说体系内设置许多矛盾、许多无法解释之处。但是在《庄子》中就确确实实存在着这样许多疑问、许多矛盾。

学术界已有很多人探讨了庄子哲学中的矛盾现象，认为这是庄子哲学体系的缺陷。比如周勃指出人生理想和社会现实的矛盾在庄子思想中的深

---

① 牟宗三：《中国哲学十九讲》，台湾学生书局1983年版，上海古籍出版社1997年简体字版，第96页。

② 牟宗三：《才性与玄理》，台湾学生书局1980年版，第136页。

③ 冯友兰：《中国哲学简史》，涂又光中译本，北京大学出版社1985年版，1996年第二版，第84页。

刻对立①，刘笑敢指出现实世界与精神世界在庄子人生哲学中的根本矛盾②。但是，对庄子哲学中矛盾现象的揭示对于庄子哲学究竟具有什么样的实际意义，仍然是值得商讨的。因为，第一，庄子学说中这些矛盾问题是由庄子自己首先意识到和总结出来，自觉地向人们提出的。第二，庄子学说中的矛盾问题是庄子在探求和阐述"道"的过程中内在出现的，是追求绝对真理过程中的必然反映。从这方面来看，庄子较之儒家的孔子、孟子、荀子，以及道家的老子，都更具备哲学家的探索精神，换言之，庄子的学说也更能反映一个哲学体系的真实面貌。

　　庄子哲学中由庄子自己所提出的矛盾问题分为八组概述如下。

一

　　《齐物论》："既使我与若辩矣，若胜我，我不若胜，若果是也，我果非也邪？我胜若，若不吾胜，我果是也，而果非也邪？其或是也，其或非也邪？其俱是也，其俱非也邪？我与若不能相知也，则人固受其黮暗，吾谁使正之？使同乎若者正之，既与若同矣，恶能正之？使同乎我者正之，既同乎我矣，恶能正之？使异乎我与若者正之，既异乎我与若矣，恶能正之？使同乎我与若者正之，既同乎我与若矣，恶能正之？然则我与若与人俱不能相知也，而待彼也邪？"

　　此一事物、彼一事物与他一事物各有自己的原则和本质。每一事物都自以为是正确的，但每一事物实际上都不一定是正确的，因为各事物相互之间都不能互证。而且，对于每一事物既然不能证明其是、其正确，也就同样不能证明其非、其不正确。

　　《齐物论》："啮缺问乎王倪曰：'子知物之所同是乎？'曰：'吾恶乎知之？''子知子之所不知邪？'曰：'吾恶乎知之？''然则物无知邪？'曰：'吾恶乎知之？虽然，尝试言之。庸讵知吾所谓知之非

---

① 周勃：《论庄子的自由观与人生哲学》，《中国社会科学》1985 年第 1 期。
② 刘笑敢：《庄子人生哲学中的矛盾》，《文史哲》1985 年第 2 期。

不知邪？庸讵知吾所谓不知之非知邪？'"

在这段被称为"四问而四不知"的讨论中，王倪反问道："你怎么能知道我所说的知道不是不知道？你怎么能知道我所说的不知道不是知道？"

二

同是感觉和认识的主体，在不同的环境下会有不同的情况出现。

《徐无鬼》："濡需者，豕虱是也。择疏鬣自以为广宫大囿，奎蹄曲隈，乳间股脚，自以为安室利处。不知屠者之一旦鼓臂布草操烟火，而己与豕俱焦也。"

猪身上的虱子选择了猪毛稀疏的地方，自己以为是宽广的宫殿苑囿。选择了猪的两股之间，两胯之内，两排乳之间或脚弯之处，自己以为是平安有利的居室住处，却不知道杀猪的人有一天动起手来，布草点火，把自己和猪一起烧焦。

《齐物论》："予恶乎知说生之非惑邪？予恶乎知恶死之非弱丧而不知归者邪？丽之姬，艾封人之子也，晋国之始得之也，涕泣沾襟，及其至于王所，与王同筐床，食刍豢，而后悔其泣也。予恶乎知夫死者不悔其始之蕲生乎？"

我怎么知道热爱生活不是迷惑？怎么知道怕死的人不是像人小时候从家里走散，长大了就不再想回家乡那样？丽姬本是丽戎国艾地看守封疆的小官的女儿。晋国带走她的时候，她哭得那么厉害，等到到了晋王的宫中，和晋王一起睡在大床上，吃的是肉食，就后悔开始的哭泣了。我怎么知道已经死了的人不后悔他当初的祈求活下来？

著名的"庄周梦蝶"故事中说道，庄周做梦，在梦中成为了一只蝴蝶，成为蝴蝶以后感觉身心都很便当，并没有什么不适，飞起来真是一只蝴蝶。梦醒了，就又还是庄周，觉得作为庄周身心也很适应。不知道庄周在梦中成为蝴蝶了呢？还是蝴蝶在梦中成为现在的庄周呢？

三

《骈拇》："是故凫胫虽短，续之则忧。鹤胫虽长，断之则悲。故性长非所断，性短非所续，无所去忧也。意仁义其非人情乎，彼仁人何其多忧也？"

野鸭的脖子短，如要接长它就会给野鸭带来忧患。鹤的脖子长，如要截短它就会给鹤带来忧患。天性本就长的不能截短，天性本就短的不能接长。或长或短，天性如此，本没有忧患，截短了，接长了，反而会成为忧患。想来仁义是不合于人的天性吧？为什么讲求仁义的人都怀着那样多的忧患呢？

庄子的疑问在于，天道应该是通达顺畅的，不论是比常态多出来一些，还是少出来一些，只要是合于天性，就应该是快乐适意的，不会有痛苦忧患。而讲求仁义的人自己总是怀着很深重的痛苦和忧患，那么仁义就应该是不合于天道了吧？这里所说的仁义，可以代指一切人文创造和人世作为。由此就产生出天和人的矛盾。

四

《大宗师》："古之真人，其好之也一，其弗好之也一。其一也一，其不一也一。其一与天为徒。其不一与人为徒，天与人不相胜也，是之谓真人。"

《齐物论》："道通为一。其分也，成也。其成也，毁也。凡物无成与毁，复通为一。"

古时候的"真人"，有作为是与天道同一，没有作为也是与天道同一。与天道同一是与天道同一，与天道不同一也是与天道同一。与天道同一是与天道相伴随，与天道不同一是与人世相伴随。天道和人世是同一的，谁也不比谁多，谁也不比谁少，这叫作"真人"。

"道"是把所有的一切都包含覆盖，通融为一。事物有了独立的性质和自己的本位，事物之间有了区分，叫作"成"。有了"成"同时也就有了"毁"。对每一事物自己来说是"成"，对所有的事物共同本原的"道"来说是"毁"。一切事物都无所谓"成"，无所谓"毁"，不论"成"或"毁"又都由"道"包含覆盖，通达为一。

但天道与人道的分别到底是有，还是没有？到底是真，还是假？庄子指出了天道与人道的矛盾。

《在宥》："何谓道？有天道，有人道。无为而尊者天道也，有为而累者人道也。主者天道也，臣者人道也。天道之与人道也相去远矣，不可不察也。"

庄子对天道也就是宇宙万物统一性的存在与否，提出疑问。

五

《齐物论》："非彼无我，非我无所取。是亦近矣，而不知其所为使。若有真宰，而特不得其朕。可行己信，而不见其形，有情而无形。百骸、九窍、六脏，赅而存焉，吾谁与为亲？汝皆说之乎？其有私焉？如是皆有为臣妾乎？其臣妾不足以相治乎？其递相为君臣乎？其有真君存焉？如求得其情与不得，无益损乎其真，一受其成形，不忘以待尽，与物相刃相靡，其行尽如驰，而莫之能止，不亦悲乎？终身役役而不见其成功，苶然疲役而不知其所归，可不哀邪？人谓之不死，奚益？其形化，其心与之然，可不谓大哀乎？人之生也，固若是芒乎？其我独芒，而人亦有不芒者乎？"

没有"他"就不会产生我，没有我"他"也无从展现，相互间的关系是很近了，但却不知道"他"是谁。好像是有"真宰"，但偏又不能看到他。"他"有情可证，有信可验，但看不见他的形貌。有情，却没有形。人的身体有百骸、九窍、六脏，说它繁多，它又各有作用；说它简

单，它又十分完备。恰当而完备。我和谁有亲缘，以至于此？是他泛爱
万物？还是他独有私情？如果是独有私情，那么他是把人类都当作他的
臣妾了吗？如果是这些"臣妾"不足以自为，为什么在这些"臣妾"
之中又分贵贱，为什么这些"臣妾"要轮换着做君臣呢？还是应该有
一个"真宰"吧？但不论人类是依循了他，还是不依循他，都不会妨
碍他。而人却从一开始降生，有了形体，就念念不忘着一个信念，一直
到死，一生都与物质利益相追随，一旦做起来就如同驾车奔驰一样，从
来不知道停下来，这不可悲吗？人的一生都是在被动地为谁去做，只知
道做，却见不到任何成就，到人老时一身疲惫，仍然连死后归身何处都
不知道，这不可哀吗？即使人活着，没有死去，与死去了又有什么不
同？人死了，人的情感、意志、愿望也随之而去，身心俱灭，这不是最
可悲哀的吗？人生就是这样的盲目无意义吗？是我一个人盲目，还是有
谁不盲目呢？

　　《大宗师》："子舆与子桑友，而霖雨十日。子舆曰：'子桑殆病
矣！'裹饭而往食之。至子桑之门，则若歌若哭，鼓琴曰：'父邪！
母邪！天乎！'有不任其声而趋举其诗焉。子舆入，曰：'子之歌诗，
何故若是？'曰：'吾思夫使我至此极者而弗得也。父母岂欲吾贫哉？
天无私覆，地无私载，天地岂私贫我哉？求其为之者而不得也。然而
至此极者，命也夫？'"

　　子桑的歌哭和《天运》篇中的提问都不是针对着饥饿和云雨的具体
原因，而是针对着人生和现实自然的最终原因。子桑歌哭，为的是要知道
造成现实的是父，是母？是天，是人？求之而不得，所以且歌且哭。人既
然有身心、才智、情趣，可以鼓琴而歌，得造物者之宠爱，为什么同时又
遭逢苦难，有疾病和饥饿呢？造成现实的如果是父母，父母生育子女，会
是要他们遭受贫寒吗？造成现实的如果是天道，天道公平无私，为什么还
要使人蒙受苦难？子桑所哭的不在于自己，而在于整个人类；不在于一时
的疾苦，而在于全部的生的原因、生的目的。难道使人类逢此两难的，是
不可能为人类所理解的"命"吗？庄子对"道"的存在与不存在，"道"
的"德"（即不私）与不德，以及人的独立本性、人的宇宙位置、人的认

识能力，提出疑问。

《齐物论》："若是而可谓成乎？虽我亦成也。若是而不可谓成乎？物与我无成也。"庄子从认识的角度，提出天道与人道的矛盾，统一仍然难以判定。

《齐物论》："道恶乎隐而有真伪？言恶乎隐而有是非？道恶乎往而不存？言恶乎存而不可？"人类的语言和知识是在本质上与道对立的，因而不能真实地认识道，对道的统一或不统一两难判别。

《大宗师》："庸讵知吾所谓天之非人乎？所谓人之非天乎？"有天道，有人道，我怎么知道所谓的天道不是照应在人身上？我怎么知道所谓的人道不是代表了天道？

总之，在庄子看来，天道均平、公正、同一。人道则是非淆乱，损不足以奉有余，人心险于山川，人情排下而进上，人事始作简而将毕巨，迂回、不平衡、不可逆反。天道和人道的关系究竟怎样？是同一，还是互相矛盾？如果天道和人道是矛盾的，那么天道实际上就不是同一的，就是不存在的。如果天道和人道合一，那么究竟是天道合在人道上，还是人道合在天道上？如果天道合在人道上，那么人人师从自己的成心，不论愚笨、智慧，人人都有各自的一个"天道"，就成为无限多元和绝对意志自由，因而实际上就没有天道。如果人道合在天道上，人道为什么实际上与天道不同，而人类对此又迷而不觉？无论是在逻辑上还是在现实上，都存在着一个天道与人道的矛盾对立。

六

庄子对于所谓"人道"对天道的分裂表示出深切的慨叹。

《缮性》："由是观之，世丧道矣，道丧世矣，世与道交相丧也，道之人何由兴乎世，世亦何由兴乎道哉！"

《达生》："悲夫！世之人以为养形足以存生，而养形果不足以存生，则世奚足为哉！"

《天道》："悲夫！世人以形色名声为足以得彼之情，夫形色名声果不足以得彼之情，则知者不言，言者不知，而世岂识之哉！"

《徐无鬼》:"此皆顺比于岁,不物于易者也。驰其形性,潜之万物,终身不反,悲夫!"

《庚桑楚》:"大乱之本,必生于尧舜之间,其末存乎千世之后。千世之后,其必有人与人相食者也!"

《天下》:"悲夫!百家往而不反,必不合矣!后世之学者,不幸不见天地之纯,古人之大体,道术将为天下裂!"

前三处引文段末所标感叹号,也可以标为问号。

七

在天道与人道的矛盾状态下,庄子哲学出现了何去何从、进退两难的情况。

《田子方》:"吾何以过人哉!吾以其来不可却也,其去不可止也。吾以为得失之非我也,而无忧色而已矣。我何以过人哉!且不知其在彼乎,其在我乎?其在彼邪?亡乎我;在我邪?亡乎彼。方将踌躇,方将四顾,何暇至乎人贵人贱哉!"

《在宥》:"贱而不可不任者,物也。卑而不可不因者,民也。物者莫足为也,而不可不为。"

《人间世》:"天下有大戒二:其一,命也;其一,义也。子之爱亲,命也,不可解于心。臣之事君,义也,无适而非君也。无所逃于天地之间,是之谓大戒。"

依从人道则患于天道,依从天道则患于人道。至于"知其不可奈何而安之若命",其实只是一种什么都没解决的解决办法。正是在天道人道两难的情况下,才有了庄子的所谓"德之至者",所谓"身如槁木,心如死灰""不伤物,物亦不能伤"的真人畅想,有知其不可奈何而安之若命、与世同波、安时处顺,有"周将处乎材与不材之间"等无奈的安慰。

八

具体到庄子个人，庄子自己也是深感于自身所处的两难境地，和他的哲学一样，深陷于天道与人道的矛盾之中。

《至乐》："今俗之所为与其所乐，吾又未知乐之果乐邪，果不乐邪？吾观夫俗之所乐，举群趣者，誙誙然如将不得已，而皆曰乐。吾未之乐也，亦未之不乐也，果有乐无有哉？吾以无为诚乐矣，又俗之所大苦也。"

现在世人所感到欢乐的事情，我却不知道那是真的欢乐，还是并不欢乐？我看世人都有共同的情趣，对所欢乐的事情人人都认为欢乐，好像出于不得已一样，我却不以为欢乐。究竟有没有欢乐呢？我感到无为真是很欢乐，而世人又认为是很大的痛苦。

《天地》："知其愚者，非大愚也；知其惑者，非大惑也。大惑者，终身不解；大愚者，终身不灵。"

"三人行而一人惑，所适者犹可致也，惑者少也。二人惑则劳而不至，惑者胜也。而今也以天下惑，予虽有祈向，不可得也。不亦悲乎！"

"大声不入于里耳，《折杨》《皇华》，则嗑然而笑。是故高言不止于众人之心，至言不出，俗言胜也。以二缶钟惑，而所适不得矣。而今也以天下惑，予虽有祈向，其庸可得邪！"

"知其不可得也而强之，又一惑也，故莫若释之而不推。不推，谁其比忧！厉之人夜半生其子，遽取火而视之，汲汲然唯恐其似己也。"

知道自己愚昧的，还不是真愚昧。知道自己迷惑的，还不是真迷惑。真正的大迷惑，是终生都不清醒。真正的大愚昧，是终生都不明白。

三个人在一起行走，其中有一人迷惑，要去的地方还可以到达，因为迷惑的人少。其中二人迷惑，要去的地方就不能到达，因为迷惑的人多。而现在是天下的人都迷惑，我一个人虽然指出了方向，也不可能到达。

高妙复杂的乐曲街头巷尾的人们就听不下去，像《折杨》《皇华》那样的小曲，街头巷尾的人们一听到就开怀而笑。所以深奥的道理不会被一般人理解，深奥的思想不会在世人中流行。有两个人迷惑，所要去的地方已经达不到，而现在天下的人都迷惑，我一个人虽然指出方向，又怎么可以达到！知道不能达到还坚持要有所指明，又是一重迷惑。还不如一概放手不管。放手不管，忧愁就会无从生起。相貌难看的人半夜里生下孩子，急于要点火照明看看孩子，唯恐这孩子长得像她自己。

"厉之人"，旧注认为以喻迷惑知返。郭象注说："言天下皆不愿为恶，及其为恶，或迫于苛役，或迷而失性。然迷者自思复，而厉者自思善，故我无为而天下自化。"成玄英疏说："欲明愚惑之徒厌迷以思悟。"但是将上文的几段连贯起来看，"厉之人"应是庄子直截了当的自见自喻。世俗遵从沿袭而来的美和丑的标准，而庄子则孤立于世俗之外，看起来就像是一个特别难看的人。著书十余万言，合与不合，事在不测，"厉之人"正是庄子自己困顿于道论的疑难，汲汲然不知所以自解的生动表述。

总括以上八组问题，可以将庄子的内在矛盾归纳为四个方面。

第一，从"有"和"无"的抽象关系上看："道"兼"有""无"，庄子的"道"是"有"和"无"的统一。"有"是就物质全体而言，"无"是就抽象本质而言。二者异名同实，"无"就是"有"，"有"就是"无"。"无"是宇宙万物的普遍联系，是天地万物的统一和绝对。"有"生于"无"，"无"是"有"的终极根据，是宇宙万物的共同本质。但同时，"无"也可以是无根据，也可以是对终极根据和宇宙万物共同本质的否定。

第二，从宇宙万物的生成上看：庄子的"道"有情有信，现实的物质世界有日月之明，有星辰随转，有旦暮之期。春夏秋冬四时运行，各得其序。但有序的现实物质世界的本原和根据是"无"，而"无"的展现形式又是"无所可用乃为予大用"，从而使得在从"无"到"有"的物质运动与生化过程中，存在着无限多样的可能性。

第三，从生命的意义上看：庄子认为"凡有貌象声色者皆物也"。人的生命的意义在于"道"。人从宇宙万物的共同本质上获得了自身的生命意义、存在意义。但"道"之于物，生生不休，变动不居。对于万物来说，生为体，死为尻，生如得，死如丧，生死一守，"万物一府，死生同状"。生的意义又从而为"道"的更高层次所否定了。

第四，从对"道"的认识上看："道"无所不在。日夜萌于前，春夏秋冬四时代序。"道"在蝼蚁，在瓦甓，在屎尿。"道"可道，可名，"道"的痕迹至显无遗。但是在"道"的认识和描述上，"道"又非常道，非常名。"道"不可闻，闻而非也。"道"不可见，见而非也。"道"不可言，言而非也。知之为不知，不知乃知之。所以，如果庄子知"道"，就应该抱一自守，对"道"不加论述；如果庄子对"道"屡有论述，著书十余万言，申之无已，这个"道"就应该不是真实的"道"。

道家学说的最主要特点就是认为有"道"，探求"道"，以"道"为精，以"道"为本，叫作"主之以太一"。庄子继关尹、老聃之后十分认真地坚持了"道"的绝对性、一元性，力求建立道论的封闭体系。但在庄子坚求乎"道"的过程中，却因为同时出现了"道"自身内部的矛盾现象，从而使"道"导向了开放。一方面，"道"是统一的，不统一就不是"道"，"道"只能是统一的；另一方面，"道"实际上并不统一，还存在着内在矛盾，包含着它所不能包含的因素。从主体探求的方面而言，既然"道"是统一的，也就不必要有人类对于"道"的探求；既然"道"并不统一，也就不能先验地称之为"道"而探求它。

"开放"一语是当代人最为熟知的，但鲜有确诂。热力学中称与外界没有热力和质量交换的系统为封闭系统，称与外界有热、功和质量交换的系统为开放系统。天体物理学称永远膨胀的宇宙为开放的宇宙，称逐渐终止膨胀而坍缩到某种超密状态的宇宙为封闭（闭合）的宇宙。① 就古典哲学体系而言，是否可以这样界定："封闭性"是体系内部不存在内在矛

---

① 英约翰·格里宾所下定义为："空间是按照宇宙间物质的量而弯曲的，这导致两种不同的结果。如果物质的量少于某个临界数值，则膨胀将会永远继续下去，星系团就会彼此越离越远。这时，宇宙是'开放的'。但是，如果物质的量大于这个临界数值，那么引力就会十分强大，足以使空间弯曲到这样的地步：先是使膨胀停止下来，继而使之转变为坍缩，于是宇宙又重新回复到某种超密状态。这样的宇宙称为'闭合的'。"［英］约翰·格里宾：《大爆炸理论》，《信使》1984 年 11 月号。

盾，体系对其内部的所有内容都可以涵括、覆盖，体系内部的所有内容都具有内在的逻辑联系。"开放性"是体系内部存在内在矛盾，体系对其内部的所有内容不可以涵括、覆盖，体系内部的所有内容不具有内在的逻辑联系。

衡量一个学说体系，应该从最大范围的概括入手，而中国古代最大的一对哲学范畴就是"天人"①了。从"天人"关系的范畴上看，并将庄子与先秦儒家加以比较，可以看到：儒家追求封闭，实际上不得不面对开放；庄子追求封闭，最终自觉地导向了开放。

《荀子·解蔽》称庄子是"蔽于天而不知人"，是对的，因为庄子全部的努力就是对于抽象、绝对的"道"的不懈追求。但是同时，反观先秦儒家，也可以说儒家一派是"蔽于人而不知天"。张采田（一名尔田）说："儒道两家之异同奈何？曰：道家宗旨，明天者也；儒家宗旨，明人者也。"② 梁启超说："道家哲学，有与儒家根本不同之处。儒家以人为中心，道家以自然为中心。"③ 钱基博说："道者明道，儒家隆礼，道之大原出于天，礼之所起施于人，天人之分即儒道之辨。"④ "蔽于天而不知人"，是说庄子一切主于自然，而以人文为自然的附属。说儒家是"蔽于人而不知天"，是说儒家一切主于人文而不必遵从自然。

由孔子开创的儒家，其核心概念是"仁"，行之于政治称为"仁政"。"仁"即是"人"，行之于社会称为"人道"。这一点，就连《吕氏春秋》甚至《庄子》也都认同。《吕氏春秋·不二》："孔子贵仁。"《庄子·天道》："孔子往见老聃，翻十二经以说。老聃中其说，曰：'大谩，愿闻其要。'孔子曰：'要在仁义。'"而注重人道的前提条件就是放弃天道。

"《易》之为书，推天道以明人事者也。"（《四库全书总目提要·易类小叙》）《易传》虽然是以天地自然为主要内容，但却没有以探究天地自然的终极原因为目的，而是仅仅论述了天地自然现象中和谐有序的一

---

① "天人"的概念内涵极其丰富，简要概括，则"天"或"天道"之意为自然，"人"或"人道"之意为人文。

② 张采田：《史微·微孔》，1912 年屠守斋刻本。

③ 梁启超：《先秦政治思想史》，上海商务印书馆 1923 年初版，上海中华书局 1936 年再版，第 99 页。

④ 钱基博：《古籍举要·诸子》，上海世界书局 1933 年版，第 64 页。

面，以之作为人世间人道秩序的理论依据。

儒家到了荀子开始明确地讲天道，但其实《荀子·天论篇》是专门批评天道的。荀子明"天人之分"，提出"缘天官"和"唯圣人为不求知天"，都是在排斥天道。荀子还说："当务之为急。"这句话很容易使人联想起《庄子·天地》所载孔子的一句话："事求可，功求成。"先秦儒家孔孟荀三人都带有极其鲜明的救世倾向与极其严肃的政治倾向。坚信世事可为，于各类知识有所取有所不取，取与不取的标准不取决于个人的好恶。也就是说，事虽绝善，但势不可行，力所不能及，则不取；事虽有害，但不得不行，也在取用之列。天道远，人道迩；未知生，焉知死；未知人，焉知鬼。在此原则之下，"天道"便被舍弃掉了。

儒家当然也是讲"天"的，但是实际上儒家所讲的"天"与道家决然不同。如荀子所讲的"天"便与庄子不同。牟宗三说：荀子"只言人道的治天，而天则无所谓道，即有道，亦只是自然之道"①。蔡仁厚也说："道家的自然是形而上的，而荀子以天为自然，则根本是实然的，而不是形而上的。"② 见解是非常精到的。也就是说，先秦儒家在学术语言上，既讲人道，也讲天道，讲人道是实，讲天道是虚，在"天人"关系上实际上倾向了"人"的一方。舍弃了"天"而不讲，或者只是从假托的意义上来讲，这就是人为地、有意识地造成一个封闭体系。封闭又封闭不住，于是不得不面对开放。既没有保持封闭，又没能理解开放。从历史上看，儒家思想对于很多东西都是极力排斥的，取一种压抑克制的态度；而一旦遇到了这些东西，儒家又解释不了，由此产生出局面的混乱失序。

庄子哲学中的"道"是"有"和"无"的统一。"有生于无"，所以"无"是宇宙万物的终极根据。但同时，"无"是绝对的，"杳然空然，终日视之而不见，听之而不闻，搏之而不得"（《庄子·知北游》），因而"无"也可以是无根据，从而就又否定了任何根据。"道有情有信"，"道"是有序的，但"道"的根据仍在于"无"。"有不能以有为有，必出乎无有"，因为"无所可用，乃为予大用"（《庄子·人间世》），只有绝对的"无"，才有无限的"有"的生成。"无"的概念使得"无"和

---

① 牟宗三：《名家与荀子》，台湾学生书局1979年版，第214页。
② 蔡仁厚：《孔孟荀哲学》，台湾学生书局1984年版，第369页。

"有"之间具有了无限的可能性，具有了无限可能的存在形式。由此看来，庄子的"天道"是既有序有限，又无序无限。也就是说，庄子在学术语言上，既讲天道，又不得不从批评的角度上讲论人道，对天道是肯定的，对人道是否定的，在"天人"关系上实际上倾向了"天"的一方。舍弃了"人道"而不讲，是因为不承认有独立于天道的人道，是往而不返地追求天道，也就是在追求一个绝对的封闭体系。虽然是在追求封闭，其探索的过程却是在导向开放。像儒家所说"天者高之极也，地者下之极也，日月者明之极也，无穷者广大之极也，圣人者道之极也"，所谓"极"在庄子是决不同意的。所以，庄子哲学的体系最终是一个开放的体系，或者说是兼有封闭性和开放性的双重特点。庄子自己很可能没有意识到他是要表达"道"的"封闭性和开放性双重特点"，但在他哲学探索的过程中，实际上是表现出了"道"的双重特点。

庄子执着于道的统一，又困苦于道的开放。他沉痛百家的"往而不返"和"道术将裂"，他自己又何尝不是只往不来。庄子蔽于天而不知人，儒家蔽于人而不知天。知天而困于天，知人而困于人。一得一失，一失一得。既封闭，又开放，这一双重特点自始至终遍在于庄子哲学的各部分，成为贯穿庄子哲学体系的、与道论的主线相对称的又一条重要线索。而以庄子比较儒家，则二者一天一人，一封闭一开放，恰相对立，又适可互补。

在庄子的哲学体系中，固然存在着许多矛盾，但恰恰是由这些矛盾问题，展现出了庄子哲学体系中封闭性和开放性的双重特点。而这也正是庄子哲学在思维水平上高于封闭体系的儒家哲学，发展了老子哲学，使道家思想超越时代，直接与现代哲学中的许多重要原则相吻合的关键所在。

儒家思想体系是封闭的思想体系，因而也是实用的、现实可行的思想体系。庄子的思想体系具有封闭和开放性的双重特点，因此就不是实用的和现实可行的思想体系，因此就空前绝后，往而不返，不为后世学者所继承，尤其是"不为王公大人所器"。但是时过二千数百年之后，从现代哲学和现代科学的角度上看，从现代开放环境的背景上看，庄子哲学以揭示矛盾、表现为开放，而不是以克制矛盾、人为地封闭作为结束，就并不比儒家思想体系缺少意义。认识到哲学史上的这一点是极为重要的。

"知之濠上"五解

　　道家在哲学方法论上是有较大贡献的。比如老子提出了"有无相生""反者道之动"的曾被称为"朴素辩证法"的方法论，庄子提出了"此亦一是非，彼亦一是非"的曾被称为"相对主义"的方法论，老庄都提出了"大象无形""大辩不言"的形而上学方法论。此外，直觉也是道家常见的一种方法论，而且在老庄哲学中占有重要的地位。

　　所谓直觉，就是不依靠逻辑的推演而直接进行判断，是由认识的主体直接映射到认识的对象，是因其最大内涵的概念的全部，而得到其全称概念自身，而不是由此及彼或由彼及此，其间全然没有逻辑推理可循。

　　直觉以感性认识为发生的基础，其判断结果无可验证。可感而不可证，正如屈原所说："夫尺有所短，寸有所长，物有所不足，智有所不明，数有所不逮，神有所不通。用君之心，行君之意，龟策诚不能知事。"（《楚辞·卜居》）

　　荀子在批评惠施"山渊平"等论题时，提出了一个破除惠施的方法，叫作"缘天官"，说："山渊平……验之所缘无以同异而观其孰调，则能禁之矣。……然则何缘而以同异？曰：缘天官。"（《荀子·正名》）提出要"验之所缘"，看看是否有"同异"。"缘"意为"循"，就是说要遵循什么作为判断的标准。所谓"天官"，据荀子所说就是"耳目鼻口形，能各有接而不相能也，夫是之谓天官"，就是"缘耳而知声可也，缘目而知形可也"（《荀子·天论》）。"天官"就是人的自然生理感官。"缘天官"就是以人的自然生理感官的感觉作为标准，来破除惠施"山渊平"等种种怪异的论题。凡是人的感官感觉到的就真实存在，凡是人的感官感觉不到的就不是真实存在。直觉的方法论则与此有很大不同。

　　道家一派一向认为，对于宇宙万物中的某一部分内容，在某一个层次上，并非术数历算或者语言文字所能接触和反映。老子说"飘风不终朝，骤雨不终日"（《老子·二十三章》），"道之为物，惟恍惟惚"（《老子·二十一章》），"不出户，知天下；不窥牖，见天道"（《老子·四十七章》），以及"故以身观身，以家观家，以乡观乡，以国观国，以天下观天下。吾何以知天下然哉？以此"（《老子·五十四章》），表明老子有一个直觉的认识过程。

庄子在建立道论的过程中，讲到他在认识论上所经过的几个阶段说：

> 女偊曰："吾闻道矣。"南伯子葵曰："子独恶乎闻之？"曰："闻诸副墨之子，副墨之子闻诸洛诵之孙，洛诵之孙闻之瞻明，瞻明闻之聂许，聂许闻之需役，需役闻之於讴，於讴闻之玄冥，玄冥闻之参寥，参寥闻之疑始。"（《庄子·大宗师》）

> 黄帝游乎赤水之北，登乎昆仑之丘而南望，还归，遗其玄珠。使知索之而不得，使离朱索之而不得，使吃诟索之而不得也。乃使象罔，象罔得之。黄帝曰："异哉！象罔乃可以得之乎？"（《庄子·天地》）

"女偊"一段，据郭象注，副墨是翰墨文字，洛诵是背文披读，瞻明是读诵精熟，渐明至理，聂许是初可悟理，私语而自许，需役是勤行勿怠，於讴是已得其实效，盛惠显彰，讴歌满路，玄冥、参寥、疑始是重归于深远幽邃，寂寞无名。在这九个步骤中，副墨之子与洛诵之孙是一个阶段，是通过语言文字学习的阶段。瞻明是对大千世界感性认识的开始。玄冥、参寥、疑始就是最后由以认识到"道"的直觉方法。

"黄帝"一段，庄子对于直觉认识过程的表述更为明确。"知"同智，即知识，以"知"为人名，是拟人的说法。离朱、吃诟、象罔都是古传说中神怪之名。离朱明目，百步之外能辨别秋毫之末。吃诟多力。象罔传为水怪，无心，视之若有形若无形，所以名"象罔"，意即"没有形象"。黄帝遗玄珠，玄珠实即"道"，是"道"的代称。在寻找"道"的过程中，离朱、吃诟和知作为与直觉相对立的逻辑分析方法，结果都被否定了。象罔无心，不藏心机，不存先见，有形无形，有意无意，正是直觉判断的形象写照。最终由象罔找回了遗落的玄珠，即表明是通过直觉的方法认识到了"道"。

> 日夜相代乎前，而莫知其所萌。非彼无我，非我无所取。是亦近矣，而不知其所为使。若有真宰，而特不得其朕。可行己信，而不见其形。百骸、九窍、六脏，赅而存焉，吾谁与为亲？（《庄子·齐物论》）

"朕"意为形迹、征兆。日夜交替，就发生在眼前，却不知由谁萌发。没有他就没有我，没有我也没有对他的接受。我和他的关系算很近了，却并不知道一直在由他所指使。好像有他在那里主宰，却偏又不能见到他的形貌。可以看到他的行迹，却看不见他的容颜。有才智和喜好，却没有形体。在我身上，百骸、九窍、六脏，精简而完备。我到底和谁这样亲近，使我如此？

这里所说的"日夜相代乎前"，"若有真宰而特不得其朕"，"可行己信，而不见其形"，也是讲的直觉，直觉的感性认识基础和它的不可证性。

庄子的这一思想，还见于《庄子·秋水》篇中那段著名的文字：

> 庄子与惠子游于濠梁之上。
>
> 庄子曰："儵鱼出游从容，是鱼之乐也。"
>
> 惠子曰："子非鱼，安知鱼之乐？"
>
> 庄子曰："子非我，安知我不知鱼之乐？"
>
> 惠子曰："我非子，固不知子矣；子固非鱼也，子之不知鱼之乐，全矣。"
>
> 庄子曰："请循其本。子曰汝安知鱼乐云者，既已知吾知之而问我。我知之濠上也。"

原文语译如下：

庄子和惠子一起出游，到了濠水的桥上。

庄子说："儵鱼在水中不慌不忙地游动，儵鱼很快乐。"

惠子说："你不是鱼，你怎么知道鱼的快乐？"

　　庄子说："你不是我，你怎么知道我不知道鱼的快乐？"

　　惠子说："我不是你，确实不知道你；你不是鱼，也确实不知道鱼。"

　　庄子说："让我们重新开始。你问我：'你怎么知道鱼的快乐？'意思是说，你已经知道我知道鱼的快乐，而问我是怎么知道的。我的回答是：我是在濠水的桥上知道的。"

　　这一段中依其逻辑线索，可以有五种不同的理解。

　　逻辑线索之一是：惠子固然不能知庄子，庄子也确实不能知鱼。惠子不能知庄子不是辩论的话题，庄子不能知鱼则是辩论的话题。所以辩论的结果是惠子胜，庄子负。

　　逻辑线索之二是：如果惠子判断庄子不知鱼之乐，那么庄子反过来问惠子如何得出这一判断，则惠子不能回答。庄子说："子非我，安知我不知鱼之乐？"惠子回答："我非子，固不知子矣。"辩论的结果就是惠子负。

　　惠子认为：鱼，惠子固然不能知，庄子也不能知。庄子则认为：鱼不乐，庄子固然不能知，惠子也不能知。所以，惠子只能说庄子不知鱼。如果庄子说鱼乐，则庄子不能证明自己知道鱼之乐，庄子就会辩输。但惠子不能够说庄子不知鱼"之乐"，因为无论鱼乐与不乐，结果都难以证明。如果惠子这样问了，问题就会反过来，由庄子提问惠子，而惠子也同样不能证明庄子不知道鱼之乐。

　　逻辑线索之三是：于是，惠子重新回到原来的"惠子不知庄子、庄子不知鱼"的话题，说："子固非鱼也，子之不知鱼之乐，全矣。"惠子提出庄子不知鱼之乐，庄子无法证明，结果庄子辩输。

　　逻辑线索之四是：在此处庄子并没有按照这一逻辑线索进行推演。因为从哲学而非逻辑学的角度来看，证明庄子不知鱼以及惠子不知庄子，是没有意义的。所以庄子避开了这一两难证明的、没有意义的逻辑。从语法的角度看，惠子所说"安知鱼之乐（你怎么知道鱼的快乐）"一句，可以是否定而反问的意思，也可以是肯定而问其究竟的意思。在这里惠施显然是否定庄子知道鱼的快乐而予以反问，庄子则利用了语法上的另一解释而做了一个逻辑上的跳跃。既然惠子问庄子怎么知道鱼的快乐，所以庄子就回答："知之濠上"。辩论的结果，庄子胜。

　　以上是从"知之濠上"一段的字面意义上分析出的四条线索，然而在这段文字背后，其实还隐藏着另外一层含义，也可以说是这一段中的第五条线索。这就是庄子要通过这段辩论，来否定形式逻辑的作用和价值；通过这段辩论最后的语法游戏，来否定形式逻辑的认识方法的严肃性。"知之濠上"可以看作庄子的一次逻辑分析示范，示范的目的就是表明庄子要抛开形式逻辑"矛盾律""排中律"之认识方法，而选择了"知之濠上"的直觉认识方法。

学术界大多认为"知之濠上"这一段文字表明庄子是诡辩论、不可知论。但平心而论，很难设想作为先秦时期号称"绝顶聪明的人"的庄子，会在自己的著述中用一则简单的语法游戏来显明自己诡辩的品质。在"知之濠上"一段浅近的文字后面，庄子是暗含了一层深意的，这就是庄子哲学内在逻辑中一个重要的、以直觉为认识方法的环节。仅仅从文字的表面上追踪庄子，从而认为庄子是诡辩论、不可知论是过于简单了。

庄子不是诡辩论，也不是不可知论，"知之濠上"就是知了，就是表明庄子已经找到了直觉这个认识方法了。

论老庄之异同

老子和庄子在道论的许多方面都是相同的，但是在学术归止上，亦即在社会和政治观念方面，老庄却存在着很大不同。究其原因，即在于不同的实践主张引申自道论的不同层次。晚周诸子在逻辑思维方面有三种不同的层次，第一可称为"矛盾不相容"的逻辑思维层次，以法家韩非为代表；第二可称为"有无相生"的逻辑思维层次，即认为矛盾对立的双方互为成立的条件，同为相对而存在；第三可称为"大象无形""大辩不言"的逻辑思维层次，强调具有绝对无条件性的逻辑概念，均以老庄为代表。老子在哲学本体论上虽然有形而上学的道论的成就，但是在政治观和社会观上，却很大程度地引申于较低的"有无相生"的层次，而庄子的社会人生追求则是要求与"大象无形"的绝对概念相一致，由此形成了二人学术归止的显著差异。

战国之际一向以"黄老"并称，"老庄"并称始于汉代。司马迁著《史记》，将庄子附于《老子韩非列传》之内。至《汉书·王贡两龚鲍传》，载"蜀有严君平……依老子、严周之指著书十余万言"。《汉书·叙传》又载西汉末班嗣"虽修儒学，然贵老严之术"。"严周"即庄周，避东汉明帝刘庄讳改"庄"为"严"，"老严"亦即老庄。至《后汉书·马融传》："今以曲俗咫尺之羞，灭无赀之躯，殆非老庄所谓也。"是为老庄并称之始。

道家与儒家二家在晚周时期即同显于世，汉魏以后又同在"三教"。儒家大师以孔子、孟子并称，道家大师以老子、庄子并称，二者似有一外表上近乎平行对称的发展。这种观念的流行，于学术史既有益复有害。以道家而论，以老庄并称，益处是老子和庄子都是道家大师，都有重要著作传世，在学说的许多方面也都一致，因而二人的思想可以互释互明。害处是，既然认为二人在许多方面都相一致，就可用对老子的研究代替对庄子的研究，用老子的思想代表庄子的思想，因而出现以庄注老、以老代庄的倾向，掩盖老庄的差异，忽视庄子对道家学说的重要贡献。如台湾学者龚乐群所著《老庄异同》一书认为："释德清云：'《庄子》一书乃《老子》之注疏。'《笔乘》云：'老之有庄，犹孔之有孟。'可见庄子之学确是出于老子，虽时代稍后，环境略殊，所趣间或有异，然其根本思想固无二致。"[①] 便是以其所同掩其所异了。由于老庄同为晚周道家学说的代表人物，对老庄异同的认识与对道家学说的认识这二者是密切相关的，因此如果对老庄异同认识不清，也就必然难于对整个道家学说，包括它的本义和历史发展作出深刻的理解。

今检《史记》庄子传，于老庄异同已有极好的把握。早期道家发展的主流本是由老子上承远古黄帝之学，下开战国秦汉刑名法术之学（又称黄老之学）。司马迁一方面说庄子"然其要本归于老子之言"，传赞中又说："庄子散道德，放论，要亦归之自然"，准确地判明庄子的思想学说来源于对老子的直接继承，而非后世经过改造的黄老道德之术；另一方面又说庄子"其学无所不窥"，"大抵率寓言也"，"皆空语无事实，然善属书离辞"，"其言洸洋自恣以适己，故自王公大人不能器之"，指出了庄子在学术归宿上的分歧。司马迁之父司马谈曾著《六家要指》，专以比较各家优劣，兼论各家异同。引《易大传》说："天下一致而百虑，同归而殊途。"又说："夫阴阳、儒、墨、名、法、道德，此务为治者也，直所从言之异路，有省不省耳。"这个见解是极其重要的。所谓"同归"，即各家之"务为治"，就是说各家都是希图通过政治手段，来实现自己的人文理想。所谓"殊途""异路"，即各家的学说主张互有长短，既有不可行之处，又有不可失不可废之处。晚周诸子百家大抵都是政治学说，若由"务为治"一点而衡量庄子，确是难免"故自王公大人不能器之"之咎，而这便也是庄子与老子以及黄老一派的最大差异了。

司马迁由政治一面评价诸子，认为不切实用的共有二人，一是庄子，

---

① 龚乐群：《老庄异同》，幼狮文化事业公司 1974 年版，第 52 页。

一是孟子①，都很公允，极有见识。司马迁说庄子"自王公大人不能器之"，这句评语验之以千百年中庄子思想的承传遇合，竟无一例外。在庄子身后，荀子和司马迁是最能评价庄子的两个人，《荀子·解蔽》称"庄子蔽于天而不知人"。所谓"天人"，内涵极其丰富②，简要概括，则"天"之意为自然，"人"之意为人文。既有"蔽于天而不知人"者，则亦当有"蔽于人而不知天"者。知天不知人，是一切主于自然，而以人文为自然的附属；知人不知天，是一切主于人文而不必遵从自然。③荀子见出了庄子主于自然而不主于人文，司马迁见出了庄子在政治上的无所可取。而这二者实为一事之两面，即因其主于自然才有政治上的不可取，因其政治上的不可取才有对于自然方面的认识的长足进展。冯友兰曾称庄子"真正是用哲学的方法解决问题"。他说："哲学不报告任何事实，所以不能用具体的、物理的方法解决任何问题。例如，它既不能使人长生不死，也不能使人致富不穷。可是它能够给人一种观点，从这种观点可以看出生死相同，得失相等。从实用的观点看，哲学是无用的。哲学能够给我们一种观点，而观点可能很有用。用《庄子》的话说，这是'无用之用'。"④从这方面来看，庄子似较晚周其他学者更具哲学家的探索精神。

以下从直觉认识论、古代物理学、道论和学术归止四个方面对老庄异同做一概述。

---

① 《史记·孟子荀卿列传》："天下方务于合从连衡，以攻伐为贤，而孟轲乃述唐、虞、三代之德，是以所如者不合。"

② 儒家与道家虽然都讲"天"，但其含义是不一样的。如荀子所讲的"天"便与庄子不同。牟宗三说：荀子"只言人道的治天，而天则无所谓道，即有道，亦只是自然之道"。见牟宗三《名家与荀子》，台湾学生书局1979年版，第214页。蔡仁厚也说："道家的自然是形而上的，而荀子以天为自然，则根本是实然的，而不是形而上的。"蔡仁厚：《孔孟荀哲学》，台湾学生书局1984年版，第369页。

③ 近人梁启超也说："所谓'百家言'者，盖罔不归宿于政治。"又说："道家哲学，有与儒家根本不同之处。儒家以人为中心，道家以自然为中心。"颇得大体。梁启超：《先秦政治思想史》，上海商务印书馆1923年初版，上海中华书局1936年再版，第1、99页。

④ 冯友兰：《中国哲学简史》，涂又光中译本，北京大学出版社1985年版，1996年第二版，第101页。

一 直觉认识论

晚周诸子在逻辑思维方面有三种不同的层次：第一可称为"矛盾不相容"的逻辑思维层次，第二可称为"有无相生"的逻辑思维层次，第三可称为"大象无形""大辩不言"的逻辑思维层次。

"矛盾不相容"的逻辑思维层次以法家韩非为代表，其中最主要的一个特点就是"不相容之事不两立"，也就是现代形式逻辑所说的"矛盾律"。中文"矛盾"一语即出于韩非。

"有无相生"的逻辑思维层次以老庄为代表，即认为矛盾对立的双方互为成立的条件，同为相对而存在，对此老子和庄子都有论述。老子说："天下皆知美之为美，斯恶已；皆知善之为善，斯不善已。故有无相生，难易相成，长短相形，高下相倾，音声相和，前后相随。"此处的有和无，是一般意义上的有和没有的意思。老子的原意是说，美与恶，善与不善，有与无，难与易，长与短，高与下，音与声，前与后，都是相互依存的相对的概念。对立的双方如果各自偏执于自己的一端，就会使双方都不能存在。强调了自己，否定了对方，对方失去了，自己的一方也不复存在。

这种认识的产生，是由于春秋战国时期的百家竞作。庄子说："天下大乱，贤圣不明，道德不一，天下多得一察焉以自好。譬如耳目鼻口，皆有所明，不能相通。""天下之治方术者多矣，皆以其有为不可加矣。""故有儒墨之是非，以是其所非而非其所是。"由于诸家各持一说，互相非难，于是就产生了诸如"毛嫱丽姬，人之所美也，鱼见之深入，鸟见之高飞，麋鹿见之决骤。四者孰知天下之正色哉"的问题。

"有无相生"的逻辑思维层次具有更为充分的思辨因素，从哲学的意义上看，较之矛盾不相容的逻辑思维层次更高一层。但因为有无相生的双方既不能进行肯定判断，也不能进行否定判断，双方都是有条件的，只具有相对的意义。美与恶、善与不善、有与无、难与易，无论其美、善、有、易，或者恶、不善、无、难，都不具有绝对的性质，因此都没有意义。所以老子又说："唯之与阿，相去几何？善之与恶，相去何若？"唯与阿均为应声，唯为正顺，阿为诡诶。唯与阿，善与恶，同样是偏失，没有什么不一样的。"小人殉财，君子殉名"，君子与小人各失其性，同样没有意义。所以，这种"有无相生"的逻辑思维层次便为道家一派所否定，犹以庄子的批评最为激烈。

庄子认为，事物的个性和各自的原则，包括人类的是非之争，不能作为衡量事物存在的根据和意义的标准。这是因为：

第一，"彼亦一是非，此亦一是非，果且有彼是乎哉？果且无彼是乎哉？"究竟有没有是非的分别，彼此二者不能互证。

第二，是非不是绝对的。"彼亦一是非，此亦一是非"，彼此所以是所以非，是由于彼此各有是非的原因。是非出于彼此各自自身，因此彼此同样都不具有普遍意义。

第三，彼此虽然对立，却又互为存在的条件。

庄子提出"有无相生"的逻辑思维论证，是为了批驳儒墨。但是，作为道家的庄子，其否定儒墨的过程，也是在"以其所是，非其所非"。所以从逻辑上说，庄子就该和儒墨一样，同样是没有道理和不能确定的。这就产生了庄子认识论中的自我矛盾。事实上，庄子在建立自己形而上学的道论的时候，是在否定"矛盾不相容"的形式逻辑的同时也撇开了他的"有无相生"的逻辑思维论证的。

以往老庄特别是庄子的上述思想曾被称作"相对主义"而予批判，但其合理之处仍然受到了肯定。① 对于所谓庄子的"相对主义"应该重新认识，因为第一，庄子相对主义的认识论在中国早期哲学思想中并不是消极的，而是有其独特的地位和独到的贡献。第二，庄子哲学的核心是他的形而上学本体论，而不是作为认识论、方法论的"相对主义"。"相对主义"是反面的概念，在整个庄子哲学体系中的地位是较为次要的。第三，所谓"相对主义"的认识论，它的作用只是用来批驳儒墨，并与"儒墨

---

① 冯契认为："庄子的相对主义起着反对主观主义的作用，是哲学向辩证法发展过程中的一个必要环节。先秦诸家在认识论上都有独断论的倾向，而庄子则认为经验和理性都是相对的。从而否定了人们认识上的'独断的迷梦'。"冯契：《对庄子的相对主义作一点分析》，《学术月刊》1980年第9期。台湾学者辅仁大学李震也说："笔者以为庄子泯是非之说，并不意谓庄子在知识方面的怀疑论，而在于肯定感性和理性认识之限度。庄子所追求的真知是绝对性的，亦即有关'道'的认识。'道'不是理智分析的对象，'道'超越了是非相对的层面。"李震：《中外形上学比较研究》上册，"中央文物供应社"1982年版，第319页。

之是非"一起被共同否定掉了。

所以，老庄道论的建立不是通过"有无相生"的逻辑思维判断，而是通过直觉和"大象无形""大辩不言"的逻辑思维论证。

老庄道家学说的认识论是直觉的认识论。所谓直觉的认识论，就是由认识的对象到认识的对象，由认识的主体到认识的主体，是因其最大内涵的概念的全部，而得到其全称概念自身，而不是由此及彼，或由彼及此，其间全然没有逻辑推理可循。

在直觉认识论方面，庄子和老子是相互一致的。庄子说："若夫藏天下于天下而不得所遁，是恒物之大情也。""藏天下于天下"与老子的"以天下观天下"，意义是相同的。《秋水》篇中的"知之濠上"与老子的"不窥牖，见天道"，意义也是相同的。

"知之濠上"一段中的逻辑线索之一是，惠子不能知庄子，庄子也不能知鱼。鱼乐，惠子不能知，庄子也不能知；鱼不乐，庄子不能知，惠子也不能知。所以，惠子只能说庄子不知鱼，而不能够说庄子不知鱼之乐。如果庄子说鱼乐，庄子不能证明自己知道鱼之乐，惠子也同样不能证明庄子不知道鱼之乐。无论鱼乐与不乐，结果是两难证明。不过，在此处庄子并没有按照这一逻辑线索进行推演，因而避开了这一两难证明的没有实际意义的情况。

这一段中的另一逻辑线索是，"你怎么知道鱼的欢乐（安知鱼之乐）"一句，可以是否定而反问的意思，也可以是肯定而问其究竟的意思。在这里惠施显然是否定庄子知道鱼的欢乐而予以反问，庄子则利用了语法上的另一解释而做了一个逻辑上的跳跃。也就是说，庄子抛开了形式逻辑的推论，而选择了"知之濠上"的直觉方式。

学术界大多认为"知之濠上"这一段文字表明庄子是诡辩论、不可知论。但平心而论，很难设想作为先秦时期号称"绝顶聪明的人"（郭沫若语），庄子会在自己的著述中用一则简单的文字游戏来显明自己诡辩的品质。在"知之濠上"一段浅近的文字后面，庄子是暗含了一层深意的，这就是庄子哲学内在逻辑中一个重要的、以直觉为认识方式的环节。仅仅从文字的表面上追踪庄子，从而认为庄子是诡辩论和不可知论是过于简单了。庄子不是不可知论，"知之濠上"就是知了，就是表明庄子已经找到了直觉这个由以认识终极原因的方法了。

二　古代物理学

古代的本体论哲学多是由继续物理学的探讨而展开的，因此也可以说古代的本体论哲学包括了古代的物理学在内。老庄的本体论哲学就包括了这两部分内容，即古代物理学的宇宙论和抽象的形而上学本体论。

老庄关于古代物理学宇宙论的论述主要有两方面：第一，对物理现象、物质的运动形式和存在形式的论述；第二，对宇宙起源的论述。

老庄认为，"道"是已然的天地万物的统一性，也是已然的天地万物的根据。在此之中，无论是老子还是庄子，都是明显地指出除了抽象的形而上学意义之外，还有一个时间的物理的因素。天地万物有一个纯粹物质性的初始状态，叫作"根"。"夫物芸芸，各归其根。"已然的天地万物不仅在本质上统一于抽象概念的"道"，而且在时间上统一于天地未然万物未分的物质概念的"道"。

老子说："道生一，一生二，二生三，三生万物。"明确地提出在天地万物存在之前，有一个生成天地万物的统一的"道"。"孔得之容，唯道是从。道之为物，惟恍惟忽。忽恍中有象，恍忽中有物。"接着指出这个生成天地万物的"道"的物质性，及其恍惚、混成的浑沌特点。接着又指出这个物质浑沌的"道"是天地万物的根据，不仅在"生"上是天地万物的根源，而且在"化"上是天地万物的复归。

庄子也认为宇宙起源于浑沌混一的物质状态，并且进一步把宇宙物质的原始生成分为"未始有物"，"有物矣，而未始有封"和"有封焉，而未始有是非"三个阶段。这就是说，人对于宇宙的认识可以有三个层次。第一个层次是认为宇宙间万物各有畛域封界，也就是有形，有各自的不同形体和属性，但是没有是非贵贱，没有人类社会中的伦理道德以及其他一切人文思想和人文活动。第二个层次是认为宇宙是物质的，但没有万物之间种类和属性的区分，存在着的宇宙万物浑沌为一。第三个层次是认为宇宙本无所谓物质。宇宙的本源忽漠无形，浑沌混一。既然已经混一，也就无名可加，也就无所谓有物质或没有物质。无所谓有物质，所以是无所谓物质，所以是"未始有物"。对宇宙认识的这三个层次由低到高，到第三个层次达到顶点，无以复加，是人类所能认识的极限，所以说"至矣，尽矣，不可以加矣"。这种状态用形象的语言表述就是"浑沌"。

万物最终又复归于物质的"浑沌"本原，即复归于"道"。这种万物向"道"的复归，老子称之为"自化"。庄子的"自化"概念也直接来源于老子，但较老子略为详尽。庄子的"自化"概念中包括两层含义。其一，万物在同一种属内的自化，"万物以形相生"，叫作"自生"。其二，万物在不同种属之间的变化，"万物……以不同形相禅"，叫作"物化"。庄子将"自化"区分为"自生"和"物化"，对物质生成的阐述比老子更加详细具体。但二人在注重古代物理学，重视道的实际物质生成过程方面，是基本一致的。

三 道 论

"大象无形""大辩不言"的逻辑思维层次是具有绝对无条件性的逻辑思维形式，仍以老庄为代表。

老子说："大方无隅，大器晚成，大音希声，大象无形。"庄子也说："大道不称，大辩不言，大仁不仁，大廉不嗛，大勇不忮。""大象无形"的"大"是至大，"无"是无对，也就是绝对。至大的象，涵括了所有的形，所有的象，无所不形，无所不象。因而有形同于无形，有象同于无象，至大而无对，孤立而自存，所以说"大象无形"。

大象无形中的"象"和"形"替换作"有"和"无"，就成为"大有即无"。同理，大有者无所不有，无所不有则无所谓有，无所谓有则无有，故大有则无有，大有即大无。所以，在"大象无形"的逻辑思维层次上，就不再是有无相反相成，而是有无同一了。有无同一，有即无，无即有，有无合在一起就是"道"。

故《老子·一章》说："道，可道，非常道；名，可名，非常名。无名，天地始；有名，万物母。……此两者同出而异名，同谓之玄，玄之又玄，众妙之门。""玄之又玄，众妙之门"是《老子》中最为精奥神秘的一句，其解即在"有""无"的异名同实和"道"的介于可名可道与非常名非常道之间上。庄子也说："天地与我并生，而万物与我为一。既已为一矣，且得有言乎？既已谓之一矣，且得无言乎？"强调道在逻辑概念上的统一和绝对，与老子是十分一致的。老子和庄子由此完成了道家道论的本体论探求和逻辑论证。

四 学术归止

老子和庄子在道论的许多方面都是相同的，但是在学术归止上，亦即在社会和政治观念方面，老庄却存在着很大不同。

庄子认为生死齐一，无就是有，有就是无，实则无所谓有，无所谓无，其意常超出生死有无之上。及其末流，以天下为沈浊不可与庄语，故称独与天地精神往来，因而有与世同波、安时处顺一说。老子认为天道无为，实则无为无不为并重。所著书上下两篇，一曰道，一曰德，德者得也，两篇中一半篇幅是在讨论"得"。"夫唯不居，是以不去"，用心乃在不去。庄子在社会观方面，只是一种消极的处世哲学，所谓"周将处乎材与不材之间"，"以无厚入有间，恢恢乎其于游刃必有余地"，"莫不中音，合于桑林之舞"，其精义为艺术论。老子在社会观方面是一种独特的治世哲学，所谓"反者道之动"，"负阴而抱阳，知雄而守雌"，"以天下之至柔，驰骋天下之至坚"，其精义合于兵法。庄子说："予能有无矣，而未能无无也；及为无有矣，何从至此哉！"对于绝对知识的追求如同飞蛾扑火，有一去不复返之势，在抽象思辨的本体论方面长足进取，一贯到底。而老子则本质上是致用的。老子说："圣人终不为大，故能成其大。"行文常以圣人称，如侯王之说策。从学术归止上看，致用治世和消极处世，这是老子和庄子的最大差别，也是老子所以能先于儒墨诸家而与秦代及汉初的政治成功地结合在一起、庄子则"自王公大人不能器之"的原因。

早期道家学说在社会政治实践上有三条出路。其一是老子的"无为而治"。老子无为而治的思想在战国汉初又称为"君人南面之术""黄老道德之术"。汉初，儒学也称为"儒术"，老子无为而治的思想与儒学同被视为一种政治策略，成为完全意义上的政治概念。其二是庄子的齐生死和归根，认为人生的意义是被动的，生如得死如丧，因此要安时处顺。这基本上是指人的生命价值而言，是一种人生观，而不涉及社会政治因素。其三是庄子的随波逐流，要求人要因俗、因众，知其不可奈何而安之若命，是一种消极处世的社会观。

　　老子和庄子在道论包括认识论、古代物理学和形而上学本体论方面基本一致，但是在人生体验和社会政治实践的出路上却存在较大的分歧。何以如此，原因即在于不同的实践主张引申自道论的不同层次。"有无相生"和"大象无形"是两种不同层次的逻辑思维形式。"有无相生"是两个相反相成的概念互相对立，比如难易、长短、高下、音声、前后等。"大象无形"是绝对的独立自存的概念，具有最大范围的外延，除此之外没有任何相对称的概念与之对应，没有任何概念与之相参照，以至于这个概念本身也无名无形。这个概念比如称作"大方""大器""大音""大象""大成""大盈""大直""大巧""大辩"等。

　　老子再三论述的"将欲翕之，必故张之；将欲弱之，必故强之；将欲废之，必固兴之；将欲夺之，必固与之"中的翕与张、弱与强、废与兴、夺与与，和"曲则全，枉则正"中的曲与全、枉与正等，都属于"有无相生"的层次中的成对的概念。老子在哲学本体论上虽然有形而上学的道论的成就，但是在政治观和社会观上，却很大程度地引申于较低的"有无相生"的层次。所以司马谈、司马迁都是一面说老子的道论最难理解，一面又评价老子的政治主张最为简易可行。司马谈《六家要指》说道家"其实易行，其辞难知"，司马迁说老子"著书辞称微妙难识"，又说"李耳无为自化，清静自正"，原因即在于此。

　　庄子主张"至人无己，神人无功，圣人无名"，"无所可用……为予大用"，其人生追求是要求与"大象无形"的绝对概念相一致。老子多言阴阳，庄子多言有无。阴阳是相互对应的一对概念，二者互为消长。有和无不仅是相互对应，而且有就是无，无就是有，二者异名同实，各自代表着抽象思辨中的不同环节。阴阳是宇宙构成的概念，有无是哲学本体论的概念。老子注重阴阳对立概念的倚伏变化，其结果自然是要倾向为一种人道实践的策略方术。而庄子执著于本体论上的一贯追求，其结果也只有以牺牲人的独立人格和人生实践为代价。人之于道，如同器物之于大冶造化，须怀着十分的恭敬，谨慎郑重，绝不可以一意孤行，庄子就是这样常怀谨慎。庄子说："而今也以天下惑，予虽有祈向，其庸可得邪！知其不可得也而强之，又一惑也。……厉之人夜半生其子，遽取火而视之，汲汲然唯恐其似己也。""厉之人"，旧注认为以喻迷惑知返。郭象注说："言天下皆不愿为恶，及其为恶，或迫于苛役，或迷而失性耳。然迷者自思复，而厉者自思善，故我无为而天下自化。"成玄英疏说："欲明愚惑之徒，岂不厌迷以思悟耶!"但是将文意连贯来看，"厉之人"应是庄子直截了当的自见自喻。世俗遵从沿袭而来的美和丑的标准，而庄子则孤立于世俗之外，看起来就像是一个特别难看的人。著书十余万言，合与不合，事在不测，"厉之人"正是庄子自己困顿于道论的疑难，汲汲然不知所以自解的生动表述。

　　牟宗三论老庄异同，称老子哲学是"实有形态的形而上学"，庄子哲学是"境界形态的形而上学"，说："老子之道有客观性、实体性及实现性，庄子则纯成为主观之境界。故老子之道为实有形态，而庄子则纯为境界形态。"① 由此判明老庄的差别，极有见地。老子和庄子虽然有极为相同的道论、认识论和逻辑推理，虽然同为早期道家的哲学大师，但是在学术归止上，却有着不同层次的引申，有着方向相反的哲学目的和人文关注。老庄虽同为道家大师巨匠，但如从人文和政治实践的角度予以划分衡量，二人却要属于不同的文化模式和思想体系。由司马谈"务为治者"一语加以衡量，老子与其他诸子趋向一致，庄子则已独立于诸子百家之外。

---

①　牟宗三：《才性与玄理》，台湾学生书局 1980 年版，第 78 页。

褚伯秀生平事迹与
《南华真经义海纂微》之版本

《南华真经义海纂微》为南宋时期集注《庄子》的重要著作，其书凡一百零六卷，征引郭象、吕惠卿、林疑独、陈祥道、陈景元、王雱、刘概、吴俦、赵以夫、林希逸、李士表、王旦、范元应十三家之说。宋以前解《庄子》者，赖是书以传。作者褚伯秀，又名师秀，字雪巘（一说号雪巘），号环中子，又号蕉池道士、蕉池叟，宋元间钱塘人，为杭州天庆观道士。近年学者的相关研究，于《南华真经义海纂微》之版本多不言其详，于作者生平事迹、生卒系年多不知之，作者著述宗旨仅言及三教会通、以儒学理学入庄而止。论文对《南华真经义海纂微》之版本有所梳理，并搜集著录明清间褚伯秀传记六篇，对其思想宗旨也有所揭示。认为褚氏终生为道士，而《义海纂微》一书则纯为道家学术著作；褚氏治学兼容儒释，而其立场则颇具遗民之志节。

一　褚伯秀传记

褚伯秀，又名师秀，字雪巘（一说号雪巘），号环中子，又号蕉池道士、蕉池叟，宋元间钱塘人，为杭州天庆观道士，世称中都道士、杭州道士、古杭道士、钱塘道士、武林道士、吴山道士。今所见传记共六篇，即明钱一本《遁世编》、清高兆《续高士传》、清万斯同《宋季忠义录》、清道士仰蘅《武林玄妙观志》、清王梓材《宋元学案补遗》、清曾廉《元书》。

《遁世编》卷十三《高隐六·褚伯琇》云：

褚伯琇，号雪巘，以清苦节行闻于世。尤平章尝微服江浙，探谍南士，后除行省平章，素慕雪巘高节。时雪巘寓迹黄冠，住天庆寺，尤单骑从一童至天庆方丈，语观主王管辖曰："我欲一见褚高士。"观主言："其人孤僻士，宰相何故欲见之？"尤意愈坚，时雪巘方闭户读书，观主叩门，雪巘曰："主首不游廊，管辖何为至此？"观主以实告，雪巘曰："某自来不识时贵人，何忽有此？"时尤平章已拜于地，意雪巘延坐其室，雪巘即锁户，偕行廊庑间。尤执礼愈恭，至前堂，雪巘语尤曰："三年前有一阆州王高士尝留此，某非其人也。"长揖竟出，尤顾瞻良久而去。①

天庆观，在杭州吴山之南麓，为千年道场。清修民十一年铅印《杭州府志》卷三十四《寺观》云："元妙观：在石龟巷，唐为紫极宫，梁开平二年改真圣观，宋郡守王钦若徙天庆观额于此，元改今名，明正德中重建。"

阆州王高士不详，观文意，大约曾于元初有结交权贵或出任道箓官职之事，故《贫女吟》谓彼为"穿珠插翠人"，己则非其人也。

王管辖当即王福缘，字子繇，号盘隐，钱塘人，弃家学道，为褚伯秀弟子。至元中为杭州路道箓，"为政清明，羽众钦服"。《武林玄妙观志》有传及杜道坚所作《为王盘隐掩土文》，文称"提点盘隐先生"。

《续高士传》卷五《褚师秀》云：

褚师秀，字雪巘，杭州人也。宋亡，读书天庆观，苦节自娱。平章尤某至郡，闻秀名，从两童子之观，自通"欲一拜褚高士"。观主导诣秀室，方读书，掩卷曰："师秀生未识贵人。"语未卒，尤拜于地，秀起镇户，顾语人曰："三年前阆州王高士尝留此，秀非其人也。"出不复顾。

美哉显者，思贤恐后。维此哲人，高名耻邅。自谢非伦，去矣不复。兢兢苦节，我仪师秀。②

---

① （明）钱一本：《遁世编》，明万历刻本。

② （清）高兆：《续高士传》，清康熙遗安草堂刻本。

文字极简而加论赞。

康熙遗安草堂刻本有误字，"镇户"当作"锁户"，"两童子"当作"一童子"。褚伯秀终身为道士，故"宋亡"当在"读书天庆观"句后。《武林玄妙观志》卷一《古迹》云："雪巘书室：褚伯秀号雪巘，宋末元初时，隐居观中，皓首著书不辍。俞铦诗云：'褚公书室锁烟霏'是也。"民国来裕恂《杭州玉皇山志》引之。

《宋季忠义录》卷十四《褚雪巘》云：

> 钱塘天庆观高士褚雪巘，名师秀，在宋素以清苦节行著闻，元宣抚尤平章闻其名，欲见之，单骑至观，观主王管辖叩户白之，褚拒曰："某自来不识时贵，何为至此？"平章以手拜于地，章意欲褚延坐其室，褚即锁户，偕行廊庑间，至雪堂前，语平章曰："三年前有阆州王高士尝留此，某非其人也。"长揖竟出，顾瞻嗟叹曰："是真一世之高士也！"[①]

民国《四明丛书》刻本"章欲"误，当作"意欲"。"雪堂"误，当作"云堂"。《武林玄妙观志》卷一《古迹》云："云堂，《鬼董狐》云：'青阳默坐云堂。'又《遂昌杂录》云：'褚高士偕平章至云堂前。'"《鬼董狐》五卷，宋佚名撰。

此传末注云出《遗民广录》，或即明清之际李长科《广宋遗民录》，又名《宋遗民广录》，已佚，存抄本，今未见。但就内容而言，《遗民广录》亦另有所本。

《武林玄妙观志》卷二《人物·褚雪巘先生》云：

> 褚伯秀，号雪巘，一名师秀，杭人也。博学通经术，而性清介绝俗。寄迹黄冠，隐于天庆观蕉池之间，闭户著书不辍。天师以学修撰命之，不就，作《贫女吟》二首谢之。元时，平章尤公单骑从一童访之，诣方丈，语王管辖曰："欲一拜褚高士。"管辖曰："此孤僻士，宰相何取而欲见之？"尤意弥坚，乃叩门。先生方读书，闻剥啄

---

① （清）万斯同：《宋季忠义录》，民国《四明丛书》刻本。

声，问为谁，管辂以己姓名对，先生曰："何为至此？"管辂以山门急切事语之，乃启户。管辂曰："平章请见。"先生拒之，曰："某自来不识时贵人。"而顾尤已拜于地，尤意延坐室中，先生则键户而出，偕行廊庑间，尤愈敬甚。至云堂前，语平章曰："三年前有阆州王高士尝留此，某非其人也。"因长揖竟出，尤顾盼咨嗟曰："真一世之高士也！"先生平居，不轻与世俗交接，间与游者皆老儒宿学，而方外之士，若大涤周清溪、茅阜蒋玉海辈，则相与商榷道妙，书问往来无间。一夕，有双鹤飞绕池上，泊然返真，异香盈室。集注《南华经》一百六卷，名《义海纂微》，梓于咸淳乙丑之岁，奉旨入《道藏》。又注《道德》、《冲虚》二经。其他杂著诗文甚伙，惜多散轶。[①]

蕉池，《武林玄妙观志》卷一《山水》云："蕉池：在青霞洞西岩下，亦名瑞蕉池。吕仙题《蕉叶诗》于此。池傍多芭蕉，南宋及元时观中每以花之盛衰卜休咎。其前为方丈，境极幽胜。"卷一《古迹》又云："蕉池题诗：宋元之际，池边芭蕉甚盛，道士褚伯秀隐居其间，因号'蕉池道士'。"来裕恂《杭州玉皇山志》引之。

"天师以学修撰命之，不就"一语，出宋周密《浩然斋雅谈》卷中，疑有脱文，"学修撰"疑当作"道学修撰"，或为道箓院属官，如道史编修之类。天师当即张宗演。《元史·世祖本纪》：十二年，"诏召嗣汉四十代天师张宗演赴阙"。十五年，"建汉祖天师正一祠于京城"。十七年，"诏龙虎山天师张宗演赴阙"。二十五年，"天师张宗演设醮三日"。二十九年，"以汉天师张宗演男与棣嗣其教"。

大涤周清溪，即周允和，字谦甫，号清溪。褚伯秀《呈周清溪》诗："吾乡汝南英，大涤隐君子。"

茅阜蒋玉海，即茅山蒋宗瑛，号冲妙先生，又号玉海仙人，茅山上清派第三十八代宗师。《武林玄妙观志》有传云："理宗召诣阙祷晴，客于天庆，遂与褚雪巘道义相契。"褚伯秀《送玉海宗师还茅山》诗有"湖海天教十载间"句。马臻《霞外诗集》卷八《赠句曲山李方外高士》诗序

---

① （清）道士仰蘅：《武林玄妙观志》，清光绪辛巳刻本。

云："雪巘先师向与茅阜玉海宗师蒋君以斯道相与缔泉石之盟，厥后代代继承，而云萝之书往来无间。先师尝手题缄书云：'俟玉海蒋宗师直下高人至，授之。'余亦为之珍袭，然莫测其微意。"可知其相契之久。

《宋元学案补遗》别附卷二《褚先生□》（正文题作《褚雪巘先生□》）云：

> 褚□，钱塘人，号雪巘。先生博学卓行之士也，执古刀尺裁量，晚得马虚中从之学，尽其微妙。其居家笃于孝弟，清勤恬雅，动以古人自饬。暨出家着道士服，隐约西湖之滨，士大夫慕与之交。①

原刻标题、正文均缺一字。此传末注云出《仇山村遗集》。"先生博学卓行之士也"，为仇远所作《霞外诗集序》中语，原文作："乡有雪巘褚先生者，博学卓行之士。"② 又见仇远《山村遗稿》所附《山村杂著》及马臻《霞外诗集》，文字均同。

"执古刀尺"及"其居家"以下，均述马臻事迹。马臻字志道，号虚中，又号霞外，钱塘人，为褚伯秀弟子。《武林玄妙观志·人物》有传，题为《马霞外先生》。《武林玄妙观志》卷一《古迹》云："蕉池旧业：元马臻所居，集中有诗。"来裕恂《杭州玉皇山志》引之。《霞外诗集》卷七有《蕉池旧业》一首云："仙子神游浩劫家，闲门深掩夕阳斜。尚思来鹤盘清汉，不复飞章出太霞。挂剑枝空怀季札，草玄人去老侯芭。谁怜池上甘蕉树，曾向春风几度花。"隐约述其学道之情。

《元书》卷九十一《隐逸传下·褚师秀》云：

> 褚伯秀，号雪巘，杭州人也，以清苦节行闻。一日，行省平章政事尤玘单骑从一僮至天庆观，自通名姓，观主大惊。玘曰："我愿一见褚高士耳。"观主谓："其人孤僻士，相君何取而欲见之？"玘意弥坚，观主乃叩门。问为谁，观主曰："平章请见。"师秀曰："我自来不识时贵人。"言讫欲入而回，顾平章已拜于地，意欲高士延坐其

---

① （清）王梓材：《宋元学案补遗》，民国《四明丛书》刻本。
② （元）仇远：《霞外诗集》，文渊阁《四库全书》本。

室，师秀即键户，偕出廊庑间，至云台间语玘曰："三年前有阆州王高士留此，某则非其人也。"因长揖而去。玘顾瞻咨嗟而已。然师秀尝与洞霄宫主席周光和、杭州释文珣交，亦与周密、仇远相唱和，人益重之。①

洞霄宫主席即周允和，宋咸淳初，宣醮内庭，赐号妙有大师，开山冲天观。元至元四年，受崇道清真大师，洞霄主席。宣统三年层漪堂刻本"周光和"误，当作"周允和"。褚伯秀有《呈周清溪》诗，元孟宗宝《洞霄诗集》卷九所录题下注云"名允和"。

"释文珣"亦误，当作释文珦，撰《潜山集》，卷一有《赠道士褚雪巘》诗，卷十一有《赠道士褚雪巘》诗。

以上六传之外，魏源《元史新编》卷五十一《遗逸传》列谢翱、郑所南、赵若焕、赵子固、张昱、褚师秀六人，但有目无传。而其书《凡例》内一条专论此卷云："元代功臣多与宋金史出入，元末遗老降臣多与明史出入，亦有宋元明三史皆不载而其人实足廉顽立懦，如谢翱、郑所南、赵若焕、赵子固、张昱、褚师秀，岂可因其遁世无闷而不表章之哉？"

余如明刘叶《新镌历代名贤事类通考》卷七褚师秀传、清葛芝《卧龙山人集》卷十三褚雪巘小传、清厉鹗《宋诗纪事》卷九十褚伯秀传、清倪模《古今钱略》卷三十二《古今收藏名氏》褚氏伯秀传、清雍正《浙江通志》卷一百九十二《人物十·隐逸上·褚师秀传》、清乾隆《杭州府志》卷一百七《人物十三·仙释二》褚伯琇传、民国《杭州府志》卷一百四十八《人物十·隐逸》褚师秀传，多杂引各书而成。

二　褚伯秀生平事迹系年

褚伯秀之生卒年可考知大略。

咸淳元年（乙丑，1265）《南华真经义海纂微》文及翁所作《序》

云："雪巘羽衣褚伯秀，身近尼五之天。"①"尼五"即《论语·为政》子曰吾"五十而知天命"，"近尼五"意谓年近五十岁，兹假定此年褚伯秀四十九岁，则其生年为宋宁宗嘉定九年（1216）。

宋陈深《宁极斋稿》有《挽褚雪巘高士》云："矫矫环中叟，清强八十余。"②"八十余"为八十多岁，兹假定其卒年时为八十一岁，则知褚伯秀卒于元成宗大德元年（1297）。

其生平事迹系年可考者有数事。

宋宁宗嘉定九年（丙子，1216）：褚伯秀生。

宋理宗淳祐六年（丙午，1246）至淳祐八年（戊申，1248）：褚伯秀三十岁至三十二岁。与诸同学见范应元于杭州天庆观。

《南华真经义海纂微》末载褚伯秀《跋》云："淳祐丙午岁，幸遇西蜀无隐范先生游京，获侍讲席几二载，将彻章，窃谓同学曰"云云。《武林玄妙观志·人物·范无隐先生》："淳祐丙午来游临安，居天庆观为讲师，从学者甚众，褚高士伯秀与焉。"（"范应元"，褚伯秀跋语及宋刻《老子道德经古本集注》题作"范应元"，"今所纂诸家注义姓名"作"范元应"。兹从跋语）

褚伯秀《跋》又云："愚初读是经，终卷，至'惠施多方'以下，莫窥端涯，与《列子》载公孙龙诳魏王之语绝相类，难以措思容喙，横于胸臆有年矣。"据此可以推知褚伯秀自二十余岁时已入天庆观为道士，并且研习《南华》诸经。

宋度宗咸淳元年（乙丑，1265）：褚伯秀四十九岁。《南华真经义海纂微》成书，未刊，刘震孙、文及翁、汤汉为之作《序》。

刘《序》署款"咸淳元年夏四月，东北人刘震孙书于姑苏寓舍木鸡窠"。《序》云："中都道士褚伯秀，持所集《庄子解》，且附以己见，示余。"文《序》署款"咸淳元年夏五月五日，本心翁文及翁书于道山堂"。《序》云："雪巘羽衣褚伯秀，身近尼五之天"，"辑诸家解，断以己见，笔之书以为未足，且刻之梓以传不朽"，"《南华》之经，诸家之解，褚之《管见》"。汤《序》署款"咸淳乙丑岁八月甲申，鄱阳汤汉书"。《序》

---

① （宋）褚伯秀：《南华真经义海纂微》，《正统道藏》本及文渊阁《四库全书》本。

② （宋）陈深：《宁极斋稿》，《宋人集乙编》本。

云："君既竭力以板行其言，且属余序其篇首。"三序均明言《南华真经义海纂微》业已成书。其时上距范应元讲经之始已有十九年。

刘震孙字长卿，号朔斋，咸淳元年为礼部侍郎，详见邓建《南宋文人刘震孙生平考索》。但邓文认为刘《序》"自署'东北人'，显系'东平人'之误"①，恐非。刘震孙别号"东北人"典出《易经·说卦传》"帝出乎震"，"万物出乎震，震，东方也"，名号相应，可知其不误。

文及翁字时学，号本心。咸淳元年时为著作郎，六月出知漳州。至德祐初官至资政殿学士、签书枢密院事。

汤汉字伯纪，号东涧，咸淳初，"度宗即位，召奏事，授太常少卿兼国史院编修官、实录院检讨官"，后官至工部尚书。《宋史·儒林传》有传。

释文珦《潜山集》卷一《赠道士褚雪巘》："古壁悬篆籀，不爱烧药炉。《南华》注已毕，终然得玄珠。"②作于此时。

释文珦《潜山集》卷十一又有《赠道士褚雪巘》："身不离珠庭，新笺《道德经》。时来琪树下，闲看鹤梳翎。"《四库全书·潜山集提要》："所与倡和者，又不过褚师秀、周密、周璞、仇远数人，皆一时高人文士。"指此。

陈深亦有《挽褚雪巘高士》诗："矫矫环中叟，清强八十余。平生山水趣，尽力老庄书。黄鹄人间世，白云天上居。蕉花吹又落，回首一唏嘘。"原注："号'环中子'，尝注《老》《庄》，所居种芭蕉，又号'蕉池叟'。"

咸淳六年（庚午，1270）：褚伯秀五十四岁，为《南华真经义海纂微》作《跋》。

《南华真经义海纂微》末载褚伯秀《跋》，署款云："咸淳庚午春，学徒武林褚伯秀谨志。"又云："师恩昊天罔极，兹因纂集诸解，凡七载而毕业。"

此《跋》与《南华真经义海纂微》卷一百〇六《天下篇》之"管见"相连而兼有"统论"的性质，盖褚伯秀注《庄》缘起于是。《道藏》

---

① 邓建：《南宋文人刘震孙生平考索》，《古籍整理研究学刊》2012年第1期。

② （宋）释文珦：《潜山集》，文渊阁《四库全书》本。

本直抄连写，朱得之《庄子通义》嘉靖浩然斋本所引题为《褚氏后序自撰》（行书写刻），《武林玄妙观志》径称《褚伯秀南华真经义海纂微跋》。

按此《跋》上距三《序》已五年，《南华真经义海纂微》成书在前，而此《跋》在后之原因，推测当为范应元去世之时所补写，故《跋》称"聊志师徒庆会之因于卷末，俾后来学者知道源所自"，显然有承接范氏学统之意。《跋》称"凡七载而毕业"，当指咸淳元年以前之七年，则《南华真经义海纂微》始著之年为宋理宗宝祐六年（1258）。四库馆臣断"是书成于咸淳庚午……下距宋亡仅六年"，据《跋》之最后署款而不据三《序》，恐误。

宋帝昺祥兴二年（己卯，1279）：南宋亡。褚伯秀六十三岁。

"尤平章"访褚伯秀而褚拒见一事，当在此后不久。作《贫女吟》诗，亦当在此后不久。

检《全宋诗》卷三五一九录褚伯秀诗七首：《贫女吟》二首，《呈周清溪》《送金约山归洞霄》《送玉海宗师还茅山》《春日山居》《题翠蛟亭》[1]，不全。《武林玄妙观志》卷四录《春日山居》以外六首。清顾嗣立《元诗选癸集》癸之癸上录褚环中三首：《山中春日》，《宗坛秋夕》二首[2]，无作者小传。孔凡礼《宋诗纪事续补》卷二十五录褚环中《宗坛秋夕》第一首，作者小传极简，仅称："环中，方外之士。"盖因各有所本，而不知褚伯秀、褚环中为一人之故。今合并共存诗十首。

按褚伯秀有诗名。王谌《题褚道士雪巘诗卷》云："五言与七言，句句总清新。但得诗囊富，何愁客路贫。"由"诗卷"可知，当日曾有抄本流行。

又按《武林玄妙观志》卷四有《褚伯秀武林诗话二则》，其一云：

《浩然斋雅谈》载曾绎仲成诗云："已无丑扇几边乱，空见春锄天际飞。"《尔雅》："丑扇，蝇也。"释云："丑，类也。青蝇之类，好摇翅自扇。"伯秀案：《尔雅》："蒿丑，𧎔。蠢丑，奋。强丑，埒。

① 傅璇琮等主编：《全宋诗》，北京大学出版社1998年版，第42019—42020页。
② （清）顾嗣立：《元诗选癸集》，中华书局2001年版，第1711页。

蜂丑，螫。蝇丑，扇。"俱以"丑"字为句。今曾诗未明句读字，又颠倒本文，均误。①

其二云：

　　韩文原②用事时，华岳子西为武学生，尝献诗云："汉地不埋王莽骨，唐天难庇禄山躯。"韩怒，羁管建宁，有诗号《翠微集》，大抵皆粗恶语。③

《诗话二则》题下，仰蘅注云："出王云谷所刻《义海》。"

下引王云谷题记云："云谷按：先生《武林诗话》实为艺林胜事，惜当时未及刊行，遂失其稿。友人从滇南来，云见有小儿手执一纸，插标叫于市傍，阅之，乃先生亲书诗话也，心知其宝，遂以数十钱易之，归以告余云：'千金不易也！'余急录之，附刊《义海》之后。"

然检周密《浩然斋雅谈》，所云二则皆在卷中，前后相次，文字全同，惟《武林玄妙观志》"案《尔雅》"上多出"伯秀"二字。其题为《武林诗话》，仿佛确有所据。而王云谷刻或抄《南华真经义海纂微》在明嘉靖时，今亦不见。所称《褚伯秀武林诗话》究竟如何，阙疑待考。

元世祖至元二十四年（丁亥，1287）：褚伯秀七十一岁。与王盘隐同周密游韩侂胄故园，周密时年五十六岁。

周密《癸辛杂识·后集》"游阅古泉"一条云："至元丁亥九月四日，余偕钱菊泉至天庆观访褚伯秀，遂同道士王盘隐游宝莲山韩平原故园。"

四库馆臣云："周密《癸辛杂识·后集》载，至元丁亥九月，与伯秀及王盘隐游阅古泉，则入元尚在也"（《南华真经义海纂微》提要），指此。

明郎瑛《七修续稿》卷一《游阅古泉记》引之。

夏承焘《周草窗年谱》、冯沅君《周草窗年谱》均引之。冯沅君云："是岁秋，草窗在杭，与钱菊坡、褚伯秀等游韩平原故园。""钱菊坡"

---

① （清）道士仰蘅：《武林玄妙观志》，清光绪辛巳刻本。
② "韩文原"误，当作"韩平原"。即韩侂胄，时封平原郡王。
③ （清）道士仰蘅：《武林玄妙观志》，清光绪辛巳刻本。

误，夏承焘不误，《七修续稿》《癸辛杂识》均作"钱菊泉"。张炎《山中白云词·长亭怨（记横笛）》"岁庚申会吴菊泉于蓟北，越八年再会于甬东"（"岁庚申"一作"辛卯岁"，"吴菊泉"一作"菊泉"，清陈廷焯《白雨斋词话》卷二引作"钱菊泉"），或即此人。

周密号草窗，入元后不仕，居杭州，与褚伯秀多有来往。

周密《浩然斋雅谈》卷中云："道士褚伯秀，清苦自守，尝集注《庄》、《老》、《列》三子。天师以学修撰命之，不就，作《贫女吟》二首谢之曰：'夜绩晨炊贫自由，强教涂抹只堪羞。闭门静看花开落，过却春风不识愁。''寂寞篷窗锁冷云，地炉纫补自阳春。千金莫误朱门聘，不是穿珠插翠人。'"

周密《志雅堂杂抄》卷上云："褚雪巘携铜虎一半来，上有篆字六云'某处发兵合同'，下有甲至癸十真字各半。又有黄古玉如匕首之状，色甚润，盖玉也，而此老谓之雷斧，非也。"小字夹注云："按褚名伯秀，杭州天庆观道士。"

周密《云烟过眼录》卷下云："褚伯秀云：江南李后主常诏徐铉以所藏前代墨迹为古今法帖入石，名《升元帖》。然则在《淳化》之前，当为法帖之祖。"

元成宗大德元年（丁酉，1297）：褚伯秀卒。

陈深《挽褚雪巘高士》诗："清强八十余。"假定"八十余"为八十一岁，由所假定生年嘉定九年（1216）推算，则褚伯秀卒于此年。

又《武林玄妙观志》记褚伯秀之卒云："一夕，有双鹤飞绕池上，泊然返真，异香盈室。"可知褚伯秀卒于天庆观之雪巘书室。至少至老，学道一生，其道士身份始终未改，平生亦均不离天庆观。《续高士传》谓"宋亡，读书天庆观"固不确，《遁世编》谓褚伯秀"寓迹黄冠，住天庆寺"亦不确。谓褚伯秀有退隐之情则可，谓其"寓迹"亦非尊其本志。

三 褚伯秀何以入高士隐士传

六传均为明清人所作，除《宋元学案补遗》外，均本于元郑元祐《遂昌杂录》、宋周密《浩然斋雅谈》二书。

"清苦自守""天师以学修撰命之"及集注三书诸语，出周密《浩然斋雅谈》卷中："道士褚伯秀，清苦自守，尝集注《庄》、《老》、《列》三子。天师以学修撰命之，不就，作《贫女吟》二首谢之曰：'夜绩晨炊贫自由，强教涂抹只堪羞。闭门静看花开落，过却春风不识愁。''寂寞篷窗锁冷云，地炉纫补自阳春。千金莫误朱门聘，不是穿珠插翠人。'"

按周密与褚伯秀同时，而郑元祐不及见褚。《浩然斋雅谈》"清苦自守"一语，《遂昌杂录》本之，改作"清苦节行"，各传多作"清苦节行"，可知承《遂昌杂录》而不承《浩然斋雅谈》。

"尤平章"一节，出郑元祐《遂昌杂录》，原文云：

> 尤公久于江南探谍，南士人品高下皆悉知之。时江淮省改江浙省，自维扬迁钱塘，尤公因升平章。郡有天庆观，即今玄妙观。杭高士褚雪巘先生，讳师秀，自宋以清苦节行闻。一日，尤公单骑从一童至天庆，方丈观主王管辖者，尚不知为平章，尤公乃自言，观主大惊。尤公曰："我欲一拜褚高士耳。"观主谓："其人孤僻士，宰相何取而欲见之？"尤公意弥坚。观主扣房门，高士方读书，闻扣户声，问为谁？观主以姓名对。高士曰："主首不游廊，管辖何为至此？"观主以山门急切事语之，乃启户。观主言："平章请见。"高士拒之曰："某自来不识时贵人。"而平章顾已拜于地，意欲高士延坐其室。即锁户，偕行廊庑间，平章卑抑，敬之愈甚。至云堂前，语平章曰："三年前有阆州王高士尝留此，某则非其人也。"因长揖竟出，尤公顾瞻嗟咨曰："是真一世之高士！"①

所载"尤公"，郑元祐不言其名号，《遂昌杂录》又载其事迹云：

> 余年三十许时，识一老僧于吴江洲渚上。老僧台人也，时已年七十余，为余言巴延②丞相先锋兵至吴，是日大寒，天雨雪。老僧者时为承天寺行童，兵森列寺前，住山老僧某令其觇兵势，且将自刭，无污他人手。行童震栗远望，有以银椅中坐者，以手招行童。行童莫敢

---

① （宋）郑元祐：《遂昌杂录》，文渊阁《四库全书》本及《笔记小说大观》本。
② "巴延"又作"伯颜"。

前，且令军士趣召之。将至，戒以无恐。既至，召令前，问住山某和尚安否？西廊下某首座安否？行童大惊。且戒令先往首座房致意，首座僧大惊。而银椅中坐者已至房作礼，笑问曰："首座如何忘却耶？某固昔时知命子寺前卖卜者也，尝宿上房逾半年。"已而偕至方丈拜主僧，主僧错愕，谩不省。扣之，乃言曰："我尤宣抚也，今日尚何言？"即命大锅煮粥啖兵人，令兵人持招安榜，而令行童以吴语诵榜文晓谕百姓。于此始知尤公探谍江南凡八年，至以龙虎山张天师符箓取验于世祖皇帝云。①

又云：

公每出，见杭士女出游，仍故都遗风，前后杂沓，公必停舆或驻马，戒饬之曰："汝辈尚薨薨睡耶？今日非南朝矣！勤俭力作，尚虑不能供繇役，而犹若是惰游乎？"是时三学诸生困甚，公出，必拥遏叫呼曰："平章今日饿杀秀才也！"从者叱之，公必使之前，以大囊贮中统小钞，探囊撮与之。公遂建言。以学校养士从公始。②

此后各传均称"尤公""尤平章""尤宣抚"，惟曾廉所作传确认为"行省平章政事尤玘"。尤玘，字符长，一曰字守元，又字君玉。宋元间人，致仕后居梁溪，别称"万柳溪"。祖尤志，父尤交。曾著《归闲堂稿》，又著《万柳溪边旧话》一卷，专明世系。书中称道其族人终慕公尤山，字符镇，宋亡后隐遁不仕云："景定中有名太学，素谨厚缄默，有志操，晚年坚方诩之节，有劝之仕者，辄以醇酒醉之，私谓家人曰：'吾家三百年科第，十世冠裳，宋恩渥矣，吾何忍失身二姓乎？愿肥遁终身耳！'公与予仕隐虽异迹，公真淳厚君子也。"据此则尤玘确曾仕元。

《四库提要》云："《万柳溪边旧话》一卷：元尤玘撰。玘字君玉，号知非子。自称尤袤之后，不知其世次。旧本题为宋人，今此书后跋称玘为大司徒，则尝官户部尚书。又末条称终慕公不肯仕元，则当为元人。"

① （宋）郑元祐：《遂昌杂录》，文渊阁《四库全书》本及《笔记小说大观》本。
② 同上。

　　光绪《无锡金匮县志》卷二十二《文苑·元》有传，云："尤玘：字君玉，袤六世孙，仕元，历官户部尚书，封魏郡公。博学多识，尝著《万柳溪边旧话》，多述先世遗事。"

　　银椅，即银交椅。《元史·舆服志》："交椅，银饰之，涂以黄金。"《新元史》："并赐圈背银椅。"《金史》："并服紫衫角束带，直背银交椅。"《金史·仪卫志》载交椅二式，其一"用银裹圈背、紫丝涤结"，其二"用直背，银间妆、青丝涤结"。亦有金交椅。

　　按诸书所云"探谍"事迹极其传奇诡异。元设行中书省丞相一员，平章事一员，又有右丞左丞，但检光绪《浙江通志》卷一百十六《职官》元代姓氏，不见尤姓。惟曾廉《元书》卷五十八阎复传附传云："同时又有尤玘，吴人，字符长，亦以省掾累官江浙平章政事、大司徒、魏郡公。长身美髯，笃好文史，意致不凡，时皆以为才略过人也。著述在《艺文志》。"以情理论之皆合，以人物取证则难，姑存疑待考。

　　有关褚伯秀传记，四库馆臣曾经质疑，何以传主本为道士，却入高士、隐士传中。这确是发现了褚伯秀生平的一个关键问题。《四库提要》指出：钱一本《遁世编》分神隐、真隐、儒隐、节隐、侠隐、哲隐、达隐、高隐、别隐九类。"芜杂殊甚，疏漏尤多"，"顾阿瑛以晚年祝发入之'别隐'，褚伯秀本为黄冠乃入之'高隐'，梁鸿无排难解纷之事乃入之'侠隐'，林灵素诡谲羽流亦目曰'别隐'，皆未为允协"。（《遁世编》提要）又说：高兆《续高士传》采摭隐逸，鉴别精严，微显阐幽，循名责实，"然宋种放隐节不终，反登简牍。元褚伯秀实道士，所注《庄子义海纂微》，今尚著录也"。（《续高士传》提要）其意似谓道士已然出家，便称不上"高士""隐士"。

　　按各传中称谓，《武林玄妙观志·人物》有"列仙""高道""名师"三目，褚伯秀列在"列仙"，最为特殊。其他《遁世编》列为"高隐"，为高士与隐士之合称。《续高士传》顾名思义均为"高士"。《宋季忠义录》《元书》均称"高士"。《宋元学案补遗》称为"乡先生"和"博学卓行之士"，则完全隐去了褚伯秀的道士身份。

　　四库馆臣的疑问有一定的理由，但南宋末年亦有其特殊的社会背景，故《四库提要》的质疑仍须具体分析。

　　其一，褚伯秀作为道士，虽已出家，但道流中又有出任官职一途，

"天师以学修撰命之"而褚伯秀"不就",此事亦即称得上具有隐退的性质。

其二,在当时成为道士的诸人当中,有不少是为了退隐而出家的。换言之,出家人中亦可细分为两类,即:虽出家而未隐,如蒋宗瑛于宋理宗时诣阙、黄德渊于元大德间诣阙;为了隐退而出家,如马臻本为儒生而"翻然学道"(《武林玄妙观志·马霞外先生传》),"着道士服,隐约西湖之滨"(仇远《马霞外诗集序》)。

其三,道士而有"高士""隐士"诸称,不仅明清传记如此,宋元之际已是习称。如褚伯秀《呈周清溪》称"大涤隐君子",林尚仁《端隐吟稿·赠褚雪巘》称"多年林下隐,犹带旧儒酸。自说因诗苦,还如学《易》难",释文珦《潜山集·赠道士褚雪巘》称"中情了无取,斯为真隐徒。知已换凡骨,何时上清都"。

其四,当宋元鼎革之际,"隐士"之称亦可相对于出仕、有为而言。大凡具才学而不出仕、不亲世事之读书人,皆可称之为隐。魏源《元史新编·遗逸传》以褚伯秀与谢翱、郑思肖诸人同传而称"其人实足廉顽立懦",其寓意最为明显。观《南华真经义海纂微》刘震孙、文及翁、汤汉三人之《序》,当南宋之时,褚伯秀亦非一概不与朝官来往。故褚伯秀被称为"高士""高隐",鼎革背景尤其值得加以注意。按天庆观中有亭,名"如此江山亭"。《武林玄妙观志》卷一:"如此江山亭:元初,宋遗民有感而作。《七修类稿》云:'杭城旧有如此江山亭,在吴山天庆观。'"来裕恂《杭州玉皇山志》引之。宋遗民所建亭而在道教宫观中,此即极不寻常。迄今尚存元明文士《如此江山亭诗卷》真笔,"钱唐愚一道人王仲玉"等至正六年题咏在焉,或可作为褚伯秀生平志节之索隐。

四 《南华真经义海纂微》之版本

《南华真经义海纂微》一书,有《正统道藏》抄本、《四库全书》抄本、朱得之《庄子通义》(附刊)三种,近年均有影印出版,故为学者常见。[①]

---

① 明李栻有《南华真经义纂》十卷,严灵峰《周秦汉魏诸子知见书目》云:"纂集并删并褚伯秀《南华义海管见》及朱得之《庄子通义》二家之说而成",明万历刊本,在《道书六种》中。其书未见。

《南华真经义海纂微》的刻本，迄未见官私著录或学者论及。如严灵峰《周秦汉魏诸子知见书目》著录《道藏》、民国影印《道藏举要》及《四库全书》三种，陈品卿《庄学新探》（1983 年版）附录《历代庄学版本及其现藏》著录《道藏》本一种，丁培仁《增注新修道藏目录》（2008年版）著录《道藏》及《四库全书》二种。

仰蘅《武林玄妙观志》卷二《人物》称此书"梓于咸淳乙丑之岁，奉旨入《道藏》"，"咸淳乙丑"显据刘震孙、文及翁、汤汉三《序》而来，"梓于"一语则系臆加。卷四《褚伯秀武林诗话二则》注云，"出王云谷所刻《义海》"，实则王云谷并未付之刊刻。推测此书的存世流行始终只是抄本。

《南华真经义海纂微》抄本，最早当在道教道观中。北宋前后五次纂修道藏，即如书首"诸家注义姓名"所载"颁行入《藏》""陈详道注：《藏》本""已上五家并见《道藏》"之类。南宋不再续纂，所以褚伯秀此书没有机会颁入《道藏》，但仍然会在道教道观中传写流行。元代《道藏》今亦不存。今所存明代《正统道藏》中的《南华真经义海纂微》抄本，最可能是源于道教道观。它也可能自民间学者搜集而来，但至少与《四库全书》抄本不一来源，二者文字差异较多。（《四库》本所据原本有误处，《道藏》本多不误，可知其原本不同于《道藏》本。）故兹假定《正统道藏》本系出自道教道观的历代传写。

《四库全书》抄本，《四库提要》谓出"浙江巡抚采进本"，《浙江采集遗书总录简目》谓出天一阁藏明抄本。吴慰祖《四库采进书目》云："《庄子义海纂微》一百六卷：天一阁写本，宋中都道士褚伯秀辑。"[①] 天一阁明抄本的《南华真经义海纂微》至今仍有部分尚存。据骆兆平《天一阁散书访归录》所述："《南华真经义海纂微》：存十卷。元褚伯秀撰，明蓝丝阑抄本一册。全书一百另六卷，部分散出，劫后存四十七卷，今又访得卷八十二至九十一。"[②] 兹假定《四库全书》抄本系出自民间学者的历代传写。

《四库全书》之编纂，四库馆臣王太岳等纂《四库全书考证》一百

卷，内有《南华真经义海纂微》考证一百零三条，多称"据别本改""据别本增""据别本删"，其"别本"不知何本，是否别有其他抄本未可知。

官私著录论及《南华真经义海纂微》，也往往为抄本。如阮元《文选楼藏书记》云："《庄子义海纂微》一百六卷：宋中都道士褚伯秀辑，抄本。"莫友芝《邵亭知见传本书目》卷十一下云："路小洲有抄本。"此外日本静嘉堂文库十万卷楼旧藏本著录云："《南华真经义海纂微》一百六卷：宋褚伯秀撰，写，十二册。"日本公文书馆昌平阪学问所本著录云："《南华真经义海纂微》：宋褚伯秀，江户写，四册，存二十六卷。"

朱得之，字本思，号近斋，又号参元，室名浩然斋，靖江人，为王阳明晚年客居靖江时弟子。《明儒学案》卷二十五《南中王门学案》称："其学颇近于老氏，盖学焉而得其性之所近者也。"光绪《靖江县志》卷十四《人物志·儒学》称："大抵得之之学，体虚静，宗自然。"著作有《庄子通义》十卷（嘉靖三十九年刊）、《列子通义》八卷（嘉靖四十三年刊）、《老子通义》二卷（嘉靖四十四年刊），合称"三子通义"，均朱氏浩然斋刻本。又著《宵练匣》十卷、《印古诗说》一卷，纂修《靖江县志》八卷。

朱氏《庄子通义》一书，《四库提要》评价极低，认为"议论陈因，殊无可采。至于评论文格，动至连篇累牍，尤冗蔓无谓"。其书完全因循褚伯秀《南华真经义海纂微》而来（全取褚氏"管见""总论"，而不取其十三家集注），朱氏仅在正文处加旁注，题下及章末加"通义"，又书首有《读庄评》十三则而已。

今检《庄子通义》各卷下题名云："参元朱得之旁注并通义，附钱塘褚伯秀义海纂微，云谷王潼录校刊。"又《读庄评》第十二则云："褚氏伯秀《义海纂微》作于胜国时，因避地遗于滇南，其《自序》可考也。余同门友钱塘王云谷游览四方历三十年，穷乡绝岛莫不探陟。嘉靖初至彼，见之，手录以归。乙卯疾，将革，以授余曰：'烦兄图广其传，毋使褚氏之心终泯也。今刻从其情，得失不易字，信褚氏、信云谷也。'"又《庄子通义目录》下小字注云："褚氏《义海纂微》其籍自拟篇目，自为《后序》，今刻既附其籍，因亦附注其目于篇目之下，并存其序于后。间有脱简、重出，俱仍其旧。"

观此可知其书亦由保存褚氏而起，原本并未隐去褚伯秀之名，而文字亦多循旧不改。所谓"附钱塘褚伯秀"云云，著作家不得不如此说，其实乃是以褚伯秀为底本而以己之"通义"附之，故其书由四库馆臣而言为"陈因无可采"，由褚氏而言，所谓"得失不易字"，"脱简、重出，俱仍其旧"，正赖此而得一传本，实为褚氏之功臣。

比较《正统道藏》本与朱得之《庄子通义》本，其褚氏"管见""总论"部分，往往《道藏》本有误，而《庄子通义》所引不误。但也有《庄子通义》缺失而《道藏》本完好者，如《庄子通义》卷六《至乐》篇末云："此篇褚氏不为总论，意其指无不明也。"今《道藏》本褚伯秀总论尚在。

而二者最大的文字差异，在于书末的跋文。

《道藏》本《天下篇》卷末没有"跋"或"后序"之类标题，内云："竹溪林公鬳斋先生，乐轩之嫡嗣也。"中隔陆德明所论及刘概统论二节，另外分章云："南华著经，篇分《内》《外》，所以述道德性命礼乐刑政之大纲，内圣外王之道有在于是"云云，文末有"咸淳庚午春，学徒武林褚伯秀谨志"署款，体例即不严整。

《庄子通义》本书末题《褚氏后序自撰》，内云："竹溪林公鬳斋先生，乐轩之嫡嗣也，其《口义》有所受①。序曰：南华著经，篇分《内》《外》，所以述道德性命之几微，内圣外王之指决，礼乐刑政之大纲。"《道藏》本分章处，《庄子通义》所引前称"序曰"，后署"咸淳庚午春，学徒武林褚伯秀谨志"，首尾完整。草书制版，并且文字多出，意义优长。② 特别是《庄子通义》的标题，所谓"自撰"云云，当即"手书""手迹"之意。按《庄子通义》书首有《刻庄子通义引》，署款"皇明嘉靖庚申腊日，嘉靖朱得之书"，行书，风格瘦硬，当为朱得之手迹。《褚氏后序自撰》为草书，书法圆润，与之不类，而字体雍滞，似为反复摹写所致。是则可以推测此文源出褚伯秀手迹，而《庄子通义》所本亦有可能为褚伯秀手订之稿本。

王潼，号云谷，生平不详，但其为钱塘人，当熟知天庆观（玄妙

---

① "所受"二字草书，谢祥皓《庄子序跋论评辑要》未读出，而连读作"《口义》有□□序"，谓不知"究竟谁人书写"。仰蘅《武林玄妙观志》刻本卷四读作"所受"。

② 如《道藏》本"见谓僻诞"，《庄子通义》作"读者俱谓僻诞"。《道藏》本"莫窥端涯，与《列子》"，《庄子通义》作"觉其与《列子》"，皆以《庄子通义》义长。

观）、褚伯秀事迹。朱得之《读庄评》称王潼得见《南华真经义海纂微》于滇南，"手录以归，乙卯疾将革"，授朱得之。可知王潼卒于嘉靖三十四年（乙卯），实未及见其书刻成，《庄子通义》各卷下题名云"云谷王潼录校刊"亦著作家语，以志其能存抄本也。①

《南华真经义海纂微》于咸淳元年（乙丑1265）纂成，而褚伯秀大约到元成宗大德元年（1297）始卒，中间三十年应当会有誊抄的正本，保留在天庆观中。而褚伯秀的手稿本可能由褚氏自行安排，后来辗转流散到了云南。

但《读庄评》又称《义海纂微》"遗于滇南"，"《自序》可考"，而《道藏》本及《庄子通义》均未载《自序》。若指《后序》而言，则《后序》亦未言"滇南"事，未知何故。

又《武林玄妙观志》卷四《褚伯秀武林诗话二则》引王云谷题记云"友人从滇南来"，而不言王氏自往滇南，亦未知何故。

《武林玄妙观志》卷四录《褚伯秀南华真经义海纂微跋》全文，文字与《道藏》本不同，而与《褚氏后序自撰》全同②，但又未言出自《庄子通义》，所称褚伯秀《诗话》及刘震孙等三《序》亦不见于《庄子通义》，似乎王潼录本亦别有流行，其书后当有《诗话》"附刊《义海》之后"。兹推测仰蘅所录《褚伯秀南华真经义海纂微跋》出自《褚氏后序自撰》，仰蘅所云"出王云谷所刻《义海》"即《庄子通义》卷目所题"云谷王潼录校刊"，而仰蘅所录三《序》则另有所本③。

五 《南华真经义海纂微》之体例

《南华真经义海纂微》一书体例，乃是集注体与著作体的合璧。集注体也应当包含作者本人的见解，但是褚伯秀此书由其书名分析，"义海"似专指汇纂前人批注，"纂微"则专指自己所注的部分。

其中"义海"按照前后一定的次序排列各家批注，各家均单列一章，

---

① 《四库提要》亦谓："《义海纂微》未行于世，王潼录其遗稿以授得之，得之因附刻于每段之下，先列《通义》，次及《义海》。"

② 个别草字辨认有误。

③ 清陆心源《皕宋楼藏书志》卷六十六亦仅录三《序》。

无论其见解裁断是否,均隐括出完整的大意,有似后世"长编"的做法①,从而使得各家批注基本完整地得到保存,乃至于可以赖以"复原"出若干单独的著作,是其集注方法颇有优长。

"纂微"实际上包括"管见""统论"两部分。《正统道藏》及《四库全书》抄本,《庄子》正文顶格,集注退一格,"管见"与"统论"再退一格。章末为"管见",卷末为"统论",各自分别抄写,或标出"褚氏管见""褚氏总论",或略而不标。其中"管见"又分为疏通大意与训诂字句两部分,中间以圆圈符号分隔。可知褚伯秀本人著作这部分,其体例亦较为完备,亦可不必依附各家批注而独立。②

其书集注部分,征引郭象、吕惠卿、林疑独、陈祥道、陈景元、王雱、刘概、吴俦、赵以夫、林希逸、李士表、王旦、范元应十三家之说。又多引陆德明《经典释文》,并从陈景元《南华真经解义》间接引用徐铉、徐灵府、张君房、文如海、张潜夫、刘得一及成玄英诸说。其中宋人集注,今多失传,仅林希逸《鬳斋口义》等少数著作完整保存,故而价值极大。如四库馆臣所论:"盖宋以前解《庄子》者,梗概略具于是。其间如吴俦、赵以夫、王旦诸家,今皆罕见,实赖是书以传。则伯秀编纂之功,亦不可没矣。"(《四库总目提要·南华真经义海纂微》)

四库馆臣又论:"是书主义理,不主音训也。"此语殆由清学而论宋学,按宋人治学,往往兼包训诂、义理二者,甚至如朱子之醇儒,集注《四书》亦未尝不训诂字句,惟不以训诂字句为极致。盖读书在于明理,而明理当先明字句。今读褚伯秀"管见",其中辨析版本、句读、字义,往往一言而开悟积疑,其精辟处足成一家之言。清儒穷尽搜讨,苛察缴绕,碎义逃难,其弊使人误以训诂为极致,治学渐失宋人之弘阔。

六 《南华真经义海纂微》之解《庄》特色

学者又称褚伯秀主于义理而援儒援佛,弥缝孔老,此则亦待申论。

---

① 但所抄录文字多有缩节,对比今存郭象注全本可以推知。

② 朱得之《庄子通义》称"统论"为"总论",其书只录褚伯秀一家而标为"义海",恐误,当标为"纂微"为宜。

马臻为褚伯秀弟子，读其诗文，不似道士所为，《霞外诗集》卷六《咏田横》二首云："汉家天子招遗臣，恰是恩多虑转深。忠义自能轻一死，可怜门客尽同心。""海日荒荒海气凉，一思前事一心伤。鱁来匪石终难转，不是将军畏郦商。"殆乎确为逸民之心。

释文珦与褚伯秀唱和往来，读其诗文，亦颇不似佛门中人。如《潜山集》卷十一《观禹贡九州岛历代帝王国都地理图》云："万里江山几废兴，览图真合拊吾膺。三王二帝皆难问，两汉六朝何所称。此日中原全拱北，异时深谷或为陵。看来古今皆如梦，梦境虚无岂足凭。"其诗文集卷一开篇为《尧任舜禹行》《天地无穷行》《天道夷简行》《天道虽远行》，卷二有《事君尽忠行》，深于经史，蒿目时艰，屡屡可见。四库馆臣已有此见，故评价云："即事讽谕，义存劝戒，持论率能中理。观其《哀集诗稿》一篇有云：'吾学本经论，由之契无为。书生习未忘，有时或吟诗。兴到即有言，长短信所施。尽忘工与拙，往往不修词。惟觉意颇真，亦复无邪思。'其宗旨品格，可以具见矣。"诗见卷四，同卷《吾生》云："吾生少壮时，穷力在经教。一心融万境，颇亦能致效。"卷七《喜故人来访共论易》又云："读书无与娱，日夕友猨狚。喜悦深交至，参同未画初。"亦皆可与馆臣所举《哀集诗稿》一首相印。又《潜山集》所酬答亦往往不限于僧人，儒、道皆兼而有之。咏儒则有《吾心》（卷二）、《箴放心》（卷二）；咏道则有《游仙》（卷三）、《怀隐者》（卷六）、《赠隐人》（卷六），《有思归隐》（卷六）。或者咏僧亦兼咏隐，如《行山逢隐僧语》（卷四）、《赠隐僧》（卷八）、《送僧归隐》（卷十二）；或者咏佛而兼咏道，如《仙佛辞》（卷二）。这种态度与褚伯秀《南华真经义海纂微》的著述宗旨是完全一致的。

窃论褚伯秀解《庄》最重要的特色在于，以"三教会通"的形式为外，"道"与"迹"的辨析为内。

《内七篇》"褚氏统论"云：

> 《逍遥游》之极议，当归之许由、宋荣，以解天下物欲之桎梏，而各全自己之天也。《齐物论》之极议，当归之子綦、王倪，以袪彼我是非之惑，得其同然而合乎大通也。《养生主》之极议，当归之老聃、彭祖，以纠过养形骸之谬，知生道所当先也。《人间世》之极

议，当归之蓬瑗、接舆，明出处去就之得宜，勿撄逆鳞以贻患也。《德充符》之极议，当归之王骀、申徒嘉，言内充者不假乎外，德盛者物不能离也。《大宗师》之极议，当归之孔子、颜回，有圣德而不居其位，弘斯道以觉斯民也。《应帝王》之极议，唯舜、禹足以当之，讴歌狱讼之所归，应天顺人而非得已。此南华企慕往古圣贤，笔而为经，标准万世。

《天运篇》"褚氏管见"云：

> 孔子见老聃而语仁义，无异道尧舜于戴晋人之前，故聃以"播糠眯目"、"蚊虻噆肤"喻仁义之愦心，盖借是以针世人之膏肓，使天下各得其浑然之真，则化物也动之以风，治身也立不失德。奚必杰然自标仁义之名以为道之极致？若建鼓求亡子，无由得之也。夫鹄乌之不待浴黔，则白黑之实知之审矣，故不必辩。至道博大，不可名言，今乃求之于仁义之誉，何足以为广哉！犹涸鱼之相濡沫，非不亲爱，视江湖相忘之乐为何如？然今世正以濡沫微爱为仁，而不知圣人不仁，为仁之至也。孔子见老聃，归而不谈，目击道存，不容声矣。龙之成体、成章、乘乎云气、养乎阴阳，则动静不失其时，德泽足以及物，而神化不测者也。故古之论圣人、神人者，皆以龙为喻。非夫子不能形容聃之德，非聃不足以当夫子之喻。然二圣人者，皆人伦之至，显仁藏用，更相发明，无容优劣于其间也。

并称孔老为"二圣"，不仅没有诋訾孔子之言，并且对于儒家所宪章祖述的上古圣贤尧舜禹等，均称道为"标准万世"。

《列御寇篇》"贼莫大乎德有心而心有眼"一句，"褚氏管见"云："释氏说'五种眼'，唯天眼、肉眼在面，慧、法、佛眼皆在心。彼'心眼'显成德之效，此'心眼'戒败德之原。不戒乎败，曷臻乎成？二家之论，相为表里。"又"朱评漫学屠龙"一章，"褚氏管见"云："'单千金之家'，即是空诸所有。至于千日功成，而无所用其巧。则一以神遇，能解俱忘，不知龙为何物、屠者何人也。禅宗有云：'龙牙山中龙，一见便心息'，即此初段工夫。"《田子方篇》"老聃新沐"章，"褚氏管见"

云："'善吾生者所以善吾死'，则先圣不言之秘，真人已详言之，人患不求耳。是道也，可以心会而不可以言尽，即禅家'究竟父母未生已前，风火既散已后'。虽因师指而入，终焉直须自悟，所谓'说破即不中'是也。"不仅援引禅宗语录解《庄》，并且亦可见褚伯秀平日对于佛理颇为谙熟。

盖天下之大，至理则一，老庄与孔与释，本不当有所分别。天道运而无所积，屡迁而变动不居，与其论儒道之互补互绌，不如论道与迹之流变。

凡治学术，当论道与迹、源与流。由源与流而言，源为本，流为末；由道与迹而言，则源近迹，流近道。溯源得其本，循流明其变，通古今为一体，此所以谓之为"道"。学者固不可以不知本源，亦不可以不知流变；不知源则不知所本，不知流则可谓之不知"道"。

荀子曰："善言古者必有节于今，善言天者必有征于人"，亦此意。杨子《太玄》："善言天地者以人事，善言人事者以天地。"《汉书·董仲舒传》："制曰：盖闻善言天者必有征于人，善言古者必有验于今。"《盐铁论》："善言天者合之人，善言古者考之今。"清儒章学诚亦云："故善言天人性命，未有不切于人事者。"（《文史通义·浙东学术》）

章学诚倡"辨章学术，考镜源流"，又云："后世服夫子之教者自《六经》，以谓《六经》载道之书也，而不知《六经》皆器也。……夫子述《六经》以训后世，亦谓先圣先王之道不可见，《六经》即其器之可见者也。"（《文史通义·原道中》）又云："官师分，而学者所肄皆为前人陈迹。"（《文史通义·原学中》）所谓"前人陈迹"一语，实本庄子"《六经》先王之陈迹"之说。章氏服膺《周礼》似古文家，纂修方志似今文家，所云"《六经》皆史"意谓昔之史为昔之经，今之史则为今之经，其治学宗旨亦可谓超于今古文家派之上。

所谓"大义"必为"今义"，非"今义"则不足以谓之"大义"。由后世今古文家派言之，今文家之"大义""致用"本在古文家之"章句""求是"之上，故"道迹"之辨更当驾乎"源流"之辨之上。①

《在宥篇》"褚氏统论"云："此段自'贱而不可不任'至篇终，乃

---

① "伪今文"则不在此列。

《庄子》中大纲领，与《天下篇》同。东坡云：'庄子未尝讥孔子，于《天下篇》得之。'余谓：'庄子未尝不知精粗本末为一之理，于此篇得之。'"

《天道篇》"褚氏管见"云：

> 孔子为见世衰道微，欲以所述之书藏于周之藏室，以俟后世圣人。盖不得已而托空言以垂世立教，其志亦切矣！老聃不许者，谓道既不行于当世，徒存糟粕，其能有济乎？

又"褚氏统论"云：

> 至若孔子欲藏书而翻经以说，成绮问修身而其容崖然，是皆徇人而忘天，所以老聃弗许也。唯至人知仁义为道之末，礼乐为道之宾，能天能人，极贞守本，而神未尝有所困，故虽有世而不足为之累也。终以遗书得意、糟粕陈言而寓之于轮扁，盖恐学者徇迹遗心，舍本趋末，则去道愈远。但当究夫圣人有不亡者存，则学者当自绝学，而入传者当得无传之传，而天地圣人之心见矣，何以古人之糟粕为哉！

《渔父篇》"褚氏管见"云：

> 南华寓言于渔父、孔子问答，与"楚狂接舆歌而过孔子"意同。盖孔子为人心切，则经世迹著，所以人得而拟议，故渔父告之以去疵远患、修身守真而还以物与人。

又云：

> 凡渔父所言，明世俗之知孔子者不过如此，特其行世之迹耳。唯南华得夫子之心，指其迹而非之，则所谓真者可默契矣。世人多病是经訾孔子，余谓南华之于孔子，独得其所以尊之妙①，"正言若反"

---

① "之妙"，朱得之作"之实"，按"之妙"误，当作"之实"。

盖谓是也。

故庄子既推本天下方术"皆原于一",又申论古昔圣贤与《六经》之言为"陈迹",为"糟粕",为"土苴",为"尘垢",为"绪余",每下愈况,反复不置。郭象承之,一则曰:"仁者,兼爱之迹。""德者,神人迹也。"一则曰:"夫有虞氏之与泰氏,皆世事之迹耳,非所以迹者也。""尧实冥矣,其迹则尧也。""夫尧舜帝王之名,皆其迹耳。""法圣人者,法其迹耳。""圣人者,民得性之迹耳,非所以迹也。"

褚伯秀及所纂集宋人之说,大体皆着意于"道"与"迹"之辨,盖以"道"观之,则老庄、孔孟、释迦无一非过往之陈迹;既皆为陈迹,又何有不可会通之处。

褚氏之解《庄》,明义理,推天运,为《序》于宋,为《跋》于元,其道不积,其义不居,"得其环中,以应无穷"。读《南华真经义海纂微》,当于褚氏"道迹"之辨致思。

后　记

不佞读书次第，乃是由孔孟而老庄而诸子。最喜庄生，兼及荀韩，进而遂私窥于诸子九流十家矣。

不佞著作次序与常态相反，乃是先著作成书，后拆散发表。1985 年草成《庄子哲学》之书，誊抄之迹斑斓昏黄固仍在也。至 1999 年始由辽宁教育出版社出版，编辑为加"辨析"二字。予乃拆分投稿，其时杂志尚能退稿，《哲学研究》编辑部有一长方形朱文退稿章，空格处填退稿日期，不佞之退稿原本固犹在也。

诸文发表之后，再纂辑成专题论集。至 1999 年所谓千禧年之教师节，其时予在洛邑，遂纂得《先秦诸子学论集》二三十万言，又汇抄古人"先秦诸子学基本资料"若干篇，以为毕生从事于此，斯时有《论集》，将来则有《续集》也。

其后屡存念想，且更书名，题为《读子》，文亦稍增，迄今有年。

"诸子"一语，恰与"群经"相对。

"晚周"一语，谓东周也。陆象山曰"夫子生于晚周"，龚定庵曰"校定晚周诸子"，司马温公《进呈资治通鉴表》曰"上自晚周，下迄五代"。

学者又有"战国先秦诸子""晚周先秦诸子"诸语，皆指东周而言。

但细绎"先秦"之语，时限过长，又空无含义。而"晚周"不惟时限恰当，又含季世、衰世之意，最切时世。

以《书经》为折中，我国文明历史肇自唐虞，自秦以前二千余年，自秦以后二千余年，"先秦"乃占据其半。大较而言，"先秦"实囊括虞夏商周之"四代"与春秋战国之"东周"两段，而学术亦分为经学与子学两类。

　　王十朋《广州重建学记》言"吾夫子以天纵将圣，生于晚周之鲁，木铎之教，止行乎洙泗"，许增《重斠刻忆云词书后》言"词之有晚唐五代，犹文之先秦诸子，诗之汉魏六朝也"，皆有时政衰微、周文疲弊之意。

　　《汉志》谓诸子、诗赋、兵书、术数、方技皆出于王官，诸子十家皆起于王道既微，"出于""起于"，史官之凡例如此。晁氏《郡斋读书志》乃言"九流皆出于晚周"，所谓"出于晚周"实即《汉志》之"起于既微"也。

　　徐文长《书田生诗文后》言"融会六经及先秦诸子"，王引之《萧山王晚闻先生文集序》言"六经者文章之祖也，其次则先秦诸子"。大抵古人皆以经学为本为源，以子学为末为流，源流本末分际判然，学者不可不知也。

　　故不佞书稿即定名为"晚周"。

　　但子学又非"晚周"一语可以论定。不佞尝谓经学为天子王官之学，然而子学为何人之学乎？古者布衣之士可以有学，大夫可以有学，而诸侯、公卿亦可以有学矣。（诸侯称公，大夫称家，"家"即"私"也，古文作"厶"，与"公"相对。）今谓诸子为晚周之学，而三代四代亦有子学矣。不佞既居湖南，留意湘楚之学，伏读《鬻子》残本，作《读鬻子札记》。《鬻子》一书为楚学之祖，子学之宗，《汉志》录在道家者流，列居老庄之先，而鬻子固周文王时人也。当时虽不受封，而其爵位固在管敬仲、吕不韦之上矣。

　　如是而言，所谓"晚周诸子"者，仍非确解，亦权宜之名而已矣。

　　本书收录各文说明如下：

　　《晚周诸子的学术阶梯》，原题《论先秦诸子的学术阶梯》，刊《理论学刊》1992 年第 1 期，本书有补论。

　　《晚周诸子的三种逻辑思维》，原题《论先秦诸子的三种逻辑思维层次》，刊《松辽学刊》2000 年第 1 期。

　　《〈汉志·诸子略〉"考镜源流"义例》，原题《〈汉书·艺文志〉"考镜源流"义例申论》，刊《中国图书评论》2009 年第 7 期。

　　《论"轴心时代"——兼论"诸子出于王官"命题》，原题《中国何来轴心时代?》上、下，刊《学术月刊》2007 年第 7、8 期，本书为未删减原稿。

《孙德谦及其诸子学》，刊《湖南农业大学学报》2012 年第 5 期。

《江瑔与其〈经学讲义〉与〈读子卮言〉》，原题《江瑔著述考》，刊《湛江师范学院学报》2012 年第 5 期。

《论三家之要指》，刊中国传媒大学文学院主编《语言文学前沿》第 3 辑，中国传媒大学出版社 2013 年版。

《论孔孟荀韩"仁""义""礼""法"思想之承接》，原题《从理想到现实——论孔孟荀韩"仁""义""礼""法"思想之承接》，刊《孔子研究》2001 年第 3 期。

《儒道天人坐标体系》，刊《湖南农业大学学报》2006 年第 6 期。

《"道生法"解》，1999 年未刊稿。

《孟庄逻辑论辩之比较》，1999 年未刊稿。

《朱子所论〈易传〉"一二四"与〈老子〉"一二三"问题》，原题《朱子所论〈易传〉"一二四"与〈老子〉"一二三"问题及其得失》，刊《朱子学刊》总第 12 期，黄山书社 2003 年版。

《先秦典籍中的"仁"字本义》，原题《先秦典籍中"仁"字本义试解》，刊《北京青年政治学院学报》2007 年第 4 期。

《"事求可，功求成"——儒家实践的基本精神》，刊《湖南文理学院学报》2006 年第 2 期。

《圣迹：孔子的一生》，刊《中国纪检监察报》2013 年 7 月 8 日文化副刊。

《孟子性善论与荀子性恶论辨析》，刊王殿卿主编《东方道德研究》第 4 辑，中华工商联合出版社 2000 年版。

《孟子情感四阶段说》，2007 年未刊稿。

《孟子缘何不尊王》，刊《中华读书报》2013 年 9 月 4 日"文化周刊·思想"。

《道德说》，刊《武陵学刊》2013 年第 1 期，本书为未删减原稿。

《〈老子·道经·一章〉"玄之又玄"解》，原题《老子道经第一章"玄之又玄"解》，刊长乐市老子研究会主编《老子研究》第 3 辑，2005 年版。

《〈老子·道经·二章〉"有无相生"解》，与《〈老子·道经·一章〉

"玄之又玄"解》合题《〈老子〉解义》，刊王富仁先生主编《新国学研究》第 7 辑，中国书店 2011 年版。

《论老子之学术归止》，刊《中华文化论坛》2001 年第 1 期。

《"与时俱和"——严遵〈老子指归〉论》，原题《"与时俱和"——严遵〈老子指归〉及其对现代和谐社会理论的启示》，刊《船山学刊》2008 年第 1 期。

《庄子哲学的本体论》，原题《庄子哲学中的本体论思想》，刊《商丘师范学院学报》2006 年第 1 期。

《庄子的人文思想》，原题《论庄子的人文思想》，刊《湖南城市学院学报》2006 年第 1 期。

《庄子的"宇宙"定义》，原题《庄子的宇宙定义及其现代意义》，刊《中州学刊》2000 年第 4 期。

《庄子哲学的内在矛盾——封闭性和开放性的双重特点》，刊《洛阳师范学院学报》2007 年第 6 期。

《"知之濠上"五解》，刊《湖南人文科技学院学报》2006 年第 2 期。

《论老庄之异同》，刊《河南科技大学学报》2006 年第 3 期。

《褚伯秀生平事迹与〈南华真经义海纂微〉之版本》，原题《褚伯秀生平事迹考》《〈南华真经义海纂微〉之版本及解庄特色》，刊《船山学刊》2015 年第 2 期、《燕山大学学报》2015 年第 3 期。

此外未收稿有：

《儒家道家的性质与界定》，合写，刊《阜阳师范学院学报》1997 年第 1 期。

《林云铭与〈庄子因〉》，刊《湖南第一师范学院学报》2012 年第 6 期。

《略谈陆树芝〈庄子雪〉的三个特色》，刊《广东科技学院学报》2011 年第 1 期。

《胡文英与〈庄子独见〉》，合写，刊《吉首大学学报》2011 年第 5 期。

《说新道家——兼评董光璧〈当代新道家〉》，刊《阜阳师范学院学报》1998 年第 2 期。

《庄子留给我们什么？——我所理解的新道家》，2000 年第三届庄子国际学术研讨会论文,未刊。

《新道家之界定与营建——三论新道家》,刊《杭州师范学院学报》2005 年第 1 期。

《八十年代台港老庄研究概述》,刊《江南学院学报》1999 年第 1 期。

《八十年代台港老庄研究评价》,刊《江南学院学报》2000 年第 1 期。

《评近十余年来出版的四部庄子研究博士论文》,刊《河南科技大学学报》2003 年第 3 期。

《二十世纪末的道家研究》,刊《学术界》2000 年第 4 期。

本书陆续纂成,前后跨越凡三十年,文字往往重叠,体例亦难划一。书中称述古籍,《论》《孟》《老》《庄》之类,本为研究对象,故除专门讨论版本之处以外,均为通行本,随文标出篇卷,不另出注。凡引用近人著作,均已注明版权,版本则推重初版,兼顾近年新版。古学玄深如彼,赋性颛愚如此,不达之处尚多,方家通人寔正。

张京华

2017 年 1 月 20 日

于湖南科技学院集贤楼之研究室